Interdisziplinäre Schriften zur Wissenschaftsforschung

Herausgegeben von

Prof. Dr. Thomas Groß, Universität Gießen

Prof. Dr. Dorothea Jansen, Deutsche Hochschule für Verwaltungswissenschaften Speyer

Prof. Dr. Dieter Sadowski, Universität Trier

Prof. Dr. Hans-Heinrich Trute, Universität Hamburg

Band 11

Margrit Seckelmann/Stefan Lange/
Thomas Horstmann (Hrsg.)

Die Gemeinschaftsaufgaben von Bund und Ländern in der Wissenschafts- und Bildungspolitik

Analysen und Erfahrungen

Nomos

Diese Veröffentlichung wurde gefördert durch den Stifterverband für die
Deutsche Wissenschaft, Essen

Stifterverband
für die Deutsche Wissenschaft

www.stifterverband.de

Die Deutsche Nationalbibliothek verzeichnet diese Publikation in
der Deutschen Nationalbibliografie; detaillierte bibliografische
Daten sind im Internet über http://dnb.d-nb.de abrufbar.

ISBN 978-3-8329-5926-5

1. Auflage 2010
© Nomos Verlagsgesellschaft, Baden-Baden 2010. Printed in Germany. Alle Rechte,
auch die des Nachdrucks von Auszügen, der fotomechanischen Wiedergabe und der
Übersetzung, vorbehalten. Gedruckt auf alterungsbeständigem Papier.

Inhaltsverzeichnis

Abkürzungsverzeichnis 7

Einleitung

Margrit Seckelmann/Stefan Lange/Thomas Horstmann
Die Gemeinschaftsaufgaben von Bund und Ländern in der Wissenschafts-
und Bildungspolitik – zur Einleitung 15

A. Föderalismus und Wissenschaftspolitik in Deutschland

1. *Fritz W. Scharpf*
   Verfassungsreform mit Vetospielern 23

2. *Peter Collin*
   Entwicklungslinien verfassungsrechtlicher Konturierung und
   verfassungsdogmatischer Problematisierung der Gemeinschaftsaufgaben
   im Bildungs- und Forschungsbereich 37

3. *Margrit Seckelmann*
   Konvergenz und Entflechtung im Wissenschaftsföderalismus von 1998
   bis 2009 – insbesondere in den beiden Etappen der Föderalismusreform 65

4. *Olaf Bartz*
   Die Föderalismusreform von 2006 in zeithistorischer Perspektive 91

B. Politikfelder der Gemeinschaftsaufgaben

1. *Stefan Lange*
   Deutsche Hochschulpolitik im Kontext der Gemeinschaftsaufgaben 109

2. *Hans-Willy Hohn*
   Wissenschaftspolitik im semi-souveränen Staat – die Rolle der außeruniversitären Forschungseinrichtungen und ihrer Trägerorganisationen 145

3. *Jakob Edler/Stefan Kuhlmann/Peter Stegmaier*
   Fragmentierung und Koordination – Governance der Wissenschafts-
   und Innovationspolitik in Deutschland 169

4. *Achim Wiesner*
Der alte und der neue Hochschulbau – die immerwährende
Gemeinschaftsaufgabe   195

5. *Annette Guckelberger*
Leistungsmessungen im Bildungsbereich – eine neue Gemeinschafts-
aufgabe?   215

**C. Reformen der Wissenschafts- und Bildungspolitik in anderen
föderalistisch verfassten Regierungssystemen**

1. *Konrad Sahlfeld*
Struktur und Finanzierung der Schweizer Hochschullandschaft –
eine Aufgabe für Bund und Kantone   239

2. *Julia Prikoszovits*
Gemeinschaftliche Wissenschaftsfinanzierung in Österreich –
Grundstrukturen und Wege zu neuen Formen der Zusammenarbeit
zwischen Bund und Ländern   261

3. *Ulrich Schreiterer*
Kompetenzverteilung und Governance im Hochschulwesen der USA –
das Scheitern der „systemischen Koordination" zwischen Markt und
Staat   289

4. *Gangolf Braband*
Der Blick auf das andere Nordamerika – die Dynamik der föderalen
Hochschulpolitik in Kanada   315

D. Über Wissenschaftspolitik und (Geistes-)Wissenschaft in Deutschland

Thomas Horstmann im Gespräch mit *Dieter Simon*
„Unser Wissenschaftssystem könnte wesentlich besser sein ..."   337

Autorenverzeichnis   353

Abkürzungsverzeichnis

AACU	Association of American Colleges and Universities
abgedr.	abgedruckt
Abs.	Absatz
aBV	allgemeine Bundesverfassung (Schweiz, vor 1999)
a. F.	alte Fassung
AHB	Allgemeiner Hochschulbau
AiF	Arbeitsgemeinschaft industrieller Forschungsvereinigungen Otto von Guericke e. V.
Alt.	Alternative
AöR	Archiv des öffentlichen Rechts
APuZ	Aus Politik und Zeitgeschichte
ARRA	American Recovery and Reinvestment Act
Art.	Artikel
ASR	American Sociological Review
AUCC	Association of Universities and Colleges of Canada
AWS	Austrian Wirtschaftsservice-Gesellschaft
BAFöG	Bundesausbildungsförderungsgesetz
BAnz.	Bundesanzeiger
BBT	Bundesamt für Berufsbildung und Technologie (Schweiz)
BFI	Bildung, Forschung und Innovation
BGBl.	Bundesgesetzblatt
BIP	Bruttoinlandsprodukt
BLK	Bund-Länder-Kommission für Bildungsplanung und Forschungsförderung (ab 1976, zuvor Bund-Länder-Kommission für Bildungsplanung)
BMAS	Bundesministerium für Arbeit und Soziales
BMAt	Bundesministerium für Atomfragen
BMBF	Bundesministerium für Bildung und Forschung
BMF	Bundesministerium für Finanzen
BMFT	Bundesministerium für Forschung und Technologie
BMVIT	Bundesministerium für Verkehr, Innovation und Technologie (Österreich)
BMWA	Bundesministerium für Wirtschaft und Arbeit (Österreich)
BMwF	Bundesministerium für wissenschaftliche Forschung
BMWF	Bundesministerium für Wissenschaft und Forschung (Österreich)
BMWI	Bundeswirtschaftsministerium
BNA	British North America Act
BR	Bundesrat
BRD	Bundesrepublik Deutschland

BT	Bundestag
BV	Bundesverfassung (Schweiz)
BVerfG	Bundesverfassungsgericht
BVerfGE	Entscheidungen des Bundesverfassungsgerichts, Amtliche Sammlung
BV-G	Bundesverfassungsgesetz (Österreich)
bzw.	beziehungsweise
CAP	Canada Assistance Plan
CFI	Canada Foundation for Innovation
CHEA	Council for Higher Education Accreditation
CIHR	Canadian Institute of Health Research
CMEC	Council of Ministers of Education of Canada
CRC	Canadian Research Chairs
CRUS	Schweizerische Rektorenkonferenz
CSLP	Canada Student Loan Program
DDR	Deutsche Demokratische Republik
DFG	Deutsche Forschungsgemeinschaft
DKFZ	Deutsches Krebsforschungszentrum
DVBl	Deutsches Verwaltungsblatt
DÖV	Die Öffentliche Verwaltung
Drs.	Drucksache
DUK	Donau-Universität Krems
DUZ	Deutsche Universitätszeitung
DVBl	Deutsches Verwaltungsblatt
EDI	Eidgenössisches Department des Inneren (Schweiz)
EDK	Eidgenössische Direktorenkonferenz (Schweiz)
EPF	Established Program Financing
ERA	European Research Area
ETH	Eidgenössische Technische Hochschule
EU	Europäische Union
EVD	Eidgenössisches Volkswirtsdepartment (Schweiz)
EVG	Europäische Verteidigungsgemeinschaft
FAZ	Frankfurter Allgemeine Zeitung
FFG	Forschungsförderungsgesellschaft
FFG-G	Forschungsförderungsgesellschaft-mbh-Errichtungsgesetz (Österreich)
FhG	Fraunhofer-Gesellschaft
FHSG	Fachhochschulgesetz (Schweiz)
FHStG	Fachhochschulstudiengesetz (Österreich)
FiLaG	Bundesgesetz über den Finanz- und Lastenausgleich (Schweiz)
FOG	Forschungsorganisationsgesetz (Österreich)
FRP	Forschungsrahmenprogramm
FTFG	Forschungs- und Technologieförderungsgesetz (Österreich)
FuE (F&E)	Forschung und Entwicklung

F-VG	Finanzverfassungsgesetz (Österreich)
FWF	Fonds zur Förderung wissenschaftlicher Forschung (Österreich)
FZJ	Forschungszentrum Jülich
FZK	Forschungszentrum Karlsruhe
GG	Grundgesetz
GmbH	Gesellschaft mit beschränkter Haftung
GMD	Gesellschaft für Mathematik und Datenverarbeitung
grds.	grundsätzlich
GWK	Gemeinsame Wissenschaftskonferenz
HBFG	Hochschulbauförderungsgesetz
HEA	Higher Education Act
HEP	Hochschulentwicklungsprogramm
HERD	Hochschulausgaben für Forschung und Enwtwicklung (Österreich)
HFKG	Bundesgesetz über die Förderung der Hochschulen und die Koordination im Hochschulbereich (Schweiz)
HGF	Helmholtz-Gemeinschaft Deutscher Forschungszentren e. V.
h. M.	herrschende Meinung
HRG	Hochschulrahmengesetz
HRGÄndG	Hochschulrahmengesetzänderungsgesetz
HRK	Hochschulrektorenkonferenz
HSP	Hochschulsonderprogramm
HU	Humboldt Universität Berlin
ICT	Information and Communication Technology
i. d. F.	in der Fassung
i. d. R.	in der Regel
IEA	International Association for the Evaluation of Educational Achievement
i. e. S.	im engeren Sinne
IGLU	Internationale Grundschul-Lese-Untersuchung
IQB	Institut zur Qualitätssicherung im Bildungswesen
i. S.	im Sinne
ISTA	Institute of Science and Technologie – Austria
IUV	Interkantonale Universitätsvereinbarung (Schweiz)
i. w. S.	im weiteren Sinne
JARA	Jülich-Aachen-Research-Alliance
JöR	Jahrbuch des öffentlichen Rechts
JöR NF	Jahrbuch des öffentlichen Rechts – Neue Folge
JZ	JuristenZeitung
KFH	Rektorenkonferenz der Fachhochschulen (Schweiz)
KIT	Karlsruhe Institute of Technology
KMU	Kleine und Mittlere Unternehmen
Krit V	Kritische Vierteljahresschrift für Gesetzgebung und Rechtswissenschaft
KWG	Kaiser-Wilhelm-Gesellschaft

KZfSS	Kölner Zeitschrift für Soziologie und Sozialpsychologie
LeGes	Mitteilungsblatt der Schweizerischen Gesellschaft für Gesetzgebung (SGG) und der Schweizerischen Evaluationsgesellschaft (SEVAL)
LMU	Ludwig-Maximilians-Universität München
MPG	Max-Planck-Gesellschaft
MPK	Ministerpräsidentenkonferenz
MRC	Medical Research Council
m. w. N.	mit weiteren Nachweisen
NC	Numerus Clausus
NCCU	National Conference of Canadian Universities
NCLB	No Child Left Behind Act
n. F.	neue Fassung
NF	Neue Folge
NFA	Neuer Finanzausgleich (Schweiz)
NJW	Neue Juristische Wochenschrift
Nr.	Nummer
NSF	National Science Foundation
NVwZ	Neue Zeitschrift für Verwaltungsrecht
OECD	Organization for Economical Coordination and Development
OGH	Oberster Gerichtshof (Österreich)
ÖWR	Österreichischer Wirtschaftsrat
PISA	Program for International Student Assessment
PVS	Politische Vierteljahresschrift
RdJB	Recht der Jugend und des Bildungswesens
Rdnr.	Randnummer
RFTE	Rat für Forschung und Technologientwicklung (Österreich)
RuP	Recht und Politik
RWTH	Rheinisch-Westfälische-Technische-Hochschule Aachen
SBF	Staatssekretariat für Bildung und Forschung (Schweiz)
SHEEO	State Higher Education Executive Officers
sogen.	sogenannte
st. Rspr.	ständige Rechtsprechung
SUK	Schweizerische Universitätskonferenz
SWTR	Schweizerischer Wissenschafts- und Technologierat
TH	Technische Hochschule
TIMMS	Trends in International Mathematics and Science Study
TU	Technische Universität
u. a.	unter anderem
UFG	Universitätsförderungsgesetz (Schweiz)
UG	Universitätsgesetz (Österreich)
UniAkkG	Universitätsakkreditierungsgesetz (Österreich)
Urt.	Urteil
USD	United States Dollar
v. a.	vor allem

VlG	Vernehmlassungsgesetz (Schweiz)
VS	Verfasste Studentenschaft
VVDStRL	Veröffentlichungen der Vereinigung der Deutschen Staatsrechtslehrer
WBK-N	Kommission für Wissenschaft, Bildung und Kultur des Nationalrates (Schweiz)
WBK-S	Kommission für Wissenschaft, Bildung und Kultur des Ständerates (Schweiz)
WGL	Wissenschaftsgemeinschaft Gottfried Wilhelm Leibniz e.V.
W&I-Politik	Wissenschafts- und Innovationspolitik
WissR	Wissenschaftsrecht
WR	Wissenschaftsrat
WRK	Westdeutsche Rektorenkonferenz
z. B.	zum Beispiel
ZBl	Schweizerisches Zentralblatt für Staats- und Verwaltungsrecht
ZfE	Zeitschrift für Erziehungswissenschaft
ZG	Zeitschrift für Gesetzgebung
Ziff.	Ziffer
ZMBH	Zentrum für Molekulare Biologie der Ruprecht-Karls-Universität Heidelberg
ZPol	Zeitschrift für Politikwissenschaft
ZRP	Zeitschrift für Rechtspolitik
ZSE	Zeitschrift für Staats- und Europawissenschaften
ZSR	Zeitschrift für Schweizerisches Recht
ZVS	Zentralstelle für Studienplatzvergabe

Einleitung

Die Gemeinschaftsaufgaben von Bund und Ländern in der Wissenschafts- und Bildungspolitik – zur Einleitung

Margrit Seckelmann/Stefan Lange/Thomas Horstmann

Wie die öffentliche Diskussion um den Bildungsgipfel 2010 und die Exzellenzinitiative 2.0 zeigt, ist die gemeinsame Aufgabenwahrnehmung von Bund und Ländern im Bereich der Wissenschafts- und Bildungspolitik ein aktuelles Thema.

Dass dies so ist, muss den aufmerksamen Beobachter verwundern, hatte sich doch das Gros der politischen Akteure, die seit 2004 an der Neuordnung der föderalen Zuständigkeiten im deutschen Bundesstaat arbeiteten, von ihren Bemühungen gerade ein Ende der kooperativen Verflechtungen zwischen Bund und Ländern auch und gerade in diesen für die Zukunftsfähigkeit der Bundesrepublik Deutschland so wichtigen Politikfeldern versprochen. Die Föderalismusreform in ihren beiden Etappen von 2006 und 2009 hatte unter anderem eine Entflechtung der gemeinschaftlichen Aufgabenwahrnehmung von Bund und Ländern zum Ziel, der man in der aktuellen föderalen Praxis indes nur bedingt näher gekommen zu sein scheint. Es geht also anscheinend nicht ohne die Gemeinschaftsaufgaben; dies ist ein Umstand, der sie für wissenschaftliche Analysen zweifelsohne interessant macht.

Im Folgenden werden Genesis und Problematik der Gemeinschaftsaufgaben als einer spezifischen Form der kooperativen Aufgabenwahrnehmung zwischen Bund und Ländern beleuchtet. Die die Gemeinschaftsaufgaben konstituierenden und betreffenden Grundgesetzartikel (Art. 91a, 91b, nunmehr auch 91c Abs. 1 und 2 sowie 91d GG[1]) bedeuten eine Durchbrechung des Prinzips eigenverantwortlicher und getrennter Aufgabenwahrnehmung zwischen den Gebietskörperschaften des Bundes auf der einen und der Länder auf der anderen Seite. Gemeinschaftsaufgaben werfen als Formen integrativer Kooperation (in den Fällen des Art. 91a GG, Gemeinschaftsaufgaben i. e. S.) oder fakultativer Kooperation (in den anderen genannten Fällen, Gemeinschaftsaufgaben i. w. S.) zudem weitergehende Fragen nach der Aufgabenverteilung im Bundesstaat und der demokratischen Legitimation auf, insbesondere im Hinblick auf faktische Bindungswirkungen der Beschlüsse gemein-

---

1 Aufgrund des Gesetzes zur Änderung des Grundgesetzes vom 21. Juli 2010 (BGBl. I: 944), das am 27. Juli 2010 in Kraft trat, wurde zudem ein neuer Art. 91e in den Abschnitt VIIIa des Grundgesetzes („Gemeinschaftsaufgaben, Verwaltungszusammenarbeit") aufgenommen. Abs. 1 dieses Artikels betrifft das Zusammenwirken des Bundes mit den Ländern bzw. Gemeinden und/oder Gemeindeverbänden bei der Organisation der Grundsicherung für Arbeitslose. Art. 91c Abs. 2 GG wird nach hiesiger Ansicht als Konkretisierung von Art. 91c Abs. 1 GG für den Bereich der Standardfestlegung gewertet, während Abs. 3 die Länderzusammenarbeit und Abs. 4 S. 2 eine Gesetzgebungskompetenz des Bundes betrifft.

schaftlicher Gremien für die Landesparlamente. Berührt sind auch Aspekte der verfahrensmäßigen und organisatorischen Ausgestaltung und Fragen der Transparenz.

Insbesondere die deutsche Wissenschafts- und Bildungspolitik ist seit Gründung der Bundesrepublik Deutschland durch die Gemeinschaftsaufgaben – zunächst informeller und ab 1969 dann formeller Art – geprägt. Es lässt sich durchaus behaupten, dass man Genese, Dynamik und Komplexität, aber auch beklagte Defizite und Inflexibilitäten, in der deutschen Wissenschafts- und Bildungslandschaft nicht ohne Rückgriff auf die föderalen Rahmenbedingungen ihrer Organisationsweise verstehen kann. Es sind diese Rahmenbedingungen, die jeder korporative Akteur im deutschen Wissenschafts- und Bildungssystem für sein eigenes strategisches Handeln in Rechnung stellt, in seinem Sinne zu beeinflussen sucht und die somit letztlich jenseits konkreter Sachfragen einen wesentlichen Teil deutscher Wissenschafts- und Bildungspolitik bereits im Stadium der Politikformulierung durchdringen. In diesem Sinne ist es kaum verwunderlich, dass diese Politikfelder Gefahr laufen, zu polyphonen Veranstaltungen von Bund, Ländern, Hochschulen und Forschungsorganisationen zu geraten. Um diese, durch die grundgesetzliche Kompetenzzuweisung an die Gebietskörperschaften angelegte, Polyphonie zu dämpfen, hat das deutsche Wissenschafts- und Bildungssystem bereits früh spezifische intermediäre Organisationen und gemeinschaftliche Gremien hervorgebracht, die eine potentielle Politisierung von Konflikten durch konsensorientierte Verhandlungen aller Akteure – einschließlich der wissenschaftlichen Gemeinschaft – zu vermeiden suchen und für tragfähige Lösungen sorgen. Diese Ausgestaltung des deutschen Föderalismus durch intermediäre Organisationen als Schnittstellen der so genannten „Verflechtung" – insbesondere von Bund-, Länder- und Wissenschaftsinteressen – ist in der Vergangenheit vielfach kritisiert worden.

Vor diesem Hintergrund – und in Anbetracht der jüngsten Probleme und Reformen eben dieser föderalen Rahmenbedingungen – widmet sich der vorliegende Sammelband den Gemeinschaftsaufgaben von Bund und Ländern in der Wissenschafts- und Bildungspolitik und gewährt darüber hinaus auch einen Blick auf die Organisation dieser Politikfelder in anderen föderal verfassten Staaten.

Zum Aufbau des Bandes

Der Sammelband beschäftigt sich mit drei Bereichen: Föderalismus und Wissenschaftspolitik in Deutschland, Politikfelder der Gemeinschaftsaufgaben sowie Reformen der Wissenschafts- und Bildungspolitik in anderen föderalistisch verfassten Regierungssystemen.

Im ersten Teil (*Föderalismus und Wissenschaftspolitik in Deutschland*) führt Fritz W. Scharpf in seinem Beitrag zur „Verfassungsreform mit Veto-Spielern" in die „Frontverläufe" zwischen den Gebietskörperschaften untereinander sowie. zwischen diesen und den korporativen Akteuren der Wissenschaftspolitik im Rahmen der ersten Stufe der Föderalismusreform ein. Danach untersucht Peter Collin die „Entwicklungslinien verfassungsrechtlicher Konturierung und verfassungsdogmatischer Problematisierung der Gemeinschaftsaufgaben im Bildungs- und Forschungsbereich" in der Zeit zwischen 1969 und 1998. Daran anschließend analysiert Margrit Seckelmann die „Konvergenz und Entflechtung imWissenschaftsföderalismus von 1998 bis 2009 – insbesondere in den beiden Etappen der Föderalismusreform". Die „Föderalismusreform von 2006 in zeithistorischer Perspektive" steht schließlich im Fokus des Beitrags von Olaf Bartz und stellt Bezüge zu lange zurückreichenden Diskussionen in der deutschen Wissenschaftspolitik her.

Nach der juristischen und historischen Analyse der Gemeinschaftsaufgaben und ihrer Entwicklung werden die Gemeinschaftsaufgaben im zweiten Teil dieses Bandes (*Politikfelder der Gemeinschaftsaufgaben*) einerseits in einen breiteren thematischen Kontext gestellt und andererseits in Bezug auf spezifische Politikfelder tiefergehend analysiert. So untersucht Stefan Lange die „Deutsche Hochschulpolitik im Kontext der Gemeinschaftsaufgaben". Daran anschließend widmet sich Hans-Willy Hohn der Untersuchung der „Wissenschaftspolitik im semi-souveränen Staat – die Rolle der außeruniversitären Forschungseinrichtungen und ihrer Trägerorganisationen". Jakob Edler, Stefan Kuhlmann und Peter Stegmaier beschäftigen sich mit der „Governance der Wissenschafts- und Innovationspolitik in Deutschland", speziell mit Fragen der „Fragmentierung und Koordination" derselben. Achim Wiesner wendet sich dem Politikfeld des „Hochschulbau[s]" als „immerwährende[r] Gemeinschaftsaufgabe" zu. Annette Guckelberger analysiert schließlich die „Leistungsmessungen im Bildungsbereich – eine neue Gemeinschaftsaufgabe?".

Einen Blick über den deutschen Föderalismus hinaus richtet der dritte Teil des Bandes (*Reformen der Wissenschafts- und Bildungspolitik in anderen föderalistisch verfassten Regierungssystemen*). Von besonderem Interesse vor dem Hintergrund der Entwicklung der deutschen Gemeinschaftsaufgaben sind die – teilweise gegenläufigen – Entwicklungen in der Schweiz, die in dem Beitrag von Konrad Sahlfeld „Struktur und Finanzierung der Schweizer Hochschullandschaft – eine Aufgabe für Bund und Kantone" vorgestellt werden. Einen Bundesstaat mit deutlich stärkeren Kompetenzen in der Wissenschafts- und Bildungspolitik auf der Bundesebene als in Deutschland untersucht Julia Prikoszovits in ihrem Beitrag zur „Gemeinschaftliche[n] Wissenschaftsfinanzierung in Österreich". Das oft beschworene Vorbild USA analysiert Ulrich Schreiterer in seinem Beitrag zu „Kompetenzverteilung und Governance im Hochschulwesen der USA – das Scheitern der ‚systemischen Koordination' zwischen Markt und Staat". Dass es auch ein „anderes nordamerikanisches" Modell des Föderalismus gibt, das konstitutionellen und kulturellen Pfadabhängigkeiten folgend der Bundesregierung noch weniger Eingriffsmöglichkeiten in diesem Politikfeld an die Hand gibt als in den Vereinigten Staaten, ruft schließlich der Beitrag von Gangolf Braband zur „Dynamik der föderalen Hochschulpolitik in Kanada" in Erinnerung.

Einen Einblick in die zwischen der Wiedervereinigung Deutschlands bis zur ersten Stufe der Föderalismusreform im Jahr 2006 geführten Debatten gewährt schließlich das Interview, das Thomas Horstmann mit Dieter Simon über dessen Zeit als Vorsitzender des Wissenschaftsrats und als kritischer Beobachter der nachfolgenden

Strukturveränderungen geführt hat. Auch die aktuelle Lage der Geisteswissenschaften und weitere, das deutsche Wissenschaftssystem im Ganzen betreffende Tendenzen werden in diesem, den Band beschließenden, Gespräch erörtert.

Ausblick

Im Ergebnis zeigen die Beiträge, dass die wachsende Ressourcenabhängigkeit von Wissenschaft und Bildung sowie der zunehmende globale Wettbewerb von Staaten und regionalen Einrichtungen auf diesem Politikfeld die föderal verfassten Regierungssysteme unter wachsenden Handlungs- und vor allem Kooperationsdruck setzen. Der wissenschafts- und bildungspolitische Trend scheint in vielerlei Hinsichten auf mehr Koordination, mehr Kooperation und mehr Verflechtung zwischen den politischen Ebenen der Gebietskörperschaften sowie zwischen diesen und den zunehmend autonomer agierenden öffentlichen Einrichtungen der tertiären Bildung und der Forschung zu verweisen. Das Grundgesetz enthält demgegenüber den Grundsatz getrennter Aufgabenwahrnehmung und getrennter Finanzierung bezüglich der Gebietskörperschaften. Hiervon bilden die Gemeinschaftsaufgaben sowie die (neu geregelte) Verwaltungszusammenarbeit in Abschnitt VIIIa des Grundgesetzes ebenso eine Ausnahme wie diejenigen, in Art. 104b Abs. 1 GG geregelten, speziellen Finanzierungsmöglichkeiten, in denen der Bund über eine Gesetzgebungskompetenz verfügt und weitere Voraussetzungen vorliegen (sowie in besonderen Not- und Katastrophenfällen). Eine Kooperation im Bildungsbereich ist jenseits der Vergleichsstudien nach Art. 91b Abs. 2 GG als Finanzierungsmöglichkeit nur in „Nischen" (Ausbildungsbeihilfen, außerschulische berufliche Bildung und ggf. Kleinkinderbetreuung) möglich. Kooperationshindernisse bestehen auch in den spezifischen Unterfällen der Hochschul- und Forschungspolitik, die nicht von Art. 91b GG erfasst sind.

Ein Blick auf die Wissenschafts- und Bildungspolitik in den Vereinigten Staaten und in Kanada zeigt allerdings auch, dass selbst in klassischen Systemen eines *dual federalism*, die auch heute weit vom Kooperativen Föderalismus deutscher Prägung entfernt sind, dynamische Entwicklungen zumindest im Hochschul- und Forschungsbereich möglich sind. Dort haben die jeweiligen Bundesregierungen – wie die beiden Beiträge in diesem Band zeigen – ihre „goldenen Zügel" über die Mittel der Forschungsförderung spielen lassen und damit immer wieder Struktur bildend in die nationalen Universitätslandschaften hineingewirkt. Solche Gestaltungsoptionen hat die deutsche Bundesregierung mit Blick auf die Hochschulen in der Vergangenheit eher zögerlich wahrgenommen und mit der Exzellenzinitiative erstmals bundesweit realisiert. Während sie zunächst in der außeruniversitären Forschung eine Struktur aufgebaut hatte, auf die sie zumindest in Teilen direkteren Einfluss nehmen konnte, hätte ihr die Föderalismusreform I beinahe die Möglichkeiten aus der Hand geschlagen, auch auf die Hochschulen mittelbar gestaltend einzuwirken. Inzwischen scheint die Entflechtungseuphorie der ersten Hälfte der 2000er Jahre ohnehin verflogen zu sein. Schaut man sich die aktuelle deutsche Diskussion näher an, gewinnt man sogar den Eindruck, dass das Pendel in der Debatte um die Gemeinschaftsaufgaben – auch als Folge der internationalen Finanzkrise – wieder zurück schwingt. Es mehren sich nun in den Ländern die Stimmen, die von der Bundesregierung mehr Mitfinanzierung fordern, was in der Regel auch mehr Struktur bildenden Einfluss des Bundes mit sich brächte. Ob diese Veränderung des Diskussionsklimas und an der Grenze der bundesstaatlichen Kompetenzverteilung angesiedelte Operationen zur Rettung einzelner Universitätsstandorte in finanzschwachen Ländern (siehe den Fall der Universitätsmedizin in Lübeck) wiederum in eine Grundgesetzänderung einmünden, die dem Bund auch eine institutionelle Finanzierung von Hochschulen (einschließlich der Lehre) ermöglichen würde, bleibt offen. Die von den Ländern geforderte höhere Beteiligung an den Umsatzsteuereinnahmen, die ihnen wie im kanadischen Föderalismus in der Hochschulpolitik Gestaltungsspielräume eröffnen würde, ohne dass sie auf die Mitfinanzierung des Bundes angewiesen wären – und damit auch dessen Mitsprache dulden müssten –, wurde nach den Ergebnissen des Bildungsgipfels 2010 weiter vertagt.

So werden die Gemeinschaftsaufgaben von Bund und Ländern in der Wissenschafts- und Bildungspolitik wohl auch in näherer Zukunft den Spagat zwischen den in der Föderalismusreform angestrebten klaren Verantwortlichkeiten der Gebietskörperschaften und den finanzpolitischen Notwendigkeiten zur Kooperation leisten müssen. Die Frage, wie lange sich ein solcher Spagat durchhalten lässt, wenn bei dem nun grundgesetzlich vorgeschriebenen Einstimmigkeitsgebot bei „Vorhaben der Wissenschaft und Forschung an Hochschulen", einigen Ländern die Ressourcen zur anteiligen Mitfinanzierung ausgehen, wird die an den Gemeinschaftsaufgaben interessierten Juristen, Finanzwissenschaftler, Politologen, Soziologen und Historiker noch nachhaltig beschäftigen.

Danksagungen

Dieser Sammelband ist aus einem von den Herausgebern initiierten und organisierten Forschernetzwerk „Gemeinschaftsaufgaben" hervorgegangen, das ab 2006 insgesamt drei Workshops unter Beteiligung namhafter wissenschaftlicher Experten und erfahrener Praktiker aus Forschungsorganisationen, Hochschulen, Bundes- und Länderministerien am Deutschen Forschungsinstitut für öffentliche Verwaltung Speyer abgehalten hat.

Wir möchten insbesondere den Praktikern für ihre wertvollen Inputs zur Diskussion um die Gemeinschaftsaufgaben danken. Namentlich erwähnt seien Dr. Walter Dörhage (Abteilungsleiter Wissenschaft in der Behörde der Senatorin für Wissenschaft und Bildung des Landes Bremen), Dr. Falk Fabich (Geschäftsführer des Forschungsverbundes Berlin und Administrativer Vizepräsident der Wissenschaftsgemeinschaft Gottfried Wilhelm Leibniz e. V.), Hans-Otto von Gaertner (Leitender Ministerialrat im Ministerium für Bildung, Wissenschaft, Jugend und Kultur des Landes Rheinland-Pfalz), Staatsrat a. D. (Hamburg) Dr. Hermann Lange †, Prof. em.

Dr. Klaus Landfried (Präsident der Hochschulrektorenkonferenz a. D.), Klaus Lömker (Referatsleiter im Bundesministerium für Bildung und Forschung a. D.), Ministerialdirigent Jürgen Schlegel (Generalsekretär der Gemeinsamen Wissenschaftskonferenz) sowie Dr. Uwe Thomas (Staatssekretär im Bundesministerium für Bildung und Forschung a. D., Minister für Wirtschaft, Technik und Verkehr in der Landesregierung von Schleswig-Holstein a. D.). Darüber hinaus danken wir Ruth Nothnagel für den Satz dieses Buches und die Transkription des Interviews, dem Direktor des Deutschen Forschungsinstituts für öffentliche Verwaltung Speyer, Prof. Dr. Jan Ziekow, für die Ermöglichung der Tagungen in Speyer und den Herausgebern der Reihe „Interdisziplinäre Schriften zur Wissenschaftsforschung" im Nomos Verlag – Prof. Dr. Thomas Groß, Prof. Dr. Dorothea Jansen, Prof. Dr. Dieter Sadowski und Prof. Dr. Hans-Heinrich Trute – für die freundliche Aufnahme in die Schriftenreihe.

Für weitere ideelle Unterstützung unseres Projekts möchten wir uns herzlich bei Prof. Dr. Arthur Benz, Prof. em. Dr. Rudolf Fisch und Prof. Dr. Hanns Seidler bedanken.

Für die materielle Unterstützung unseres Projekts danken wir *last but not least* dem Stifterverband für die Deutsche Wissenschaft. Ohne die großzügige Übernahme der Druckkosten durch den Stifterverband hätte diese Publikation nicht erscheinen können.

A. Föderalismus und Wissenschaftspolitik in Deutschland

Verfassungsreform mit Vetospielern[1]

Fritz W. Scharpf

Arthur Benz hat im Sommer 2006 in einem Vortrag festgestellt, die Verfassungsreform des deutschen Bundesstaates sei zwar nicht gescheitert, aber misslungen.[2] Dass ich ihm zustimme, wird niemanden überraschen, der unsere gleichgerichteten Argumente in der Dokumentation der Föderalismusreform gesehen hat.[3] Aber auf Argumente der Sachverständigen kam es schon in der Kommission nicht in erster Linie an, und an den eigentlichen Verhandlungen waren dann die Sachverständigen nicht mehr beteiligt. Für allfällige Magisterarbeiten über die Wirksamkeit der wissenschaftlichen Politikberatung wären wir also keine besonders kundigen Auskunftspersonen.

Um das Misslingen der Reform zu konstatieren, braucht es jedoch auch keine *Insider*-Kenntnisse. Ziel des Vorhabens war es, die deutsche Politik aus der „Politikverflechtungsfalle" zu befreien – aus einer Situation also, in der die Bundespolitik durch die Vetomacht des Bundesrates gefesselt werden kann, während die Politik in den einzelnen Ländern weder in der Gesetzgebung noch in der Finanzwirtschaft über autonome Handlungsspielräume verfügt. Gemessen an diesem Ziel ist das Ergebnis in der Tat nicht eindrucksvoll: Die Zustimmungsrechte des Bundesrates wurden in politisch wichtigen Fragen nicht vermindert, sondern eher vermehrt, und die Erweiterung der landespolitischen Handlungsmöglichkeiten blieb hinter dem Nötigen und Möglichen weit zurück.

Woran lag das? Dafür kommen im Prinzip drei Erklärungen in Frage: Objektive Schwierigkeiten und Hindernisse, die einer problemgerechten Reform entgegenstanden; ein ungeeigneter Ansatz, der erfolgversprechende Reformversuche verhinderte; oder schließlich eine Interessenkonstellation unter den „Vetospielern", die eine Einigung auf problemgerechte Reformen ausschloss.

Im konkreten Fall haben offenbar alle drei Faktoren eine Rolle gespielt:

Zum einen kollidieren Versuche einer Entflechtung mit der grundlegenden Architektur des deutschen Bundesstaates, in der dem Bund und den Ländern nicht be-

---

1 Dieser Text enthält einen geringfügig veränderten Abdruck der Veröffentlichung in „Staat und Gesellschaft – fähig zur Reform", 23. wissenschaftlicher Kongress der Deutschen Vereinigung für Politische Wissenschaft. Baden-Baden: Nomos, 47 ff. (2007). Inzwischen habe ich auch eine umfassendere Analyse der Reform und ihrer Ergebnisse vorgelegt (Scharpf 2009).
2 Siehe Benz 2006.
3 Der Reformprozess wurde in vorbildlicher Form zugänglich gemacht in Dokumentation (2005), die im Text und auf CD-Rom alle schriftlichen Beiträge und die stenographischen Protokolle der Plenarsitzungen enthält.

stimmte Staatsaufgaben im Ganzen, sondern einzelne Staatsfunktionen zugeordnet werden.

Zum zweiten ignorierte der von der Kommission verfolgte Ansatz einer „klaren Trennung" der Aufgaben von Bund und Ländern sowohl den in der Sache begründeten Mehrebenen-Charakter der Staatsaufgaben als auch die gravierenden Unterschiede in der Leistungsfähigkeit der Länder.

Drittens schließlich bestimmten die Vetospieler jeder Verfassungsreform – also die Ministerpräsidenten und die Sprecher der Bundestagsfraktionen – nicht nur das parlamentarische Verfahren, sondern auch schon die Beratungen in der Kommission.

1. Zustimmungsrechte des Bundesrates

Die Funktionsverflechtung im deutschen Bundesstaat lässt eine weitgehende Beseitigung von Zustimmungsrechten des Bundesrates von vornherein als unrealistisch erscheinen. Wenn fast alle Bundesgesetze von den Ländern als eigene Angelegenheit und auf eigene Kosten zu vollziehen sind, und wenn die Steuereinnahmen der Länder fast vollständig von Bundesgesetzen abhängen, dann können die Landesregierungen insoweit ihren Einfluss auf die Gesetzgebung des Bundes auch nicht aufgeben. In der Kommission hat man deshalb über die Zustimmungsrechte in der Finanzverfassung gar nicht erst geredet. Die Diskussion konzentrierte sich auf Art. 84 Abs. 1 GG, der die überwiegende Zahl der Zustimmungsfälle ausgelöst hat. Er lautete:[4]

> Führen die Länder die Bundesgesetze als eigene Angelegenheit aus, so regeln sie die Einrichtung der Behörden und das Verwaltungsverfahren, soweit nicht Bundesgesetze mit Zustimmung des Bundesrates etwas anderes bestimmen.

Wenn der Bund in die Verwaltungshoheit der Länder eingreifen will, so muss der Bundesrat gefragt werden. Zum Problem konnte diese sinnvolle Regel erst werden, nachdem das Bundesverfassungsgericht 1958 die sogen. „Einheitstheorie" erfunden hatte.[5] Danach beschränkte sich das Zustimmungserfordernis nicht auf die einzelne Vorschrift über das Verwaltungsverfahren, sondern bezog sich auf das ganze Gesetz als „gesetzgebungstechnische Einheit".

Die schädlichen – und faktisch die politische Verfassung revolutionierenden – Folgen des Urteils zeigten sich jedoch erst in den siebziger Jahren, als der (sozialliberalen) Regierungsmehrheit zum ersten Mal eine oppositionelle Mehrheit im

---

4   Nunmehr lautet der Art. 84 Abs. 1 S. 1, 2, 5 und 6 GG folgendermaßen: „Führen die Länder die Bundesgesetze als eigene Angelegenheit aus, so regeln sie die Einrichtung der Behörden und das Verwaltungsverfahren. Wenn Bundesgesetze etwas anderes bestimmen, so können die Länder davon abweichende Regelungen treffen. […] In Ausnahmefällen kann der Bund wegen eines besonderen Bedürfnisses nach bundeseinheitlicher Regelung das Verwaltungsverfahren ohne Abweichungsmöglichkeit für die Länder regeln. Diese Gesetze bedürfen der Zustimmung des Bundesrates."
5   BVerfGE 8, 274.

Bundsrat gegenüberstand. Nun konnte das zum Schutz der Verwaltungshoheit nötige Zustimmungsrecht als parteipolitisch motiviertes Veto gegen ungeliebte Gesetzesinhalte genutzt werden. Damit näherte sich die majoritäre parlamentarische Demokratie einem System der parteipolitisch akzentuierten *checks and balances*, dem freilich die im amerikanischen Modell essentiellen Prärogativen der Exekutive fehlen.

In dieser Konstellation, die Gerhard Lehmbruch[6] zum ersten Mal analysiert hat, entwickelt die bundesdeutsche Politik eine charakteristische Dynamik: In schwierigen Zeiten, in denen die Regierung unpopuläre Maßnahmen durchsetzen müsste, und in denen Landtagswahlen als Plebiszit über die Bundespolitik inszeniert werden können, kann die Opposition rasch die Mehrheit im Bundesrat gewinnen. Die oppositionellen Ministerpräsidenten können dann unter drei Handlungsorientierungen wählen: Sie können sich auf die Vertretung der institutionellen Eigeninteressen ihres Landes beschränken; sie können versuchen, die „Policy-Interessen" der Oppositionsparteien durchzusetzen; oder sie können die „positionalen Interessen" der Oppositionsparteien fördern, indem sie Erfolge der Regierung verhindern.

Im ersten Fall ist pragmatische Einigung wahrscheinlich. Im zweiten Fall kann man Kompromisse im Vermittlungsausschuss erwarten, die als Kombination inkompatibler Konzeptionen von keiner Seite verteidigt werden. Im dritten Fall schließlich ist mit Blockaden zu rechnen, deren wichtigstes Ziel es ist, die jeweilige Regierung in den Augen ihrer Wähler inkompetent und hilflos erscheinen zu lassen. Franz-Josef Strauß hat diese Optionen ebenso brillant und zynisch ausgespielt wie später Oskar Lafontaine und dann wieder die Ministerpräsidenten der Union. Die *Malaise* der deutschen Politik, in der keine Seite in der Lage ist, ein eigenes Reformkonzept zu verwirklichen und dann auch zu verantworten, hat ihren wesentlichen Grund in der Möglichkeit parteipolitischer (oder auch innerparteilicher)[7] Blockaden im Bundesrat.

In der Kommission gab es ausformulierte Vorschläge der juristischen Sachverständigen, die eine Anwendung der „Einheitstheorie" ausschließen sollten – und die angesichts der neueren Rechtsprechung wohl auch vom Bundesverfassungsgericht respektiert worden wären.[8] Aber die Ministerpräsidenten ließen sich auf solche Überlegungen gar nicht erst ein. Sie waren nicht mehr bereit, die einmal gewonnene Möglichkeit parteipolitisch motivierter Blockaden gegen den Inhalt von Bundesge-

---

6 Siehe Lehmbruch 1976.
7 Auch in der Großen Koalition erhielt der innerparteiliche Widerspruch der Ministerpräsidenten sein volles Gewicht erst durch die im Hintergrund drohende Blockade im Bundesrat.
8 Im „Lebenspartnerschaften-Urteil" vom 17.7.2002 (1 BvF 2/01) hatte das Gericht nicht nur die formelle Trennung zwischen einem (nicht zustimmungsbedürftigen) materiellen Gesetz und einem (zustimmungsbedürftigen) Verfahrensgesetz für zulässig erklärt, sondern auch ausdrücklich offen gelassen, ob an der bisherigen Rechtsprechung zur Einheitstheorie „angesichts der Kritik im Schrifttum ... festzuhalten ist" (Tz. 68).

setzen wieder aufzugeben,[9] und angesichts ihrer Vetoposition im Prozess der Verfassungsreform sah auch die Bundesseite keinen Sinn in weiteren Diskussionen über die Einheitstheorie.

Statt dessen verlagerte sich die Diskussion auf Lösungen, die im Prinzip darauf hinausliefen, dass der Bund auf verbindliche Regelungen des Verwaltungsverfahrens und der Behördenorganisation verzichten und so das Zustimmungsrecht überhaupt vermeiden sollte. Das hätte der Bund allerdings schon immer von sich aus tun können. Aber nachdem die Länder auf das zunächst geforderte Verbot von Organisations- und Verfahrensregelungen verzichtet und sich mit einem Abweichungsrecht zufrieden gegeben hatten, einigte man sich darauf, in Ausnahmefällen doch wieder verbindliche Verfahrensregeln zuzulassen (die dann selbstverständlich wieder der Zustimmung des Bundesrates bedürfen). Wenn man freilich unterstellt, dass der Bund auch bisher Verfahrensregeln nur aus einigermaßen zwingenden Gründen mit dem materiellen Gesetz verbunden hatte, dann könnte die zugelassene Ausnahme auch künftig die Regel bleiben.

Die Länder allerdings sahen in der gefundenen Lösung eine Konzession, die nun ihrerseits wieder kompensiert werden musste: Wenn das Zustimmungsrecht entfiel, weil der Bund auf verbindliche Verfahrensregeln verzichtete, dann konnten sie sich ja auch nicht mehr gegen Bundesgesetze wehren, die ihnen Kosten auferlegten. Am Ende der Beratungen stand deshalb ein neues Zustimmungsrecht für Gesetze, die „Pflichten der Länder zur Erbringung von Geldleistungen, geldwerten Sachleistungen oder vergleichbaren Dienstleistungen gegenüber Dritten begründen" (Art. 104a Abs. 4 GG neu).

Die besondere Pointe dieser Regelung liegt in der unveränderten Geltung des Art. 104a Abs. 3 GG, wonach der Bund den Ländern nur die Kosten von Geldleistungsgesetzen (aber eben nicht die Kosten von geldwerten Sachleistungen und Dienstleistungen) erstatten darf. Im Falle eines (künftigen)[10] Kindergartengesetzes könnte es deshalb auch gar keine Bund-Länder-Verhandlungen über den finanziellen Ausgleich geben. Das neue Zustimmungsrecht wird insoweit also zum reinen Verhinderungsinstrument.[11] Im Ergebnis wird deshalb, wie Philip Manow und Simone Burkhardt[12] gezeigt haben, die Zahl der Zustimmungsfälle sogar eher zu- als abnehmen.

---

9   Im persönlichen Gespräch verwies einer der Ministerpräsidenten auf den Ansehensverlust, den der Bundesrat erleiden müsste, wenn die Landesregierungen ihre Kritik am materiellen Inhalt eines Gesetzes nicht wirksam äußern könnten und sie deshalb gezwungen wären, ein Veto gegen eigentlich unkontroverse Verfahrensvorschriften mit fadenscheinigen Argumenten zu begründen.

10 Der 2007 erstmals veröffentlichte Text befindet sich auf dem Stand vor Inkrafttreten des neuen Kinderbetreuungsgesetzes (vgl. Fn. 1); zur gefundenen Lösung dieser Frage bzw. der Kritik daran vgl. Scharpf 2009: 113 ff.

11 In der Anhörung des Bundestags-Rechtsausschusses wurde auf die Möglichkeit hingewiesen, dass es sich hier um ein leicht zu korrigierendes Redaktionsversehen handeln könnte. Da die Regelung aber den Gesetzgebungsprozess unverändert überstand, muss das Ergebnis wohl so gewollt sein.

12 Manow/Burkhardt 2006.

2. Autonome Handlungsspielräume der Landespolitik

In der Vergangenheit hatten die Landesregierungen – auf Kosten ihrer Landtage – an der Ausweitung der Gesetzgebungskompetenzen des Bundes bereitwillig mitgewirkt, sofern nur ihre Zustimmungsrechte im Bundesrat gesichert waren. Wenn diese seit Jahrzehnten beobachtete Tendenz zum „unitarischen Bundesstaat"[13] nun durch die Reform umgekehrt werden sollte, so gab es dafür sowohl sachliche als auch politische Gründe.

Sachlich hat mit der Vollendung des europäischen Binnenmarktes die bundeseinheitliche Gesetzgebung die Funktion verloren, gleiche Wettbewerbsbedingungen für alle auf dem deutschen Markt konkurrierenden Unternehmen zu sichern. Was einheitlich geregelt werden sollte, muss heute europäisch geregelt werden. Umgekehrt gewinnen in der europäischen Standortkonkurrenz Spezialisierungsvorteile an Bedeutung, die bei der heterogenen Wirtschaftsstruktur der Bundesrepublik regional differenzierende Lösungen vorteilhaft erscheinen lassen.[14]

Ich bin jedoch nicht sicher, ob diese sachlichen Gründe ausgereicht hätten, um die neue Kampagne für erweiterte Gesetzgebungskompetenzen der Länder zu motivieren. Deutlicher ist dagegen ein anderes Motiv: Die westdeutschen Geberländer waren unzufrieden mit dem Länderfinanzausgleich, wo nach der Einbeziehung der neuen Länder das Umverteilungsvolumen von umgerechnet etwa 1,5 Milliarden Euro 1994 auf mehr als 6 Milliarden Euro 1996 und mehr als 8 Milliarden Euro im Jahre 2000 gestiegen war. Besonders dramatisch war die Veränderung für Bayern, das erst seit 1989 überhaupt zu den Geberländern gehörte, und dessen Beiträge von 6 Millionen Euro 1993 auf 1,3 Milliarden Euro 1995 und schließlich auf knapp 2,3 Milliarden Euro im Jahre 2001 eskalierten.[15] Der Versuch, über eine Verfassungsklage Entlastung zu erreichen, blieb faktisch ohne Erfolg[16], und in den Verhandlungen über den „Solidarpakt II" wurde 2001 die West-Ost-Umverteilung sogar bis zum Jahr 2019 festgeschrieben. Sie durfte auch in den Beratungen der Föderalismuskommission nicht mehr in Frage gestellt werden. Überdies sahen sich, je mehr der Verteilungskonflikt an Bedeutung gewann, die leistungsstarken süd- und westdeutschen Länder auch im Bundesrat immer öfter einer strukturellen Mehrheit der wirtschaftlich schwachen Länder gegenüber. Zwar konnten ihre Ministerpräsidenten aus den Zustimmungsrechten immer noch politisches Kapital schlagen, aber für die wirtschaftlichen Belange ihrer Regionen konnten sie damit nur noch wenig erreichen.

Unter diesen Bedingungen stieg ihr Interesse an autonomen Handlungsmöglichkeiten der Landespolitik. Wenn schon die fiskalische Umverteilung hingenommen werden musste, so wollten sie wenigstens ihre Möglichkeiten in der Gesetzgebung erweitert sehen. Dem entsprach zunächst die rhetorische Hinwendung zur Idee eines

---

13 Hesse 1961.
14 Scharpf 1999, 2001.
15 BMF 2006.
16 BVerfGE 101, 158 vom 11. November 1999.

„Wettbewerbsföderalismus"[17] – dem liberalen Gegenkonzept zur bisherigen normativen Selbstbeschreibung des „kooperativen Föderalismus".[18] Da der Begriff aber als Aufkündigung der Solidarität zwischen den Ländern verstanden wurde und mehr Ablehnung als Zustimmung provozierte, wurde er in den Beratungen der Kommission durch den „Gestaltungsföderalismus" ersetzt – eine Formel, die sich mit mehr Erfolg als gemeinsames Interesse aller Länder präsentieren ließ.

Im Mai 2004 einigten sich die Ministerpräsidenten in einem gemeinsamen „Positionspapier" auf die Forderung umfassender Gesetzgebungszuständigkeiten für die Regelung „regionaler Lebenssachverhalte" – von der öffentlichen Fürsorge über die aktive Arbeitsmarktpolitik, das Umweltrecht bis zum Wirtschaftsrecht. Zugleich sollte sich der Bund aus der Bildungs- und Erziehungspolitik („von der Kita bis zur Habilitation") vollständig zurückziehen. Dass sich hinter dieser gemeinsamen Front aber gravierende Interessenkonflikte zwischen den Ländern verbargen, zeigte sich schon daran, dass die von den süddeutschen Ländern ursprünglich geforderten Gesetzgebungskompetenzen über die den Ländern zufließenden Steuern aus dem Katalog gestrichen werden mussten, und dass auch die Forderung nach Abschaffung der Gemeinschaftsaufgaben und Finanzhilfen nur mit erheblichen Einschränkungen formuliert werden konnte. Die leistungsschwachen Länder sahen eben auch im Gestaltungsföderalismus die Gefahren einer für sie möglicherweise „ruinösen" innerdeutschen Standortkonkurrenz.

Mit der Vorlage des „Positionspapiers" fanden die Diskussionen im Plenum der Föderalismuskommission faktisch ihr Ende. Die Beratungen verlagerten sich in sieben spezialisierte „Projektgruppen", in denen die Generalisten aus den Staatskanzleien der Länder auf die Spezialisten aus den Bundesressorts trafen, die – mit viel Unterstützung aus den betroffenen Verbänden – jeweils im Detail darlegten, weshalb gerade die Übertragung ihrer Gesetzgebungskompetenzen auf die Länder ganz besonders schädlich wäre. Das Ergebnis entsprach vollauf den Erwartungen der Vetospieler-Theorie: Da die Länder dem Bund nichts geboten hatten, sah auch die rotgrüne Bundesregierung keinen Grund, die Ressorts zu Konzessionen zu motivieren. Kurz: Als die Projektgruppen nach der Sommerpause ihre Berichte vortrugen, hätte man die Föderalismusreform für gescheitert erklären können.

Dass dann in den allerletzten Wochen doch noch ernsthafte und fast erfolgreiche Verhandlungen zustande kamen, verdankt sich auch weniger dem Verhandlungsgeschick der Vorsitzenden oder der Kompromissbereitschaft der Beteiligten als einer Intervention des Bundesverfassungsgerichts, welche die Verhandlungsposition des Bundes radikal verschlechtert hatte: Das Urteil vom 27. Juli 2004, das die Einführung der „Juniorprofessur" durch das Hochschulrahmengesetz für verfassungswidrig erklärte, stützte sich auf zwei Argumente: Zum einen habe das Gesetz die Grenzen einer bloßen Rahmenregelung überschritten, und zum anderen sei auch die „Erforderlichkeit" einer bundesrechtlichen Regelung nach Art. 72 Abs. 2 GG zu verneinen.

---

17 Morath 1999; Schatz et al. 2000; Zenthöfer 2006.
18 Hesse 1970; Kisker 1971.

Diese setze voraus, dass „gerade durch unterschiedliches Recht in den Ländern eine Gefahrenlage entsteht" – etwa wenn „sich die Lebensverhältnisse in den Ländern ... in erheblicher, das bundesstaatliche Sozialgefüge beeinträchtigender Weise auseinander entwickelt haben", wenn „unzumutbare Behinderungen für den länderübergreifenden Rechtsverkehr" eine „Bedrohung von Rechtssicherheit und Freizügigkeit im Bundesstaat" erzeugen, oder wenn dadurch „die Funktionsfähigkeit des Wirtschaftsraums der Bundesrepublik Deutschland" in Frage gestellt wird.[19]

Diese extrem restriktive Interpretation der Erforderlichkeitsklausel[20] betraf jedoch nicht nur das Hochschulrahmengesetz, sondern den gesamten Bereich der konkurrierenden Gesetzgebung und damit den überwiegenden Teil des geltenden Bundesrechts. Vom bürgerlichen Recht über das Strafrecht, den Strafprozess oder das Arbeitsrecht bis zum Straßenverkehrsrecht konnten nun nicht nur die Landesregierungen, Landtage und der Bundesrat, sondern alle Angeklagten in Strafprozessen und alle Parteien in Zivilprozessen das geltende Recht mit der Begründung anfechten, es sei nicht nachgewiesen, dass von Land zu Land unterschiedliche Regelungen schlechterdings unerträgliche wirtschaftliche oder soziale Folgeprobleme haben müssten.

Damit hatte das Gericht ein Problem erzeugt, das bis dahin gar nicht auf der Traktandenliste der Föderalismusreform gestanden hatte, aber das nun im Verhältnis zwischen Bund und Ländern dringend einer Lösung bedurfte. Zugleich veränderte sich die Verhandlungskonstellation: Nun brauchte also der Bund die Zustimmung der Länder, um selbst den politisch ganz unstrittigen Bestand seiner gegenwärtigen Gesetzgebungskompetenzen verfassungsrechtlich abzusichern. Es lag auf der Hand, dass er dafür etwas bieten musste. Nachdem die durch das Urteil geschaffene Zwangslage verstanden worden war, reagierte auch das bis dahin passive Bundeskanzleramt und bewog die Ressorts in einem „Beichtstuhlverfahren" zur Beschränkung auf ihre jeweiligen „Kernkompetenzen". Bis Anfang November entstand so ein zumindest quantitativ durchaus ansehnlicher Katalog von Gesetzgebungskompetenzen, die der Bund zur Übertragung auf die Länder anbot – von denen am Ende allerdings nicht alle von den Ländern akzeptiert wurden. Im Gegenzug waren die Länder auch bereit, wenigstens einen Teil der konkurrierenden Kompetenzen entweder in die ausschließliche Kompetenz des Bundes zu überführen, oder sie explizit von der Erforderlichkeitsklausel freizustellen (Art. 72 Abs. 2 GG – neu).

Trotzdem ließen die Länder die Föderalismusreform im Dezember 2004 zunächst scheitern – nach der öffentlich vorgetragenen Begründung deshalb, weil der Bund damals noch nicht bereit war, auch die letzten Reste seiner vom Verfassungsgericht

---

19 BVerfG 2 BvF 2/02, Tz 128 ff.
20 Die Klausel war durch die Verfassungsreform von 1994 verschärft worden, und während das Verfassungsgericht die frühere Fassung des Art. 72 Abs. 2 GG faktisch als eine gerichtlich nicht nachzuprüfende Frage des politischen Ermessens behandelt hatte, war ihm dieser Ausweg damals durch die Kompetenzzuweisung in Art. 93 Abs. 1 Ziff. 2a GG verschlossen worden. Das Urteil zur Juniorprofessur war dann der erste Fall, in dem ein Bundesgesetz aufgrund der neugefassten Erforderlichkeitsklausel für verfassungswidrig erklärt wurde.

reduzierten Kompetenzen im Bildungswesen aufzugeben. Angesichts der im Übrigen erzielten Gewinne der Länder erschien diese Begründung zunächst unplausibel. Der Verzicht der Großen Koalition auf die Bildungskompetenzen des Bundes verschaffte ihr dann freilich den Anschein einer beherzten Risikostrategie.

Die Erklärung für diese späte Kapitulation des Bundes ist politikwissenschaftlich eher trivial: Der neue Chef des Kanzleramtes hatte zuvor den Freistaat Sachsen in der Föderalismuskommission vertreten; die bildungspolitische Position der Bundesregierung wurde von der bisherigen Bildungsministerin Baden-Württembergs formuliert und die Position der SPD wurde während der Koalitionsverhandlungen und dann während des parlamentarischen Verfahrens von zwei Parteivorsitzenden vertreten, die in ihren Rollen als Ministerpräsidenten von Brandenburg und Rheinland-Pfalz in die Einheitsfront der Länder gegen den Bund eingebunden waren. Im Bundestag war die Position der Unionsfraktion schon in der Föderalismuskommission stark von der Länderseite beeinflusst worden, und die SPD-Fraktion als einzig verbliebener Vetospieler wurde mit der Warnung vor einem Debakel der Koalition zur Raison gebracht. Kurz: In der neuen politischen Konstellation wurden die Interessen der Bundespolitik nicht mehr durch Vetospieler verteidigt.

3. *Weshalb kann das Ergebnis als „misslungen" bezeichnet werden?*

Dass unter diesen Umständen der Bund bei der Reform wenig gewinnen konnte, liegt auf der Hand. Weshalb aber kann man das Ergebnis auch aus der Perspektive der Landespolitik für misslungen halten?

Eine solche Einschätzung gilt zumindest für die süd- und westdeutschen Länder, die den Handlungsspielraum der Landespolitik hatten wesentlich erweitern wollen. Sie waren nicht nur wegen der Bildungspolitik völlig unzufrieden mit dem im Dezember 2004 erreichten Ergebnis. Wo es ihnen um die Möglichkeit der autonomen Gestaltung politisch und wirtschaftlich bedeutsamer „Lebenssachverhalte" gegangen war, stand am Ende der Beratungen ein Katalog isolierter Zuständigkeiten für eng umschriebene Spezialgesetze. Dabei hatte sich etwa die ursprünglich geforderte Kompetenz für die regionale Wirtschafts- und Arbeitsmarktpolitik auf die Zuständigkeiten für Ladenschluss, Gaststätten und Spielhallen reduziert; von der Umweltpolitik blieb die Zuständigkeit für die Regelung des Freizeitlärms; und die regionale Sozialpolitik schrumpfte auf das Heimrecht (vgl. Art. 74 Abs. 1 Ziff. 1, 7, 11, 17, 18, 24, 27 GG – neu). Für München, Stuttgart, Wiesbaden oder Düsseldorf waren dies „Quisquilien" oder „Kleinkram". „Dafür" – so das Fazit eines Interviewpartners aus dem Stuttgarter Staatsministerium – „waren wir nicht angetreten".

An dieser Einschätzung kann auch der schließlich erzwungene Rückzug des Bundes aus der Bildungspolitik nicht viel ändern, zumal ja die Ministerpräsidenten schon in der Kommission ihre Bereitschaft zu effektiver Selbstkoordination in der Kultusministerkonferenz beschworen hatten. In der Tat ist die KMK noch vor der Gründung der Bundesrepublik zur Sicherung der nationalen Einheitlichkeit im Bildungswesen (und zur Verhinderung substantieller Bundeskompetenzen) eingerichtet worden. Der Zwang zu einstimmiger Entscheidung erwies sich jedoch schon in den ideologisch noch unaufgeregten fünfziger Jahren als ein nur durch jahrelange Verhandlungen überwindbares Hindernis selbst für bescheidene Schulversuche.[21] Je mehr aber die ideologischen Konflikte sich verschärften, desto schwerer fiel die Einigung,[22] und je mehr der trotzdem akkumulierte *acquis* geltender und auch nur einstimmig zu ändernder KMK-Vereinbarungen anwuchs, desto mehr beschränkte die Selbstkoordination der Länder die Gestaltungsfähigkeit der Bildungspolitik in den einzelnen Ländern schon in den siebziger Jahren.[23] Im Vergleich dazu war das nun wegreformierte Hochschulrahmengesetz des Bundes geradezu ein Motor der Innovationen und ein Garant der Experimentierfreiheit für die Länder. Kurz: Die horizontale Politikverflechtung[24] ist für die Gestaltungsfähigkeit der Landespolitik eine noch engere Fessel als die vertikale Verflechtung, die überwunden werden sollte.

Die Gründe für die Bereitschaft zur Selbstfesselung der Länder in der Bildungspolitik und für das im Übrigen enttäuschende Ergebnis bei der Übertragung von Gesetzgebungskompetenzen sind zum Teil identisch. An erster Stelle nenne ich die von Gerhard Lehmbruch[25] herausgearbeitete Bedeutung des seit den Freiheitskriegen gegen Napoleon manifesten kulturellen Nationalismus der deutschen Eliten und deren Abneigung gegen die „deutsche Kleinstaaterei". Anders als in der Schweiz oder in Belgien dient der deutsche Föderalismus nicht dem Schutz regional konzentrierter sprachlicher, ethnischer oder religiöser Minderheiten, und anders als in den USA gelten regionale Unterschiede, wenn sie über das Folkloristische hinausgehen, bei uns nicht als authentischer Ausdruck demokratischer Selbstbestimmung in der kleineren Einheit, sondern als zu überwindende Mobilitätshindernisse und als Verweigerung des Verfassungsanspruchs auf ‚einheitliche' (Art. 106 Abs. 3 Ziff. 2 GG) oder zumindest ‚gleichwertige' Lebensverhältnisse im Bundesgebiet (Art. 72 Abs. 2 GG). Föderalismus mag wohl sein, aber er soll keinen Unterschied machen.

Eben wegen des Anspruchs auf Gleichwertigkeit der Lebensverhältnisse vermindern auch die seit der deutschen Vereinigung gewachsenen Unterschiede in der wirtschaftlichen, finanziellen und administrativen Leistungsfähigkeit der Länder die politische Bereitschaft zur Übertragung autonomer Gestaltungskompetenzen auf die Länder. Die Ministerpräsidenten selbst haben in ihrem Positionspapier vom Mai 2004 die Übertragung von Steuerkompetenzen mit dem Argument abgelehnt, „ein fairer Wettbewerb" erfordere „gleichartige wirtschaftliche Ausgangsbedingungen". Aber das gleiche Argument konnte ja auch gegen die Übertragung anderer Gesetzgebungskompetenzen ins Feld geführt werden, denen Einfluss auf die „Lebensverhältnisse im Bundesgebiet" zugeschrieben werden konnte.

Sachlich ebenso großes Gewicht hat schließlich der Mehrebenencharakter der meisten Politikfelder. Er lässt sich gerade am Beispiel der Bildungspolitik illustrie-

---

21 Storz 1976, 176 ff.
22 Becker et al. 1976.
23 Bundesregierung 1978.
24 Scharpf 1989.
25 Lehmbruch 2002.

ren, in der gewiss viele Aspekte am besten regional und sogar lokal oder in den einzelnen Universitäten und Schulen geregelt werden können und sollten, während andere national oder für das Sprachgebiet einheitliche Regeln brauchen, und wieder andere im Interesse der europaweiten Mobilität und Kommunikation auch europäisch koordiniert werden sollten. Das gleiche Muster gilt aber auch für die Umweltpolitik, die Wirtschaftspolitik, die Arbeitsmarktpolitik oder die Sozialpolitik. Hier geht es also oberhalb der Landesebene gar nicht mehr um das Ob, sondern nur noch um das Wie der Koordination – wobei der Modus der einstimmigen Vereinbarung zwischen allen Ländern im Vergleich zum majoritär zu beschließenden Bundesgesetz allenfalls die Funktionslust der Länderbürokratien befriedigen kann, aber wegen seiner mangelnden Flexibilität ansonsten mit gravierenden Nachteilen bezahlt wird.

Zum Reformhindernis wurden diese Bedingungen jedoch erst als Folge eines Reformkonzeptes, in dem sie nicht angemessen berücksichtigt werden konnten. Die Länder und auch die juristischen Sachverständigen folgten in der Föderalismuskommission der einfachen Maxime: Wenn Politikverflechtung das Problem war, dann musste Entflechtung die Lösung sein. Ziel war deshalb die vollständige Übertragung „ganzer Lebenssachverhalte" in die ausschließliche Zuständigkeit der Landesgesetzgeber. Als Grundsatz akzeptierte auch die Bundesseite diese Maxime, kam aber erwartungsgemäß zu anderen praktischen Schlussfolgerungen, mit denen sie sich – sieht man von der Bildungspolitik ab – auch in den Verhandlungen weitgehend durchsetzen konnte. Nach dem soeben Gesagten liegen die Gründe dafür auf der Hand:

Unter den Bedingungen des „kulturellen Nationalismus" werden politische Diskurse, die wichtige „Lebenssachverhalte" betreffen, bei uns in den nationalen Medien geführt und politische Forderungen werden von politischen Parteien und Verbänden auf Bundesebene artikuliert und wie selbstverständlich an die Bundespolitik adressiert. Die Forderung, wichtige Aufgabenbereiche in die ausschließliche Kompetenz der Länder zu übertragen, findet deshalb in der Öffentlichkeit wenig Verständnis und wird allenfalls von liberalen Ökonomen,[26] liberalen Parteien und der Wirtschaftspresse unterstützt, die sich davon eine raschere Deregulierung und Senkung der Abgabenlast erhoffen. Eben diese Erwartung weckt jedoch die Ängste der wirtschaftlich schwächeren Länder und der sozialstaatlich orientierten Parteien vor den Gefahren einer ruinösen Deregulierungskonkurrenz, Steuersenkungskonkurrenz, Sozialabbau und zunehmender Ungleichheit. Hinzu kamen die aus der Mehrebenenstruktur der regelungsbedürftigen Probleme und der öffentlichen Aufgaben abgeleiteten Bedenken gegen eine zu weitgehende Dezentralisierung, die einerseits die staatliche Kapazität der sehr kleinen Länder überfordern und anderseits negative externe Effekte und erhebliche Mobilitätshindernisse zur Folge haben konnte.

Überdies musste die Diskussion über diese Einwände im Modus der Antizipation geführt werden. Wenn es im Rahmen einer Verfassungsreform um die vollständige und endgültige Übertragung von Regelungskompetenzen ging, dann mussten ver-

---

26 Morath 1999.

antwortungsbewusste Verfassungsgeber in der Tat über die Risiken der möglichen Nutzung neuer Kompetenzen durch künftige Landesregierungen und Parlamente reden – und angesichts der Unsicherheit antizipierender Urteile waren Bedenken grundsätzlich leichter zu begründen als auszuräumen.

Kurz, mit der Festlegung auf das Prinzip der Kompetenztrennung als Lösung für die Probleme der Politikverflechtung hatten die Reformer einen „Bezugsrahmen" etabliert, in dem mit guten Gründen nur eng umschriebene Kompetenzen delegiert werden konnten, welche die administrative und finanzielle Kapazität des Saarlandes oder Mecklenburg-Vorpommerns nicht überforderten, und die auch bei unvernünftiger oder unsolidarischer Nutzung weder die Interessen anderer Länder schädigen, noch die Gleichwertigkeit der Lebensverhältnisse in Frage stellen oder die Mobilität von Unternehmen und Familien behindern konnten. An diesen Kriterien gemessen ist der jetzt erreichte Zugewinn an Länderkompetenzen etwa das Maximum dessen, was Bayern, Baden-Württemberg, Hessen oder Nordrhein-Westfalen mit guten Argumenten begründen und erreichen konnten.[27]

4. Fazit

Aber hätte es denn ein anderes *framing* gegeben, das fruchtbarere Beratungen und Verhandlungen ermöglicht hätte? Ich denke ja, und zusammen mit Arthur Benz[28] in der Kommission, und später auch zusammen mit Ursula Münch[29] bei der Anhörung im Rechtsausschuss des Bundestages, habe ich mich für ein Reformkonzept eingesetzt, das die Politikverflechtung nicht abschaffen, sondern flexibler und effizienter ausgestalten sollte. Zentrales Element war der – seit 1977 vorliegende – Vorschlag

---

27 Allerdings erscheint das Ergebnis auch aus der Sicht der finanz- und leistungsschwachen Länder enttäuschend. Sie waren und bleiben in besonderem Maße nicht nur auf den Finanzausgleich, sondern auch auf problembezogene Finanzhilfen des Bundes angewiesen. Zwar gelang es ihnen, die von den süddeutschen Ländern ursprünglich angestrebte vollständige Beseitigung aller Mischfinanzierungs-Tatbestände zu vermeiden und wenigstens die Gemeinschaftsaufgaben „Agrar- und Küstenschutz", „regionale Wirtschaftsstruktur" und „Forschungsförderung" zu erhalten – und diese in allerletzter Minute (und unter der Bedingung einstimmiger Billigung durch alle Länder) sogar noch um die Möglichkeit einer Förderung von „Vorhaben der Wissenschaft und Forschung an Hochschulen" zu erweitern (Art. 91 b Abs. 1 Ziff. 2 GG – neu). Aber dafür entfällt nun jede Möglichkeit von Finanzhilfen in Bereichen, für die dem Bund kein eigenes Gesetzgebungsrecht zusteht (Art. 104 b Abs. 1 GG – neu). Diese neue Beschränkung betrifft insbesondere das gesamte Bildungssystem unterhalb der wissenschaftlichen Hochschulen – ein Ergebnis, das angesichts der Dringlichkeit von qualitativen und quantitativen Verbesserungen im deutschen Bildungswesen „von der Kita bis zum Abitur" und angesichts der extremen Finanznöte der schwächeren Länder allenfalls durch die dominante Rolle der bayrischen Staatskanzlei und des hessischen Ministerpräsidenten in den Verhandlungen über die Zukunft der Finanzhilfen erklärt werden kann.
28 Benz 2004.
29 Münch 2006.

„konditionierter Abweichungsrechte".[30] Danach sollte der Bund im Bereich der konkurrierenden Gesetzgebung generell von den Beschränkungen des Art. 72 Abs. 2 befreit werden, aber die Länder könnten Gesetze beschließen, die vom geltenden Bundesrecht abweichen. Allerdings müssten diese abweichenden Gesetze dem Bund notifiziert werden, und der Bundestag könnte ihr Inkrafttreten durch Einspruch verhindern. Allerdings sollte dafür, anders als damals vorgeschlagen, auch die Zustimmung des Bundesrates erforderlich sein, um auf diese Weise eine faire Beurteilung der Landesinitiativen zu sichern.

Der Bund könnte also eine gegebene Materie im ersten Zugriff im systematischen Zusammenhang und ohne föderale Beschränkungen regeln. Ebenso könnte aber auch das einzelne Land ohne Rücksicht auf eng definierte Kompetenzgrenzen die Möglichkeit von Abweichungen prüfen, die den jeweiligen regionalen Bedingungen besser entsprächen. Bei der Diskussion darüber ginge es im Bundestag und Bundesrat dann aber nicht mehr um die abstrakten Gefahren einer generellen und dauerhaften Kompetenzübertragung. Zu entscheiden wäre vielmehr im Einzelfall über eine konkrete Regelung, die der Gesetzgeber in einem Land für notwendig gehalten hat, und deren Risiken und Nebenwirkungen für andere Länder oder die gesamtstaatlichen Belange sich einigermaßen sicher abschätzen lassen. Im Ergebnis hätte dies den Handlungsspielraum der Länder wesentlich erweitert, ohne die Ängste vor einem ruinösen Wettbewerbsföderalismus zu provozieren. Konsens wäre also nicht von vornherein unmöglich gewesen.

Ich will hier jedoch die Vorzüge des Vorschlags nicht weiter elaborieren.[31] Wir sind in der Kommission mit unseren Argumenten gegen das dominante *framing* nicht durchgedrungen, und die wenigen Abweichungsrechte, die („unkonditioniert", aber durch eine *lex posterior*-Regel relativiert) tatsächlich in die Verfassung aufgenommen wurden (Art. 72 Abs. 3 GG – neu), haben mit unseren Vorschlägen kaum etwas zu tun. Allenfalls könnten sie sich als Fuß in der Tür für spätere Reforminitiativen erweisen.

Deshalb nur noch ein letzter Satz: Als Politikwissenschaftler sind wir in der Lage, die Notwendigkeit von Reformen zu begründen, den Ablauf und die Ergebnisse von Reformprozessen zu erklären und ihre wahrscheinlichen Folgen abzuschätzen – aber auch wenn wir angehört werden, reicht der Einfluss unserer sachbezogenen Argumente nicht aus, um die politischen Eigeninteressen der institutionalisierten Vetospieler zu überwinden.

---

30 Er geht zurück auf ein Sondervotum des früheren Hamburger Senators Ernst Heinsen in der Enquete-Kommission Verfassungsreform des Deutschen Bundestages. Danach sollte ein neuer Art. 72a GG vorsehen:
„Abweichend von Art. 72 Abs. 1 können die Länder im Bereiche der konkurrierenden Gesetzgebung eine bundesgesetzliche Regelung durch Landesgesetz ersetzen oder ändern, wenn nicht der Bundestag innerhalb von drei Wochen nach der Zuleitung Einspruch erhebt" (Enquete-Kommission 1977: 76).
31 Siehe hierzu Scharpf 2006.

Literatur

Becker, Hellmut/Dahrendorf, Ralf/Glotz, Peter/Maier, Hans, 1976: Die Bildungsreform – eine Bilanz. Stuttgart: Ernst Klett.

Benz, Arthur, 2006: Modernisierung des Bundesstaats – Ursachen einer misslungenen Reform. Vortrag, Fernuniversität Hagen, 19. Juni 2006.

Benz, Arthur, 2004: Überlegungen zu Gesetzgebungskompetenzen und Mitwirkungsrechten des Bundesrats. 4.2.2004. Quelle: http://www.bundesrat.de/cln_050/nn_8364/DE/foederalismus/ bundesstaatskommission/unterlagen/AU-28,templateId=raw,property=publicationFile.pdf/ AU 028.pdf (9.11.2006).

BMF, 2006: Bundesministerium der Finanzen: Länderfinanzausgleich. Quelle: http://www.bundesfinanzministerium.de/cln_03/nn_4320/DE/Finanz_und_Wirtschaftspolitik/Foederale_Finanzbeziehungen/Laenderfinanzausgleich/node.html_nnn=true (16.11.2006).

Bundesregierung, 1978: Bericht der Bundesregierung über die strukturellen Probleme des föderativen Bildungssystems. Deutscher Bundestag Drucksache 8/1551.

Burkhart, Simone/Manow, Philip, 2006: Was bringt die Föderalismusreform? Wahrscheinliche Effekte der geänderten Zustimmungspflicht. MPIfG working paper 2006/6. Köln: Max-Planck-Institut für Gesellschaftsforschung.

Dokumentation, 2005: Dokumentation der Kommission von Bundestag und Bundesrat zur Modernisierung der bundesstaatlichen Ordnung. Zur Sache 1/2005. Berlin: Deutscher Bundestag und Bundesrat. Öffentlichkeitsarbeit.

Enquete-Kommission, 1977: Beratungen und Empfehlungen zur Verfassungsreform. Teil II: Der Bund und die Länder. Schlussbericht der Enquete-Kommission Verfassungsreform des Deutschen Bundestages. Zur Sache 2/77. Bonn: Presse- und Informationszentrum des Deutschen Bundestages.

Hesse, Konrad, 1961: Der unitarische Bundesstaat. Tübingen: Mohr Siebeck.

Hesse, Konrad, 1970: Aspekte des kooperativen Föderalismus in der Bundesrepublik. In: Ritterspach, Theo/Geiger, Willi (Hrsg.), Festschrift für Gebhard Müller. Tübingen: Mohr Siebeck.

Kisker, Gunter, 1971: Kooperation im Bundesstaat. Tübingen: Mohr Siebeck.

Lehmbruch, Gerhard, 1976: Parteienwettbewerb im Bundesstaat. Stuttgart: Kohlhammer.

Lehmbruch, Gerhard, 2002: Der unitarische Bundesstaat in Deutschland: Pfadabhängigkeit und Wandel. In: Benz, Arthur/Lehmbruch, Gerhard (Hrsg.), Föderalismus. Analysen in entwicklungsgeschichtlicher und vergleichender Perspektive, PVS Sonderheft 32, Wiesbaden: Westdeutscher Verlag, 53-110.

Morath, Konrad (Hrsg.), 1999: Reform des Föderalismus. Bad Homburg: Frankfurter Institut.

Münch, Ursula, 2006: Schriftliche Stellungnahme zur Anhörung des Rechtsausschusses des Deutschen Bundestages zum Thema „Föderalismusreform" am 15. Mai 2006. Quelle: http://www.bun-destag.de/ausschuesse/a06/foederalismusreform/Anhoerung/ 01_Allgemeiner_Teil/ Stellungnah-men/Prof_Dr_Ursula_Muench.pdf (9.11.2006).

Scharpf, Fritz W., 1989: Der Bundesrat und die Kooperation „auf der dritten Ebene". In: Bundesrat (Hrsg.), Vierzig Jahre Bundesrat. Baden-Baden: Nomos, 121-162.

Scharpf, Fritz W., 1999: Föderale Politikverflechtung. Was muß man ertragen? Was kann man ändern? In: Morath, Konrad (Hrsg.), Reform des Föderalismus. Bad Homburg: Frankfurter Institut, 23-36.

Scharpf, Fritz W., 2001: Mehr Freiheit für die Bundesländer. Der deutsche Föderalismus im europäischen Standortwettbewerb. In: FAZ v. 7. April 2001, 15.

Scharpf, Fritz W., 2006: Recht und Politik in der Reform des deutschen Föderalismus. In: Becker, Michael/Zimmerling, Ruth (Hrsg.), Politik und Recht. PVS Sonderheft 36, Wiesbaden: VS, 306-332.

Scharpf, Fritz W., 2009: Föderalismusreform. Kein Ausweg aus der Politikverflechtungsfalle? Frankfurt a. M./New York:: Campus.

Schatz, Heribert/van Oyen, Robert Chr./Werthes, Sascha, 2000: Wettbewerbsföderalismus. Aufstieg und Fall eines politischen Streitbegriffs. Baden-Baden: Nomos.

Storz, Gerhard, 1976: Zwischen Amt und Neigung. Ein Lebensbericht aus der Zeit nach 1945. Stuttgart: Ernst Klett.

Zenthöfer, Jochen, 2006: Wettbewerbsföderalismus. Zur Reform des deutschen Bundesstaates nach australischem Vorbild. Grasberg bei Bremen: Rolf Schmidt.

Entwicklungslinien verfassungsrechtlicher Konturierung und verfassungsdogmatischer Problematisierung der Gemeinschaftsaufgaben im Bildungs- und Forschungsbereich

Peter Collin

1. Einleitung

Die Entwicklung der Gemeinschaftsaufgaben im Bereich Bildung und Forschung von den Anfängen der Bundesrepublik bis zur Föderalismusreform I kann unter verschiedenen Gesichtspunkten beschrieben werden, z. B. als Politik-, Verwaltungs- oder auch als Theoriegeschichte. Die nachfolgenden Ausführungen gehen von einem verfassungshistorischen Interesse aus. Beschrieben werden soll erstens die sich wandelnde Verfassungslage. Die Darstellung beschränkt sich also auf die Erörterung jener normativen Strukturen, die sich aus dem Verfassungstext ergeben; die einfachgesetzliche Ausgestaltung, vor allem durch das Hochschulbauförderungsgesetz (HBFG), ist somit ebensowenig Gegenstand dieses Beitrages wie die Ausgestaltung in Verwaltungsvereinbarungen. Zweitens soll der verfassungsdogmatische Diskurs geschildert werden, also die Auseinandersetzung um die Auslegung des Verfassungstextes und um die daraus zu ziehenden Schlussfolgerungen für das Erlaubt- oder Gebotensein von Formen bundesstaatlicher Kooperation. Nicht im Zentrum stehen hingegen jene Debatten, die einen eher verfassungspolitischen Charakter tragen, weil es ihnen um eine rechtspolitische Kritik an der bestehenden Verfassungslage geht. Gleichwohl werden entsprechende Stellungnahmen in den folgenden Ausführungen dann berücksichtigt, wenn sie zugleich auf Widersprüche zwischen der Staatspraxis und der bestehenden Verfassungslage und damit auf das Problem der verfassungsrechtlichen Zulässigkeit staatlichen Handelns aufmerksam machen.

2. Erste Schritte auf unsicherem Grund – Diskussionen, Konzeptionen und Verfassungslage bis 1969

2.1. Zentralistische Impulse und föderalistische Widerstände

Bildung und Forschung gehörten bis 1969 grundsätzlich zur Verwaltungskompetenz der Länder. Der Weg zu zentralstaatlich organisierter Wissenschaft schien somit weitgehend versperrt. Spätestens ab Mitte der 1950er Jahre erschien dieser Zustand nicht mehr haltbar, soweit es jedenfalls bestimmte Wissenschaftsbereiche betraf.

Mochte er der Geisteswissenschaft mit ihren relativ schwachen Finanzbedürfnissen noch angemessen sein, so wurde er doch als Hemmnis vor allem der anwendungsorientierten naturwissenschaftlich-technischen Großforschung wahrgenommen, die auf Konzentration von Expertise und großdimensionierte Finanzierung angewiesen war. Die Befürchtung wurde laut, den Anschluss sowohl im Systemwettbewerb als auch innerhalb des westlichen Bündnisses zu verlieren. Die Förderung der Wissenschaften wurde so zur „Lebensfrage der Nation".[1]

Vor allem innerhalb des Bonner Ministerialapparates[2] mehrten sich Stimmen, die auf eine Auslegung der Verfassung drängten, welche dem Bund einen weiteren Gestaltungsspielraum bei Koordinierung, Organisation und Finanzierung der Forschung eröffnen sollte. So wurde aus Art. 74 Nr. 13 GG, der dem Bund die Gesetzgebungskompetenz für die Forschungsförderung überwies, eine Organisations- und Finanzierungskompetenz abgeleitet[3] – eine Argumentationslinie, die bis in die 1960er Jahre hinein von bundesministerieller Seite immer wieder aufgenommen wurde: Sei dem Bund die grundlegende Gestaltungszuständigkeit – eben in Form der Gesetzgebungskompetenz – zugewiesen, so müsse er „die ihm hier obliegende Ordnungsfunktion in gewissem Umfange auch ohne Ingangsetzung der Gesetzgebungsmaschinerie ausüben" können.[4] Überhaupt lässt sich von dieser Seite[5] das Bemühen beobachten, aus dem Korsett randscharf abgegrenzter verfassungsrechtlicher Zuständigkeitsregelungen auszubrechen und Lücken ausfindig zu machen, die unter dem Gesichtspunkt gesamtstaatlicher Bedürfnisse vom Bund besetzt werden konnten.[6]

Von Seiten der Bundesländer, vor allem der südlichen, stellte man hingegen auf die grundgesetzliche Kompetenzordnung ab, die nach jener Lesart die Zuständigkeiten zwischen Bund und Ländern abschließend verteilte. Für die Herleitung von – ungeschriebenen – Bundeszuständigkeiten, also solchen, die im Verfassungstext keinen ausdrücklichen Niederschlag fanden, sei kaum Raum vorhanden. Soweit es organisatorischer Kooperation und der Zusammenfassung von Finanzmitteln bedürfe, verwies man auf die Möglichkeit der Selbstkoordinierung der Länder.[7] Falls darüber hinaus noch ein Bedürfnis nach gemeinsamer Aufgabenerfüllung von Bund

---

1 Kipp 1956: 557.
2 Von Seiten der Wissenschaft hatte sich Peters 1950: 281 ff., für die Einräumung umfassenderer Bundeskompetenzen im Bildungs- und Wissenschaftsbereich stark gemacht, allerdings hauptsächlich gestützt auf die Auffassung, die Art. 83 ff. GG würden nur für gesetzesausführende, nicht hingegen für gesetzesfreie Verwaltung gelten, und Art. 30 GG sei lediglich der Charakter einer Vermutungsregel bzw. eines Programmsatzes zuzubilligen – eine Auffassung, die sich nicht durchsetzte.
3 Kipp 1956: 559 ff.
4 Kölble 1965: 77.
5 Als Hauptvertreter der Bundesseite ist vor allem Kölble zu nennen; siehe auch dessen Ausweisung als Wortführer der „bundesfreundlichen" Sicht bei Oppermann 1969: 590, Fn. 122 ff.
6 Kölble 1964: 592 ff.
7 Stralenheim 1965: 74 f.

und Ländern bestehe, könnte dies nur auf der Grundlage klarer Zuständigkeitsregelung organisiert werden.[8]

2.2. Kooperativer Föderalismus als Argumentationstopos

Die Stimmen, die gerade im Bereich Bildung und Forschung ein stärkeres Engagement des Bundes anmahnten, verbanden damit keineswegs die Forderung nach Kompetenzverschiebungen im Sinne eines Nullsummenspiels. Es ging nicht in erster Linie darum, den Ländern Zuständigkeiten zu entwinden, um sie in den bundesstaatlichen Kompetenzbereich einzufügen. Vielmehr stand das Ziel im Vordergrund, die Wahrnehmung von Länderkompetenzen mit zentralen Programmvorstellungen kompatibel zu machen und Bildung und Forschung für finanzielle Steuerungen des Bundes zu öffnen. Ein solcher Modus des – hierarchischen oder kooperativen – Zusammenwirkens bzw. der Abstimmung potentiell konfligierender Interessen hatte aber weder im Grundgesetztext eine Regelung gefunden (sieht man von den hier nicht direkt einschlägigen Bestimmungen zum Bundesrat, zur Bundesaufsicht und zur Amtshilfe ab), noch hatte die Verfassungsrechtslehre hierfür Konzeptionen entwickelt.[9] Verfassungsrechtliches Regelungssystem und Verfassungsrechtswissenschaft waren fixiert auf eine grundgesetzliche Ordnung der Aufgabenteilung, nicht des Aufgabenzusammenhangs.

Das seit den frühen 1960er Jahren immer wirkungsmächtigere Schlagwort vom Kooperativen Föderalismus stand dann auch weniger für eine Konzeption mit eindeutigen Konturen[10] als für die Diagnose eines solchen Defizits – soweit der bestehende Zustand als defizitär empfunden wurde – und es stellte eine argumentative Grundlage für Forderungen nach einer stärkeren Verschränkung der Organisation und Finanzierung von Bildung und Forschung zur Verfügung. Die Debatten um eine verstärkte bundesstaatliche Verflechtung des Wissenschaftswesens und um eine grundlegende Neukonzeptionierung des Bundesstaatsprinzips gingen damit eine Verbindung ein.[11] Verfassungsrechtlich gewann dabei der Hinweis auf das Sozialstaatsprinzip an Bedeutung. Begründen ließ sich damit einerseits, dass das Festhalten an der hergebrachten staatsrechtlichen Doktrin strikter Kompetenzabgrenzungen überholt war.[12] Andererseits ließen sich aus dem Sozialstaatsprinzip Vorgaben ableiten, denen man nur unter Überschreitung überkommener Kompetenzgrenzen gerecht werden konnte. Dem Föderalstaat klassischer Prägung traute man die Bewältigung der sozialstaatlich gebotenen Gestaltungsaufgaben da nicht mehr zu, wo ihre finan-

---

8 So die Forderung der Ministerpräsidentenkonferenz vom 10. bis 12. Juni 1963, siehe Marnitz 1974: 28.
9 Scheuner 1962: 641 f.
10 Liesegang/Plöger 1971: 228; Hettlage 1973: 99.
11 Tiemann 1970a: 20.
12 Hinzu kam der Hinweis darauf, dass die Bundesglieder des Kaiserreichs und der Weimarer Republik auf eine historische eigene Staatlichkeit verweisen konnten, wogegen die jetzigen Bundesländer größtenteils Kunstgebilde darstellten, Hesse 1962: 12.

ziellen Dimensionen die Leistungskraft eines einzelnen Landes überforderten oder die Formel von der „Einheitlichkeit der Lebensverhältnisse" (Art. 72 Abs. 2 Ziffer 3 GG) eine zentral gesteuerte Finanzierung und Organisation gebot. Das Sozialstaatsprinzip wurde zum „Motor der zentralen Entscheidung."[13]

Und schließlich war es die Staatspraxis selbst, die dem Gedanken des Kooperativen Föderalismus Auftrieb gab.[14] Die Vielzahl an Staatsabkommen, Verwaltungsvereinbarungen und aus Ressortministerkonferenzen erwachsenen Beschlüssen, gerade auch im Bereich der Bildungspolitik und der Forschungsförderung, ließ sich nicht mehr mit dem Bild eines Bundesstaates in Übereinstimmung bringen, in dem sich die einzelnen Glieder auf die exklusive, von jeder Fremdeinwirkung freie Wahrnehmung von Aufgaben berufen konnten. Die soziale Wirklichkeit selbst drängte klassische föderale Ordnungsvorstellungen in den Hintergrund.[15]

2.3. Verfassungsrechtliche Problemlagen der Bildungs- und Forschungsförderung: Mischverwaltung, Verwaltungsvereinbarungen und Fondswirtschaft

Allerdings enthob der Hinweis auf die Staatspraxis nicht von der Notwendigkeit, Formen bundesstaatlicher Verflechtung mit den Vorgaben des Grundgesetzes zur Deckung zu bringen. Verfassungspolitische Überlegungen programmatischer Natur konnten nur mit Aussicht auf Akzeptanz vorgebracht werden, wenn sie nicht unter dem Verdacht des Verstoßes gegen grundgesetzliche Vorgaben standen. Gerade diesem Verdacht aber waren sie in mannigfaltiger Hinsicht ausgesetzt. Der Kooperative Föderalismus bot eben keine „saubere" juristische Lösung an, keine Lösung, die eine angemessene Mittelkoordinierung bei gleichzeitigen überschneidungsfreien Kompetenzaufteilungen ermöglichte.[16] Die verfassungsrechtlichen Bedenken lassen sich unter drei Stichworten zusammenfassen: Mischverwaltung, Verwaltungsvereinbarungen, Fondswirtschaft.

Dort wo bundespolitische Gestaltungsansprüche im Bereich Bildung und Forschung mit der Kulturhoheit der Länder zusammenstießen und Formen der Zusammenarbeit erörtert wurden, stellte sich nahezu reflexartig die Frage, ob ein Verstoß gegen das Verbot der Mischverwaltung vorlag.[17] Das Verbot der Mischverwaltung hatte sich in den 1950er und 1960er Jahren als verfassungsrechtliches Axiom durchgesetzt.[18] Allerdings gab es weder allgemein geteilte Vorstellungen über den Begriff der Mischverwaltung, also darüber, welche Erscheinungsformen von Zuständigkeitsvernetzungen er überhaupt erfasste.[19] Noch herrschte über die verfassungsrecht-

---

13 Scheuner 1962: 645; ähnlich auch Patzig 1961: 294.
14 Oeter 1998: 268.
15 Hesse 1962: 19, 31 f.; Scheuner 1962: 642.
16 Patzig 1966: 390 ff.
17 Patzig 1961: 291.
18 Loeser 1976: 25 f.; Oppermann 1990: 412.
19 Kölble 1960: 658.

lichen Anknüpfungspunkte Einigkeit. Mehr oder weniger handelt es sich bei der Mischverwaltung – als Bezeichnung für einen verbotenen Verwaltungsmodus – um eine Anfang der 1950er Jahre aufgekommene Begriffsschöpfung[20], die ein rigides, auf Abgrenzung angelegtes bundesstaatliches Denken auf die Verfassungsordnung des Grundgesetzes übertrug. Wie Ronellenfitsch plausibel dargelegt hat, ließen sich derartige Vorstellungen nur unter Ignorierung des gewandelten Charakters des deutschen Bundesstaates auf die Bundesrepublik übertragen. Denn diese war kein Fürstenbund, der auf die weitgehende Wahrung der Souveränitätsrechte der einzelstaatlichen Monarchien hin konstruiert war.[21] In den Beratungen zum Grundgesetz hatte derartiges Gedankengut keinen Niederschlag gefunden.[22] Das Verbot der Mischverwaltung ließ sich nicht als solches, sondern nur dann verfassungsrechtlich handhabbar machen, wenn man es als zusammenfassende Bezeichnung für verschiedene verfassungsrechtliche Vorgaben, die wiederum verschiedene verwaltungsmäßige Verflechtungsmodi in unterschiedlicher Weise erfassten, verstand.

Derjenige Verwaltungsmodus, über den sich die bundestaatliche Zusammenarbeit in erster Linie realisierte, war der des Staatsvertrages bzw. der Verwaltungsvereinbarung. Eine Vielzahl derartiger Abkommen zwischen den Ländern oder zwischen dem Bund und den Ländern war seit der Gründung der Bundesrepublik vor allem im Bereich Bildung und Forschung geschlossen worden:[23] Das Königsteiner Abkommen von 1949 zwischen den Ländern über die Finanzierung einzelner Forschungseinrichtungen, das Bund-Länder-Abkommen von 1957 über die Errichtung des Wissenschaftsrates und die Bund-Länder-Abkommen von 1964 und 1968 über die Finanzmittelbereitstellung für den Hochschulbau sowie für DFG und MPG waren nur die bekanntesten.

Dem Verfassungstext waren solche Regelungsformen bis 1969 unbekannt[24] und auch die Wissenschaft hatte sich bis in die 1950er Jahre kaum mit ihnen befasst.[25] Das machte sie nicht *per se* unzulässig. Was fehlte, war aber eine verfassungsrechtliche Legitimation, die verfassungsrechtliche, sich aus anderen Verfassungsnormen ableitende Einwände entkräften konnte. Verfassungsrechtliche Kritik erfuhr die Praxis der vertraglichen Regulierung aus verschiedenen Gründen. Generell wurde moniert, dass Verwaltungsabkommen Materien okkupierten, die grundsätzlich gesetzlicher Regelung vorbehalten waren.[26] Speziell bezogen auf den Wissenschaftsrat[27] oder insgesamt bezogen auf das Rätewesen[28] wies man auf die Gefahr der Abwanderung faktischer Entscheidungsmacht in nicht parlamentarisch verantwortliche

---

20 Köttgen 1955: 486; Patzig 1961: 292.
21 Siehe zur entsprechenden bundesstaatlichen Konzeption des Deutschen Reiches von 1871 Oeter 1998: 29 ff., insbes. 38.
22 Ronellenfitsch 1976: 162, 256 f.
23 Auflistung der einschlägigen Abkommen bei Grawert 1967: 322-327.
24 Ronellenfitsch 1976: 182.
25 Kölble 1960: 654.
26 Grawert 1967: 295 f.
27 Staff 1971: 77.
28 Grawert 1967: 274 ff.

Gremien hin. Der vertraglichen Selbstkoordination der Länder wurde entgegengehalten, dass sie die Zuständigkeitsordnung überspiele und ein Finanzausgleichssystem etabliere, dessen Regelung eigentlich dem Bundesgesetzgeber zustehe.[29] Wenn auch diese Bedenken nicht durchgehend geteilt wurden, ihnen vereinzelt „positivistische Methode(n)" und „verfassungsrechtlicher Rigorismus" vorgeworfen wurde[30], so zeigt sich doch, dass die bisherige Kooperationspraxis auf verfassungsrechtlich unsicherem Grund stattfand.

Gleiches galt für die sogen. Fondswirtschaft des Bundes, also die Vergabe von Bundesmitteln für Forschungs- und Bildungszwecke außerhalb seiner Verwaltungskompetenzen. Die Fondswirtschaft konnte auf eine Tradition zurückblicken, die bis in die Zeit des Kaiserreichs zurückreichte, auch wenn sie dort wegen der andersartigen Länder-Reichs-Finanzierung nur bescheidene Größenordnungen aufgewiesen hatte.[31] In der Weimarer Republik, als sich die Verfügungsgewalt über das Steueraufkommen auf die zentralstaatliche Ebene verlagert hatte, erreichte sie weit erheblichere Dimensionen, gerade auch im Wissenschaftsbereich.[32] Die Länder reagierten allerdings empfindlich auf die mit der finanziellen Förderung einhergehende Inanspruchnahme von Einflussrechten durch das Reich und die damit verbundene Untergrabung der von ihnen beanspruchten Kulturhoheit; das Problem der Verlagerung von Steuerungsmacht auf die finanzkräftigere Institution war damals schon in aller Deutlichkeit gesehen worden; verschärfend wirkte sich der Umstand aus, dass die Reichsregierung die Gelder oft an unabhängige Organisationen vergab und so den Ländern jegliche Einflussnahmemöglichkeit auf ihre Verwendung abschnitt.[33]

Die Staatsrechtswissenschaft stand dieser Praxis überwiegend ablehnend gegenüber. Das für die spätkonstitutionelle Lehre von Hänel formulierte Trennungsmodell[34] wurde in dieser Entschiedenheit zwar nicht mehr in der Weimarer Zeit verfochten, die Fondsverwaltung stand aber unter permanentem Unitarismusverdacht.[35]

In der Bundesrepublik war der Diskussion um die Fondsverwaltung insofern etwas an Schärfe genommen, als im Bildungs- und Forschungsbereich die Bundesgelder auf der Grundlage vertraglicher Abkommen zwischen Bund und Ländern flossen. Das galt sowohl für die Zuschüsse für den Hochschulbau als auch für jene, die der MPG und der DFG zugute kamen. Auch ließ sich dem Grundgesetz kein ausdrückliches Verbot der Fondsverwaltung entnehmen; bei den Verfassungsberatungen war man von der prinzipiellen Zulässigkeit von Bundeszuschüssen für Länder-

---

29 Kölble 1967: 2.
30 So Knöpfle 1969: 87, 95, in einem Rezensionsaufsatz zu Grawert 1967.
31 Beispiele bei Hänel 1892: 380, Fn. 3; Müller-Volbehr 1975: 10.
32 Neben der Unterhaltung einzelner Forschungsvorhaben und -einrichtungen vor allem die Finanzierung der Kaiser-Wilhelm-Gesellschaft und der Notgemeinschaft der deutschen Wissenschaft, Popitz 1929: 170.
33 Darstellung der Auseinandersetzungen bei Medicus 1932: 104 ff.
34 Hänel 1892: 380: „Das Reich ist nicht befugt, Ausgaben zu leisten, welche nicht der Durchführung seiner verfassungsmäßigen Kompetenzen dienen. Dies gilt auch dann, wenn es sich um Zuwendungen handelt, die die Ausübung eines Herrschaftsrechtes nicht enthalten."
35 Ausführlich zur Diskussion in der Weimarer Zeit: Müller-Volbehr 1975: 10.

aufgaben ausgegangen, wobei man aber eine entsprechende bundesgesetzliche Grundlage voraussetzte.[36] In der Lehre begann sich jedoch bald eine Rückkehr zum hergebrachten Trennungsdenken abzuzeichnen. Die Ansicht, Finanzierungsbefugnisse könnten nur im Rahmen von Verwaltungsbefugnissen für das entsprechende Sachgebiet zugestanden werden[37], gewann stark an Einfluss. Konsequent verfolgt, zog sie allerdings das Verdikt der Verfassungswidrigkeit in Bezug auf einen Großteil der Finanzierungsaktivitäten des Bundes nach sich. Und sie berücksichtigte nicht hinreichend, dass Programmentscheidungen mit der Folge von Finanzierungslasten vor allem im Wege der Gesetzgebung erfolgten. Im Schrifttum ließen sich daher bald Stimmen vernehmen, die die Finanzierungskompetenz stärker an die Gesetzgebungskompetenz koppeln wollten.[38] Aber ebenso wie jene Stellungnahmen, die die Finanzierungsbefugnis des Bundes aus dessen „ungeschriebenen" Verwaltungskompetenzen aus der Natur der Sache oder aus dem Sachzusammenhang herleiten wollten – eine Ansicht, die ebenfalls in starkem Maße mit Begründungsproblemen zu kämpfen hatte[39] –, offenbarten sie vor allem Eines: das geltende Verfassungsrecht lieferte keine hinreichend sichere Grundlage, die von den politischen Akteuren als allgemein verbindlicher Handlungsmaßstab anerkannt werden und als Orientierungsrahmen für eine künftige, auf eine ausreichende finanzielle Basis gestellte Forschungs- und Bildungsförderung dienen konnte.

2.4. Gemeinschaftsaufgaben: Begriffsstiftungen und begriffliche Unklarheiten

Als entscheidender Hemmfaktor für eine verfassungsrechtlich überzeugende Einbeziehung des Bundes in die Bildungs- und Forschungsförderung und -organisation erwies sich das Fehlen einer verfassungsnormativen Aufgabenzuweisung. Solange es dieser ermangelte, war eine gemeinsame Aufgabenverantwortung, und sei es nur eine partielle, schwer denkbar, stand der Beteiligung des Bundes die Zuständigkeitsregel des Art. 30 GG im Wege, welche die Wahrnehmung von Verwaltungsaufgaben den Ländern vorbehält, solange das Grundgesetz keine anderweitige Regelung traf. Über Art. 74 Nr. 13 GG, der dem Bund die (konkurrierende) Gesetzgebungskompetenz im Bereich der Forschungsförderung zuwies, ließ sich zwar auch eine Verwaltungskompetenz begründen[40], dies aber hätte den Erlass eines entsprechenden Gesetzes erfordert – woran es fehlte.

Mit jenen Kompetenztiteln, die nach 1969 die Bundesbeteiligung legitimierten, ist der Begriff der Gemeinschaftsaufgaben verbunden (wobei das dahinterstehende Regelwerk mehr als nur eine Zuständigkeitszuweisung an den Bund enthält[41]). Vor

---

36 Müller-Volbehr 1975: 20 ff.
37 So vor allem und einflussreich Fischer-Menshausen 1952: 675.
38 Ausführlich zur Diskussion Müller-Volbehr 1975: 24 ff.
39 Breuer 2006: 327.
40 Über Art. 87 Abs. 3 GG.
41 Dazu unten 3.

1969 hatte sich der Begriff der Gemeinschaftsaufgaben ebenfalls schon einen festen Platz im Schrifttum erworben, wobei allerdings verschiedene Bedeutungsgehalte zu verzeichnen sind. Teilweise fasste man in einem sehr weit verstandenen Sinne eine Vielzahl von Verschränkungen von Landes- und Bundeszuständigkeiten hierunter, so u. a. auch die Ausführung von Bundesgesetzen durch die Länder;[42] teilweise stellte man auf das Vorhandensein einer Verwaltungseinrichtung ab, in der der eine „institutionelle Neutralisierung" von Konflikten stattfinden konnte.[43] Schließlich stand die Bezeichnung auch für eine gemeinsame Finanzverantwortung, der die Aufgabenverantwortung folgte.[44]

Diese unterschiedlichsten Begriffsverständnisse zeigen zunächst, dass es sich nicht um eine allseits oder zumindest mehrheitlich akzeptierte verfassungsrechtliche, für die Ableitung von Rechtsfolgen geeignete Kategorie handelte.[45] Die Verwendung der Bezeichnung „Gemeinschaftsaufgaben" signalisiert aber auch die Erosion des hergebrachten spätkonstitutionellen Trennungskonzepts, das Vordringen eines Denkens in Verbundlösungen und den Versuch, diese durch Kategorienbildungen für konkrete Rechtsprobleme operationalisierbar zu machen. Man verharrte nicht in der relativ abstrakten Konzeption eines Kooperativen Föderalismus, sondern tastete sich zu – teilweise stärker deskriptiven, teilweise stärker programmatischen – begrifflichen Erfassungen auf einer niedrigeren Abstraktionsstufe vor.

2.5. Das Troeger-Gutachten: Konzeptionen und Reaktionen

Mit dem Troeger-Gutachten von 1966, welches der Vorbereitung einer umfassenden Finanzreform diente, wurde der kooperative Ansatz unwiderruflich in die Arena politischer Entscheidungsfindung überführt. Dabei fällt beim konzeptionellen Gehalt des Gutachtens eine gewisse Zweigleisigkeit des Vorgehens auf – eine Zweigleisigkeit, die auch die bisherigen verfassungsrechtlichen Unsicherheiten plastisch zum Ausdruck brachte. Denn auf der einen Seite interpretierte das Gutachten das Grundgesetz in einer bestimmten Weise und überspielte damit bestehende Zuständigkeitszweifel. Auf der anderen Seite erkannte es derartige Zweifel an und zog daraus die Konsequenz, eine Verfassungsänderung vorzuschlagen. Auf den Bereich Bildung und Forschung bezogen, bedeutete das: Aufgaben der naturwissenschaftlichen Großforschung und Wissenschaftsvorhaben und -einrichtungen, die der gesamtstaatlichen Repräsentation dienten, wurden als regional „nicht radizierbare" Aufgaben einer „ungeschriebenen" Bundeszuständigkeit unterstellt. Diese sollten in Verwaltungsvereinbarungen zwischen Bund und Ländern konkret ausgewiesen werden; über

---

42 Dazu krit. Patzig 1961: 203; Köttgen 1962: 304.
43 Köttgen 1962: 305.
44 Patzig 1961: 297.
45 Siehe auch Staff 1971: 139 f.

Zweifel hinsichtlich der Zuständigkeitszuordnung sollte in einem mit Bundes- und Landesvertretern besetzten Ausschuss entschieden werden.[46]

Was hingegen den Neu- und Ausbau von Hochschulen sowie die Förderung von Forschungseinrichtungen außerhalb der Hochschulen betraf, räumte das Troeger-Gutachten durchaus Zweifel daran ein, ob eine Mitwirkung des Bundes von der verfassungsrechtlichen Zuständigkeitsordnung gedeckt war. Es schlug daher – um diese und andere Aufgaben für eine bundesstaatliche Kooperation zu öffnen – die Einfügung eines Art. 85a GG vor. Danach sollten Bund und Länder bei Aufgaben, „deren Ausführung Sache der Länder ist", zusammenwirken, „wenn die Aufgaben für die Gesamtheit bedeutsam sind und einer langfristigen gemeinsamen Planung bedürfen". Ein Bundesgesetz, welches der Zustimmung des Bundesrates bedurfte, sollte erstens festlegen, welche Aufgabenbereiche zu den Gemeinschaftsaufgaben zu zählen waren, und zweitens Grundsätze für ihre Erfüllung bestimmen. Bundesrat und Bundesregierung sollten durch übereinstimmende Beschlüsse Pläne und Richtlinien für die Erfüllung aufstellen; über deren Einhaltung sollte die Bundesregierung dann die Aufsicht ausüben.[47]

Die Vorschläge des Troeger-Gutachtens wiesen eine starke zentralistische Schlagseite auf[48], weshalb sie zwar von Seiten der Bundesministerialbürokratie begrüßt[49], aber eben auch von Vertretern der Länder heftig kritisiert wurden.[50] Dabei wurden politische Vorbehalte gegen eine zu starke Stellung des Bundes mit verfassungsrechtlichen Einwänden verknüpft: Gegen die Konkretisierung ungeschriebener Bundeszuständigkeiten in Verwaltungsvereinbarungen wurde der Vorwurf erhoben, hierdurch würde die Zuständigkeitsordnung des Grundgesetzes unterlaufen.[51] Der vorgeschlagene Art. 85a GG zog sich das Verdikt verfassungswidrigen Verfassungsrechts zu. Denn die dort vorgenommene allgemeine Definition von Gemeinschaftsaufgaben mache es möglich, weite Verwaltungsbereiche hierunter zu fassen, wodurch dem Bund die Möglichkeit gegeben sei, sie seiner Gestaltungsmacht zu unterwerfen. Letztlich sei den Ländern damit kein eigener substanzieller Aufgabenbestand mehr garantiert. Dies verstoße gegen das in Art. 79 Abs. 3 GG gegen Verfassungsänderungen wehrhaft gemachte Bundesstaatsprinzip.[52] Eine tragfähige Basis für einen politischen Konsens boten die Troeger-Vorschläge somit nicht.[53] Für eine

---

46 Kommission für die Finanzreform 1969: Tz. 83 ff., insbes. 93, 113.
47 Kommission für die Finanzreform 1969: Tz. 131 ff., Entwurf des Art. 85a GG in Tz. 139.
48 So auch Korioth 2004: P 93.
49 Koelble 1967: 5 ff.
50 Oeter 1998: 282.
51 Liebrecht 1967: 72.
52 Konow 1966: 372; Liebrecht 1967: 72; i. E. auch Hüttl 1967: 439; siehe auch rückblickend Liesegang/Plöger 1971: 231.
53 Die Länderseite hatte ihre Ablehnung auch über die Stellungnahme der von den Ministerpräsidenten eingesetzten Flurbereinigungskommission deutlich gemacht, Marnitz 1974: 34. Für eine Verfassungsänderung, die den Vorschlägen des Troeger-Gutachtens entsprach, fehlte es auch nach Ansicht der Bundesregierung an der erforderlichen Zweidrittelmehrheit im Bundesrat, Hettlage 1984: 617.

verfassungsrechtliche Regelung, die auch auf die Zustimmung des Bundesrates hoffen durfte, bedurfte es erheblicher Modifizierungen.

3. *Die rechtliche Konturierung der Bund-Länder-Kooperation in der Verfassungsreform von 1969*

In der Verfassungsreform von 1969 wirkte der zentralistische Impuls dann auch nur in abgeschwächter Form weiter. Die Zulässigkeit der Bund-Länder-Kooperation wurde sektoral eingegrenzt. Vor allem beschränkte man sich nicht auf eine nur allgemeine Definition von Gemeinschaftsaufgaben, die dem Bund weite Einflussnahmemöglichkeiten eröffnet hätten, sondern legte enumerativ zulässige Bereiche der Zusammenarbeit fest.[54] Die den Kern der Verfassungsnovellierung ausmachenden Art. 91a, 91b und 104a GG bildeten ein Regelwerk, welches für verschiedene Kooperationsmaterien unterschiedliche Arrangements von institutionellen, prozeduralen, instrumentalen und quer zum bisherigen Denken in Kompetenzstrukturen liegenden[55] neuen verfassungsrechtlichen Vorgaben bereit hielten.[56]

3.1. Ausbau und Neubau von Hochschulen

Die stärkste institutionelle Verflechtung auf dem Gebiet von (teritärer) Bildung und Forschung war in Art. 91a GG für den Ausbau und Neubau von Hochschulen vorgesehen. Diese Norm war zunächst wie ein konditionaler Rechtssatz aufgebaut. Art. 91a Abs. 1 GG sah eine Mitwirkung des Bundes auf diesem Gebiet vor, „wenn diese Aufgaben für die Gesamtheit bedeutsam sind und die Mitwirkung des Bundes zur Verbesserung der Lebensverhältnisse erforderlich ist." Trotz des für eine Befugnisnorm typischen Aufbaus (Ermächtigung zur Setzung der Rechtsfolge y, wenn die Voraussetzung x gegeben ist), lag die Bedeutung der Vorschrift erst einmal in ihrem zuständigkeitsregelnden Charakter, insofern sie eine partielle Zuständigkeitsverschiebung vornahm. Die bisherige Alleinzuständigkeit der Länder – verdeutlicht durch die Formulierung: „wirkt ... bei der Erfüllung von Aufgaben der Länder mit" – wurde insofern eingeschränkt, als eine Mitzuständigkeit des Bundes begründet wurde. Welche Befugnisse dem Bund in Ausübung seiner Mitzuständigkeit zustanden, ließ sich Art. 91a Abs. 1 nicht entnehmen, eine Konkretisierung erfolgte erst in den folgenden Absätzen des Art. 91a GG.

---

54 Die Zahl der Sachbereiche war dabei erheblich vermindert worden. Noch die Vorstellungen des Regierungsprogramms von 1967 gingen von neun Sachbereichen aus (siehe Marnitz 1974: 35, Fn. 44); offensichtlich waren hier erst einmal die Begehrlichkeiten der Bundesressorts umfassend zum Ausdruck gekommen, Seeger 1968: 784; ausführlich dazu Kösters 2004: 36 ff.
55 Ronellenfitsch 1976: 174.
56 Breuer 2006: 329.

Diese weisen dem Bund – außerhalb der Befugniskataloge der Art. 73 ff. GG – zunächst eine Gesetzgebungszuständigkeit zu, und zwar in Bezug auf die nähere Bestimmung der Gemeinschaftsaufgabe und die Grundsätze der Erfüllung sowie über die verfahrens- und aufbauorganisatorische Gestaltung der gemeinsamen Rahmenplanung. Die Organisation der Rahmenbedingungen war somit der Gestaltungskompetenz des Bundes überwiesen, wenn auch eingeschränkt durch das Erfordernis der Bundesratszustimmung.

Auf der Ebene der Verteilung der Verwaltungskompetenzen, d. h. der Erstellung der Rahmenpläne, hatte sich die Verfassung nicht auf einen bestimmten Modus und damit auch nicht darauf festgelegt, mit welchem Gewicht Bund und Länder jeweils an der Entscheidungsfindung zu beteiligen waren.[57] Deren Ergebnis, die Rahmenpläne als Verwaltungsvereinbarungen zu qualifizieren,[58] geht letztlich an der Sache vorbei, denn eine Verwaltungsvereinbarung setzt eine übereinstimmende Willenserklärung aller Beteiligten voraus.[59] Indem Art. 91a Abs. 3 S. 2 GG für einen bestimmten Fall[60] ein Vetorecht einräumte, machte er aber deutlich, dass die Entscheidung gerade nicht auf einem übereinstimmenden Willen basieren musste, sondern das Majoritätsprinzip zulässig war[61], worüber im Übrigen in den Verfassungsberatungen Konsens bestand.[62] Die Regelung des „Wie" der Entscheidungsfindung hatte die Verfassung weitgehend der bundesgesetzlichen Ausgestaltung vorbehalten. Keine Spielräume hingegen ließ das Grundgesetz bei der Verteilung der Finanzlast: Der starre Kostenschlüssel des Art. 91a Abs. 4 GG gab dem Bund auf, die Hälfte der Kosten in jedem Land zu tragen.

3.2. Bildungsplanung und Forschungsförderung

Im Unterschied zur Regelung der Gemeinschaftsaufgabe „Aus- und Neubau von Hochschulen" in Art. 91a GG begründete Art. 91b GG für die Bildungsplanung und die Förderung der Forschung von überregionaler Bedeutung kein Neuarrangement von Zuständigkeiten, sondern ließ lediglich ein solches zu. Die früher umstrittene Frage, inwiefern bestimmte Materien, wie die Großforschung, ungeschriebenen Bundeskompetenzen zuzuweisen waren, beantwortete er nicht. Letztlich erlaubte er eine Bund-Länder-Kooperation sowohl bei der Wahrnehmung von Bundeskompetenzen[63] – sofern man solche in diesen Bereichen bejahen sollte – als auch bei Län-

---

57 Goroncy 1970a: 111.
58 So Zitzelsberger 1990: 727.
59 So i. E. auch Tiemann 1970b: 163.
60 Art. 91a Abs. 3 S. 2: „Die Aufnahme eines Vorhabens in die Rahmenplanung bedarf der Zustimmung des Landes, in dessen Gebiet es durchgeführt wird."
61 Volkmann 2005: Art. 91a Rdnr. 25.
62 Marnitz 1974: 41.
63 Darauf (in Bezug auf die Forschung) allerdings die Geltungsreichweite von Art. 91b beschränkend: Jakob 1985: 558 f.

derkompetenzen.[64] Er stellte somit nicht nur der bisherigen Förderungspraxis eine „Unbedenklichkeitserklärung" aus[65], sondern eröffnete für den gesamten in Art. 91b Abs. 1 GG umschriebenen Bereich die Möglichkeit eines kooperativen Vorgehens. Allerdings räumte er damit gleichzeitig dem Bund ein Wahlrecht ein. Denn die Gesetzgebungskompetenz des Bundes zur Forschungsförderung (Art. 74 Nr. 13 GG) war nicht angetastet worden. Dem Bund blieb es somit unbenommen, anstatt auf der Grundlage einer Vereinbarung vorzugehen, die Forschungsförderung per Gesetz zu regeln und damit einseitig Vorgaben zu setzen.[66]

Die Art und Weise der Zusammenarbeit blieb weitgehend ohne verfassungsrechtliche Regelung. Ausgeschlossen waren lediglich ein einseitig direktives Vorgehen des Bundes – soweit dieser, wie oben erwähnt, nicht den Weg der Gesetzgebung über Art. 74 Nr. 13 GG wählte – und die Majorisierung einzelner Länder durch Mehrheitskoalitionen[67], da Art. 91b Abs. 1 GG ein Zusammenwirken auf der Grundlage von „Vereinbarungen" vorschrieb.[68] Die Intensität der Zusammenarbeit war in das Belieben der Beteiligten gestellt; sie konnten sich auf feste institutionelle Formen festlegen, aber auch auf lose punktuelle Kontakte beschränken.[69] Ein weitgehender Gestaltungsspielraum bestand auch bei der Verteilung der Kosten. Ausgeschlossen hatte die grundgesetzliche Regelung lediglich, dass eine Seite die Finanzlast vollständig trug.[70]

3.3. Weitere verfassungsrechtlich zulässige Formen des Zusammenwirkens

Art. 91a und 91b GG deckten im Bereich Bildung und Forschung weitgehend jene Aktionsfelder ab, auf die sich auch schon vor 1969 die bundesstaatliche Kooperation oder die Förderungspolitik des Bundes erstreckt hatte. Einseitige Fördermöglichkeiten wären dem Bund darüber hinaus noch auf der Grundlage eines Förderungspflichten statuierenden Forschungsförderungsgesetzes verblieben, wobei aber noch Klärungsbedürftigkeit hinsichtlich der damit verbunden Möglichkeiten der Sachsteuerung des Bundes bestand.[71] Überschneidungen bestanden zwischen dem Bereich der Forschung von überregionaler Bedeutung (Art. 91b GG) und dem der naturwissenschaftlich-technischen Großforschung – Letztere war weitgehend als Materie einer

---

64 Heinrich 2003: 57.
65 Maunz 1970: 261.
66 Maunz 1970: 269.
67 Hierdurch war allerdings nicht die Möglichkeit ausgeschlossen, dass der Bund nur mit einem Teil der Länder eine Vereinbarung schloss, wenn Bemühungen um eine allseitige Einigung nicht erfolgreich waren, Goroncy 1970b: 316.
68 Allerdings konnten im Wege der Vereinbarung Gremien geschaffen werden, für deren Beschlussfassung das Majoritätsprinzip galt; siehe nur Oppermann 1972: 593.
69 Tiemann 1970b: 162; Kölble 1971: 57.
70 Art. 91b Abs. 2 GG: „Aufteilung der Kosten".
71 Staff 1971: 127 ff.

ungeschriebenen Bundeskompetenz anerkannt, soweit sie außerhalb der Hochschulen stattfand, und daher einer Finanzierung durch den Bund zugänglich war.[72]

Darüber hinaus stellte sich die Frage, inwiefern sich die Investitionshilfekompetenzen des ebenfalls 1969 eingefügten Art. 104a Abs. 4 GG für eine bundesseitige Förderung von Bildung und Forschung aktivieren ließen. Nach dieser Norm konnte der Bund den Ländern Finanzhilfen für Investitionen gewähren, die u. a. zur Förderung des wirtschaftlichen Wachstums erforderlich waren. Offen blieb nach dem Normtext sowohl, inwiefern sich Bildung und Forschung überhaupt unter die Tatbestandsvoraussetzungen dieser Norm subsumieren ließen, als auch, in welchem Verhältnis diese Norm zu den Bestimmungen von Art. 91a und 91b stand. Allerdings ist dabei zu differenzieren: Was den Aus- und Neubau von Hochschulen betraf, hatte das Grundgesetz in Art. 91a Bund und Länder auf einen bestimmten Modus gemeinsamer Aufgabenerfüllung verpflichtet. Diese Aufgabe sollte als Gemeinschaftsaufgabe und damit nach den ablauf- und aufbauorganisatorischen Vorgaben des Art. 91a Abs. 2 bis 5 GG wahrgenommen werden, für eine anderweitige Beteiligung des Bundes blieb kein Raum. Das Problem verlagerte sich damit auf die tatbestandlichen Abgrenzungen zwischen Art. 91a Abs. 1 Nr. 1 und Art. 104a Abs. 4 GG.[73]

Art. 91b GG begründete hingegen keine Verpflichtung zu einer bestimmten Form der Kooperation, sondern erklärte nur eine bestimmte Form für zulässig. Auch damit war eine gewisse Ausschlusswirkung verbunden, da im Umkehrschluss andere Formen der Förderung, also solche nach Art. 104a Abs. 4 GG, ausschieden[74] – allerdings eben nur solche, die von Art. 91b Abs. 1 GG erfasst waren, also die Förderung der Forschung von überregionaler Bedeutung. Im Übrigen kam Art. 104a Abs. 4 GG eine Auffangfunktion zu, die insbesondere in Bezug auf die Bildungsförderung diskutiert wurde. Denn Art. 91b GG beschränkte sich im Bildungsbereich auf die Begründung von Mitplanungskompetenzen des Bundes.[75] Ob sich hingegen Bildungsfinanzierungskompetenzen über Art. 104 Abs. 4 GG begründen ließen, war eine Frage der Auslegung der Tatbestandsvoraussetzungen dieser Norm: Da diese nur eine Förderung des wirtschaftlichen Wachstums legitimierte, bedurfte es der Einstufung von Bildung als Wirtschaftswachstumsfaktor.[76] Zweifel blieben indes angebracht, da von der Bildungsförderung zumeist nur mittelbar Effekte in Bezug auf das Wirtschaftswachstum ausgingen.[77] Letztlich verblieb für die durch Art. 104 Abs. 4 GG vermittelte Finanzierung von Bildung und Forschung nur ein schmaler Anwendungsbereich.[78]

---

72 Siehe § 1 Abs. 1 Nr. 4 des Entwurfs zum Flurbereinigungsabkommen von 1971 (Text bei Faber et al. 1991: 15 ff.).
73 Volkmann 2005: 91a Rdnr. 8; siehe schon Seeger 1968: 785.
74 Heinrich 2003: 68.
75 Heun 2000: Art. 91b Rdnr. 11.
76 Dazu (bejahend) Oppermann 1972: 596 f.
77 Volbehr 1975: 58, 60.
78 Heinrich 2003: 68.

3.4. Zwischenbilanz

Mit der Verfassungsreform von 1969 waren die sich bisher in einer verfassungsrechtlichen Grauzone bewegenden bundesstaatlichen Finanzierungs- und Koordinierungsaktivitäten in grundgesetzlich festgelegte Organisationsformen überführt worden. Hinsichtlich dieses allgemeinen Befundes herrschte Übereinstimmung.[79] Allerdings lösten die verfassungsrechtlichen Lösungen zahlreiche Folgeprobleme aus: Auslegungsprobleme, soweit es um die Geltungsreichweite der Vorschriften oder ihr Verhältnis zueinander ging, rechtspolitische Probleme, die das Unbehagen verschiedener Akteure an der Verteilung von Einflusschancen reflektierten, und die zu verfassungsrechtlichen Problemen wurden, soweit die in den Art. 91a, 91b und 104a GG vorgenommenen Kompetenzzuweisungen in den Verdacht gerieten, gegen änderungsfeste Staatsorganisationsprinzipien zu verstoßen. Hiermit wird sich der folgende Abschnitt befassen.

Vor allem aber lässt sich als Zwischenbilanz festhalten, dass mit der Ausgestaltung des bundesstaatlichen Zusammenwirkens auf den Gebieten Bildung und Forschung keineswegs das Konzept eines Kooperativen Föderalismus in Reinform verwirklicht wurde – soweit man darunter, wie Hesse, die Herrschaft des Prinzips der freien Einigung mit Majorisierungsverbot gegenüber der Minderheit verstand.[80] Die zentralistische Ausrichtung, wie sie im Troeger-Gutachten zum Ausdruck kam, war zwar erheblich abgeschwächt worden; unverkennbar war jedoch, dass dem Bund teilweise ein bestimmender Einfluss eingeräumt worden war. Ergebnis der Verfassungsreform war eine Gemengelage aus hierarchischen, majoritären und im engeren Sinne kooperativen (also auf der Willensübereinstimmung aller Beteiligten beruhenden) Entscheidungsmodi.[81]

4. Schwerpunkte der verfassungsrechtlichen Diskussion in den 1970er und 1980er Jahren

Verfassungstextlich blieb es in der Folgezeit bei dem 1969 normierten Regelungsbestand, sieht man davon ab, dass 1970 die ursprüngliche Beschränkung von Art. 91a Abs. 1 Nr. 1 GG auf die „wissenschaftlichen" Hochschulen aufgehoben und somit alle hochschulmäßigen Einrichtungen des tertiären Bildungsbereichs einbezogen wurden.[82] Die Vorschläge der Enquete-Kommission Verfassungsreform, die auf eine grundlegende Umformung der Gemeinschaftsaufgaben, nämlich die (fakultative) Unterstellung aller Aufgaben von Bedeutung für die Entwicklung des Bundesgebietes unter eine gemeinsame Rahmenplanung,[83] abzielten, sind nicht realisiert wor-

---

79 Siehe nur Maunz 1970: 261; Stern 1973: 107; Breuer 2006: 327.
80 Hesse 1970: 145 ff.
81 Hesse 1970: 153; Liesegang/Plöger 1971: 230.
82 22. Gesetz zur Änderung des Grundgesetzes vom 31. Juli 1970 (BGBl. I: 1161).
83 Schlussbericht BT-Drs. 7/5924 (Kap. 11).

den.[84] Die Aufmerksamkeit verlagerte sich auf den vorhandenen Normbestand, dessen Auslegung und dessen (nicht nur verfassungspolitische, sondern auch verfassungsdogmatische) Kritik. Die folgenden Ausführungen sollen die Diskussionsschwerpunkte verdeutlichen.

Dabei ist zu beachten, dass die grundsätzlichen Auseinandersetzungen zu Beginn der 1970er Jahre ausgefochten wurden. Hielten sich kurz nach der Verfassungsreform noch zustimmende und (vorsichtig) skeptische Stellungnahmen die Waage – wobei allerdings Einzelstimmen aus der Politik der Länder von vornherein fehlenden Länder- und Parlamentseinfluss monierten –, so verstärkte sich alsbald die Kritik in der Staatsrechtslehre.[85] Bis Mitte der 1970er Jahre schienen allerdings die wesentlichen Argumente erschöpfend vorgebracht worden zu sein; die Diskussion wandte sich anschließend bestimmten Problemfeldern zu, ehe sie in den 1990er Jahren als Grundsatzdebatte erneut entflammte.

4.1. Auseinandersetzungen um Aufgabencharakter, Einflussverteilung und Zuständigkeitsmonopole

Die Diskussion über den Aufgabencharakter der Gemeinschaftsaufgaben widerspiegelte die Auseinandersetzungen um die Frage der Einflussverteilung zwischen Bund und Ländern. Waren Gemeinschaftsaufgaben Länderaufgaben mit einem Mitwirkungsanteil des Bundes?[86] Lag die Bedeutung der Verfassungsreform eher darin, dass sie „Bundesaufgaben kraft Bestehens einer Gemeinschaftsaufgabe" kreiert hatte, wie von bundesministerieller Seite betont wurde?[87] Oder handelte es sich eher um neue „gesamtstaatliche Aufgaben", die keiner Seite ausschließlich zugeordnet werden konnten?[88] Die unterschiedlichen Formulierungen bringen z. T. konfligierende bundesstaatliche Präferenzen zum Ausdruck, teilweise sind sie aber auch dadurch erklärbar, dass jeweils verschiedene Aufgabenarten bzw. Aufgabenkomponenten thematisiert worden waren. Es ist also zu differenzieren.

Bildungsplanung und Forschungsförderung nach Art. 91b GG wiesen in dieser Beziehung kaum Anknüpfungspunkte für definitorische Meinungsverschiedenheiten auf. Die Norm regelte „eine gegenseitige Mitwirkungsbefugnis, nämlich des Bundes an Länderaufgaben und der Länder an Bundesaufgaben".[89] Sie sah die Möglichkeit einer relativ lockeren Verknüpfung dieser Aufgaben vor, ohne dass sich am hergebrachten Kompetenzgefüge Wesentliches änderte. Anlass für Unstimmigkeiten gab vielmehr die „echte" Gemeinschaftsaufgabe Hochschulaus- und -neubau nach Art.

---

84 Ausführlich zur Behandlung der Gemeinschaftsaufgaben durch die Enquete-Kommission: Stern 1977: 62 ff.; Wahl 1978: 510 ff.; Grawert 1979: 251 ff.
85 Umfassend dazu Marnitz 1974: 18 f.; Klatt 1987: 200 ff.
86 Hettlage 1973: 101; ders. 1984: 617.
87 Kölbl 1971: 54.
88 Soell 1973: 118; ders. 1974: 410; ähnlich v. Simson 1973: 129.
89 Heun 2000: Art. 91b Rdnr. 6.

91a Abs. 1 Nr. 1 GG. Schien die Formulierung „wirkt ... bei der Erfüllung von Aufgaben der Länder mit" zunächst einmal die originäre Aufgabenzuständigkeit bei den Ländern zu lassen, so verdeutlichten doch die nachfolgenden Ausgestaltungsvorschriften, dass es nicht bei bloßen Mitwirkungsbefugnissen des Bundes verblieb, die Offenheit dieser Normen vielmehr auch eine dominante Rolle des Bundes erlaubte[90] oder sogar nahelegte.[91]

Dabei ist aber zu differenzieren: Die Gesetzgebungskompetenzen lagen nach Art. 91a Abs. 2 und 3 GG beim Bund. Allerdings war die Reichweite der Regelungsbefugnis umstritten: Sollte sich die Regelungsbefugnis darauf beschränken, lediglich die Voraussetzungen des Zustandekommens einer Entscheidung und Grundsätze allgemeiner Art zu normieren, ohne die Entscheidung selbst inhaltlich zu determinieren,[92] oder waren weitergehende inhaltliche Vorgaben zulässig? Ein weiteres Abgrenzungsproblem entstand bei der Unterscheidung zwischen Rahmen- und Detailplanung, also bei der Verteilung der Verwaltungsbefugnisse.[93] Dass Ersteres der gemeinschaftlichen Entscheidungsfindung oblag, und dass Zweiteres den Ländern überlassen blieb, war dem Grunde nach unstreitig; die Beschränkung der Bund-Länder-Kooperation auf die Rahmenplanung ging auf ausdrückliche Forderungen der Länder in den Verfassungsberatungen zurück.[94] Wo jedoch war die Grenze zu ziehen? Bedeutete die allseitig akzeptierte Formulierung, wonach den Ländern noch Raum für Entscheidungen von substanziellem Gewicht zustehen musste[95], dass die Rahmenplanung sich lediglich auf die Setzung von Leitlinien zu beschränken hatte?[96] Jedenfalls war es mit dem Begriff der Rahmenplanung schwer zu vereinbaren, wenn – wie es der Praxis der Planung von Anfang an entsprach – die Planung einzelne Bauvorhaben mit Angaben zu den Nutzflächen und Nutzungseinheiten auswies. Andererseits sprach Art. 91a Abs. 3 S. 2 GG ausdrücklich von der „Aufnahme eines Vorhabens in die Rahmenplanung". Letztlich begründete der Grundgesetztext damit eine vom allgemeinen Verständnis abweichende Interpretation des Begriffs „Rahmenplanung". Anerkannt wurde damit weithin, dass sich die Rahmenplanung auch auf Details erstrecken durfte.[97]

Trotz der Formulierung des Verfassungstextes, wonach der Bund lediglich an Länderaufgaben mitwirkte, herrschte größtenteils Übereinstimmung darüber, dass Art. 91a GG den Ländern die Gestaltungsbefugnisse in Bezug auf Hochschulaus- und -neubau weitgehend entwunden hatte. Die maßgebliche Entscheidungsfindung war verlagert in einen Bereich, in dem dem Bund – und weiteren zentralen Akteuren wie dem Wissenschaftsrat[98] – erhebliche, verfassungsrechtlich nur vage eingegrenz-

---

90 Goroncy 1970a: 110.
91 So Soell 1972: 411.
92 In diese Richtung argumentierend: Maunz 1970: 267 f.; Scupin 1973: 125.
93 Hettlage 1973: 101 f.; Partsch 1973: 106.
94 Marnitz 1974: 38.
95 Marnitz 1975: 75; Hesse 1973: 30 f.
96 So Goroncy 1970b: 313.
97 Zur Entwicklung der Diskussion siehe Köster 2004: 204 ff.
98 Lachmann 1975: 67.

te Gestaltungsspielräume zur Verfügung standen. Die Auffassung, dass der Verfassungstext in Art. 91a Abs. 1 GG, was Aufgabencharakter und Aufgabenverteilung betraf, eher „verschleiernd" wirkte[99], kann man dann wohl auch als eine solche bezeichnen, die schon Anfang der 1970er Jahre eine mehrheitliche Auffassung in der Staatsrechtswissenschaft zum Ausdruck brachte.

Von „Aufgaben der Länder" konnte – soweit Vorhaben des Hochschulaus- und -neubaus im Verfahren nach Art. 91a GG verhandelt wurden – somit nicht mehr die Rede sein. War es aber erst dieser Transformationsvorgang, der aus Länderaufgaben gemeinschaftliche Aufgaben machte? Oder schloss die verfassungsrechtliche Neuregelung von vornherein die Möglichkeit entsprechender eigenständiger Vorhaben der Länder aus? Wurde durch Art. 91a GG ein Monopol für den Hochschulaus- und -neubau begründet? Auch insofern bestand erheblicher Interpretationsbedarf. Denn der Sitzlandvorbehalt in Art. 91a Abs. 3 S. 2 GG stellte einerseits klar, dass kein Land gezwungen war, eigene Vorhaben dem Gestaltungsmodus der Gemeinschaftsaufgaben zu unterstellen. Bejahte man andererseits ein uneingeschränktes Recht der Länder, Bauvorhaben außerhalb des Koordinationsrahmens von Art. 91a GG zu realisieren, hätte dies zur Folge gehabt, dass einerseits das mit dieser Norm verfolgte Ziel kooperativer Zweckverfolgung nicht mehr hätte verwirklicht werden können und andererseits die Mitwirkungsrechte des Bundes leergelaufen wären.

In der staatsrechtlichen Diskussion wird das Bemühen sichtbar, diese in der Verfassungsnorm angelegte Spannungslage auszugleichen. Eine Sperrwirkung des Art. 91a GG, die den Ländern jegliche Eigeninitiative verwehrt hätte, wurde nur selten bejaht.[100] Vorherrschend war die Einräumung eines autonomen Gestaltungsbereichs der Länder, der aber einer Eingrenzung bedurfte, damit das Ziel eines grundsätzlich koordinierten Hochschulaus- und -neubaus realisiert werden konnte: Die Länder sollten sich bei ihrer eigenen Planung der Rahmenplanung zumindest insoweit anpassen, dass letztere nicht durchkreuzt wurde.[101] In welchem Ausmaß damit die Länderautonomie der Limitierung bedurfte, ob dies letztlich nicht auf eine Sperrwirkung hinauslief[102] – dafür ließen sich ebensowenig hinreichend präzise Maßstäbe ermitteln wie Einigkeit über einen diese Einschränkung begründenden Rechtssatz hergestellt werden konnte.[103]

---

99 Zitzelsberger 1990: 726.
100 Liesegang/Plöger 1971: 232.
101 Kisker 1971: 288; Schmittner 1971: 240 f.; Münch 1973: 73; Stern 1980: § 41 VIII 3 (S. 835); siehe auch Kösters 2004: 116 m. w. N.
102 Soell 1972: 410; i. E. ebenso Marnitz 1974: 87.
103 Für Bundestreue z. B. Kisker 1971: 288; Stern 1980: § 41 VIII 3: 835; Rückgriff unmittelbar auf Art. 91a GG z. B. bei Münch 1973: 73; Marnitz 1974: 86 f.; siehe hierzu auch Köster 2004: 119 m. w. N.

4.2. Geltendmachung verfassungsrechtlicher Konfliktlagen

Dass die verfassungsrechtlichen Vorschriften über die Gemeinschaftsaufgaben selbst verfassungswidrig sind, konnte nur unter Berufung auf Art. 79 Abs. 3 GG geltend gemacht werden. Allerdings vermochten derartige Argumente – so ist vorweg zu sagen – sich nicht durchzusetzen, da ihnen das letztlich erforderliche Maß an Überzeugungskraft fehlte.[104] Jedoch ging von ihnen, da sie die Konstruktion der Gemeinschaftsaufgaben zumindest in die „Nähe" der Verfassungswidrigkeit rückten, ein gewisser Druck auf die Rechtspolitik aus, die auch mit entsprechenden Vorstößen reagierte,[105] sowie eine Richtungsbestimmung für die Verfassungsinterpretation. Die Diskussion konzentrierte sich dabei auf zwei Aspekte: auf die befürchtete Aushöhlung der Staatsqualität der Länder und auf mögliche Verstöße gegen das Demokratieprinzip, beides in Art. 79 Abs. 3 GG gegen Verfassungsänderungen geschützt. Beide Gesichtspunkte standen in Zusammenhang miteinander, wodurch das Bundesstaatsprinzip eine zusätzliche Verstärkung durch das Demokratieprinzip erfuhr: Denn die Staatsqualität der Länder fand ihren wesentlichen Ausdruck in der Gestaltungskompetenz der Länderparlamente als Zentren demokratischer Entscheidung.[106]

Das Demokratieprinzip (Art. 20 Abs. 2 GG) fordert die Rückführbarkeit staatlicher Entscheidungen auf die den Volkswillen vermittelnden Parlamente. Ob man bei den Gemeinschaftsaufgaben noch von diesem Legitimationszusammenhang ausgehen konnte, wurde in mehrfacher Hinsicht problematisiert. Die Einwände konzentrierten sich dabei auf das in Art. 91a GG vorgeschriebene Verfahren. Zum einen ließ sich bereits in Zweifel ziehen, ob die maßgebliche Entscheidung, nämlich über den Rahmenplan, gänzlich Vertretern der Exekutive überantwortet werden durfte. Den Parlamenten verblieb zwar die haushaltsrechtliche Befugnis, den durch die Rahmenplanung festgesetzten Kostenansatz für das jeweilige Land bzw. den Bund zu bewilligen (Art. 91a Abs. 4 S. 4 GG), an der Planentscheidung waren sie jedoch nicht beteiligt und man kann sogar von einem faktischen Zwang ausgehen, die einmal festgelegten Mittelansätze zu billigen.[107] Diese fehlende Parlamentsbeteiligung, war schon gleich nach 1969 als Konstruktionsfehler der grundgesetzlichen Neuregelung kritisiert worden.[108] In der Diskussion der frühen 1970er Jahre gab sie Anlass, grundsätzlich die Frage zu erörtern, inwieweit derartige Planungsakte der „Staatsleitung zur gesamten Hand", also einer gemeinsamen Entscheidungsfindung durch

---

104 So auch Gramm 1993: 208 f.
105 So der Vorschlag der stärkeren Einbindung der Parlamente in den Arbeiten der Enquete-Kommission, siehe dazu unten.
106 Hesse 1973: 19.
107 Tiemann 1970b: 165; Liesegang/Ploeger 1971: 234 ff.; Oppermann 1990: 419. Die Auffassung allerdings, dass die Parlamente, hätten sie für ein Vorhaben erst einmal eine Initialfinanzierung gebilligt, auch rechtlich verpflichtet seien, die für die Vorhabensrealisierung später anfallenden Kosten zu bewilligen (so Zitzelmann 1990: 729 ff.), konnte sich hingegen nicht durchsetzen; siehe auch Volkmann 2005: Art. 91a Rdnr. 34.
108 Siehe Ronellenfitsch 1975: 117 f.

Legislative und Exekutive zu überweisen waren.[109] Die Enquete-Kommission Verfassungsreform hatte einen entsprechenden Regelungsbedarf gesehen und im Entwurf eines Art. 28a GG[110] eine Parlamentsbeteiligung an der Rahmenplanung vorgeschlagen.[111]

Aber auch wenn sich diese Ansätze nicht durchsetzten und man es grundsätzlich beim Modell der gouvernementalen Planung beließ, blieb doch das Problem einer ausreichenden demokratischen Rückbindung an das Parlament. Denn auch wenn die Planung in verfassungsrechtlich zulässiger Weise der Zuständigkeit der Exekutive überantwortet ist, bedarf exekutives Handeln seinerseits der demokratischen Legitimation, die über das Instrument der parlamentarischen Verantwortlichkeit hergestellt wird. Verantwortlichkeit allerdings ist nur bei Vorhandensein eines Verantwortungsgläubigers realisierbar. Dass das in Art. 91a GG festgelegte Entscheidungsregime einen solchen nicht kennen konnte, weil Bund-Länder-Entscheidungen weder einer wirksamen bundesparlamentarischen noch landesparlamentarischen Kontrolle unterzogen werden, eine Rechenschafts- und Einstandspflicht vielmehr nur in Bezug auf das Verhalten der entsprechenden Bundes- bzw. Landesvertreter, nicht im Hinblick auf die Gesamtentscheidung geltend gemacht werden konnte, wurde deshalb kritisiert,[112] letztlich wegen der Beschränkung des Entscheidungsmodus des Art. 91a GG auf ein begrenztes Sachgebiet aber noch für vertretbar gehalten.[113]

Ebenfalls in der Kritik stand die defizitäre Organisation der Informationen von Bundestag und Landesparlamenten. Da diese nicht hinreichend über die Planung informiert waren, waren die Möglichkeiten inhaltlicher Beteiligung erheblich eingeschränkt. Die Parlamente standen bei der haushaltsrechtlichen Entscheidung letztlich vor vollendeten Tatsachen.[114] Jedoch war dieser Zustand weniger auf einen „Strukturdefekt der Gemeinschaftsaufgaben"[115] zurückzuführen als auf Mängel der unterverfassungsrechtlich zu organisierenden Ausführung.[116]

Eine weit schärfer ausgefochtene Debatte entspann sich darüber, ob das Institut der Gemeinschaftsaufgaben die Staatsqualität der Länder unterhöhlt. Die Kritik betraf zum einen die Übertragung von Gesetzgebungsbefugnissen auf den Bund (Art. 91a Abs. 2, 104a Abs. 4 GG). Jedoch ließ sich diesem Einwand mit dem Hinweis auf den gegenständlich beschränkten Regelungsbereich der entsprechenden Materien begegnen.[117] Wesentlich gewichtiger erschien das Argument des flächendeckenden Eindringens des Bundes in die Kulturhoheit der Länder. Allerdings ist hier zwischen der Kritik an den Regelungswirkungen, die sich unmittelbar aus Art.

---

109 Kewenig 1973: 113.
110 Abgedruckt bei Stern 1977: 62.
111 Siehe auch Stern 1977: 63.
112 Goroncy 1970: 314, Fn. 41; Klein 1972: 310 f.
113 Klein 1972: 311.
114 Liesegang/Plöger 1971: 235; Lachmann 1974: 64.
115 Gramm 1993: 210.
116 In diese Richtung auch Hesse 1973: 33 f., der derartige Defizite allerdings schon durch Regelungen der Landeshaushaltsordnungen ausgeglichen sah.
117 Klein 1972: 309.

91a GG ergaben, und der Kritik an der einfachgesetzlichen Ausgestaltung bzw. der Verwaltungspraxis zu unterscheiden. Der Einwand, über die Rahmenplanung erstrecke der Bund seinen Einfluss auch auf die Gestaltung der inneren Struktur des Hochschulwesens[118], konnte sich nur auf letzteres beziehen, denn Art. 91a Abs. 1 Nr. 1 GG lieferte für eine umfassende Erstreckung der Planung auf diesen Bereich keine Anhaltspunkte[119] – wollte der Bund seine Vorstellungen in Bezug auf die Binnenverhältnisse der Hochschulen geltend machen, war er auf die Möglichkeiten der Rahmengesetzgebung (Art. 75 Abs. 1 Nr. 1a GG) verwiesen.[120] Im Übrigen stand auch das Schlagwort von der Kulturhoheit der Länder als „unantastbarem Hausgut" nicht außer Streit, wenn darauf hingewiesen wurde, dass ein solch allgemeiner Kompetenztitel in der Verfassung keine Stütze fand und auch keinen verfassungsgeschichtlichen Traditionsbestand vorweisen konnte[121], da sich gewichtige kulturelle Sachbereiche dem Bund (bzw. in früherer Zeit dem Reich) zuordnen ließen.[122]

Angelegt waren in Art. 91a GG hingegen Effekte, die die Finanzpolitik der Länder in hohem Maße an die Bund-Länder-Kooperation banden. War ein Vorhaben erst einmal anfinanziert, entstanden Folgelasten, denen sich die Länder nicht entziehen konnten und welche sie allein zu tragen hatten.[123] Insofern entstanden durch die Gemeinschaftsaufgabe Hochschulbau Pfadabhängigkeiten, die die finanzpolitische Dispositionsfreiheit der Länder erheblich einschränkten.[124] Als ausschlaggebend für die Erfolglosigkeit dieser sowie der insgesamt auf die Unvereinbarkeit von Gemeinschaftsaufgaben und Bundesstaatsprinzip abstellenden Kritik erwies sich letztlich die in der überwiegenden staatsrechtlichen Literatur vertretene Auffassung, dass Art. 79 Abs. 3 GG lediglich ein „Existenzminimum" an Länderkompetenzen verbürgte, nicht hingegen einzelne Kompetenzbereiche garantierte[125], sowie der Hinweis auf

---

118 Münch 1973: 76; Soell 1972: 429; Lachmann 1975: 67.
119 Allerdings hatte die Bundesregierung schon früh deutlich gemacht, dass sie über die Gemeinschaftsaufgabe „Aus- und Neubau der Hochschulen" auch Einfluss auf die innere Organisation derselben nehmen wollte; siehe die Stellungnahme des Bundesministers für wissenschaftliche Forschung vom 7. Mai 1968 (zitiert nach Seeger 1968: 784 f.): „Sie (die Bundesregierung, PC) wird aus der jetzigen Funktion des Ratgebers und Mäzens heraustreten und die Sachentscheidungen über die künftige Gestalt unserer Hochschulen partnerschaftlich und in voller Gleichberechtigung mit den Ländern treffen ... Die Planung von Neubau und Ausbau ist nicht ohne eine Konzeption für die innere Struktur der Universitäten möglich. Es wird auf Grund der gemeinsamen Verantwortung für den Ausbau und die Finanzierung notwendig sein, auch die Probleme der inneren Organisation von Lehre und Forschung der Hochschulen, die in der Zuständigkeit der Länder bleiben, wesentlich intensiver als bisher gemeinsam zu beraten und zu klären."
120 Dass eine Kombination nahelag, also die Aktivitäten des Bundes bei der Rahmenplanung im Zusammenhang damit gesehen werden müssen, inwiefern es ihm über Art. 75a Abs. 1 Nr. 1a GG gelang, seine Vorstellungen zu realisieren, lag auf der Hand, Lachmann 1975: 67.
121 In diese Richtung argumentiert Münch 1973: 78.
122 Umfassend dazu: Köstlin 1989.
123 Die Dimensionen verdeutlichend: Soell 1973; 117.
124 Soell 1972: 405; ähnlich auch Schmittner 1971: 239.
125 Siehe nur v. Münch 1973: 79; Hesse 1973: 17 m. w. N.

die grundgesetzlichen Sicherheitskautelen (Sitzlandvorbehalt, Durchführungsmonopol der Länder).[126]

5. Vitalisierungsversuche und Forderungen nach Beendigung der Gemeinschaftsaufgaben seit den 1990er Jahren

Zu den drängendsten verfassungsrechtlichen Fragen waren die wesentlichen Argumente eigentlich schon in der ersten Hälfte der 1970er Jahre ausgetauscht worden. Wesentlich neue Erwägungen kamen in der Folgezeit nicht hinzu. Das machte sich auch im Schrifttum bemerkbar. Die Publikationsdichte der Zeit vom Ende der 1960er bis zur ersten Hälfte der 1970er Jahre wurde bei weitem nicht mehr erreicht. Auch in der Praxis traten Ermüdungserscheinungen ein. Schon mit Antritt der Regierung Kohl waren die Weichen in Richtung Entflechtung und Dezentralisierung gestellt worden. Die gemeinsame Bildungsplanung wurde stillgelegt – nachdem sich SPD und Union schon am Ende der sozialliberalen Koalition nicht auf eine Fortschreibung des Bildungsplans von 1973 hatten einigen können – und der Bund verzichtete auf eine Mitfinanzierung der Graduiertenförderung.[127]

Neue Impulse für die Diskussion, die auch verfassungsrechtliche Fragen aufwarfen, verbanden sich mit dem Bedeutungsverlust der quantitativ ausgerichteten kapazitätserweiternden Ausbauförderung und der wachsenden Aufmerksamkeit für erstens kapazitätserhaltende und zweitens qualitätsbezogene Förderungen. Doch konnten Aspekte der Kapazitätserhaltung und der Qualitätssteigerung im Rahmen der Gemeinschaftsaufgabe „Aus- und Neubau von Hochschulen" überhaupt Berücksichtigung finden? Von Interesse war diese Frage nicht nur unter finanziellen Gesichtspunkten. Bezog man den Qualitätsaspekt in den der kooperativen Ausgestaltung zugänglichen Sachbereich ein, ließen sich hierüber auch Strukturreformvorstellungen des Bundes zur Geltung bringen.

Die vor allem von Oppermann geforderte Erstreckung des Geltungsbereichs des Art. 91a Abs. 1 Nr. 1 GG auch auf Investitionserneuerungen[128] stieß im Prinzip auch auf allgemeine Zustimmung. Es bestand ein Konsens darüber, dass über die Gemeinschaftsaufgabe nicht nur die Schaffung von Gebäudesubstanz, sondern auch die Ausstattung mit einer leistungsfähigen, modernen wissenschaftlichen Anforderungen entsprechenden Forschungstechnik abzusichern war.[129] Dass also nicht nur Gebäude, sondern auch (Groß-)Apparaturen von der Förderung erfasst werden mussten, war weitgehend unstreitig.[130] Doch sollten auch Großreparaturen und die Erneuerung maroder Hochschulbauten hierunter fallen, wie dies Oppermann forderte?[131]

---

126 Tiemann 1970b: 166; siehe auch Kösters 2004: 73.
127 Klatt 1987: 202 f.
128 Oppermann 1990: 428.
129 Gramm 1993: 217.
130 Gramm 1993: 217; Volkmann 2005: Art. 91a Rdnr. 23.
131 Oppermann 1990: 428.

Letztlich wären damit auch (wenn auch nicht alle) Folgekosten von Investitionen der gemeinschaftlichen Förderung erfasst – ein Ergebnis, welches nicht über den Wortlaut von Art. 91a Abs. 1 Nr. 1 GG zu rechtfertigen war und letztlich nur über eine Verfassungsänderung hätte erzielt werden können.[132]

Über die Reichweite der Finanzierungsmöglichkeiten hinaus ging es bei der Auseinandersetzung um die Frage, inwiefern sich in der Grundsatzgesetzgebungskompetenz zur Gemeinschaftsaufgabe Hochschulaus- und -neubau (Art. 91a Abs. 2 GG) Vorgaben zum strukturellen Umbau des Hochschulwesens unterbringen ließen. Ließ sich die Vergabe von Finanzmitteln koppeln an die Umsetzung bestimmter Reformvorstellungen? Dass Entscheidungen über die Förderung bestimmter Bauvorhaben auch immer Entscheidungen über die Förderung bestimmter wissenschaftspolitischer Zielsetzungen waren und diese Wirkung durch Art. 91a Abs. 1 Nr. 1 GG legitimiert war, stand außer Streit.[133] Dies konnte jedoch nur gelten, soweit der Bauvorhabensbezug gewahrt blieb. Dem Bestreben, davon losgelöst Strukturreformkonzeptionen in die Gemeinschaftsaufgabe einzuschleusen, stand der Wortlaut der Norm entgegen. Eine „leistungs- und wettbewerbsbezogene kompetentielle Anreicherung"[134] allerdings – so wurde argumentiert – würde der Tatbestand von Art. 91a Abs. 1 Nr. 1 GG durch die auf die Rahmengesetzgebungskompetenz (Art. 75 Abs. 1 Nr. 1a GG) gestützte Vorgabe der Förderung nach Leistungskriterien (§ 5 HRG in der seinerzeitigen Fassung) erfahren. Auf diese Weise würde die Förderung nach Art. 91a Abs. 1 Nr. 1 GG eingebunden in übergreifende Reformbemühungen zur Modernisierung des Hochschulwesens.[135]

Die obigen Ausführungen haben deutlich gemacht, wie unter Zuhilfenahme verfassungsrechtlicher Argumentation der Versuch unternommen wurde, die Gemeinschaftsaufgaben für neue wissenschaftspolitische Aufgaben dienstbar zu machen, ihr Potential hierfür zu aktivieren und ihnen – nachdem die Aufgabe des kapazitätserweiternden Hochschulbaus an Gewicht verloren hatte – dadurch neues Leben einzuhauchen.[136] Jedoch standen diese Bemühungen unter einem schlechten Stern. Der Vorwurf der Politikverflechtung und der Entmündigung der Länder durch den Bund hatte – wiewohl von Anfang an erhoben – mittlerweile immer mehr an Argumentationskraft gewonnen, das Konzept des Kooperativen Föderalismus seine Strahlkraft längst eingebüßt. Die Idee des Wettbewerbsföderalismus hatte ihren Siegeszug angetreten.[137] Es waren dann auch weniger verfassungsrechtliche Erwägungen im

---

132 Entsprechende – wenngleich erfolglose – Initiativen hatten die Länder schon im Zusammenhang mit der Verfassungsreform von 1969 ergriffen, Schmittner 1971: 239.
133 Feuchte 1972: 221; Klein 1972: 291; Münch 1973: 71, Fn 71.
134 Selmer 2000: 53.
135 Selmer 2000: 55 ff.; ihm folgend Kösters 2004: 199 ff. Darauf aufbauend sollte nach den Vorstellungen des BMBF die vorhabenbezogene Rahmenplanung durch eine leistungsbezogene Rahmenplanung ersetzt werden; siehe Gutachtenauftrag des BMBF, abgedr. bei Selmer 2000: 103 ff.
136 Ausdrücklich hingewiesen wird auf diese Intention bei Kösters 2004: 20.
137 Eine differenzierte Darstellung der Erfolgsgeschichte der verschiedenen Föderalismusformeln findet sich bei Bauer 2002. Siehe auch die Beiträge von Bartz und Lange in diesem Band.

engeren Sinne, als vielmehr verfassungspolitische, die auch im staatsrechtlichen Schrifttum die – vorher nur vereinzelt erhobene[138] – Forderung nach Abschaffung der Gemeinschaftsaufgaben hervortreten ließen.[139] Die Entwicklung mündete dann in der Kompromisslösung der Föderalismusreform I, die an anderer Stelle erörtert wird.[140]

6. *Fazit*

Die Sachlogik von Bildung und Forschung gebietet in vielerlei Hinsicht gesamtstaatliche Koordination und länderübergreifende Finanzierungsanstrengungen. Das Grundgesetz von 1949 trug diesem Erfordernis nicht in hinreichender Weise Geltung. Es enthielt zwar kein ausdrückliches Verbot der Verflechtung der Aufgaben von Bund und Ländern, sein auf die Abgrenzung von Zuständigkeiten ausgerichtetes Kompetenzverteilungssystem rechtfertigte jedoch Zweifel an der Verfassungsgemäßheit von Aufgabenverknüpfungen. Der Hinweis auf Staatszielbestimmungen und auf die Überlebtheit der Konzeption eines sich auf die Wahrung der Zuständigkeiten der Bundesglieder konzentrierenden Föderalismus konnte über diese Zweifel nicht hinweghelfen, trug jedoch wesentlich zur Aufgeschlossenheit gegenüber Verfassungsreformen bei.

Mit der Verfassungsreform von 1969 wurde in den Art. 91a, 91b und 104a Abs. 4 GG ein Regelwerk geschaffen, das unterschiedliche Gestaltungsmodi für das Zusammenwirken von Bund und Ländern vorsah. Die verfassungsrechtliche Problematisierung der neuen Gemeinschaftsaufgaben konzentrierte sich auf den Hochschulaus- und -neubau (Art. 91a Abs. 1 Nr. 1 GG), wohingegen Art. 91b GG wegen seiner für vielfältige Kooperationsformen offenen Fassung und Art. 104a Abs. 4 GG wegen seiner nur geringen Relevanz für (Hochschul-)Bildung und Forschung[141] weniger Anknüpfungspunkte für grundlegende verfassungsrechtliche Erörterungen boten.

In der Diskussion um die Gemeinschaftsaufgabe des Hochschulaus- und -neubaus verschränkten sich im engeren Sinne verfassungsrechtliche Erwägungen mit allgemeinen verfassungspolitischen – auf die in Art. 91a GG zum Ausdruck kommende Richtungsentscheidung bezogenen – Positionskundgaben und kritischen Stellungnahmen zur Praxis der Gemeinschaftsaufgaben. Der verfassungsdogmatische Diskurs konzentrierte sich auf Auslegungsprobleme. Im Vordergrund stand dabei die Frage, welches Maß an Einflussrechten Bund und Ländern jeweils zuzubilligen war und inwiefern Gestaltungsfreiräume der Bildungs- und Forschungspolitik außerhalb der Gemeinschaftsaufgabe bestanden. Die die Vereinbarkeit mit Bundesstaats- und Demokratieprinzip thematisierenden Zweifler an der Verfassungsmäßigkeit von Art.

---

138 Hettlage 1984: 618.
139 Siehe z. B. Kirchhof 2004: 221 f. und (auf dem Deutschen Juristentag) Korioth 2004: P 105 f.
140 Siehe den Beitrag von Seckelmann in diesem Band.
141 Anders dagegen im Bereich der Schulbildung; siehe nur Maier 2003: 800.

91a GG konnten sich nicht durchsetzen, bestärkten jedoch die rechtspolitische Kritik. Auf der anderen Seite erwiesen sich aber auch Versuche, die Gemeinschaftsaufgaben für neue wissenschaftspolitische Herausforderungen zu aktivieren, als problematisch, da sie mit dem Wortlaut der Norm nur schwer zur Deckung zu bringen waren. Die Frage, inwieweit der normative Gehalt des 1969 geschaffenen Regelwerkes für eine Fortentwicklung des Zusammenwirkens von Bund und Ländern offen war, hat sich mit der Föderalismusreform I erledigt – allerdings stellen sich neue Fragen in Bezug auf die Integration der hergebrachten Strukturen in ein wiederbelebtes, modifiziertes Modell der Bund-Länder-Kooperation.

Literatur

Bauer, Hartmut, 2002: Entwicklungstendenzen und Perspektiven des Föderalismus in der Bundesrepublik Deutschland. In: DÖV 55, 837-845.

Breuer, Rüdiger, 2006: Gemeinschaftsaufgaben und Mischfinanzierung – eine Crux des Bundesstaates. In: Wallerath, Maximilian (Hrsg.), Fiat iustitia. Recht als Aufgabe der Vernunft, Festschrift für Peter Krause zum 70. Geburtstag, Berlin: Duncker & Humblot, 325-348.

Faber, Klaus/Gieseke, Ludwig/Gramm, Christof/Wesseler, Mechtild, 1991: Gemeinschaftsaufgaben von Bund und Ländern im Hochschulbereich, Bad Honnef: Bock.

Feuchte, Paul, 1972: Hochschulbau als Gemeinschaftsaufgabe. In: Die Verwaltung 5, 199-222.

Fischer-Menshausen, Herbert, 1952: Die Abgrenzung der Finanzverantwortung zwischen Bund und Ländern. In: DÖV 5, 673-679.

Goroncy, Robert, 1970a: Der Mitwirkungsbereich des Bundes bei den Gemeinschaftsaufgaben nach Art. 91a und 91b des Grundgesetzes. In: DÖV 23, 109-114.

Goroncy, Robert, 1970b: Das Zusammenwirken von Bund und Ländern bei den Gemeinschaftsaufgaben nach Art. 91b des Grundgesetzes. In: DVBl, 310-317.

Gramm, Christof, 1993: Bewährungsprobe für die Gemeinschaftsaufgabe Hochschulbau. In: WissR 26, 198-219.

Grawert, Rolf, 1967: Verwaltungsabkommen zwischen Bund und Ländern in der Bundesrepublik Deutschland, Berlin: Duncker & Humblot.

Grawert, Rolf, 1968: Finanzreform und Bundesstaatsreform. In: Der Staat 7, 63-83.

Grawert, Rolf, 1979: Zur Verfassungsreform. In: Der Staat 18, 229-258.

Haenel, Albert, 1892: Deutsches Staatsrecht, Bd. 1, Leipzig: Duncker & Humblot.

Hesse, Konrad, 1962: Der unitarische Bundesstaat, Karlsruhe: C. F. Müller.

Hesse, Konrad, 1970: Aspekte des kooperativen Föderalismus in der Bundesrepublik. In: Rittersbach, Theo/Geiger, Willi (Hrsg.), Festschrift für Gerhard Müller, Tübingen: Mohr Siebeck, 141-160.

Hesse, Konrad, 1973: Bundesstaatsreform und Grenzen der Verfassungsänderung. In: AöR 98, 1-52.

Hettlage, Karl M., 1973: Diskussionsbeitrag. In: VVDStRL 31, 99-104.

Hettlage, Karl M., 1984: Mitplanung und Mitfinanzierung von Länderaufgaben durch den Bund. In: Bodo Börner et al. (Hrsg.), Einigkeit und Recht und Freiheit. Festschrift für Karl Carstens, Bd. 2, Köln et al.: Heymanns, 613-625.

Heun, Werner, 2000: Kommentierung zu Art. 91a und 91b. In: Dreier, Horst (Hrsg.), Grundgesetz, Bd. 3, Tübingen: Mohr Siebeck, 326-352.

Hüttl, Adolf, 1967: Kooperativer Föderalismus und Gemeinschaftsaufgaben. In: DÖV 20, 433-439.

Jakob, Wolfgang, 1985: Forschungsfinanzierung durch den Bund. In: Der Staat 24, 527-564.

Kewenig, Wilhelm, 1973: Diskussionsbeitrag. In: VVDStRL 31, 111-114.

Kipp, Heinrich, 1956: Zum Problem der Förderung der Wissenschaften durch den Bund. In: DÖV 9, 555-563.

Kirchhof, Ferdinand, 2004: Ein neuer Ansatz zur Reform des Grundgesetzes. In: ZG 19, 209-225.

Kisker, Gunter, 1971: Kooperation im Bundesstaat, Tübingen: Mohr Siebeck.

Klatt, Hartmut, 1987: Interföderale Beziehungen im kooperativen Bundesstaat. In: Verwaltungs-Archiv 78, 186-206.

Klein, Friedrich, 1972: Die Regelung der Gemeinschaftsaufgaben von Bund und Ländern im Grundgesetz. In: Der Staat 11, 289-312.

Knöpfle, Franz, 1969: Verwaltungsabkommen zwischen Bund und Ländern. In: Der Staat 8, 79-97.

Kölble, Josef, 1960: Verwaltungsabkommen zwischen Bund und Ländern. In: DÖV 13, 650-661.

Kölble, Josef, 1965: Erwiderung. In: DÖV 18, 76-78.

Kölble, Josef, 1967: Finanzreform und Bundesstaatsprinzip. In: DÖV 20, 1-9.

Kölble, Josef, 1971: Entwicklung der Bundesaufgaben und ihrer Finanzierung im Hinblick auf das Grundgesetz. In: Entwicklung der Aufgaben und Ausgaben von Bund, Ländern und Gemeinden. Vorträge und Diskussionsbeiträge der 39. Staatswissenschaftlichen Fortbildungstagung der Hochschule für Verwaltungswissenschaften Speyer 1971, Berlin: Duncker & Humblot, 41-75.

Kommission für die Finanzreform, 1966: Gutachten über die Finanzreform in der Bundesrepublik Deutschland, 2. Aufl., Stuttgart et al.: Kohlhammer.

Konow, Gerhard, 1966: Kooperativer Föderalismus und Gemeinschaftsaufgaben. In: DÖV 19, 368-375.

Korioth, Stefan, 2004: Klarere Verantwortungsteilung von Bund, Ländern und Kommunen? (Referat). In: Verhandlungen des 65. Deutschen Juristentages, herausgegeben von der Ständigen Deputation des Deutschen Juristentages, Bd. II/1, München: Beck, P 89-P 128.

Kösters, Christina, 2004: Die Gemeinschaftsaufgabe Hochschulbau des Art. 91a Nr. 1 GG im Wandel, Münster: Lit.

Köstlin, Thomas, 1989: Die Kulturhoheit des Bundes, Berlin: Duncker & Humblot.

Köttgen, Arnold, 1955: Der Einwand der Mischverwaltung. In: DÖV 8, 485-492.

Köttgen, Arnold, 1962: Der Einfluß des Bundes auf die deutsche Verwaltung und die Organisation der bundeseigenen Verwaltung. In: JöR NF 11, 173-311.

Lachmann, Günter, 1975: Die Gemeinschaftsaufgabe Hochschulbau. In: Der Staat 14, 49-68.

Liebrecht, Heinz, 1967: Der kooperative Föderalismus. In: DVBl, 72-75.

Liesegang, Helmuth/Plöger, Rainer, 1971: Schwächung der Parlamente durch den kooperativen Föderalismus? In: DÖV 24, 228-236.

Loeser, Roman, 1976: Theorie und Praxis der Mischverwaltung, Berlin: Duncker & Humblot.

Marnitz, Siegfried, 1974: Die Gemeinschaftsaufgaben des Art. 91a GG als Versuch einer verfassungsrechtlichen Institutionalisierung der bundestaatlichen Kooperation, Berlin: Duncker & Humblot.

Maunz, Theodor, 1970: Die Abgrenzung des Kulturbereichs zwischen dem Bund und den Ländern. In: Ritterspach, Theo/Geiger, Willi (Hrsg.), Festschrift für Gerhard Müller, Tübingen: Mohr Siebeck, 257-274.

Mayer, Ralf W., 2003: Bildung und Forschung im kooperativen Föderalismus. In: DÖV 56, 796-803.

Medicus, Franz Albrecht, 1932: Reichsverwaltung. In: JöR 20, 1-115.

Müller-Volbehr, Jörg, 1975: Fonds- und Investitionshilfekompetenz des Bundes, München: Beck.

v. Münch, Ingo, 1973: Gemeinschaftsaufgaben im Bundesstaat. In: VVDStRL 31, 51-84.

Oeter, Stefan, 1998: Integration und Subsidiarität im deutschen Bundesstaatsrecht, Tübingen: Mohr Siebeck.

Oppermann, Thomas, 1969: Kulturverwaltungsrecht, Tübingen: Mohr Siebeck.

Oppermann, Thomas, 1972: Gemeinsame Bildungs- und Forschungsfinanzierung durch Bund und Länder nach Art. 91b und Art. 104a Grundgesetz. In: DÖV 25, 591-598.

Oppermann, Thomas, 1990: Gemeinschaftsaufgabe Hochschulbau. Neue Perspektiven nach zwei Jahrzehnten. In: Maurer, Hartmut (Hrsg.), Das akzeptierte Grundgesetz. Festschrift für Günter Dürig zum 70. Geburtstag, München: Beck, 411-429.

Partsch, Karl Josef, 1973: Diskussionsbeitrag. In: VVDStRL 31, 104-106.

Patzig, Werner, 1961: Der „allgemeine Lastenverteilungsgrundsatz" des Art. 106 Abs. 4 Nr. 1 des Grundgesetzes. In: AöR 86, 245-306.

Patzig, Werner, 1961: Der kooperative Föderalismus. In: DVBl, 389-396.

Peters, Hans, 1950: Die Stellung des Bundes in der Kulturverwaltung nach dem Bonner Grundgesetz. In: Um Recht und Gerechtigkeit. Festgabe für Erich Kaufmann zu seinem 70. Geburtstag, Stuttgart/Köln: Kohlhammer, 281-298.

Popitz, Johannes, 1929: Die Wandlungen in den Aufgaben und im Zuständigkeitsverhältnis von Reich und Ländern auf Grund der Weimarer Verfassung. In: Harms, Bernhard (Hrsg.), Recht und Staat im Neuen Deutschland, Bd. 1, Berlin: Hobbing, 152-175.

Ronellenfitsch, Michael, 1975: Der Einwand der Mischverwaltung, Erster Teil, Berlin: Duncker & Humblot.

Rosenhayn, Jens-Peter, 1996: Die Kooperation von Bund und Ländern im Bereich der Gemeinschaftsaufgabe Hochschulbau, Diss. Bonn.

Scheuner, Ulrich, 1962: Struktur und Aufgabe des Bundesstaates in der Gegenwart. In: DÖV 15, 641-648.

Schmittner, Konrad, 1971: Der Bund als Gesetzgeber im Wissenschaftsbereich. In: WissR 4, 234-252.

Scupin, Hans Ulrich, 1973: Diskussionsbeitrag. In: VVDStRL 31, 124-127.

Seeger, Julius, 1968: Finanzierung von Länderaufgaben durch den Bund. In: DÖV 21, 781-788.

Selmer, Peter, 2000: Gestaltungsmöglichkeiten des Bundesgesetzgebers für die Gemeinschaftsaufgabe Hochschulbau nach Art. 91a GG, Baden-Baden: Nomos.

v. Simson, Werner, 1973: Diskussionsbeitrag. In: VVDStRL 31, 129-131.

Soell, Hermann, 1972: Sind die Gemeinschaftsaufgaben nach Art. 91a GG ein geeignetes Instrument zur Weiterentwicklung des föderativen Systems? In: Schnur, Roman (Hrsg.), Festschrift für Ernst Forsthoff zum 70. Geburtstag, München: Beck, 397-431.

Soell, Hermann, 1973: Diskussionsbeitrag. In: VVDStRL 31, 116-120.

Spanner, Hans, 1971: Über Finanzreformen und Bundesstaat. In: ders. et al. (Hrsg.), Festgabe für Theodor Maunz zum 70. Geburtstag, München: Beck, 375-389.

Staff, Ilse, 1971: Wissenschaftsförderung im Gesamtstaat, Berlin: Duncker & Humblot.

Stern, Klaus, 1973: Diskussionsbeitrag. In: VVDStRL 31, 106-111.

Stern, Klaus, 1977: Die Föderativstruktur im Grundgesetz und im Vorstellungsbild der Enquete-Kommission Verfassungsreform des Deutschen Bundestages. In: Die Ergebnisse der Enquete-Kommission Verfassungsreform und die verfassungsrechtliche Fortentwicklung der Bundesrepublik, Köln: Grote, 51-72.

Stern, Klaus, 1980: Das Staatsrecht der Bundesrepublik Deutschland, Bd. II, München: Beck.

v. Stralenheim, Freiherr, 1965: Bildungs- und Forschungsförderung als Aufgabe von Bund und Ländern. In: DÖV 18, 73-75.

Tiemann, Burkhard, 1970a: Gemeinschaftsaufgaben von Bund und Ländern in verfassungsrechtlicher Sicht, Berlin: Duncker & Humblot.

Tiemann, Burkhard, 1970b: Die neuen Gemeinschaftsaufgaben (Art. 91 a, b GG) im System des Grundgesetzes. In: DÖV 23, 161-166.

Volkmann, Uwe, 2005: Kommentierung zu Art. 91a und 91b. In: v. Mangoldt, Hermann/Klein, Friedrich/Starck, Christian (Hrsg.), Kommentar zum Grundgesetz, Bd. 3, 5. Aufl., München: Vahlen, 511-548.

Wahl, Rainer, 1978: Empfehlungen zur Verfassungsreform. Zum Schlußbericht der Enquete-Kommission Verfassungsreform. In: AöR 103, 477-521.

Zitzelsberger, Heribert, 1990: Gemeinschaftsaufgabe Hochschulbau. In: DÖV 43, 724-731.

Konvergenz und Entflechtung im Wissenschaftsföderalismus von 1998 bis 2009 – insbesondere in den beiden Etappen der Föderalismusreform

Margrit Seckelmann

Die Entwicklung des Wissenschaftsföderalismus in den elf Jahren zwischen der vierten Novelle des Hochschulrahmengesetzes von 1998 und der zweiten Stufe der Föderalismusreform von 2009 ist von verschiedenen Trends gekennzeichnet. Als grundlegende Tendenzen lassen sich dabei sowohl Ansätze zur Schaffung institutionellen Wettbewerbs wie zur Konvergenz der Hochschulgesetze unter immer stärkerer Bezugnahme auf die europäische Ebene ausmachen. Die langfristige Entwicklung lässt sich genauer in fünf verschiedene Phasen einteilen:

1. Eine Lockerung der Rahmenbestimmungen durch die vierte Novelle des Hochschulrahmengesetzes von 1998 als Ergebnis von Diskussionen der 1990er Jahre um mehr institutionellen Wettbewerb unter den Ländern im Hochschulbereich, eingebettet in europäische Bestrebungen zur Konvergenzschaffung im Bereich der Hochschulabschlüsse;
2. der Versuch einer starken Steuerung des Hochschulrechts von Seiten des Bundes (1998-2004/5) bei gleichzeitigen Überlegungen zu einer „Entflechtung" bzw. Neuordnung der Kompetenzen im Wissenschaftsbereich, die auch auf die „Systemevaluation"[1] der außeruniversitären Forschung in den 1990er Jahren zurückgeht;
3. das Ende der Bestrebungen zur Konformitätsschaffung von Seiten des Bundes durch eine „subsidiaritätsfreundliche" Rechtsprechung des Bundesverfassungsgerichts bei einem gleichzeitigen (gescheiterten) Versuch zu einer Entflechtung der Verantwortlichkeiten;
4. die Neuverhandlung der Kompetenzen nach der Bundestagswahl von 2005 und die „Föderalismusreform I" von 2006 und schließlich
5. die Weiterentwicklung der Diskussion um die Ver- und Entflechtung und eine gewisse „Renaissance"[2] kooperativer Elemente in der „Föderalismusreform II" von 2009.

---

1   Internationale Kommission 1999; Systemevaluierung der Fraunhofer-Gesellschaft 1998; Wissenschaftsrat 2000a; Wissenschaftsrat 2000b; Wissenschaftsrat 2001. Zur „Systemevaluation" vgl. auch die Beiträge von Edler, Kuhlmann und Stegmaier sowie von Hohn und Lange in diesem Band.
2   Vgl. Seckelmann 2009: 747, 753 ff.

1. Konvergenz und „Entfesselung": Die Ausgangsbedingungen zur Zeit des Regierungswechsels von 1998

Die Zeit um den Regierungswechsel von 1998 war geprägt durch zunehmende Forderungen nach Länderautonomie im Hochschulbereich. Diese wurden flankiert von Postulaten nach einer „unternehmerischen Universität", die durch eine Rücknahme von Elementen direkter legislativer Steuerung bei gleichzeitiger Qualitätssicherung von Lehre und Forschung über „sanfte" Steuerungsmodi (*benchmarking*, Evaluation etc.) gekennzeichnet sei. Die Einführung derartiger Steuerungsmodi zur Konvergenzschaffung wurde auch durch die europäische Ebene beeinflusst, da sich in der Sorbonne-Erklärung der europäischen Bildungsminister von 1998 und der Bologna-Konferenz 1999 die europäischen Bildungsminister zur Schaffung vergleichbarer Hochschulabschlüsse in einem „Europäischen Hochschulraum" verpflichtet hatten.[3]

Der europäischen Tendenz zur Konvergenzschaffung entgegen, strebten die Länder nach einer stärkeren Autonomisierung in Fragen der Hochschulpolitik gegenüber dem Bund. Von vielen Akteuren der Wissenschaftspolitik wurde zugleich eine Neugestaltung des Verhältnisses zwischen Hochschulen und Ministerien unter dem Stichwort der Gewinnung völliger oder zumindest gesteigerter Autonomie der Hochschulen in den Bereichen Lehrplanaufstellung, Haushalt, Personal und teilweise auch Grundstücksbewirtschaftung gefordert: Die diesen Forderungen zugrunde liegenden Konzepte wurden unter anderem von der Bertelsmann-Stiftung und dem dieser nahestehenden Centrum für Hochschulentwicklung (CHE) mitentwickelt.[4]

In beide Tendenzen ist die vierte Novelle des Hochschulrahmengesetzes (HRG) von 1998 eingebettet, die nicht nur Experimentierklauseln zur Einführung neuer Abschlüsse und eines Qualitätssicherungssystems vorsah, sondern auch die institutionellen Voraussetzungen für eine Veränderung der Governance der Hochschulen schuf.[5] Diese Gesetzesnovelle nahm 1998 einige der bisherigen bundeseinheitlichen Rahmenvorgaben für die Hochschulorganisation zurück: Die Bestimmung des § 58 HRG, nach der bis dahin staatliche Hochschulen „zugleich öffentlich-rechtliche Körperschaften wie staatliche Einheiten" zu sein hätten, wurde gelockert und in ein Regelbeispiel umgewandelt (§ 58 Abs. 1 S. 1 HRG: „in der Regel"), neben dem nunmehr auch andere Rechtsformen möglich sein sollten (§ 58 HRG Abs. 1 S. 2 HRG).

Ein langfristiger Trend der Zeit von 1998 bis 2010 ist daher die Institutionalisierung eines (moderaten) „Wettbewerb[s] der Hochschulkonzepte"[6] zwischen den einzelnen Bundesländern. Diese Bestrebung zu einer institutionellen „Entfesselung"[7]

---

3   Hierzu Wilhelm 2009: 29 f.; Stüber 2009; Seckelmann 2010b.
4   Vgl. Müller-Böling 2000. Heutige Gesellschafter des CHE sind die Bertelsmann-Stiftung und die Stiftung zur Förderung der Hochschulrektorenkonferenz.
5   BGBl. I (1998): 2190, zur Governance vgl. Jansen 2007; Jansen 2010; Seckelmann 2010a.
6   Schenke 2005: 1000.
7   Müller-Böling 2000; zur Kritik an einzelnen Elementen des Neuen Steuerungsmodells an Hochschulen vgl. u. a. Bull/Mehde 2000; Kahl 2004; Kracht 2006; Ladeur 2005; Frank 2006; Gärditz 2009.

der Hochschulen von ministeriellen Genehmigungsvorbehalten und einer Bindung an die Landeshaushaltsordnungen und Stellenpläne im Landeshaushaltsgesetz fand seinen Niederschlag selbst in den Gesetzesbezeichnungen.[8] In vielen Ländern standen ersichtlich Modelle aus der Privatwirtschaft Pate, etwa in Baden-Württemberg, wo das Hochschulgesetz von 2005[9] das Präsidium als „Vorstand" und den neu eingeführten Hochschulrat als „Aufsichtsrat" bezeichnet. Daneben wurden im Zeichen erster Deregulierungsversuche experimentelle, also in der Regel zunächst befristete, Bereichsausnahmen in bestimmten Bereichen des Haushaltswesens (Haushaltsbewirtschaftung, teilweise auch Personal-, Gebäudebewirtschaftung) eingeführt (etwa im Bereich der niedersächsischen Stiftungshochschulen oder anderer „Modelluniversitäten" wie der Technischen Universität Darmstadt oder der Stiftungsuniversität Frankfurt am Main[10]). Die Deregulierung im Bereich des Hochschulrechts ging in der Regel einher mit einer Stärkung der Universitätsleitung auf Kosten der akademischen Selbstverwaltung; der Wechsel von der Rektorats- zur Präsidialverfassung konnte in den Landeshochschulgesetzen allerdings schon seit der dritten Novelle des Hochschulrahmengesetzes vom 1. Juli 1985 vollzogen werden.[11]

2. *Die Suche nach Wegen aus dem „verfassungsrechtlichen Halbdunkel":*
   Die Zeit von 1998 bis 2004

2.1. Heraus aus der „Politikverflechtungsfalle"! – Zu den Hintergründen der Föderalismusreform

Der Regierungswechsel von 1998 änderte nichts an diesem Trend zur Deregulierung, Ökonomisierung und Professionalisierung der Hochschulen. Im Gegenteil, die neuen Bestimmungen des Hochschulrahmengesetzes orientierten sich zunehmend an Hochschulsystemen, in denen derartige Reformen bereits vorgenommen worden waren oder vor sich gingen,[12] namentlich am US-amerikanischen Vorbild mit seinen

---

8   Das nordrhein-westfälische „Hochschulfreiheitsgesetz" vom 31.10.2006 (GV NRW 2006: 474) als Artikelgesetz enthält in seinem ersten Artikel die Novellierung des nordrhein-westfälischen Hochschulgesetzes.
9   GBl. Ba-Wü 2005: 794.
10 Vgl. das Gesetz zur organisatorischen Fortentwicklung der TU Darmstadt (TUD-Gesetz) vom 5. Dezember 2004, GVBl. Hessen 2004, Teil I: 382, und die §§ 100a ff. a. F. des Hessischen Hochschulgesetzes vom 5. November 2007, GVBl. Hessen 2007, Teil I: 710, beide Gesetze geändert durch das Hessische Hochschulgesetz und Gesetz zur Änderung des TUD-Gesetzes sowie weiterer Rechtsvorschriften vom 14. Dezember 2009 (GVBl. Hessen 2009, Teil I: 666 (die Bestimmungen über die Stiftungshochschule Goethe-Universität finden sich nunmehr in den §§ 81 ff. HHG).
11 BGBl. I (1985): 506. Zu den Auswirkungen der hochschulorganisatorischen Veränderungen auf die verwaltungsrechtliche Systembildung vgl. Gärditz 2009; zur Situation seit dem 3. HRG vgl. auch Trute 1994 sowie (mit Hinweisen auf die ältere Rechtslage) Karpen 1987.
12 Vgl. hierzu die Beiträge von Braband, Prikoszovits, Sahlfeld und Schreiterer in diesem Band.

marktwirtschaftlichen Strukturen.[13] Es erfolgte der Versuch, das historisch gewachsene Hochschulsystem der Vereinigten Staaten nach 1998 (über)eifrig[14] auf die deutschen Strukturen zu übertragen. Der Bund erkannte sich dabei die Rolle des „Reformmotors" zu. Um das deutsche Wissenschaftssystem (und damit auch die Bundesrepublik) international „wettbewerbsfähiger" zu machen, wurden dessen Strukturen und äußere Rahmenbedingungen im internationalen Vergleich analysiert. Dabei wurden zwei Hauptfaktoren identifiziert, denen man die Rolle der größten Hemmnisse für die internationale Wettbewerbsfähigkeit der deutschen Wissenschaft zuschrieb: die Ordinarienuniversität und der kooperative Föderalismus.

Der Ordinarienuniversität sagte der Bund mit der fünften Novelle des Hochschulrahmengesetzes den Kampf an. In recht weitgehender Interpretation seiner Rahmengesetzgebungskompetenz regelte der Bundesgesetzgeber die Rahmenbedingungen für Beschäftigungsverhältnisse an Hochschulen neu: Der Abschluss von befristeten Arbeitsverträgen sei nur noch bis zu sechs Jahren vor und sechs Jahren nach der Promotion zulässig. Zugleich wurde als verpflichtende Regelqualifikation an Stelle der Habilitation eine „Juniorprofessur" eingeführt, nach deren erfolgreicher Absolvierung (und Evaluation) eine Berufung auf eine Professur auf Lebenszeit möglich sei (wobei die Möglichkeit eines *tenure track* nicht eigens geregelt wurde).[15]

Der Föderalismus stand zur gleichen Zeit auf der Reformagenda, da dieser grundlegende Reformen „aus einer Hand" (wie etwa die grundlegende Reform des österreichischen Hochschulwesens durch das Universitätsgesetz von 2002 als Bundesgesetz[16]) faktisch unmöglich machte. Einen ständigen Stein des Anstoßes bildete vor 2006 die „Verwischung von Verantwortlichkeiten",[17] die „Einigung auf den ‚kleinsten gemeinsamen Nenner'" aufgrund des Geleitzugprinzips[18] und den dadurch bewirkten „Immobilismus".[19] Kritisiert wurde insbesondere die bestehende faktische Bindung der Landesparlamente bei der Beratung der Haushaltsmittel für Wissenschaft[20] an die Vorfestlegungen der entsprechenden Bund-Länder-Gremien über die Finanzierung von Hochschulbauten und Großgeräten,[21] bei denen die Zurechnungen der Gremienentscheidungen zu einer bestimmten Körperschaft überdies regelmäßig Probleme aufwarfen.[22] Die bundesrepublikanische Ausprägung des kooperativen

---

13 Dazu der Beitrag von Schreiterer in diesem Band.
14 Zu einer „übereifrigen" Adaption ist insbesondere die Abschaffung des sogen. „Professorenprivilegs" (§ 42 Nr. 1 Arbeitnehmererfindungsgesetz a. F.) von 2004 zu rechnen. Vgl. dazu Hoeren 2005; Hübner 2005; Pahlow/Gärditz 2006.
15 Fünftes Gesetz zur Änderung des Hochschulrahmengesetzes und anderer Vorschriften vom 16. Februar 2002, BGBl. I (2002): 693.
16 Vgl. zu Österreich den Beitrag von Prikoszovits in diesem Band.
17 So u. a. Oeter/Boysen 2005: 308 mit weiteren Nennungen.
18 Oeter/Boysen 2005: 308.
19 Oeter/Boysen 2005: 308.
20 Laut Röhl 1994: 206 machten die für die Gemeinschaftsaufgaben aufgewendeten Landesmittel teilweise bis zu 50 % der Wissenschaftsetats der Länder aus.
21 Dazu insbesondere Füchsel 1985, Seckelmann 2009: 750 und die Beiträge von Wiesner und Collin in diesem Band.
22 Röhl 1994: 229, plädiert für eine Zurechnung an die Gesamtheit zwischen Bund und Ländern.

Föderalismus,[23] in denen der Bund kraft besserer Finanzmittel („Angebotsdiktatur"[24] oder Steuerung „am goldenen Zügel"[25]) letztlich die Agenda in den gemeinschaftlichen Gremien festlegen[26] und so mittelbar für eine Bindung der Landesparlamente sorgen konnte,[27] wurde teilweise ironisch als „Beteiligungsföderalismus"[28] bezeichnet. Man suchte Möglichkeiten zur Erleuchtung des „verfassungsrechtliche[n] Halbdunkel[s]"[29] kooperativer Aufgabenwahrnehmung oder nach einem ‚Herauswinden'[30] aus der „Politikverflechtungsfalle".[31]

Es ist allerdings mit Blick auf den Hochschulbau[32] zu erwähnen, dass es aufgrund dieser letztlich seit 1969 vorgebrachten Kritik[33] bereits vor dem Großprojekt der Föderalismusreform zu einer inkrementellen Verbesserung der Handlungsautonomie der Länderparlamente gekommen war: In den meisten Ländern war die Anmeldung zu den Rahmenplänen durch die Wissenschaftsministerien vorab den jeweiligen Parlamenten bzw. deren Wirtschafts- und Finanzausschüssen zur Beratung vorzulegen.[34] Gleichwohl erfolgte die formelle Verabschiedung des Haushaltsgesetzes zeitlich nach den Rahmenplanungen. Am grundlegenden Befund der Asymmetrisierung der Kräfteverhältnisse in der Forschungsförderung zugunsten des Bundes unter den Bedingungen der Knappheit (insbesondere nach der Wiedervereinigung)[35] hatte auch das neue Verfahren nichts geändert.

2.2. Mehr Licht für das „verfassungsrechtliche Halbdunkel": Das Projekt der Reform des deutschen föderalistischen Systems

Die vor dem Regierungswechsel 1998 durch den saarländischen Ministerpräsidenten Oskar Lafontaine[36] herbeigeführte Blockade nahezu sämtlicher zustimmungsbedürf-

---

Zum Wissenschaftsrat vgl. auch Röhl 1996: 487, Bartz 2007.
23 Zum Begriff des „kooperativen Föderalismus" und zu seinen Hintergründen vgl. Bauer 1992: 170 f. und Oeter 1998: 259 ff. sowie Metzler 2005: 327 ff.
24 Begriff von Seeger 1968: 787; dazu: Röhl 1994: 206; Dittmann 2004: 105.
25 Zur Entwicklung der Steuerung am „goldenen Zügel" vgl. insbesondere Schimank/Lange 2006: 311; Hohn/Schimank 1990; Metzler 2005: 327.
26 König 1999: 28.
27 Näheres bei Seckelmann 2009: 752 ff. und Wiesner 2006.
28 So Geis 1992: 528 für die Kompetenzen in der Kulturpolitik.
29 Für den Gemeinsamen Bundesausschuss im Arzneimittelwesen so plastisch Kingreen 2006: 877 ff.
30 So die Forderung von Wiesner 2006: 249.
31 Scharpf 1985: 323; zur „Eigendynamik" der Diskussion um die „Politikverflechtungsfalle" vgl. Benz 2009.
32 Siehe hierzu insbesondere auch der Beitrag von Wiesner in diesem Band.
33 Vgl. den Beitrag von Collin in diesem Band.
34 Röhl 1994: 210 f.
35 Vgl. Wiesner 2006: 249 sowie den Beitrag von Wiesner in diesem Band.
36 Und die später mit „umgekehrten Vorzeichen" fortgeführte Praxis, vgl. Scharpf in diesem Band.

tiger Bundesgesetze (nach Art. 84 Abs. 1 GG a. F.) im Bundesrat führte in der Praxis dazu, dass der deutsche Föderalismus gegen Ende der 1990er Jahre als besonders schwerfällig in Bezug auf Reformen und aufgrund einer recht verwobenen Struktur, auf die sogleich noch einzugehen sein wird, gleichsam als ‚System organisierter Unverantwortlichkeit' empfunden wurde. Aus diesem Grund wurde zunehmend nach einer „Entflechtung von Verantwortlichkeiten" der Gebietskörperschaften[37] verlangt.

Nach einem ersten gescheiterten Versuch, zu einer Einigung der Regierungsspitzen bzw. Staatssekretäre zu kommen, wurde im Oktober 2003 eine Kommission eingesetzt, die mit dem Großprojekt der Reform des deutschen Föderalismus mit dem Ziel der Schaffung größerer Transparenz in Bezug auf die politischen Verantwortlichkeiten in Bund und Ländern und einer effizienteren und effektiveren Aufgabenerfüllung durch die jeweiligen Gebietskörperschaften betraut wurde.[38] Diese hatte die Fragen der Gesetzgebungskompetenzen, der Mitwirkungsrechte im Gesetzgebungsverfahren, den Verwaltungs- und den Finanzierungskompetenzen und schließlich die Frage der Verbesserung der „Europatauglichkeit"[39] des Grundgesetzes auf ihrer Agenda. Diese Kommission erstellte auch einen Abschlussbericht, der indes nicht offiziell verabschiedet wurde, da es zu Differenzen kam, insbesondere hinsichtlich der Kompetenzen im Bildungsbereich.[40]

Diskutiert wurde im Politikfeld „Wissenschaft" insbesondere über eine Abschaffung der Rahmengesetzgebungskompetenz des Bundes.[41] Vielen erschien eine Konkurrenz zwischen Bund und Ländern „um die besten Köpfe" mittels der Professorenbesoldung, für die das Beamtenrechtsrahmengesetz bislang wesentliche Rahmenbedingungen festlegte,[42] und der Hochschulzulassung als wünschenswert.[43] Zudem

---

37 Vgl. die Beschreibung des Reformprojekts durch Müntefering/Stoiber 2007: 9.
38 So Ziffer 2 der Einsetzungsbeschlüsse des Bundestags vom 16.10.2003 (BT-Drs. 15/1685 vom 14.10.2003) und des Bundesrats vom 17.10.2003 (BR-Drs. 750/03 vom 17.10.2003). Ein weiteres Ziel der Föderalismusreform I stellte die Ergreifung von Maßnahmen zur Verbesserung der „Europatauglichkeit" des föderalistischen Systems der Bundesrepublik Deutschland dar, vgl. das Positionspapier „Modernisierung der bundesstaatlichen Ordnung – Position des Bundes" der damaligen Bundesregierung, Teil A sowie Haug 2004: 193; Huber 2006: 354; Müller-Graff 2007: 705.
39 Hierzu insbesondere Classen 2007: 103 ff. sowie die in der Fußnote zuvor genannte Literatur.
40 Vgl. Kluth 2007: Rdnr. 50; Wilms 2007: Rdnr. 1013.
41 Zu den damit verbundenen Problemen vgl. Lindner 2007: 180.
42 Beamtenrechtsrahmengesetz (BRRG) in der Fassung der Bekanntmachung vom 31. März 1999, BGBl. I (1999): 654, zuletzt geändert durch Artikel 15 Absatz 14 des Gesetzes vom 5. Februar 2009, BGBl. I (2009): 160. Weite Teile (von Kapitel I) des Beamtenrechtsrahmengesetzes wurden durch das Beamtenstatusgesetz (des Bundes) vom 17. Juni 2008, BGBl. I (2008): 1010, zuletzt geändert durch Artikel 15 Absatz 16 des Dienstrechtsneuordnungsgesetz vom 5. Februar 2009, BGBl. I (2009): 160, ersetzt, andere Teile durch das genannte Dienstrechtsneuordnungsgesetz, so dass das BRRG nunmehr als eine Art „Torso" weiterbesteht.
43 Zu den Debatten vgl. u. a. Meyer 2008 und die Beiträge in Holtschneider/Schön 2007 sowie Steinbeiß-Winkelmann 2005: 132 f. Die Hochschulzulassung wurde letztlich im (neuen) Art. 74 Abs. 1 Nr. 33 GG als Gegenstand der konkurrierenden Gesetzgebung geregelt.

empfanden viele das zweistufige Verfahren der Rahmengesetzgebung durch den Bund und der „Ausfüllung" des Rahmens durch die Länder als zu langwierig.[44]

Die Umstellung vom kooperativen auf einen kompetitiven bzw. einen „gestaltenden" Föderalismus[45] wurde im Hinblick auf die Gesetzgebungskompetenzen außerdem durch die sogen. „Abweichungsgesetzgebung", also ein materielles Abweichungsrecht der Länder, veranschaulicht.[46] In der Föderalismuskommission wurde die Rückführung von Einflussmöglichkeiten des Bundes als Kompensation für die Rücknahme von Zustimmungserfordernissen der Länder bei der Gesetzgebung verhandelt.[47] Zugleich sollte eine klarere Zuordnung von Verantwortlichkeiten möglich sein.[48] Um dies zu erreichen, wurde in Kauf genommen, dass die ‚Zurückschneidung' von Einflussrechten auch eine Reduzierung von Mitwirkungsmöglichkeiten mit sich brachte.[49]

Doch nicht nur die Gesetzgebungskompetenzen standen auf der Reformagenda.[50] Auch die Verwaltungskompetenzen wurden auf ihre Reformbedürftigkeit und Reformierbarkeit hin untersucht. Auch hier wurden Abweichungsmöglichkeiten erwogen (vgl. nunmehr Art. 84 Abs. 1 S. 2-4 GG). In Misskredit gerieten insbesondere die Gemeinschaftsaufgaben, die eine grundgesetzlich erlaubte Möglichkeit ebenenübergreifender Kooperation darstellen.[51]

Es stellte sich indes schnell heraus, dass die begrenzte finanzielle Leistungsfähigkeit der Länder ihre Bereitschaft begrenzte, einer Mischverwaltung in sämtlichen Bereichen die gesetzliche Grundlage zu entziehen.[52] Es zeigte sich, dass die Gemeinschaftsaufgaben „Verbesserung der regionalen Wirtschaftsstruktur" sowie „Verbesserung der Agrarstruktur und des Küstenschutzes" stark durch das europäische Zuwendungswesen geprägt waren. Insofern wies in Hinblick auf die Europäischen Strukturfonds und weitere Fonds eine pflichtige gemeinschaftliche Aufgabenwahrnehmung von Bund und Ländern enorme Vorteile auf, um die Gelder durch einen zentralen Ansprechpartner für die Europäische Kommission entgegenzunehmen, diese effizient zu verwalten und dessen Verausgabung zu überwachen. Darüber hinaus machten die Länder, ob an der Küste gelegen oder eher agrarisch geprägt, geltend, dass sie alleine zu einer Finanzierung der jeweiligen Aufgaben nicht in der

---

44 Haug 2004: 193.
45 Zum „Wettbewerbsföderalismus" grundlegend Bauer 2002; Kluth 2007: Rdnr. 52; Mehde 2005: 117 ff. Zum Begriff des „Gestaltungsföderalismus" vgl. den Beitrag von Scharpf in diesem Band.
46 Zur Abweichungsgesetzgebung vgl. u. a. Degenhart 2006: 1209; Oeter 2007: 15 ff.; Stock 2006: 226; Kloepfer 2007: 651; Risse 2008: 271.
47 Sager 2007: 121.
48 Müntefering/Stoiber 2007: 9.
49 Kritisch rückblickend: Sager 2007: 121.
50 Zu den Diskussionen bezüglich der Reformagenda im Einzelnen vgl. u. a. Meyer 2008 und die Beiträge in Holtschneider/Schön 2007.
51 Hierzu insbesondere Fußnote 54 sowie Hellermann 2007b; Seckelmann 2009 m. w. N.
52 Mager 2005: 320.

Lage seien, vielmehr seien sie in diesem speziellen Falle ausnahmsweise an einer gemeinschaftlichen Förderung durch Bund und Länder interessiert.[53]

Ebenso auf der Reformagenda stand die Abschaffung der fakultativen Gemeinschaftsaufgabe[54] „Bildungsplanung" nach Art. 91b S. 1 1. Alt. GG a. F., zumal – von einzelnen Modellversuchen abgesehen – wegen des Widerstands der Landesfinanzminister und parteipolitischer Differenzen seit den 1980er Jahren nicht mehr von einer gemeinschaftlichen Bildungsplanung gesprochen werden konnte.[55] Allerdings stellte sich auch hier heraus, dass die internationalen Bindungen der Bundesrepublik Deutschland, insbesondere die Mitgliedschaft in der Europäischen Union und der OECD, eine ersatzlose Abschaffung dieser Kompetenznorm nicht für ratsam erscheinen ließen. Denn die regelmäßigen Bildungssurveys der OECD (PISA, TIMSS) mussten im Bundesstaat an irgendeiner Stelle koordiniert werden; nicht zuletzt hatte die PISA-Studie die Probleme des deutschen föderalen Systems und die Unterschiede zwischen den einzelnen Bundesländern im Stand des Wissens wie der Anwendungskompetenzen der Schüler offenbart.[56]

Somit blieb vor allem die Gemeinschaftsaufgabe Hochschulbau *sub specie* des Art. 91a GG a. F. als „Reformpotential" übrig. Man glaubte zudem ihre Reformbedürftigkeit hinreichend durch die für den Laien schwierige Nachvollziehbarkeit der hochkomplexen Verfahren in der Rahmenplanung unter Beweis gestellt zu sehen.[57] Der Hochschulbau wurde daher als dasjenige Feld ausgemacht, in welchem Ände-

---

53 Sager 2007: 121.
54 Nachfolgend wird auch Art. 91b GG als Gemeinschaftsaufgabe (im weiteren Sinne) verstanden, denn die alte Überschrift „Gemeinschaftsaufgaben" des Abschnitts VIIIa des Grundgesetzes umfasste einerseits diejenigen (enumerativ aufgezählten) Aufgaben, die nach der Legaldefinition des Art. 91a Abs. 1 GG „für die Gesamtheit bedeutsam" sind und bei „denen die Mitwirkung des Bundes zur Verbesserung der Lebensverhältnisse erforderlich" sein kann. Die unter der gemeinsamen Überschrift ebenfalls firmierenden Fälle des Art. 91b GG betrafen hingegen spezielle Erscheinungsformen verfassungsrechtlich erlaubten fakultativen Zusammenwirkens zwischen Bund und Ländern. Gleichwohl wurden in einem weiteren Sinne auch die Fälle des Art. 91b GG unter den Begriff der „Gemeinschaftsaufgaben" subsumiert: Etabliert hatte sich die Differenzierung zwischen Gemeinschaftsaufgaben im engeren Sinne (Art. 91a GG, auch „echte" Gemeinschaftsaufgaben genannt) und im weiteren Sinne (Art. 91b GG, fakultative Kooperationsaufgaben) sowie der in einem sehr weiten Sinne zu den Gemeinschaftsaufgaben zu rechnenden Investitionshilfekompetenz des Art. 104b GG, vormals Art. 104a Abs. 4 GG. Vgl. grundlegend Mager 2003a: Kommentierung von Art. 91a GG, Rdnr. 5, Volkmann 2005: Kommentierung von Art. 91a GG, Rdnr. 1; Maunz 1980: Kommentierung von Art. 91a GG, Rdnr. 4: „daß das Grundgesetz selbst den Begriff nicht ausschließlich für Art. 91a gebraucht, sondern auch Art. 91b miteinbezieht." Der Frage, welche Folgen die Neubenennung des Abschnitts VIIIa des Grundgesetzes im Jahr 2009 in „Gemeinschaftsaufgaben; Verwaltungszusammenarbeit" für die bisherige Theorie hat, kann an dieser Stelle nicht nachgegangen werden. Ebenfalls von „fakultativen" Gemeinschaftsaufgaben sprechend Sichel 2009: 1014, in ähnliche Richtung gehend Schmidt-De Caluwe 2007: Rdnr. 6.
55 Dazu u. a. Guckelberger 2008: 268 und Collin in diesem Band. Zur „Fiktionalität" der Rahmenplanung im Hochschulbau vgl. den Beitrag von Wiesner in diesem Band.
56 Guckelberger 2008: 268; von Bogdandy/Goldmann 2008.
57 Sager 2007: 121; zum Hochschulbau vgl. insbesondere auch den Beitrag von Wiesner in diesem Band sowie Wiesner 2006.

rungen möglich und wünschenswert seien.[58] Hiergegen erhoben sich gewichtige Stimmen der Hochschulbauexperten im Wissenschaftsrat wie im Bund und – vor allem – in den Ländern. Diese wiesen darauf hin, dass das hochkomplexe und für den Laien schwer nachzuvollziehende Aufstellungsverfahren des Rahmenplans hinsichtlich der dadurch gewonnenen Resultate für eine große Transparenz und Legitimation in Hinblick auf die im Bundesstaat geplanten und durchgeführten Vorhaben sorge.[59]

Gleichwohl blieb die Umqualifizierung des Hochschulbaus von einer pflichtigen zu einer fakultativen Gemeinschaftsaufgabe im Entwurf der Kommission erhalten. Dieser Entwurf wurde aber aus den genannten Gründen nicht verabschiedet.

3. *Die Schwächung der Position des Bundes: Die Entscheidung des Bundesverfassungsgerichts zur 5. Novelle des Hochschulrahmengesetzes*

Der unbefriedigende Verlauf der Beratungen der ersten Kommission ist auch auf eine deutliche Schwächung des Bundes während der laufenden Verhandlungen zurückzuführen, zu der letztlich die Rechtsprechung beitrug.[60] Das Bundesverfassungsgericht entschied in einer länderfreundlichen (restriktiven)[61] Interpretation der Rahmengesetzgebungskompetenzen,[62] dass der Bund mit dem Fünften Änderungsgesetz zum Hochschulrahmengesetz von Januar 2002[63] seine Kompetenz zur Rahmengesetzgebung im Hochschulbereich durch eine zu feine Detailsteuerung im Wege der Setzung von Vorgaben zur Einführung der Juniorprofessur (und faktischer Abschaffung der Habilitation)[64] überschritten habe. Ähnlich entschied das Bundesverfassungsgericht[65] bezogen auf das bundesweite Verbot von Studiengebühren durch das Sechste Änderungsgesetz zum Hochschulrahmengesetz von August 2002[66]. Aufgrund des Verweises in Art. 75 Abs. 1 Nr. 1a GG a. F. auf Art. 72 GG („unter den Voraussetzungen des Artikels 72 GG") sei auch für die Rahmengesetzgebung nach Art. 75 GG a. F. wie bei Art. 72 Abs. 2 GG eine „Erforderlichkeit" bundeseinheitlicher Regelung Voraussetzung. Eine Erforderlichkeit bundeseinheitlicher Regelung zur Einführung der Juniorprofessur als verpflichtende Regelqualifikation zur Ordentlichen Professur sei aber ebenso wenig wie beim Verbot von Studiengebühren anzunehmen, da nicht erkenntlich sei, warum die Länder zu einer ent-

---

58 Sager 2007: 122.
59 Rückblickend von Heyden 2007: 49.
60 Dazu Scharpf 2009: 93 ff., 104, 120; vgl. auch den Beitrag von Scharpf in diesem Band.
61 Vgl. bereits zuvor BVerfGE 106, 62, 143 ff.
62 BVerfGE 111, 226, 252.
63 Fünftes Gesetz zur Änderung des Hochschulrahmengesetzes und anderer Vorschriften vom 16. Februar 2002, BGBl. I (2002): 693.
64 BVerfGE 111, 226, 252.
65 BVerfGE 112, 226, 244.
66 Sechstes Gesetz zur Änderung des Hochschulrahmengesetzes vom 8. August 2002, BGBl. I (2002): 3138.

sprechenden Regelung schlechterdings nicht in der Lage gewesen sein sollten. Es sei nicht ersichtlich, dass der vom Bundesgesetzgeber geltend gemachte Regelungsbedarf von den Ländern durch eigenständige Maßnahmen entweder gar nicht oder nur durch mit den anderen Ländern abgestimmte Regelungen hätte bewältigt werden können.[67]

4. Zur Neuverhandlung der Föderalismusreform nach der Bundestagswahl von 2005

Ein *window of opportunity* für eine Reform der Kompetenzen der Gebietskörperschaften brachte die Bundestagswahl 2005 und die Bildung einer großen Koalition, die sich mit ähnlichen Mehrheitsverhältnissen im Bundesrat spiegelte. Im Koalitionsvertrag von CDU, CSU und SPD[68] wurden die wesentlichen Bestimmungen mit geringfügigen Abweichungen[69] niedergelegt. Diese wurden (unter weitgehender Ausklammerung des auf die Finanzverfassung bezogenen Teils) umgesetzt in ein Gesetz zur Änderung des Grundgesetzes vom 28. August 2006,[70] das zum 1. September 2006 in Kraft trat, und ein Föderalismusreform-Begleitgesetz[71], das die einfachgesetzlichen Regelungen betraf. Das Gesetz zur Änderung des Grundgesetzes betraf nicht nur die Neuverteilung von Gesetzgebungskompetenzen.[72] Vielmehr sollte auch und gerade im Bereich der Verwaltungskompetenzen die Kongruenz zwischen der Aufgabenzuständigkeit und faktischen Aufgabenwahrnehmung durch Bund und Länder (wieder) hergestellt und insgesamt eine stärkere Transparenz hinsichtlich der Aufgaben und ihrer Wahrnehmung erzielt werden. Große Teile der Regelung der Finanzierungskompetenzen überließ man hingegen der zweiten, finanzbezogenen Stufe der Föderalismusreform (sogen. Föderalismusreform II).[73] Zu den bereits 2006 geregelten Ausnahmen gehörten die Finanzhilfen nach Art. 104b GG sowie (Übergangs-)Regelungen, die die Folgerungen aus dem (teilweisen) Rückzug des Bundes aus der gemeinschaftlichen Aufgabenwahrnehmung betrafen (vgl. Art. 143c GG).

---

67 Scharpf 2006: 316 f.; Scharpf 2009: 93 ff., 104, 120; vgl. zum Urteil auch Depenheuer 2005: 83; Gärditz 2005b: 157. Die „Erforderlichkeitsklausel" war 1994 an die Stelle der sogen. „Bedürfnisklausel" getreten, vgl. Kluth 2007: Rdnr. 46 ff. sowie Scharpf in diesem Band.
68 Koalitionsvertrag zwischen der CDU, der CSU und der SPD vom 11. November 2005, download unter: http://www.bundesregierung.de/Anlage920135/Koalitionsvertrag.pdf, 93 (Abrufdatum 1.10.2009); vgl. hierzu auch Krings 2007: Rdnr.28.
69 Häde 2006: 931.
70 52. Gesetz zur Änderung des Grundgesetzes (Artikel 22, 23, 33, 52, 72, 73, 74, 74a, 75, 84, 85, 87c, 91a, 91b, 93, 98, 104a, 104b, 105, 107, 109, 125a, 125b, 125c, 143c) vom 28. August 2006, BGBl I (2006): 2034.
71 Föderalismusreform-Begleitgesetz vom 5. September 2006, BGBl. I (2006): 2098.
72 Für das hier einschlägige Gebiet der Bildung und Wissenschaft vgl. u. a. Schmidt-Aßmann 2007: 405; Karpen 2006: 271.
73 Vgl. Fn. 69. Zu den Gründen für die Neugestaltung vgl. u. a. Kirchhof 2006: 288; Korioth 2009. Zum *status quo ante* des Fiskalföderalismus vgl. auch Bull 1999: 269.

Die Rahmengesetzgebungskompetenz des Art. 75 GG wurde aufgehoben,[74] nicht zuletzt auch deshalb, weil man – wie erwähnt – das zweistufige Verfahren der Rahmengesetzgebung als zu zeitraubend empfunden hatte.[75] Die Neuordnung der Kompetenzen gewährte dem Bund im Bereich des Hochschulrechts die konkurrierende Gesetzgebungskompetenz hinsichtlich der Zulassung und der Abschlüsse (Art. 74 Abs. 1 Nr. 33 GG).[76] Allerdings wurde den Ländern nach Art. 72 Abs. 3 S. 1 Nr. 6 GG (neu) in diesem Bereich ein Abweichungsrecht eingeräumt. Mit Ausnahme der konkurrierenden Gesetzgebungskompetenz des Bundes zur Förderung der „wissenschaftlichen Forschung" (Art. 74 Abs. 1 Nr. 13 2. Alt. GG) und der „Ausbildungsbeihilfen" (Art. 74 Abs. 1 Nr. 1 1. Alt. GG) fielen die restlichen Kompetenzen im Wissenschaftsrecht den Ländern zu. Letztere gingen im Bereich des Hochschulrechts zumindest auf dem Gebiet der Gesetzgebungs- und Verwaltungskompetenzen gestärkt aus der ersten Stufe der Föderalismusreform hervor.

Im Bereich der Verwaltungskompetenzen wurde der Hochschulbau aus einer pflichtigen Gemeinschaftsaufgabe nach Art. 91a Abs. 1 Nr. 1 GG in eine fakultative Gemeinschafts-(bzw. Kooperations-)aufgabe zum Zusammenwirken bei „Forschungsbauten an Hochschulen einschließlich Großgeräten" nach Art. 91b Abs. 1 S. 1 Nr. 3 GG umgewandelt,[77] wobei der Begriff der „Forschungsbauten" wohl enger als derjenige der „Hochschulbauten" zu verstehen ist, der auch die Lehre betraf.[78] Gleichwohl wirft der Forschungsbautenbegriff wegen „der beinahe unmöglichen Abgrenzbarkeit von Forschung und Lehre an Hochschulen" verfassungsrechtlich bedenklich große Spielräume auf.[79] Bund und Länder können bei Forschungsbauten „in Fällen überregionaler Bedeutung" zusammenwirken, wobei anders als bei Art. 91a GG einzelne Lösungen möglich sind und nicht das Erfordernis der Zustimmung aller Länder nach Art. 91b Abs. 1 S. 2 GG gilt. Es wird jedoch in der Literatur teilweise gefordert, dass aus Gründen bundesfreundlichen Verhaltens die Beteiligung an Vereinbarungen zwischen dem Bund und einzelnen Ländern allen gleichermaßen betroffenen Ländern anzubieten ist.[80]

Im Sinne einer weiteren Entflechtung wurden konsequenterweise die gemeinsame Rahmenplanung nach Art. 91a Abs. 3 GG a. F. sowie das Unterrichtungsrecht nach Art. 91a Abs. 5 GG abgeschafft. Zur Kompensation für die bisher den Ländern zufließenden Bundesmittel wurde in Form des Art. 143c Abs. 1 GG eine neue Übergangsregelung bis zum 31. Dezember 2019 geschaffen, die die Höhe der Verteilung

---

74 Vgl. aber zur Fortgeltung des HRG die Art. 125a, 125b GG sowie Lindner 2007: 180.
75 Haug 2004: 193.
76 Die beamtenrechtlichen Bestimmungen des Art. 74 Abs. 1 Nr. 27 GG bleiben nachfolgend außer Betracht, vgl. zu diesem Thema Oeter 2007: 36 f., Rdnr. 64. Ebenso wird der Frage der Bundeskompetenz im Bildungswesen für die außerschulische berufliche Bildung (Art. 74 Nr. 11 GG „Recht der Wirtschaft" bzw. Nr. 12 „Arbeitsrecht") und die frühkindliche Betreuung (vgl. Art. 74 Abs. 1 Nr. 7 GG) nicht weiter nachgegangen.
77 Näheres bei Schmidt-Aßmann 2007.
78 Schlegel 2008: 48. Zum Hochschulbau vgl. auch den Beitrag von Wiesner in diesem Band.
79 Heun 2008b: Kommentierung von Art. 91b Rdnr. 13.
80 Vgl. Schmidt-De Caluwe 2007: Rdnr. 13 m. w. N. (vgl. aber auch Trute 2008: 315).

der Mittel auf die Länder regelt und durch das Entflechtungsgesetz als Teil des Föderalismusreformbegleitgesetzes weiter konkretisiert wird.[81] Art. 143c GG enthält in seinem Abs. 3 eine Evaluationsklausel, die eine Überprüfung der Übergangsregelung bis Ende 2013 und einen Wegfall der Zweckbindung (gemäß Art. 143c Abs. 2 GG) der betreffenden Gelder ab 1. Januar 2014 vorsieht.

Bei den fakultativen Gemeinschafts-(bzw. Kooperations-)aufgaben nach Art. 91b GG verlor die Bildungsplanung ihren Status als Gemeinschaftsaufgabe (vormals Art. 91b S. 1 1. Alt. GG). Anstelle der „Einrichtungen und Vorhaben der wissenschaftlichen Forschung" nach Art. 91b S. 1 2. Alt. GG a. F. wurde in „Fällen überregionaler Bedeutung" zwischen gemeinschaftlich förderbaren „Einrichtungen und Vorhaben der wissenschaftlichen Forschung außerhalb von Hochschulen" (Art. 91b Abs. 1 S. 1 Nr. 1 GG) und „Vorhaben der Wissenschaft und Forschung an Hochschulen" (Art. 91b Abs. 1 S. 1 Nr. 2 GG) differenziert. Letztere Regelung „erweitert und begrenzt gleichzeitig die Möglichkeiten des Zusammenwirkens von Bund und Ländern"[82] an Hochschulen: Förderungswürdig sind diesbezüglich zum einen nunmehr nur noch „Vorhaben", was für eine Projektförderung statt einer institutionellen Förderung spricht,[83] weiter als zuvor ist der Begriff aber zum anderen, da er wohl nunmehr auch Vorhaben der Lehre als Subkategorie der Wissenschaft erfasst.[84] Die Forschung ist demgegenüber die andere verfassungsrechtlich anerkannte Subkategorie der „Wissenschaft".[85] Vereinbarungen nach Art. 91b Abs. 1 S. 1 Nr. 2 GG bedürfen der Zustimmung aller Länder (vgl. Art. 91b Abs. 1 S. 2 GG).

Gleichsam als Kompensation für den Verlust der Bildungsplanung erlaubt der neu in das Grundgesetz aufgenommene Art. 91b Abs. 2 GG eine gemeinschaftliche Aufgabenwahrnehmung in einem neuen Feld: den Vergleichen „zur Feststellung der Leistungsfähigkeit des Bildungswesens im internationalen Vergleich" und den diesbezüglichen Berichten und Empfehlungen.[86] Ein Widerspruch zur Entflechtungstendenz wurde darin nicht gesehen, da den Berichten – ähnlich wie dem interföderalen *benchmarking*, das in der zweiten Stufe der Föderalismusreform als Art. 91d Ein-

---

81 Föderalismusreform-Begleitgesetz vom 5. September 2006, BGBl. I: 2098, Heun 2008a: Kommentierung von Art. 91a, Rdnr. 2.
82 Schlegel 2008: 48.
83 Siehe zu den Auswirkungen auf die gemeinschaftliche Förderung der Exzellenzinitiative Sieweke 2009a. Abgrenzungsschwierigkeiten ruft v. a. die Verstetigung von Projektförderungen hervor.
84 Hellermann 2007b: Rdnr. 300; Schlegel 2008: 48; Trute 2008: 314.
85 BVerfGE 35, 79, 113, st. Rspr. und h. M. im Schrifttum, (differenzierend Hailbronner 1979: 73 ff.). Zu den Folgerungen vgl. Trute 2008: 315.
86 Siehe dazu den Beitrag von Guckelberger in diesem Band, Guckelberger 2008 sowie Heun 2008b: Kommentierung von Art. 91b Rdnr. 21; Siekmann 2009: Kommentierung von Art. 91b Rdnr. 14; Rdnr. 21 f. und Schmidt-De Caluwe 2007: Rdnr. 14.

gang in das Grundgesetz fand,[87] – ein wettbewerbssteigernder Effekt zugeschrieben wurde.[88]

Auch das Recht der Finanzhilfen wurde verändert. An die Stelle des Art. 104a Abs. 4 GG a. F. ist der (neue) Artikel 104b GG getreten. Nach dessen Abs. 1 (S. 1) kann der Bund den Ländern Finanzhilfen nur noch auf Gebieten, auf denen der Bund über eine Gesetzgebungskompetenz verfügt,[89] für besonders bedeutsame Investitionen der Länder und der Gemeinden wie Gemeindeverbände zur Abwehr einer Störung des gesamtwirtschaftlichen Gleichgewichts, zum Ausgleich unterschiedlicher Wirtschaftskraft im Bundesgebiet und zur Förderung des wirtschaftlichen Wachstums gewähren.[90] Die Beschränkung auf die Bereiche, in denen (außer in den 2009 ergänzten außergewöhnlichen Notfällen) dem Bund die Gesetzgebungskompetenz zusteht, bedeutete grundsätzlich das Ende einer gemeinschaftlichen Bildungsfinanzierung, da der Bund im Bildungsbereich mit Ausnahme der Ausbildungsbeihilfen (Art. 74 Abs. 1 Nr. 13 1. Alt. GG), der außerschulischen beruflichen Bildung (Art. 74 Abs. 1 Nr. 11 bzw. Nr. 12 GG)[91], der hier nicht betrachteten frühkindlichen Bildung (Art. 74 Abs. 1 Nr. 7 GG) und – als grundgesetzlich erlaubtem Kooperationstatbestand – der Leistungsvergleichsstudien nach Art. 91b Abs. 2 GG über keine Kompetenzen mehr verfügt. Im Wissenschaftsbereich war ein derartiges „Kooperationsverbot" (genauer: eine „mangelnde [ausnahmsweise] Kooperationserlaubnis") als Ausnahme von Art. 104a Abs. 1 GG (getrennte Ausgabentragung), Art. 104b Abs. 1 GG (Abweichungen davon grds. nur in den Bereichen, in denen der Bund über Gesetzgebungskompetenzen verfügt, sowie in besonderen Katastrophenfällen) jenseits der Bundeskompetenz zur Förderung der wissenschaftlichen Forschung nach Art. 74 Abs. 1 Nr. 13 2. Alt. GG und der Hochschulzulassung und -abschlüsse (Art. 74 Abs. 1 Nr. 33 GG) auch diskutiert, aber durch „Rettung" der gemeinschaftlichen Aufgabenzuständigkeit im Hochschul- und Forschungsbereich für die Fälle des Art. 91b Abs. 1 S. 1 Nr. 1-3 GG durchbrochen worden.

---

87 Dazu u. a. Sichel 2009; Seckelmann 2009.
88 Vgl. die Begründung im Entwurf eines Begleitgesetzes zur Föderalismusreform, Gesetzesantrag der Länder Baden-Württemberg, Bremen vom 24.3.2009, Bundesrat, Drs. 263/09. Zu den OECD-Studien vgl. auch von Bogdandy/Goldmann 2008.
89 Zu den Hintergründen vgl. Butzer 2007: Rdnr. 5 ff.; Hellermann 2007a: Rdnr. 351.
90 Im Rahmen der Föderalismusreform II kam eine „Notkompetenz" für Naturkatastrophen oder außergewöhnliche Notsituationen hinzu, Art. 104a Abs. 1 S. 2 GG – neu.
91 Zum Begriff der Berufsbildung vgl. § 1 Abs. 1 des Berufsbildungsgesetzes v. 25.3.2005, BGBl. I (2005): 931, zul. geänd. am 5.2.2009, BGBl. I (2009): 160. Eine konkurrierende Gesetzgebungsbefugnis des Bundes soll für Art. 104b Abs. 1 GG genügen, vgl. Butzer 2007: Rdnr. 20; Pieroth 2009b: Kommentierung von Art. 104b GG, Rdnr. 2.

5. Ein Weg aus der „Entflechtungsfalle"? Die zweite Stufe der Föderalismusreform (2009)

5.1. Wissenschaftspolitik nach der ersten Stufe der Föderalismusreform

Mit der Herausnahme der gemeinschaftlichen Bildungsplanung aus dem Katalog der Gemeinschaftsaufgaben war auch die Frage nach der Zukunft der Bund-Länder-Kommission für Bildungsplanung und Forschungsförderung (BLK) gestellt. Zum 18. September 2007 trat daher ein Verwaltungsabkommen zwischen Bund und Ländern über die Errichtung einer Gemeinsamen Wissenschaftskonferenz (GWK) in Kraft. Die GWK löste zum 1. Januar 2008 die BLK ab, die Ende 2007 ihre Arbeit einstellte. Die GWK bekam im Wesentlichen die Aufgaben der BLK im Bereich der Forschungsförderung übertragen.[92]

Bald schon stellte sich heraus, dass das Bestreben nach mehr Transparenzschaffung hinsichtlich der rechtlichen und der faktischen Kompetenzen der Gebietskörperschaften um einen hohen Preis erkauft worden war. Denn die weitgehende Entflechtung der Verwaltungskompetenzen im Rahmen der Föderalismusreform I zeitigte gewaltige praktische Probleme. Man kann mit Arthur Benz argumentieren, dass mit den getroffenen Maßnahmen der Weg in eine „Entflechtungsfalle"[93] beschritten wurde: Die vor 2006 (insbesondere bezüglich des Hochschulbaus) bestehenden Regelungen über die Durchführung der Gemeinschaftsaufgaben hatten trotz aller damit verbundenen Intransparenzen des Verfahrens für eine weitgehende Vermeidung von Informationsasymmetrien zwischen den Ländern und dem Bund gesorgt.

Auch die neueren Instrumente der Anreizsteuerung, die der Bund zur punktuellen Förderung zum Zwecke der Exzellenzsteigerung der Hochschulen anbieten wollte bzw. bereits anbot, schienen plötzlich verfassungsrechtlich bedenklich zu werden. Das gilt namentlich für die im Jahr 2005 zwischen Bund und Ländern, also noch vor der Föderalismusreform, vereinbarte Exzellenzinitiative für Hochschulen im Bereich der Forschung. Nunmehr entstand Unsicherheit, ob deren Durchführung aufgrund eines Verwaltungsabkommens, der sogen. „Exzellenzvereinbarung" zwischen Bund und Ländern,[94] überhaupt verfassungsrechtlich zulässig sei.[95]

---

92 Nähere Hinweise bei Schlegel 2008: 51 ff.
93 Benz 2008a: 180; ähnlich Benz 2008b: „over-regulated federalism".
94 Bund-Länder-Vereinbarung gemäß Art. 91b des Grundgesetzes (Forschungsförderung) über die Exzellenzinitiative des Bundes und der Länder zur Förderung von Wissenschaft und Forschung an deutschen Hochschulen vom 18.7.2005, BAnz 2005: 13347, sowie die Verwaltungsvereinbarung zwischen Bund und Ländern gemäß Artikel 91b Abs. 1 Nr. 2 des Grundgesetzes über die Fortsetzung der Exzellenzinitiative des Bundes und der Länder zur Förderung von Wissenschaft und Forschung an deutschen Hochschulen vom 24. Juni 2009, BAnz 2009: 2416; dazu Siekmann 2009: Kommentierung von Art. 91b, Rdnr. 7, 27; Sieweke 2009a. Teilweise wird wegen der Verlagerung vorentscheidender Kompetenzen auf Gremien, in denen der Staat nicht die Mehrheit hat und der mögl. Folgen der enormen Ressourcenallokationen in der

Bemerkenswerter Weise wurde am 19. Oktober 2007 bei der Entscheidung über die sogen. „Zweite Runde" der „Exzellenzinitiative" gerade ein „Zukunftskonzept" ausgezeichnet, das die Entflechtungstendenzen zwischen Bund und Ländern gleichsam konterkarierte: Das *Karlsruhe Institute of Technology* (KIT) setzte auf die Kooperation einer Hochschule (Universität Karlsruhe (TH), hauptsächlich vom Land gefördert) mit einem Forschungsinstitut der Helmholtz-Gemeinschaft (Forschungszentrum Karlsruhe, FZK, 90 % vom Bund gefördert). Durch das KIT-Zusammenführungsgesetz vom 14.7.2009 wurden beide Einrichtungen unter einem einheitlichen Dach (KIT) zusammengeführt, das über einen Universitäts- und einen Großforschungsbereich verfügen soll, wobei hinsichtlich der Verfassungskonformität dieser Konstruktion teilweise Zweifel geäußert wurden.[96]

Zusammen mit der Exzellenzinitiative wurde der „Pakt für Forschung und Innovation" verabschiedet, der zum Ziel hatte, die sogen. „Lissabon-Kriterien" zur Steigerung des Anteils der auf die Forschung und Entwicklung in den Mitgliedsstaaten der Europäischen Union aufgewendeten Gelder auf 3 % des Bruttoinlandsprodukts umzusetzen.[97] Auch der Hochschulpakt 2020 ist an dieser Stelle zu erwähnen.[98]

Ein anderes Beispiel, das weniger die Gemeinschaftsaufgaben als andere Formen der Rückführung kooperations- und koordinationsrechtlicher Elemente betrifft, ist die Vergabe von Studienplätzen. Die Universitäten hatten jahrelang für ihr Recht

---

dritten Förderlinie der Abschluss eines Staatsvertrags thematisiert, vgl. Sieweke 2009a: 948 ff.; Trute 2008: 319. Zur Exzellenzinitiative vgl. auch Möllers 2009 und die Beiträge in Leibfried 2010.

95 Zum Streitstand vgl. Sieweke 2009a sowie Siekmann 2009: Kommentierung von Art. 91b, Rdnr. 7, 27; zum Begriff des „Vorhabens" Schmidt-De Caluwe 2007: Rdnr. 10.

96 Gesetz zur Zusammenführung der Universität Karlsruhe und der Forschungszentrum Karlsruhe GmbH im Karlsruhe Institut für Technologie vom 14.7.2009, GBl. 2009: 317. Während die Exzellenzvereinbarung I von 2005 (Fn. 95) noch unter der Geltung des Art. 91b Abs. 1 GG a. F. abgeschlossen worden war, wurde die Exzellenzvereinbarung II ausdrücklich auf Art. 91b Abs. 1 [S. 1] Nr. 2 GG gestützt (Vorhaben an Hochschulen). In der Literatur wird uneinheitlich beurteilt, ob die Förderung oder das Projekt selbst zeitlich befristet sein muss, um den „Vorhabenscharakter" zu bejahen. Nach Schmidt-De Caluwe (2008: Rdnr. 10) setzt letzterer „einzelne, konkret zu umreißende" Vorhaben voraus, „die zudem zeitlich begrenzt geplant sind." Probleme ruft bei der Exzellenzinitiative (insbes. bei der dritten Förderlinie „Zukunftskonzepte") die „Verstetigung" von Vorhaben hervor. Sieweke (2009b: 292) stuft ergebnisorientiert „das KIT verfassungsrechtlich vollständig als Hochschule" ein, bestreitet den (zeitlich begrenzten) Vorhabencharakter und verneint konsequenterweise die Verfassungskonformität; dagegen mit Hinweis auf die Gesetzesbegründung und die Trennbarkeit des universitären Bereichs vom Institutsbereich: Wagner 2010: 134. Der Zusammenführung liegt die Verwaltungsvereinbarung zwischen dem Bund und dem Land Baden-Württemberg vom 30.7.2009 (Landtags-Drs. 14/4340) zugrunde. Zu weiteren Aspekten vgl. Sieweke 2009b; Wagner 2009.

97 Dazu: Schlegel 2008: 54 ff.

98 Verwaltungsvereinbarung zwischen Bund und Ländern über den Hochschulpakt 2020 vom 5. September 2007, BAnz 2007: 7480; Verwaltungsvereinbarung zwischen Bund und Ländern gemäß Artikel 91b Abs. 1 Nr. 2 des Grundgesetzes über den Hochschulpakt 2020 (zweite Programmphase) vom 24. Juni 2009, BAnz 2009: 2419. Zum Hochschulpakt 2020 vgl. auch Pieroth 2009a: Kommentierung von Art. 91b GG, Rdnr. 4; Schmidt-De Caluwe 2007: Rdnr. 11 sowie Butzer 2007: Rdnr. 23 (zu Art. 104b Abs. 1 S. 1 i. V. m. Art. 74 Abs. 1 Nr. 33 GG) und Lange in diesem Band.

gekämpft, sich die Studenten selbst aussuchen zu dürfen. Der oft als zu bürokratisch geschmähten Zentralstelle für die Vergabe von Studienplätzen (ZVS) wurden die meisten Koordinationskompetenzen genommen. Die Folge war, dass die meisten Universitäten von einer Bewerberwelle gleichsam überrollt wurden und nicht über die geeignete zentrale EDV zu deren Bewältigung verfügten. Zum 1. Mai 2010 wurde die ZVS in eine „Stiftung für Hochschulzulassung" umgewandelt, auf die die verbliebenen Kompetenzen der ZVS übertragen wurden.[99]

Vor besonderen Schwierigkeiten standen im Bildungsbereich die Bestrebungen zur Finanzierung der frühkindlichen Erziehung (Kindertagesstätten und Kindergärten); hier wurde im Wege der Mitfinanzierung der Betriebskosten durch „Festbetrags-Umsatzsteueranteile" eine Lösung gefunden, die sich hart an der verfassungsrechtlichen Grenze des Art. 104b Abs. 1 S. 1 GG bewegte.[100]

5.2. Hin zu einer „Renaissance der Gemeinschaftsaufgaben"?
Die zweite Stufe der Föderalismusreform

Nach einer Phase der forcierten Trennung von Gesetzgebungs-, Verwaltungs- und Finanzierungskompetenzen in der Föderalismusreform I, die ihren symbolischen Höhepunkt in der Debatte um die Abschaffung oder zumindest Reduktion der Gemeinschaftsaufgaben fand, erlebten diese in der zweiten Stufe der Föderalismusreform eine unerwartete „Renaissance".[101]

Art. 91c GG enthält in seinem Absatz 1 eine neue fakultative Gemeinschafts- (bzw. Kooperations-)aufgabe („Bund und Länder können bei der Planung, der Errichtung und dem Betrieb der für ihre Aufgabenerfüllung benötigten informationstechnischen Systeme zusammenwirken"), deren Modalitäten bei der IT-Standardisierung in Abs. 2 konkretisiert werden.[102] Art. 91d ist dem Art. 91b Abs. 2 GG nachgebildet. Ihm zufolge können Bund und Länder „zur Feststellung und Förderung der Leistungsfähigkeit ihrer Verwaltungen Vergleichsstudien durchführen und die Ergebnisse veröffentlichen".

Zu dieser zweiten Stufe der Föderalismusreform kam es, da die Neuregelung der Finanzbeziehungen in der ersten Stufe mit den unter 4. genannten Ausnahmen „ausgeklammert" worden war. Bundestag und Bundesrat waren am 15. Dezember 2006 überein gekommen, für diese Frage eine gemeinsame Kommission einzusetzen. Diese Kommission wurde durch die Präsidenten von Bundestag und Bundesrat am 8. März 2007 konstituiert. Sie hatte den Auftrag, Vorschläge für die Modernisierung der Bund-Länder-Finanzbeziehungen zu erarbeiten. Darüber hinaus wurden auch

---

99 http://hochschulSTART.de. Ein Ausbau zu einer Serviceplattform für Hochschulen ist geplant.
100 Zur Lösung dieses Problems vgl. Scharpf 2009: 113 ff.
101 Siehe hierzu Seckelmann 2009: 747, 753 ff.
102 Auf die weiteren Absätze des Art. 91c GG soll an dieser Stelle nicht eingegangen werden, vgl. dazu Sichel 2009; Siegel 2009; Schallbruch/Städler 2009; zu den Vorüberlegungen zur Verwaltungskooperation im IT-Bereich vgl. Schliesky 2008.

weitere Aspekte der Effizienzsteigerung des öffentlichen Sektors (v. a. bei den Verwaltungskompetenzen) in die Aufgabenstellung einbezogen.[103]

Die Föderalismuskommission II legte am 5. März 2009 einen Vorschlag für ein Maßnahmenbündel zur Reform der Bund-Länder-Finanzbeziehungen vor.[104] Zentral ist die Einführung einer neuen gemeinsamen Schuldenregel für Bund und Länder ab dem Haushaltsjahr 2011 durch Neufassung von Art. 109 GG (und für den Bund Art. 115 GG). Hiernach sind die Haushalte von Bund und Ländern grundsätzlich ohne Einnahmen aus Krediten auszugleichen (sogen. „Schuldenbremse", vgl. Art. 109 Abs. 3 GG und für den Bund Art. 115 GG [sowie die Übergangsregelungen in 143d GG]). Ausnahmen sind in speziellen Fällen möglich. Zur Einhaltung der Neuregelungen sollen fünf Länder übergangsweise Konsolidierungshilfen bekommen (Art. 143d Abs. 2 GG). Ein neu zu gründender Stabilitätsrat (Art. 109a S. 1 Nr. 1 GG) soll die Haushaltsführung von Bund und Ländern, insbesondere auch die Konsolidierungsschritte von Seiten der Empfängerländer überwachen.[105] Dieses „kooperative Frühwarnsystem"[106] soll der Umsetzung einer entsprechenden Anforderung aus der „Berlin-Entscheidung" des Bundesverfassungsgerichts[107] dienen.

Das Bundeskabinett hat die Vorschläge am 11. März 2009 zustimmend zur Kenntnis genommen. Auf diesen Vorschlägen fußend, legten am 23. April 2009 die Fraktionen der Regierungskoalition einen Entwurf für ein Gesetz zur Änderung des Grundgesetzes[108] und für ein Begleitgesetz zur Änderung einfachrechtlicher Vorschriften[109] vor. Die Länder Baden-Württemberg und Bremen brachten im Bundesrat Gesetzesentwürfe zur Änderung des Grundgesetzes und für ein Föderalismusreform-Begleitgesetz ein.[110] Das Gesetz zur Änderung des Grundgesetzes wurde am

---

103 Vgl. den Einsetzungsbeschluss des Bundesrates zur Einsetzung einer gemeinsamen Kommission zur Modernisierung der Bund-Länder-Finanzbeziehungen vom 15.12.2006, Bundesrat, Drucksache 913/06 und den Antrag der Fraktionen der CDU/CSU, SPD und FDP zur Einsetzung einer gemeinsamen Kommission zur Modernisierung der Bund-Länder-Finanzbeziehungen, Deutscher Bundestag, 16. Wahlperiode, Drs. 16/3885 vom 14.12.2006; vgl. auch die Beiträge in Konrad/Jochimsen 2008.
104 Beschlüsse der Kommission von Bundestag und Bundesrat zur Modernisierung der Bund-Länder-Finanzbeziehungen vom 5. März 2009, Kommissionsdrucksache 17, u. a. zu finden unter der URL: http://www.bundestag.de/Parlament/gremien/foederalismus2/drucksachen/kdrs 174.pdf. (23.4.2009).
105 Vgl. hierzu Korioth 2009; zu den finanzbezogenen Teilen der Föderalismusreform auch Kropp 2010.
106 Beschlüsse der Kommission von Bundestag und Bundesrat zur Modernisierung der Bund-Länder-Finanzbeziehungen vom 5. März 2009: 5.
107 BVerfGE 116, 327.
108 Entwurf eines Gesetzes zur Änderung des Grundgesetzes (Artikel 91c, 91d, 104b, 109, 109a, 115, 143d), Gesetzentwurf der Fraktionen der CDU/CSU und SPD, Deutscher Bundestag, 16. Wahlperiode, Drs. 16/12410.
109 Entwurf eines Gesetzes zur Änderung des Grundgesetzes (wie Fußnote zuvor) und Entwurf eines Begleitgesetzes zur Föderalismusreform. Gesetzentwurf der Fraktionen der CDU/CSU und SPD vom 24.3.2009, Deutscher Bundestag, 16. Wahlperiode, Drs. 16/12400.
110 Entwurf eines Begleitgesetzes zur Föderalismusreform, Gesetzesantrag der Länder Baden-Württemberg, Bremen vom 24.3.2009, Bundesrat, Drs. 263/09.

29. Mai 2009 vom Bundestag und am 12. Juni 2009 vom Bundesrat jeweils mit verfassungsändernder Mehrheit angenommen.

Zur unerwarteten „Renaissance" der Gemeinschaftsaufgaben (und der Einfügung der Verwaltungszusammenarbeit in Abschnitt VIIIa GG) trug aber auch bei, dass das Bundesverfassungsgericht nach der Föderalismusreform seine „Entflechtungsrechtsprechung" konsequent fortsetzte. Das Urteil seines zweiten Senats vom 20. Dezember 2007 zur Verfassungsmäßigkeit der Verpflichtung zur gemeinsamen Aufgabenwahrnehmung in sogen. „Arbeitsgemeinschaften" von Kreisen und Landkreisen mit der Bundesagentur für Arbeit[111] hat dezidiert den „Grundsatz eigenverantwortlicher Aufgabenwahrnehmung" herausgearbeitet, von dem nur in äußerst eng umgrenzten Ausnahmefällen abgewichen werden dürfe: Diese setzten einen besonderen sachlichen Grund voraus, der eine gemeinschaftliche Aufgabenwahrnehmung in den Arbeitsgemeinschaften rechtfertigen könnte und zu dessen Realisierung keine anderen Möglichkeiten zur Verfügung stünden. Ein derartiger Ausschluss anderer Möglichkeiten sei nur rechtlich begründbar, nicht faktisch, also weder durch die mangelnde politische Einigungsfähigkeit über eine Zuschreibung der Kompetenz an eine Gebietskörperschaft noch durch das historisch gewachsene Nebeneinander von kommunal verwalteter Sozialhilfe und von gesamtstaatlich verwalteter Arbeitslosenhilfe. Bei der Zusammenführung dieser beiden historisch gewachsenen Formen sozialer Unterstützungsleistungen habe sich der Gesetzgeber für eine Lösung entscheiden müssen, die mit der Kompetenzordnung des Grundgesetzes vereinbar sei.[112] Es war anzunehmen, dass das Gericht auch IT-Fragen wohl nicht *per se* als rechtfertigenden Grund für eine Ausnahme vom dem von ihm ausgesprochenen Trennungsprinzip im Bereich der Verwaltung ansehen werde.[113]

Es zeigte sich mithin, dass bestimmte Aufgaben einen kooperativen Föderalismus voraussetzen, ihn in manchen Punkten sogar weiter noch erfordern als bisher, insbesondere dann, wenn ihnen eine – europarechtlich beförderte – Tendenz zur ebenenübergreifenden Zusammenarbeit innewohnt.[114]

---

111 BVerfGE 119, 331, 365-367.
112 Vgl. hierzu das am 17. Juni 2010 mit verfassungsändernder Mehrheit vom Deutschen Bundestag und ebenso vom Bundesrat am 9. Juli 2010 angenommene Gesetz zur Änderung des Grundgesetzes (Art. 91e GG). Das Gesetz wurde am 21. Juli 2010 ausgefertigt, am 26. Juli verkündet (BGBl. I [2010]: 944) und trat zum 27. Juli 2010 in Kraft. Der neu unter der Überschrift des Abschnittes VIIIa („Gemeinschaftsaufgaben, Verwaltungszusammenarbeit") aufgenommene Art. 91e GG betrifft in seinem Abs. 1 die grundgesetzliche Zulässigkeit des Zusammenwirkens des Bundes mit den Ländern bzw. Gemeinden und/oder Gemeindeverbänden bei der Organisation der Grundsicherung für Arbeitslose und in Abs. 2 S. 2 die Beteiligung des Bundes an den Kosten der Optionskommunen für die Wahrnehmung seiner gesetzl. Aufgaben.
113 Schliesky 2008: 308; Schallbruch/Städler 2009: 623.
114 Zum zugrundeliegenden Problem gebietskörperschaftenübergreifender IT-Zusammenarbeit im Bundesstaat, insbesondere durch die Europäische Dienstleistungsrichtlinie, vgl. u. a. Siegel 2009; Schallbruch/Städler 2009 und Schliesky 2008.

6. Fazit: Konvergenz, Divergenz und Kooperation im deutschen Bundesstaat

Die Aufnahme der Artikel 91c und d und die im Jahr 2010 erfolgte Einfügung des Art. 91e zur verfassungsrechtlichen Absicherung der sogen. „Jobcenter" in das Grundgesetz[115] zeigt die Komplexität und Verwobenheit des deutschen Föderalismus, die keinesfalls wie der berühmte gordische Knoten zerschlagen werden können. Dies ist aber auch nicht empfehlenswert, da die Produktion von Kollektivgütern[116] im Bundesstaat an Kooperation gebunden ist. Bildung und Wissenschaft lassen sich im Bundesstaat zu diesen Gütern zählen,[117] da im Bereich der Hochschulpolitik nach dem aktuellen Zulassungsrecht niemand, der bestimmte Voraussetzungen (Abitur, einen bestimmten Notendurchschnitt) erfüllt, vom Zugang ausgeschlossen werden kann.[118] Bei aller wünschenswerten und produktiven Konkurrenz endet die „Einheit der Wissenschaft"[119] nicht an den Grenzen der Bundesländer, sondern setzt übergreifende Verfahren und Institutionen voraus.[120] Sofern keine „nachlaufenden" Studiengebühren eingeführt werden, können immer einige Länder davon profitieren, dass andere mehr Studienplätze anbieten als sie Abiturienten „produzieren" oder dass dort spezielle Fächer (wie die Orientalistik) für das ganze Bundesgebiet gepflegt werden.[121]

Um ein *free rider*-Verhalten zu vermeiden, sind in einer derartigen Situation bestimmte Verschränkungen notwendig. Man könnte an dieser Stelle mit der verfassungsrechtlichen Rechtsfigur der Bundestreue[122] argumentieren, die das Bundesverfassungsgericht für den Fall raumbedeutsamer überregionaler Planungen anerkannt hat.[123] Wenn diese im Planungsrecht bestehen soll, so lässt sich überlegen, ob nicht auch die Sicherstellung der Erfüllung des aus Art. 12 Abs. 1 GG folgenden Rechts auf Hochschulzugang, und der aus Art. 5 Abs. 3 GG folgenden Funktionsgewährleistungsansprüche auf angemessene Mittelausstattung der einzelnen Hochschullehrer[124] – spätestens nach dem Auslaufen der gemäß Art. 143c GG im Hochschulbau übergangsweise weiter gezahlten Bundesmittel und des ‚Greifens' der Schuldenbremse nach dem Ende der Regelungen des Art. 143d GG – die ‚Treue' der solventeren Länder herausfordern wird. Wenn bereits die überregionale Planung nach der Rechtsprechung des Bundesverfassungsgerichts aus diesem Rechtsgedanken heraus Informations-, Beteiligungs- und gegebenenfalls auch Mitwirkungs- und Hilfspflich-

---

115 Vgl. Fußnote 112..
116 Olson 2004: 14.
117 Münch 2007: 54; Siekmann 2009: Kommentierung von Art. 91b GG, Rdnr. 14; Trute 2008: 312.
118 Daher auch die Forderung der Länder, die keine Studiengebühren erheben, nach Kompensationsleistungen im Rahmen des Länderfinanzausgleichs oder des Hochschulpakts.
119 Zacher 2004: 724.
120 Vgl. auch die grundsätzlichen Warnungen vor einer „Kleinstaaterei", vgl. Knopp 2006: 1216.
121 Siehe hierzu Oeter/Boysen 2005.
122 Dazu grundlegend Bauer 1992.
123 BVerfGE 12, 205, 249 f.; BVerfGE 42, 103, 117; BVerfGE 81, 310, 329 ff.; zur Herleitung des Rechtsgrundsatzes in der Spruchpraxis des Bundesverfassungsgerichts vgl. Bauer 1992: 9 ff.
124 BVerfGE 33, 79, 116; st. Rspr. vgl BVerfGE 111, 333, 353 f.

ten generiert, so könnte aus den Art. 91a und b GG alter und wohl auch neuer Fassung ein allgemeiner Rechtsgedanke abzuleiten sein, der eine gewisse Kooperation bei der Generierung der Kollektivgüter „Bildung" und „Wissenschaft" im Bundesstaat erfordert. Ein solcher allgemeiner Rechtsgedanke könnte sodann auch die Frage nach einer Revision des sogen. „Kooperationsverbots" des Art. 104b Abs. 1 S. 1 GG (i. V. m. Art. 104a Abs. 1 GG) bzw. – genauer – der mangelnden „Kooperationserlaubnis" für die Bereiche aufwerfen, in denen dem Bund keine Gesetzgebungskompetenzen zustehen. Zumindest aber könnte er für die Einfügung eines zusätzlichen Kooperationstatbestandes oder die Erweiterung der bestehenden solchen in Art. 91b des Grundgesetzes streiten. So ließe sich etwa der Tatbestand des Art. 91b Abs. 1 S. 1 Nr. 2 GG auch auf „Einrichtungen" an Hochschulen erstrecken.[125]

Die soeben neu in das Grundgesetz aufgenommene verfassungsrechtliche Absicherung der Organisation der sogen. „Jobcenter" durch einen neuen Artikel im Abschnitt VIIIa des Grundgesetzes (Art. 91e GG, Organisation der und Grundsicherung für Arbeitslose) und die Evaluationsklausel in Art. 143c Abs. 3 GG deuten darauf hin, dass im Bereich der Gemeinschaftsaufgaben im Grundgesetz – sowie der dort ebenfalls geregelten Verwaltungszusammenarbeit – das letzte Kapitel noch nicht geschrieben ist. Die Kooperation zwischen Bund und Ländern hat mehr Zukunft, als es zwischen 1998 und 2006 zu erwarten gewesen wäre.

---

[125] In diesem Zusammenhang wäre auch über eine Änderung von Art. 91b Abs. 1 S. 2 GG nachzudenken.

Literatur

Bauer, Hartmut, 1992: Die Bundestreue. Zugleich ein Beitrag zur Dogmatik des Bundesstaatsrechts und zur Rechtsverhältnislehre, Tübingen: Mohr Siebeck.

Bartz, Olaf, 2007: Der Wissenschaftsrat. Entwicklungslinien der Wissenschaftspolitik in der Bundesrepublik Deutschland 1957-2007, Stuttgart: Steiner.

Behrens, Thomas, 1996: Globalisierung der Hochschulhaushalte. Grundlagen, Ziele, Erscheinungsformen und Rahmenbedingungen, Neuwied et al.: UniversitätsVerlagWebler.

Benz, Arthur, 2008a: Föderalismusreform in der „Entflechtungsfalle". In: Europäisches Zentrum für Föderalismus-Forschung (Hrsg.), Jahrbuch des Föderalismus, Band 8, Baden-Baden: Nomos, 180-190.

Benz, Arthur, 2008b: From Joint Decision Traps to Over-regulated Federalism. Adverse Effects of a Successful Constitutional Reform. In: German Politics 17, 440-456.

Benz, Arthur, 2009: Im Dickicht des Rechts. Die Verfassung des deutschen Föderalismus. In: Europäisches Zentrum für Föderalismusforschung (Hrsg.), Jahrbuch des Föderalismus, Band 10, Baden-Baden: Nomos, 109-121.

Bogdandy, Armin von/Goldmann, Matthias, 2008: The Exercise of International Public Authority through National Policy Assessment. The OECD's PISA Policy as a Paradigm for a New International Standard Instrument. In: International Organizations Law Review 5, 241-298.

Bull, Hans Peter, 1999: Finanzausgleich im Wettbewerbsstaat – Bemerkungen zur neuen Föderalismustheorie und zu ihrer Bedeutung für den Länderfinanzausgleich. In: DÖV 52, 269-281.

Bull, Hans Peter/Mehde, Veith, 2000: Reform der Hochschulorganisation – die populären Modelle und ihre Probleme. In: JZ 55, 650-659.

Butzer, Hermann, 2007: Art. 104b GG [Finanzhilfen des Bundes]. In: Kluth, Winfried (Hrsg.), Föderalismusreformgesetz. Einführung und Kommentierung, Baden-Baden: Nomos, 242-258.

Classen, Claus Dieter, 2007: Hauptstadtfrage und Verbesserung der Europatauglichkeit. In: Starck, Christian (Hrsg.), Föderalismusreform. Einführung, München: Beck, 95-123.

Degenhart, Christoph, 2006: Die Neuordnung der Gesetzgebungskompetenzen durch die Föderalismusreform. In: NVwZ 25, 1209-1216.

Depenheuer, Otto, 2005: Verfassungsgerichtliche Föderalismusreform. In: ZG 20, 83-93.

Dittmann, Armin, 2004: Bildung und Wissenschaft in der bundesstaatlichen Kompetenzordnung. Bestandsaufnahme und Analyse der Entwicklung von Verfassungsrecht und Staatspraxis unter dem Grundgesetz, Essen: Stifterverband für die Deutsche Wissenschaft e. V.

Fehling, Michael, 2002: Neue Herausforderungen an die Selbstverwaltung in Hochschule und Wissenschaft. In: Die Verwaltung 35, 399-424.

Frank, Beate, 2006: Die öffentlichen Hochschulen zwischen Hochschulautonomie und staatlicher Verantwortung, Bonn: Deutscher Hochschulverband.

Füchsel, Wolf-Dieter, 1985: Gemeinschaftsaufgaben: Eine finanzwissenschaftliche Analyse der Gemeinschaftsaufgaben nach Art. 91a, b GG und der Investitionshilfen nach Art. 104a Abs. 4 GG, Spardorf: Wilfer.

Gärditz, Klaus Ferdinand, 2005a: Hochschulmanagement und Wissenschaftsadäquanz. In: NVwZ 24, 407-410.

Gärditz, Klaus Ferdinand, 2005b: Studiengebühren, staatsbürgerliche Gleichheit und Vorteilsausgleich. In: WissR 38, 157-175.

Gärditz, Klaus Ferdinand, 2009: Hochschulorganisation und verwaltungsrechtliche Systembildung, Tübingen: Mohr Siebeck.

Geis, Max-Emanuel, 1992: Die „Kulturhoheit der Länder". In: DÖV 45, 522-529.

Guckelberger, Annette, 2008: Bildungsevaluation als neue Gemeinschaftsaufgabe gemäß Art. 91b Abs. 2 GG. In: RdJB 56, 267-282.

Häde, Ulrich, 2006: Zur Föderalismusreform in Deutschland. In: JZ 61, 930-940.

Hailbronner, Kay, 1979: Die Freiheit der Forschung und Lehre als Funktionsgrundrecht, Hamburg: Heitmann.

Haug, Volker, 2004: Die Föderalismusreform – Zum Ringen von Bund und Ländern um die Macht im Staate. In: DÖV 57, 190-197.

Hellermann, Johannes, 2007a: Bundesstaatliche Lastenverteilung (Art. 104a, 104b). In: Starck, Christian (Hrsg.), Föderalismusreform. Einführung, München: Beck, 125-129.

Hellermann, Johannes, 2007b: Gemeinschaftsaufgaben (Art. 91a, 91b). In: Starck, Christian (Hrsg.), Föderalismusreform. Einführung, München: Beck, 130-144.

Heun, Werner, 2008a: Kommentierung von Art. 91a. In: Dreier, Horst (Hrsg.), Grundgesetz. Kommentar, 2. Aufl., Band 3, Tübingen: Mohr Siebeck, 391-408.

Heun, Werner, 2008b: Kommentierung von Art. 91b. In: Dreier, Horst (Hrsg.), Grundgesetz. Kommentar, 2. Aufl., Band 3, Tübingen: Mohr Siebeck, 409-417.

Heyden, Wedig von, 2007: Die deutsche Forschungspolitik zwischen föderaler Vielfalt und gesamtstaatlicher Verantwortung. In: Blanke, Hermann-Josef (Hrsg.), Bildung und Wissenschaft als Standortfaktoren, Tübingen: Mohr Siebeck, 49-62.

Hoeren, Thomas, 2005: Zur Patentkultur an Hochschulen – auf neuen Wegen zum Ziel. In: WissR 38, 131-156.

Hohn, Hans-Willy/Schimank, Uwe, 1990: Konflikte und Gleichgewichte im Forschungssystem. Akteurskonstellationen und Entwicklungspfade in der staatlich finanzierten außeruniversitären Forschung, Frankfurt a. M.: Campus.

Holtschneider, Rainer/Schön, Walter (Hrsg.), 2007: Die Reform des Bundesstaates. Beiträge zur Arbeit der Kommission zur Modernisierung der bundesstaatlichen Ordnung und bis zum Abschluss des Gesetzgebungsverfahrens 2006, Baden-Baden: Nomos.

Huber, Peter M., 2006: Der Beitrag der Föderalismusreform zur Europatauglichkeit des Grundgesetzes. In: ZG 21, 354-376.

Hübner, Joachim, 2005: § 42 Nr. 1 ArbEG und die Freiheit der wissenschaftlichen Kommunikation. In: WissR 38, 34-54.

Internationale Kommission, 1999: Bericht der internationalen Kommission zur Systemevaluation der Deutschen Forschungsgemeinschaft und der Max-Planck-Gesellschaft, Hannover: VolkswagenStiftung.

Jansen, Dorothea (Hrsg.), 2007: New Forms of Governance in Research Organizations. Disciplinary Approaches, Interfaces and Integration, Dordrecht: Springer.

Jansen, Dorothea, 2010: Von der Steuerung zur Governance: Wandel der Staatlichkeit? In: Simon, Dagmar/Knie, Andreas/Hornbostel, Stefan (Hrsg.), Handbuch Wissenschaftspolitik, Wiesbaden: VS, 26-38.

Kahl, Wolfgang, 2004: Hochschule und Staat. Entwicklungsgeschichtliche Betrachtungen eines schwierigen Rechtsverhältnisses unter besonderer Berücksichtigung von Aufsichtsfragen, Tübingen: Mohr Siebeck.

Karpen, Ulrich, 1987: Hochschulpanung und Grundgesetz, 2 Bde., Paderborn: Schöningh.

Karpen, Ulrich, 2006: Bildung, Wissenschaft und Kultur in der Föderalismusreform. In: ZG 21, 271-287.

Kingreen, Thorsten, 2006: Verfassungsrechtliche Grenzen der Rechtsetzungsbefugnis des Gemeinsamen Bundesausschusses im Gesundheitsrecht. In: NJW 59, 877-880.

Kirchhof, Ferdinand, 2006: Den zweiten Schritt wagen! – Die Novellierung der Finanzverfassung als notwendige zweite Stufe der Föderalismusreform. In: ZG 21, 288-300.

Kloepfer, Michael, 2007: Die neue Abweichungsgesetzgebung der Länder und ihre Auswirkungen auf den Umweltbereich. In: Pitschas, Rainer/Uhle, Arnd (Hrsg.), Wege gelebter Verfassung in Recht und Politik. Festschrift für Rupert Scholz zum 70. Geburtstag, Berlin: Duncker & Humblot, 651-675.

Kluth, Winfried, 2007: Die deutsche Föderalismusreform 2006: Beweggründe – Zielsetzungen – Veränderungen. In: ders. (Hrsg.), Föderalismusreformgesetz. Einführung und Kommentierung, Baden-Baden: Nomos, 43-59.

Knopp, Lothar, 2006: Föderalismusreform – zurück zur Kleinstaaterei? In: NVwZ 25, 1216-1220.

König, Thomas, 1999: Regieren im deutschen Föderalismus. In: APuZ B 13/99, 24-36.

Konrad, Kai A./Jochimsen, Beate, 2008 (Hrsg.): Föderalismuskommission II: Neuordnung von Autonomie und Verantwortung, Frankfurt a. M. et al.: Peter Lang.

Korioth, Stefan, 2009: Das neue Staatsschuldenrecht – zur zweiten Stufe der Föderalismusreform. In: JZ 64, 729-737.

Kracht, Stefan, 2006: Das neue Steuerungsmodell im Hochschulbereich. Zielvereinbarungen im Spannungsverhältnis zwischen Konsens und hierarchischem Verwaltungsaufbau, Baden-Baden: Nomos.

Krings, Günter, 2007: Die Beratungen der Föderalismuskommission. In: Kluth, Winfried (Hrsg.), Föderalismusreformgesetz. Einführung und Kommentierung, Baden-Baden: Nomos, 61-80.

Kropp, Sabine, 2010: Kooperativer Föderalismus und Politikverflechtung, Wiesbaden: VS.

Ladeur, Karl-Heinz, 2005: Die Wissenschaftsfreiheit der „entfesselten Hochschule" – Umgestaltung der Hochschulen nach dem Ermessen des Staates? In: DÖV 58, 753-764.

Leibfried, Stefan (Hrsg.): Die Exzellenzinitiative – Zwischenbilanz und Perspektiven, Frankfurt a. M./New York: Campus.

Lindner, Josef Franz, 2007: Darf der Bund das Hochschulrahmengesetz aufheben? In: NVwZ 26, 180-182.

Mager, Ute, 2005: Die Neuordnung der Kompetenzen im Bereich von Bildung und Forschung – Eine kritische Analyse der Debatte in der Föderalismuskommission. In: RdJB 53, 312-321.

Mager, Ute, 2003a: Kommentierung von Art. 91a GG. In: von Münch, Ingo/Kunig, Philip (Hrsg.), Grundgesetz, Kommentar, 4./5. Auflage, München: Beck.

Mager, Ute, 2003b: Kommentierung von Art. 91b GG. In: von Münch, Ingo/Kunig, Philip (Hrsg.), Grundgesetz, Kommentar, 4./5. Auflage, München: Beck.

Maunz, Theodor, 1980, Kommentierung von Art. 91a GG. In: Ders./Dürig, Günter et al. (Hrsg.), Grundgesetz. Kommentar, Band V (Gesamtstand: 57. Lfg. 2010), München: Beck.

Mehde, Veith, 2005: Wettbewerb zwischen Staaten. Die rechtliche Bewältigung zwischenstaatlicher Konkurrenzsituationen im Mehrebenensystem, Baden-Baden: Nomos.

Metzler, Gabriele, 2005: Konzeptionen politischen Handelns von Adenauer bis Brandt. Politische Planung in der pluralistischen Gesellschaft, Paderborn et al.: Schöningh.

Meyer, Hans, 2008: Die Föderalismusreform 2006, Berlin: Duncker und Humblot.

Möllers, Christoph, 2009: Kein Grundrecht auf Exzellenzschutz. In: Kaube, Jürgen (Hrsg.), Die Illusion der Exzellenz. Lebenslügen der Wissenschaftspolitik, Berlin: Wagenbach, 56-64.

Müller-Böling, Detlef, 2000: Die entfesselte Hochschule, Gütersloh: Verlag Bertelsmann-Stiftung.

Müller-Graff, Peter-Christian, 2007: Die Europatauglichkeit der grundgesetzlichen Föderalismusreform, in: Pitschas, Rainer/Uhle, Arnd (Hrsg.), Wege gelebter Verfassung in Recht und Politik. Festschrift für Rupert Scholz zum 70. Geburtstag, Berlin: Duncker & Humblot, 705-727.

Münch, Richard, 2007: Die akademische Elite. Zur sozialen Konstruktion wissenschaftlicher Exzellenz, Frankfurt a. M.: Suhrkamp.

Müntefering, Franz/Stoiber, Edmund, 2007: Geleitwort. In: Holtschneider, Rainer/Schön, Walter (Hrsg.), Die Reform des Bundesstaates. Beiträge zur Arbeit der Kommission zur Modernisierung der bundesstaatlichen Ordnung und bis zum Abschluss des Gesetzgebungsverfahrens 2006, Baden-Baden: Nomos, 9-10.

Nowotny, Helga et al. (Hrsg.), 2005: The Changing Nature of Science under Assault. Politics, Markets, Science and the Law, Heidelberg: Springer.

Oeter, Stefan, 1998: Integration und Subsidiarität im deutschen Bundesstaatsrecht. Untersuchungen zur Bundesstaatstheorie unter dem Grundgesetz, Tübingen: Mohr Siebeck.

Oeter, Stefan, 2007: Neustrukturierung der konkurrierenden Gesetzgebungskompetenzen, Veränderung der Gesetzgebungskompetenz des Bundes. In: Starck, Christian (Hrsg.), Föderalismusreform. Einführung, München: Beck, 9-40.

Oeter, Stefan/Boysen, Sigrid, 2005: Wissenschafts- und Bildungspolitik im föderalen Staat – ein strukturelles Problem? In: RdJB 53, 296-311.

Olson, Mancur, 2004: Die Logik des kollektiven Handelns: Kollektivgüter und die Theorie der Gruppen, 5. Aufl., Tübingen: Mohr Siebeck.

Pahlow, Louis/Gärditz, Klaus Ferdinand, 2006: Konzeptionelle Anforderungen an ein modernes Recht der Hochschulerfindungen. In: WissR 39, 48-72.

Pieroth, Bodo, 2009a: Kommentierung von Art. 91b GG, in: Jarass, Hans D./Ders. (Hrsg.), Grundgesetz für die Bundesrepublik Deutschland, Kommentar, 10. Aufl., München: Beck,

Pieroth, Bodo, 2009b: Kommentierung von Art. 104b GG, in: Jarass, Hans D./ders. (Hrsg.), Grundgesetz für die Bundesrepublik Deutschland, Kommentar, 10. Aufl., München: Beck.

Risse, Horst, 2008: Die Neuregelung der Zustimmungsbedürftigkeit von Bundesgesetzen durch die Föderalismusreform. In: Hufen, Friedhelm et al. (Hrsg.), Verfassungen zwischen Recht und Politik. Festschrift zum 70. Geburtstag von Hans-Peter Schneider, Baden-Baden: Nomos, 271-284.

Röhl, Hans Christian, 1994: Der Wissenschaftsrat. Kooperation zwischen Wissenschaft, Bund und Ländern und ihre rechtlichen Determinanten, Baden-Baden: Nomos.

Röhl, Hans Christian, 1996: Staatliche Verantwortung in Kooperationsstrukturen. Organisationsrechtsfragen am Beispiel des Wissenschaftsrates und der Deutschen Forschungsgemeinschaft. In: Die Verwaltung 29, 487-510.

Sager, Krista, 2007: Auswirkungen der Föderalismusreform auf Bildung und Wissenschaft. In: Holtschneider, Rainer/Schön, Walter (Hrsg.), Die Reform des Bundesstaates. Beiträge zur Arbeit der Kommission zur Modernisierung der bundesstaatlichen Ordnung und bis zum Abschluss des Gesetzgebungsverfahrens 2006, Baden-Baden: Nomos, 117-138.

Schallbruch, Martin/Städler, Markus, 2009: Neuregelung der Bund-Länder-Zusammenarbeit bei der IT durch Art. 91c GG. In: Computer und Recht 23, 619-624.

Scharpf, Fritz W., 1985: Die „Politikverflechtungsfalle": Europäische Integration und deutscher Föderalismus im Vergleich. In: PVS 26, 323-356.

Scharpf, Fritz W., 2006: Recht und Politik in der Reform des deutschen Föderalismus. In: Becker, Michael/Zimmerling, Ruth (Hrsg.), Politik und Recht, PVS-Sonderheft 36, Wiesbaden: VS, 306-332.

Scharpf, Fritz W., 2009: Föderalismusreform: Kein Ausweg aus der Politikverflechtungsfalle? Frankfurt/New York: Campus.

Schenke, Wolf-Rüdiger, 2005: Neue Fragen an die Wissenschaftsfreiheit, Neue Hochschulgesetze im Lichte des Art. 5 III GG. In: NVwZ 24, 1000-1009.

Schimank, Uwe/Lange, Stefan, 2006: Hochschulpolitik in der Bund/Länder-Konkurrenz. In: Weingart, Peter/Taubert, Niels C. (Hrsg.), Das Wissensministerium. Ein halbes Jahrhundert Forschungs- und Bildungspolitik in Deutschland, Weilerswist: Velbrück Wissenschaft, 311-346.

Schlegel, Jürgen, 2008: Auswirkungen der Föderalismusreform auf die Finanzarchitektur des deutschen Hochschulsystems. In: Adams, Andrea/Keller, Andreas (Hrsg.), Vom Studentenberg zum Schuldenberg? Perspektiven der Hochschul- und Studienfinanzierung, Bielefeld: Bertelsmann, 45-59.

Schliesky, Utz, 2008: Die Aufnahme der IT in das Grundgesetz. In: ZSE 6, 304-330.

Schmidt-Aßmann, Eberhard, 2007: Die Bundeskompetenzen für die Wissenschaftsförderung nach der Föderalismusreform. In: Depenheuer, Otto et al. (Hrsg.), Staat im Wort, Festschrift für Josef Isensee, Heidelberg: C. F. Müller, 405-421.

Schmidt-De Caluwe, Reimund, 2007: Art. 91b GG [Zusammenwirken bei Wissenschafts- und Forschungsförderung, Bildungswesen]. In: Kluth, Winfried (Hrsg.), Föderalismusreformgesetz. Einführung und Kommentierung, Baden-Baden: Nomos, 220-225.

Seckelmann, Margrit, 2009: „Renaissance" der Gemeinschaftsaufgaben in der Föderalismusreform II? – Zu den Gemeinschaftsaufgaben und den Möglichkeiten kooperativen Handelns im Bundesstaat (insbesondere zu den Art. 91 a und b GG n. F. sowie zur Aufnahme der Art. 91 c und d GG in das Grundgesetz. In: DÖV 62, 747-757.

Seckelmann, Margrit, 2010a: Rechtliche Grundlagen und Rahmensetzungen. In: Simon, Dagmar/Knie, Andreas/Hornbostel, Stefan (Hrsg.), Handbuch Wissenschaftspolitik, Wiesbaden: VS, 227-243.

Seckelmann, Margrit, 2010b: Rechtliche Rahmenbedingungen von Evaluationen. In: Benz, Winfried/Kohler, Jürgen/Landfried, Klaus (Hrsg.), Handbuch Qualität in Studium und Lehre, Stuttgart, 27. Ergänzungslieferung (Februar 2010), A 1.3.

Seeger, Julius, 1968: Finanzierung von Länderaufgaben durch den Bund. In: DÖV 21, 781-788.

Sichel, Christian, 2009: Informationstechnik und Benchmarking – Neue Gemeinschaftsaufgaben im Grundgesetz. In: DVBl 124, 1014-1021.

Siegel, Thorsten, 2009: Regelungsoptionen im IT-Bereich durch die Föderalismusreform II. In: DÖV 62, 181-187.

Siekmann, Helmut, 2009: Kommentierung von Art. 91b GG. In: Sachs, Michael (Hrsg.), Grundgesetz, Kommentar, 5. Aufl., München: Beck.

Sieweke, Simon, 2009a: Verfassungsrechtliche Anforderungen an die Fortsetzung der Exzellenzinitiative. In: DÖV 62, 946-954.

Sieweke, Simon, 2009b: Zur Verfassungsmäßigkeit der Fusion Universität Karlsruhe – Forschungszentrum Karlsruhe. In: Verwaltungsblätter für Baden-Württemberg 30, 290-293.

Steinbeiß-Winkelmann, Christine, 2005: Kompetenzverteilung im Umweltrecht sowie im Bildungs- und Hochschulwesen aus Sicht der Bundesregierung. In: Henneke, Hans-Günter, Föderalismusreform in Deutschland, Bestandsaufnahme der Kommissionsarbeit und Umsetzungsperspektiven; Professorengespräch 2005 des Deutschen Landkreistages am 2./3.März 2005 in Frankfurt am Main, Stuttgart: Boorberg, 125-133.

Stock, Martin, 2006: Konkurrierende Gesetzgebung, postmodern: Aufweichung durch „Abweichung". In: ZG 21, 226-249.

Stüber, Jessica, 2009: Akkreditierung von Studiengängen. Qualitätssicherung im Hochschulrecht vor dem Hintergrund der internationalen Entwicklungen im Bildungssektor, insbesondere des Bologna-Prozesses, Frankfurt a. M. et al.: Peter Lang.

Systemevaluierung der Fraunhofer-Gesellschaft, 1998: Bericht der Evaluierungskommission, November 1998, ohne Ort.

Trute, Hans-Heinrich, 1994: Die Forschung zwischen grundrechtlicher Freiheit und staatlicher Institutionalisierung. Das Wissenschaftsrecht als Recht kooperativer Verwaltungsvorgänge, Tübingen: Mohr Siebeck.

Trute, Hans-Heinrich, 2008: Verwaltungskompetenzen nach der Föderalismusreform – zwischen Entflechtung und Verflechtung. In: Hufen, Friedhelm (Hrsg.), Verfassungen zwischen Recht und Politik. Festschrift zum 70. Geburtstag für Hans-Peter Schneider, Baden-Baden: Nomos, 302-322.

Volkmann, Uwe, 2005: Kommentierung von Art. 91a. In: Mangoldt, Hermann von/Klein, Friedrich/Starck, Christian (Hrsg.), Grundgesetz. Kommentar, Band 3, 5. Auflage, München: Vahlen, 511-536.

Wagner, Hellmut, 2010: Das KIT-Gesetz verfassungswidrig? – Eine Erwiderung auf den Beitrag von Sieweke, VBlBW 2009, 290 ff. –. In: Verwaltungsblätter für Baden-Württemberg 31, 133-141.

Wiesner, Achim, 2006: Politik unter Einigungszwang. Eine Analyse föderaler Verhandlungsprozesse, Frankfurt a. M./New York: Campus.

Wilhelm, Kerstin, 2009: Verfassungs- und verwaltungsrechtliche Fragen der Akkreditierung von Studiengängen, Berlin: Duncker & Humblot.

Wilms, Heinrich, 2007: Staatsrecht I – Staatsorganisationsrecht unter Berücksichtigung der Föderalismusreform, Stuttgart: Kohlhammer.

Wimmer, Raimund, 1970: Gewaltenteilung oder Gewaltentrennung in der Bildungsplanung. In: ZRP, 199-201.

Wissenschaftsrat 2000a: Systemevaluation der Blauen Liste – Stellungnahme des Wissenschaftsrats zum Abschluss der Bewertung der Einrichtungen der Blauen Liste, Drs. 4703/00, Leipzig.

Wissenschaftsrat 2000b: Thesen zur zukünftigen Entwicklung des Wissenschaftssystems in Deutschland, Drs. 4594/00, Köln.

Wissenschaftsrat 2001: Systemevaluation der HGF – Stellungnahme des Wissenschaftsrats zur Hermann von Helmholtz-Gemeinschaft Deutscher Forschungszentren, Drs. 4755/01, Berlin.

Zacher, Hans F., 2004: Forschung im Bundesstaat. In: Blankenagel, Alexander/Pernice, Ingolf/Schulze-Fielitz, Helmuth (Hrsg.), Verfassung im Diskurs der Welt. Liber amicorum für Peter Häberle zum siebzigsten Geburtstag, Tübingen: Mohr Siebeck, 703-730.

Die Föderalismusreform von 2006 in zeithistorischer Perspektive

Olaf Bartz

1. Geschichte der föderalen Regulierung der Wissenschaftspolitik

Die föderale Kompetenzverteilung in der Wissenschaftspolitik stellte vor und seit Gründung der Bundesrepublik Deutschland einen praktisch kontinuierlichen Diskussionsgegenstand dar. Als wichtigste Phasen lassen sich nennen:
- die Erarbeitung des Grundgesetzes 1948/49;
- die föderale Konsensfindung Mitte der 1950er Jahre;
- eine zentralstaatliche Offensive mit darauf folgendem scharfem Bund-Länder-Konflikt Anfang der 1960er Jahre;
- die Blütezeit und verfassungsrechtliche Implementierung des „kooperativen Föderalismus" in den 1960er Jahren;
- anschließend eine permanente Kritik an den so geschaffenen Verhältnissen, in den 1970ern stärker unitarisch, seit den 1980er Jahren hauptsächlich partikular geprägt;
- die Stärkung der Länderposition durch die Grundgesetzänderung von 1994 samt anschließender länderfreundlicher Interpretation durch das Verfassungsgericht und schließlich
- die Föderalismusreform „I" von 2003/04-2006.

Während der Beratungen über das Grundgesetz herrschte – sowohl angesichts der alliierten Auflagen, keinen unitarischen Staat zu schaffen, als auch angesichts des parteiübergreifenden Bestrebens, die nationalsozialistische Zentralisierungspolitik nicht fortzuschreiben – weitgehend Konsens darüber, dass Kulturangelegenheiten den Ländern zugeordnet werden sollten. Ohnehin standen bei den Beratungen Fragen nach der Freiheit von Kunst, Wissenschaft, Forschung und Lehre im Vordergrund, organisationsrechtliche Aspekte im Hintergrund der allgemeinen Aufmerksamkeit. Das Thema, welche Rolle der Bund in der Wissenschaftspolitik der jungen westdeutschen Demokratie spielen sollte, kam erst spät auf die Agenda und bedurfte externer Intervention: Werner Heisenberg richtete zusammen mit einigen Kollegen im Dezember 1948 einen Brief an den Parlamentarischen Rat und forderte darin eine Bundeszuständigkeit für die „wissenschaftliche Forschung". Die Länder seien mit dieser Aufgabe schlichtweg überfordert, und es handele sich geradezu um eine „Existenzfrage"[1] für die deutsche Wissenschaft, wobei die Petenten nicht zuletzt vor dem Hintergrund der zuvor betriebenen Atomforschungen argumentierten. Die Ein-

---

1 Zitiert nach Stamm 1981: 142.

gabe war insofern erfolgreich, als daraufhin in die Liste der konkurrierenden Gesetzgebungsbereiche im Artikel 74 GG unter der Nummer 13 der Passus „Förderung der wissenschaftlichen Forschung" eingefügt wurde.[2]

Diese dürre und interpretationsbedürftige Bestimmung beantwortete die Frage nach der föderalen Kompetenzverteilung nicht – übrigens ist bis heute kein „Gesetz zur Förderung der wissenschaftlichen Forschung" verabschiedet worden. Entsprechend waren die ersten Jahre der Bundesrepublik von Such- und Sortierprozessen geprägt, die vor allem um die Frage kreisten, welche Rolle der Bund einnehmen könnte und sollte. In der Praxis finanzierte die Bundesregierung zu Beginn der 1950er Jahre nach eigenem Ermessen zahlreiche Forschungsvorhaben und beteiligte sich maßgeblich an den Etats der Deutschen Forschungsgemeinschaft (DFG) und der Max-Planck-Gesellschaft (MPG), während die Länder, die insbesondere jeweils für sich die Hochschulen und gemeinschaftlich über das „Königsteiner Abkommen" zahlreiche außeruniversitäre Forschungsinstitute unterhielten, die Verfassungsmäßigkeit jener damals als „Dotationen" bezeichneten Gelder immer wieder einmal in Zweifel zogen. Mitte der 1950er Jahre gelang schließlich ein Kompromiss zwischen Bund und Ländern, der in die Gründung des Wissenschaftsrates mündete:[3] Die Länder akzeptierten damals offiziell (und durchaus nicht ungern) die Finanzmittel des Bundes und bestimmten von nun an mittels des neuen Gremiums über deren Verwendung mit, so dass der Bund nicht mehr völlig eigenständig agieren konnte.

Während der Wissenschaftsrat in den folgenden Jahren erfolgreich arbeitete, seine Rolle als Transmissionsriemen für Bundesgelder insbesondere an die Hochschulen erfüllte und darüber hinauswuchs,[4] zogen über praktisch allen anderen kulturpolitischen Aspekten föderalen Handelns dunkle Wolken am Horizont auf, maßgeblich ausgelöst durch eine konzertierte Strategie des Bundes, größeren Einfluss zu gewinnen.[5] Der Bundestag beschloss Anfang Oktober 1958, die Bundesregierung solle mit den Ländern über eine Abgrenzung kultureller Kompetenzen verhandeln. Bundeskanzler Konrad Adenauer und Innenminister Gerhard Schröder (CDU) forcierten in der Folge sowohl Entwürfe für ein Gesetz zur Förderung der wissenschaftlichen Forschung auf Basis von Art. 74 Nr. 13 des Grundgesetzes[6] als auch eine komplette Übernahme der nach dem Königsteiner Abkommen geförderten Institute durch den Bund. Schröder sprach vor Bundestag und Bundesrat offen aus, er könne dem

---

2 Die SPD-Fraktion, die hier die Initiative ergriffen hatte, schlug als Formulierung zunächst „die Organisation und die Förderung der wissenschaftlichen Forschung" vor. Nach Widerspruch der CDU-Vertreter verständigte man sich auf den oben zitierten Halbsatz, vgl. Parlamentarischer Rat, Hauptausschuss, 30. Sitzung vom 6. Januar 1949 und 33. Sitzung vom 8. Januar 1949. Vgl. auch Bentele 1979: 67 ff.
3 Vgl. Bartz 2007: 18 ff.
4 Vgl. ebd.: 50 ff.
5 Die Frage, aus welchen Motiven die Bundesregierung handelte, wäre noch näher zu untersuchen.
6 Vgl. zahlreiche entsprechende Dokumente, in: Bundesarchiv B136/2030.

Grundgesetz keine verbriefte Kulturautonomie oder Kulturhoheit der Länder entnehmen – letzteren Begriff solle man besser gar nicht mehr verwenden.[7]

Die Offensive der Bundesregierung beschränkte sich nicht auf den Wissenschaftsbereich: Am spektakulärsten gestalteten sich die 1960 kulminierenden Auseinandersetzungen um ein Zweites Deutsches Fernsehen. Adenauer ging hier außerordentlich rücksichtslos vor, indem er, nachdem in langen Verhandlungen keine Einigung über Ausgestaltung und Rechtsform des neuen Senders zustande kam, eigenmächtig einen Gründungsakt ansetzte und seinen Finanzminister als selbsternannten Treuhänder der Länder für diese unterzeichnen ließ.[8] Dieses beinahe staatsstreichartige Manöver landete schnell vor dem Bundesverfassungsgericht, dessen „Fernseh-Urteil" vom Februar 1961 gleich mehrere schallende Ohrfeigen an die Bundesregierung austeilte. Die Richter geißelten den „Stil der Verhandlungen" sowie „die Art, wie die Länder in den letzten Tagen vor der Gründung der Gesellschaft durch die Bundesregierung behandelt wurden" und konstatierten, die „Verfassungswidrigkeit der Prozedur" hafte „dem Gründungsakt derart an", dass schon aus diesem Grund das Projekt nicht weiter betrieben werden könne.[9] Basierend vor allem auf der Argumentation, dass nicht nur die Länder zu bundesfreundlichem Verhalten verpflichtet seien, sondern auch der Bund, schob das Gericht damit allen vergleichbaren Überrumpelungsversuchen einen Riegel vor.

Noch stärker im Sinne einer Einhegung von Handlungsoptionen der Bundesregierung, gerade mit Blick auf den Wissenschafts- und Bildungssektor, wirkte ein anderer Strang in der Urteilsbegründung, den man geradezu als Entgegnung auf die oben angeführte Rede Schröders im Bundestag lesen kann. Dieser hatte die Legitimität von Bundeskompetenzen im Forschungsbereich nicht zuletzt damit begründet, dass in diesen Fragen „die Lösung der Aufgabe die Kraft eines einzelnen Landes ganz offensichtlich" übersteige und die Angelegenheit „ihrer Natur nach [...] überregionale Bedeutung" habe, zumal das Königsteiner Abkommen selbst diesen Tatbestand anerkenne. Schröder kam zu dem Schluss: „Es liegt nun wirklich nahe, die Erfüllung solcher Aufgaben als Sache des Bundes anzuerkennen"[10]. Dem entgegnete das Gericht, dass allein der Charakter einer überregionalen Aufgabe dem Bund „keine Verwaltungs- und Gesetzgebungskompetenz aus der Natur der Sache" zukommen lasse; ebenso wenig könne die „Überforderung regionaler Finanzkraft" hierfür herhalten, schließlich sei auch die „Tatsache der gemeinsamen oder koordinierten Erfüllung einer Aufgabe durch die Länder [...] kein Grund, der eine natürliche Bundeszuständigkeit rechtfertigen könne".[11]

Dieser Streit, der durch eine gleichzeitige Krise der föderalen Finanzverfassung verschärft wurde,[12] belastete das Verhältnis zwischen Bund und Ländern während

---

7   Vgl. die Ausführungen Schröders im Parlament: Deutscher Bundestag, Stenographische Berichte, 3. Wahlperiode, 101. Sitzung vom 12. Februar 1960: 5454 ff. hier 5454.
8   Vgl. Kain 2003: 28 ff.
9   BVerfGE 12: 255 ff.
10 Vgl. Anm. 7.
11 BVerfGE 12: 250 ff.
12 Vgl. Renzsch 1991: 174 ff.

der gesamten verbleibenden Regierungszeit Adenauers schwer. Die Ministerpräsidentenkonferenz (MPK) fasste als eine Art ‚Retourkutsche' im Juni 1963 in Saarbrücken einen Beschluss, in dem sie das Dotationswesen des Bundes ungewöhnlich scharf angriff[13] und eine Flurbereinigung der Bund-Länder-Kompetenzen mit dem Ziel forderte, die Wissenschaftsförderung künftig in eigene Regie zu nehmen.

Die Lage beruhigte sich kurz nach dem Amtsantritt des neuen Bundeskanzlers Ludwig Erhard. Bund und Länder verständigten sich darauf, eine Expertengruppe zur Neuordnung ihrer Finanzbeziehungen einzurichten, die nach dem Namen ihres Vorsitzenden rasch als „Troeger-Kommission" bekannt wurde.[14]

Ihr 1966 vorgelegter Bericht[15] propagierte den alsbald in aller Munde befindlichen „kooperativen Föderalismus", der „den Ausgleich zwischen einer klaren Aufgabenabgrenzung [...] und der bundesstaatlichen Kräftekonzentration"[16] sicherstellen sollte. Dieses Prinzip sollte durch das neuartige Institut von Bund-Länder-„Gemeinschaftsaufgaben"[17] umgesetzt werden, zu denen die Kommission auch den Aus- sowie Neubau von Hochschulen und die Forschungsförderung zählte. Dass der Bereich von Wissenschaft und Bildung hier seit Gründung der Bundesrepublik eine Vorreiterrolle eingenommen hatte, illustriert der Abschnitt über die „Kooperation von Bund und Ländern" im Rahmen der Behandlung typischer „Erscheinungsformen der Verfassungswirklichkeit". Als Beispiele für „weitergehende Formen der Zusammenarbeit" zwischen Bund und Ländern über bloße Koordination hinaus nannte das Troeger-Gutachten ausschließlich vier bildungspolitische Vereinbarungen, nämlich die Errichtung von Wissenschaftsrat und Bildungsrat sowie die Finanzierung von DFG und MPG.[18]

Die Befunde der Troeger-Kommission bildeten die Grundlage für das umfangreiche Verfassungsreformwerk, das die Große Koalition alsbald in Angriff nahm und von der die zeitgenössisch so umstrittenen „Notstandsgesetze" nur einen kleinen Ausschnitt darstellten. Ohne hier im Detail auf die komplexen Verhandlungen eingehen zu können,[19] seien die Ergebnisse skizziert: Der Bund erhielt im Art. 75 des Grundgesetzes die Kompetenz, Rahmenvorschriften hinsichtlich des Hochschulwesens und der Ausbildungsförderung setzen zu können, und die neu eingefügten Art. 91a und 91b GG kodifizierten die bereits seit längerem betriebene politische Praxis, wonach sich der Bund an der Finanzierung von Hochschulwesen und Forschungsförderung beteiligte.

Zeitgenössisch am intensivsten wahrgenommen wurde die auf Basis des Art. 91b GG 1970 gegründete „Bund-Länder-Kommission für Bildungsplanung"[20] (BLK),

---

13 Vgl. Meyers 1963: 21 f.
14 Vgl. Renzsch 1991: 179 f., 213.
15 Vgl. hierzu auch den Beitrag von Collin in diesem Band.
16 Kommission 1966: 19 ff.
17 Vgl. ebd.: 34 ff.
18 Vgl. ebd.: 10 ff.
19 Vgl. Bartz 2006: 142 ff.
20 Am 5. April 1976 kam aufgrund der 1975 abgeschlossenen Rahmenvereinbarung Forschungsförderung der Zusatz „und Forschungsförderung" hinzu.

die vor dem gesellschaftspolitischen Hintergrund eines beispiellosen Planungsbooms, eines ubiquitären Fortschrittsoptimismus und der Hoffnung auf einen segensreichen Ausbau der Staatstätigkeit sowohl von der neuen sozialliberalen Bundesregierung als auch von den Ländern als Vehikel für eine umfassende Bildungsplanung vom Kindergarten bis zur Habilitation angesehen wurde. Die Gründung der BLK bedeutete einen Markstein in der föderalen Wissenschaftspolitikgeschichte der Bundesrepublik Deutschland, vergleichbar mit der Errichtung des Wissenschaftsrates. Wenn letzterer hier einen Anfang markiert hatte, bildete die Errichtung der BLK den Höhe- und auch, wie sich herausstellen sollte, den Scheitelpunkt.[21] Der „kooperative Föderalismus" erlebte 1969/70 seine produktivste Phase, die jedoch schon 1971 wieder endete, als es in der BLK bei den Beratungen über den „Bildungsgesamtplan" zu (parteipolitischen) Eklats kam und die Verhandlungen zwischen Bund und Ländern über ein Hochschulrahmengesetz praktisch von Anfang an ins Stocken gerieten.[22]

In jedem Fall waren die verfassungsrechtlichen und gesetzlichen Strukturen des kooperativen Föderalismus festgelegt, und von nun an hatte er sich im Alltag zu bewähren. Auf politischer Ebene wurden fast dreißig Jahre lang keine fundamentalen Reformen mehr ernsthaft in Angriff genommen: Zwar arbeitete von 1970 bis 1976 eine Bundestags-Enquêtekommission „Verfassungsreform", die insbesondere in ihrem Zwischenbericht eine Bund, Länder und alle Politikbereiche übergreifende Globalplanung vorschlug[23] und verabschiedete die Bundesregierung 1978 einen sogenannten „Mängelbericht"[24] über das föderative Bildungswesen mit der Forderung nach erweiterten Bundeskompetenzen, aber politische Konsequenzen erwuchsen aus beiden Ansätzen nicht. Auch die Wiedervereinigung führte zu keiner Verfassungsreform in dieser Hinsicht.[25]

Der Quell für erneute Reformbestrebungen bestand hingegen in einer sich anhäufenden alltäglichen Unzufriedenheit mit der Praxis des kooperativen Föderalismus.[26] Auf Bundesseite wuchs die Kritik daran, dass kaum ein wichtiges Gesetz, gerade in Finanzierungsfragen, ohne Zustimmung des Bundesrates verabschiedet werden konnte. Damit korrespondierten entsprechende Monita auf Länderseite, die sich, immer schon vorhanden, in den 1990er Jahren zu einer Reföderalisierungstendenz verdichteten. Bereits 1994 waren die Rahmengesetzgebungskompetenzen des Bundes durch Verfassungsänderung eingeschränkt worden, um eine Kompensation für dessen zugleich kodifizierte europarechtlichen Zuständigkeiten zu schaffen[27]. In den Folgejahren wuchs in den Ländern, bestärkt durch Denkfiguren des Wettbewerbsföderalismus,[28] der Wunsch nach größerer Eigenständigkeit in den grundsätzlich ei-

21 Vgl. Rudloff 2003: 279.
22 Vgl. Bartz 2006: 183-196; einer der maßgeblichen Streitpunkte war die Gesamtschule.
23 Vgl. die Bundestags-Drs. 6/3829 und 7/5924.
24 Vgl. Bundestags-Drs. 8/1551.
25 Vgl. den Beitrag von Lange in diesem Band.
26 Vgl. Scharpf 2009: 30 ff.
27 Vgl. Bundesgesetzblatt I 1994: 3146.
28 Vgl. die Beiträge von Scharpf und Seckelmann in diesem Band.

genverantworteten Politikfeldern. In die Kritik gerieten alle Verflechtungstatbestände, namentlich konkurrierende Gesetzgebung, Mischfinanzierungen und Gemeinschaftsaufgaben und damit auch der Wissenschaftssektor.

Insgesamt lagen die Voraussetzungen für Kompetenztauschgeschäfte in beiderseitigem Interesse von Bund und Ländern also vor, bestärkt durch gesamtgesellschaftliche Diskurse über Reformstaus und über die Notwendigkeit einer Wiederherstellung staatlicher Handlungsfähigkeit im Rahmen des globalen Wettbewerbs.[29] Dass tatsächlich konkrete Verhandlungen aufgenommen wurden, ist dennoch alles andere als selbstverständlich, da Änderungen an einem hochkonsensualen wie dem zu dieser Zeit bestehenden bundesdeutschen Föderalismus selbst einen weitgehenden Konsens unter den Akteuren erfordern, hauptsächlich unter den Ländern, in denen die Lebensverhältnisse und entsprechend die Interessenlagen seit der deutschen Wiedervereinigung noch heterogener waren als vorher. Ein solches Einvernehmen wurde jedoch am 27. März 2003 erzielt, als sich die Ministerpräsidentenkonferenz (MPK) auf gemeinsame Leitlinien für Verhandlungen mit dem Bund über die Modernisierung der bundesstaatlichen Ordnung verständigte.[30] Tatsächlich forderten die Länder darin unter anderem die Abschaffung der Gemeinschaftsaufgaben Hochschulausbau und Bildungsplanung sowie den Entfall der Rahmengesetzgebungskompetenz insgesamt, inbegriffen also auch diejenige über das Hochschulwesen und vertraten erstmals seit dem oben angesprochenen Saarbrücker Flurbereinigungsbeschluss von 1963 wieder geschlossen eine Position der Kompetenzenbereinigung.

Die drei Jahre später beschlossene Föderalismusreform entsprach im Wesentlichen den eingangs formulierten Interessen von Bund und Ländern. Die Aushandlungsprozesse seien hier nicht im Einzelnen dargestellt,[31] stattdessen die wissenschaftspolitisch relevanten Ergebnisse[32] in den historischen Verlauf eingeordnet: Vor allem wurden Verflechtungstatbestände des „kooperativen Föderalismus" von 1968/69 wieder aufgehoben, namentlich die Rahmengesetzgebungskompetenz im Hochschulwesen, die Gemeinschaftsaufgabe Hochschulbau aus dem Art. 91a GG und die gemeinsame Bildungsplanung aus dem Art. 91b. Während in diesen Bereichen im Prinzip die Zustände aus den ersten beiden Jahrzehnten der Bundesrepublik wiederhergestellt wurden, betrat man mit einem weiteren Passus im Art. 91b GG Neuland: Der Bund kann sich jetzt finanziell an „Vorhaben der Wissenschaft und Forschung an Hochschulen" beteiligen, sofern alle Länder zustimmen. Dies geht über die in der Zeit zwischen 1969 und 2006 bestehenden Möglichkeiten hinaus, da hier der Bund lediglich am Hochschulbau mitwirken konnte, seine Investitionen

---

29 Vgl. Scharpf 2004.
30 Mehrere Jahre lang war das Ergebnisprotokoll dieser MPK unter der Adresse http://fhh.ham burg.de/stadt/Archivordner/senat/bund/ministerpraesidentenkonferenz/presse/ergebnisprotokol l-2003-03-27-pdf,property=source.pdf online zu finden (Zugriff zuletzt Dezember 2007). Im Zuge einer seither vorgenommenen Umgestaltung der Webseiten der Freien und Hansestadt Hamburg ist das Dokument gelöscht worden.
31 Vgl. Scharpf 2009: 69 ff. sowie den Beitrag von Seckelmann in diesem Band.
32 Vgl. von Heyden 2007: 49 ff.

somit auf „Beton" beschränkt waren.[33] Zwar wurde die Konsenshürde erhöht, allerdings hat die föderale Praxis der vergangenen Jahrzehnte gezeigt, dass gemeinsames Bund-Länder-Handeln ohnehin der Einmütigkeit bedarf.

Summa summarum bewegen sich die mit der Föderalismusreform von 2006 eingetretenen wissenschaftspolitischen Änderungen innerhalb der seit Gründung der Bundesrepublik erprobten Bandbreite von Bund-Länder-Praktiken. Ein anderer Schluss wäre zu ziehen gewesen, hätten Bundestag und Bundesrat, wie zeitweise gefordert,[34] Bundesbeteiligungen an Wissenschaftsprojekten außerhalb einer eng definierten Forschungsförderung explizit ausgeschlossen. Ein solches „Kooperationsverbot" hätte in der Tat den Durchbruch zu einem prohibitiven Partikularismus bedeutet und neben vielem anderen auch die laufende „Exzellenzinitiative" in Frage gestellt.[35]

2. *Ver- und Entflechtungen in der Wissenschaft*

Die Haltung der bundesdeutschen Wissenschaft in Gestalt der maßgeblichen Wissenschaftsorganisationen zur Frage der föderalen Aufgabenverteilung erweist sich seit nunmehr über sechs Jahrzehnten als konstant: Der Bund muss im Spiel sein bzw. bleiben, und man operiert selbst vornehmlich auf nationaler Ebene. Neben der dargestellten Intervention Heisenbergs während der Beratungen zum Grundgesetz belegt dies vor allem der Wiederaufbauprozess der ehemaligen Kaiser-Wilhelm-, nunmehr Max-Planck-Gesellschaft (MPG), die sich seit 1946 strikt auf die gesamten Westzonen ausrichtete – durchaus im Widerstreit sowohl mit den Ländern, die verschiedentlich und vergeblich versuchten, selbst das Heft über die einzelnen Institute wie über die gesamte MPG in die Hand zu bekommen, als auch anfangs mit den Besatzungsmächten, speziell den USA und Frankreich, die bis 1948 im Rahmen ihrer Dezentralisierungspolitik einer solchen Einrichtung kritisch gegenüberstanden.[36] Auch die DFG entstand als „Notgemeinschaft der Deutschen Wissenschaft" zwischen 1947 und 1949 wieder auf bundesstaatlicher Ebene und löste einzelne zwischenzeitlich auf Landesebene operierende Organisationen ab.[37] Mit den Grundprinzipien des Föderalismus konform agierten zunächst die Universitäten, die erst mit Gründung der Bundesrepublik Deutschland eine „Westdeutsche Rektorenkonferenz" errichteten, während zuvor regionale Hochschulkonferenzen bestanden hatten.[38] Wie oben bereits angedeutet, stand in der Gründungsphase der Bundesrepublik Deutschland niemals im Raum, die Hochschulen dem Zentralstaat zuzuordnen. Dies

---

33 Vgl. zum Hochschulbau auch die Beiträge von Lange und Wiesner in diesem Band.
34 Vgl. Scharpf 2009: 152 f.
35 Zur Verfassungsmäßigkeit der Exzellenzinitiative vgl. den Beitrag von Seckelmann in diesem Band.
36 Vgl. Stamm 1981: 90 ff. und Hohn/Schimank 1990: 90 ff.
37 Vgl. Zierold 1968: 275 ff.
38 Vgl. Heinemann 1997.

hätte zum einen nicht ihrer eigenen Tradition entsprochen, in der sie stets in der Trägerschaft der Landesherrschaften standen, woran auch die Reichsgründung 1871 nichts geändert hatte. Zum anderen trachteten auch sie danach, sich von der Zentralisierungspolitik des Dritten Reiches zu distanzieren. Dennoch verstanden sie sich als Glieder einer ideellen ‚Deutschen Universität' und nicht etwa einer bayerischen, württembergischen oder preußischen Universitätskultur. Im nationalen Rahmen zu denken war unbestritten, womit sich die Wissenschaftler übrigens nicht vom Rest der deutschen Gesellschaft unterschieden – weder in der unmittelbaren Nachkriegszeit, noch Jahrzehnte später. Entsprechend gelangt die internationale Föderalismusforschung für Deutschland zu dem Schluss, dass es bemerkenswert sei, wie wenig sich die laut Verfassung doch erhebliche föderale Eigenständigkeit in den Einstellungen der Bürger wiederfinde.[39]

Angesichts dieser Ausgangslage spielten grundsätzliche föderale Fragen nach Gründung der Bundesrepublik in der Wissenschaftslandschaft keine primäre Rolle. Lediglich dann, wenn das Klima zwischen Bund und Ländern aufgrund politischer Auseinandersetzungen unter den Gefrierpunkt sank, wie während des oben beschriebenen Streits Anfang der 1960er Jahre, und in der Folge etwa wichtige Finanzierungsabkommen auf Eis lagen, schalteten sich die Wissenschaftsorganisationen auf breiter Front ein.[40] Vergleichbares geschah 2006, als sie einmütig gegen das von einigen Ländern favorisierte „Kooperationsverbot" vor allem in Fragen des Hochschulbaus und der projektgebundenen Förderung (z. B. Hochschulsonderprogramme) kämpften.

Betrachtet man die Wissenschaft selbst, steht in ihrer bundesdeutschen Geschichte ein anderer als der föderale Aspekt hinsichtlich Ver- und Entflechtungsfragen im Vordergrund, nämlich das Problem der Einheit bzw. Trennung von Forschung und Lehre sowie die Aufspaltung in Hochschulen und außeruniversitäre Forschungseinrichtungen.[41] Die Trends innerhalb der Wissenschaft waren von zwei gegenläufigen Entwicklungen geprägt. Auf der einen Seite wuchsen die Anforderungen an Forschungsleistungen, gerade im naturwissenschaftlichen Bereich, kontinuierlich. Um Ergebnisse zu erzielen, bedurfte es in immer höherem Maße arbeitsteiliger Strukturen, größerer Einheiten und langfristigerer Programme. Auf der anderen Seite hielt die Binnenstruktur der Universitäten,[42] die sowohl traditionell seit dem 19. Jahrhundert als auch gemäß des Selbstverständnisses der wissenschaftspolitischen Akteure im Zentrum der Wissensproduktion stehen sollten, mit dieser Aufgabe nicht Schritt – im Gegenteil. Die deutschen Universitäten rekurrierten nach 1945 einmütig auf ein klassisches Selbstverständnis aus der Zeit vor 1933. Als Kernelemente fungierten

---

39 Vgl. Erk 2003. Häufig wird von einem „Föderalismus ohne Föderalisten" gesprochen (vgl. z. B. Scharpf 2009: 159).
40 Vgl. Bartz 2006: 96 f.
41 Vgl. hierzu auch die Beiträge von Hohn und Lange in diesem Band.
42 Die hier angestellten Ausführungen befassen sich mit den Universitäten. Den systematischen Ort der Fachhochschulen sowie der übrigen Typen in der deutschen Hochschullandschaft – zumal in ihren fortschreitenden Differenzierungsprozessen – darzustellen, würde den Rahmen dieses Beitrags sprengen.

die herausragende Rolle des einzelnen Gelehrten – des Ordinarius – als Basiseinheit und Keimzelle der Universität, die unbedingte Einheit von Forschung und Lehre in der Person eben jenes Ordinarius, das Verständnis, wonach ein Lehrstuhlinhaber sein Fach in dessen gesamter Breite zu vertreten habe, das Desinteresse an Teamarbeit, die Absage an systematische Wissensvermittlung zugunsten einer Selbstbildung der Studenten sowie das vehemente Zurückweisen von Forderungen der Besatzungsmächte nach sozialer Öffnung und Reduzierung der Rolle des Abiturs als Hochschulzugangsberechtigung. Weiterhin gehörte zu diesem Gedankengebäude, dass man die „Deutsche Universität" als wesensmäßige Einheit ansah, der gegenüber dem institutionellen Charakter der einzelnen Hochschule als Organisation eine geringere Bedeutung innewohnte. Auch dies beruhte auf dem Ordinariendenken: Die Universität bzw. ihre Fakultäten wurden dadurch konstituiert, dass sich die Lehrstuhlinhaber versammelten. Wenn jemand von ihnen einem Ruf an einen anderen Ort folgte, nahm er seine Forschungsschwerpunkte, seinen wissenschaftlichen Nachwuchs (die „Schüler") und seine Lehrveranstaltungen mit, so dass an den deutschen Universitäten nur im Ausnahmefall Studien- und Forschungsschwerpunkte entstanden: In gegenwärtigen wissenschaftspolitischen Termini ausgedrückt, existierten praktisch weder „Profilbildung", noch „interdisziplinäre" Zusammenhänge wie „Forschungscluster" oder „Graduiertenschulen". Damit korrespondierte, dass die Studenten sich eher an einzelnen Gelehrten denn am Studienort oder gar an den so ohnehin nicht existenten „Studienprogrammen" orientierten und der häufige Ortswechsel, etwa um bei möglichst vielen berühmten Ordinarien des Faches zu hören, Usus war. All diese Punkte umschreiben die Spezifika des deutschen Universitätssystems gegenüber insbesondere den Praktiken im angloamerikanischen Raum, die stattdessen durch strukturierte Studien, eine Bindung an die einzelne Institution (hier spielt auch die Campus- und Collegeform mit hinein) und besonders im amerikanischen Fall durch vergleichsweise stärker auf Teams orientierte Arbeitsweisen auch unter den Professoren (Departmentstrukturen) sowie eine größere Spezialisierung der Forscher geprägt waren.[43]

Die Kraft und der Einfluss des Ordinarienwesens, kann für die 1950er und 1960er Jahre kaum überschätzt werden. Als „Säulenheiliger" galt Wilhelm von Humboldt, der unter Bezugnahme auf die Errichtung der Berliner Universität 1810 als Gründungsvater der ‚Deutschen Universität' an sich betrachtet wurde. Die neuere historische Forschung hat mittlerweile herausgearbeitet, dass es sich bei dieser Vorstellung um einen Mythos handelt: Humboldt blieb im 19. Jahrhundert für die Gestaltung des Hochschulwesens in den deutschen Staaten weitgehend folgenlos, und erst um 1900 herum wurden die damals bestehenden universitären Verhältnisse mit der Legende um die Berliner Gründung überhaupt zur „Humboldtschen Universität" verschmolzen und diese damit retrospektiv „erfunden".[44] Um den ideologisch-dogmatischen Charakter der ‚Deutschen Universität' zu betonen, hat der Autor dieses Beitrags den

---

43 Vgl. hierzu auch die Beiträge von Braband und Schreiterer in diesem Band.
44 Vgl. Paletschek 2001, 2002.

Begriff „Humboldtianismus" vorgeschlagen,[45] der durch die Endung „-ismus" einen Akzent darauf legt, dass sich die unter dieser Bezeichnung subsumierten Vorstellungen weitestgehend vom Namenspatron entfernt haben: Kaum etwas, das in der bundesdeutschen Diskussion mit dem Namen Humboldts verknüpft wurde (und wird), lässt sich in dessen ohnehin schmalem hochschulpolitischen Œuvre finden.

Das humboldtianistische Selbstverständnis sollte sich im 20. Jahrhundert als immer stärkerer Hemmschuh für die Entwicklung der Universitäten erweisen[46] und die entscheidende Triebfeder dafür darstellen, dass Forschung und Lehre zwar nicht innerhalb der Hochschulen selbst, sehr wohl aber zwischen Hochschulen und außeruniversitären Einrichtungen entflochten wurden. Schon die Gründung der Kaiser-Wilhelm-Gesellschaft (KWG) 1911 ist vor diesem Hintergrund zu verstehen: Die KWG sollte solche Forschungsgebiete bearbeiten, die noch nicht so weit entwickelt seien, dass sie an den Universitäten durch Lehrstühle vertreten sein könnten. Hier scheint bereits der innovationshemmende Charakter des Ordinariatsdenkens auf, welches sich strukturell abweisend sowohl gegenüber neuen Wissensgebieten als auch gegenüber fachübergreifender Zusammenarbeit erwies. Der daher nur folgerichtige Trend des Auswanderns der Forschung aus den deutschen Universitäten setzte sich nach 1945 dementsprechend fort: Neben der ehemaligen KWG, nunmehr MPG, wurden seit den 1950er Jahren, zunächst von der Atomforschung inspiriert, zahlreiche „Großforschungseinrichtungen" (heute in der „Helmholtz-Gemeinschaft Deutscher Forschungszentren" organisiert) geschaffen, bei denen niemand überhaupt erst auf die Idee kam, solche *big scale*-Arbeiten ließen sich innerhalb der kleinteiligen, undifferenzierten und diskontinuierlichen bundesdeutschen Hochschulstrukturen durchführen. Somit ist das paradoxe Ergebnis festzuhalten, dass die deutschen Universitäten, je entschiedener sie in ihren Binnenstrukturen die althergebrachte Einheit von Forschung und Lehre betonten und in diesem Kontext auch arbeitsteilige Differenzierungen zwischen diesen beiden Aufgaben jahrzehntelang ablehnten, umso stärker deren Entflechtung forcierten.

Dieser Trend ging konform mit der föderalen Aufgabenverteilung, so dass sich die Effekte gegenseitig verstärken konnten: Die außeruniversitäre Forschung in der Bundesrepublik fußte und fußt wesentlich auf dem Engagement des Bundes, der momentan die Institute der MPG zu 50 Prozent und die Großforschungseinrichtungen sowie die Fraunhofer-Gesellschaft (FhG)[47] zu 90 Prozent finanziert. Seit 1975 ist er zudem an einer weiteren Säule beteiligt, nämlich an den zuvor ausschließlich

---

45 Vgl. Bartz 2005.
46 Dies gilt gleichermaßen für den Übergang zur Massenuniversität seit den 1960er Jahren: Die humboldtianistische Hochschule war für diesen Prozess denkbar schlecht gerüstet (Bartz 2006: 102-134). Gleichwohl sei betont, dass sich im 19. Jahrhundert die frühe Forschungsuniversität und das Ordinarienprinzip als überaus erfolgreich erwiesen und den Aufstieg Deutschlands zur führenden Wissenschaftsnation beförderten. Erst seit seiner Erstarrung und Abschließung zu Beginn des 20. Jahrhunderts wurde dieses Modell in immer stärkerem Maße dysfunktional.
47 Die 90 Prozent beziehen sich auf den Anteil am FhG-Gesamtetat, den Bund und Länder tragen und der insgesamt etwa 40 Prozent ausmacht, während die übrigen 60 Prozent aus der Auftragsforschung stammen. Vgl. auch den Beitrag von Hohn in diesem Band.

von den Ländern getragenen, ebenfalls außeruniversitären einzelnen Einrichtungen, die 1949 im „Königsteiner Abkommen" aufgelistet, seit 1975 – aufgrund der Farbe des Papiers, welches ihre Auflistung im Anhang der „Rahmenvereinbarung Forschungsförderung" enthielt – als „Blaue Liste-Institute" bezeichnet wurden und heute in der „Wissenschaftsgemeinschaft Gottfried-Wilhelm-Leibniz e. V." (WGL) zusammengeschlossen sind. Die Hochschulen erhalten demgegenüber zwar auch Bundesgelder, aber nur in einer indirekteren Form über die hälftige Finanzierung der DFG und noch einige Jahre als Restbestand aus der ebenfalls hälftig finanzierten, 2006 aber abgeschafften Gemeinschaftsaufgabe Hochschulbau.[48] Unbestritten war dabei stets, dass die Grundausstattung der Hochschulen von den Ländern zu finanzieren sei, so dass im Ergebnis die tendenziellen Zuordnungen Bund/Forschung und Länder/Lehre entstanden.

Nicht selten findet sich dementsprechend die Hypothese, die bekannte frappierende Unterausstattung der Hochschulen sei damit zu begründen, dass ihnen eine Kofinanzierung durch den Bund nur eingeschränkt und über Umwege möglich war. Eine solche Deutung greift aber zu kurz, wie die Realgeschichte der Gemeinschaftsaufgabe Hochschulbau illustriert. Denn mitnichten war es die Regel, dass Bundesgelder überreichlich zur Verfügung gestanden hätten und die Länder nicht willens oder in der Lage gewesen wären, ihren Anteil aufzubringen. Im Gegenteil: Ein solcher Zustand herrschte nur kurze Zeit Anfang der 1970er Jahre. Danach bestand zunächst gegenseitiges Einvernehmen über die Finanzierungsvolumina, bis der Bund erstmals zu Beginn der 1980er Jahre und laufend sei den 1990er Jahren seine Zuschüsse deckelte, so dass sie nicht mehr mit dem angemeldeten Bedarf der Länder Schritt halten konnten.[49] Ebenfalls sei darauf verwiesen, dass der berühmt-berüchtigte „Öffnungsbeschluss" von 1977, die Hochschulen unter Inkaufnahme einer fälschlich als temporär deklarierten Überlast für die geburtenstarken Jahrgänge offenzuhalten, von den Regierungschefs von Bund und Ländern gemeinsam getroffen wurde.[50]

In welchem Umfang die föderale Aufgabenteilung dazu beitrug, die Entflechtung von Forschung und Lehre zu zementieren, muss für die vergangenen Jahrzehnte allerdings insofern hypothetisch bleiben, als es keinen ernsthaften Versuch gab, etwa ein Blaue-Liste-Institut oder eine Großforschungseinrichtung mit einer Hochschule zu fusionieren. Erst in der Gegenwart sind solche Bestrebungen zu verzeichnen: Die Universität Karlsruhe (TH) siegte in der ersten Runde der Exzellenzinitiative nicht zuletzt durch den schlichtweg revolutionären Plan, mit dem Forschungszentrum Karlsruhe, einer Helmholtz-Einrichtung, zu einem „Karlsruhe Institute of Technology" (KIT) zusammenzuwachsen. Dieser Fall wirft ebenso interessante wie komplexe föderalrechtliche Probleme auf, deren Lösung nicht trivial ist. Zuletzt verabschiedete der baden-württembergische Landtag das KIT-Zusammenführungsgesetz, das die

---

48 Vgl. zu den Finanzströmen von Heyden 2007: 52 f., 56 ff.
49 Vgl. Bartz 2007: 193 ff.
50 Vgl. Bulletin des Presse- und Informationsamtes der Bundesregierung, Nr. 119/1977 vom 25. November 1977: 1094 ff. und den Beitrag von Wiesner in diesem Band.

beiden bisherigen Einrichtungen in einer gemeinsamen Rechtsform zusammenführte.[51]

Mit dem Weg der institutionellen Fusion stellt das KIT bisher zwar eine Ausnahme dar. Aber unterhalb des formellen Zusammenschlusses hat sich allem Anschein nach seit einer Reihe von Jahren das Kooperationsnetz zwischen Hochschulen und außeruniversitären Forschungseinrichtungen erheblich verdichtet, so dass nicht mehr umstandslos von der vielfach kritisierten „Versäulung" gesprochen werden kann.[52] Gleichwohl steht die Frage von Verbindung, Trennung oder Differenzierung von Forschung und Lehre im deutschen Wissenschaftssystem weiterhin im Raum.

3. Fazit und Ausblick

Oben wurde aus historischer Perspektive resümiert, dass die Föderalismusreform „I" nicht aus dem langjährigen „historischen Mittel" des Bund-Länder-Gefüges in der Wissenschaftspolitik ausgebrochen ist. Die politische Praxis seit 2006 bestätigt diesen Eindruck: Erstens konnte die Exzellenzinitiative tatsächlich durchgeführt werden – wäre im Rahmen der Neuordnung der Bund-Länder-Kompetenzen ein flächendeckendes „Kooperationsverbot" beschlossen worden, hätte dieses Programm bestenfalls noch mithilfe äußerster argumentativer Kniffe realisiert werden können.[53] Zweitens trafen Bund und Länder Übereinkünfte zur gemeinsamen Finanzierung des Ausbaus von Studienplätzen in den so genannten „Hochschulpakten", die auf den neuen Art. 91 b Abs. 1 S. 1 Nr. 2 gestützt wurden.[54] Drittens hat die Föderalismusreform „I" zwar durchaus zu Folgen bei den – hier als Indikator betrachteten – intermediären Wissenschaftsorganisationen geführt, sie aber gleichwohl in ihrer wissenschaftspolitischen Substanz belassen: Mit dem Ende der Gemeinschaftsaufgabe Hochschulbau verlor der Wissenschaftsrat seine Rolle, Empfehlungen zu den einschlägigen „Rahmenplänen" zu geben, blieb aber als wissenschaftspolitisches Beratungsgremium eigener Prägung bestehen und bearbeitet weiterhin ein vielfältiges Aufgabenspektrum. Die „Bund-Länder-Kommission für Bildungsplanung und Forschungsförderung" (BLK) wurde angesichts des Fortfalls der gemeinsamen Bildungsplanung in eine Nachfolgeorganisation überführt und in „Gemeinsame Wissenschaftskonferenz" (GWK) umbenannt. Im Gegensatz zur BLK ist die GWK nicht

---

51 Beschluss des Landtags von Baden-Württemberg vom 8. Juli 2009; angenommen wurde der Gesetzentwurf Drs. 14/4600 in der Fassung der Drs. 14/4677. Siehe hierzu auch die Beiträge von Seckelmann und Hohn in diesem Band.
52 Siehe auch den Beitrag von Hohn in diesem Band; vgl. außerdem Heinze/Arnold 2008.
53 Zur Verfassungsmäßigkeit der Exzellenzinitiative vgl. den Beitrag von Seckelmann, zu dieser selbst vgl. den Beitrag von Lange in diesem Band.
54 Vergleichbare Instrumente waren auch zuvor benutzt worden, so zwischen 1989 und 2006 mit den drei Hochschulsonderprogrammen sowie mit Hochschul- und Wissenschaftsprogramm. Zur Frage der Verfassungsmäßigkeit des Hochschulpakts 2020 vgl. den Beitrag von Seckelmann, zu diesem selbst vgl. den Beitrag von Lange in diesem Band.

mehr in den Bereichen der (schulischen, beruflichen etc.) Bildung tätig, doch erfüllt sie im Wissenschaftssektor praktisch exakt die Aufgabe ihrer Vorgängerin.

Aus der Perspektive der Wissenschaftspolitik kann daher zum einen eine gewisse Gelassenheit verzeichnet werden: Gewisse Schwankungen in den föderalen Verhältnissen gehörten seit Gründung der Bundesrepublik Deutschland zu ihrem Alltag und führten nur selten zu nachhaltig negativen Ausstrahlungen auf die Wissenschaftslandschaft.

Hinzu kommt, dass grundlegende strukturelle Veränderungen in diesem Bereich hohen Hürden unterworfen sind – einer Zweidrittelmehrheit in Bundestag und Bundesrat – und daher vergleichsweise selten auftreten. Die aktuelle rechtliche Regelung stellt, wie beschrieben, angesichts der vorhandenen Flexibilitäten und Freiheitsgrade nicht den schlechtesten denkbaren Zustand dar, so dass auf absehbare Zeit am wichtigsten sein dürfte, dass zwischen Bund und den Ländern ein vergleichsweise gedeihliches Einvernehmen herrscht, um beispielsweise Programme wie den Hochschulpakt und die Exzellenzinitiative auflegen und einzelne Probleme wie die angesprochene Verschmelzung von Hochschulen und Forschungseinrichtungen konstruktiv klären zu können. Darüber hinaus werden alle föderalen Angelegenheiten in ihrer Bedeutung von der Frage übertroffen, ob gesamtgesellschaftlich ein wissenschaftsfreundliches Klima herrscht, so dass sowohl hinreichende finanzielle Ressourcen generiert als auch die Arbeitsbedingungen von Wissenschaftlern und Studenten verbessert werden können.[55]

Schließlich dürfte angesichts der fortschreitenden Internationalisierung und Globalisierung die Frage, ob innerhalb der Bundesrepublik Deutschland der Bund oder die Länder für bestimmte Einrichtungen zuständig sind, in einem gewissen Maße an Gewicht verlieren. In dieselbe Richtung wirkt die unverkennbare Entwicklung zur größeren Autonomie der einzelnen Institution – auch wenn es weiterhin nur für eine Minderheit der Hochschulen und Forschungsinstitute tatsächlich darum gehen wird, weltweit um Spitzenpositionen zu konkurrieren, während die Mehrheit weiterhin vor allem von regionalen bis nationalen Anforderungen geprägt sein wird.

---

55 Vgl. in diesem Sinn auch von Heyden 2007: 61 f.

Literatur

Bartz, Olaf, 2005: Bundesrepublikanische Universitätsleitbilder: Blüte und Zerfall des Humboldtianismus. In: Die Hochschule 14, 99-113.

Bartz, Olaf, 2006: Wissenschaftsrat und Hochschulplanung. Leitbildwandel und Planungsprozesse in der Bundesrepublik Deutschland zwischen 1957 und 1975, Diss. Köln. Quelle: http://kups.ub.uni-koeln.de/volltexte/2006/1879/.

Bartz, Olaf, 2007: Der Wissenschaftsrat. Entwicklungslinien der Wissenschaftspolitik in der Bundesrepublik Deutschland 1957-2007, Stuttgart: Steiner.

Bentele, Karlheinz, 1979: Kartellbildung in der allgemeinen Forschungsförderung, Meisenheim am Glan: Hain.

Erk, Jan R., 2003: Federal Germany and Its Non-Federal Society: Emergence of an All-German Educational Policy in a System of Exclusive Provincial Jurisdiction. In: Canadian Journal of Political Science 36, 295-317.

Heinemann, Manfred (Hrsg.), 1997: Süddeutsche Hochschulkonferenzen 1945-1949, Berlin: Akademie.

Heinze, Thomas/Arnold, Natalie, 2008: Governanceregimes im Wandel. Eine Analyse des außeruniversitären, staatlich finanzierten Forschungssektors in Deutschland. In: KZfSS 60, 686-722.

Hohn, Hans-Willy/Schimank, Uwe, 1990: Konflikte und Gleichgewichte im Forschungssystem. Akteurkonstellationen und Entwicklungspfade in der staatlich finanzierten außeruniversitären Forschung, Frankfurt a. M./New York: Campus.

Kain, Florian, 2003: Das Privatfernsehen, der Axel Springer Verlag und die deutsche Presse. Die medienpolitische Debatte in den sechziger Jahren, Münster: LIT.

Kommission für die Finanzreform 1966: Gutachten über die Finanzreform in der Bundesrepublik Deutschland, Stuttgart: Kohlhammer.

Meyers, Franz, 1963: Klare Aufgabenteilung zwischen Bund und Ländern. Eingriffe des Bundes in die Länderzuständigkeiten durch Finanzierung von Länderaufgaben, Düsseldorf.

Paletschek, Sylvia, 2001: The Invention of Humboldt and the Impact of National Socialism. The German University Idea in the First Half of the Twentieth Century. In: Szöllösi-Janze, Margit (Hrsg.): Science in the Third Reich, Oxford/New York: Berg, 37-58.

Paletschek, Sylvia, 2002: Die Erfindung der Humboldtschen Universität: Die Konstruktion der deutschen Universitätsidee in der ersten Hälfte des 20. Jahrhunderts. In: Historische Anthropologie 10, 183-205.

Renzsch, Wolfgang, 1991: Finanzverfassung und Finanzausgleich. Die Auseinandersetzungen um ihre politische Gestaltung in der Bundesrepublik Deutschland zwischen Währungsreform und deutscher Vereinigung (1948 bis 1990), Bonn: Dietz.

Rudloff, Wilfried, 2003: Bildungsplanung in den Jahren des Bildungsbooms. In: Frese, Matthias/Paulus, Julia/Teppe, Karl (Hrsg.): Demokratisierung und gesellschaftlicher Aufbruch. Die sechziger Jahre als Wendezeit der Bundesrepublik, Paderborn: Schöningh, 259-282.

Scharpf, Fritz W., 2004: Der deutsche Föderalismus – reformbedürftig und reformierbar? MPIfG Working Paper 04/2, Köln: MPIfG.

Stamm, Thomas, 1981: Zwischen Staat und Selbstverwaltung. Die deutsche Forschung im Wiederaufbau 1945-1965, Köln: Verlag Wissenschaft und Politik.

von Heyden, Wedig, 2007: Die deutsche Hochschulpolitik zwischen föderaler Vielfalt und gesamtstaatlicher Verantwortung. In: Blanke, Hermann Josef (Hrsg.): Bildung und Wissenschaft als Standortfaktoren, Tübingen: Mohr Siebeck, 49-62.

Zierold, Kurt, 1968: Forschungsförderung in drei Epochen. Deutsche Forschungsgemeinschaft: Geschichte – Arbeitsweise – Kommentar, Wiesbaden: Steiner.

B. Politikfelder der Gemeinschaftsaufgaben

Deutsche Hochschulpolitik im Kontext der Gemeinschaftsaufgaben

Stefan Lange

1. Einleitung

Der Hochschulsektor befindet sich in Deutschland traditionell in der institutionellen Trägerschaft der Länder. Der Zentralstaat hingegen besitzt in diesem Politikfeld, wie generell im Bereich der Kulturpolitik, nur sekundäre Befugnisse. Er hat allerdings immer wieder ein Interesse daran gezeigt, in bestimmten Hinsichten hochschulpolitisch tätig zu werden. In der Bundesrepublik hat sich dieses Interesse seit den 1950er Jahren immer stärker ausgeprägt. Es ist deshalb nicht überzeichnet, von einer sich tendenziell verschärfenden Konkurrenz der Länder und des Bundes in der Hochschulpolitik zu sprechen. Die Regierung des Bundes will dieses Politikfeld nicht den Ländern allein überlassen, sondern reklamiert vielmehr eine gesamtstaatliche Verantwortung.

In Ermangelung entsprechender verfassungsrechtlicher Befugnisse hat der Bund neben seiner erst 1969 erworbenen Befugnis zur „Regelung der allgemeinen Grundsätze des Hochschulwesens" immer wieder finanzielle Mittel benutzt, um an der politischen Gestaltung des Hochschulsektors mitzuwirken. Die Grundkonstellation der Hochschulpolitik im bundesdeutschen Föderalismus zeigt sich in konstitutionell verbürgten Gestaltungsbefugnissen und institutioneller Trägerschaft für die Hochschulen auf Seiten der Länder, finanziellen Gestaltungsmöglichkeiten seitens des Bundes und oftmals divergierenden Gestaltungsinteressen auf beiden Seiten. Letztere resultieren nicht zuletzt auch aus der „im internationalen Vergleich einmalige[n] Kombination von Konsensföderalismus und Konkurrenzdemokratie" in der deutschen Politik.[1]

Eine ähnliche Ausgangslage hat in der staatlich finanzierten außeruniversitären Forschung in einer sich über mehrere Jahrzehnte hinziehenden Strukturdynamik dazu geführt, dass der Bund sich schrittweise und irreversibel forschungspolitische Kompetenzen angeeignet hat, die er anfangs nicht besaß.[2] Das Muster der Dynamik hat sich, bei allen dem historischen Verlauf innewohnenden Kontingenzen, letztlich zwingend entfaltet: In einem expandierenden Politikfeld sind die Länder in finanzielle Abhängigkeit vom Bund geraten, der im Gegenzug formelle Befugnisse ver-

---

1 Siehe Scharpf 2009: 7 f. Gleichwohl ist zu beachten, dass die Folgen des Parteienwettbewerbs in der Praxis der Gemeinschaftsaufgaben durch die „Fachbruderschaften" zwischen den Ministerialbürokratien häufig wieder neutralisiert werden. Ebd.: 35.
2 Siehe Hohn/Schimank 1990 sowie Hohn in diesem Band.

langt und bekommen hat. Der vorliegende Beitrag fragt danach, ob es eine vergleichbare Zwangsläufigkeit der Strukturdynamik auch in der Hochschulpolitik gibt.

Es wird im Weiteren erörtert, ob und wie es die Bundespolitik vermocht hat, hochschulpolitisch gestaltend mitzuwirken. Zu diesem Zweck wird dargelegt, wie der Bund bis Mitte der 1970er Jahre in die Hochschulpolitik eingestiegen ist und welche Fortwirkungen insbesondere die dabei erworbenen formellen Kompetenzen bis zur ersten Stufe der Föderalismusreform von 2006 gezeitigt haben. Dabei sind aus Sicht des Bundes seine errungenen formellen Gestaltungsmöglichkeiten stets unbefriedigend geblieben. Seine mittelbaren substantiellen Gestaltungsmöglichkeiten über die Projekt- und Programmförderung sollten jedoch nicht unterschätzt werden und zeigen sich auch in den heute schon sichtbaren Auswirkungen der Exzellenzinitiative auf die deutsche Hochschullandschaft.

2. *Dotationswirtschaft, Hochschulbau und Hochschulrahmengesetz: Die Genese der Gemeinschaftsaufgaben in der Wissenschaftspolitik seit den 1960er Jahren*

Bildung und Forschung – da waren sich die Länder noch vor Verabschiedung des Grundgesetzes einig – gehörten in der jungen Bundesrepublik zu den Länderkompetenzen. Noch vor der Konstituierung des Gesamtstaates gründeten sie im Juli 1948 die ständige Kultusministerkonferenz (KMK) für Bildungsfragen und schlossen das Königsteiner Staatsabkommen zur Finanzierung der gemeinsamen Einrichtungen der Forschungsförderung. Damit gaben sie in Fragen von gesamtstaatlichem Interesse einer horizontalen Selbstkoordination untereinander eindeutig den Vorzug gegenüber einer vertikalen Koordinierung dieser Bereiche durch eine spätere Bundesregierung.[3]

Erst am 14.12.1962 wurde im Zuge einer Regierungsumbildung auf Bundesebene, die durch die „Spiegel-Affäre" erforderlich geworden war, das Bundesministerium für wissenschaftliche Forschung (BMwF) gegründet.[4] Im Organisationsplan dieses Ministeriums gab es eine Abteilung für „Allgemeine Wissenschaftsförderung", in der u. a. ein Referat für „Hochschulen und wissenschaftliche Akademien" zuständig war.[5] Das Bundesministerium für Bildung und Wissenschaft (BMBW) verfügte dann 1971 bereits über eine Abteilung „Bildungsplanung/Hochschulen" mit einer für die Hochschulen zuständigen Unterabteilung, die sich in neun Referate weiter untergliederte.

---

3 Siehe Scharpf 2009: 20.
4 Stucke 1993: 62 ff.
5 Zwar gab es schon seit 1949 im Bundesinnenministerium eine „Kulturabteilung" mit einem Referat „Wissenschaft und Hochschule" (Stucke 1993: 43 ff.). Doch diese Abteilung war eben nicht in einem Ministerium verortet, das sich zentral um die Wissenschaft kümmerte, sondern in dem dieses Politikfeld nur eines unter vielen war.

Diesen Bedeutungswachstum der Hochschulpolitik belegen auch die gestiegenen Ausgaben des Bundes für die Hochschulen von 34 Mio. DM im Jahr 1958 auf 554 Mio. DM im Jahr 1967. Insgesamt beliefen sich die Ausgaben für den Hochschulausbau in diesem Zeitraum damit auf knapp 2,2 Mrd. DM[6], und in den Folgejahren nahmen die Summen noch weiter zu. Doch wie ist es dazu gekommen, dass der Bund und dann speziell das zunächst lediglich für die Forschung zuständige Ministerium hochschulpolitische Zuständigkeiten erhielt?

2.1. Die „gesetzesfreie" Dotationswirtschaft als Einfallstor für den Bund

Zunächst einmal ist zu betonen, dass dies keine unfreiwillige Domänenerweiterung darstellte, wie sie ja Ministerien auch widerfahren kann, wenn ihnen unliebsame Aufgaben überantwortet werden. Der Bund – und hierbei handelte das für Forschung zuständige Ministerium durchaus im Einklang mit anderen Bundesakteuren – wollte sich in der Forschungspolitik schon sehr früh Kompetenzen erwerben und nutzte bald zielstrebig jede sich hierzu bietende Gelegenheit.[7] Ab Mitte der 1960er Jahre kamen dann auch bildungspolitische Aufgaben und entsprechende Interessen hinzu, die sich nicht nur, aber vor allem auf die Hochschulen bezogen.

In der Forschungspolitik ging es bundespolitischen Akteuren in diesem Zeitraum zuvorderst um eine unspezifische Förderung der Forschung durch Bereitstellung von Ressourcen. Die den Ländern dafür verfügbaren Finanzmittel erschienen als unzureichend, um den Forschungsbedarf einer hochentwickelten Industriegesellschaft zu befriedigen. Doch es waren zunächst bestimmte Technologiebereiche, in denen besonderer Forschungsbedarf gesehen wurde, der den Wissenschaftlern durch gezielte Kanalisierung der Forschung mittels finanzieller Anreize nahe gebracht werden sollte, wobei keine detailliertere politische Steuerung hinsichtlich der Inhalte der Forschungsprogramme beabsichtigt war. Dies galt als erstes für die Atomforschung, dann für die Weltraumforschung und schließlich noch für weitere „Zukunftstechnologien" wie die Datenverarbeitung.[8] Schon Mitte der 1950er Jahre wurde man auf Bundesebene gewahr, dass die Förderung der Atomforschung nicht den Ländern überlassen werden durfte. Daraufhin wurde im Jahr 1955 – mit dem grundgesetzlich zugestandenen Verweis auf gesamtstaatliche Belange – das Bundesministerium für Atomfragen (BMAt) gegründet, das dann seinerseits in Kooperation mit dem Sitzland Baden-Württemberg 1956 das erste Kernforschungszentrum in Karlsruhe gründete. Die nordrhein-westfälische Konkurrenzgründung, das Jülicher Kernforschungszentrum, geriet schnell in eine Finanzkrise, wodurch sich sein Ausbau länger verzögerte – ein Beweis dafür, dass sich selbst ein großes Bundesland an der Kernforschung „verhob", was den Domänenanspruch des Bundes festigte.

6   Von Heppe 1969: 75.
7   Zum Folgenden siehe ausführlich Hohn/Schimank 1990: 344 ff. und Stucke 1993: 35 ff.
8   Siehe nur Hohn 1998.

Diese Gelegenheitsstrukturen des Bund-Länder-Verhältnisses umgingen die Hochschulen weitgehend. Die prinzipiell bestehende Möglichkeit, Projektmittel an einzelne Forscher wie etwa Universitätsprofessoren vergeben zu können, war aus Bundessicht unbefriedigend, um die Forschung generell und speziell die Atom- und Weltraumforschung zu fördern. Solche Förderungen gab es zwar; doch die neugegründeten außeruniversitären Einrichtungen – die späteren Großforschungseinrichtungen – waren eindeutig die besseren Ansprechpartner des Bundes, weil dort „kritische Massen" an Forschungspotential zusammenkamen. Das gleiche Kalkül unterlag der früh einsetzenden Förderung der Max-Planck-Gesellschaft (MPG) durch den Bund.

Allerdings kooperierten insbesondere die Großforschungseinrichtungen schnell und teilweise eng mit bestimmten Hochschulen – das Jülicher Zentrum beispielsweise von Beginn an mit den Universitäten Köln und Bonn sowie mit der RWTH Aachen. Längerfristig konnte daraus eine indirekte rechtlich fixierte Mitgestaltung fachlicher Strukturen der Forschung an den Hochschulen durch den Bund erwachsen – und zwar über seine Mitwirkung an der Programmplanung der betreffenden Großforschungseinrichtungen.[9] Insbesondere die heute fast flächendeckend institutionalisierten gemeinsamen Berufungen, durch die Institutsleiter von Großforschungseinrichtungen zugleich ordentliche Professoren an den kooperierenden Universitäten werden, sowie gemeinsam getragene Graduiertenkollegs, heute auch Graduiertenschulen, Forschungs-Cluster etc., sorgten zunehmend dafür, dass sich Forschungslinien der Großforschung in die entsprechenden Fächer der Hochschulen hinein verlängerten. Der Wissenschaftsrat hatte immer wieder darauf gedrängt, dass derartige Forschungskooperationen zwischen Großforschungseinrichtungen und Universitäten anzustreben und zu intensivieren seien,[10] und auch von der Rektorenkonferenz und der Arbeitsgemeinschaft der Großforschungseinrichtungen kamen bereits früh entsprechende gemeinsame Willensbekundungen.[11] Einerseits ist festzuhalten, dass durch den Ausbau derartiger Kooperationen der Bund die Forschung an den Hochschulen mitzugestalten vermochte; andererseits verweist die Häufigkeit entsprechender Appelle darauf, dass trotz viel gerühmter Ausnahmen solche Kooperationen selbst dort, wo sie sachlich nahe lagen, längst nicht immer realisiert wurden.

Ähnlich früh wie bei der Großforschung und Mitfinanzierung der MPG beteiligte sich der Bund an der Förderung der Deutschen Forschungsgemeinschaft (DFG) – also der wichtigsten Drittmittelquelle der Hochschulforschung. Schon 1955 stammten 61 % der Finanzmittel der DFG vom Bund; wenige Jahre später überstiegen die Mittel des Bundes im DFG-Haushalt die der Länder um das Sechsfache, so dass er

---

9   Von den fast 600 Mio. DM, die zwischen 1956 und 1967 für Kernforschung an die Hochschulen flossen (von Heppe 1969: 76), war sicherlich der größte Teil in solchen Kooperationen begründet.
10 Siehe WR 1988: 72 ff. und WR 1991.
11 Siehe AGF/WRK 1980. Dahinter stand schon früh die wahrgenommene „Gefahr, daß nicht nur einzelne Wissenschaftler, sondern ganze Forschungszweige aus den Hochschulen ausgegliedert werden" (von Heppe 1969: 71). So hätte der Bund gewissermaßen Forschungskapazitäten der Hochschulen seinem direkten Einflussbereich einverleibt.

weit stärker in die Finanzierung der DFG involviert war als heute.[12] Frühzeitig also beteiligte sich der Bund – anfangs über das Bundesinnenministerium – bereits indirekt an der Förderung der Hochschulforschung. Doch die institutionelle Mitfinanzierung der DFG eröffnet bis heute keine Möglichkeiten eines steuernden Durchgriffs auf die Forschung an den Hochschulen, was allerdings auch weder vom Bund noch von den Ländern gewollt ist. Prinzipiell neutralisieren die *peer-review*-Verfahren und die dezidert nicht-programmförmige Forschungsförderung in den Normalverfahren der DFG mögliche mit der Finanzierung von Forschungsprojekten verbundene Steuerungseffekte. Diese politische Steuerungsabstinenz galt sogar für die 1968 auf Empfehlung des Wissenschaftsrates als neues Förderinstrument der DFG geschaffenen Sonderforschungsbereiche.[13] Im Bundesbericht Forschung von 1969 hieß es noch: „Für den Bund ist von besonderer Bedeutung, ob diejenigen Forschungsthemen, die er unter Berücksichtigung der gesamtstaatlichen Entwicklung für besonders förderungsbedürftig hält, in Sonderforschungsbereichen wahrgenommen werden können. Wenn dies gelingt, kann die oftmals gefürchtete Entwicklung, daß für die Bearbeitung dieser Themen statt an den wissenschaftlichen Hochschulen Forschungskapazitäten außerhalb der Hochschulen aufgebaut werden müßten, wesentlich begrenzt und auf Ausnahmefälle beschränkt bleiben."[14] Mit dieser Argumentation wurde den Ländern und insbesondere den Hochschulen unverblümt ein Tauschgeschäft vorgeschlagen: Bundeseinfluss auf die Hochschulforschung anstelle eines weiteren Ausbaus der Großforschung. Faktisch ist jedoch der Einfluss sowohl des Bundes als auch der Länder auf die Einrichtung von Sonderforschungsbereichen sehr beschränkt geblieben. Das Ob und Wie ihrer Entstehung und Ausgestaltung ist primär eine Angelegenheit der wissenschaftlichen Gemeinschaft geblieben.

Dass der Bund überhaupt ab Mitte der 1950er Jahre auf verschiedenen Wegen beginnen konnte, sich wissenschaftspolitisch Einfluss zu verschaffen, lag nicht nur, aber doch in starkem Maße an einem ihn finanziell gegenüber den Ländern begünstigenden historischen Zufall.[15] Für Zwecke der Rüstungsfinanzierung im Rahmen einer nicht zustande gekommenen Europäischen Verteidigungsgemeinschaft (EVG) hatte der Bund über mehrere Jahre eine große Geldsumme angespart, die dann für andere Zwecke ausgegeben werden musste und konnte.[16] Beim Abbau dieses sogen. „Juliusturms" ließen die Länder sich nicht lange überreden zuzugreifen, als der Bund diese Finanzmittel ab 1956 – temporär, wie man anfangs glaubte – der DFG und der MPG zur Verfügung stellte. Verfassungsrechtlich gab es für die Verteilung dieser Gelder keine Grundlage; sie erfolgte regelmäßig qua Selbstermächtigung des

---

12 Stucke 1993: 41 f.
13 Siehe Bartz 2007: 97 ff.
14 Bundesbericht Forschung III 1969: 58.
15 Stucke 1993: 53 f., Seckelmann 2009: 749 f.
16 Sehr kritisch aus Ländersicht sieht Barbarino (1973: 20) diesen Vorgang: Anstatt dieses Geld, dessen Ansparung die Länder dem Bund erst dadurch ermöglicht hätten, dass sie ihm 1953 höhere Anteile an der Einkommensteuer eingeräumt hätten, nun den Ländern zur eigenen Verwendung zurück zu erstatten, „brach der Bund [...] in den Zuständigkeitsbereich der Länder ein."

Bundes im Haushaltsgesetz. Allerdings erzeugten diese ‚irregulären' Gelder schnell Abhängigkeiten, die sich in den 1960er Jahren als „Problematik der gesetzesfreien Fondsverwaltung" manifestierten.[17] Faktisch war die „Kulturhoheit" der Länder in dieser Dimension der Hochschulpolitik schon damals fragil: „Dieses Dotationssystem hat die Länder korrumpiert und ihre Finanzverantwortung untergraben [..]. Kein Landesfinanzminister konnte es wagen, ihm angebotene Bundesmittel auszuschlagen und an sie geknüpfte Auflagen nicht zu erfüllen. Er hätte sich dem Vorwurf ausgesetzt, zuzusehen, wie die Bundesmittel in die anderen Länder flossen."[18]

Die Länder hingen also seitdem wissenschaftspolitisch am Tropf des Bundes, denn ein sie finanziell wieder auf eigene Füße stellender vertikaler Finanzausgleich blieb unter anderem auch deshalb aus, weil die Länder sich untereinander nicht einig waren und eine Polarisierung von finanzstarken versus finanzschwache Länder sich bereits damals abzeichnete. Die mit dieser Situation verknüpften „Auflagen" für die Entgegennahme von Bundesgeld führten häufig zu einer „Verzerrung" originärer landespolitischer Präferenzen zugunsten jener Kollektivgüter, von denen sich vor allem der Bund positive gesamtstaatliche Effekte versprach.[19] Der direkte und nicht bloß als individuelle Projektförderung erfolgende Zugriff des Bundes auf die Forschung an den Universitäten – und erst recht auf die Universitäten als Bildungseinrichtungen – blieb dennoch aus.

Nichtsdestotrotz hatten die Erfahrungen mit dem „Juliusturm" den Unmut der Länder geschürt und ließ sie in den 1960er Jahren für klare Verhältnisse plädieren: ihren Vorstellungen zufolge sollte der Bund dauerhaft die Hälfte der durch die Förderung von DFG und MPG verursachten Kosten übernehmen, wovon sich die Länder finanziellen Spielraum für den Hochschulausbau versprachen. Dass der Bund sich somit de facto in die Forschungspolitik „eingekauft" hatte, wollten die Länder dann zumindest dazu nutzen, dass ihnen dies in der Bildungspolitik nicht noch einmal widerfuhr. Als dann Mitte der 1960er Jahre der massive Ausbau des Hochschulsystems einsetzte, der etwa zehn Jahre anhielt[20], wurde jedoch klar, dass – wie schon bei der Atom- und Weltraumforschung – die Finanzkraft der Länder überfordert war. Der Bund – und damit zunächst das am 22.10.1969 aus dem BMwF hervorgegangene BMBW – kam vor allem über die Gemeinschaftsaufgabe Hochschulbau (Art. 91a Abs. 1 Nr. 1 GG) ins Spiel, wie sie 1969 nach langwierigen Konflikten zwischen Bund und Ländern im Anschluss an das Gutachten der Troeger-Kommission neu ins Grundgesetz eingefügt wurde.[21]

---

17 Krüger 1996: 178.
18 Barbarino 1973: 20.
19 Scharpf 2009: 33.
20 Schimank 1995: 62 ff.
21 Krüger 1996: 181 ff.; Thieme 2004: 172 ff. Vgl. auch den Beitrag von Collin in diesem Band.

2.2. Die Gemeinschaftsaufgabe Hochschulbau

Bei der Gemeinschaftsaufgabe Hochschulbau[22] handelte es sich um eine Legalisierung der bis dato verfassungsrechtlich heiklen und ad hoc gesteuerten Fondswirtschaft des Bundes zugunsten von koordinierter und verstetigter Infrastrukturmaßnahmen im Hochschulbereich, die den finanziellen Handlungsspielraum einzelner Länder überstiegen. Es war die Zeit der Großen Koalition zwischen CDU/CSU und SPD und eine Zeit, in der parteiübergreifend politische Planung als legitimes rechtsstaatliches und auch in einer sozialen Marktwirtschaft konformes Mittel prospektiver Gesellschaftsgestaltung begriffen wurde. Die Regierungsparteien setzten gegen Ende der 1960er Jahre im Bund-Länder-Verhältnis wie in anderen Politikfeldern auf „Systempolitik" anstelle der hergebrachten dezentral-pluralistischen „Prozesspolitik".[23] Da durfte es auch in der Hochschulpolitik keine unkodifizierte und inkrementelle „Förderungskonkurrenz" mehr geben. Die vor allem mit der Gemeinschaftsaufgabe Hochschulbau institutionalisierte Rahmenplanung des Bundes und der Länder war ein solcher, dem Zeitgeist entsprechender Beitrag zur Systempolitik des „kooperativen" oder „Verbundföderalismus", der die Kohärenz aller staatlichen Maßnahmen auf diesem Politikfeld sichern und die „Sonderinteressen" einzelner Länder durch bewusste Koordination und Aufgabenverflechtung neutralisieren sollte.[24] Der Bund beteiligte sich in dem vom Wissenschaftsrat durchgeführten Verfahren nach dem Hochschulbauförderungsgesetz (HBFG) an 50 % der investiven Ausgaben für die Hochschulen und wirkte dabei „hinsichtlich sachlicher Gestaltung"[25] an der Hochschulpolitik der Länder mit.[26]

Formell galt, dass der Bund über die Geschäftsführung des Planungsausschusses und seine Stimmanteile gegenüber den Ländern in einer dominanten Position war, weil er mit der einfachen Ländermehrheit im Planungsausschuss des Wissenschaftsrates bindende Entscheidungen treffen konnte. Die Länder hingegen mussten ihre Bauvorhaben erst vom Wissenschaftsrat prüfen lassen, dessen Empfehlungen hinsichtlich des notwendigen Gesamtbudgets für den Hochschulbau und der Priorität der jeweiligen einzelnen Vorhaben wiederum die (unverbindliche) Verhandlungsgrundlage für den Planungsausschuss bildete.[27] Über die absolute Höhe des vom

---

22   Vgl. hierzu auch den Beitrag von Wiesner in diesem Band sowie Bartz 2007: 193 ff.
23   Lehmbruch 1999: 47.
24   „Dahinter stand der Gedanke, daß die Gesellschaft ein hochgradig interdependentes Gefüge aus Elementen darstellt, zwischen denen komplexe Abhängigkeitsbeziehungen und Wechselwirkungen bestehen – eben ein ‚System', das nur solange im Gleichgewicht bleibt, wie die Kohärenz der politischen Interventionen sichergestellt ist." (Lehmbruch 1999: 47).
25   Klein 1972: 291.
26   Freilich betrug der faktische Bundesanteil am Hochschulbau der Länder auch zu Hochzeiten der Fondswirtschaft bereits 46 %. Siehe Block 1982: 221.
27   Natürlich blieb es den Ländern unbenommen, ohne Prüfung durch den Wissenschaftsrat – also ohne Bundeszuschuss – zu bauen, wenn sie dies für richtig hielten. Faktisch konnte und wollte aber kein Land auf den Bundesanteil verzichten. Als problematisch für die Länder erwies sich jedoch, dass sich die Kultusminister im Anmeldungsverfahren bereits zu einem Zeitpunkt auf Planungen festlegen mussten, an dem die Eckwerte der jährlichen Finanzpla-

Bund bereitgestellten Budgetanteils für den Rahmenplan entschied die Bundesregierung letztlich autonom und setzte den Bauwünschen der Länder damit je nach Haushaltslage mehr oder weniger enge Grenzen. Zudem mussten die Länder alle Folgekosten, die sich aus dem Hochschulbau und den Großgeräte- und Klinikinvestitionen ergaben (i. d. R. Instandhaltungs-, Betriebs- und Personalkosten) in voller Höhe aus eigener Tasche finanzieren, was insbesondere die kleinen und finanzschwachen Länder immer wieder vor große Probleme stellte. Über diese „Angebotsdiktatur"[28] war der Bund seither an der Hochschulstrukturpolitik der Länder beteiligt, die sowohl eine regionale als auch eine fachliche Komponente hatte. Weil Investitionen in Gebäude und Ausstattung mit Personalentscheidungen auf der Professorenebene einhergehen bzw. diese auch präjudizieren können, kann man zunächst einmal davon ausgehen, dass die Gemeinschaftsaufgabe Hochschulbau dem Bund eine Gelegenheitsstruktur für hochschulpolitische Akzentsetzungen eröffnet hatte – insbesondere in den infrastrukturintensiven Fächern der Natur- und Ingenieurwissenschaften sowie in der Medizin. Denn: „Durch die mit starken Lenkungsmitteln verknüpften Investitionen kann der Bund mit geringem Einsatz viel Ländergeld binden."[29] Besonders augenfällig waren derartige Gelegenheiten natürlich in der Phase der Neugründungen von Universitäten.

In den ersten Jahren nach Etablierung der Gemeinschaftsaufgabe Hochschulbau gab es erhebliche Befürchtungen von Länderseite, der Bund könne nun ein starkes Gestaltungsbestreben ausleben. In der Tat gab es anfangs einige Versuche, etwa die Umsetzung der von der sozial-liberalen Regierung im Bund favorisierten Gesamthochschulidee über die Hochschulbauförderung zu forcieren. Auch gab es Planungen für ein „Bundeshochschulinstitut", das dem BMBW eine Informationsbasis sichern sollte, um eine bundesweite bedarfsgerechte Hochschulplanung betreiben zu können und „die Länderplanungen in eine von ihm erwünschte Richtung zu lenken."[30] Doch die wenigen frühen Beispiele für Divergenzen zwischen Bund und Ländern zeigten, dass Konflikte „meist durch Kompromisse, die den Ländern entgegenkamen, vermieden" wurden.[31]

Letztlich wurden die meisten Entscheidungen im Planungsausschuss einvernehmlich getroffen.[32] Denn erstens erhöhte die formale Machtposition des Bundes im Verhandlungssystem der Rahmenplanung den Druck auf die Länder, vorab eine gemeinsame Position zu finden, um hier eine *divide et impera*-Strategie des Bundes zu vermeiden. Zweitens bestimmten die Länder durch ihr „Anmeldungsmonopol"[33] beim Wissenschaftsrat, welche Vorhaben überhaupt zum Gegenstand der Hochschulbauförderung werden konnten. Drittens war die Durchführung des beschlosse-

---

nung des Landes noch gar nicht feststanden (siehe Protokoll der 83. Sitzung der Wissenschaftlichen Kommission vom 3./4. März 1972, zitiert nach Bartz 2007: 197).
28 Schmittner 1973: S. 238; Gramm 1993: 211.
29 Feuchte 1972: 218.
30 Lachmann 1975: 62.
31 Lachmann 1975: 57. Siehe die beiden bei Feuchte (1972: 214/215) geschilderten Fälle.
32 Schmittner 1973: 232.
33 Schmittner 1973: 232.

nen Rahmenplans wiederum allein Ländersache, und viertens gab der Modus der Mittelzuweisung nach dem Gießkannenprinzip, das die unterschiedliche Wirtschafts- und Finanzstärke der Länder nicht berücksichtigte, dem Bund wenig Möglichkeiten zur gezielten Steuerung bzw. zur „Abstrafung" oder „Belohnung" einzelner Länder.[34] Allerdings hatte es im Vorfeld der Planungsausschusssitzungen immer wieder Versuche von Kopplungsgeschäften gegeben. So versuchte die sozialdemokratisch geführte Bundesregierung in den 1970er Jahren bei den Anmeldungen Baden-Württembergs den Neubau von Einrichtungen, die gemäß HRG dann als Gesamthochschultypen hätten errichtet werden müssen, gegen den Ausbau bestehender Einrichtungen auszuspielen.[35] Auch der gezielte Einsatz von Finanzierungsvorbehalten bei längeren Bauphasen gehörte ins strategische Repertoire des Bundesministeriums. Dem BMFT unter der Führung des Unions-Ministers Jürgen Rüttgers wurde vorgeworfen, die Höhe des vom Bund für den Hochschulbau bereitgestellten Budgets von der Zustimmung der Länder zu seinen (von den SPD-geführten Ländern abgelehnten) BAföG-Plänen abhängig gemacht zu haben.[36] Der Bund hatte also durchaus die Möglichkeit, durch gezieltes *issue linkage* wenn nicht zu steuern, so doch zumindest Drohkulissen aufzubauen, um Fügsamkeit zu erzeugen.

2.3. Die Fallstricke der Hochschulrahmengesetzgebung

Neben den bisher geschilderten Strategien des „Sich-Einkaufens" gab es einen zweiten Strang von Bund-Länder-Abhängigkeiten, über den sich der Bund institutionalisierte hochschulpolitische Kompetenzen erwerben konnte. Sie schlugen sich 1969 in einer Grundgesetzänderung nieder, die dem Bund den Erlass von Rahmenvorschriften über die „allgemeinen Grundsätze des Hochschulwesens" (Art. 75 Abs. 1 Nr. 1a GG) zusprachen. Für diesen Domänengewinn des Bundes war zum einen – wie schon bei den Gemeinschaftsaufgaben – der kurzfristige Konsens der Großen Koalition über eine gesamtstaatliche „Systempolitik" maßgeblich. Zum anderen bildeten „die in der Mitte der 60er Jahre verstärkt einsetzenden hochschulpolitischen Auseinandersetzungen" den Nährboden für eine Bundeskompetenz in der Hochschulgesetzgebung[37], weil sie dazu beitrugen, dass man nicht länger den bis dahin genügenden „ungeschriebenen, gemeindeutschen Grundsätzen"[38] vertrauen konnte, wie sie in Form von korporativen Satzungen für eine bis dato relativ homogen geordnete deutsche Hochschullandschaft Humboldtscher Prägung sorgten. Nicht erst der Studentenprotest, auch die aufbrechenden Konflikte zwischen den politischen Parteien und den von ihnen regierten Ländern über Ausbau und Neugestaltung des Hochschulwesens brachten den Bund ins Spiel. Unter den Umständen einer erbitterten

---

34 Block 1982: 224; Gramm 1993: 211.
35 Schmittner 1973: 235 f.
36 MWFK Brandenburg Pressemitteilung 10/96.
37 Krüger 1996: 168.
38 Walter 1999: 1.

Auseinandersetzung um die Organisation des Hochschulwesens – Stichwort: Gesamthochschule – wurde die Einigungsfähigkeit der Länder im Rahmen der Kultusministerkonferenz (KMK) unübersehbar überfordert. Nur der Bund konnte nach damaliger Sicht eine rudimentäre Einheitlichkeit der grundlegenden Strukturen des Hochschulsystems durch eine gesamtstaatlich verbindliche Rahmenrechtsetzung noch garantieren.

Allerdings signalisierte die Wortwahl der Verfassung in diesem Zusammenhang, dass es sich um eine im Vergleich zu anderen Legislativrechten sehr vage und gegenüber den Gestaltungsrechten der Länder sekundäre Rahmenkompetenz des Bundes handelte. Sie war einerseits „auf den Erlaß von ‚Grundsätzen' begrenzt, die ihrerseits wieder durch den Zusatz ‚allgemeine' eingeschränkt sind"; der Bund durfte nicht „bis ins Detail gehende, unmittelbar vollzugsfähige Normen" erlassen, sondern musste den Ländern Ausfüllungsspielräume gewähren.[39] Andererseits konnte der Bund durch seine Rahmenkompetenz „die Grundstruktur des gesamten Hochschulbereichs festlegen" und musste sich „dabei nicht an dem historisch vorgefundenen System und seinen Typen orientieren, sondern kann völlig grundsätzlich reformieren und neue Typen einführen".[40]

Diese Paradoxie war immer wieder Gegenstand der Rechtsprechung des Bundesverfassungsgerichts (BVerfG), bis zuletzt in den Jahren 2004 und 2005, als vom BMBF konzipierte gesetzliche Regelungen über die Einführung von Juniorprofessuren bei gleichzeitiger Abschaffung der Habilitation und das Verbot von Studiengebühren nach Klage einzelner Länder zurückgewiesen wurden und das Erforderlichkeitsgebot für ein Rahmengesetz nach Art. 72 Abs. 2 GG vom Bundesverfassungsgericht quasi umgedreht wurde.[41] Zwar war der Bund mit der Rahmengesetzgebung befugt, den Hochschulen Vorgaben hinsichtlich ihrer Organisations-, Entscheidungs- und Personalstrukturen sowie hinsichtlich der Regelungen des Hochschulzugangs und der Studiengänge und Prüfungen zu machen und damit prinzipiell steuernd auf viele Komponenten des Strukturkontextes einzuwirken, in dem Lehre und Forschung stattfindet; doch die zu gewährleistenden Gestaltungsspielräume der Länder konnten diesen Steuerungszugriff vielfach brechen und manchmal geradezu neutralisieren.

Die Einführung der „Gruppenuniversität", die der Bund Mitte der 1970er Jahre den Ländern auferlegte, war eine der prägendsten Rahmenvorgaben. Aber schon diese Neuregelung der Entscheidungsstrukturen der hochschulischen Selbstverwal-

---

39 Krüger 1996: 169 f.
40 Lüthje 1973: 549.
41 Das Bundesverfassungsgericht kappte in seiner Urteilsbegründung vom 27.7.2004 (BVerfGE 2 BvF 2/02) den Lebensnerv der Rahmengesetzgebung des Bundes, die auf eine prospektive Gestaltung einheitlicher Lebensverhältnisse im Bundesstaat angelegt war, und leitete so dessen in der Föderalismusreform I besiegeltes Ende ein. Die Rahmengesetzgebung durfte laut höchstrichterlicher Rechtsprechung „nun nur noch zur Korrektur bereits eingetretener Folgeprobleme unterschiedlichen Landesrechts eingesetzt werden" (Scharpf 2009: 95), was einer intentionalen Umkehrung des ursprünglich mit der Rahmengesetzgebungskompetenz verbundenen politischen Gestaltungsinteresses gleichkam. Siehe hierzu auch Seckelmann 2009: 751.

tung wurde durch das bereits im Vorfeld mit Blick auf das Niedersächsische Vorschaltgesetz von Professoren angerufene Bundesverfassungsgericht so korrigiert, dass die Professorenmehrheit in allen unmittelbar Lehre und Forschung betreffenden Entscheidungsfragen gewahrt blieb. Gleichgültig, was man in der Sache für adäquat hielt: Die Tatsache, dass der Bund in einem seiner wichtigsten hochschulpolitischen Vorhaben verfassungsrechtlich zur Räson gebracht werden konnte, wirkte nach.

Der quasi-trägerschaftliche Steuerungsanspruch des Bundes, durch das HRG ebenso verbindliche wie vereinheitlichende Strukturen in den Hochschulen aller Länder einzuführen, wurde größtenteils durch die Landesgesetzgebung wieder abgemildert oder auf die lange Bank geschoben.[42] Die gemeinsame Rahmenplanung im Bildungsbereich war bereits kurz nach Aufbrechen der Großen Koalition „ein Opfer der neuen Polarisierung im Parteiensystem" geworden.[43] In der 3. HRG-Novelle von 1985 hatte die unionsgeführte Bundesregierung Länder und Professoren letztlich wieder in ihre alten Rechte gesetzt, die tradierten Hochschultypen wieder eingeführt und andere, teilweise ungeliebte Vorgaben aus der sozial-liberalen Ära – von der Präsidialstruktur über die Hochschulgesamtplanung bis zur Curriculum- und Studienreform – aus dem Rahmengesetz entfernt. Die deregulierende 3. Novelle des HRG stieß auf Widerstand bei den Ländern und auch bei der Westdeutschen Rektorenkonferenz (WRK). Während Letztere ihre ablehnende Haltung bald aufgab und zu „unengagierter Hinnahme" überging, hatten sich viele SPD-geführten Länder zunächst schlicht geweigert, ihre Landeshochschulgesetze dem neuen Rahmen anzupassen. So hatten insbesondere Nordrhein-Westfalen und Hamburg die Anpassung ihrer Landeshochschulgesetze an das geänderte HRG weit über die verbindliche Frist von zwei Jahren nach Verkündigung des neuen Bundesrechts hinausgezögert. Gerade Hamburg hatte unter Verletzung seiner verfassungsrechtlichen Pflicht zur Bundestreue erst 1990 im Vorfeld von Gremien- und Präsidentenwahlen an der Hamburger Universität durch ein Vorschaltgesetz auf die 3. Novelle des HRG reagiert.[44] Bis Mitte der 1990er Jahre, als das BMFT unter Minister Jürgen Rüttgers sich anschickte, das HRG erneut und tiefgreifend zu novellieren, herrschte dann erst einmal Ruhe, wenngleich sich bei den Ländern unabhängig von der politischen Couleur ihrer Regierungen immer mehr das Leitmotiv „jeder für sich allein – und alle ohne den Bund" ausbreitete.[45] Der zeitgeistige Impuls des kooperativen Föderalismus und der „Systempolitik" qua Rahmenplanung war lange verflogen, und die Länder setzten in den 1980er Jahren wieder stärker auf eine autonome Strukturpolitik, die explizit Bildung, Forschung und Technologieentwicklung mit einschloss. Ein neuer Zeitgeist des „wettbewerblichen Föderalismus" hielt Einzug[46], der nur kurzfristig von der unverhofften deutschen Wiedervereinigung überlagert wurde.

---

42 So der Gesamttenor der rechtswissenschaftlichen Gegenüberstellung von HRG und nachfolgend erlassenen Landeshochschulgesetzen in der zweiten Hälfte der 1970er Jahre bei Avenarius 1979.
43 Lehmbruch 1999: 55.
44 Schiedermair 1996: 50.
45 Finetti 1997.
46 Vgl. die Diskussion zusammenfassend Scharpf 2005: 8.

3. *Hochschulpolitik bis zur Föderalismusreform I: Bund und Länder zwischen Pfadabhängigkeiten, Blockaden und Aufbruch*

Aus heutiger Sicht blieb das bis Mitte der 1970er Jahre vom Bund Erreichte, die eigene Mitwirkung an der deutschen Hochschulpolitik betreffend, unbefriedigend. Mehr noch: Da die Länder – wie dargestellt – die Impulse zur Hochschulreform, die von der Rahmengesetzgebung des Bundes gesetzt worden waren, größtenteils neutralisieren oder zumindest stark verwässern konnten und das BMBW sich mit der Regierungsübernahme durch Helmut Kohl zunächst selbst wieder von einer gestaltenden Rolle in der Hochschulpolitik zurückgezogen hatte, staute sich der Reformdruck in vielen Hinsichten auf: Personal-, Organisations- und Entscheidungsstrukturen, Wettbewerb, Verhältnis Universitäten/Fachhochschulen, Studiengangsstrukturen, Qualität der Lehre, Förderung des wissenschaftlichen Nachwuchses und der exzellenten Forschung. Neben der attestierten Unfähigkeit der Hochschulen zur Selbstreform, die staatliches Eingreifen erfordere, wurden von vielen Beobachtern auch die Bundesländer als je für sich und erst recht in der KMK untätig bleibende staatliche Träger der Hochschulen scharf angegriffen. Jürgen Mittelstraß sprach von einem „Kartell des Aushaltens (des gegenwärtigen Zustandes) und des Heraushaltens (des zu seiner Veränderung wirklich Notwendigen)"[47], und Letzteres bezog sich implizit auch darauf, dass vom damaligen BMBW und BMFT ausgehende Reformimpulse ignoriert wurden. Gerade weil das HRG offensichtlich mit Blick auf die höchstrichterliche Auslegung und die Durchführungsblockaden mancher Länder keine wirklichen Gestaltungsresultate des Bundes zeitigte, stellte sich auf Bundesebene immer drängender die Frage, welche Möglichkeiten es noch gäbe, effektiv hochschulpolitisch tätig zu werden. Als in der zweiten Hälfte der 1990er Jahre in Sachen Studiengangsreformen der Bologna-Prozess in Fahrt kam und ein „europäischer Hochschulraum" avisiert wurde, erschien die „Kleinstaaterei" des deutschen Föderalismus erst recht als probleminadäquat, und der Ruf nach dem Bund wurde lauter.[48] Tatsächlich jedoch haben es die Länder heute geschafft, den Bund weitgehend auf diejenigen Gestaltungsmöglichkeiten zurückzuwerfen, die er sich bis Ende der 1960er Jahre angeeignet hatte. Bevor nun darauf eingegangen wird, wie der Bund versucht hat, die Föderalismusreform als ein wissenschaftspolitisches Tauschgeschäft mit den Ländern zu nutzen und dabei gescheitert ist, soll hier noch an zwei weiteren Episoden (Programmförderung und Aufbau Ost) verdeutlicht werden, dass sich der Bund auch mit finanziellen Mitteln nicht mehr entscheidend weiter in die Hochschulpolitik „einkaufen" konnte. Die Auseinandersetzungen um das HRG in den 1990er Jahren werden im Weiteren ebenso behandelt wie die prägendsten Ereignisse der letzten Dekade: neben der Föderalismusreform vor allem die Exzellenzinitiative.

---

47 Mittelstraß 1993: 64.
48 Während die Forschung auf europäischer Ebene erstarke – so der damalige DFG-Präsident Ludwig Winnacker (2005) mit Blick auf die lange Blockade der Exzellenzinitiative durch die Länder – herrsche in Deutschland „das Prinzip der Kirchturmspolitik".

3.1. Die Programmförderung der 1990er Jahre: Schleichender Einstieg in eine institutionelle Mitträgerschaft des Bundes?

Eine flächendeckende Mitträgerschaft an den Hochschulen, wie sie seit der Gemeinschaftsaufgabe Forschungsförderung bei den außeruniversitären Forschungseinrichtungen der MPG, der FhG, der heutigen Helmholtz-Gemeinschaft Deutscher Forschungszentren (HGF) und den Instituten der Wissenschaftsgemeinschaft Gottfried-Wilhelm-Leibniz (WGL – ehemals „Blaue Liste"-Institute) bestand, hat der Bund zu keinem Zeitpunkt konkret erwogen. Aber die Gemeinschaftsaufgabe Forschungsförderung war ein Präzedenzfall, der auf Länderseite manche Befürchtungen weckte und sich aus Ländersicht in der Hochschulpolitik keinesfalls wiederholen durfte. Konnte der Bund nicht dasselbe Spiel noch einmal erfolgreich spielen und nun auch die Hochschulen durch Programme zur Stärkung von Infrastruktur und Personaldecke einerseits sowie durch direkt an Hochschulwissenschaftler vergebene Finanzmittel qua Projektförderung andererseits in eine so starke Abhängigkeit treiben, dass sie und die Länder sich schließlich *nolens volens* auf eine dauerhafte institutionelle Finanzierung zumindest bestimmter Einheiten von Hochschulen – Lehrstühlen, Instituten, innerhochschulischen oder hochschulübergreifenden Forschungsverbünden – würden einlassen müssen?

Auf Länderebene wurden einige Bestrebungen der Bundespolitik seinerzeit so gedeutet. Hier waren mit Blick auf die Forschung zunächst die großen Förderprogramme des damaligen BMFT im Fokus aufmerksamer Beobachtung, deren Anteil an der Finanzierung der Forschung bestimmter Fächer an den Hochschulen stetig zunahm. Aber auch hinsichtlich der Lehre standen die Länder vor einem Dilemma, das sie letztlich nur mit Bundesmitteln lösen konnten: Der 1977 auch auf Druck der Bundesregierung unter Helmut Schmidt ergangene Öffnungsbeschluss der KMK hatte den „Studentenberg" keineswegs „untertunnelt", sondern weiter anschwellen lassen. Auch der 1989 insbesondere in den sozialdemokratisch geführten Bundesländern nur zähneknirschend eingeführte NC in den am stärksten belasteten Fächern, konnte den Landeshaushalten auf die Schnelle keine Luft verschaffen. Abhilfe versprachen zwei vom damaligen Bundesbildungsminister Jürgen Möllemann angeregte „Hochschulsonderprogramme" (HSP I und II), die in den Jahren 1989 und 1990 vom BMBW und den Ländern gemeinsam aufgelegt und 1991 noch um das Hochschulentwicklungsprogramm für die neuen Länder und Berlin (HEP) ergänzt wurden. Die Mittel von HSP I und II – über zehn Jahre verteilt ca. sieben Mrd. DM – dienten vor allem dazu, an den Hochschulen zusätzliches Personal einzustellen, die Sach- und Raumausstattung zu verbessern, den wissenschaftlichen Nachwuchs zu fördern und die Fachhochschulen zu stärken. Der Bundesanteil von 60 % an diesen Programmen bestand – wie in den 1950er und 1960er Jahren – aus befristeten Zuweisungen. Auch hier hatten die Kultusminister der Länder zunächst erhebliche Bedenken, die nur durch die schiere Haushaltsnot der Finanzminister überwunden wurden, die ihre Ressortkollegen zur „Vereinnahmung" zusätzlicher Bundesgelder für die Hochschulen drängten.

Wie existenziell wichtig diese und andere Bundesmittel inzwischen waren, so blieben es doch Zuweisungen, Projektmitteln vergleichbar, die keine Trägerschaft und die damit implizierten Rechte beinhalteten. Eine Betitelung als „Sonderprogramm" verwies nachdrücklich darauf, dass es sich gleichsam um ein Notopfer des Bundes handelte, das keine auf Dauer gestellte Mitfinanzierung begründen sollte – obwohl den Ländern natürlich von vornherein klar sein musste, dass der Bundeszuschuss, wie auch im Hochschulbau, Folgekosten schaffen würde, die entweder von den Ländern alleine zu tragen waren oder eine Kette weiterer „Sonderprogramme" notwendig machen würde. Für den Bund wiederum war es frustrierend, mit anzusehen, dass einige Länder ihre bisherige Grundfinanzierung der Hochschulen aus Landesmitteln nun um die Beträge kürzten, die sie durch den Bundeszuschuss zusätzlich erhielten, um damit ihre maroden Haushalte zu sanieren, ohne dass das Bundesministerium hier einschreiten konnte.[49] Auch die mit dem HSP II vom Bund angestrebten Nachwuchsförderungsmaßnahmen wurden letztlich in den besonders finanzschwachen Ländern kaum umgesetzt. Allerdings gab es auch umgekehrte Beispiele: Insbesondere das 1996 von Bund und Ländern beschlossene HSP III – das neben der Fortführung der bisherigen Maßnahmen vor allem die Einführung von Multimedia und die Internationalisierung der Hochschulen fördern sollte – wurde von einigen Ländern aus eigenen Mitteln aufgestockt.[50] Aber auch hier drängte sich wieder die Frage auf: was passiert mit den neuen international ausgerichteten Studiengängen, EU-Büros, Multimedia-Räumen und dem dort eingestellten Personal nach fünf Jahren, wenn das Sonderprogramm ausläuft? Anstelle einer Institutionalisierung des Bundeszuschusses war man zu einer Kettenprogramm-„Lösung" gekommen, freilich mit von Programm zu Programm abnehmendem Finanzvolumen. So wurde am 16.12.1999 in der BLK als Nachfolger für HSP III das Hochschul- und Wissenschaftsprogramm (HWP) mit einem Volumen von zunächst 497 Mio. Euro beschlossen. Eine wirklich hinreichende Weiterausstattung der durch die HSP-Mittel geschaffenen Studiengänge und Infrastrukturen war mit den HWP-Mitteln freilich nicht möglich[51], obwohl bis zu seinem Auslaufen im Jahr 2006 insgesamt ca. 1 Mrd. Euro über dieses Programm investiert wurden. Das HWP wurde 2007 wiederum vom „Hochschulpakt 2020" zwischen Bund und Ländern abgelöst, der in seiner zweiten Phase eine Laufzeit bis 2015 aufweist.[52]

Das Interaktionsmuster des impliziten „Sich-Einkaufens" in die Rolle eines institutionellen (Mit-)Trägers der Hochschulen wurde durch die deutsche Wiedervereinigung zunächst einmal obsolet.[53] Der Bund musste nun in hohem Umfang Finanzmit-

---

49 Schiedermair 1996: 74.
50 HSP III hatte einschließlich eines eigenständigen Hochschulbibliotheksprogramms ein Gesamtvolumen von knapp 3,9 Mrd. DM mit einem Bundesanteil von 57,67 %. Siehe BLK 2001: 3.
51 Haerdle 2001: 17.
52 Siehe hierzu detaillierter Abschnitt 3.
53 Dass vom Bund in der Rahmenplanung zum Hochschulbau bereitgestellte Finanzvolumen blieb freilich im Kontext diverser Haushaltsengpässe schon seit 1980 unter dem erforderli-

tel für den Aufbau Ost aufbringen und das Tandem aus BMFT und BMBW speziell für die ostdeutschen Hochschulen und Forschungseinrichtungen. Damit entfiel die Geschäftsgrundlage für die Domänenausweitung in die Rolle eines zumindest finanziellen Trägers einzelner Organisationseinheiten im Hochschulsystem. Das koinzidenzielle historische Ereignis der deutschen Wiedervereinigung vereitelte also ein sich zumindest andeutendes und in der Sache ganz auf der bereits erprobten Linie im Bereich der außeruniversitären Forschung liegendes Weiterführen der bis dahin praktizierten Domänenexpansion des Bundes.

3.2. Die Transformation des DDR-Hochschulsystems: Institutionentransfer und Ressourcenverknappung statt Reformaufbruch

Allerdings bot die Wiedervereinigung dem Bund auch eine neue Chance, die schon mit der Hochschulrahmengesetzgebung eingenommene Rolle des Promotors für Hochschulreformen einzunehmen und sich so nachhaltig hochschulpolitisch zu betätigen. Die Inszenierung einer grundlegenden Hochschulreform in Ostdeutschland, die Modellcharakter für Westdeutschland hätte haben können, wäre zumindest theoretisch denkbar gewesen.[54] Schließlich gab es dort zunächst noch keine Länder und unmittelbar nach der Wende auch keine selbstbewusste Professorenschaft, die BMBW und BMFT hätten ausbremsen können.

Was sich in der Theorie gut anhört, war dann aber praktisch nicht realisierbar. Der Zeitdruck, ein funktionsfähiges Hochschulsystem aufzubauen – d. h. vor allem: die guten Hochschullehrer vor Ort zu halten und den Exodus der ostdeutschen Studenten einzudämmen – war zu hoch, als dass man kurzfristig grundlegend neue und unerprobte Strukturen hätte schaffen können. Insofern waren BMBW und BMFT nach anfänglich beinahe völliger Zurückhaltung zwar als Rat- und Geldgeber in den Neuaufbau der ostdeutschen Hochschullandschaft involviert, aber wiederum ohne dadurch formell oder faktisch eigene hochschulpolitische Kompetenzen ausbauen zu können und zu wollen.[55] Einen grundlegenden Plan für eine Neustrukturierung des Hochschulsystems gab es auf Bundesebene weder für die Alt-BRD noch für das damalige „Beitrittsgebiet".[56] Gleiches lässt sich von den Ländern sagen, die über die KMK auch keine gestaltende Rolle in der Vereinigung der beiden deutschen Hochschulsysteme spielen konnten. Ein Novum war somit lediglich die „informelle Einmütigkeit" zwischen Bund, Ländern und westdeutschen Wissenschaftsorganisatio-

---

chen Niveau und führte zu wachsendem Unmut bei den Ländern und in der Wissenschaftlichen Kommission des Wissenschaftsrates. Siehe Bartz 2007: 198 f.
54 Siehe auch das Interview von Thomas Horstmann mit Dieter Simon in diesem Band.
55 Mayntz 1994a: 69, 75.
56 Dies war keine bildungs- und forschungspolitische Besonderheit, sondern galt für alle Politikfelder in der heißen Phase der Wiedervereinigung zwischen 1990 und 1992. Siehe hierzu Mayntz 1994a: 17 sowie Robischon et al. 1995.

nen mit Blick auf die vollständige Einpassung des Wissenschaftssystems der DDR in das westdeutsche Modell.[57]

Ab 1991 wurden in Ostdeutschland die fünf neuen Landesministerien die Herren des Verfahrens, denn die Transformation des Hochschulsystems reduzierte sich zunehmend auf eine Transformation der Personalstruktur: Zum einen galt es, politisch belastetes Personal zu entfernen, zum anderen musste angesichts knapper Ressourcen in den ostdeutschen Landeshaushalten die Dozenten-Studenten-Relation überall an die (unzureichenden) westdeutschen Standards angeglichen werden. „Anpassung durch Abbau"[58] wurde schnell zum beherrschenden Leitmotiv der Transformation. Damit erreichte der 1977er Öffnungsbeschluss der westdeutschen Ministerpräsidenten Anfang der 1990er Jahre auch das Gebiet der ehemaligen DDR. Insbesondere das BMBW war in dieser Anfangsphase der Transformation hauptsächlich mit Hilfsmaßnahmen (insbesondere Bibliotheksmittel) für die Angleichung der Infrastruktur der DDR-Hochschulen auf Westniveau beschäftigt und kooperierte diesbezüglich eng mit der KMK.[59]

Zwar war das BMBW auch an der Vorbereitung des teilweise die Hochschulen betreffenden Art. 37 des Einigungsvertrags beteiligt, aber in den entsprechenden Absätzen ging es ausschließlich um die Anerkennung von Studienleistungen und Abschlüssen. „Hinweise für einen Umbau des Hochschulwesens der DDR ergeben sich daraus nicht."[60] Durch ihre Hochschulerneuerungsgesetze konnten die neuen Länder wichtige, traditionell in der akademischen Selbstverwaltung gefällte Entscheidungen – vor allem Berufungsentscheidungen – eine Zeit lang an sich ziehen.[61] Die Bundesmittel aus dem HEP gaben ihnen zusätzliche Möglichkeiten, durch die Schaffung neuer Studiengänge, Berufungen und andere Stellenbesetzungen ihre neu errungene Kulturhoheit zu festigen und damit letztlich auch das Bund-Länder-Verhältnis der Alt-BRD in hochschulpolitischen Fragen zu replizieren.

Neben der Mitfinanzierung von „Gründungsprofessuren" im Rahmen des HEP[62] engagierte sich der Bund im erstmaligen und vom Wissenschaftsrat implementierten Einsatz der Leistungsevaluierung in Deutschlands Forschungslandschaft: der Evaluierung der ehemaligen Akademieinstitute der DDR. Aber auch hier triumphierten in vielen Fällen die leeren Kassen der Finanzminister über die Qualitätsurteile der Evaluierungskommissionen. Es kam durchaus vor, dass ostdeutsches Forschungspersonal, das sowohl die politische Überprüfung als auch die Leistungsevaluation überstanden hatte, dennoch „abgewickelt" wurde, weil die ehemaligen Akademie-Institute ebenso wie die Hochschulen – gemessen an westdeutschen Standards –

---

57 Bartz 2007: 161.
58 Mayntz 1994b: 288.
59 Kreyenberg 1994: 195 f.
60 Mayntz 1994b: 290.
61 Mayntz 1994b: 295.
62 Allein an der Universität Potsdam wurden durch das HEP 16 Professuren und 17 Mitarbeiterstellen finanziert. Noch dramatischer als in den alten Ländern zeigte sich nach Ablauf dieses Sonderprogramms die prinzipielle Schwierigkeit der neuen Länder, die neu geschaffenen Stellen allein aus eigenen Landesmitteln weiter zu finanzieren.

schlicht überbesetzt waren und weder die Hochschulen noch die neu gegründeten Blaue-Liste-Institute die freigesetzten Wissenschaftler im Ganzen aufnehmen konnten.[63]

Im gesamtdeutschen Kontext entfaltete die Wiedervereinigung mit Blick auf die Hochschulpolitik ab 1991 eine Dynamik, die eine ganz neue Erfahrung für die Länder darstellte. Statt wie gewohnt zu versuchen, über die goldenen Zügel der Programmförderung Einfluss zu gewinnen, zog sich der Bund sukzessive aus der Hochschulförderung zurück. Die Länder forderten den Bund nun immer drängender auf, seinen eingegangenen finanziellen Verpflichtungen in angemessener Höhe nachzukommen – sowohl im Hochschulbau als auch in der Projekt- und Programmförderung. In einem 1993 erstellten „Eckwertepapier" für eine Arbeitsgruppe der BLK wurden die Kosten eines Katalogs dringend erforderlicher hochschulpolitischer Maßnahmen „in der Größenordnung von 3-4 Mrd. DM jährlich" veranschlagt und gleichzeitig eine Bundesbeteiligung als abwegig beschieden: „Angesichts der vom Bund übernommenen Lasten zur Finanzierung der deutschen Einheit und der daraus resultierenden erheblichen Einschränkung seiner finanziellen Leistungsfähigkeit können vom Bund zusätzliche Ressourcen für gemeinsam finanzierte Programme in den Bereichen Bildung und Forschung nicht in Aussicht gestellt werden."[64]

3.3. Erneuter Schlagabtausch rund um das HRG

Gegen Mitte der 1990er Jahre war allen politisch Verantwortlichen in Bund und Ländern klar geworden, dass die Hochschulsonderprogramme allein die vielbeschworene Krise der Universität nicht mildern würden, sondern das Feuer nur dort löschen konnten, wo es gerade am heftigsten brannte. Getreu der bereits zitierten Devise „jeder für sich allein – und alle ohne den Bund" hatten die Länder inzwischen selbst wieder angefangen, an neuen Landeshochschulgesetzen zu arbeiten und ihren Hochschulen zukunftsfähige Strukturen nach eigener Façon zu geben. Das rief rasch auch wieder den Bund auf den Plan, der neuen Mut zu jener Form von Hochschulpolitik fasste, die ihm nicht kraft seiner Haushaltslage, sondern qua Rahmengesetzgebungskompetenz zu Gebote stand. Im Spätherbst 1994 wurde unter der Führung des „Zukunftsministers" Jürgen Rüttgers das BMBW in das BMFT integriert. Die Idee dahinter war, dass die für Deutschlands Zukunft so wichtigen Ressourcen der Bildung und Forschung einer kohärenten Abstimmung bedurften, die am besten unter einem Dach zu erfolgen hätte. Der neue Ehrgeiz schlug sich auch in dem Wil-

---

63 Allein für die Forschung in der DDR ergab sich nach einer Analyse des Erlanger Instituts für Gesellschaft und Wissenschaft, gemessen an der Gesamtbevölkerungszahl, eine Überkapazität von 20.000 Wissenschaftlern im Vergleich zur BRD (Mayntz 1994a: 65/66). Rückblickend beklagte das ehemalige Wissenschaftsratsmitglied Jürgen Mittelstraß das Unrecht, das vielen Akademiewissenschaftlern und DDR-Hochschullehrern widerfuhr, die „obgleich von bewiesener Leistungsfähigkeit, freigestellt, unzureichend weiterfinanziert und schließlich doch fallengelassen" bzw. „abgewickelt" wurden (zitiert in HoF Wittenberg 2003: 7).
64 BLK 1993: 28.

len zu einer neuen Hochschulrahmengesetzgebung nieder, deren Vorbereitung vom BMFT 1995 eingeleitet wurde und die zu einem guten Teil die von einzelnen Ländern bereits eingeleitete Entwicklung wieder einholen sollte. Die ursprüngliche Intention war dabei, die Länder mit ins Boot der Gesetzesvorbereitung zu holen, um einer problematischen oder zeitlich verzögerten Umsetzung der HRG-Vorgaben vorzubeugen. Zu diesem Zweck wurde unter Federführung des Bundesministers und des damaligen rheinland-pfälzischen Wissenschaftsministers Jürgen Zöllner eine Bund-Länder-Verhandlungskommission gebildet, die auch tatsächlich am 18.8.1997 mit einer vermeintlich einvernehmlichen Lösung vor die Presse trat. Bund und Länder hatten bis dato Konsens in folgenden Punkten hergestellt, die später auch so in das 1998er HRGÄndG eingegangen sind. Die HRG-Novelle sollte u. a.:

- durch Streichung der bisherigen Organisationsparagraphen die Hochschulautonomie stärken;
- den Einstieg in eine leistungsorientierte Mittelvergabe vom Staat an die Hochschulen und innerhalb der Hochschulen ermöglichen;
- die Evaluation von Forschung und Lehre einführen;
- mit Blick auf die Europäisierung die erst 1985 abgeschafften Kurzzeitstudiengänge (Bachelor) und darauf aufbauende, wissenschaftlich vertiefende Studiengänge (Master) als mögliche Studienabschlüsse in das HRG aufnehmen und
- den Hochschulen eine Auswahlquote von 25 % der Studienbewerber in zulassungsbeschränkten Studiengängen zubilligen.

Neben diesen Konsenspunkten blieb jedoch die zentrale Forderung der sozialdemokratisch geführten Länder nach einem generellen Verbot von Studiengebühren aus dem Kompromiss ausgeklammert. Weitere Forderungen, die aber im Gegensatz zur Frage der Studiengebühren verhandelbar waren, bestanden in der Verankerung der Verfassten Studentenschaften (VS) im HRG sowie einer Veränderung der Personalstruktur der Hochschulen durch die Einführung einer Junior-Professur und eine leistungsabhängige Besoldung der Professoren. Es kam schließlich zum Zerwürfnis in der Kommission. Nachdem die sozialdemokratisch geführten Länder ein vom BMFT vorgeschlagenes Gebühren-Moratorium durch eine Bund-Länder-Vereinbarung bis 2003 abgelehnt hatten und das Vermittlungsverfahren gescheitert war, erklärte der Bundesminister die HRG-Novelle kurzerhand zum nichtzustimmungspflichtigen Gesetz und setzte das formale Gesetzgebungsverfahren im Bundestag in Gang. Dieser Schachzug führte nun allerdings auch bei seinen Parteifreunden in den konservativen Landesregierungen zu Verärgerung – getreu der Devise: Wehret den Anfängen! Wieder war der Versuch einer gesamtstaatlichen Regelung der Hochschulreform in das Fahrwasser eines handfesten verfassungspolitischen Konflikts geraten.

Der politische „Hau-Ruck-Stil"[65], den mancher Beobachter dem Bundesminister Rüttgers im Umgang mit den Ländern attestierte, sollte dann auch die Handlungsweisen seiner sozialdemokratischen Amtsnachfolgerin Edelgard Bulmahn prägen.

---

65 Griff 1998: 11.

Im Zuge des Regierungswechsels wurde das BMFT in Bundesministerium für Bildung und Forschung (BMBF) umbenannt. Wie der Name bereits verrät, blieben beide Sachgebiete unter einem Dach – wobei die Namensgebung den Bildungsbereich deutlich aufwertete. Das neue Ministerium versuchte sich nun, wie nicht anders zu erwarten war, an einer erneuten HRG-Novelle, die das gerade in Kraft getretene HRGÄndG durch die strittigen Punkte Studiengebührenverbot und die Einführung eines neuen Qualifikationsweges zur Professur – der Juniorprofessur – sowie den weniger kontroversen Punkt der leistungsorientierten Professorenbesoldung ergänzen sollte. Zugleich erging eine Mahnung an die Länder, den durch die Öffnung der Organisationsparagraphen im 1998er HRG eröffneten Spielraum nun nicht wieder ihrerseits zu regulieren, sondern den Hochschulen Autonomie zur weitgehenden Selbststeuerung zu gewähren.

Neben seinen Vorhaben in der Rahmengesetzgebung betonte das BMBF ab 1998 die „Notwendigkeit, deutsche Wissenschaftspolitik auch international wirksam zu vertreten", was nach Meinung der Bundesministerin die gesamtstaatliche Verantwortung für die Forschung und Lehre an den Hochschulen ausdrücklich mit einschloss, „damit deutsche Hochschulen [...] internationales Renommé erreichen, das mit Spitzenuniversitäten wie ETH Zürich oder Oxford vergleichbar ist."[66] Hochschulpolitik wurde nun – in Anspielung auf die Politik der Hochschulsonderprogramme unter der Regierung Kohl – auch nicht als bundespolitische „Sonderaufgabe, sondern [als] eine Daueraufgabe" definiert.[67] Getreu dieser Maxime stellte das BMBF den Ländern zunächst eine großzügige Finanzierung der Maßnahmen zur Verwirklichung der avisierten neuerlichen Reform des HRG in Aussicht: so wurde die prospektive Ausschreibung von Junior-Professuren den diesbezüglich willigen Ländern dadurch schmackhaft gemacht, dass das BMBF in einem eigens geschaffenen „Juniorprofessuren-Programm" pro Stelle pauschal eine Sachmittelausstattung von 60.000,- Euro bereitstellte. Diese goldenen Zügel richteten jedoch in der Sache wenig aus, weil einige unionsgeführte Länder insbesondere in dem Ansinnen des BMBF, auf die Auswahl des Hochschullehrernachwuchses der Länder durch Bundesgesetz Einfluss zu nehmen und noch dazu die Habilitation „auf kaltem Wege abzuschaffen"[68], eine Verletzung ihrer Eigenstaatlichkeit sahen. Es kam nun die gleiche Dynamik in Gang wie schon bei der HRG-Novelle von Rüttgers, nur dass diesmal mit dem Bundesverfassungsgericht ein zusätzlicher Spieler in die Arena gerufen wurde. Die unionsgeführten Länder Bayern, Thüringen und Sachsen erhoben Verfassungsklage, und noch während des laufenden Verfahrens brachte das BMBF die nächste HRG-Novelle – mit dem ebenfalls umstrittenen Studiengebührenverbot – in Umlauf, was vorhersehbar eine weitere Klage provozierte.

---

66 Bulmahn 2005; BMBF 2004.
67 BMBF 1999: 14.
68 Thieme 2004: 476.

Im Endeffekt war dieser Konfrontationskurs mit den Ländern ein Desaster für den Bund. In beiden Fällen unterlag der Bund vor dem Bundesverfassungsgericht[69], und diese Niederlagen schwächten zunächst sowohl die Stellung des BMBF bei den Bund-Länder-Verhandlungen zur Exzellenzinitiative als auch die Verhandlungsposition des Bundes insgesamt in der Föderalismuskommission.

3.4. Anläufe zu Föderalismusreform und Exzellenzinitiative: Blockaden und schwierige Kompromisse

Internationalisierung und Europäisierung bildeten die Fixsterne, vor denen der Bund seine Mitzuständigkeit für die Hochschulpolitik von 1998 bis 2005 erneut forcierte, und zu diesem Zweck trieb er u.a. auch den 1999 eingeleiteten Bologna-Prozess zur Schaffung eines europäischen Hochschulraums mit vergleichbaren Studienabschlüssen (Bachelor/Master, Diploma-Supplement) und Studiengangsstrukturen (Modularisierung/ECTS-Leistungspunktesystem) auf europäischer Ebene entschlossen voran. Der Bologna-Prozess war zwar nicht von der Sache her umstritten, aber – wie eine Verfassungsklage Hessens zeigte – im Hinblick auf die Kompetenz des BMBF, durch die HRK als Mittlerorganisation mit Bundesmitteln an ausgewählten Hochschulen Beratungsstellen einzurichten und damit eine indirekte „Strukturhilfepolitik" zu betreiben, ein erneuter Zankapfel zwischen Bund und Ländern.

Ebenfalls unter dem Leitmotiv der Internationalisierung hatte das BMBF im Januar 2004 unter dem Aufruf „Brain Up! Deutschland sucht seine Spitzenuniversitäten" einen Eliteuniversitäten-Wettbewerb gestartet, der rasch in das Fahrwasser bzw. – wie einige teilnehmende Beobachter meinten – in die „Geiselhaft"[70] der Verhandlungen der Föderalismuskommission geriet. Die ursprüngliche Intention des BMBF sowohl in der Eliteuniversitäten-Initiative als auch in der Föderalismuskommission zielte darauf, einen unmittelbaren Gestaltungszugriff des Bundes auf die Spitzenleistungen in Forschung und Lehre zu bekommen, und als Gesamtstaat im internationalen Wettbewerb sichtbarer zu werden.[71] Zu diesem Zweck wollte das BMBF zum einen im „Brain Up"-Wettbewerb bis zu fünf Hochschulen ermitteln, die sich durch direkte Fördergelder des Bundes von bis zu 50 Mio. Euro jährlich zwischen 2006

---

69 Die Habilitation blieb ein äquivalenter Qualifikationsweg zur Professur, und die Länder durften selbst entscheiden, ob sie Studiengebühren einführen oder nicht. Generell hatte das Bundesverfassungsgericht die Kompetenzen des Bundes in der Rahmengesetzgebung in seiner Rechtsprechung jetzt sehr eng definiert, was dem Bund die spätere Preisgabe der Hochschulrahmengesetzgebung im Rahmen der Föderalismusreform I sicherlich erträglicher machte. Sie war nun ohnehin ein zahnloser Tiger geworden.

70 Winnacker 2005: 2.

71 Der parteipolitische Ursprung der Exzellenzinitiative lässt sich bis zu den „Weimarer Leitlinien Innovation" der SPD vom 6.1.2004 zurückverfolgen. Die Wissenschaftsminister der Länder wurden von der Ausrufung des Wettbewerbs durch die Bundesministerin gleichwohl überrumpelt: das Vorhaben war mit ihnen nicht – wie sonst üblich – im Vorfeld abgesprochen worden. Vgl. Bartz 2007: 240 f. sowie Pasternack 2008.

und 2010 zu international anerkannten Eliteuniversitäten – den sogen. „Leuchttürmen" der deutschen Wissenschaft – entwickeln sollten. Gleichzeitig vertrat das BMBF in der Föderalismuskommission den Standpunkt, bei der Entflechtung der Mischfinanzierung der Gemeinschaftsaufgaben nach Art 91a und 91b GG den tonangebenden Ländern in ihrem Ansinnen, den Hochschulbau künftig alleine tragen zu wollen, entgegenzukommen. Investitionsvorhaben von überregionaler Bedeutung, wie etwa umfangreiche Forschungsbauten und -infrastrukturen, sollten gleichwohl nach wie vor im Wissenschaftsrat beraten und gemeinsam finanziert werden. Für die Überleitung aller anderen Posten des Hochschulbaus hatten die Verhandlungsführer der Kommission – SPD-Fraktionsführer Franz Müntefering für den Bund und der bayerische Ministerpräsident Edmund Stoiber (CSU) für die Länder – schon ein Szenario bis 2019 ausgehandelt.[72] Als Kompensation für seinen angebotenen Rückzug aus dem Hochschulbau forderte der Bund die vollständige „Finanzierung und institutionelle Verantwortung der überregionalen Forschungsorganisationen Helmholtz-Gemein-schaft, Fraunhofer Gesellschaft, Max-Planck-Gesellschaft und Deutsche Forschungsgemeinschaft."[73] Verbunden mit dem finanziellen Zugriff auf die fünf besten deutschen Hochschulen hätte der Bund damit die Crème der deutschen Forschungslandschaft in seine Domäne überführt. Den Ländern musste diese Vorstellung naturgemäß missfallen. Dies erst recht, nachdem mit den Namen HU-Berlin, RWTH Aachen und LMU München bereits drei Favoriten des BMBF vorab ausgerufen worden waren[74] und die absolute Mehrheit der Ministerpräsidenten sicher sein konnte, bei diesem Wettbewerb unter gar keinen Umständen in den Genuss des Bundesgeldes zu kommen. Auf der anderen Seite gab es auch im Bundestag – hier vor allem bei Abgeordneten aus den neuen Ländern – und auf Seiten der Trägerorganisationen und Interessenverbände der deutschen Wissenschaft erbitterten Widerstand gegen das ins Auge gefasste Hochschulbau-Tauschgeschäft.[75] Insbesondere die HRK prognostizierte düster: „Gäbe der Bund seine Zuständigkeit für den Hochschulbau auf, wäre dessen Ende absehbar".[76]

Am 17.12.2004 standen sich im Föderalismusstreit zwei Positionen unversöhnlich gegenüber:

- Der Bund hatte seinen Anspruch auf Vollfinanzierung und alleinige finanzielle Verantwortung in der außeruniversitären Forschung auf HGF und FhG reduziert, die ohnehin schon zu 90 % von ihm finanziert wurden. Mit Blick auf seine Verantwortung für den Hochschulbereich hielt der Bund an seinem Recht zur Rahmengesetzgebung zumindest im Bereich des Hochschulzugangs und der Studienabschlüsse fest; den Anspruch, auch die Qualitätssicherung gesamtstaatlich regulieren zu wollen, hatte er allerdings zwischenzeitlich aufgegeben.

---

72 Siehe Baum 2005.
73 Bulmahn 2004: 10.
74 Bulmahn 2004: 7.
75 Graw/Peter 2004.
76 HRK 2004.

- Die Länder hätten sich wohl mit ihrem Ausstieg aus HGF und FhG abgefunden, reklamierten aber die alleinige Zuständigkeit für die Bildung „vom Kindergarten bis zur Hochschule" für sich; diese Zuständigkeit wurde unmittelbar mit der „Staatsqualität" der Länder verknüpft.[77]

An dieser Frontstellung scheiterte eine Kommission, die sich nichts weniger zum Ziel gesetzt hatte, als den träge gewordenen kooperativen Föderalismus „zwar nicht zum Wettbewerbsföderalismus, wohl aber zum ‚Gestaltungsföderalismus'" umzubauen, „der die autonomen Handlungsmöglichkeiten der Bundespolitik und der Landespolitik zugleich" hätte stärken können.[78]

Im Fahrwasser des Föderalismusstreits drohte dann zunächst auch die Eliteuniversitäten-Initiative des BMBF Schiffbruch zu erleiden: Unter Führung des hessischen Ministerpräsidenten Roland Koch formierte sich eine breite Abwehrfront gegen das Anliegen der Bundesministerin, ausgewählte Universitäten direkt zu fördern und damit in das Gestaltungsprivileg der Länder einzugreifen. Aber auch die Hochschulen selbst standen der Elite-Idee ablehnend bis skeptisch gegenüber. Die HRK befürchtete bei zeitgleich ohnehin sinkenden Ausgaben des Bundes für Hochschulbau und Projektförderung eine reine Umverteilungspolitik von der Finanzierung in der „Breite" zur Finanzierung einiger weniger „Spitzeneinrichtungen".[79] Auch die pauschale Vergabe des Elite-Siegels an komplette Hochschulen wurde als inadäquat betrachtet: „In diesem Wettbewerb müssen die wissenschaftlichen Leistungen von Fächern und individuellen Wissenschaftlern ausschlaggebend sein, nicht jedoch Qualitätsurteile über ganze Hochschulen."[80] Diese Position sollte sich auch in der Verhandlungskommission von Bund und Ländern im Rahmen der BLK durchsetzen, die das Eliteuniversitäten-Angebot des Bundes thematisch zur „Exzellenzinitiative" transformierte. Der erste Kommissionsentwurf umfasste dabei drei Förderlinien. Gegenstand der Förderung sollten sein:

- Universitäten, die aufgrund der Spitzenleistung ihrer profilbildenden Fachbereiche das Kriterium der Exzellenz erfüllen;
- die regionale Verknüpfung universitärer und außeruniversitärer Forschung (einschließlich der FH- und Industrieforschung) zu Exzellenzclustern;
- eine verbesserte Nachwuchsförderung, durch die Einrichtung von Graduiertenschulen.[81]

Während die Exzellenzcluster und Graduiertenschulen bis zur letztendlichen und für viele Beobachter geradezu überraschenden Einigung der Ministerpräsidenten mit dem Bundeskanzler am 23.6.2005 je für sich wenig Konfliktpotential bargen, war die Verbindung zwischen den drei Förderlinien, die Frage der quantitativen Streuung der Förderung insgesamt und die Ausgestaltung der Förderung der auszuwäh-

---

77 Baum 2005; Stenographischer Bericht, 11. Sitzung, 17.12.2004, 281 D, zitiert nach Scharpf 2009, 103.
78 Scharpf 2005: 9; Scharpf 2009: 72.
79 HRK 2004.
80 HRK 2004.
81 BLK Pressemitteilung 07/2004.

lenden Spitzenuniversitäten lange strittig. Dass es nach dem Scheitern der Föderalismuskommission auf diesem Feld doch eine Einigung gegeben hatte, lag an mehreren Faktoren: Zum einen wurden die Einigungsappelle der zur „Allianz für die Wissenschaft" zusammengeschlossenen Forschungsträger und Wissenschaftsorganisationen immer verzweifelter, denn mit der Einigung bei der Exzellenzinitiative war auch der „Pakt für Forschung und Innovation" verknüpft, mit dem das BMBF den außeruniversitären Forschungseinrichtungen eine Steigerung ihrer Haushalte um jährlich 3 % bis zum Jahr 2010 anbot.[82] Zum anderen brauchte die Regierung Schröder nach den Schlappen in den verfassungsrechtlichen Auseinandersetzungen rund um das HRG wieder ein Erfolgserlebnis, um den Innovationspakt im Rahmen der Agenda 2010 nicht untergehen zu lassen. Und schließlich wollten auch die besonders um ihre Eigenstaatlichkeit fürchtenden Länder das bereits im BMBF-Haushalt vorgesehene Geld noch abrufen, bevor es in die Dispositionsmasse des Bundesfinanzministers zurückfiele.

Im Endeffekt zeigte sich wieder die typische Interaktionsdynamik: Der Bund wollte sich institutionellen Einfluss auf die besten deutschen Hochschulen „kaufen", die Länder mochten auf das bereitgestellte Geld nicht verzichten – aber ohne für dessen Abruf einen quasi-trägerschaftlichen Einfluss des Bundes in Kauf nehmen zu müssen. Im Ergebnis wurde, anders als es das BMBF ursprünglich intendierte, nicht eine Handvoll „Elitehochschulen" direkt gefördert, sondern zahlreiche zunächst auf fünf Jahre befristete Projekte[83] an tendenziell vielen Universitäten[84]: 39 Graduiertenschulen, 37 „Exzellenzcluster" und 9 „Zukunftskonzepte", wobei letztere voraussetzten, dass die jeweils betreffende Universität neben ihrer Exzellenzstrategie in der Ausschreibung mindestens auch mit einem erfolgreichen Cluster und einer Graduiertenschule punkten konnte. Erst diese „Paketlösung" der drei Förderlinien, die sich auch dem maßgeblichen Einfluss der intermediären Wissenschaftsorganisationen (DFG, HRK, Wissenschaftsrat) verdankte, „hat das Exzellenzprogramm unter maßgeblicher Beteiligung des Bundes im föderalen System der Bundesrepublik akzeptabel gemacht".[85] Von den insgesamt 1,9 Mrd. Euro, die für die Exzellenzinitiative bereitgestellt wurden, trug der Bund 75 % der Kosten, die jeweiligen Sitzländer die

---

82 Das bedeutet für die Forschungsorganisationen HGF, MPG, FhG, WGL sowie die DFG insgesamt 150 Mio. Euro zusätzlich pro Jahr. Verbunden mit dieser Förderung war freilich die Einhaltung von Zielvereinbarungen: Bund und Länder verlangten von den Forschungsorganisationen eine Verbesserung der Karrierechancen ihrer Nachwuchswissenschaftler (insbesondere der weiblichen), die Förderung innovativer und unkonventioneller Forschungsansätze (*foresight*), eine stärkere Vernetzung mit Hochschulen und Industrie (*cluster*) sowie verstärkte Positionierung im Wettbewerb (*benchmarking*) (BMBF 2005b).

83 Die BLK-Pressemitteilung 19/2005 v. 16.6.05 betonte noch einmal unmittelbar vor der entscheidenden Ministerpräsidentenkonferenz mit dem Bundeskanzler, dass die modifizierte Tischvorlage „klarstellt, dass alle drei Förderlinien projektbezogen ausgerichtet sein sollen".

84 Die hohe Streuung der Fördermittel insbesondere bei den Graduiertenschulen und Exzellenzclustern sollte im Ergebnis verhindern helfen, dass mehrere Bundesländer bei der Exzellenzinitiative möglicherweise völlig leer ausgehen.

85 Interdisziplinäre Arbeitsgruppe Exzellenzinitiative der Berlin-Brandenburgischen Akademie der Wissenschaften 2010: 38.

restlichen 25 %. Mit der Exzellenzinitiative wurde darüber hinaus die Finanzierung von *Overhead*-Kosten für Forschungsprojekte in die deutsche Forschungsförderung eingeführt. Das heißt, alle geförderten Projekte erhalten einen pauschalen Programmzuschlag von 20 % ihrer bewilligten Fördersummen.[86] Ein aus wissenschaftlicher Sicht begrüßenswerter Nebeneffekt des Bund-Länder-Konflikts auf die Exzellenzinitiative war und ist letztlich die relative „Politikferne" des Auswahlverfahrens der Projekte, das man treuhänderisch an die intermediären Akteure DFG (Graduiertenschulen, Exzellenz-Cluster) und den Wissenschaftsrat (Zukunftskonzepte) delegiert hatte. Diese Verfahrensgestaltung ermöglichte es, nicht nur den Föderalismuskonflikt selbst, sondern auch die Begehrlichkeiten regionalen Proporzdenkens im konkreten Auswahlprozess weitgehend außen vor zu lassen.[87] Alle drei Förderlinien bezogen sich „ausschließlich auf die Förderung der Forschung; Fragen der Lehre" – so hatten die Länderchefs gegenüber dem BMBF deutlich gemacht – „sind zwar genauso wichtig, sind aber nicht Gegenstand dieses Programms."[88]

Aus Sicht des Bundes wurden die ehrgeizigen Ziele, die man sich im Januar 2004 gesteckt hatte, vordergründig nicht erreicht. Auch in der Exzellenzinitiative wird der Bund, wie gehabt, ganz explizit aus der institutionellen Förderung der Hochschulen herausgehalten und bleibt auf Projektförderung beschränkt. Ob dies wirklich ein Nachteil ist oder nicht vielmehr unbeabsichtigte positive Wirkungen zeitigt[89], soll in Abschnitt 3 noch eingehender reflektiert werden.

4. Föderalismusreform I, Hochschulpakt 2020 und Exzellenzinitiative: Niedergang und simultane Wiederbelebung der hochschulpolitischen Gemeinschaftsaufgaben

Die am 17.12.2004 an der „Bildungsfrage" gescheiterten Verhandlungen zur Föderalismusreform I wurden im März 2005 wieder aufgenommen und die Ergebnisse konnten – nach den vorgezogenen Bundestagswahlen, der Bildung einer großen Koalition und der Festschreibung der vereinbarten Grundgesetzänderungen im Koalitionsvertrag von CDU, CSU und SPD am 11.11.2005 – letztlich in Form des Gesetzes zur Änderung des Grundgesetzes am 28.8.2006 sowie des Föderalismusreform-Begleitgesetzes am 5.9.2006 vom Bundestag verabschiedet werden.

Während der Beratungen der Grundgesetzänderungen im Bundestag hatte vor allem das Engagement der SPD-Fraktion – unterstützt von den deutschen Wissenschaftsorganisationen, einer parteiübergreifenden Phalanx aus bildungs- und forschungspolitischen Experten und nun auch einiger Ministerpräsidenten aus den

---

86 Schlegel 2008: 54. Auf europäischer Ebene war die sogen. Vollkostenfinanzierung im Kontext der Forschungsförderung in den EU-Rahmenprogrammen bereits etabliert.
87 Hierzu trug auch die Stimmverteilung im Bewilligungsausschuss der Exzellenzinitiative bei. Siehe auch Strohschneider 2009: 15.
88 BLK-Pressemitteilung 15/2005.
89 So die Vermutung bei Stucke 2010: 370 f.

finanzschwachen Ländern –, geholfen, die Länderforderung nach einem „Kooperationsverbot"[90] im Wesentlichen auf den Schulbereich zu beschränken. Zu deutlich und in ihren Konsequenzen für die gesamtstaatliche Hochschulpolitik zu destruktiv trat mittlerweile die „Divergenz zwischen den Sachzwängen der Bildungspolitik und den Kompetenzinteressen der Staatskanzleien" zu Tage.[91] Während letztlich die gemeinsame Bildungsplanung vollständig abgeschafft wurde, konnte für den Bund zumindest im Bereich der Förderung von Hochschulen ein Teilerfolg erzielt werden:[92]

Die bisherige Gemeinschaftsaufgabe „Forschungsförderung" wurde im neuen Art. 91b Abs. 1 S. 1 Nr. 2 GG erweitert auf die Förderung von „Vorhaben der Wissenschaft und Forschung an Hochschulen". Allerdings herrscht hier nun ultimativer Konsenszwang: alle Länder müssen solchen „Vorhaben" in einer Verwaltungsvereinbarung zustimmen. Die Ausdehnung dieser Gemeinschaftsaufgabe auch auf „Vorhaben der Wissenschaft" an Hochschulen ist für die hochschulpolitische Praxis von unmittelbarer Bedeutung, hätten doch die noch im Koalitionsvertrag aufgeführten Änderungsvorgaben die parallel laufenden Verhandlungen zum Hochschulpakt 2020 verfassungsrechtlich obsolet werden lassen.[93] Nach „allgemeiner unbestrittener Auslegung des Art. 5 des Grundgesetzes" – so Schlegel – können unter den Begriff „Wissenschaft" Forschung und Lehre subsumiert werden. Durch diesen Kunstgriff wurde letztlich möglich, dass Bund und Länder erstmals auf einer gesicherten verfassungsrechtlichen Grundlage Vorhaben, die die Lehre betreffen, gemeinsam und zeitlich befristet fördern können, sofern diese von überregionaler Bedeutung sind.[94] Im Gegensatz zur Förderung von „Einrichtungen und Vorhaben" der außeruniversitären Forschung (Art. 91b Abs. 1 S. 1 Nr. 1 GG) wurde für „Wissenschaft und Forschung an den Hochschulen" die institutionelle Förderung durch den Bund allerdings definitiv ausgeschlossen.

Der Hochschulbau wurde im Rahmen der Grundgesetzänderung von einer „pflichtigen" in eine „fakultative" Gemeinschaftsaufgabe[95] zum Zusammenwirken von Bund und Ländern bei „Forschungsbauten" und „Großgeräten" von „überregionaler Bedeutung" (neuer Art. 91b Abs. 1 S. 1 Nr. 3 GG) transformiert. Auch hier müssen alle Länder entsprechenden Vereinbarungen zustimmen, und der Begriff der

---

90 Vgl. zum ‚Kooperationsverbot' auch den Beitrag von Seckelmann in diesem Band.
91 Scharpf 2009: 153, FN 33.
92 Siehe zu den Grundgesetzänderungen im Zuge der Föderalismusreform I in größerer Detailliertheit auch Seckelmann in diesem Band, Schlegel 2008 und von Heyden 2007.
93 Siehe Scharpf 2009: 105.
94 Siehe Schlegel 2008: 48. Auch Bartz (2007: 235) sieht hier eine Verbesserung gegenüber dem früheren, konstitutionell ungesicherten Zustand: „früher war der Bund praktisch gezwungen, hauptsächlich ‚in Beton' zu investieren, wissenschaftliches Personal konnte er nur in beschränktem Umfang und nur über Umwege und Hilfskonstruktionen bezuschussen, wie es in drei Hochschulsonderprogrammen 1989-1991 geschehen war. Nun aber schloss die Formulierung ‚Vorhaben der Wissenschaft' das gesamte Spektrum hochschulischer Tätigkeiten inklusive der Lehre ein, so dass die Flexibilität des gesamten Wissenschaftsfinanzierungssystems sogar erhöht wurde."
95 So Seckelmann 2009 und 2010.

Forschungsbauten ist deutlich restriktiver als der frühere Begriff des Hochschulbaus, der auch die Investitionsförderung von Hörsälen und Bibliotheken enthielt.[96] Die gemeinsame Rahmenplanung von Bund und Ländern im Hochschulbau wurde entsprechend abgeschafft. Zur Kompensation für die bisher den Ländern zufließenden Bundesmittel wurde in Form des Art. 143c GG eine neue Übergangsregelung geschaffen, die für eine Übergangszeit bis Ende 2019 die Höhe der Verteilung der Mittel auf die Länder regelt, wobei ab Ende 2013 für die Länder die Zweckbindung der Bundeszuwendung für den Hochschulbau entfällt.

Der größte Stachel im Fleisch der Länder war seit langem die Hochschulrahmengesetzgebungskompetenz des Bundes gewesen, die freilich durch die Bundesverfassungsgerichtsurteile zur Juniorprofessur und zu den Studiengebühren bereits zu einem stumpfen Schwert degradiert worden war. Sie entfiel nun mit Ausnahme des Rechts zur konkurrierenden Gesetzgebung auf dem Feld der Zulassung zum Studium und der Studienabschlüsse nach Art. 74 Abs. 1 Nr. 33 GG. Da die Länder aber auch hier das Recht zu einer abweichenden Gesetzgebung erhielten, die das Bundesrecht im Zweifel aushebelt, kann man zumindest an diesem Punkt Scharpf folgend von einer „Kapitulation" des Bundes sprechen.[97] Ansonsten lassen sich die Endergebnisse der Föderalismusreform I nicht zwingend als partikularistische Trendwende in der deutschen Hochschulpolitik interpretieren.[98] Dass die Praxis des kooperativen Föderalismus durch die Reform eher wenig tangiert wurde, zeigte sich deutlich in den parallel zu den Grundgesetzänderungen ablaufenden politischen Aktivitäten im Rahmen des Hochschulpakts 2020 und der Exzellenzinitiative.

Der Hochschulpakt 2020 war am 24.6.2007 die erste Verwaltungsvereinbarung zwischen Bund und Ländern, die im Anschluss an die Föderalismusreform in Kraft trat. Erarbeitet worden war der Pakt zwischen Bundesbildungsministerin Annette Schavan und den Kultusministern der Länder freilich bereits zu einem Zeitpunkt, „als die erste in der Schlussphase des parlamentarischen Verfahrens von der SPD-Fraktion erkämpfte Erweiterung des Art. 91b GG auf die Förderung von ,Wissenschaft' an den Hochschulen noch gar nicht in Sicht war".[99] Der Pakt dient mit Blick auf einen prognostizierten wachsenden volkswirtschaftlichen Bedarf an Akademikern und eine auch durch doppelte Abiturjahrgänge erhöhte Zahl an Schulabgängern sowie dem steigenden Weiterbildungsbedarf, der Gewinnung zusätzlicher Studienanfänger bis 2020.[100] Dabei soll die Zahl der zusätzlichen Studienanfänger bezogen auf die Zahlen von 2005/2006 bis 2010 um 91.370 Personen gesteigert werden. Dazu werden rechnerisch je Studienanfänger 22.000,- Euro bereitgestellt, von denen der Bund je die Hälfte trägt. Der Bund stellt insgesamt für die Jahre 2007 bis 2010 insgesamt 565,7 Mio. Euro zur Verfügung, während die Länder sich verpflichten, die Gesamtfinanzierung sicherzustellen. BMBF und Kultusminister gingen davon

---

96   Siehe Schlegel 2008: 48 f.
97   Scharpf 2009: 105.
98   So auch die Einschätzung bei Bartz 2007: 236.
99   Scharpf 2009: 113.
100 Siehe hierzu detailliert Schlegel 2008: 56 ff. sowie GWK 2010.

aus, dass Studienanfängeraufwüchse vor allem in den alten Bundesländern stattfinden würden. Die neuen Länder würden aufgrund ihrer ungünstigen demographischen Entwicklung einen Rückgang der Studienanfängerzahlen zu erwarten haben und müssten in die Lage versetzt werden, diesen aufzuhalten und ihren Status quo an Studienplätzen zu halten, während die im Bundesvergleich bereits überproportional ausbildenden Hochschulen der Stadtstaaten ebenfalls ihr Studienplatzangebot halten sollten. Entsprechend bekommen die alten Flächenländer im Hochschulpakt 2020 zusätzliche Mittel für einen Aufwuchs an Studienplätzen, während die neuen Länder und die Stadtstaaten Bundesmittel dafür vereinnahmen, dass sie die Studienanfängerzahlen des Jahres 2005/2006 mindestens konstant halten. Durch dieses Vorgehen war klar, dass gerade die finanzstarken und in der Föderalismusreform besonders hartnäckig ihre Eigenstaatlichkeit in Hochschulfragen verteidigenden Länder wie Baden-Württemberg, Bayern, Hessen und Nordrhein-Westfalen von den Bundeszuwendungen profitieren würden. Dies war eine Gelegenheitsstruktur, die den Ländern insgesamt sicherlich auch die Aufweichung des „Kooperationsverbots" im Hochschulbereich in den gleichzeitigen parlamentarischen Beratungen zur Föderalismusreform erleichterte. Inzwischen haben die Länder den ersten Teil des Hochschulpaktes 2020 mit 102.000 neu geschaffenen Studienplätzen übererfüllt. Die Fortsetzung des Paktes sieht nun eine Steigerung der Studienangebote um insgesamt 270.000 Plätze bis 2020 vor.

Eine ähnliche Gelegenheitsstruktur bot nun auch die Neuauflage der Exzellenzinitiative mit einem Gesamtvolumen von 2,7 Mrd. Euro – was eine Steigerung um rund 30 % im Vergleich zum ersten Wettbewerb bedeutet. Im Gegensatz zur Erstauflage in 2005 verliefen die Verhandlungen zwischen Bund und Ländern zur zweiten Verwaltungsvereinbarung für die Exzellenzinitiative nahezu geräuschlos.

Die erste Exzellenzinitiative wird gemeinhin politisch als Erfolg betrachtet, der den föderalen Wettbewerb in der Hochschulpolitik maßgeblich beflügelt hat: Zahlreiche Bundesländer hatten eigene Initiativen gestartet, um „ihre" Universitäten bei der Erarbeitung von Exzellenzanträgen materiell zu unterstützen und in der ersten Runde knapp gescheiterte Vorhaben der Forschung und Organisationsentwicklung aus Landesmitteln zu fördern bzw. für einen zweiten bundesweiten Exzellenzwettbewerb fit zu machen.[101] Darüber hinaus entfaltete das Exzellenzprogramm für die Spitzenforschung Strahlkraft auf die bis dato vernachlässigte Lehre. Ein von Kultusministerkonferenz und vom Stifterverband für die deutsche Wissenschaft geförderter Wettbewerb „Exzellenz in der Lehre" hat, „als kompensatorische Miniaturausgabe einer Exzellenzinitiative für die Universität als Erziehungsorganisation, den föderalen Wettbewerb in der Hochschulpolitik um eine neue Dimension ergänzt".[102]

---

101 Simon, Schulz und Sondermann (2010: 180 ff.) unterscheiden hier zwischen kompensatorischen, vorbereitenden und hinsichtlich der Ziele breiter orientierten Landesexzellenzprogrammen. Auch dort, wo der landeseigene Wettbewerb nicht unmittelbar an Bewerbungen der Universitären für die Exzellenzinitiative 2.0 ausgerichtet ist, orientieren sich die Förderkriterien implizit in starkem Maße am bundesweiten Wettbewerb.
102 Schreiterer 2010: 105. Siehe auch Bleiklie/Lange 2010: 184 ff.

Ein Vorgang, der die Bundesbildungsministerin auf den Plan gerufen hat, die nun einen ebenfalls wettbewerblich zu organisierenden „Qualitätspakt für die Lehre" als dritte Säule des Hochschulpaktes 2020 mit 2 Mrd. Euro Bundeszuwendungen etabliert und damit auch in diesem für die Länder so sensiblen Bereich strukturgestaltenden Zugriff auf die Hochschulen nimmt. Aber auch die Bildungsministerin der schwarz-gelben Bundesregierung stößt mit ihrer Maximalvorstellung, an den Hochschulen institutionelle bundesfinanzierte Strukturen zu schaffen – in diesem Falle waren zunächst 10 hochschuldidaktische Zentren im Gespräch[103] – auf den entschiedenen Widerstand der Länder. Der Kompromiss besteht nun in einer Förderung dezentraler Einzelanstrengungen im Personal- und Strukturbereich zur Qualitätssteigerung der Lehre, die voraussichtlich von einer von den Hochschulen sowie Bund und Ländern getragenen „Akademie für Studium und Lehre" koordiniert werden. Auch in dem voraussichtlichen Auswahlverfahren haben sich die Länder ein stärkeres Mitspracherecht als bei der Exzellenzinitiative für die Spitzenforschung ausbedungen.

Grundsätzlich aber haben die Länder dem Ansinnen der Bundesregierung, in die Felder Studium und Lehre zu intervenieren, gut vier Jahre nach der Föderalismusreform I und im Zeichen der Finanzkrise nicht mehr viel entgegenzusetzen – nicht mal eine hinreichende finanzielle Mitbeteiligung, was den Bund-Länder-Konflikt in der Hochschulpolitik vor wiederum neue Herausforderungen stellt.[104]

5. Schlussbetrachtung

Die hier nachgezeichnete hochschulpolitische Strukturdynamik lässt sich analytisch zugespitzt auf folgende Formel bringen: Es ist dem Bund letztlich nicht gelungen, seine finanziellen Einflussmöglichkeiten so zu nutzen, dass er sich nennenswerte rechtlich fixierte Kompetenzen der Mitgestaltung des deutschen Hochschulsystems erwerben konnte. Dort, wo er sie (vorübergehend) erhalten hatte – am exponiertesten in der Hochschulrahmengesetzgebung – war er im „game about rules"[105], d. h. der von den Ländern erzwungenen verfassungsrechtlichen Überprüfung der Reichweite und Regelungstiefe seiner Kompetenz, stets der Verlierer. Im Zuge der Föderalismusreform – in der die umfassende Zuständigkeit der Länder im Schulbereich durch eine weitgehende Zuständigkeit auch im Hochschulbereich ergänzt wurde – ist heute *de jure* lediglich noch in eng gezogenen Bereichen eine Kooperationen von Bund und Ländern und damit auch eine anteilige Finanzierung des Hochschulwesens

---

103 „Mehr Ehre für die Lehre." Interview mit Annette Schavan in Die ZEIT v. 25.2.2010.
104 So haben sich die Länder mangels verfügbarer Haushaltsgelder in der KMK mehrheitlich gegen die Bafög-Erhöhung und das nationale Stipendienprogramm ausgesprochen. Die Ausbildungsförderung wird zu 55 % vom Bund und zu 45 % von den Ländern finanziert. Von den für 2011 avisierten Mehrausgaben von 382 Mio. Euro wären 172,9 Mio. Euro auf die Länder entfallen.
105 Ostrom/Garner/Walker 1994.

durch den Bund legitim. Die Länder können auch die dem Bund verbliebenen Gesetzgebungskompetenzen durch abweichende eigene Gesetzgebung unterlaufen. Insofern reproduziert sich auf der konstitutionellen Ebene im Wesentlichen die Ausgangskonstellation des Bund-Länder-Verhältnisses – anders als in der staatlich finanzierten außeruniversitären Forschung, wo der schleichende Kompetenzzuwachs des Bundes in deutlich geringerem Maße von den Ländern als Bedrohung ihrer Staatsqualität aufgefasst wurde.[106]

Man sollte freilich die prinzipiell gegebenen Steuerungschancen, die mit projekt- und programmförmiger Förderung verbunden sind – die der Bund von Anfang an hatte und die im neu gefassten Art. 91b Abs. 1 Nr. 2 GG durch die explizite Möglichkeit einer Bundesförderung für Vorhaben der „Wissenschaft" an Hochschulen nach langen politischen Kämpfen Verfassungsrang erhalten haben – auch nicht unterschätzen. In gewisser Hinsicht ist diese Art von Förderung flexibler handhabbar als institutionelle Finanzierung und kann gerade dadurch oftmals als „goldener Zügel" wirken, um Forschungsvorhaben oder auch die Lehre in bestimmte Richtungen zu lenken.[107] Wer sich als institutioneller Träger betätigt, besitzt zwar zweifellos konkrete Entscheidungs- oder Mitentscheidungsrechte – etwa hinsichtlich Zielen, Organisationsstrukturen oder Leitungspersonal. Doch er ist zugleich auch selbst festgelegt, während Projekt- und Programmförderung sozial, zeitlich und sachlich disponibel ist. Wer wie lange wofür Fördermittel erhält, kann immer wieder neu entschieden werden, während institutionelle Mitträgerschaft schwerfällige Konsensbildungsprozesse mit den anderen Trägern beinhaltet, die – wie die Erfahrungen in der außeruniversitären Forschung zeigen – zum „Geleitzugprinzip" führen: Das (finanz-)schwächste Glied bestimmt die Wachstumsdynamik der gesamten Akteurkonstellation.[108] Zugleich bedeutet die stärkere Festgelegtheit der institutionellen Finanzierung auch, dass sich deren Steuerungswirkung selbst dann, wenn sie das Gros der verfügbaren Mittel ausmacht, im Zeitverlauf bei den Empfängern verflüchtigt. Der Nutznießer registriert sie gar nicht mehr bewusst, während er aufmerksam die Fluktuationen der befristet vergebenen Mittel verfolgt. Es könnte also durchaus sein, dass die Gestaltungswirkung dessen, was der Bund vor allem an Forschung, aber auch an Lehre, durch Projektmittel und seinen Zuschuss in den Sonderprogrammen fördert, größer ist, als die Steuerungswirkung der institutionellen Grundfinanzierung durch die Länder. In einer kybernetischen Analogie wäre die institutionelle Grundfinanzierung die Energie, die Projekt- und Programmmittel wirkten hingegen als diese Energie lenkender Regler.[109]

Es ist also durchaus nicht gesagt, dass der Königsweg zur hochschulpolitischen Gestaltungsmacht über den Einstieg in die institutionelle (Mit-)Trägerschaft führt. Wie gezeigt wurde, erzeugen selbst die in der Durchführungsphase vom Bund nicht steuerbaren Zuschüsse in den Hochschulsonderprogrammen für die Länder Pfadab-

---

106 Vgl. hierzu Hohn in diesem Band.
107 Siehe hierzu auch Braband und Prikosovits in diesem Band.
108 Siehe hierzu Hohn/Schimank 1990 sowie Hohn in diesem Band.
109 Siehe hierzu Lange 2007.

hängigkeiten, die sie anschließend zumindest teilweise selbst in ihre institutionelle Förderung einbauen müssen. In der öffentlichen Wahrnehmung sieht es heute mehr denn je so aus, dass „das Besondere, das ‚Glitzernde' in Hochschule und außeruniversitärer Forschung mit dem Bund verknüpft, der Alltag aber Sache der Länder ist."[110] Die mutmaßlichen Folgen der Exzellenzinitiative werden diesen Trend eher noch verstärken. Die Länder sind somit letztlich ihrem prioritären Ziel aus den Verhandlungen zur Föderalismusreform I kaum näher gekommen: Ihre finanziellen Gestaltungsspielräume bleiben auch im Bereich der Hochschulpolitik weiterhin begrenzt und scheinen im Zuge der Finanzkrise weiter abzunehmen; zum „goldenen Zügel" der Bundesfinanzierung konnte und kann bislang kein funktionales Äquivalent gefunden werden. Die „stabile Interaktionsbeziehung" eines „Tauschverhältnisses" von Geld gegen Gestaltungsoptionen bleibt ebenso konstant wie die maßgeblichen Gestaltungsmittel des Bundes: die Schaffung neuer Gelegenheitsstrukturen für die Forschung durch Investitionsförderung für Infrastrukturen und die Bereitstellung zusätzlicher finanzieller Anreize durch Projektmittel.[111] Auch in Zukunft wird es in der deutschen Hochschulpolitik darum gehen, dieses Tauschverhältnis im Sinne „langfristige[r] Möglichkeiten einer verfassungskonformen Durchdringung der Länderzuständigkeiten mit Kompetenzen des Bundes"[112] sicherzustellen. In der Vorbereitung des Bildungsgipfels 2010 zeigte sich allerdings, dass dieses Tauschverhältnis durch die Unfähigkeit einer wachsenden Zahl von Bundesländern ihren Mitfinanzierungsanteil für gemeinsame Projekte aufbringen zu können, akut gefährdet ist. Das Ausmaß der – auch durch die in der Föderalismusreform II vereinbarten Schuldenbremse verursachten – Auszehrung der Länderhaushalte schlägt sich in den Aushandlungen zum Qualitätspakt für die Lehre bereits in einem eher symbolischen Mifinanzierungsanteil der Länder von voraussichtlich 10 % nieder, der lediglich durch die Bereitstellung von Grundausstattung durch die Hochschulen zustande kommt.

Was dem bundespolitischen Einfluss in der Vergangenheit in jedem Falle geschadet hat, war die unverhohlene Anmeldung quasi-trägerschaftlicher Ansprüche, wie sie das BMBW zur Zeit des 1976er HRG und das BMBF während der 2002er HRG-Novelle und im Vorfeld der Exzellenzinitiative vorgetragen hatte. Gerade die verbalen Ankündigungen einer offenen Kompetenzausweitung lösten bei den Ländern nur Abwehrreflexe aus, die mit der Hoheit über ihre Hochschulen eine ihrer letzten symbolischen Domänen *de jure* gegenüber einem bundesstaatlichen Zugriff verteidigten, der über den stetigen Zufluss von Projektmitteln und Zuschüssen in der Geschichte der Bundesrepublik bereits früh erfolgt war.

Definiert man Macht als „Möglichkeit, durch eigene Entscheidung für andere eine Alternative auszuwählen",[113] so bleibt der Bund qua finanzieller Gestaltungsmöglichkeiten ein mächtiger Spieler in der deutschen Hochschulpolitik, der seine Rolle

---

110 Schlegel 2008: 59.
111 Siehe hierzu auch Stucke 2010: 367, 373.
112 Neidhardt 2010: 66.
113 Luhmann 1968: 162.

im Zeichen der Finanzkrise eher noch ausbauen wird. Freilich muss der Bund noch stärker als in der Vergangenheit auf einzelne Länderbefindlichkeiten Rücksicht nehmen und ist auf ein noch höheres Maß an Kommunikation und Konsensbildung angewiesen, um seine Gestaltungsinteressen durchzusetzen. Diese Konstellation wird voraussichtlich auf eine weitere Stärkung der im internationalen Vergleich ohnehin beispiellosen Rolle intermediärer Akteure wie dem Wissenschaftsrat und der Deutschen Forschungsgemeinschaft hinauslaufen und könnte zu einer Stärkung wissenschaftlicher Qualitätsmerkmale vor politischen Opportunitätskriterien in der deutschen Hochschulpolitik beitragen.[114] Will der Bund seine (mit-)gestaltende Rolle aufrechterhalten, muss er allerdings mehr denn je darauf achten, dass den Ländern eine Mitfinanzierung überhaupt möglich bleibt. Dies wäre wahlweise durch eine Neuverteilung der Steuereinnahmen oder – wie im Hochschulpakt 2020 bereits geschehen – durch Kompensationsleistungen für finanzschwache Länder im Rahmen der Verwaltungsvereinbarungen zu den Projektförderungen zu erreichen.

Was die Föderalismusreform den Ländern jenseits einer symbolischen Potentialität faktisch an neuen Gestaltungsmöglichkeiten gebracht hat, ist noch nicht konkret abzusehen: Alle derzeit laufenden politischen Reformen des Hochschulwesens wurden vor der Föderalismusreform angestoßen und hätten auch in dem alten institutionellen Rahmen weitergetrieben werden können.[115] Finanzschwache Länder wie Schleswig-Holstein betrachten die Föderalismusreform I inzwischen offen als „Fehlschlag".[116] Eine Trendwende zu einem stärkeren hochschulpolitischen Engagement der Ländergesamtheit ohne Beteiligung der Bundesregierung ist heute weniger denn je in Sicht: Selbst in Sachen Förderung der Hochschullehre steht heute der Bund *ante portas*, während die Länder – im Wortlaut der massenmedialen Beobachter – „entgegen allen Beteuerungen" ihre Bildungsetats „schlachten"[117]. Ob diese Situation durch eine Neuordnung der föderalen Finanztransfers gelöst werden kann oder wiederum eine neue Ausgestaltung der hochschulpolitischen Gemeinschaftsaufgaben durch abermalige Grundgesetzänderung erfordert – wie Bundesbildungsministerin Schavan in Interviews bereits vorsichtig andeutete[118] – bleibt abzuwarten.

---

114 So auch die Einschätzung bei Stucke 2010 und Neidhardt 2010.
115 Siehe auch Zohlnhöfer 2009: 45, Lange 2009 und Sandberger 2008: 171.
116 Pergande 2010: 12.
117 Wiarda 2010: 38.
118 „Mehr Ehre für die Lehre." Interview mit Annette Schavan in Die ZEIT v. 25.2.2010; „Bildung: Schavan strebt eine Änderung des Grundgesetzes an" in Die Welt v. 25.2.2010.

Literatur

AGF/WRK, 1980: Zur Zusammenarbeit zwischen Hochschulen und Großforschungseinrichtungen. In: AGF-Dokumentation 1/1983, Dokumente zur Großforschung. Bonn-Bad Godesberg: AGF, 45-49.

Avenarius, Hermann, 1979: Hochschulen und Reformgesetzgebung. Zur Anpassung der Länderhochschulgesetze an das Hochschulrahmengesetz. Berlin: Duncker & Humblot.

Barbarino, Otto, 1973: Zur Revision des Grundgesetzes: Planerische und finanzielle Aspekte des Bund-Länder-Verhältnisses unter besonderer Berücksichtigung der Gemeinschaftsaufgaben. In: DÖV 1/2, 19-23.

Bartz, Olaf, 2007: Der Wissenschaftsrat. Entwicklungslinien der Wissenschaftspolitik in der Bundesrepublik Deutschland 1957-2007, Stuttgart: Franz Steiner Verlag.

Baum, Karl-Heinz, 2005: An der Hochschulpolitik schieden sich die Geister. Ausdruck aus dem Internet-Angebot der Zeitschrift „Das Parlament". Quelle: www.bundestag.de/cgibin/druck.pl?N=parlament.

Bleiklie, Ivar/Lange, Stefan, 2010: Competition and Leadership as Drivers in German and Norwegian University Reforms. In: Higher Education Policy 23, 173-193.

BLK, 1993: „Eckwertepapier" für die Bund-Länder-Arbeitsgruppe zur Vorbereitung des vorgesehenen bildungspolitischen Spitzengesprächs. Bonn: BLK (unv. Ms.).

BLK, 2001: Gemeinsames Hochschulprogramm III. Abschlussbericht zum Gemeinsamen Hochschulsonderprogramm III des Bundes und der Länder, Materialien zur Bildungsplanung und Forschungsförderung, Heft 95, Bonn: BLK.

BLK Pressemitteilung 07/2004: Deutschlands Hochschulen sollen Weltspitze werden.

BLK Pressemitteilung 15/2005: Gemeinsame Erklärung von Herrn Staatsminister Dr. Goppel und Frau Bundesministerin Bulmahn anlässlich der 124. BLK-Sitzung am 06.4.2005.

BLK Pressemitteilung 19/2005: BLK verabschiedet neuen Vereinbarungstext zur Exzellenzinitiative als Vorlage für die Beratungen der MPK mit dem Bundeskanzler am 23.6.2005.

Block, Hans-Jürgen, 1982: Hochschulplanung und Hochschulausbau in der Bundesrepublik Deutschland. Zur überregionalen Planung einer expansiven Bildungspolitik in einem föderativen Staat. In: WissR 15, 201-228.

BMBF, 1999: Mut zur Veränderung. Deutschland braucht moderne Hochschulen. Vorschläge für eine Reform, Bonn/Berlin: BMBF.

BMBF, 2004: Ideen, die gewinnen. Halbzeitbilanz des Bundesministeriums für Bildung und Forschung in der 15. Legislaturperiode, Bonn/ Berlin: BMBF.

BMBF, 2005: Pakt für Innovation und Forschung. Quelle: www.bmbf.de/de/3215.php.

Bulmahn, E., 2004: Rede der Bundesministerin anlässlich des Humboldt-Forums zum Thema „Bildung und Forschung 2010 – die Chancen der Föderalismusreform nutzen" am 20.1.2004 in der Humboldt-Universität zu Berlin. Quelle: www.bmbf.de/pub/mr-20040120.pdf.

Bulmahn, Edelgard, 2005: Rede der Bundesministerin zum Thema „Vorsprung durch Innovation. Perspektiven für Deutschland" anlässlich der Festveranstaltung zum Leibniztag 2005 am 25.6.2005 in Berlin. Quelle: www.bmbf.de/pub/mr_20050625.pdf.

Bundesbericht Forschung III 1969. Bonn-Bad Godesberg: BMBW.

Bund-Länder-Vereinbarung gemäß Artikel 91b des Grundgesetzes (Forschungsförderung) über die Exzellenzinitiative des Bundes und der Länder zur Förderung von Wissenschaft und Forschung an deutschen Hochschulen vom 23.6.2005.

Feuchte, Paul, 1972: Hochschulbau als Gemeinschaftsaufgabe. In: Die Verwaltung 5, 199-222.
Finetti, Marco, 1997: Jeder für sich – und alle ohne den Bund. In: DUZ, 1/2, 1997, 14-15.
Gramm, Christoph, 1993: Bewährungsprobe für die Gemeinschaftsaufgabe Hochschulbau. In: WissR 26, 198-219.
Graw, Ansgar/Peter, Joachim, 2004: Bildung soll Ländersache werden. In: Die Welt v. 16.12.2004.
Griff, Inga, 1998: Der Durchbruch blieb aus. In: DUZ 15/16, 1998, 10-12.
Grimberg, Steffen, 1997: Regelungswut stoppen. In: DUZ 1/2, 1997, 16.
GWK, 2010: Zweiter Bericht zur Umsetzung des Hochschulpakts 2020. Sachstandsbericht zum Berichtstermin 31. Oktober 2009, Bonn: GWK.
Haerdle, Benjamin, 2001: Tolerable Verluste. In: DUZ, 1/2, 2001, 17.
Hohn, Hans-Willy, 1998: Kognitive Strukturen und Steuerungsprobleme der Forschung. Kernphysik und Informatik im Vergleich, Frankfurt a. M./New York: Campus.
Hohn, Hans-Willy/Schimank, Uwe, 1990: Konflikte und Gleichgewichte im Forschungssystem. Akteurkonstellationen und Entwicklungspfade in der staatlich finanzierten außeruniversitären Forschung, Frankfurt a. M./New York: Campus.
HoF Wittenberg, 2003: Die Ost-Berliner Wissenschaft im vereinigten Berlin. Expertise im Auftrag der Berliner Senatsverwaltung für Wissenschaft, Forschung und Kultur, Wittenberg: Ms.
HRK, 2004: Zur aktuellen hochschulpolitischen Diskussion. Erklärung des 98. Senats der Hochschulrektorenkonferenz (HRK), Bonn: HRK.
Interdisziplinäre Arbeitsgruppe Exzellenzinitiative der Berlin-Brandenburgischen Akademie der Wissenschaften, 2010: Bedingungen und Folgen der Exzellenzinitiative. In: Leibfried, Stephan (Hrsg.), Die Exzellenzinitiative. Zwischenbilanz und Perspektiven, Frankfurt a. M../New York: Campus, 35-52.
Klein, Friedrich, 1972: Die Regelung der Gemeinschaftsaufgaben von Bund und Ländern im Grundgesetz. Eine kritische Würdigung. In: Der Staat 11, 289-312.
Kreyenberg, Peter, 1994: Die Rolle der Kultusministerkonferenz im Zuge des Einigungsprozesses. In: Mayntz, Renate (Hrsg.), Aufbruch und Reform von oben. Ostdeutsche Universitäten im Transformationsprozess, Frankfurt a. M./New York: Campus, 191-204.
Krüger, Hartmut, 1996: Hochschule in der bundesstaatlichen Verfassungsordnung. In: Flämig, Christian et al. (Hrsg.), Handbuch des Wissenschaftsrechts, 2. Aufl., Berlin et al.: Springer, 157-187.
Lachmann, Günter, 1975: Die Gemeinschaftsaufgabe Hochschulbau. Eine Untersuchung zur gesamtstaatlichen Planung im föderalistischen System. In: Der Staat 14, 49-68.
Lange, Stefan, 2007: Kybernetik/Systemtheorie. In: Benz, Arthur et al. (Hrsg.), Handbuch Governance, Wiesbaden: VS, 176-187.
Lange, Stefan, 2009: Die neue Governance der Hochschulen: Bilanz nach einer Reform-Dekade. In: Hochschulmanagement 4, 87-97.
Lehmbruch, Gerhard, 1999: Die große Koalition und die Institutionalisierung der Verhandlungsdemokratie. In: Kaase, Max/Schmid, Günther (Hrsg.), Eine lernende Demokratie. 50 Jahre Bundesrepublik Deutschland, WZB-Jahrbuch 1999, Berlin: Edition Sigma, 41-61.
Luhmann, Niklas, 1968: Soziologie des politischen Systems. In: ders., Soziologische Aufklärung 1: Aufsätze zur Theorie sozialer Systeme, Opladen 1970: Westdeutscher Verlag, 154-177.
Lüthje, Jürgen, 1973: Die Gesetzgebungskompetenz des Bundes im Hochschulwesen. In: DÖV 26, 545-554.
Mayntz, Renate, 1994a: Deutsche Forschung im Einigungsprozeß. Die Transformation der Akademie der Wissenschaften der DDR 1989 bis 1992, Frankfurt a. M./New York: Campus.

Mayntz, Renate, 1994b: Die Erneuerung der ostdeutschen Universitäten zwischen Selbstreform und externer Intervention. In: dies. (Hrsg.), Aufbruch und Reform von oben. Ostdeutsche Universitäten im Transformationsprozess, Frankfurt a. M./New York: Campus, 283-312.

Mittelstraß, Jürgen, 1993: Aufriß des Themas. In: Stifterverband (Hrsg.), Wozu Universitäten – Universitäten wohin? Die Universität auf dem Weg zu einem neuen Selbstverständnis. Essen: Stifterverband, 63-70.

MWFK Brandenburg Pressemitteilung 10/96: Wissenschaftsstaatssekretär Prof. Buttler zu BAFöG-Plänen der Bundesregierung, Quelle: www.brandenburg.de/~mwfkneu/minister/presse_alt/html/pr96.010.html.

Neidhardt, Friedhelm, 2010: Exzellenzinitiative – Einschätzungen und Nachfragen. In: Leibfried, Stephan (Hrsg.), Die Exzellenzinitiative. Zwischenbilanz und Perspektiven, Frankfurt a. M./ New York: Campus, 53-84.

Ostrom, Elinor/Garner, Roy/Walker, James 1994: Rules, Games, and Common-Pool Resources. Ann Arbor, MI: University of Michigan Press.

Pasternack, Peer, 2008: Die Exzellenzinitiative als politisches Programm – Fortsetzung der normalen Forschungsförderung oder Paradigmenwechsel? In: Bloch, Roland et al. (Hrsg.), 2008: Making Excellence. Grundlagen, Praxis und Konsequenzen der Exzellenzinitiative, Bielefeld: Bertelsmann, 13-36.

Pergande, Frank, 2010: Fehlschlag Föderalismusreform. Der Kieler Wissenschaftsminister fordert einen größeren finanziellen Ausgleich. In: FAZ v. 7.05.2010.

Rennen-Althoff, Beate, 2007: Droht ein stärkeres Bildungsgefälle als Folge der Föderalismusreform in Deutschland? In: Beiträge zur Hochschulforschung 29, 40-45.

Robischon, Tobias et al., 1995: Die politische Logik der deutschen Vereinigung und der Institutionentransfer. Eine Untersuchung am Beispiel von Gesundheitswesen, Forschungssystem und Telekommunikation. In: PVS 36, 423-459.

Sandberger, Georg, 2008: Die Umsetzung der Föderalismusreform im Hochschulbereich. In: Europäisches Zentrum für Föderalismus-Forschung Tübingen (Hrsg.), Jahrbuch des Föderalismus 2008: Föderalismus, Subsidiarität und Regionen in Europa, Baden-Baden: Nomos, 160-171.

Scharpf, Fritz W., 2005: Recht und Politik in der Reform des deutschen Föderalismus. MPIfG Working Paper 05/6, Köln: MPIfG.

Scharpf, Fritz W., 2009: Föderalismusreform. Kein Ausweg aus der Politikverflechtungsfalle? Frankfurt a. M.: Campus.

Schiedermair, Hartmut, 1996: Deutsches Hochschulwesen der Gegenwart – Eine Bestandsaufnahme. In: Flämig, Christian et al. (Hrsg.), Handbuch des Wissenschaftsrechts, 2. Aufl., Berlin et al.: Springer, 37-119.

Schlegel, Jürgen, 2008: Auswirkungen der Föderalismusreform auf die Finanzarchitektur des deutschen Hochschulsystems. In: Adams, Andrea/Keller, Andreas (Hrsg.), Vom Studentenberg zum Schuldenberg? Perspektiven der Hochschul- und Studienfinanzierung, Bielefeld: Bertelsmann, 45-59.

Schmittner, Konrad, 1973: Zur Position der Bundesexekutive im System der Gemeinschaftsaufgabe Hochschulbau. In: WissR 6, 227-243.

Schreiterer, Ulrich, 2010: Exzellente Zukunft – Beobachtungen zur Dritten Förderlinie. In: Leibfried, Stephan (Hrsg.), Die Exzellenzinitiative. Zwischenbilanz und Perspektiven, Frankfurt a. M./New York: Campus, 85-114.

Seckelmann, Margrit, 2009: „Renaissance" der Gemeinschaftsaufgaben in der Föderalismusreform II? Zu den Gemeinschaftsaufgaben und den Möglichkeiten kooperativen Handelns im Bundesstaat (insbesondere zu den Art. 91a und b GG n. F. sowie zur Aufnahme der Art. 91c und d GG in das Grundgesetz. In: DÖV 62, 747-758.

Seckelmann, Margrit, 2010: Rechtliche Grundlagen und Rahmensetzungen. In: Simon, Dagmar/Knie, Andreas/Hornbostel, Stefan (Hrsg.), Handbuch Wissenschaftspolitik, Wiesbaden: VS, 227-243.

Simon, Dagmar/Schulz, Patricia/Sondermann, Michael, 2010: Abgelehnte Exzellenz – Die Folgen und die Strategien der Akteure. In: Leibfried, Stephan (Hrsg.), Die Exzellenzinitiative. Zwischenbilanz und Perspektiven, Frankfurt a. M./New York: Campus, 161-197.

Strohschneider, Peter, 2009: Über Voraussetzungen und Konzeption der Exzellenzinitiative. In: Beiträge zur Hochschulforschung 31, 8-25.

Stucke, Andreas, 2010: Staatliche Akteure in der Wissenschaftspolitik. In: Simon, Dagmar/Knie, Andreas/Hornbostel, Stefan (Hrsg.), Handbuch Wissenschaftspolitik, Wiesbaden: VS, 363-376.

Stucke, Andreas, 1993: Institutionalisierung der Forschungspolitik. Entstehung, Entwicklung und Steuerungsprobleme des Bundesforschungsministeriums, Frankfurt a. M./New York: Campus.

Thieme, Werner, 2004: Deutsches Hochschulrecht. 3. Aufl., Köln/Berlin/München: Heymanns.

von Heppe, Hans, 1969: Die Stellung des Bundes in der Hochschulpolitik. In: Kaser, Max et al. (Hrsg.), Festschrift für Wilhelm Felgentraeger zum 70. Geburtstag. Göttingen: Schwartz, 61-80.

von Heyden, Wedig, 2007: Die deutsche Forschungspolitik zwischen föderaler Vielfalt und gesamtstaatlicher Verantwortung. In: Blanke, Hermann-Josef (Hrsg.), Bildung und Wissenschaft als Standortfaktoren, Tübingen: Mohr Siebeck, 49-62.

Walter, Hannfried, 1999: Kommentar § 1. In: Heilbronner, Kay/Geis, Max-Emanuel (Hrsg.), Kommentar zum Hochschulrahmengesetz (HRG). 32. Lieferung, Heidelberg, 2004: C.F. Müller.

Wiarda, Jan-Martin, 2010: Toxischer Pakt. Entgegen allen Beteuerungen: Die Bundesländer schlachten ihre Bildungsetats. In: Die ZEIT v. 10.5.2010.

Winnacker, Ernst-Ludwig, 2005: Die Exzellenzinitiative: Hoffnung auf den großen Wurf. In: Forschung 2, 2005, 2-3.

WR, 1988: Empfehlungen des Wissenschaftsrates zu den Perspektiven der Hochschulen in den 90er Jahren. Köln: Wissenschaftsrat.

WR, 1991: Empfehlungen zur Zusammenarbeit von Großforschungseinrichtungen und Hochschulen. Köln: Wissenschaftsrat.

Zohlnhöfer, Reimut, 2009: Der Politikverflechtungsfalle entwischt? Die Effekte der Föderalismusreform I auf die Gesetzgebung. In: ZPol 19, 39-76.

Wissenschaftspolitik im semi-souveränen Staat – die Rolle der außeruniversitären Forschungseinrichtungen und ihrer Trägerorganisationen

Hans-Willy Hohn

1. Einleitung

In allen industrialisierten Ländern hat sich im 20. Jahrhundert eine eigenständige Forschungs- und Technologiepolitik mit einer eigenständigen institutionellen und organisatorischen Infrastruktur herausgebildet, deren Aufgabe darin besteht, die heimische Wirtschaft gewissermaßen für den internationalen Wettbewerb „fit" zu machen. Allerdings variieren die institutionellen und organisatorischen Rahmenbedingungen der Produktion und Nutzung des wissenschaftlich-technologischen Wissens von Land zu Land erheblich. Die Forschungssysteme der einzelnen Länder haben sich weitgehend innerhalb ihrer nationalen Grenzen herausgebildet und sind tief in deren spezifische politische, wirtschaftliche und rechtliche Strukturen eingebettet. So hat sich etwa in Frankreich mit dem *Centre National de la Recherche Scientifique* (CNRS) eine stark zentralisierte Form der staatlichen Forschungsförderung herausgebildet, während das deutsche System sowohl auf einer föderalen Kompetenzverteilung als auch auf einer „verflochtenen" politischen Entscheidungsstruktur beruht.

Das deutsche Forschungssystem ist zweigeteilt. Forschung wird in Deutschland vorwiegend an den Hochschulen betrieben, die im Kompetenzbereich der Länder liegen. Darüber hinaus hat sich nach dem zweiten Weltkrieg aber auch ein eigenständiges System von außeruniversitären Forschungseinrichtungen herausgebildet, das in der Nachkriegszeit schneller expandiert ist als die Hochschulen und heute zusammengenommen über einen Etat verfügt, der etwa sechzig Prozent dessen ausmacht, was der universitären Forschung an finanziellen Mitteln zur Verfügung steht.

Im Zuge der Beilegung eines forschungspolitischen Kompetenzkonflikts zwischen Bund und Ländern um die Förderung der außeruniversitären Forschungseinrichtungen und als Folge seiner föderal „verflochtenen" Entscheidungsstruktur entstand im Verlauf der 1960er und 1970 Jahre innerhalb dieses Systems eine arbeitsteilige Struktur von Organisationen, die auf bestimmte Typen von Forschung in abgegrenzten Domänen spezialisiert sind und über hohe Autonomie verfügen.

Diese arbeitsteilige Struktur von spezialisierten Akteuren hat sich über viele Jahrzehnte auf einen stabilen Konsens sowohl in der Forschungspolitik von Bund und Ländern als auch unter den Forschungsorganisationen stützen können und wurde auch nicht durch die deutsche Wiedervereinigung erschüttert. Im Prozess der Wiedervereinigung haben die westdeutschen Forschungsorganisationen erfolgreich Widerstand gegen institutionelle Veränderungen geleistet und einen getreuen Transfer der Struktur des außeruniversitären Sektors in die neuen Länder bewirken können.[1]

Im Verlauf der 1990er Jahre und insbesondere durch die Systemevaluationen der großen deutschen Wissenschaftsorganisationen am Ende des vergangenen Jahrzehnts geriet dann allerdings als Kehrseite der arbeitsteiligen Struktur in diesem Sektor der hohe Grad seiner Segmentierung in die Kritik. Die Systemevaluationen attestierten den großen deutschen Wissenschaftsorganisationen erhebliche Stärken, aber auch gravierende Schwächen und Rigiditäten; sie konstatierten vor allem eine starke „Versäulung" der außeruniversitären Forschungslandschaft und geringe Vernetzung der Forschungseinrichtungen untereinander sowie mit den Hochschulen.

Rund zehn Jahre nach dieser Diagnose zeichnet sich allerdings ein komplexeres und weniger eindeutiges Bild von dieser Forschungslandschaft ab. Die „Versäulung" des außeruniversitären Forschungssystems ist nicht überwunden, zugleich aber sind die interorganisatorischen Grenzen partiell durchlässiger geworden. Die großen deutschen Forschungsorganisationen haben auch in der jüngeren Vergangenheit staatliche Reformversuche blockiert oder weitgehend unterlaufen, aber zugleich ihre Governancestrukturen im Rahmen von Prozessen der Selbstorganisation und Selbstanpassung modifiziert.

Als Folge der seit den 1990er Jahren rasant gestiegenen gesellschaftlichen Leistungserwartungen an die Wissenschaft und der zunehmenden Ökonomisierung und Internationalisierung der Forschung sind die deutschen Forschungsorganisationen in steigendem Maße unter organisationalen Stress und Veränderungsdruck geraten. Sie sind einem zunehmend intensiveren Wettbewerb um Ressourcen und Reputation ausgesetzt und müssen mehr denn je die wirtschaftliche und technologische Relevanz ihrer Forschungsaktivitäten nachweisen. Die „alten" Domänengrenzen des außeruniversitären Forschungssystems sind mit diesen „neuen" Anforderungen zunehmend in Konflikt geraten. Dementsprechend haben die großen Forschungsorganisationen Versuche unternommen, durch vorsichtige und inkrementelle An- und Umbauten an ihren Governancestrukturen, diese Grenzen zu verschieben und neu zu justieren.

So hat etwa die Europäisierung der Forschungsförderung dazu geführt, dass sich grundlagenorientierte Einrichtungen technologieorientierten Projekten nicht mehr generell verschließen können, wenn sie im internationalen Wettbewerb um Ressourcen und Reputation mithalten wollen. Zugleich haben sich monopolisierte Domänen in der öffentlichen und industriellen Vertragsforschung heute nicht selten zu Drittmittelmärkten entwickelt, auf denen sich Einrichtungen der unterschiedlichen Forschungsorganisationen als Konkurrenten gegenüber stehen.[2]

Neben neuen Formen des Wettbewerbs haben sich aber auch neue Formen von Kooperation entwickelt. Die lange Zeit vorherrschende Indifferenz zwischen den großen Wissenschaftsorganisationen ist zumindest Versuchen gewichen, mehr „Ko-

---

1 Robischon et al. 1995. Siehe auch das Interview von Thomas Horstmann mit Dieter Simon in diesem Band.
2 Heinze/Arnold 2008.

operation unter heterogenen Partnern"³ herzustellen. Vor allem aber ist die Vernetzung zwischen außeruniversitären Forschungseinrichtungen und Hochschulen stark angestiegen. Die Zahl und Intensität von Kooperationsbeziehungen zwischen Partnern innerhalb und außerhalb der Hochschulen sind in den vergangenen Jahren stetig gewachsen.

Die Forschungspolitik des Bundes hat diese Entwicklung in der jüngeren Vergangenheit durch eine Vielzahl von Maßnahmen wie insbesondere den Pakt für Forschung und Innovation und die Exzellenzinitiative forciert. Mit diesen Maßnahmen greift sie nicht unmittelbar steuernd in die Governancestrukturen dieser Einrichtungen ein, setzt sie aber einem Druck zu mehr Wettbewerb und Kooperation aus, der es ihnen erschwert hat, ihre „Alleinstellungsmerkmale" zu behaupten und ihre Domänenmonopole zu verteidigen.

Als eine ursprünglich unintendierte Folge der Exzellenzinitiative des Bundes und der Länder scheint sich derzeit zudem ein völlig neuer Typus von Forschungsorganisation zu formieren, der diese Monopolstellungen bedroht. So haben sich im Zuge der Exzellenzinitiative außeruniversitäre Forschungszentren mit Universitäten unter dem expliziten Ziel zu Allianzen zusammengeschlossen, Modelle für die Überwindung der föderalen Grenzen innerhalb der deutschen Forschungslandschaft zu schaffen. Wenn diese Allianzen tatsächlich funktionstüchtige Strukturen hervorbringen sollten, liefe dies auf eine geradezu revolutionäre Innovation innerhalb des deutschen Forschungssystems hinaus. Angesichts der Vielzahl von hohen institutionellen Hürden, die dem im Wege stehen, ist es allerdings offen und ungewiss, ob und in welchem Maße den neuen Allianzen Erfolg beschieden sein wird. In jedem Fall aber zeigen sie, dass das deutsche Forschungssystem auch einem wachsenden Reformdruck „von unten" ausgesetzt ist, der möglicherweise ein sehr viel höheres Maß an Veränderungspotential enthält als staatliche Interventionsversuche.

Die nun folgenden Abschnitte gehen in einem ersten Schritt auf den institutionellen Status quo des Systems der außeruniversitären Forschung in Deutschland und dessen Genese ein. In einem zweiten Schritt behandeln sie die institutionellen Stärken und Schwächen der außeruniversitären Forschung und wenden sich im Anschluss daran sowohl Reformblockaden als auch den wichtigsten aktuellen Veränderungen an ihren Governancestrukturen zu.

2. *Struktur und Genese des außeruniversitären Forschungssystems Deutschlands*

2.1 Die politische Logik und arbeitsteilige Struktur des Systems

Es zählt zu den konstitutiven Merkmalen des politischen Entscheidungssystems Deutschlands, dass die staatliche Souveränität von Bund und Ländern auf so gut wie

---

3 Kuhlmann/Schmoch/Heinze 2003.

allen relevanten Feldern durch die föderale „Verflechtung"[4] zwischen den Gebietskörperschaften und durch weitgehend autonome korporative Akteure wesentlich stärker als in anderen Nationen geprägt und eingeschränkt wird. Deutschland ist ein „semi-souveräner Staat"[5], in dem sich politische Entscheidungsprozesse in sektoralen Politiknetzwerken auf dem Wege von Aushandlungen und Abstimmungen zwischen staatlichen und gesellschaftlichen Akteure vollziehen, die sich wechselseitig leicht blockieren können und deshalb auf der Basis von „politics of the middle way"[6] zur Kooperation gezwungen sind.[7]

Tabelle 1: Überblick über die wichtigsten außeruniversitären Forschungsorganisationen in Deutschland

Forschungs-organisation	Domäne	Finanzierungsform	Quelle
Max-Planck-Gesellschaft (MPG)	Akademische Grundlagenforschung	100% öffentliche Grundförderung – Global	50% Bund, 50% Länder
Helmholtz-Gemeinschaft Deutscher Forschungszentren (HGF)	Staatliche Vorsorgeforschung	100% öffentliche Grundförderung – Zweckgebunden	90% Bund, 10% Sitzland
Fraunhofer-Gesellschaft (FhG)	Industrielle Vertragsforschung	40% öffentliche Grundförderung – Global und erfolgsabhängig	90% Bund, 10% Sitzland
Wissenschaftsgemeinschaft Gottfried Wilhelm Leibniz (WGL), ehemals „Blaue Liste"	Thematische Forschung	Variiert insbesondere nach Infrastruktur- und Forschungseinrichtungen	In der Regel 50% Bund 50% Länder

Diese generelle Charakterisierung des politischen Systems Deutschlands gilt auch und sogar in besonderem Maße für die Forschungspolitik und den Sektor der außeruniversitären Forschung. Gerade dieser Sektor vereint in hohem Umfang die Prinzipien von föderalem und korporatistischem „*joint decision making*" (Scharpf). Das außeruniversitäre Forschungssystem Deutschlands weist ein im internationalen Vergleich einmalig hohes Maß an föderaler Verflechtung auf. Es besitzt eine arbeitstei-

---

4 Scharpf/Reissert/Schnabel 1976.
5 Katzenstein 1987.
6 Schmidt 1989.
7 Renate Mayntz (2009: 30) sieht im Phänomen des kooperativen Staats den wichtigsten Grund für die Erweiterung der Steuerungstheorie durch die Governancetheorie: „Am Ende dieser perspektivischen Erweiterung stand das Modell des kooperativen Staats, in dem die klare Unterscheidbarkeit von Steuerungsobjekt und Steuerungssubjekt verschwindet."

lige Struktur von korporativen Akteuren, deren Grad an Autonomie und Spezialisierung auf bestimmte Typen von Forschung wie Grundlagenforschung, anwendungsorientierte Vorsorgeforschung oder industrielle Vertragsforschung international ebenfalls seinesgleichen sucht.

So ist die Max-Planck-Gesellschaft (MPG) innerhalb dieses Systems für die akademische Grundlagenforschung zuständig. Die MPG wird zur je zur Hälfte durch die Gemeinschaft der Länder und den Bund finanziert und verfügt über einen Globalhaushalt, der keine Zweckbindungen vorsieht. Die interne Allokation dieser Mittel liegt in der Autonomie der MPG und ist weitgehend frei von politischen und wirtschaftlichen Einflüssen. Die Forschung an ihren Instituten richtet sich dementsprechend im Wesentlichen an innerwissenschaftlichen Kriterien und einem besonders hohen Maßstab an Exzellenz aus.

Den Großforschungseinrichtungen unter dem Dach der Helmholtz-Gemeinschaft kam als vertikal integrierten und staatlich koordinierten Organisationen bislang konzeptionell die Aufgabe zu, im Rahmen einer hohen Fertigungstiefe an das in der Grundlagenforschung erzeugte Wissen anzuknüpfen und den gesamten Transferprozess bis hin zu den industriellen Prototypen zu organisieren. Ihre Aktivitäten umfassen hauptsächlich technologisch orientierte Projekte, die für die langfristige Sicherung der Wettbewerbsfähigkeit der deutschen Industrie als strategisch bedeutsam gelten. Der finanzielle Bedarf dieser Einrichtungen wird ebenfalls im Verhältnis neunzig zu zehn Prozent durch Mittel des Bundes und jeweiligen Sitzlandes gedeckt, die im Unterschied zu den Haushalten der MPG und FhG allerdings zweckgebunden sind.

Die Institute der Fraunhofer-Gesellschaft (FhG) wiederum betreiben angewandte Vertragsforschung für private Auftraggeber und die öffentliche Hand. Die Gesellschaft erhält ebenfalls einen Globalhaushalt, der zu neunzig Prozent vom Bund und zu zehn Prozent vom jeweiligen Sitzland finanziert wird und in erfolgsabhängiger Weise an das Volumen ihrer eigenen Erträge aus der Drittmittel- bzw. Vertragsforschung gebunden ist. Diese Anreizfinanzierung macht die FhG zu einem Adressatenmodell von Forschungsorganisation, das sich hauptsächlich an der Nachfrage nach Forschungsleistungen sowie am Transfer und an der Diffusion von Technologien orientiert.

Eine Sonderrolle im außeruniversitären System nimmt die Wissenschaftsgemeinschaft Gottfried Wilhelm Leibniz e. V. (WGL) ein. Die WGL weist die größte Heterogenität unter den außeruniversitären Forschungsorganisationen auf und umfasst ein Spektrum von Einrichtungen, das von der anwendungsorientierten Grundlagenforschung bis zu Serviceleistungen für andere Forschungseinrichtungen reicht. Sie ging aus der sogen. Blauen Liste hervor, auf der Bund und Länder in den frühen 1970er Jahren alle die Einrichtungen versammelten, die keinen Platz unter dem Dach der MPG, der damaligen Großforschungszentren und der FhG fanden. Dementsprechend weist die WGL bislang einen relativ geringen Grad an organisatorischer Autonomie und strategischer Handlungsfähigkeit auf. Sie verfügt lediglich über eine Geschäftsstelle, die ihrerseits noch keine zentralisierte Kompetenz für die Finanzierung der Einrichtungen besitzt. Ihre Hauptaufgabe liegt bislang darin, die Institute, die sich unter ihrem Dach befinden, zu evaluieren und politische Entscheidungen über deren künftige Finanzierung vorzubereiten.

Aus der Sicht der Wissenschaftsorganisationen setzt die föderale Verflechtung dieses Sektors der staatlichen Politik gewissermaßen *benefical constraints*. Der Entscheidungsgrundsatz, dass keine einzelne Regierung ohne die Zustimmung anderer Regierungen handeln kann, nimmt die Forschungspolitik weitgehend von parlamentarischen und parteipolitischen Kontroversen aus. Sie verlagert ihre Formulierung und Umsetzung von der Arena der politischen Parteien auf die Ebene intermediärer Institutionen wie etwa des Wissenschaftsrates (WR) und verleiht den korporativen Akteuren in der außeruniversitären Forschung großen Spielraum zur Selbstorganisation, der es ihnen ermöglicht, kontinuierliche Forschungsstrategien und langfristig angelegte Forschungsziele zu verfolgen. Zugleich schränkt diese Konstellation das Reformpotential der staatlichen Forschungspolitik erheblich ein. Während sich die politischen Strategien des Bundes und der Länder im verflochtenen Sektor der außeruniversitären Forschung wechselseitig weitgehend blockieren, verfügen die großen deutschen Wissenschaftsorganisationen über faktische Vetopositionen, die sie zum Schutz ihrer organisatorischen Strukturen einsetzen können. Politisch induzierten Veränderungen steht aber auch entgegen, dass die staatliche Forschungspolitik schon im Vorfeld möglicher Reformen ihren Widerstand antizipiert und auf entsprechende Initiativen verzichtet.[8]

Aber auch inkrementelle Veränderungen lassen sich im System der außeruniversitären Forschung vielfach nicht oder nicht im angestrebten Umfang durchsetzen. Als Organisationen, die jeweils auf bestimmte Typen von Forschung spezialisiert sind, haben sie auch spezifische und ihrem jeweiligen Tätigkeitsfeld angepasste interne Governancestrukturen ausdifferenziert. Dies befähigt sie dazu, Effizienzvorteile zu realisieren, über die Forschungsorganisationen mit multiplen Orientierungen nicht zu verfügen scheinen[9], schafft zugleich aber auch Probleme, sich anderen Anforderungen anzupassen, als sie der jeweilige Typus von Forschung stellt, an den ihre Governancestruktur angepasst ist.

2.2   Der Entwicklungspfad

Die Genese dieser arbeitsteiligen Struktur innerhalb des außeruniversitären Forschungssystems ging nicht auf ein forschungspolitisches Konzept, sondern auf einen verfassungspolitischen Konflikt zwischen Bund und Ländern zurück, in dem sich die Strategien beider Seiten auf dem Feld der Forschungspolitik wechselseitig neu-

---

8   Robischon et al. (1995) sehen hierin einen typischen Fall der politischen Gestaltung durch „Non-decison making".
9   Krupp 1990: 124.

tralisierten. Dieser verfassungspolitische Konflikt beruhte auf einer ambivalenten Institutionalisierung der forschungspolitischen Kompetenzen nach dem Zweiten Weltkrieg, die zu einer lang anhaltenden Auseinandersetzung von Bund und Ländern um die Förderung der MPG als Rechtsnachfolgerin der bereits 1911 gegründeten Kaiser-Wilhelm-Gesellschaft (KWG) führte. Die Länder reklamierten nach dem Zweiten Weltkrieg nicht nur die Kompetenz für die Hochschulen, sondern mit Unterstützung der Alliierten auch ihre alleinige Zuständigkeit für die außeruniversitäre Forschung. Da die Förderung der MPG als eine Aufgabe von „gesamtstaatlichem Interesse" galt, entschlossen sie sich jedoch anders als im Fall der Hochschulen zu einer gemeinschaftlichen Finanzierung der Gesellschaft. Mit dem sogen. Königsteiner Abkommen erklärten sie im Jahre 1949 ihre alleinige und gemeinsame Zuständigkeit für den Sektor der außeruniversitären Forschung und erkannten dem künftigen Bund nur eine eigene Ressortforschung zu.

Der Preis, den die Länder für ihre gemeinschaftliche Zuständigkeit für die Forschungspolitik entrichteten, bestand allerdings darin, dass sie darauf verzichten mussten, in die Forschungsagenda der MPG einzugreifen. Dem korrespondierte die Förderung der Gesellschaft in Form von Globalhaushalten. Das Königsteiner Abkommen hatte zu der Situation geführt, dass der MPG als einem korporativen, nach innen und außen strategie- und handlungsfähigen Akteur elf Regierungen gegenüberstanden, die trotz divergierender Interessen zu konzertiertem Handeln gezwungen waren. Kam bereits das Abkommen selbst einem kollektiven Kraftakt gleich, so war das Konsenspotential der Länder vollends überfordert, wenn es darum ging, die Forschungsprioritäten der MPG zu bestimmen. Die Gesellschaft wiederum sah sich in der strategisch günstigen Situation, als *tertium gaudens* auf eine globale Finanzierung insistieren zu können. Nach einer Reihe von ungelösten Konflikten untereinander gewährten ihr die Länder dann ab 1951 globale Haushalte, über deren interne Allokation die Gesellschaft autonom entschied.[10]

Zugleich setzte zu dieser Zeit ein rund zwanzig Jahre anhaltender forschungspolitischer Konflikt zwischen Bund und Ländern um die Finanzierung der MPG ein, der mit der Beteiligung des Bundes am Königsteiner Staatsabkommen der Länder dann allerdings zu einem überaus stabilen und bis heute gültigen Kompromiss führte. Der Bund bestritt wie erwartet den Ländern das Recht auf ihre alleinige Kompetenz in der Forschungspolitik, sah aber angesichts der verfassungsrechtlichen Situation seine Hände gebunden, da ein entsprechendes Gesetz zur Forschungsförderung den Bundesrat hätte passieren müssen. Stattdessen entwickelt sich auch auf dem Gebiet der Forschungspolitik seit etwa Mitte der 1950er Jahre die für das politische System der Bundesrepublik Deutschland generell charakteristische Kompromisslogik des kooperativen Föderalismus. Auch und gerade in der Forschungspolitik entstand ein System von „Dotationen", mit dem der Bund den Ländern mehr und mehr „goldene Zügel" anlegte. Im Fall der MPG geschah dies mit regelmäßigen und stetig steigenden „Sonderzuwendungen" des Bundes, die zu festen Bestandteilen der Forschungsfinanzierung wurden, und in deren Folge sich die Länder nicht mehr in der Lage

10 Hohn/Schimank 1990.

sahen, die Finanzierung der Gesellschaft alleine zu bestreiten. Mit dem „Verwaltungsabkommen zwischen Bund und Ländern zur Förderung der wissenschaftlichen Forschung" stimmten sie im Jahr 1964 dem Beitritt des Bundes zum Königsteiner Staatsabkommen zu und einigten sich mit dem Bund darauf, die MPG je zur Hälfte global zu finanzieren. Das Abkommen konstituierte ein bis heute stabiles Interessengleichgewicht und zog mit Artikel 91a und b eine Grundgesetzänderung nach sich, welche u. a. die Forschungsförderung zur Gemeinschaftsaufgabe von Bund und Ländern erklärte. Diese Entwicklung fand ihren Abschluss dann im Jahr 1975 durch die bis heute gültige „Rahmenvereinbarung Forschungsförderung".[11]

Das Verwaltungsabkommen leitete zugleich auch die funktionale Gliederung des außeruniversitären Forschungssystems in Deutschland ein. Es eröffnete den großen Forschungsorganisationen die Möglichkeit sich auch ungeachtet faktischer interorganisatorischer Schnittmengen über bestimmte „Missionen" in der Grundlagenforschung oder industriellen Vertragsforschung zu definieren und gegenüber der Politik und in der Öffentlichkeit ihre jeweiligen Profile strategisch durch spezielle Alleinstellungsmerkmale voneinander abzugrenzen.

Nach dem Abschluss dieses Staatsabkommens zog sich die MPG mehr und mehr aus der angewandten Forschung zurück und unterstützte die Institutionalisierung der FhG zu einer Organisation, die sich der angewandten Forschung widmete. Eine solchermaßen „komplementäre" Einrichtung in der industrienahen Forschung konnte die MPG selbst künftig davor schützen, auf unmittelbar anwendungsorientierten Gebieten tätig werden zu müssen. Der zeitgleich erfolgende Auf- und Ausbau der kerntechnischen Forschung durch den Bund fügte sich dieser Vorstellung eines Systems von einander ergänzenden Forschungseinrichtungen. Mit der kerntechnischen Großforschung schien der Bund über ein generalisierbares Modell von Forschungsorganisation zu verfügen, das genau an den Schnittstellen zwischen der freien Grundlagenforschung und der industriellen Entwicklung angesiedelt war und eine interorganisatorische Wertschöpfungskette komplettierte, die von der Grundlagenforschung, dem ersten Entwurf von Produkten, der Entwicklung von Prototypen bis hin zu industriellen Anwendungen reichte.[12] Eine Reihe von Instituten und Einrichtungen, die sich nicht dieser Kette von spezialisierten Forschungsorganisationen zurechnen ließen, fassten Bund und Länder mit der Rahmenvereinbarung von 1975 in der Blauen Liste und heutigen WGL zusammen.

Als der Bereich, in dem er seine größte „Hausmacht" besaß, baute der Bund das Modell der Großforschung zum finanziell weitaus bedeutsamsten Organisationstypus innerhalb der außeruniversitären Forschung aus. Nachdem die Ära der Großforschung in Deutschland Anfang der 1960er Jahren mit dem Kernforschungszentrum Karlsruhe (KfK) und der Kernforschungsanlage Jülich (KfA) begonnen hatte, weitete der Bund dieses Modell im darauf folgenden Jahrzehnt zu insgesamt fünfzehn Einrichtungen auch auf Feldern wie der Informationstechnik, Krebsforschung oder Biologie aus.

11 Bentele 1979.
12 Hohn 1999.

Zugleich gab der Bund mit der sogen. „Haunschild-Doktrin"[13] nach dem Abschluss der Rahmenvereinbarung die Projektförderung als Instrument der forschungspolitischen Steuerung weitgehend preis. Mit dieser bis heute gültigen Doktrin legte er sich als Konzession an die Länder die Selbstbeschränkung auf, den Umfang der Projektförderung an den von Bund und Ländern gemeinsam finanzierten Einrichtungen gering zu halten und sie auf Ausnahmen zu begrenzen. Dies sollte verhindern, dass er gewissermaßen auf schleichendem Wege Einfluss auf die Entscheidungen dieser Einrichtungen nehmen konnte.[14]

3. Stärken und Schwächen der außeruniversitären Forschung

Was als Wertschöpfungskette gedacht war, präsentierte sich im Verlauf der späten 1980er und 1990er Jahre zunehmend als eine weitgehend segmentierte Struktur spezialisierter korporativer Akteure, unter denen insbesondere die Großforschungseinrichtungen die ihnen zugewiesene Funktion nicht erfüllen konnten. Auf dem Feld der Kernenergieforschung hatte sich das Konzept der Wertschöpfungskette durchaus bewährt. Hier existierten stabile „Lieferbeziehungen" zwischen der Grundlagenforschung und der technischen Entwicklung, die es ermöglichten, den Technologietransfer auf der Basis serieller interorganisatorischer Schnittstellen zu bewältigen.[15] Die Übertragung dieses Konzepts auf andere Forschungsfelder erwies sich jedoch vielfach als problematisch und nicht funktionstüchtig.

So geriet das Modell der Großforschung schon am Ende der 1980er Jahre in die Kritik, dem zunehmend dynamischeren technologischen Wandel nicht gewachsen zu sein. Faktisch war dieses Modell auf den Bau großer Anlagen mit hoher Fertigungstiefe zugeschnitten. Die Stärken der Großforschung liegen ihrer vertikal integrierten Struktur entsprechend in der langfristigen und kontinuierlichen *in house*-Entwicklung komplexer großtechnischer Systeme.[16] Wo es dagegen um die Bewältigung einer Vielzahl „kleinteiliger" Technologien, von raschem und diskontinuierlichem technischen Wandel und um die Kombination von heterogenem und dezentral verteiltem Wissen geht, stößt das Modell rasch an Grenzen seiner Problemlösungskapa-

---

13 Benannt nach dem damaligen Staatssekretär im Forschungsministerium des Bundes, Hans-Hilger Haunschild.
14 Es ist wenig bekannt über die Funktionsweise und Wirkung der Projektförderung des Bundes. Eine neuere Studie, die diese Problematik am Rande thematisiert, deutet aber darauf hin, dass sie als Folge der hohen institutionellen Finanzierung und Autonomie der Zuwendungsnehmer stark klientelistisch orientiert ist und oft einer Aufstockung der Grundförderung der Institute dient. Vgl. ZWM/ZEW (Hrsg.) 2007.
15 Hohn 1998.
16 Wie im Fall der Entwicklung der beiden Brutreaktoren SNR-300 und THTR, die in der Öffentlichkeit besser unter den Namen „Schneller Brüter" und „Kugelhaufenreaktor" bekannt wurden, an den beiden Großforschungseinrichtungen Kernforschungszentrum Karlsruhe (heute Forschungszentrum Karlsruhe) und an der Kernforschungsanlage Jülich (heute Forschungszentrum Jülich).

zitäten. Dies zeigte sich vor allem auf dem Gebiet der Informationstechnik, auf dem das Modell geradezu auf der ganzen Linie scheiterte.[17]

Der Verlust der „großen" integrativen Aufgaben wie des Baus von Kernreaktoren hatte zur Folge, dass die Forschungsziele, die der Bund mit diesem Modell verfolgte, zunehmend diffus wurden, sich die Zentren seit den frühen 1980er Jahren intern mehr und mehr diversifizierten und zugleich vielfach auf die Grundlagenforschung verlegten. Dennoch hielt der Bund an allen einmal gegründeten Einrichtungen einschließlich der informationstechnischen Großforschung fest.

Während die Großforschungszentren in die Kritik gerieten, „zu weit weg" vom Bedarf der Industrie zu operieren, setzte sich die FhG seit den frühen 1990er Jahren dagegen dem Vorwurf aus, „zu nahe" mit der Industrie zu kooperieren und zu starke Bindungen mit ihr einzugehen. Die FhG ist das große Erfolgsmodell des deutschen Innovationssystems. Durch die Umstellung der FhG auf das Prinzip der erfolgsabhängigen Grundfinanzierung hatte der Bund die Gesellschaft als eine bis zur Mitte der 1970er Jahre eher unbedeutende Forschungseinrichtung am Beginn der 1980er Jahre in eine prosperierende Organisation für die Vertragsforschung verwandelt und eine Wachstumsdynamik freigesetzt, die alle Erwartungen übertraf.

Die Performanz des Modells Fraunhofer beruht auf einer Kombination von dezentraler Autonomie und hierarchischer Koordination. Die Institute der FhG fungieren als *profit centers*, die am Markt für die Vertragsforschung weitgehend autonom operieren. Sie tun dies allerdings „im Schatten" einer hierarchischen Koordination durch die Zentrale, die ihre Leistungen an den Erträgen aus der Vertragsforschung bemisst und die Höhe ihrer Grundförderung von diesen Erträgen abhängig macht. Zudem verfügt die Zentrale über die Befugnis, in die Politik der Institute zu intervenieren und die Strategien und Zielvorgaben neu zu justieren, wenn das Volumen der Vertragsforschung hinter den Erwartungen zurückbleibt.[18]

Diese Governancestruktur macht die FhG zu einem Adressatenmodell von Forschungsorganisation, das sich hauptsächlich an der Nachfrage nach Forschungsleistungen sowie am Transfer und an der Diffusion von unmittelbar anwendungsbezogenen Technologien orientiert. Sie bindet die Organisation in enge Kooperationsbeziehungen mit den Anwendern ein und richtet ihre Vorhalteforschung an deren Problemen aus. Genau darin aber liegt auch eine Schwäche des Modells Fraunhofer. Das Prinzip der Anreizfinanzierung kann die Institute dazu verleiten, gewissermaßen zu viel industrielle Vertragsforschung und nicht genügend Vorlaufforschung zu betreiben und sich damit zu sehr an der industriellen Nachfrage und zu wenig an der Entwicklung neuer Produkte und Verfahren zu orientieren. Forschungspolitiker und Beobachter des deutschen Innovationssystems sahen seit dem Beginn der 1990er Jahre denn auch die Gefahr, dass sich Institute der FhG zu „verlängerten Werkbänken" der Industrie entwickelten.

Die Systemevaluationen der großen deutschen Wissenschaftsorganisationen nahmen am Ende der 1990er Jahre eine ähnlich kritische Perspektive auf das außeruni-

---

17 Hohn 1999.
18 Hohn 2006.

versitäre Forschungssystem Deutschlands ein. Im speziellen Fall der FhG bemängelte der Bericht, dass die Gesellschaft vor allem im Bereich der Informationstechnik einen zu hohen Anteil an industrieller Vertragsforschung und nicht genügend Grundlagenforschung betreibe und sich zu sehr an der industriellen Nachfrage und zu wenig an der angebotsseitigen Entwicklung neuer Produkte und Verfahren orientiere.[19] Dementsprechend wurde die Empfehlung ausgesprochen, die Grundlagenforschung innerhalb der Gesellschaft auszubauen.

Generell konstatierten die Systemevaluationen eine „Segmentierung des Wissenschafts- und Forschungssystems in Deutschland" und eine „Dominanz institutioneller Eigeninteressen".[20] Sie prägten den Begriff von der „Versäulung" der außeruniversitären Forschungslandschaft, forderten durchlässigere organisatorische Grenzen und sprachen sich für mehr Wettbewerb und Kooperation zwischen den „Säulen" des außeruniversitären Forschungssystems aus.

Das Phänomen der „Versäulung" korrespondiert eng mit dem Interesse der großen deutschen Forschungsorganisationen, einen Domänenwettbewerb zu vermeiden. Stabile Domänengrenzen versetzen sie in die Lage, Verteilungskonflikte zwischen Projekten, Instituten und Forschungsprogrammen um knappe Ressourcen organisationsintern zu regeln. Solche Grenzen schränken die zulässige Varianz und das Spektrum der Forschungsinteressen, die innerhalb einer Organisation verfolgt werden können, auf bestimmte Typen ein. Indem sie damit das Konfliktpotential um die interne Allokation der Mittel begrenzen, bilden sie zugleich eine Voraussetzung für die Handlungsfähigkeit der Forschungsorganisationen als korporative Akteure. Stabil definierte Domänen erlauben es ihnen zudem, sich in ihren jeweils intern bestimmten Zielen und Präferenzen wechselseitig zu unterstützen und eine Allianz zu bilden, die für das finanzielle Wachstum und die organisatorische Autonomie der gesamten organisierten Wissenschaft in Deutschland eintritt.[21]

4. Institutionelle Stabilität und Reformresistenzen

Tatsächlich gaben die Systemevaluationen nach einer rund dreißigjährigen Phase reformpolitischer Zurückhaltung vor allem im Bund dem Wunsch nach einer Reorganisation der organisatorischen Struktur der außeruniversitären Forschung Auftrieb. So entwickelte die Bundesregierung im Anschluss an die Evaluationen zunächst das Konzept, grundsätzlich alle Forschungsorganisationen in diesem Sektor auf eine programmorientierte Förderung umzustellen, in der keine Organisation mehr über eine bestimmte Monopolstellung, sondern nur mehr über einen entsprechenden Schwerpunkt innerhalb nationaler Forschungsprogramme verfügen sollte. Sie nahm dieses „große" Reformziel aber alsbald wieder zurück und die MPG von einer programmorientierten Förderung aus. Um grundsätzliche Veränderungen der

---

19 FhG 1998.
20 Internationale Kommission 1999: 7.
21 Mayntz/Scharpf 1990: 72.

Finanzierungsform der MPG zu bewirken, bedürfte es einer Neudefinition der forschungspolitischen Gemeinschaftsaufgaben von Bund und Ländern. Dies aber hieße gleichsam die Büchse der Pandora zu öffnen und all die föderalen Konflikte wieder heraufzubeschwören, die mit dem Staatsvertrag zwischen Bund und Ländern in der Mitte und der Änderung des Grundgesetzes am Ende der 1960er Jahre so mühsam beigelegt wurden.[22] So wurde denn auch die gemeinsame Förderung der MPG durch Bund und Länder von der Kommission zur „Modernisierung der bundesstaatlichen Ordnung" schon am Beginn der Debatte von einer möglichen Entflechtung ausgenommen.[23]

Die vom Bund verfolgte „kleinere" Lösung bestand nun darin, die programmorientierte Förderung auf den Bereich der Großforschungszentren unter dem Dach der HGF zu beschränken und zugleich die Gesellschaft für Mathematik und Datenverarbeitung (GMD) als der Großforschungseinrichtung des Bundes auf dem Gebiet der Informationstechnik mit der FhG zu fusionieren.[24]

Die Einführung der Programmorientierten Förderung für die Großforschungseinrichtungen läuft darauf hinaus, das Modell der staatlich geplanten *Big Science* mit seiner vertikal integrierten *in house production* auf eine interorganisatorische Matrixstruktur mit mittelfristigen Kooperationsprojekten umzustellen, um die die Forschungszentren bzw. ihre Abteilungen und Institute untereinander in Wettbewerb stehen. Dazu hat der Bund eine neue Steuerungsebene im Bereich der Großforschung geschaffen und das Präsidium und den Senat der HGF zu Koordinationsinstanzen für zentrenübergreifende Forschungsprogramme ausgestaltet, über deren Ausgestaltung durch *evaluation panels* im Rhythmus von fünf Jahren entschieden wird.

Eine Bewertung dieser evaluationsgesteuerten Form von Forschungsförderung steht noch weitgehend aus. Eine erste Untersuchung zu ihrer konzeptionellen Entwicklung, Operationalisierung und administrativen Umsetzung kommt allerdings zu dem Ergebnis: „In der Ausgangssituation der Reform zeichnen die Machtverhältnisse geradezu idealtypisch das System des kooperativen Föderalismus in Deutschland nach, in welchem dem Staat nur eine semi-souveräne Machtposition zukommt".[25] Als Folge der Vielzahl der am Prozess der beteiligten Akteure und ihrer heterogenen Interessen sind auf der Leitungsebene der HGF eine „ausgeweitete Gremienstruktur" und „ein erhöhter Aufwand und Reibungsverluste zu verzeichnen".[26] Ein weiteres Problem besteht in den ambivalenten und sich überschneidenden Zuständigkeiten, die durch die Reform auch auf der Ebene der Zentren selbst geschaffen wurden. Die Reorganisation der HGF hat die rechtliche Selbständigkeit der Zentren intakt gelassen und zugleich eine Art Nebenhierarchie in den Einrichtungen installiert. Dies gibt

---

22 Die Ministerpräsidenten aller Länder sprachen sich angesichts der Gefahr eines Wiederauflodems der Konflikte einstimmig für eine Beibehaltung des „bewährten" Modells der Gemeinschaftsfinanzierung der großen Forschungsorganisationen aus.
23 Vgl. Scharpf 2004.
24 Hohn 2006.
25 Helling-Moegen 2008: 167.
26 Helling-Moegen 2008: 167.

vielfach Anlass zu Konflikten zwischen dem Präsidium und den Vorständen der Zentren bei der Umsetzung der Programme und belässt Letzteren zugleich große Spielräume zur Verteidigung ihrer Autonomie und für das Unterlaufen externer Vorgaben. Ähnliches gilt für die Ebene der einzelnen Institute und Forschergruppen, die sich häufig dem Wettbewerb zu entziehen suchen oder Scheinkooperationen eingehen. Es gibt auch bislang keine Anzeichen dafür, dass sich im Zuge der Programmorientierten Förderung eine nennenswerte Umschichtung der finanziellen Mittel zwischen den Zentren eingestellt hätte.[27] Die Frage, ob dieses reformpolitische Konzept dazu in der Lage ist, mehr Wettbewerb und Kooperation unter den Zentren zu mobilisieren oder weitgehend ins Leere läuft, lässt sich derzeit allerdings nicht sicher beantworten und muss Gegenstand künftiger Untersuchungen sein.

Die politische Entscheidungslogik des semi-souveränen Staates unterlag auch der Versuchung, die Organisation der informationstechnischen Forschung in Deutschland durch die Fusion der GMD mit der FhG zu reformieren. Mit dieser Fusion verfolgte die Forschungspolitik das Ziel, die Stärken beider Organisationen miteinander zu verbinden und ihre Schwächen zu kompensieren. Im Verlauf ihrer rund dreißigjährigen Existenz hatte sich die GMD weitgehend von einer marktorientierten Forschung entfernt und stattdessen hohe Kompetenzen in der informationstechnischen Grundlagenforschung erworben. Ihre Fusion mit der FhG sollte nun einerseits dazu dienen, die GMD in höherem Maße am Markt zu orientieren und andererseits ganz im Sinne der Empfehlungen der Systemevaluation die Grundlagenforschung in der FhG zu stärken. Die FhG sollte durch die Fusion auf ein Portfolio-Modell von Forschungsorganisation umgestellt werden, das unterschiedliche Institutstypen mit unterschiedlichen Anteilen an Grundförderung und damit an Grundlagenforschung umfasste.

Da eine solche differenzierte Institutsstruktur aber interne Verteilungskonflikte innerhalb der FhG heraufbeschworen hätte, traf die Reform auf einen entschiedenen Widerstand der Gesellschaft. Die FhG widersetzte sich von Beginn an einer Fusion unter Gleichen und verfügte faktisch auch über die Möglichkeit, eine solche Fusion abzuwenden, indem sie den Beistand der Länder mobilisierte. Die Länder befürchteten ihrerseits, dass sich der Bund durch die Reform einen stärkeren Einfluss auf die Forschungsagenda der FhG zu verschaffen suchte, und legten ihr Veto gegen ein Portfoliomodell ein. Nach einem etwa zwei Jahre andauernden Konflikt vollzog sich die Eingliederung der GMD in die FhG schließlich zu den Konditionen und unter der Federführung der FhG. Die früheren GMD-Institute weichen in ihren Akquisitions- und Forschungsstrategien heute nicht mehr von der Norm des Modells Fraunhofer ab.[28]

---

27 Helling-Moegen 2008: 174.
28 Hohn 2006.

5. Wandel der Governancestrukturen

An dem gescheiterten Versuch, die FhG auf ein Portfolio-Modell umzustellen, manifestierte sich einmal mehr die Vetomacht der großen deutschen Wissenschaftsorganisationen gegenüber der Forschungspolitik. Gleichwohl haben diese Organisationen in den vergangenen Jahren im Rahmen von Prozessen der Selbstorganisation und Selbstanpassung inkrementelle An- und Umbauten an ihren Governancestrukturen mit dem Ziel vorgenommen, ihre Wettbewerbs- und Kooperationsfähigkeit auszubauen. Diese Prozesse laufen auf eine Art defensive Vorwärtsstrategie hinaus, durch die sie den Forderungen der Forschungspolitik ein Stück weit entgegenkommen und zugleich die Kontrolle über den institutionellen Wandel bewahren. Parallel dazu hat die staatliche Forschungspolitik insbesondere mit dem Pakt für Forschung und Innovation I und der Exzellenzinitiative neue Maßnahmen ergriffen, die dazu dienen sollen, diesen selbstorganisierten Wandel zu forcieren. Diese neuen Maßnahmen setzen auf „weiche" Instrumente und Anreize statt auf unilaterale Interventionen in die Governance der Einrichtungen.

5.1 Wandel durch Selbstanpassung

Diese Strategie der selbstkontrollierten Reorganisation ihrer Governancestruktur machte sich im Anschluss an ihre Fusion mit der GMD auch die FhG zu eigen. Nachdem sie die Umstellung auf ein Portfolio-Modell erfolgreich abgewehrt hatte, entwickelte die FhG einen organisationsinternen Lösungsansatz für das von den Systemevaluationen monierte Problem der „Überakquisition" von industriellen Aufträgen, das aus ihrer Sicht mit der Governancestruktur der Gesellschaft verträglicher war als das von der Bundesregierung favorisierte Konzept. Statt auf eine differenzierte Grundförderung der Institute setzte sie auf eine Strategie der Vereinheitlichung des Akquisitionsverhaltens ihrer Einrichtungen. Die FhG hat die lineare Koppelung der Grundförderung an die Erträge aus der Vertragsforschung durch eine Regelung ersetzt, die sowohl zu niedrige als auch zu hohe Anteile der Vertragsforschung am Haushalt eines Instituts negativ sanktioniert. Das Ziel dieser Reformmaßnahme besteht darin, ein stabiles Gleichgewicht von industrieller Vertrags- und institutseigener Vorlaufforschung zu schaffen. Ob dieses modifizierte Finanzierungssystem das Problem einer zu schwach institutionalisierten Grundlagenforschung innerhalb der FhG tatsächlich zu lösen vermag, lässt sich derzeit noch nicht mit Sicherheit sagen.

Zudem hat die FhG im Anschluss an die Fusion sogen. „Forschungsverbünde" geschaffen und Institute, die auf benachbarten Feldern angesiedelt sind, zu internen Clustern zusammengefasst. Diese Verbundstruktur soll dazu dienen, ihnen die Abstimmung und Koordination ihrer Forschungs- und Akquisitionsstrategien untereinander zu erleichtern, ihre Forschungsaktivitäten stärker zu vernetzen und sie im besten Fall zu einer gemeinsamen Vorlaufforschung zu befähigen. In welchem Maße dies gelingt, ist derzeit eine empirisch noch weitgehend offene Frage. Das Präsidium der FhG hat die Verbünde zum Teil gegen den Widerstand von Instituten eingerichtet, die um ihre Autonomie fürchteten. Tatsächlich scheint dieser Strategie einer hierarchisch koordinierten Vernetzung der Institute auf verschiedenen Feldern auch unterschiedlicher Erfolg beschieden zu sein. Diese Strategie scheint sich vor allem in der Materialforschung zu bewähren, wo sich die Institute entlang von Wertschöpfungsketten organisieren können, für die sie komplementäre Technologien bereitstellen. Als problematischer erweist sich die Verbundstruktur aber etwa in der Informationstechnik, in der die einzelnen Einrichtungen stärker in Wettbewerb miteinander stehen bzw. voneinander unabhängige Forschungs- und Akquisitionsstrategien verfolgen. Möglicherweise werden sich künftig differenzierte Lösungen für die Kooperationsprobleme der Institute innerhalb der FhG entwickeln.

Ein ungelöstes Problem für die FhG aber besteht vor allem darin, dass sie ihr Domänenmonopol in den vergangen Jahren streckenweise eingebüßt hat. Viele Einrichtungen der WGL und HGF operieren seit einigen Jahren ebenfalls auf den Märkten für die öffentliche und industrielle Vertragsforschung und haben sich zu Konkurrenten von Fraunhofer-Instituten entwickelt.[29] Nicht selten entsteht durch den zunehmenden Wettbewerb der Forschungsorganisationen um Drittmittel zudem ein nicht gedeckter Bedarf an interorganisatorischer Koordination und Kooperation. So gibt es heute eine Vielzahl von Projekten, in denen Fraunhofer-Institute und Helmholtz-Zentren parallel ein und dieselbe Technologie entwickeln. Die organisatorischen Grenzen der Einrichtungen stehen aber einer Koordination dieser Projekte entgegen.

Auch innerhalb der MPG hat sich ein partieller Wandel vollzogen. Die Gesellschaft war weder Gegenstand spezieller forschungspolitischer Reformmaßnahmen noch hat sich an ihrer auf Autonomie und wissenschaftliche Exzellenz ausgerichteten Strategie grundsätzliches geändert. Gleichwohl hat sie dem Reformdruck, der etwa seit der zweiten Hälfte der 1990er Jahre auf ihr lastete, in mehrfacher Hinsicht nachgegeben. Die MPG reagierte auf die Systemevaluationen zunächst einmal mit symbolischer Politik und mit einem Ausbau ihrer Öffentlichkeitsarbeit, in der sie die praktische Relevanz und wirtschaftliche Bedeutung ihrer Forschungsaktivitäten zunehmend hervorgehoben hat.

Zugleich aber hat sie ihre Kooperation mit den Universitäten vor allem durch die derzeit rund 50 *research schools* kontinuierlich erweitert. Neben der Doktorandenförderung in diesen gemeinsam mit den Hochschulen betriebenen Graduiertenkollegs hat sie ihre Vernetzung mit den Universitäten auch im Rahmen von Sonderforschungsbereichen der DFG ausgebaut. Seit dem Jahr 2004 hat die MPG darüber hinaus einen Gesprächskreis mit Repräsentanten der FhG etabliert, dessen Ziel darin besteht, in der „Grundlagenforschung gewonnene Erkenntnisse zur Anwendung zu führen und damit einen direkten Beitrag zur Entwicklung neuer Technologien zu leisten".[30] Allerdings beschränken sich die bislang 15 Kooperationsprojekte der

---

29 Heinze/Arnold 2008.
30 MPG 2007: 72.

MPG und FhG auf eher punktuelle Kooperationen, die zudem nicht immer von Erfolg gekrönt sind.[31]

Zeitgleich mit diesen Entwicklungen hat die Ausweitung der europäischen Forschungspolitik eine Reihe der Max-Planck-Institute näher an anwendungsbezogene Forschungsthemen gerückt. Der Anteil der Drittmittel am Haushalt der MPG ist von rund 10 Prozent im Jahr 1998 auf knapp 15 Prozent im Jahr 2007 angestiegen.[32] Die Gesellschaft weist damit im Vergleich zu ihren Nachbarorganisationen in der außeruniversitären Forschung nach wie vor den geringsten Anteil an Drittmitteln auf. Das Wachstum der Drittmittel aber geht neben ihren Beteiligungen an Sonderforschungsbereichen der DFG vor allem darauf zurück, dass eine kleine Zahl von biotechnologischen und materialwissenschaftlichen Instituten in den vergangenen Jahren zunehmend Forschungsgelder aus den Rahmenprogrammen der Europäischen Union eingeworben haben und sich derzeit neun Institute zum Teil mehr als zur Hälfte durch Drittmittel finanzieren.[33]

Diese Entwicklung hat sich im Wesentlichen *bottom up* vollzogen und durchaus Ambivalenzen in die MPG hineingetragen. Es liegt im Interesse der Institute, sich dem Wettbewerb auf der europäischen Ebene zu stellen, wenn sie ihre wissenschaftliche Reputation und Position erhalten wollen. Der MPG eröffnen sich damit neue finanzielle Spielräume, die die Folgen des „Geleitzugprinzips",[34] die aus der gemeinschaftlichen Förderung durch Bund und Länder herrühren, ein Stück weit außer Kraft setzen. Zugleich aber wird innerhalb der Gesellschaft zwischen den Instituten und Institutsabteilungen kritisch diskutiert, dass sich die Drittmittelforschung gewissermaßen als Einfallstor für eine zunehmend externe Bestimmung der Forschungsagenda der MPG erweisen könnte. Über die interne Funktionsweise der drittmittelstarken Einrichtungen ist allerdings zu wenig bekannt, als dass sich bereits die These wagen ließe, mit ihrer Öffnung für die europäische Forschungsförderung sei ein neuer Institutstypus innerhalb der MPG entstanden.

Die Leitung der Gesellschaft nimmt in diesem Zusammenhang die defensive Position ein, dass „die Direktoren von Max-Planck-Instituten das Recht besitzen, keine Drittmittel einzuwerben."[35] Sie betrachtet diese Entwicklung umso skeptischer, als sie ihre bislang unbestrittene Domäne in der Grundlagenforschung auch von außen bedroht sieht. So wie der FhG durch Institute der WGL und HGF auf den Märkten der Vertragsforschung Konkurrenz erwachsen ist, haben sich andere Einrichtungen dieser beiden Organisationen mittlerweile fest in der Grundlagenforschung positio-

---

31 Heinze/Kuhlmann 2007.
32 MPG 1999, 2007.
33 So auch Heinze/Arnold 2008.
34 So wie in einem Geleitzug das langsamste Schiff die Geschwindigkeit des gesamten Verbandes bestimmt, bremst im Prinzip das finanzschwächste Land das Wachstum der institutionellen Förderung der MPG aus.
35 So ein Repräsentant der Gesellschaft im Interview.

niert und sind in ihrer Forschungsausrichtung kaum mehr von Max-Planck-Instituten zu unterscheiden.[36]

5.2 Neue forschungspolitische Instrumente und ihre Folgen

Parallel zu diesen Entwicklungen hat auch die staatliche Forschungspolitik mit dem Pakt für Forschung und Innovation einen neuen Weg eingeschlagen, um mehr Wettbewerb und Kooperation innerhalb des deutschen Forschungssystems durchzusetzen. Der Pakt für Forschung und Innovation läuft konzeptionell und der Form nach auf ein Anreizsystem hinaus. Bund und Länder haben den Wissenschaftsorganisationen künftige Haushaltszuwächse von drei Prozent zugesagt, wenn sie erwartete und vereinbarte Reformziele erfüllen. Dazu erstellen die Forschungsorganisationen jährliche Berichte an die Gemeinsame Wissenschaftskonferenz von Bund und Ländern (GWK),[37] die einer vergleichenden Evaluation ihrer Aktivitäten dienen und „für die jeweilige finanzielle Ausstattung, insbesondere für die Höhe des jährlichen Aufwuchses und der denkbaren Differenzierung zwischen den Organisationen, von Bedeutung sein" sollen.[38]

Mit dieser neuen Maßnahme scheint die staatliche Forschungspolitik eine Konsequenz aus den gescheiterten Versuchen gezogen zu haben, auf direktem Weg in die Governancestrukturen der großen deutschen Forschungsorganisationen zu intervenieren. Der Pakt ist ein „weiches" Steuerungsinstrument, das darauf abzielt, die Kooperationsbereitschaft der forschungspolitischen Adressaten zu steigern und durch Selbstverpflichtungen und Selbstanpassungen der großen deutschen Forschungsorganisationen einen Wandel in den intra- und interorganisatorischen Governancestrukturen des außeruniversitären Forschungssystems zu induzieren. Ob er tatsächlich eine wirksame Anreizstruktur darstellt, ist fraglich. Angesichts der Konsenszwänge, mit denen sich eine föderale Institution wie die GWK konfrontiert sieht, kommen Zweifel daran auf, ob sie tatsächlich dazu in der Lage ist, durch differenzierte Haushaltszuwächse positive oder negative Sanktionen über die Forschungsorganisationen zu verhängen. Zudem verfügt die GWK über keine klar operationalisierbaren Erfolgskriterien und -indikatoren und kann nur in einem sehr allgemeinen Sinne eine Erfolgskontrolle ausüben.

Gleichwohl kann sich auch ein solchermaßen „weiches" Instrument als durchaus effektiv erweisen. Mit der Unterzeichnung des Paktes haben die großen Forschungsorganisationen, wenn zum Teil auch widerstrebend und mit Vorbehalten, grundsätz-

---

36 In den Jahren 2007 und 2008 gingen erstmals Nobelpreise in Physik und Medizin an Forscher aus Helmholtz-Zentren (Forschungszentrum Jülich und Deutsches Krebsforschungszentrum).
37 Die GWK wurde als Nachfolgeorganisation der Bund-Länder-Kommission für Bildungsplanung und Forschungsförderung (BLK) im Rahmen der Föderalismusreform von den Regierungschefs des Bundes und der Länder eingesetzt und hat mit Beginn des Jahres 2008 ihre Arbeit aufgenommen.
38 GWK 2008: 2.

lich dem Ziel zugestimmt, die segmentierte Struktur des deutschen Forschungssystems und das Nebeneinander der Einrichtungen zu überwinden. Dies erschwert es ihnen, ihre „Alleinstellungsmerkmale" und Domänen zu behaupten und sich wechselseitig gegeneinander abzugrenzen. Das mit viel Aufwand betriebene vergleichende jährliche „Monitoring" ihrer „Fortschritte" auf dem Weg zu mehr Wettbewerb und Kooperation strukturiert Erwartungen und begünstigt das Entstehen von Gelegenheitsstrukturen für eine „positive Koordination"[39] der Organisationen untereinander. In verhandlungstheoretischen Termini formuliert, kann dieses neue Arrangement dazu beitragen, positionsorientiertem Verhandeln im organisatorischen Eigeninteresse entgegenzuwirken und in ein verständigungs- und kompromissorientiertes *arguing* zu überführen.[40]

Obwohl es nach einer erst zweijährigen Laufzeit des Paktes für Forschung und Innovation nicht möglich ist, seine Auswirkungen bereits präzise zu bestimmen, scheint die Behauptung nicht zu kühn, dass er im Begriff ist, genau diesen Entwicklungspfad einzuschlagen. So konstatiert der Monitoring-Bericht der GWK: „Die Wissenschaftsorganisationen haben mit beträchtlichem Engagement eine Vielzahl von Fördermaßnahmen, strategischen Prozessen und Kooperationsverfahren entwickelt, mit denen sie die Ziele des Paktes für Forschung und Innovation verfolgen".[41] Ob und wie diese Maßnahmen, Prozesse und Verfahren im Einzelnen im Zusammenhang mit dem Pakt stehen, lässt sich freilich nicht mit Sicherheit ermitteln. Man darf aber annehmen, dass er ein *framing* begünstigt, das die Forschungsorganisationen dazu veranlasst, in stärkerem Maße, als dies in der Vergangenheit geschehen ist, forschungspolitische Relevanzkriterien zu berücksichtigen.

Sehr viel deutlicher zeichnen sich dagegen die Folgen der Exzellenzinitiative ab. Diese Initiative lief in ihren ersten beiden Runden auf ein Anreizprogramm hinaus, das in erster Linie darauf abzielte, Wettbewerb an den Universitäten zu mobilisieren und eine Leistungsdifferenzierung innerhalb der Hochschullandschaft zu induzieren. I. S. einer durchaus erwünschten Nebenfolge hat sie aber auch mobilisierende Auswirkungen auf das außeruniversitäre Forschungssystem. Die außeruniversitären Forschungseinrichtungen waren nicht zu Anträgen berechtigt, konnten aber im Rahmen von Kooperationsprojekten mit den Hochschulen und Universitäten an der Exzellenzinitiative teilnehmen. Dies hat in einem so nicht vorausgesehenen Maße sowohl zu einem Wettbewerb zwischen den Universitäten und außeruniversitären Forschungseinrichtungen als auch unter den großen Wissenschaftsorganisationen geführt und ihre Vernetzung über die bestehenden föderalen Grenzen hinweg vorangetrieben.[42] Alle außeruniversitären Forschungsorganisationen haben sich mit insgesamt 113 Einrichtungen an der Exzellenzinitiative beteiligt.[43]

---

39 Mayntz/Scharpf 1975; Scharpf 2000: 225 ff.
40 Vgl. zu dieser Logik Benz 2007: 111 f.
41 GWK 2008: 2.
42 DFG/WR 2008.
43 GWK 2008: 7.

Die wohl wichtigste Folge der Exzellenzinitiative aber besteht darin, dass sie eine Reihe von Allianzen zwischen universitären und außeruniversitären Forschungseinrichtungen hervorgebracht hat, die dauerhafte Kooperationsformen anstreben und zum Teil auch bereits eingegangen sind. Im Einzelnen betrifft dies das Deutsche Krebsforschungszentrum (DKFZ) und das Zentrum für Molekulare Biologie der Ruprecht-Karls-Universität Heidelberg (ZMBH), das Forschungszentrum Karlsruhe (FZK) und die Technische Universität Karlsruhe (TH) sowie das Forschungszentrum Jülich (FZJ) und die Rheinisch Westfälische Technische Hochschule Aachen (RWTH). Diese drei Allianzen beschreiten unterschiedliche organisatorische und rechtliche Wege mit dem jeweils gleichen Ziel, durch die Überwindung der föderalen Grenzen des deutschen Forschungssystems eine kritische Masse an Ressourcen aufzubauen, die es ihnen erlaubt, sich als *global player* zu positionieren.

Die DKFZ-ZMBH-Allianz besitzt keine eigenständige rechtliche Struktur, sondern wird durch ein gemeinsames Leitungsgremium des Forschungszentrums und der Universität koordiniert, das über die Vergabe von Forschungsprojekten aus einem Förderprogramm, an dem sich beide Partner beteiligen, entscheidet. Die Federführung liegt bei dieser Allianz klar beim DKFZ als der weitaus größeren Forschungsorganisation, während dem ZMBH gewissermaßen die Rolle eines *Junior Partners* zukommt. Der Schwerpunkt dieser strategischen Kooperation liegt auf der Grundlagenforschung im Bereich der molekularen und zellulären Lebenswissenschaften, in dem die Allianz eine führende Position auf der europäischen Ebene anstrebt.

Dagegen geht es beim Zusammenschluss des FZK mit der Technischen Universität Karlsruhe (TH) zum *Karlsruhe Institute of Technology* (KIT) um eine vollständige organisatorische Fusion beider Einrichtungen, durch die sie auf der Grundlage einer entsprechenden rechtlichen Regelung des Bundes und des Landes Baden-Württemberg in eine Körperschaft des öffentlichen Rechts überführt werden. Auch in diesem Fall besteht das primäre Ziel der Fusion darin, auf ausgewählten Forschungsfeldern die Performanz beider Organisationen im europäischen und internationalen Wettbewerb zu steigern.

Diesem Ziel folgt ebenfalls die *Jülich Aachen Research Alliance* (JARA) als der derzeit dritte Weg, den das FZJ und die RWTH Aachen zur Überwindung der föderalen Grenzen des deutschen Forschungssystems eingeschlagen haben. Mit JARA streben das Helmholtzzentrum und die Technische Hochschule explizit keine Fusion an. JARA schafft vielmehr einen formalen Rahmen für Kooperationen, in denen die beiden Partner selektiv ihre jeweiligen Stärken zu bündeln suchen und zu diesem Zweck eigenständige GmbHs gründen, an denen sie je zur Hälfte beteiligt sind.

Alle diese Allianzen sind *bottom up* im Zuge der Exzellenzinitiative des Bundes auf der Basis zunächst zeitlich befristeter Kooperationen entstanden, schicken sich aber nun an, einen völlig neuen Typus von Forschungsorganisation innerhalb des deutschen Innovationssystems zu etablieren. Wenn diese neuen Initiativen funktionstüchtige Strukturen hervorbringen, könnten sie in der Tat Modellcharakter gewinnen und zum Vorbild für viele weitere Koalitionen und Allianzen zwischen universitären und außeruniversitären Forschungsorganisationen werden.

Angesichts der institutionellen Hürden, die dem im Wege stehen, ist es allerdings ungewiss, ob und in welchem Maße ihnen Erfolg beschieden sein wird. So sind Interessenkollisionen mit der programmorientierten Förderung vielfach nicht auszuschließen. Darüber hinaus hat insbesondere das Modell KIT mit einer Reihe von gewichtigen Problemen zu kämpfen. Bund und Land haben zwar die rechtlichen Grundlagen für die Fusion gelegt, dies aber nur zögerlich und nach einer anfänglich ablehnenden Haltung gegenüber der Zusammenführung beider Einrichtungen, da sie jeweils um ihre Rolle als deren „Hausherren" fürchteten.[44] Es bleibt fraglich, wie weit ihre Kooperationsbereitschaft in Zukunft reicht. Mit dem KIT entsteht zudem ein sehr komplexes organisatorisches Gebilde, das einen hohen Koordinationsaufwand erforderlich macht, da es die unterschiedlichen Strukturen einer zentral geführten Großforschungseinrichtung und einer dezentral organisierten Landesuniversität integrieren muss. Zugleich sind das FZK und die Technische Universität weiterhin dazu gezwungen, getrennte Haushalte zu führen. Die Frage, ob und in welchem Maße dies die Integration beider Einrichtungen beeinträchtigt, ist derzeit noch völlig offen. Schließlich weckt die Fusion Befürchtungen, dass dieser Prozess Gewinner und Verlierer hervorbringt, indem einzelne Arbeitsgruppen, Abteilungen oder Institute zugunsten anderer verkleinert oder aufgelöst werden. Dementsprechend trifft sie unter den Mitarbeitern vielfach auf Skepsis.

Dagegen scheinen das FZJ und die RWTH Aachen mit JARA und der selektiven Kombination ihrer jeweiligen Stärken in eigens dafür gegründeten und gemeinsam betriebenen GmbHs einen weniger steinigen Weg eingeschlagen zu haben. JARA läuft auf ein interorganisatorisches Arrangement hinaus, mit dem das Helmholtzzentrum und die Hochschule den Versuch unternehmen, ihre Eigenständigkeit jeweils zu erhalten und zugleich *Win-win*-Spiele zwischen beiden Partnern zu ermöglichen. Dieses Modell lässt die unterschiedlichen Organisationsstrukturen beider Einrichtungen grundsätzlich intakt, vermeidet damit die potentiellen Konflikte einer Fusion und bietet zugleich eine relativ simple und funktionstüchtige Lösung für das Problem der Rechnungslegung. Um die föderalen Grenzen formal korrekt zu umgehen, genügt es, dass das FZJ und die Technische Hochschule die gemeinsam errichteten GmbHs je zur Hälfte finanzieren.

Der Bund und das Land Nordrhein-Westfalen haben JARA geradezu mit Enthusiasmus aufgenommen, gewähren der Allianz große Unterstützung und haben sie zum Vorbild für andere Forschungseinrichtungen erklärt.[45] In den Augen ihrer Protagonisten steht bereits fest: „Die Versäulung (…) ist gestoppt, Fusionen zwischen Universitäten und Forschungszentren könnten schon bald an der Tagesordnung sein".[46]

---

44 „Weder der Bund noch das Land zeigten sich allzu begeistert, dem jeweils anderen ein Mitspracherecht in der eigenen Forschungseinrichtung zuzugestehen.".(Nitsche 2009: 7)
45 FZJ 2008: 19.
46 Die ZEIT v. 2.8.2007, Nr. 32.

6. Schlussbemerkung

Nach einer rund dreißigjährigen Phase hoher institutioneller Stabilität ist das deutsche Forschungssystem in Bewegung geraten. Noch über das Ende der 1990er Jahre hinaus schien keine Alternative zu der versäulten Struktur dieses Systems zu bestehen. Dem stabilen Interessengleichgewicht, das Bund und Länder mit der Rahmenvereinbarung im Jahr 1975 besiegelt hatten, entsprach ebenso stabiler Konsens über die jeweiligen Domänen der außeruniversitären Forschungseinrichtungen. Dies schloss Wettbewerb und Kooperation unter diesen Einrichtungen weitgehend aus. Die Forschungspolitik hatte diese sorgsam abgegrenzten Domänen zu respektieren und neue Programme an ihnen auszurichten. Dies hat innovative Kooperationsformen und Vernetzungen unter den außeruniversitären Forschungsorganisationen nicht gänzlich ausgeschlossen, aber doch auf besondere Gelegenheitsstrukturen und temporäre Kooperationen reduziert. Die deutsche Forschungspolitik war „partizipatorisch" und „konsensuell" strukturiert[47] und musste insbesondere darauf verzichten, neue Akteure ins Spiel zu bringen, die in Konkurrenz zu den etablierten Einrichtungen hätten treten können.

Diese Charakterisierung der deutschen Forschungspolitik trifft auch heute noch grundsätzlich zu. Veränderungen in den Governancestrukturen der großen deutschen Forschungsorganisationen lassen sich nicht gegen den Willen, sondern stets nur im Einverständnis mit diesen Organisationen durchsetzen. Die staatliche Forschungspolitik ist auch in jüngerer Zeit mit Versuchen, mehr Wettbewerb und Kooperation unter den großen Forschungsorganisationen zu schaffen, an deren Widerstand und Veto gescheitert. Zugleich aber ist die strikte Ordnung, die das System der außeruniversitären Forschung noch am Ende der 1990er Jahre besaß, an vielen Stellen und zum Teil durch unintendierte Entwicklungen erodiert.

In den vergangen rund zehn Jahren sind die großen Forschungsorganisationen partiell in einen Domänenwettbewerb eingetreten und haben ihre Domänengrenzen zugleich durchlässiger gestaltet. Als Folge der gewandelten Bedingungen der wissenschaftlichen Entwicklung und eines immer intensiveren Wettbewerbs um Ressourcen und Reputation haben sie Strategien der Selbstanpassung und des selbstkontrollierten Wandels ergriffen. Sie suchen den neuen Herausforderungen mit inkrementellen An- und Umbauten an ihren institutionellen Strukturen zu begegnen, die sie zu begrenztem Funktionswandel befähigen, ihre Identität aber nicht grundsätzlich in Frage stellen.

Zugleich hat die staatliche Forschungspolitik insbesondere mit dem Pakt für Forschung und Innovation und der Exzellenzinitiative neue und „weiche" Instrumente einer indirekten und auf Anreizen basierenden Einflussnahme auf die intra- und interorganisatorischen Governancestrukturen innerhalb des deutschen Forschungssystems hervorgebracht. Diese neuen Instrumente erschweren es den außeruniversitären Forschungsorganisationen, ihre traditionellen Domänen zu verteidigen, binden sie in Kooperationszwänge ein und haben sie in erheblichem Maße unter Wettbe-

---

47 Mayntz/Scharpf 1990: 79.

werbsdruck gesetzt. Eine zunächst unbeabsichtigte, aber vielfach begrüßte Folge der Exzellenzinitiative besteht zudem darin, dass sich mit ihr *bottom up* – durch neue Allianzen zwischen universitären und außeruniversitären Forschungseinrichtungen – ein neuer Typus von Akteur formiert, der in Konkurrenz zu den etablierten Organisationen tritt. Auch wenn diesen neuen Allianzen zum Teil beachtliche Hürden im Wege stehen, so zeigen sie doch deutlich, dass die institutionellen Grenzen des deutschen Forschungssystems in zunehmendem Maße als Fesseln empfunden werden und einem wachsenden Veränderungsdruck „von unten" ausgesetzt sind.

Literatur

Bentele, Karlheinz, 1979: Kartellbildung in der Allgemeinen Forschungsförderung, Meisenheim am Glan: Anton Hain.

Benz, Arthur, 2007: Verhandlungen. In: Benz, Arthur et al. (Hrsg.), Handbuch Governance: Theoretische Grundlagen und empirische Anwendungsfelder, Wiesbaden, VS, 106-118.

DFG/WR 2008: Bericht der gemeinsamen Kommission zur Exzellenzinitiative an die GWK, Bonn. Quelle: http://www.dfg.de.

FZJ 2008: Forschungszentrum Jülich, Jahresbericht 2008.

FhG 1998: Systemevaluierung der Fraunhofer-Gesellschaft. Bericht der Evaluierungskommission, München: Fraunhofer-Gesellschaft.

GWK 2008: Pakt für Forschung und Innovation, Monitoring 2008. Quelle: http://www.gwk-bonn.de.

Helling-Moegen, Sabine, 2008: Die programmorientierte Förderung in der Helmholtz-Gemeinschaft: Anatomie einer Reform – Prozessbeschreibung und Bestandsaufnahme, Diss.: DHV Speyer.

Heinze, Thomas/Arnold, Natalie, 2008: Governanceregimes im Wandel. Eine Analyse des außeruniversitären, staatlich finanzierten Forschungssektors in Deutschland. In: KZfSS 60, 678-722.

Heinze, Thomas/Kuhlmann, Stefan, 2007: Analysis of Heterogeneous Collaboration in the German Research System with a Focus on Nanotechnology. In: Jansen, Dorothea (Hrsg.), New Forms of Governance in Research Organizations: Disciplinary Approaches, Interfaces and Integration, Berlin: Springer, 189-209.

Hohn, Hans-Willy, 1998: Kognitive Strukturen und Steuerungsprobleme der Forschung. Kernphysik und Informatik im Vergleich. Frankfurt a. M./New York: Campus.

Hohn, Hans-Willy, 1999: Big Science als angewandte Grundlagenforschung. Probleme der informationstechnischen Großforschung im Innovationssystem der „langen" siebziger Jahre. In: Ritter, Gerhard/Szöllösi-Janze, Margit/Trischler, Helmuth (Hrsg.), Antworten auf die amerikanische Herausforderung. Forschung in der Bundesrepublik und der DDR in den „langen siebziger Jahren", Frankfurt a. M./New York: Campus, 50-80.

Hohn, Hans-Willy, 2006: Der kooperative Kapitalismus und sein Forschungssystem – Governance und Reformresistenz in der informationstechnischen Forschung. In: Brinkmann, Ulrich/Krenn, Karoline/Schief, Sebastian (Hrsg.), Endspiel des Kooperativen Kapitalismus – Institutioneller Wandel unter den Bedingungen des marktzentrierten Paradigmas, Wiesbaden: VS, 76-97.

Hohn, Hans-Willy/Schimank, Uwe, 1990: Konflikte und Gleichgewichte im Forschungssystem. Akteurkonstellationen und Entwicklungspfade in der staatlich finanzierten außeruniversitären Forschung, Franfurt a. M./New York: Campus.

Internationale Kommission, 1999: Forschungsförderung in Deutschland. Bericht der internationalen Kommission zur Systemevaluation der Deutschen Forschungsgemeinschaft und der Max-Planck-Gesellschaft. Studie im Auftrag der Bund-Länder-Kommission für Bildungsplanung und Forschungsförderung (BLK). Hannover: VolkswagenStiftung.

Katzenstein, Peter J., 1987: Policy and Politics in West Germany. The Growth of a Semi-Sovereign State. Philadelphia: Temple University Press.

Kuhlmann, Stefan/Schmoch, Ulrich/Heinze, Thomas, 2003: Governance der Kooperation heterogener Partner im deutschen Forschungs- und Innovationssystem, Discussion Paper „Innovation System and Policy Analysis", Fh-ISI, Karlsruhe, 1/2003.

Krupp, Helmar, 1990: Kommentar zum Abschnitt 2 „Steuerungsmöglichkeiten der Gesellschaft". In: ders. (Hrsg.), Technikpolitik angesichts der Umweltkatastrophe, Heidelberg: Physica-Verlag, 123-125.

Mayntz, Renate, 2009: Governance Theory als fortentwickelte Steuerungstheorie?, In: dies., Über Governance. Institutionen und Prozesse politischer Regelung, Frankfurt a. M./New York: Campus, 41-52.

Mayntz, Renate/Scharpf, Fritz W., 1975: Policy Making in the German Federal Bureaucracy, Amsterdam: Elsevier.

Mayntz, Renate/Scharpf, Fritz W., 1990: Chances and Problems in the Political Guidance of Research Systems. In: Krupp, Helmar (Hrsg.): Technikpolitik angesichts der Umweltkatastrophe. Heidelberg: Physica-Verlag, 61-83.

MPG, 1999: Jahresbericht der Max-Planck-Gesellschaft 1999, München. Quelle: http://www.mpg.de/bil-derBerichteDokumente.

MPG, 2007 Jahresbericht der Max-Planck-Gesellschaft 2007, München. Quelle: http://www.mpg.de/bil-derBerichteDokumente.

Nitsche, Dennis, 2008: Die Gründung des Karlsruher Instituts für Technologie KIT. Quelle: http://www.kit.edu.

Robischon, Tobias et al., 1995: Die politische Logik der deutschen Vereinigung und der Institutionentransfer. Eine Untersuchung am Beispiel von Gesundheitswesen, Forschungssystem und Telekommunikation. In: PVS 36, 423-459.

Scharpf, Fritz W., 2000: Interaktionsformen. Akteurzentrierter Institutionalismus in der Politikforschung, Opladen: Leske + Budrich.

Scharpf, Fritz W., 2004: Der deutsche Föderalismus – reformbedürftig und reformierbar? MPIfG Working Paper 04/2, Köln:MPIfG.

Scharpf, Fritz W./Reissert, Bernd/Schnabel, Hans, 1976: Politikverflechtung. Theorie und Empirie des kooperativen Föderalismus in der Bundesrepublik. Kronberg: Skriptor.

Schmidt, Manfred G., 1989: Learning from Catastrophes. West Germany's Public Policy. In: Castles, Francis G. (Hrsg.), The Comparative History of Public Policy, Cambridge: Polity Press, 56-99.

ZWM/ZEW (Hrsg.), 2007: Bericht über die Evaluierung der Auswirkungen der Hausanordnung des Bundesministeriums für Bildung und Forschung zur direkten FuE-Projektförderung, Speyer: ZWM.

Fragmentierung und Koordination – Governance der Wissenschafts- und Innovationspolitik in Deutschland[1]

Jakob Edler/Stefan Kuhlmann/Peter Stegmaier

1. *Einleitung: Koordinationsprobleme in der Wissenschafts- und Innovationspolitik*

Die Organisation und Koordination der Governance[2] von Wissenschafts- und Innovationspolitik im föderalen politischen System Deutschlands ist komplex. In der Perspektive der Innovationssystemforschung[3] konzipieren wir Wissenschafts- und Innovationspolitik breit und definieren sie als die Gesamtheit des Steuerungshandelns und der institutionellen Rahmenbedingungen, welche die Generierung, Organisation und ökonomisch-soziale Verwendung von Wissen fördern oder beeinflussen. Dem Grundgedanken der Innovationssystemforschung folgend kann die Generierung von Wissen nicht von ihrer Verwendung getrennt werden; beides, Generierung und Verwendung, sind das Ergebnis vielfältiger Interaktionen in komplexen, mehrschichtigen institutionellen Arenen.[4] Wissenschafts- und Innovationspolitik (W&I-Politik) schließt nach diesem Verständnis ein breites Spektrum von Steuerungsakteuren und -handeln ein und reicht von der Organisation und Förderung von Grundlagenforschung über die Interaktion von Forschungseinrichtungen, Firmen und anderen Marktakteuren zur Umsetzung in Innovationen am Markt bis hin zur Hochschul- und Weiterbildung i. S. eines Transfers von Wissen „über Köpfe".

Die Breite dieser Aktivitäten bringt es mit sich, dass sich W&I-Politik über mehrere Politikdomänen erstreckt. Im föderalen System tritt zu dieser horizontalen Konfiguration eine vertikale hinzu, da sich der Wissensraum über mehrere verschiedene Steuerungsebenen erstreckt. Die Steuerungsakteure haben ein (begrenztes) Interesse an Koordination, da sie zur Herstellung von *win win*-Situationen beitragen kann. Weil W&I-Politik sich *per definitionem* häufig über mehrere Sektoren resp. Domä-

---

1 Dieser Artikel basiert auf einem Bericht an den Schweizerischen Wissenschafts- und Technologierat (SWTR) on „Institutional Models of Organising Education, Science and Technology Policy. The Case of Deutschland" von Edler, Kuhlmann und Ruhland (Edler et al. 2006) und ist eine aktualisierte und übersetzte Version von Edler/Kuhlmann 2008.
2 Auf den Nationalstaat angewandt verstehen wir unter ‚Governance' mit Renate Mayntz „das Gesamt aller nebeneinander bestehenden Formen der kollektiven Regelung gesellschaftlicher Sachverhalte: von der institutionalisierten zivilgesellschaftlichen Selbstregelung über verschiedene Formen des Zusammenwirkens staatlicher und privater Akteure bis hin zu hoheitlichem Handeln staatlicher Akteure" (Mayntz 2003: 72).
3 Smits et al. 2010; Kuhlmann 2001.
4 Für viele: Edquist 1997, Lundvall 1992.

nen und verschiedene Steuerungsebenen erstreckt, bietet sich für die Analyse eine Heuristik der Mehrdomänen-Mehrebenen-Governance in einem mehrdimensionalen ‚Wissensraum' an[5]: Steuerungsakteure suchen hier entweder negative oder verschiedene Modi positiver Koordination.[6]

Dieser Beitrag untersucht die komplexe, fragmentierte Konfiguration in der Governance von W&I-Politik im föderalen System Deutschlands. Er analysiert den aus der Fragmentierung entstehenden Koordinationsbedarf und bestehende Koordinationsmuster, und er diskutiert Versuche, Konfigurationen zu vereinfachen und Koordination zu verbessern.

Alle Versuche der Koordination im föderalen System der W&I-Politik Deutschlands sind durch die Kombination zweier Eigentümlichkeiten geprägt: Das System ist groß und weist eine differenzierte Verteilung von Kompetenzen und Verantwortlichkeiten auf, sowohl horizontal auf der Ebene des Bundes als auch vertikal zwischen dem Bund und den Ländern. Deutschland liefert damit ein Beispiel für das Diktum von Peters, wonach „the fundamental root of the coordination problem in federal systems is that most federal regimes have evolved in ways that permit all levels of government to be involved in almost all policy areas".[7]

Die Bundesländer haben vorrangige Kompetenzen in Wissenschaft und Bildung und haben mit den jüngsten Reformen des deutschen Föderalismus sogar einige Kompetenzen zurückerhalten, nachdem der Bund über Jahrzehnte ein beachtliches Maß an nationalen Verantwortlichkeiten, vor allem in der Forschungs- und Innovationspolitik hatte akkumulieren können.[8] Die vertikale Koordination der W&I-Politik zwischen Bund und Ländern steht jedoch weiterhin vor beachtlichen Herausforderungen: Da moderne W&I-Politik die Generierung von Wissen mit der Generierung von Innovation zu verbinden sucht[9], tritt die Herausforderung horizontaler Politikkoordination hinzu. Auf der Bundesebene sind die Verantwortlichkeiten zwischen zwei starken Ministerien und einer Reihe von halbstaatlichen, teilautonomen Agenturen[10] aufgeteilt (vgl. Abb. 1). Politisches Handeln muss nicht nur zwischen dem Parlament, dem Kabinett, den Ministerien und den Agenturen koordiniert werden, sondern ebenso – abhängig vom spezifischen Teilbereich des Wissensraums – zwischen den diversen betroffenen Bundesministerien. Dies erfordert interministerielle Koordination auf allen Ebenen.

---

5 Braun 2008.
6 Scharpf (1993) bezeichnet als *positive* Koordination den Versuch der Abstimmung zwischen Organisationseinheiten mit dem Ziel, möglichst großen Nutzen für die Beteiligten zu erzeugen. Im Unterschied zur *negativen* Koordination wächst damit aber die gegenseitige Abhängigkeit der Akteure.
7 Peters 2005: 5 f..
8 Hohn/Schimank 1990. Siehe aktuell für die außeruniversitäre Forschungspolitik Hohn, für die Hochschulpolitik Lange und Wiesner in diesem Band.
9 Vgl. Biegelbauer/Borrás 2003; Smits/Kuhlmann 2004; Edler et al. 2003; Wilson/Souitaris 2002.
10 Als Agentur bezeichnen wir im Folgenden intermediäre Einrichtungen, an welche der Staat Aufgaben delegiert, etwa die Förderung von Forschung, und die andererseits Interessen der Forschung an staatliche Instanzen vermitteln. Vgl. Braun 1993.

Abbildung 1: Das institutionelle Mehrebenengeflecht der Governance von Politik im Wissensraum auf Bundesebene (vereinfacht)[11]

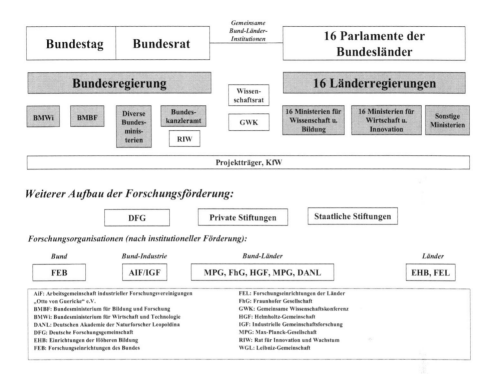

Um die Herausforderungen von Koordination im Wissensraum zu verstehen, ist es nützlich, diesen funktional zu definieren und auszudifferenzieren sowie die typischen Akteure, Verantwortlichkeiten und Initiativen in Deutschland zu identifizieren. Wir folgen dabei dem breit angelegten Verständnis und der Differenzierung von Braun.[12] Wissenssysteme erfüllen demnach vier Grundfunktionen: Wissensproduktion, Wissensapplikation, Wissensvermittlung und -rezeption in Höherer Bildung sowie Wissensvermittlung und -rezeption in der Berufsbildung. Im föderalen System Deutschlands ergibt sich das folgende Bild an Verantwortlichkeiten.[13]

11 Basierend auf EU 2008: 8.
12 Braun 2008.
13 Siehe Abb. 2; vgl. Braun 2008: 229.

Abbildung 2: Die vier Sektoren des Wissensraums: Typische öffentliche Akteure, Verantwortlichkeiten und Initiativen in Deutschland

	BILDUNGSWESEN		
N I C H T U T I L I T A R I S T I S C H	*Höhere Bildung*: Wissensvermittlung und -rezeption	*Berufsbildung*: Wissensvermittlung und -rezeption	U T I L I T A R I S T I S C H
	16 Bundesländer: Primäre, sekundäre und höhere Bildung *Bund*: „Orchestration"	*16 Bundesländer*: Berufsschulen *Bund*: Berufsbildung	
	16 Bundesländer: Universitäten; Kofinanzierung der außeruniversitären öffentlichen Forschung *Bund*: außeruniversitäre Forschungseinrichtungen; horizontale Initiativen (z. B. ‚Exzellenz-Initiative')	*16 Bundesländer*: Regionale Wissens-Cluster *Bund*: Strategische Forschung und Entwicklung, Programme; horizontale Initiativen (z. B. ‚Hightech Strategie')	
	Wissensproduktion/ (Grundlagen-) Forschung	*Wissensapplikation/* Technologische Innovation	
	FORSCHUNG		

Diese Arbeitsteilung führt zu hohem Koordinationsbedarf zwischen den Ebenen (vertikal) und Domänen (horizontal). Dies ist deswegen besonders bedeutsam, weil die Governance des modernen Wissensraums weitgehend bestimmt wird durch die Qualität der Koordination zwischen den Akteuren und deren Entscheidungsfindung.[14] Der hohe Grad an institutioneller Differenzierung, wenn nicht gar Fragmentierung, und an überlappenden Verantwortlichkeiten mag gewisse Vorteile mit sich bringen, insbesondere im Hinblick auf die Abstimmung mit den jeweiligen, ebenfalls funktionell ausdifferenzierten Steuerungsadressaten. Doch wenn politische ‚Kongruenz'[15] und übergreifende Orientierung im Wissensraum gewährleistet werden soll, wachsen die Anforderungen an die Koordination zwischen den und innerhalb der Ministerien.

Im Folgenden analysieren wir die gegebenen institutionellen Verantwortlichkeiten in den vier Bereichen des Wissensraums und diskutieren grundlegende Koordinationsmechanismen (Abschnitt 2). In Abschnitt 3 umreißen wir die Koordinationsbedarfe, die sich von der vorliegenden Konfiguration der Verantwortlichkeiten ableiten, und diskutieren einige wichtige Ansätze, diese Konfiguration (horizontal und

---

14 Vgl. Jansen 2007; Benz 2007.
15 Vgl. Braun 2008.

vertikal) zu verändern und zu verbessern. Der Beitrag schließt mit einer Einschätzung der verbleibenden Herausforderungen für die Koordination im Wissensraum Deutschlands.

Unsere Analyse stützt sich auf Politikdokumente, auf Interviews in Ministerien und Organisationen auf verschiedenen Hierarchieebenen, auf zentrale Informationsdienste (ERAWATCH und TRENDCHART[16]) und nicht zuletzt auf weitere eigene Teilstudien zum Wissensraum.[17]

Um die ohnehin schon komplexe Darstellung und Analyse nicht weiter zu erschweren, verzichten wir in diesem Beitrag auf eine systematische Einbeziehung der europäischen Dimension der W&I-Politik. Diese gewinnt seit Jahren zusehends an Bedeutung auch für die Koordination im nationalen Kontext.[18] Künftig wird sie dort sogar eine gestaltende Rolle übernehmen können, denn nach dem neuen „Vertrag über die Europäische Union" erhält diese explizit die Aufgabe, den wissenschaftlichen und technischen Fortschritt zu fördern (Art. 3 Abs. 3); im „Vertrag über die Arbeitsweise der Europäischen Union" werden diese und die Mitgliedstaaten verpflichtet, ihre Tätigkeiten auf dem Gebiet der Forschung und der technologischen Entwicklung zu koordinieren (Art. 181 Abs. 3). Diese neue Aufgabenteilung wird schrittweise Gestalt annehmen,[19] und wir überlassen es künftigen Analysen, die entstehende *de facto*-Governance zu bewerten.

2. *Nationale Verantwortlichkeiten und Koordinationsbedarf in vier Sektoren*

2.1. Die Politiken der Wissensproduktion und Wissensapplikation – zwei miteinander verbundene Bereiche

2.1.1. Hauptelemente und grundlegende Charakterisierung

Die Politiken im Bereich von Wissensproduktion (hier im Besonderen: Forschung) und -verwendung (hier im Besonderen: Innovation) sind im deutschen Wissensraum auf der nationalen Ebene kaum zu trennen. Obwohl die deutsche Politikrhetorik den Ansatz der nationalen Innovationssysteme im Gegensatz zu vielen anderen Ländern[20] kaum aufgegriffen hat, besteht ein impliziter Konsens auf Bundes- und Länderebene, dass Forschungsförderung im Großen und Ganzen dazu verwendet werden sollte, die „systemischen" Lücken zwischen der Herstellung und Verwendung von Wissen zu schließen. Seit den 1980er Jahren wird mit den meisten themenbezogenen Programmen des Bundesforschungsministeriums (BMBF) die Kooperation zwischen

---

16 J. Edler hat am ERAWATCH-Länderreport für Deutschland mitgewirkt.
17 Edler/Bührer 2007; Ebersberger/Edler 2007; Kuhlmann/Heinze 2004 a, 2004 b; Heinze/Kuhlmann 2008.
18 Kuhlmann 2001; Edler et al. 2003, Borrás 2009.
19 Siehe z. B. Leon et al. 2008.
20 Carlsson et al. 2010.

öffentlicher Forschung und Firmen finanziert. Innovationsorientierte Programme des Bundeswirtschaftsministeriums zielen auf Cluster- und Netzwerkbildung, wobei meist öffentliche Forschung mit inbegriffen ist. Die Förderpolitik der beiden Ministerien richtet sich – mit unterschiedlichem Fokus – demnach an überlappende Zielgruppen. Mit Blick auf die Frage der Koordination ist diese Konvergenz nicht nur ein Vorteil, denn sie erhöht den Bedarf nach Koordination. Dies wird insbesondere dann virulent, wenn politisch der Anspruch auf Neuausrichtung erhoben wird, mit dem Argument, dass sowohl die Schaffung als auch die Verwendung von Wissen unter Kooperationsbedingungen angepasst werden muss. Gleichzeitig jedoch vereinfacht dieser konzeptuelle Konsens den Diskurs über Instrumente und Systemfragen.

2.1.2. Aktivitäten des Bundesministeriums für Bildung und Forschung (BMBF)

Die politische Hauptverantwortung für die Förderung von Forschung und Entwicklung (FuE) liegt beim BMBF. Dieses Ministerium hat eine ganze Reihe von Instrumenten implementiert, wie etwa Projektzuschüsse im Rahmen thematischer Forschungs- und Entwicklungsprogramme oder institutionelle Förderung für große Forschungsverbände und -organisationen. Daneben ist es auch verantwortlich für die internationale Dimension der FuE-Politik in Deutschland. Die thematischen FuE-Programme des BMBF erstrecken sich über ein breites Spektrum von Grundlagenforschung bis zu innovationsbezogenen Initiativen, von den Lebenswissenschaften bis zu Nanotechnologien. Wie oben angedeutet, zielt die meiste Förderung auf FuE-Zusammenarbeit zwischen öffentlicher Forschung und Industrie, und viele der Programme werden durch halbautonome Programmagenturen implementiert. Diese Agenturen (aber auch die verantwortlichen Abteilungen des Ministeriums) interagieren eng mit ihren „Klienten" in der Industrie im Zuge einer „Governance von unten". Diese Form der interaktiven Governance wird häufig als „industriefreundlich" angepriesen, setzt sich aber gleichzeitig auch Bedenken hinsichtlich eines impliziten „Konservatismus" aus.[21] Letzterer wird verstanden als Tendenz, dass die Förderung an unmittelbaren Bedürfnissen der Industrie orientiert wird und strategische Ziele hinsichtlich (neuer oder alternativer) Technologie und Innovation möglicherweise durch diese Form der Politikformulierung verfehlt werden können.

Neben der anteiligen Finanzierung von Projekten der Grundlagenforschung an den Universitäten über die Deutsche Forschungsgemeinschaft (DFG) – der Bund finanziert den DFG-Haushalt zu 58 % – besteht eine weitere Hauptaufgabe des BMBF in der institutionellen Kofinanzierung der vielfältigen Landschaft von außeruniversitären Forschungsinstituten, die größtenteils innerhalb von vier zentralen Forschungsverbänden organisiert sind und das ganze Spektrum von Grundlagenforschung bis zu Wissenschaftsdienstleitung abdecken (Max-Planck-Gesellschaft (MPG), Fraunhofer-Gesellschaft (FhG), Helmholtz-Gemeinschaft Deutscher For-

---

21 Bestätigt durch unsere Interviews.

schungszentren (HGF) und Wissenschaftsgemeinschaft Gottfried Wilhelm Leibniz e. V. (WGL). Das BMBF teilt sich diese Aufgaben mit den Länderregierungen. Die Koordination geht hier einher mit gemeinsamer Finanzierung. Der Finanzierungsanteil der Bundesländer gegenüber dem Bund hängt von der jeweiligen Organisation und dem Status der Institute ab. Während etwa die institutionelle Finanzierung der Fraunhofer-Institute zu neunzig Prozent vom Bund und zu zehn Prozent aus Ländermitteln erfolgt, teilen sich der Bund und die Länder die finanzielle Grundausstattung der Max-Planck-Gesellschaft je zur Hälfte.

Die außeruniversitären Forschungsinstitutionen haben sich zu einem gewissen Grad aus funktionalen Spezialisierungen in besondere Domänen der Forschung entwickelt.[22] Trotz der durchaus unscharfen Grenzen und beachtlichen Überschneidungen handelt es sich bei der Forschungsdomäne der Max-Planck-Gesellschaft vorwiegend um Grundlagenforschung, bei der Fraunhofer-Gesellschaft um angewandte Auftragsforschung und bei der Helmholtz-Gemeinschaft um „problemorientierte" Großforschungseinrichtungen. Seit den 1990er Jahren geriet diese Struktur allerdings unter erheblichen Druck. Ein renommiertes Evaluationskommittee verwies seinerzeit auf die Segmentierung des Wissenschafts- und Forschungssystems in Deutschland und auf die Dominanz der institutionellen Eigeninteressen, wodurch mögliche Synergien ungenutzt verschenkt würden.[23] Den Evaluatoren zufolge formen die institutionellen Forschungsprofile eine der entscheidenden Stärken funktional differenzierter Forschungssysteme, wenn sie denn entsprechend genutzt würden. Dies könne durch verbesserte Verknüpfung von disziplinärer Forschung an den Universitäten mit interdisziplinärer Forschung in außeruniversitären Bereichen erreicht werden. Auch müssten mehr Anstrengungen unternommen werden, um grundlagenorientierte und angewandte Forschungsaktivitäten wechselseitig füreinander zu öffnen.[24] Die Koordination funktional spezialisierter Organisationen ist eine Herausforderung an die Governance: Fragmentierung im öffentlichen Forschungssektor selbst, mit nur schwachen Verbindungen und Überschneidungen, schwächt das allgemein anerkannte Ziel, die Wissensgenerierungskette von der Grundlagenforschung bis zur Industrie und zurück zu knüpfen.

Schließlich ist das BMBF vermehrt mit Forderungen konfrontiert, sich in internationalen Kooperationen über die engen Grenzen seiner klassischen Aufgabengebiete hinaus zu engagieren, da einige Politik- und Finanzierungsfragen zusätzlich oder exklusiv auf supra- oder internationalen Ebenen behandelt werden. Das gilt im Besonderen für die Forschungsrahmenprogramme der Europäischen Kommission und neuerdings auch für europäische Initiativen zur Koordination von Ministerien und Agenturen, wie etwa die EU-finanzierten „ERA-Nets".[25] Im Dezember 2007 hatte

---

22 Siehe den Beitrag von Hohn in diesem Band.
23 Internationale Kommission 1999: 7.
24 Heinze/Kuhlmann 2008.
25 Das Instrument ERA-Net erlaubt es Programmverantwortlichen in einzelnen Mitgliedstaaten, ihre Aktivitäten miteinander abzustimmen, voneinander zu lernen, ihre Programme gegenseitig zur Teilnahme zu öffnen und gemeinsame Aktivitäten – bis hin zu gemeinsamen Ausschrei-

Deutschland 106 Teilnahmen in 73 aktiven ERA-Nets, und 24 ERA-Nets wurden von deutschen Institutionen geleitet.[26] Dies bedeutet, dass zahlreiche Repräsentanten von Ministerien, Programmagenturen und anderen Einrichtungen (vor allem aber der DFG) ihrerseits bereits Bemühungen unternehmen, ihre Programme und Aktivitäten zu internationalisieren. Eine strategische Koordination der deutschen Beteiligung an ERA-Nets für nationale Ziele hat bisher nicht stattgefunden.[27] Auch hier wird wieder einerseits ein hoher Grad an Fragmentierung und Überlappung, andererseits ein Mangel an Koordination zwischen den verantwortlichen Akteuren innerhalb des BMBF und zwischen dem BMBF und anderen Akteuren deutlich.

2.1.3. Aktivitäten des Bundesministeriums für Wirtschaft und Technologie (BMWi)

Das BMWi verfolgt eine Reihe von innovations- und transferorientierten Programmen, zumeist im Schnittfeld von FuE und Innovation. Die Aufgabenfelder des BMWi sind in den letzten Jahren im Zuge diverser Kompetenzverschiebungen ausgeweitet worden. Das Ministerium betreibt – wie das BMBF – ebenfalls einige thematische Programme zur Förderung der FuE-Zusammenarbeit von Wissenschaft und Industrie, und zwar in den Bereichen Medien, Energie, ICT und Luft- und Raumfahrtforschung. 2005 musste das BMBF im Zuge der Koalitionsverhandlungen zur Bildung der Bundesregierung dem BMWi Kompetenzen in Raumfahrttechnologie, Innovation in der Privatwirtschaft, Geistige Eigentumsrechte und die Unterstützung von Erfindern abtreten. Die Mehrzahl der BMWi-Programme sind jedoch horizontal (ohne Themenbeschränkung) koordiniert, im Besonderen die mittelstandsorientierten Maßnahmen (wie ProInno[28]) und die Unterstützung technologiebasierter *Start-up*-Firmen. Darüber hinaus unterstützt das BMWi die Arbeitsgemeinschaft industrieller Forschungsvereinigungen Otto von Guericke e.V. (AiF) zur Förderung angewandter Forschung und Entwicklung (FuE) zu Gunsten kleiner und mittlerer Unternehmen (KMU).

Die Forschungs- und Innovationsprogramme des BMWi werden, ähnlich wie diejenigen des BMBF, als ‚industriefreundlich' gelobt, gleichwohl unter dem bekannten Vorbehalt der beachtlichen Gefahr des „eingebauten" thematischen ‚Konservatismus'. Auch hier wurden von Interviewpartnern Befürchtungen geäußert, dass mangelnde strategische Koordination wichtige Chancen für Technologie und Innovation vergeben könnte.

---

bungen und neuen Programmen – zu entwickeln (für eine Übersicht siehe Horvat et al. 2006). Siehe Edler/Kuhlmann 2010; Ebersberger/Edler 2007; Kuhlmann 2001.
26 Eigene Analyse. Bzgl. des ERA-Net-Schemas, siehe auch Horvat et al. (2006).
27 Siehe dazu die Studie über die Internationalisierung der deutschen Forschungslandschaft, Edler et al. (2007).
28 ProInno – das Förderprogramm des Bundes, abzielend auf Verstärkung der Innovativität des Mittelstands, das inzwischen einen besonderen Bonus für die Kooperation mit internationalen Partnern beinhaltet.

2.1.4. Aktivitäten der übrigen Fachministerien

Die übrigen Bundesministerien haben eigene Forschungs- und Innovationskompetenzen und Verantwortlichkeiten, deren tragende Säule die sogen. Ressortforschungseinrichtungen sind. Sie stellen wissenschaftliche Kompetenzen zur Unterstützung von Politikentscheidungen zur Verfügung. Nach einer umfassenden Evaluation forderte der Wissenschaftsrat 2007 eine bessere Koordination zwischen den Ressorts, den Instituten sowie den übrigen Einrichtungen des Wissenschaftssystems.[29]

Weiterhin bringen auch die übrigen Fachministerien eine ganze Reihe von Förderungsinstrumenten zur Anwendung, wie etwa projektunterstützende thematische FuE-Programme, institutionelle Finanzierung für große Forschungsverbünde und -organisationen, partizipative *Foresight*-Prozesse (Technologievorausschau) und horizontale FuE-Aktivitäten. Wie in den Programmen von BMBF und BMWi unterstützen auch die FuE-Programme der Fachministerien Kooperation, insbesondere zwischen öffentlich finanzierter und industrieller Forschung.

Die Zielsetzungen in den Bereichspolitiken werden jedoch i. d. R. nicht systematisch mit den Politiken von BMBF und BMWi verknüpft; Koordination ist hier zumeist unterentwickelt. Versuche, Innovationspolitik und Bereichspolitik durch einen integrativeren Ansatz hinsichtlich Nachfrageorientierung und beim öffentlichen Beschaffungswesen stärker aufeinander zu beziehen,[30] wurden nur schleppend in die Tat umgesetzt.[31]

2.1.5. Die Rolle von Beratungsgremien

Angesichts der institutionellen Ausdifferenzierung des deutschen Wissenschaftssystems und der beklagten mangelnden Koordination seiner Governance sind in Deutschland eine Reihe von übergreifenden externen Beratungsgremien zum Zwecke der Deliberation, Reflexivität und Koordination entstanden. Einige davon wurden ausdrücklich geschaffen um zu koordinieren; andere entwickelten sich früher oder später in diese Richtung. Drei Institutionen werden im Weiteren behandelt: Der Wissenschaftsrat (WR), der Rat für Innovation und Wachstum und die Forschungsunion Wirtschaft-Wissenschaft. Während der WR ein organisationaler Teil der ge-

---

29 „Um die beachtlichen Potentiale der Ressortforschungseinrichtungen besser ausschöpfen und die in diesem Bereich eingesetzten erheblichen finanziellen und personellen Ressourcen effektiver nutzen zu können, sollte die Bundesregierung intensiveren Gebrauch von den bestehenden Möglichkeiten der Ressortkoordinierung machen." (Wissenschaftsrat 2007: 16)
30 Vgl. z. B. Jäkel/Blind 2005.
31 Edler/Bührer 2007.

wachsenen Strukturen ist, wurden die anderen erst in jüngerer Zeit geschaffen und sind Gegenstand politischer Debatten über ihre Funktion (s. u.).[32]

2.2. Politiken der Wissensvermittlung: Bildung und Berufsbildung als separate Bereiche

2.2.1. Hauptelemente und grundlegende Charakterisierung

Die Bundesländer tragen die Hauptverantwortung für die Verwaltung und Finanzierung der primären, sekundären und tertiären Bildung, und sie üben diese auf verschiedene Weise aus. Um ein gewisses Maß an horizontaler Koordination im Erziehungswesen und der Kultuspolitik zu gewährleisten, unterhalten die Bundesländer eine freiwillige gemeinsame Organisation von überregionaler Bedeutung, die Kultusministerkonferenz (KMK). Obwohl die dort diskutierte Politik der exklusiven Kompetenz der Bundesländer unterliegt, ist sie das Forum für Austausch von Informationen auch mit dem Bund. Die Bundesregierung ist ‚lediglich' permanenter Gast ohne Stimmrecht in der KMK, doch ihre Stimme wird normalerweise gehört. Die Entscheidungen der KMK sind nicht bindend, doch sollte deren koordinierende Rolle nicht unterschätzt werden, da sie in allen Bundesländern stark wahrgenommen wird und selbst immer wieder ein Gegenstand von Diskussionen ist (so verließ etwa das Land Niedersachsen die KMK förmlich im Jahr 2004).

Bis zur ersten Stufe der Föderalismusreform 2006 waren die Kompetenzen für Bildung auf Bundesebene durch die so genannte ‚Gemeinschaftsaufgabe Bildungsplanung' definiert und umfassten die gemeinsame Finanzierung der Universitätsinfrastruktur, der forschungsbezogenen Ausbildung, die rechtlichen Rahmensetzungen für die Universitäten, den Zugang zu und Leistungen an den Universitäten. Die vertikale Koordination zwischen Bundes- und Länderebene mit dem Ziel vergleichbarer Bildungsbedingungen und -leistungen in ganz Deutschland lag in den Händen der Bund-Länder-Kommission für Bildungsplanung und Forschungsförderung (BLK). Als Folge der Versuche, im Rahmen der Reform 2006 die bildungsbezogenen Kompetenzen zwischen Bundes- und Länderebene zu entzerren, und durch einen Quasi-Rückzug des BMBF aus bildungsbezogenen Koordinations- und Aufsichtsaufgaben, hat sich die vertikale Koordination auf diesem Feld massiv verändert (s. u.).

---

[32] Weitere Einrichtungen sind zu nennen: Im Jahre 2008 wurde die Deutsche Akademie der Naturforscher Leopoldina zur Nationalen Akademie der Wissenschaften ernannt und hat damit über die Aktivitäten einer Gelehrtengesellschaft hinaus den Auftrag erhalten, Aufgaben der wissenschaftsbasierten Politik- und Gesellschaftsberatung sowie die Vertretung deutscher Wissenschaftler in internationalen Gremien wahrzunehmen. Außerdem wurde zum 1.1.2008 die Deutsche Akademie der Technikwissenschaften (acatech) geschaffen; sie vertritt die Technikwissenschaften im In- und Ausland und berät Politik und Gesellschaft in technikbezogenen Zukunftsfragen. Welche Beiträge Leopoldina und acatech *de facto* zur Koordination der W&I-Politik leisten werden, bleibt abzuwarten.

Die Governance der *Berufs(aus)bildung*, der vierte Bereich im Wissensraum, stellt sich etwas anders dar. In diesem Fall folgen Bundesregierung und Länder einer strikten Trennung ihrer Kompetenzen entlang der Unterscheidung von Berufsausbildung als Ländersache einerseits und der Ausbildung in Firmen als Teil der Bundespolitik andererseits. Letzteres beinhaltet die berufliche Weiterbildung ebenso wie die Mittelvergabe zur Unterstützung von Ausbildungsmaßnahmen: Das BMBF betreibt einige Aktivitäten zur Berufsbildung, in die auch das BMWi sowie das Ministerium für Arbeit und Soziales (BMAS) eingebunden sind. Die Ausbildungspolitik erscheint noch stärker fragmentiert als andere Politikbereiche, und Koordinationsbemühungen halten sich in engen Grenzen.

3. Modi und Dynamiken der Koordination in vier Bereichen – einige jüngere Initiativen und deren Implikationen

Die dargestellten geteilten und geschichteten Verantwortlichkeiten im deutschen Innovationssystem erzeugen durch die schwierige Arbeitsteilung und die komplexen Akteursbeziehungen einen hohen Koordinationsbedarf; die notwendige Koordination wird häufig überkomplex. Politik und Verwaltungsexperten räumen einen offensichtlichen Mangel an effektiver Koordination zwischen Akteuren auf allen Ebenen ein, sowohl zwischen Organisationen als auch innerhalb derselben. In der Folge wird keine abgestimmte Mischung von Maßnahmen erreicht, sondern lediglich ein Nebeneinander von mehr oder weniger komplementären Initiativen. Des Weiteren werden Länderprogramme nur selten mit Bundesprogrammen koordiniert. In der Vergangenheit wurden nur wenige regionale Programme komplementär zu oder gemeinsam mit nationalen Programmen entwickelt und implementiert, wie etwa beim BioRegio-Wettbewerb des BMBF, auf den landesbezogene Unterstützungsmaßnahmen folgten.[33]

In jüngerer Zeit wurden einige Anstrengungen unternommen, um die Koordination und Kooperation über die Ebenen hinweg und zwischen den einzelnen Akteuren besser zu orchestrieren und sogar strategisch auszurichten. Im Folgenden konzentrieren wir unsere Diskussion beispielhaft auf diese neueren Bemühungen, da deren Beispiel die spezifischen politischen Herausforderungen in den vier Bereichen in Deutschland am besten illustriert.

Um Koordinationsbemühungen besser zu verstehen, folgen wir der Typologisierung von Braun. Demnach kann Koordination von Governance in Wissensräumen unterschiedliche Formen annehmen. Braun[34] unterscheidet fünf verschiedene Modi:

---

33 Kuhlmann/Shapira 2006.
34 Braun 2008.

- externe Koordination zwischen Ministerien (auf der Bundesebene oder zwischen Bundes- und Länderebene),
- interne Koordination (innerhalb von Ministerien oder -agenturen mit breitem Portfolio),
- Koordination auf der Handlungsebene von Implementierungsagenturen,
- Koordination durch (zentrale) Führung auf der Kabinettsebene und
- Koordination durch Rückgriff auf „strategische Intelligenz", d. h. die durch systematische Methoden und Analysen gestützte wissenschaftliche Beratung von Politik.[35]

3.1. Der Bereich der Forschung

(1) Die Exzellenzinitiative[36] kann man als einen großen, wenngleich bisher singulären Versuch interpretieren, die Systemsteuerung nachhaltig zu verändern: Es handelt sich um einen externen Koordinationsansatz zwischen Bundesregierung (Kabinettsebene) und Bundesländern, welcher als Schlüsselakteur die DFG mit einbezieht und durch strategische Analysen des Wissenschaftsrates unterstützt wird. Ein solch umfassender Ansatz hat auch Kritik hervorgerufen und ist als ein wissenschafts- und hochschulpolitischer *coup d'état*[37] bezeichnet worden. In der Tat verblasst bei näherem Hinsehen der Eindruck umfassender Koordination: So konnten die Universitäten sich bewerben, ohne sich in irgendeiner Weise mit ihren zuständigen Landesministerien ins Benehmen zu setzen.[38] Da Universitäten unter die Länderkompetenzen fallen, konnte man erwarten, dass die Bundesregierung versuchen würde, mit den Ländern eine Übereinkunft zu erzielen. Jedoch scheint das BMBF den typischen Mustern jener Art von Bundespolitik, die die Länder betrifft, gefolgt zu sein, die darin besteht, kurzfristige finanzielle Anreize zu setzen, welche die Steuerungsadressaten dankbar annehmen, deren langfristige, strukturelle und finanzielle Einbettung jedoch auf Länderebene verbleibt.

(2) Restrukturierung außeruniversitärer Forschung:[39] Das Ziel, die Produktivität der außeruniversitären Forschung zu erhöhen und die Synergiepotentiale innerhalb der

---

35 „Strategische Intelligenz" soll politische Lern- und Entscheidungsprozesse unterstützen: Hierzu gehören u. a. Verfahren partizipativer (vielfältige Akteure einschließender) Vorausschau (*foresight*) künftiger wünschbarer Entwicklungen in Gesellschaft, Wissenschaft und Technologie; konstruktives *technology assessment*; lernorientierte Verfahren der Evaluation und des *benchmarking* innovationspolitischer Maßnahmen (vgl. Kuhlmann 2003).
36 Siehe hierzu den Beitrag von Lange in diesem Band.
37 Münch 2007.
38 Dies kann man sowohl als Vor- wie als Nachteil bewerten: Einerseits konnten die Universitäten unabhängig agieren, andererseits konnten sie ohne koordiniertes Vorgehen auch weniger Einfluss auf die Kriterien des Programms nehmen. Hier zeigt sich ein Grunddilemma von Koordination: Unabhängigkeit und Einfluss gleichermaßen zu sichern – sofern man beides als schützenswerte Güter ansieht.
39 Siehe hierzu den Beitrag von Hohn in diesem Band.

Wissenschaft zu mobilisieren, erfordert die strategische Koordination zwischen Bundesministerien, Länderregierungen (externe Koordination) sowie innerhalb der großen Forschungseinrichtungen selbst. Entsprechende Reformen in der ersten Dekade unseres Jahrhunderts zielten im Besonderen darauf ab, die relative Autonomie und Selbststeuerungskapazitäten der Leitungen der größeren Forschungseinrichtungen zu stärken, durch Einsetzung oder Stärkung von ‚Senaten' und auch indem ihre Kapazitäten zur ‚Strategischen Intelligenz' (u. a. professionelle Evaluationsprozeduren und -einheiten) ausgeweitet wurden. Das Ergebnis der Reform- und Koordinationsbemühungen ist widersprüchlich: Die Möglichkeiten des BMBF, die außeruniversitären Forschungseinrichtungen zu koordinieren, haben eher abgenommen.[40] Die außeruniversitären Forschungseinrichtungen haben ihren neuen Gestaltungsspielraum zum Teil verwendet, um Profilveränderungen vorzunehmen, welche die hergebrachte Arbeitsteilung verwässern, somit auch die *raison d'être* mancher Einrichtung in Frage stellen (etwa der HGF oder der WGL). Teils entstanden aber auch bemerkenswerte strategische Reorganisationen – man denke an die Verschmelzung der Universität Karlsruhe (TH), einer Landeseinrichtung, mit dem Forschungszentrum Karlsruhe, einer Bundeseinrichtung der HGF, zum *Karlsruhe Institute of Technology*:[41] Hier haben Bund und Land gemeinsam koordinierend unterstützt.

(3) Internationalisierungsinitiative: Seit etwa 2000 setzte sich die Einsicht durch, dass öffentliche Forschungspolitik und Forschungseinrichtungen in einem zunehmend kompetitiven internationalen Umfeld strategisch positioniert und gefördert werden sollten. Dies erfordert wiederum eine strategische Koordination zwischen Bundesministerien, Länderregierungen, Agenturen und Forschungseinrichtungen. Auch innerhalb des BMBF wird die Notwendigkeit gesehen, etwa die Abteilungen für themenbezogene Förderungspolitik einerseits und die horizontal wirkenden Abteilungen für Strategieentwicklung und Internationalisierung andererseits besser miteinander zu verknüpfen. Dabei kann man davon ausgehen, dass Koordination eher von jenen Abteilungen gesucht wird, die Strategien entwickeln und jenen, die in internationale Aktivitäten eingebunden sind.

Als Reaktion auf und Anerkennung der strategischen Bedeutung der internationalen Dimension hat das BMBF eine Initiative für eine zielgerichtetere Internationalisierung der deutschen Forschungslandschaft ergriffen, die darauf abzielt, bestehende Politikinstrument kohärent in Bezug auf ihre Bedeutung für die internationale Zusammenarbeit auszugestalten und Hürden abzubauen, um die Vorteile internationaler (und europäischer) Entwicklungen in Politik und Wissenschaft besser auszuschöpfen.[42] Die Initiative strebt externe und interne Koordination, Koordination auf Agenturebene und den Gebrauch von „Strategischer Intelligenz" an. Während frühere interne Papiere zur Internationalisierung keine signifikante Wirkung entfalteten, wurde diese Initiative durch das Kabinett genehmigt und durch die Kanzlerin gutge-

---

40 Vgl. Heinze/Kuhlmann 2008.
41 Siehe auch die Beiträge von Bartz, Hohn und Seckelmann in diesem Band.
42 Vgl. Edler 2007a.

heißen. Damit wurde ein starkes Signal gesetzt, die internationale Dimension in allen Aktivitäten des BMBF bewusst mitzudenken und internationale Aktivitäten miteinander abzustimmen, um in der Zukunft für alle politischen Ziele und Instrumente des BMBF die Möglichkeiten internationaler Kooperation zu mobilisieren.

3.2. Der Bereich der technologischen Innovation

In Deutschland wurde wiederholt gefordert, die Innovationsorientierung der deutschen Industrie weiter zu stimulieren.[43] Tatsächlich lancierte die Bundesregierung 2006 eine umfassende *Hightech*-Strategie[44], die politisch wie „aus einem Guss" gestaltet sein sollte. Die Initiative kann man auch als Reaktion auf die Aufforderung der Europäischen Kommission werten, nationale Reformpläne als Beitrag zur gemeinsamen Lissabon-Strategie zu entwickeln, welche die EU zur „wettbewerbsfähigsten Wirtschaft der Welt" machen soll. Die *Hightech*-Strategie stellt sich als großangelegter Versuch der strategischen Koordination auf der Ebene des Bundes dar. Sie umfasst verschiedene Maßnahmen, vor allem auf den Kompetenzfeldern von BMBF und BMWi: Impulse für Innovation im öffentlichen Beschaffungswesen, Verbesserungen des IPR-Regimes (*Intellectual Property Rights*), thematische Fachprogramme, PPP-Modelle (*Public-Private-Partnership*) und die Nutzung von Risikokapital, *Spin-off*-Aktivitäten, *Cluster*-Finanzierung und Erhöhung der Ausgaben für Bildung, um nur ein paar Beispiele zu nennen.

Eine SWOT-Analyse[45] im Rahmen der Strategie stellte explizit einen Mangel an Koordination zwischen den Bundesministerien und zwischen Bundes- und Länderregierungen fest (etwa hinsichtlich der Nutzung von ‚Strategischer Intelligenz' für externe Koordination). Allerdings wurden in dieser, die Strategie begleitenden Analyse keine Empfehlung gegeben, wie die Koordination zu verbessern sei – abgesehen von der Absicht, mit Interessenvertretern aus Wissenschaft, Industrie und Politik Meilensteinpläne für bestimmte Bereiche festzulegen. Ferner wurde die ‚Forschungsunion Wirtschaft – Wissenschaft' ins Leben gerufen, ein Beratungsorgan aus Vertretern von Wissenschaft, Industrie und den Ministerien selbst (BMBF und BMWi), das die Implementation der angekündigten Maßnahmen überwachen und zu ihrer Evaluation beitragen soll.

Auch wenn, wie zu erwarten war, nicht alle Ziele der Strategie realisiert werden konnten, hat sie doch deutliche Zeichen dafür gesetzt, wie künftig Prioritäten und Instrumente der Forschungsförderung zwischen BMBF und BMWi sowie anderen

---

43 Vgl. z B. Legler/Gehrke 2006.
44 „For the first time ever, the German government has developed a comprehensive national strategy for all its ministries with the aim of putting our country at the top of the world's ranks in tomorrow's most important markets. All political sectors that affect research and development will be geared to a clearly defined goal." Quelle: BMWi-Webseite, Dezember 2007 (www.high-tech-strategie.de/en/350.php).
45 <u>S</u>trengths, <u>W</u>eaknesses, <u>O</u>pportunities, and <u>T</u>hreats.

Bereichsministerien (etwa: Verkehr) abgestimmt werden können. Es ist dies deutlich eine Strategie der Regierung (Koordination auf Kabinettsniveau) – mit dem BMBF als einem Hauptakteur. Interessanterweise schloss die Strategie die Bundesländer nicht systematisch ein (externe Koordination); vielmehr erwartete die Bundesregierung ausdrücklich, dass die Bundesländer die Idee hinter dieser Strategie in ihre eigenen Politiken aufnehmen sollten.

Der Prozess der Strategieentwicklung und -implementierung selbst kann als Kern eines neuen organisationalen Verfahrens der Koordination zwischen BMBF und BMWi betrachtet werden. Strategische Prioritäten durch einen systematischen Kommunikationsprozess zu setzen, ist ein innovatives Mittel der Koordination. Es kann durch ‚weiche' externe Koordination, gestützt durch das Bundeskabinett[46] und unterstützt durch die einschlägigen Beratungsgremien, interministeriale Transparenz schaffen und Transaktionskosten reduzieren.

3.3. Der Bereich der Höheren Bildung

Eine der größten Herausforderungen im deutschen Wissenschaftssystem bildeten die eng beschränkten Selbstverwaltungskompetenzen der Universitäten und anderen Institutionen der Höheren Bildung, die einer Entwicklung ihrer eigendynamischen Potentiale entgegenstanden. Historisch eng an die Länderregierungen gebunden, haben diese Einrichtungen mittlerweile mehr organisationale und finanzielle Autonomie gewonnen, wenngleich dies von Bundesland zu Bundesland variiert.[47] Zugleich, besonders wichtig für die Koordination, stärkt die Reform des deutschen Föderalismus die Exklusivität der bildungspolitischen Kompetenzen der Bundesländer.

Die bisherige Auffassung von der Gemeinschaftsaufgabe ‚Bildungsplanung' von Bund und Länderregierungen wurde aufgeben.[48] Dies hat den Bedarf an operationaler Koordination zwischen Bund und Ländern verringert. Im Rahmen einer Übergangslösung wurde ein Bundeszuschuss zu den Ausgaben der Bundesländer vereinbart, der sich seit 2007 auf mehr als 0,5 Milliarden Euro beläuft, da der Hochschulbau von einer pflichtigen zu einer fakultativen Gemeinschaftsaufgabe[49] „herabgestuft" wurde und die Forschungsförderung ebenfalls in Art. 91b Abs. 1 GG verfassungsrechtlich verortet wurde (als Projektförderung; Hochschulpakt 2020, s. u.).[50]

Koordination wird dadurch nicht obsolet, bleibt aber begrenzt auf Themen, die auf die Gleichwertigkeit der Lebensverhältnisse der Menschen im ganzen Land abheben. Ob und wie die KMK ihre bisherige Aufgabe weiter wahrnehmen wird –

---

46 „Schatten der Hierarchie"; vgl. Mayntz/Scharpf 1995: 28.
47 Enders 2007. Vgl. hierzu die Beiträge von Lange und Seckelmann in diesem Band.
48 Dafür wurde aber eine neue Aufgabe „Bildungsvergleiche" in das Grundgesetz aufgenommen; vgl. den Beitrag von Guckelberger in diesem Band.
49 Seckelmann 2009.
50 Siehe hierzu auch die Beiträge von Wiesner in diesem Band.

die horizontale Koordination zwischen den Bundesländern – bleibt abzuwarten. Die vertikal ausgerichtete Bund-Länder-Kommission für Bildungsplanung und Forschungsförderung (BLK) hatte ihre *raison d'être* bereits seit geraumer Zeit größtenteils eingebüßt und wurde Ende 2007 aufgelöst. Ihre Nachfolgeorganisation ist seit Januar 2008 die Gemeinsame Wissenschaftskonferenz von Bund und Ländern (GWK). Sie konzentriert sich auf die Koordination der Wissenschafts- und Forschungspolitik.

Konzeptuell interpretieren wir die Neuausrichtung der Kompetenzen, der Unterstützung und der Monitoring-Mechanismen als eine Kombination aus Koordination auf Kabinettsniveau und externer Koordination, unterstützt durch „Strategische Intelligenz".

3.4. Der Bereich der Berufsbildung

Mit der Reform des Föderalismus verbleiben die Verantwortlichkeiten für die Berufsbildung in den Firmen und jene für die Berufsfortbildung beim BMWi, während das BMBF nach wie vor verantwortlich zeichnet für die finanzielle Unterstützung der Auszubildenden. Da die Berufsbildung in Deutschland weiterhin aus diesen beiden Elementen bestehen wird, bleibt sie ein Gegenstand der ministeriumsübergreifenden (externen) Koordination. Gegenüber den Bundesländern versucht das BMBF eine Art „weiche" Koordination aufrechtzuerhalten, und zwar durch das Bemühen um eine bundesweite Verbesserung des konzeptuellen Wissens über Bildungsfragen (etwa durch die Finanzierung eines Forschungsprogramms ‚Bildungsforschung').

3.5. Beratungsgremien als Instrumente „weicher" Koordination und Symbol des Führungsanspruchs des Kabinetts

Die meisten der oben skizzierten strategischen, zum Teil bereichsübergreifenden Koordinationsinitiativen werden in der Praxis sekundiert durch mehr oder weniger autonome externe Beratungsgremien. Während solche Gremien im Bereich der Innovationspolitik (etwa: Innovationsrat und Forschungsunion) oft als Schauveranstaltungen und „geschlossene Gesellschaften" betrachtet werden, kann man dem Wissenschaftsrat als dem renommiertesten und einflussreichsten Forum der deutschen Wissenschaftspolitik tatsächlichen Einfluss nicht absprechen. Er hat oft strukturellen Wandel und Anpassung ausgelöst und ein hohes Maß an Legitimität durch seine einzigartige Zusammensetzung von Experten und politischen Repräsentanten gewonnen. Stellungnahmen des Wissenschaftsrates können großen Einfluss auf die Ausgestaltung von Koordinationsmechanismen nehmen.

Der Rat für Innovation und Wachstum, obzwar nicht besonders sichtbar in der kurzen Zeit seiner Existenz (2006-2008), hat zumindest ein Zeichen des politischen Führungswillens des Kabinetts ausgesandt. Wie Bundeskanzler Gerhard Schröder zuvor mit einem ähnlichen Gremium (Partner für Innovation), hatte sich auch Bundeskanzlerin Angela Merkel eine hochkarätige Beratungsinstanz geschaffen, um die Innovations- und Forschungsagenda voranzubringen, die Wichtigkeit der Forschung und Innovation für die Regierung selbst zu manifestieren und um in ausgewählten Fragen die ministeriumsübergreifende Koordination zu erleichtern. Die Aufgaben des Rates hat inzwischen die Deutsche Akademie der Technikwissenschaften (acatech) übernommen; es bleibt abzuwarten, ob hiermit eine nachhaltige und koordinationswirksame Beratungsinstanz geschaffen wurde.

Während der Wissenschaftsrat durch seine große Sichtbarkeit, seine Reputation und seine Reflexivität mit normsetzenden Berichten die Koordinationspolitik beeinflusst, dürften die (ursprünglich) mit dem Kanzleramt verbundenen Gremien eher durch die Verstärkung des Bewusstsein für Themen, Probleme und Lösungen zur Koordination beitragen. Dennoch: weder der Wissenschaftsrat noch die stärker politiknahen Gremien verfügen über eine dezidierte, wohldefinierte Koordinationsfunktion. Bislang nehmen sie in der Tat lediglich eine beratende Rolle wahr.

Die Unterstützungs- und Koordinationsfunktion dieser Gremien könnte durch systematische Bereitstellung strategischer Intelligenz deutlich gestärkt werden. Erste Schritte hat die Bundesregierung 2007 durch die Einsetzung der Expertenkommission Forschung und Innovation (EFI) unternommen; sie soll wissenschaftliche Politikberatung leisten und legt regelmäßig Gutachten zu Forschung, Innovation und der technologischen Leistungsfähigkeit Deutschlands vor. Doch eine umfassende Infrastruktur zur systematischen Analyse der Stärken und Schwächen der Wissenschafts- und Innovationssysteme in Deutschland und Europa ist bislang noch stark fragmentiert und konzeptuell wie empirisch schwach ausgebildet. Es gibt auch keine „Clearingzentrale", welche z. B. die verfügbaren evaluativen Informationen aus den verschiedensten Quellen zusammenführen würde.[51] Erst 2006 hat die DFG mit dem Institut für Forschungsinformation und Qualitätssicherung (IFQ) ein „Observatorium" für Forschungsleistungen ins Leben gerufen; ob es zu einer starken Rolle i. S. der ‚Strategischen Intelligenz' in der deutschen Landschaft der Beratungseinrichtungen finden wird, bleibt abzuwarten. Immerhin ist bemerkenswert, dass die DFG forschungsseitig Kapazität zur Beurteilung und Governance öffentlich geförderter Forschung aufbaut. Ähnliche Einrichtungen finden sich auch in anderen Ländern (Rathenau-Institut der Königlich Niederländischen Akademie der Wissenschaften, die *Division of Science Resources Statistics* (SRS) der *US National Science Foundation*, u. a.). Die Bundes- und Landesregierungen verfügen in dieser Hinsicht (wissenschaftliche Forschung) bislang über keine nennenswerten institutionalisierten analytischen Kapazitäten.

---

51 Kuhlmann/Heinze 2004b.

4. Fazit: Koordinationslücken innerhalb von Bereichen und über Bereiche hinweg

Nach der – notwendig knapp gehaltenen – Beschreibung der Herausforderungen und jüngeren Bemühungen um Koordination in der W&I-Politik wollen wir in diesem letzten Abschnitt die Koordinationsbedarfe, -modi und -lücken in Deutschland an Hand der genannten fünf Koordinationsformen aufzeigen.

In Deutschland werden W&I-Politiken von vielen verschiedenen Bundesministerien und Länderregierungen betrieben. Fragmentierung ohne klare Aufgabenverteilung und mit starken Überschneidungen in einigen Bereichen der W&I-Politiken legt Fragen wie die nach der Kongruenz und Koordination zwischen den Dynamiken im Wissensraum einerseits und der Governance öffentlicher Politikbereiche andererseits nahe. Wir haben die Anpassungsfähigkeit der Governance und ihrer Koordinationsmechanismen betrachtet und eine Anzahl von neuen strategischen Zielen identifiziert, aus denen sich politische Koordinationsbedarfe innerhalb und zwischen den vier Sektoren des Wissensraums ableiten lassen.

Die folgende Abbildung 3 fasst zusammen, dass im Forschungssektor die Zielsetzungen, die Attraktivität der Forschung an Universitäten zu verbessern, die Synergiepotentiale von extrauniversitärer Forschung und Agenturen zu mobilisieren, und die internationale Positionierung der öffentlichen Forschungspolitik und Forschungsorganisationen zu stärken, nach vernetzten Koordinationsbemühungen verlangen. Im Bereich der technologischen Innovationspolitik wird versucht, die Innovationsorientierung und -fähigkeiten der Industrie zu verbessern, was die Notwendigkeit der Verzahnung von unterschiedlichen innovations- und forschungspolitischen Maßnahmen erfordert. Im Bereich des Höheren Bildungswesens verlangt die notwendige Steigerung seiner internationalen Attraktivität weitere Koordinierungsbemühungen. Im Bereich der Berufsbildung schließlich erscheint eine bessere Abstimmung zwischen Bundesministerien und zwischen Bund und Ländern geboten.

Gegenüber solchen Bedarfsdiagnosen erscheint die aktuelle Koordinationsleistung – konzeptionell verortet entlang der fünf Koordinationsmodi von Braun – eher inkonsistent:

Externe Koordination: Die vorherrschende Kultur, Praxis sowie die Organisationsstrukturen hinsichtlich der interministerialen, horizontalen Koordination sind eher unterentwickelt. Dies gilt vor allem für die übergreifenden Koordinationsansätze, die Orientierung und Führung ermöglichen sollen. Zwar existieren einige Routineverfahren, doch hoch angesiedelte Koordinationsmechanismen, die den starken Willen und das Engagement zu koordinieren signalisieren, bleiben eher die Ausnahme. Während informelle Koordination zwar gemeinsames Handeln erleichtert, bleibt die Transparenz und Vorhersagbarkeit koordinierten Handelns gering.

Abbildung 3: Strategische Politikziele und entsprechende Koordinationsmechanismen

Bereiche im Wissensraum	Forschung	Technische Innovation	Wissensvermittlung, Höhere Bildung	Berufsausbildung
Strategische Ziele, aus denen sich politische Koordinationsbedarfe ableiten lassen	• Attraktivität der Forschung an Universitäten • Mobilisierung der Synergiepotentiale extrauniversitärer Forschung und Agenturen • Internationale Positionierung öffentlicher Forschungspolitik und Forschungseinrichtungen	Stimulation der Innovationsorientierung und Fähigkeiten der Industrie	Internationale Attraktivität des Höheren Bildungswesens	Kohärente Politik zwischen Bundesministerien und Bundesländern
De-facto-Modi der Koordination				
Externe Koordination zwischen den Ministerien[52]	• Jüngst ad hoc-Start von ebenen- und ministerienübergreifenden ‚strategischen Programmen' (z. B. *Hightech*-Strategie im Bereich technische Innovation) als eher „weiche" externe Koordination • Wichtige bestehende Koordinationsmechanismen zwischen Bund und Ländern (z. B. BLK, 2008 aufgegeben, nur teilweise ersetzt (durch die GWK)			
Interne Koordination	• Intraministerielle Koordination zwischen eher begrenzten Sektoren (z. B. zwischen Forschung, Bildung, Innovation)			
Koordination auf Agenturebene	• Verstärkte strategische Rolle der DFG als teilunabhängige Agentur		• Neue nationale Agentur für Bildungsevaluation?	
Koordination durch das Kabinett	• Im Allgemeinen schwach ausgeprägt • Jüngst einige (eher symbolische) strategische Initiativen (z. B. *Hightech*-Strategie) und Versuche, hochkarätige Beratungsgremien nutzbar zu machen			
Strategische Intelligenz	• BMBF: „weiche" Koordination durch ‚Strategische Intelligenz'-Strategien (z. B. Internationalisierung) • Beratende Rolle des Wissenschaftsrates in der Exzellenz-Initiative		• BMBF: „weiche" Koordination durch Bildungsforschung etc.	
Koordinationslücken	• Keine systematischen Koordinationsmaßnahmen (insbes. seitens anderer Bereichsministerien und zwischen Bund und Ländern) • Gelegentliche übergreifende strategische Initiativen, unterstützt durch mehr oder weniger renommierte Beratungsgremien ohne formalen Einfluss			

52 Dies bezieht sich sowohl auf die horizontale als auch auf die vertikale Koordination.

Das vergleichsweise hohe Niveau an Fragmentierung auf der Bundesebene mag den Vorteil haben, dass die jeweilige Klientel ihr politisches Gegenüber eher leicht identifizieren kann, und die Schnittstellen relativ klar sind. Die Entscheidungsmacht hinsichtlich einer Maßnahme – vor allem die Ressourcenverteilung – liegt normalerweise bei demjenigen Ministerium, das dabei die Federführung inne hat. Die Beratungs- und Koordinationsgremien besitzen keine operationale, allokative Macht.

Die wichtigste Überschneidung in den W&I-Politiken besteht zwischen den Bundesministerien BMWi und BMBF. Die Arbeitsteilung zwischen und innerhalb der Ministerien wurde in Deutschland häufig verändert, i. d. R. eher als Ergebnis machtpolitischer Erwägungen einzelner Kabinettsmitglieder denn als Ausdruck inhaltlicher Strategiebildung. Es kann ein genereller Mangel an übergreifender Koordination zwischen den Schlüsselministerien und innerhalb derselben konstatiert werden. Allerdings sind sich führende Akteure in den Ministerien der möglichen Verbesserungen mit Blick auf die Arbeitsteilung und Koordination durchaus bewusst.

Ein weiterer Koordinationsmechanismus, der in Deutschland an Bedeutung gewonnen hat, besteht im gezielten Entwurf übergreifender Strategien auf der Basis von intra- und interministerialen Debatten, in denen gemeinsam Perspektiven für alle beteiligten Ministerien und Abteilungen entwickelt werden. Zugleich könn(t)en solche Strategien wie die *Hightech*-Strategie oder die Internationalisierungsinitiative des BMBF in breiteren Öffentlichkeiten diskutiert werden. Obwohl diese externen Koordinationsbemühungen eher „weich" erscheinen, tragen sie doch zu einem gemeinsamen Bezugsrahmen und zum Aufbau gemeinsamer Erwartungen bei.

Die Situation bei der vertikalen Koordination zwischen Bund und Ländern ist komplizierter und gegenwärtig im Umbruch begriffen. In gewisser Weise hat die Reform des Föderalismus die Situation vereinfacht (mit Blick auf den Koordinationsbedarf). Nicht die Bildung selbst, aber die Evaluation von Bildung, wird gemeinsame Aufgabe von Bund und Ländern bleiben. Daher könnten gemeinsame Standards und Instrumente für die ‚Strategische Intelligenz' ein neuer Koordinationsmechanismus zwischen Akteuren auf Bundes- und Länderebene werden, und damit eine völlige Disaggregation und Fragmentierung des deutschen Bildungssystems verhindern. Dies könnte einen gemeinsamen Referenzrahmen für strategische Entscheidungen abgeben – und überdies die Transparenz und Vergleichbarkeit von Bildungsleistungen erhöhen. Ob dies auch in eine bessere Koordination zusammenhängender gemeinsamer Aufgaben (wie Monitoring, Evaluation, Standardsetzung[53]) münden wird, muss indes abgewartet werden.

In gewissem Maß scheinen die mehr oder weniger unabhängigen Beratungsgremien und Reflexionsinstitutionen formalisierte Koordinationsstrukturen zu ersetzen, wenn man akzeptiert, dass sie auf der Basis verschiedener Legitimationsformen immer wieder dazu beigetragen haben, Orientierung in horizontal angesiedelten politischen Fragen zu geben. Vor allem ist hier der Wissenschaftsrat zu nennen, der

---

53 Vgl. zu den Bildungsvergleichen auch den Beitrag von Guckelberger in diesem Band.

viel zur Koordination der Bemühungen um die institutionelle Fortentwicklung des gesamten Wissenschafts- und Wissenschaftsförderbetriebs beiträgt.

Interne Koordination: Generell bleibt innerhalb der Ministerien die Koordination zwischen verschiedenen Abteilungen begrenzt und auf verschiedene Weise organisiert. Als Daumenregel scheint zu gelten: Koordination zwischen strategischen und bereichsübergreifenden Aktivitäten einerseits und fachlichen Aktivitäten andererseits sind immer problematisch, da die Budgets vornehmlich den Fachbereichen zugewiesen werden: diese entscheiden über Investitionen, ohne komplementäre oder übergreifende Initiativen systematisch in Betracht zu ziehen.

Koordination auf der Ebene von Agenturen: Im Bereich der Forschungsförderung sticht die historisch gewachsene strategische Rolle der DFG als teilunabhängige Agentur hervor, die den Brückenschlag zwischen dem Bund und den Universitäten bewerkstelligt. In den Bereichen der Bildung wird es interessant sein zu sehen, ob die diskutierte nationale Agentur für Bildungsevaluation Realität werden und welche Koordinationseffekte dies haben wird.

Führung auf Kabinettsniveau: Das Kabinett insgesamt übernimmt in der W&I-Politik nur selten eine führende Rolle. Allerdings erfuhr die *Hightech*-Strategie für den technologischen Innovationssektor bemerkenswerte (verbale) Unterstützung aus dem Kabinett. Beratungsgremien, die unmittelbar dem Kanzleramt berichten, können einflussreich sein, sind wegen ihres hochpolitischen Charakters aber auch wenig robust und letztlich kurzlebig. Anders ist die Situation etwa in Finnland, wo der Premierminister dem *Science and Technology Policy Council* vorsitzt und dieser Rat eine zentrale Rolle als Beratungsgremium für das ganze Kabinett in verschiedensten Fragen spielt, neben seiner spezifischen Beratungsfunktion für das Bildungsministerium und Handels- und Industrieministerium.

Strategische Intelligenz: Das BMBF liefert interessante Beispiele für „weiche" Koordination durch analysegestützte ‚Strategien' (z. B. ‚Internationalisierung' oder ‚Förderung der empirischen Bildungsforschung'). Dabei handelt es sich offenbar um Versuche, verlorene Entscheidungsmacht zu kompensieren. Die starke, auch ‚Strategische Intelligenz' nutzende Arbeit des Wissenschaftsrates in der Exzellenz-Initiative muss hier erwähnt werden: Sie gab „der Wissenschaft" eine Stimme in dieser politisch gesteuerten Initiative. Die Internationalisierungsinitiative wurde ebenfalls durch verschiedene analytische Schritte vorbereitet, die in die Deliberation zwischen verantwortlichen Abteilungen und den *Stakeholdern* mit eingeflossen sind.

Im Großen und Ganzen scheint die wissenschaftspolitische Koordination in Deutschland voran zu kommen. Darin ist der Versuch zu erkennen, mit dem Kompetenzwirrwarr, vor allem zwischen Bund und Ländern aufzuräumen, und dabei „weiche" Koordinationsmechanismen wie gemeinsame Standards, Monitoring und Evaluationen einzusetzen. In einigen Bereichen nimmt der Koordinationsbedarf auch ab; etwa dort, wo Kompetenzen an die Forschungseinrichtungen delegiert werden, insbesondere die Universitäten. Schließlich wird Koordination zunehmend indirekt ausgeübt, durch das Engagement für gemeinsame Strategien, die nicht nur bereichsübergreifend ansetzen, sondern auch auf höchsten politischen Ebenen Rückhalt erfahren.

Dennoch: Wenn man den Grad an institutioneller und prozeduraler Fragmentierung und das niedrige Niveau der Konzentration von Entscheidungsautorität in Rechnung stellt, erscheint die Effizienz der Politikprozesse und der Implementation ihrer Ergebnisse recht schwach, vor allem angesichts der Interdependenz von Institutionen und inhaltlichen Themenbereichen: verschiedene Themen der W&I-Politik werden von verschiedenen Akteuren auf unterschiedliche Weise verstanden und bearbeitet. Das mag für sehr spezifische, eher „isolierte" Themen von Vorteil sein, doch das System als Ganzes bleibt schwach, insbesondere dann, wenn Themen bereichsübergreifend Bedeutung haben bzw. verschiedene Bereichsthemen komplementär miteinander verbunden sind. Beratungsgremien helfen dabei, die Funktionsbereiche zu überschauen, doch da sie in ihrer Koordinationsrolle kaum mit deutlich definierten Aufgaben und nur mit geringer Entscheidungsautorität ausgestattet sind und zudem nicht systematisch durch ‚Strategische Intelligenz' unterstützt werden, bleibt ihre Effektivität beschränkt.

Um einen Ausblick zu geben, wollen wir einige Spekulationen dazu anstellen, was es bedeuten würde, wenn es ein integriertes Ministerium für die Bereiche Bildung, Forschung, Berufsbildung und Technologie geben würde – ein möglicher Weg, um den Bedarf und die Mittel zur Koordination drastisch zu verändern, der in Deutschland und anderswo wiederholt diskutiert wird.[54] Dabei wird häufig angenommen, dass ein fusioniertes Großministerium nur dann effektiver sein könnte, wenn es an einer einheitlichen Leitidee und einheitlichen Prinzipien ausgerichtet wäre. Dies würde bedeuten, dass alle Zweige dieses Ministeriums sich an klaren Zielen und Prioritäten orientieren müssten. Wenn man in Rechnung stellt, dass im öffentlichen und politischen Diskurs Deutschlands seit Jahren das Leitbild vorherrscht, wonach ‚Wissen und Innovation' als Quellen der Sicherung der Wettbewerbsfähigkeit der Wirtschaft betrachtet werden, ist es sehr wahrscheinlich, dass alle Bereiche eines solchen Ministeriums an unmittelbaren ökonomischen Effekten ausgerichtet werden würden. Ein solches Leitbild mag dann zwar i. S. einer Technologie- und generell Innovationspolitik sein, doch es transportiert nicht automatisch alle wichtigen Aspekte der Wissenschafts- und Bildungspolitik.

Eine notwendige Bedingung für effektive interne Koordination und Überwindung organisationaler Trägheit in einem fusionierten Ministerium wäre eine klare, von allen führenden Abteilungen geteilte Vision. Ohne diese gäbe es keinen Grund anzunehmen, dass interne Koordination in einem großen Ministerium effizienter, eleganter und effektiver gelingen sollte, als externe Koordination zwischen verschiedenen Ministerien. Die Gründe dafür sind vielfältiger Natur: Die zurückliegenden Erfahrungen der Fusion und Restrukturierung von Ministerien in Deutschland haben keine bessere Koordination durch zueinander im Innenverhältnis stehende größere aber heterogenere Einheiten gezeigt, als die Koordination zwischen kleineren, homogenen, aber zueinander im Außenverhältnis stehenden Einheiten. Im Gegenteil dürfte die Fusion verschiedener Missionen und Vorgehensweisen zu stärkerer

---

54 Arnold/Boekholt 2003.

Departmentalisierung führen, da jeder dieser Ansätze und dessen Protagonisten darum ringen würden, Einfluss auszuüben und die Oberhand zu behalten.

Selbst mit einer klaren Vision, einem klaren Auftrag und einer klaren Orientierung würde eine breit angelegte Fusion sehr wahrscheinlich neue, vielleicht schwierigere Herausforderungen an die Governance erzeugen. Verteidigungsreaktionen seitens jener, die für Sektoren verantwortlich sind, die an Kompetenz- und Autonomieverlust leiden würden, wären mehr als wahrscheinlich. Außerdem würden spezifische Politikbereiche enger begrenzt oder vernachlässigt werden, um das ministeriale Leitziel rigoros zu verfolgen.

Zu einem großen Ministerium auf Bundesebene würden zudem kaum äquivalente Ministerien auf Länderebene geschaffen werden, da die meisten Bundesländer immer noch eine klare Trennung zwischen den Wissenschafts-/Bildungs-Ministerien einerseits und den Wirtschafts-/Innovations-Ministerien andererseits aufweisen. Die Wirkung von Fusionen auf Bundesebene auf die vertikale Koordination könnte sich deshalb eher als schädlich, denn als nützlich erweisen. Die Heterogenität könnte zustatt abnehmen, wenn ein großes Bundesministerium multiple Schnittstellen mit verschiedenen Landesministerien haben müsste.

Die Entscheidung, welche Organisationsform – Fusion (und interne Koordination) oder individuelle Ministerien (und externe Koordination) – zu bevorzugen ist, bleibt letztlich eine politische. Wenn es das politische Ziel wäre, eine klare, einheitliche Mission zu definieren, die für nachhaltig erachtet und dann auch zielgerichtet verfolgt würde, wäre eine Fusion effektiver. Dem stünde – wie gerade gezeigt – die Gefahr interner Friktionen und ein möglicher Verlust an Zuwendung zu Detailthemen gegenüber.[55] Mehr noch, die Fusion der Organisationen und die Entwicklung neuer kollektiver Identitäten würde viel länger dauern als ernsthafte Versuche, bestehende Einheiten entlang klarer Politikvorgaben seitens der Regierung als solcher zu koordinieren. Der Fall der *Hightech*-Strategie ist das beste Beispiel dafür. Hier könnte das Beste aus beiden Welten eingebracht werden, wenn die Implementation stärker durch effektive formale wie informelle Koordinationsmechanismen begleitet werden würde.

---

55 Dies geschah in den 1990ern beim norwegischen *Forskningsrådet* (Forschungsrat), ein Zusammenschluss von fünf vorher bestehenden Räten (Arnold et al. 2001).

Literatur

Arnold, Erik/Boekholt, Patries, 2003: Research and Innovation Governance in Eight Countries. A Meta-Analysis of Work Funded by EZ (Netherlands) and RCN (Norway). Brighton/Amsterdam: Technopolis.

Arnold, Erik/Kuhlmann, Stefan/van der Meulen, Barend, 2001: A Singular Council. Evaluation of the Research Council of Norway. Oslo, Royal Norwegian Ministry for Education, Research and Church Affairs: mimeo.

Benz, Arthur, 2006: Governance in Connected Arenas – Political Science Analysis of Coordination and Control in Complex Control Systems. In: Jansen, Dorothea (Hrsg.), New Forms of Governance in Research Organizations. From Disciplinary Theories towards Interfaces and Integration. Heidelberg/New York: Springer, 3-22.

Biegelbauer, Peter S./Borrás, Susana (Hrsg.), 2003: Innovation Policies in Europe and the US, the New Agenda. Aldershot: Ashgate.

Borrás, Susana, 2009: The Widening and Deepening of Innovation Policy: What Conditions Provide for Effective Governance. CIRCLE working paper 2009/2.

Braun, Dietmar, 2008: Introduction: Organising the Political Coordination of Knowledge and Innovation. In: ders. (Hrsg.), Science and Public Policy, Special Issue on the Political Coordination of Knowledge and Innovation Policies, 35, 227-240.

Braun, Dietmar, 1993: Who Governs Intermediary Agencies? Principal-Agent Relations in Research Policy-Making. In: Journal of Public Policy 13, 135-162.

Carlsson, Bo/Elg, Lennart/Jacobsson, Staffan, 2010: Reflections on the Co-Evolution of Innovation, Theory and Practice: The Emergence of the Swedish Agency for Innovation Systems. In: Smits, Ruud/Kuhlmann, Stefan/Shapira, Philip (Hrsg.), The Theory and Practice of Innovation Policy. An International Research Handbook, Cheltenham: Elgar (im Erscheinen).

Ebersberger, Bernd/Edler, Jakob, 2007: Die Europäische Ebene. In: Edler, Jakob (Hrsg.), Internationalisierung der deutschen Forschungs- und Wissenschaftslandschaft. Stuttgart: Fraunhofer IRB Verlag.

Edler, Jakob (Hrsg.), 2007a: Internationalisierung der deutschen Forschungs- und Wissenschaftslandschaft (Studie des Fraunhofer ISI Karlsruhe/ZEW Mannheim, Technopolis Amsterdam/Wien im Auftrag des BMBF), Stuttgart: Fraunhofer IRB Verlag.

Edler, Jakob (Hrsg.), 2007b: Bedürfnisse als Innovationsmotor – Konzepte und Instrumente nachfrageorientierter Innovationspolitik, Berlin: Sigma.

Edler, Jakob/Bührer, Susanne, 2007: Nachfrageorientierte Innovationspolitik in Deutschland. In: Edler, Jakob (Hrsg.), Bedürfnisse als Innovationsmotor – Konzepte und Instrumente nachfrageorientierter Innovationspolitik, Berlin: Sigma.

Edler, Jakob/Kuhlmann, Stefan, 2010: Integration of European Research Systems: A Multi-Dimensional Phenomenon. In: Jansen, Dorothea (Hrsg.), Towards a European Research Area, Baden-Baden: Nomos (im Erscheinen).

Edler, Jakob/Kuhlmann, Stefan, 2008: Coordination within Fragmentation: Governance in Knowledge Policy in the German Federal System, in: Braun, Dietmar (Hrsg.), Special issue of Science and Public Policy on the Political Coordination of Knowledge and Innovation Policies, 35, 265-276.

Edler, Jakob/Kuhlmann, Stefan/Behrens, Maria (Hrsg.), 2003: Changing Governance of Research and Technology Policy – the European Research Area, Cheltenham: Elgar.

Edler, Jakob/Kuhlmann, Stefan/Ruhland, Sascha, 2006: Institutional Models of Organising Education, Science and Technology Policy. The Case of Germany. Report for the Swiss Science and Technology Council: mimeo.

Edler, Jakob/Kuhlmann, Stefan/Smits, Ruud, 2003: New Governance for Innovation. The Need for Horizontal and Systematic Policy Co-ordination. Karlsruhe: Fraunhofer. Quelle: www.isi. fhg.de/publ/downloads/isi03a04/new-governance.pdf.

Enders, Jürgen, 2007: Reform and Change of German Research Universities. In: Higher Education Forum 4, 19-31.

Edquist, Charles (Hrsg.), 1997: Systems of Innovation. Technologies, Institutions and Organizations. London/Washington: Pinter.

EU 2008: Inno-Policy TrendChart – Policy Trends and Appraisal Report. Germany, www.proinnoeurope.eu/extranet/upload/countryreports/Country_Report_Germany_2008.pdf

Heinze, Thomas/Kuhlmann, Stefan, 2008: Across Institutional Boundaries? Research Collaboration in German Public Sector Nanoscience, In: Research Policy 37, 888-899.

Hohn, Hans-Willy/Schimank, Uwe, 1990: Konflikte und Gleichgewichte im Forschungssystem: Akteurkonstellationen und Entwicklungspfade in der staatlich finanzierten außeruniversitären Forschung. Frankfurt a. M./New York: Campus.

Horvat, Manfred et al., 2006: ERA-NET Review (2006): The Report of the Expert Review Group, Brussels mimeo.

Internationale Kommission, 1999: Forschungsförderung in Deutschland. Bericht der internationalen Kommission zur Systemevaluation der Deutschen Forschungsgemeinschaft und der Max-Planck-Gesellschaft. Hannover: Volkswagen-Stiftung.

Jäkel, Rainer/Blind, Knut (Hrsg.), 2005: Innovationsfaktor Staat – Aktiver Promotor und intelligenter Rahmensetzer. Stuttgart: Fraunhofer IRB Verlag.

Jansen, Dorothea (Hrsg.), 2007: New Forms of Governance in Research Organizations. From Disciplinary Theories towards Interfaces and Integration. Dordrecht et al.: Springer.

Kuhlmann, Stefan, 2001: Governance of Innovation Policy in Europe – Three Scenarios. In: Research Policy 30, 953-976.

Kuhlmann, Stefan, 2003: Evaluation as a Source of "Strategic Intelligence". In: Shapira, Philip/ Kuhlmann, Stefan (Hrsg.), Learning from Science and Technology Policy Evaluation: Experiences from the United States and Europe, Cheltenham: Elgar, 352-379.

Kuhlmann, Stefan/Heinze, Thomas, 2004a: Evaluation von Forschungsleistungen in Deutschland: Erzeuger und Bedarf; Teil I: Konzeptionelle Grundlagen. In: WissR 37, 53-69.

Kuhlmann, Stefan/Heinze, Thomas, 2004b: Evaluation von Forschungsleistungen in Deutschland: Erzeuger und Bedarf; Teil II: Produktion und Verwendung evaluativer Information sowie Möglichkeiten ihrer künftigen Organisation. In: WissR 37, 125-149.

Kuhlmann, Stefan/Shapira, Philip, 2006: How is Innovation Influenced by Science and Technology Policy Governance? Transatlantic Comparisons. In: Hage, Jerald/Meeus, Marius T.H. (Hrsg.), Innovation, Science, and Institutional Change; A Research Handbook. Oxford: Oxford UP, 232-255.

Legler, Harald/Gehrke, Birgit, 2006: Germany's Technological Performance 2005, Summary, Bonn/Berlin: BMBF.

Leon, Gonzalo et al., 2008: Lisbon Strategy: Between Revolution and Illusion – The Governance Challenge for Knowledge Policies, Synthesis Report of the Lisbon Expert Group, Brussels (European Commission, EUR 23469), Quelle: http://ec.europa.eu/invest-in-research/pdf/download_en/kin123469enc_web.pdf.

Lundvall, Bengt-Åke (Hrsg.), 1992: National Systems of Innovation. Towards a Theory of Innovation and Interactive Learning. London: Pinter.

Mayntz, Renate, 2003: Governance im modernen Staat. In: Benz, Arthur (Hrsg.), Governance. Eine Einführung. Hagen: FernUniversität, 71-83.

Mayntz, Renate/Scharpf, Fritz W., 1995: Steuerung und Selbstorganisation in staatsnahen Sektoren. In: Dies. (Hrsg.), Gesellschaftliche Selbstregelung und politische Steuerung, Frankfurt a. M./New York: Campus, 9-38.

Münch, Richard, 2007: Die akademische Elite. Frankfurt a. M.: Suhrkamp.

Peters, B. Guy, 2005: Concepts and Theories of Horizontal Policy Management. X. Congreso Internacional del CLAD sobre la Reforma del Estado y de la Administracion Publica, Santiago, Chile, 18-21. Okt. 2005.

Peters, B. Guy, 2006: The Search for coordination and coherence. In Public Policy: Return to the Centre? Unpublished. Department of Political Science. University of Pittsburgh.

Research Europe 2007: The Triangle Shrinks. In: Research Europe, December 13, Issue No. 245, 2.

Scharpf, Fritz W., 1993: Positive und negative Koordination in Verhandlungssystemen. In: Héritier, Adrienne (Hrsg.), Policy Analyse. Kritik und Neuorientierung. Politische Vierteljahresschrift, Sonderheft 24, Opladen: Westdeutscher Verlag, 57-83.

Scharpf, Fritz W., 1994: Games Real Actors Could Play: Positive and Negative Coordination in Embedded Negotiations. In: Journal of Theoretical Politics 6, 27-53.

Scharpf, Fritz W., 2000: Institutions in Comparative Policy Research. In: Comparative Political Studies 33, 6-7, 762-790.

Seckelmann, Margrit, 2009: „Renaissance" der Gemeinschaftsaufgaben in der Föderalismusreform II? Zu den Gemeinschaftsaufgaben und den Möglichkeiten kooperativen Handelns im Bundesstaat (insbesondere zu den Art. 91a und b GG n.F. sowie zur Aufnahme der Art. 91c und d GG in das Grundgesetz). In: DÖV 62, 747-757.

Smits, Ruud/Kuhlmann, Stefan, 2004: The Rise of Systemic Instruments in Innovation Policy. In: International Journal for Foresight and Innovation Policy (IJFIP) 1, 4-32.

Smits, Ruud/Kuhlmann, Stefan/Shapira, Philip (Hrsg.), 2010: The Theory and Practice of Innovation Policy. An International Research Handbook, Cheltenham, UK: Edward Elgar (im Erscheinen).

Wilson David/Souitaris, Vangelis, 2002: Do Germany's Federal and Land Governments (still) Co-ordinate their Innovation Policies? In: Research Policy 31, 1123-1140.

Wissenschaftsrat, 2007: Empfehlungen zur Rolle und künftigen Entwicklung der Bundeseinrichtungen mit FuE-Aufgaben (Drs. 7702-07), Köln.

Der alte und der neue Hochschulbau –
die immerwährende Gemeinschaftsaufgabe

Achim Wiesner

1. Einleitung

Der erste Anlauf zur Föderalismusreform scheiterte an der Uneinigkeit zwischen damaliger Regierung und Opposition in Fragen der Bildungszuständigkeit. Der zweite Anlauf in einer Großen Koalition gelang schließlich im Jahre 2006. Seitdem gilt insbesondere für den Bereich von Schule und Bildung ein „Kooperationsverbot" – so die Sprache der Kritiker – zwischen Bund und Ländern.

Für den Bereich von Wissenschaft und Hochschulen ist die Entflechtung entgegen der ersten Absicht nicht derart weit getrieben worden – am Ende war es ein Wort, um das gekämpft wurde und das schließlich die Tür zur Kooperation offenhielt: Wissenschaft. Weil „Wissenschaft" in der gängigen Interpretation Forschung und Lehre umfasst, war damit gesichert, dass gemeinsame Finanzierungen wie zum Hochschulpakt 2020 verfassungsgemäß zustande kommen können – bei einstimmiger Entscheidung von Bund und allen Ländern. An einer Stelle wurde mit der Reform von 2006 der föderale Grenzverlauf vergleichsweise einvernehmlich korrigiert: im Bereich der Hochschulinvestitionen, also der baulichen Investitionen in die Hochschulen des Landes. Die alte „Gemeinschaftsaufgabe Ausbau und Neubau von Hochschulen einschließlich der Hochschulkliniken", kurz Gemeinschaftsaufgabe Hochschulbau, wurde aus dem Art. 91a GG gestrichen;[1] in den veränderten Art. 91b GG wurde die neue Gemeinschaftsaufgabe „Forschungsbauten" wie folgt aufgenommen:

„(1) Bund und Länder können auf Grund von Vereinbarungen in Fällen überregionaler Bedeutung zusammenwirken bei der Förderung von:
1. Einrichtungen und Vorhaben der wissenschaftlichen Forschung außerhalb von Hochschulen;
2. Vorhaben der Wissenschaft und Forschung an Hochschulen;
3. Forschungsbauten an Hochschulen einschließlich Großgeräten.
Vereinbarungen nach Satz 1 Nr. 2 bedürfen der Zustimmung aller Länder.
(…)
(3) Die Kostentragung wird in der Vereinbarung geregelt."

Damit ist – die „überregionale Bedeutung" immer vorausgesetzt – die gemeinsame, umfassende Finanzierung der außeruniversitären Forschung nach Nr. 1 weiter-

---

[1] Es verblieben die „Verbesserung der regionalen Wirtschaftsstruktur" und die „Verbesserung der Agrarstruktur und des Küstenschutzes".

hin problemlos; an Hochschulen können nach Nr. 2 bis hin zur Lehre „Vorhaben" gefördert werden,[2] nicht aber ganze „Einrichtungen",[3] nach Nr. 3 können schließlich Investitionen an Hochschulen von Bund und Ländern gemeinsam finanziert werden, aber nur ein bestimmter Typ, nämlich „Forschungsbauten". Dieser letztgenannte Bereich gemeinsamer Investitionstätigkeit von Bund und Ländern soll im Fokus der folgenden Ausführungen stehen. Daneben ist aber auch das finanzielle Auslaufen des alten Hochschulbaus nach Art. 91a GG a. F. im Art. 143c GG in den Blick zu nehmen – hier erhalten die Länder über einige Jahre hinweg pauschale Zuweisungen des Bundes für ihre baulichen Investitionen jenseits von Forschungsbauten.

Im Weiteren sollen die Gründe für die Streichung der Gemeinschaftsaufgabe Hochschulbau aus dem Art. 91a GG identifiziert werden, die zur Zeit geltenden Regelungen dargestellt und die Unterschiede zwischen Alt und Neu vermessen werden, um daraus Perspektiven für die weitere Ge-staltung dieses Politikbereiches zu gewinnen.[4]

2. Die Abschaffung eines Ärgernisses

Was wurde mit der Föderalismusreform zu Grabe getragen? An welche Stelle treten die Übergangsfinanzierung des Art. 143c GG und die in einer Bund-Länder-Vereinbarung auf Basis von Art. 91b GG beschlossenen Forschungsbauten mit einem Finanzierungsvolumen von rund 300 Millionen Euro pro Jahr? Mehr als drei Jahrzehnte, nämlich seit der Finanzverfassungsreform von 1969, planten und finanzierten Bund und Länder gemeinsam den „Ausbau und Neubau von Hochschulen einschließlich der Hochschulkliniken" auf Basis des alten Art. 91a GG.[5] Als Gemeinschaftsaufgabe wirkte der Bund hier „bei der Erfüllung von Aufgaben der Länder mit, wenn diese Aufgaben für die Gesamtheit bedeutsam sind und die Mitwirkung des Bundes zur Verbesserung der Lebensverhältnisse erforderlich ist". Das Grundgesetz bestimmte auch das Verfahren für die Gemeinschaftsaufgabe: die gemeinsame Rahmenplanung. Alljährlich schrieben die Ministerialen aus den Ländern und die Rahmenplaner des Bundes im Bundesministerium für Bildung und Forschung (BMBF)[6] gemeinsam einen Rahmenplan fort, der immer für die kommenden

---

2 Der Hochschulpakt ist ein solches „Vorhaben".
3 Soweit in der Exzellenzinitiative zumindest in der dritten Förderlinie Universitäten als Einrichtungen gefördert werden, handelt es sich auch hier per Definition um projektförmige Vorhaben. Zur Problematik siehe auch Seckelmann in diesem Band.
4 Die Analyse des alten Hochschulbaus nach Art. 91a GG basiert auf intensiven ethnografisch-mikropolitischen Studien (Nullmeier/Pritzlaff/Wiesner 2003; Wiesner 2003; vor allem Wiesner 2006), die des neuen Verfahrens auf Dokumentenanalysen. Für die Sicht von Beteiligten vgl. von Heyden 2007 und Schlegel 2008.
5 Zur Geschichte der Einführung: Renzsch 1991: 223 ff.
6 Das Ministerium hat im Laufe der Jahre seine Namen mehrfach gewechselt. Unabhängig vom historisch je gültigen Namen wird es im Folgenden durchgängig als Bundesministerium für Bildung und Forschung (BMBF) bezeichnet.

vier Jahre alle von Bund und Land zur Hälfte getragenen Landesinvestitionen in die Hochschulen aufführte – für Gebäude, deren Planung, für Großgeräte und den Erwerb von Grundstücken. Wie genau das vonstatten zu gehen hatte, regelte das nun ebenfalls außer Kraft gesetzte Hochschulbauförderungsgesetz (HBFG). Zuletzt waren es rund 2 Milliarden Euro, die Bund und Länder je zur Hälfte aufbrachten, um die rund 3000 Vorhaben eines Rahmenplans zu finanzieren. Über 35 Rahmenpläne hinweg vollzog sich dieses HBFG-Verfahren auf nur wenig veränderter gesetzlicher Grundlage.

Warum wurde der Hochschulbau im Art. 91a GG a. F. gestrichen, warum ist diese föderale Variante der Gemeinsamkeit im Bereich der Hochschulfinanzierung nun Geschichte? Drei Gründe lassen sich benennen:

(1) Zum einen wurden schon in den Anfängen des kooperativen Föderalismus gegen Ende der 1960er Jahre normative Argumente gegen die Gemeinschaftsaufgaben insgesamt laut, die da lauteten: Die haushaltsverantwortlichen Parlamente in Bund und Ländern werden durch die exekutiv bestimmten, faktisch entscheidungsrelevanten Planungsausschüsse der Gemeinschaftsaufgaben entmachtet, gebietskörperschaftliche Verantwortlichkeiten für die Politikergebnisse werden verwischt und im Zweifelsfall abgeschoben, die investiven Prioritäten in den Ländern werden durch die Mitfinanzierung des Bundes verzerrt.[7] Diese Argumente hatten mehrere Jahrzehnte lang kein hinreichendes Gewicht entwickelt und waren letztlich auch nicht ausschlaggebend, doch haben sie zur negativen Orchestrierung beigetragen.

(2) Zum anderen war die Arbeit der Föderalismuskommission von Beginn an ideologisch festgelegt auf das Paradigma der Entflechtung.[8]

(3) Ein dritter Grund für die Aufgabe des Hochschulbaus als Gemeinschaftsaufgabe nach Art. 91a GG mag darin liegen, dass sie sich praktisch von innen her aufgelöst, sich quasi selbst abgeschafft hatte. Angestoßen durch ein äußeres Ereignis – die deutsche Vereinigung und die damit einhergehenden finanziellen Restriktionen auch im Hochschulbau – kam es innerhalb des föderalen Verhandlungssystems zu administrativen Praktiken der Anpassung, um die alljährliche Rahmenplanung und die Entscheidungen zum Hochschulbau überhaupt erbringen zu können. Diese Anpassungsreaktionen trugen letztlich aber zu einer schleichenden Deformation der Gemeinschaftsaufgabe bei – mit der Konsequenz, dass im Vorfeld der Föderalismusreform die Gemeinschaftsaufgabe zu einem prozeduralen Ärgernis geworden war, an dem kaum jemand noch festhalten wollte.[9]

Wie sind die genannten drei Gründe in ihrem Stellenwert einzuschätzen? Die normative Kritik alleine entwickelte weder in den mehr als drei Jahrzehnten des

---

7   Vgl. auch die Beiträge von Lange und Seckelmann in diesem Band.
8   Vgl. Benz 2008; Sager 2006.
9   Theorien des institutionellen Wandels unterscheiden zwischen graduellem Wandel und plötzlich auftretenden großen Ereignissen als Anstoß des Wandels. Die deutsche Vereinigung ist für den Hochschulbau ein solcher externer ‚big bang' gewesen, dem dann aber dennoch nur eine graduelle Anpassung ohne Pfadänderung folgte, die aber in der „exhaustion" einer Institution kulminierte. „Exhaustion" wird von Streeck und Thelen (2005: 29 f.) als eine von insgesamt fünf Arten des graduellen institutionellen Wandels beschrieben.

alten Hochschulbaus noch bei der Reform von 2006 politische Durchschlagskraft. Das ideologische Paradigma der Entflechtung war ungleich wirksamer, ließ aber bemerkenswerter Weise die zwei anderen der ursprünglich drei Gemeinschaftsaufgaben nach Art. 91a GG unangetastet. Lohnenswert scheint es daher, die Selbstabwicklung in administrativen, mikropolitischen Praktiken genauer in den Blick zu nehmen – denn schließlich argumentiert niemand, dass angesichts der Haushaltslagen der Länder diese den Hochschulbau tatsächlich gänzlich ohne Bundesmittel finanzieren könnten. Demnach wäre zu prüfen, wie sich eine *policy* zwar nicht in der Sache, aber in ihrer rechtlich-administrativen Verfasstheit selbst obsolet machen kann.

Diese These der Selbstabwicklung[10] soll daher erläutert werden. Sie wird nur nachvollziehbar, wenn man sich die administrativen Praktiken vergegenwärtigt, die das HBFG-Verfahren und die Rahmenplanung geprägt und zu einer unerfreulichen Veranstaltung für alle Beteiligten haben werden lassen.

3. Die Selbstabwicklung der alten Gemeinschaftsaufgabe Hochschulbau

Bei der Gemeinschaftsaufgabe Hochschulbau handelte es sich um ein Zwangsverhandlungssystem: Alljährlich bestand ein Einigungszwang der Verhandlungspartner aus Bund und Ländern; anderenfalls wäre der Hochschulbau zum Erliegen gekommen – das Tätigwerden einer Seite allein ohne eine gemeinsame Entscheidung war rechtlich (Bund) oder faktisch (Länder) ausgeschlossen.

Gleichwohl war der Hochschulbau im Vergleich zu anderen Gemeinschaftsaufgaben von Beginn an ein System, das innerhalb und unterhalb des gemeinsamen Entscheidens erhebliche Spielräume für einseitiges, also nicht dem Einigungszwang unterliegendes Handeln vor allem der Länder bot.

Dennoch galt auch für den Hochschulbau nach Art. 91a GG a. F.: Zwangsverhandlungssysteme neigen dazu, den *status quo* zu reproduzieren; dort, wo alle zustimmen müssen, damit eine Entscheidung verbindlich wird, regiert der kleinste gemeinsame Nenner. Weitreichende Projekte und Entscheidungen, mit denen grundsätzliche Probleme gelöst werden, die aber auch Verlierer hervorbringen, oder gar institutionelle Veränderungen sind kaum erwartbar – so bereits die frühen Studien zur Politikverflechtung im deutschen Föderalismus.[11] Allerdings scheinen die Operationen eines Zwangsverhandlungssystems durchaus davon geprägt zu sein, ob es über stabile, wenn nicht gar wachsende Haushaltsmittel entscheidet, oder ob es unter Kürzungsbedingungen arbeitet – ob es also noch Zugewinne oder schon Verluste zu verteilen gilt. So hat Benz bereits vor einiger Zeit darauf hingewiesen, dass „die in den Untersuchungen zur Politikverflechtung festgestellten Konfliktregelungsstrate-

---

10 „Selbstabwicklung" ist hier nicht intentional zu verstehen, sondern als Ausfluss administrativer Praktiken.
11 Vgl. Scharpf/Reissert/Schnabel 1976.

gien eine entscheidende Voraussetzung haben, nämlich wirtschaftliches Wachstum".[12]

In der Tat hatte das Verhandlungssystem des Hochschulbaus vor allem in Folge der deutschen Vereinigung seit 1992 kontinuierlich unter Knappheitsbedingungen operiert und fortlaufend Kürzungen aufgrund geringerer Haushaltsansätze des Bundes verhandeln müssen. Nach der Einführung der Gemeinschaftsaufgabe 1969 und vor ihrer Abschaffung im Zuge der Föderalismusreform ist jenes Jahr der zentrale Wendepunkt in der Geschichte des Verhandlungssystems. Ab hier kommt es zu institutionellen Anpassungsreaktionen an die Knappheitsbedingungen und es sind diese Anpassungsreaktionen, die zur Aufgabe der Gemeinschaftsaufgabe geführt haben.

Drei Anpassungsreaktionen lassen sich ausmachen: Die Fiktionalisierung der Investitionsplanungen, die Asymmetrisierung der Handlungsfreiheiten von Bund und Ländern, und schließlich die zunehmende Bürokratisierung der Entscheidungsverfahren.

Wie wir gleich noch genauer sehen werden, erweist sich das Verhandlungssystem im Ergebnis dieser Anpassungsreaktionen schließlich als intransparent, überverflochten und formalistisch. Diese Mängelanzeige weist aber auch darauf hin, dass Deformationen eines politischen Prozesses und eines gesamten Verhandlungssystems im praktischen Vollzug und damit unterhalb der grundgesetzlichen Normierung entstehen – und dass zu prüfen sein wird, inwieweit die neue Gemeinschaftsaufgabe Forschungsbauten gegen derartige Deformationen gewappnet ist. Um dies abschätzen zu können, bedarf es zunächst aber eines genaueren Verständnisses der Anpassungsreaktionen und Deformationen.

4. Fiktionalisierung

Die Gemeinschaftsaufgabe Hochschulbau wurde lange Jahre als „unterfinanziert" beschrieben, der „Investitionsstau" wurde auf 20-25 Milliarden Euro beziffert. Alljährlich meldeten die Länder deshalb Vorhaben in einem Umfang an, der den vom Bund bereitgestellten Ko-Finanzierungsanteil überschritt und deshalb Kürzungen der angemeldeten Vorhaben nötig machte – insbesondere, um nicht nur die Raten der mehrjährigen, bereits laufenden Vorhaben finanzieren zu können, sondern um jedes Jahr auch eine relevante Zahl neuer Vorhaben in den Rahmenplan aufnehmen zu können. Nicht die Unterfinanzierung und der Investitionsstau, wohl aber das Faktum der alljährlichen Kürzungsnotwendigkeit muss allerdings eingeklammert werden – denn in der Frage, ob der (alte) Hochschulbau ein Niveauproblem hatte und wem dies zuzurechnen war, standen sich zwei Sichtweisen gegenüber: Der Länderkritik am nicht auskömmlichen Bundesansatz entgegnete der Bund, dass die meisten Länder eine höhere Summe gar nicht hätten gegenfinanzieren können. Die

---

12 Benz 1989: 187.

Differenz zwischen dem Bedarf gemessen an den Länderanmeldungen und dem verdoppelten Bundesansatz resultierte – so der Bund – auch aus unrealistisch hohen Anmeldungen der Länder. Tatsächlich schöpfte eine Reihe von Ländern die ihnen zustehenden Mittel gar nicht aus.

Die von den Ländern einseitig eingeschlagene Strategie, trug zu einer Fiktionalisierung der Rahmenplanung bei: Das Prinzip der Verteilung der Bundesmittel allein nach „Bedarf", ausgedrückt in der Höhe der Länderanmeldungen (und nicht etwa nach einem festen Schlüssel oder einem Indikatorenset), produzierte unter Kürzungsbedingungen den Anreiz, dass die Länder die den Bedarf benennenden Anmeldungen gegenüber ihrer tatsächlichen Finanzierungsabsicht mitunter strategisch überhöhten. Die fiktiv erhöhte Anmeldung von Vorhaben, um bei den antizipierten Kürzungen noch ausreichend hohe Kontingente bilden zu können, war aus Sicht des einzelnen Landes in hohem Maße rational. In Reaktion darauf waren von Bund und Ländern Art und Umfang der Kürzungen zu verhandeln. Die Dynamik einer Kürzungsspirale ist offensichtlich: je stärker die Anmeldungen von einzelnen Ländern strategisch überhöht wurden, um sich trotz Kürzungsnotwendigkeiten noch ausreichend Investitionsmittel zu sichern, desto größer wurden kollektiv die Kürzungsumfänge.

Die Kürzungsmodalitäten in Reaktion auf die Anmeldungen mussten allerdings unter erheblicher prognostischer Unsicherheit vereinbart werden: Erst das im Laufe der jeweils folgenden Jahre bestimmbare Verhältnis von Rahmenplan-Kontingent eines Landes und tatsächlich realisierten Ist-Ausgaben, die sogen. Realisierungsquote, gab einen ungefähren Anhaltspunkt für die Seriosität der früheren Bedarfsanmeldungen – und die Schwankungen der Realisierungsquoten zwischen den Ländern waren erheblich. Diese Fiktionalisierung der Bedarfe erfasste folglich auch den Gesamtbedarf nach den Empfehlungen des Wissenschaftsrates und konstituierte auch für die Akteure selbst eine Zone der Ungewissheit. Der „echte Gesamtbedarf" des Hochschulbaus lag demnach irgendwo zwischen zu niedrigem (doppelten) Bundesansatz und der Anmeldesumme der Länder bzw. der demgegenüber leicht gekürzten Empfehlungssumme des Wissenschaftsrates.

Entsprechend wenig rigide wurden die Kürzungen vorgenommen. Die den (verdoppelten) Bundesansatz überschreitenden Investitionsvorhaben der Länder wurden nicht ersatzlos gestrichen. Zwar wurde das Niveau nicht aktuell erhöht, aber die Investitionsvorhaben wurden „auf Vorrat" in den Rahmenplan aufgenommen oder gestreckt. Diese konsensfähigen Kürzungsmodalitäten zeitigten wiederum besondere Effekte: Mit ihnen stieg das Gesamtvolumen des Rahmenplans, er bildete zusehends weniger die Finanzierungsmöglichkeiten und realen Investitionsmöglichkeiten ab, was ja seine ursprüngliche Kernfunktion war. In Konzentration auf das je nächste Haushaltsjahr wurden also nur die möglichen Ausgaben in diesem ersten Jahr des Rahmenplans dem Bundesansatz angepasst – insgesamt aber wurden dennoch in einem Maße Vorhaben in den Rahmenplan aufgenommen, dass bei einem gleichbleibenden Bundesansatz dauerhaft immer wieder Kürzungen notwendig wurden, da das Volumen des Rahmenplans über seine vierjährige Laufzeit hinweg bereits absehbar war und bei weitem die Finanzierungsmöglichkeiten des Bundes überschritt.

In Reaktion auf antizipierte Kürzungen entstanden, fand die Fiktionalität der Länderanmeldungen damit Eingang in den Rahmenplan selbst und führte zu einem selbst wiederum zunehmend fiktiven Rahmenplan, dessen Struktur und Gesamtvolumen nicht mehr die realen Investitionsabsichten und -möglichkeiten der Beteiligten widerspiegelte. In welchem Maße es zu überhöhten Anmeldungen kam,[13] muss hier gar nicht entschieden werden, um die daraus resultierende Dynamik und die kalkulatorischen Unsicherheiten der Akteure anzuerkennen. So wurde etwa nach Antritt der rot-grünen Bundesregierung der Bundesansatz zwei Jahre nacheinander merklich erhöht, und gleichwohl mussten die Länderanmeldungen in stärkerem Maße als zuvor gekürzt werden – was am sogen. Investitionsstau wie auch an überhöhten Anmeldungen gelegen haben mag. Im Zweifelsfall dürfte beides richtig gewesen sein und für die einzelnen Länder mehr oder weniger zugetroffen haben.

Im Ergebnis führte ein unter Kürzungsbedingungen vollkommen rationales Verhalten aller Akteure und insbesondere der Länder dazu, dass die fortbestehende gemeinsame Rahmenplanung – und der darin verkörperte Planungs- und Abstimmungsgedanke war ja das eigentliche Grundanliegen der Reform von 1969 – weitgehend fiktionalen Charakter entwickelte und das gesamte ‚Investitionsgeschehen' im Hochschulbau intransparent wurde.

5. *Asymmetrisierung*

Die Fiktionalisierung trug ihren Teil dazu bei, dass der Bund als „Hochschulbauverhinderer" galt, lag sein Etatansatz doch immer unter dem durch die Länderanmeldungen definierten Bedarf. Eine weitere, in der Folge konsequente Anpassungsreaktion angesichts der problematischen Finanzierungssituation der Gemeinschaftsaufgabe bestand deshalb in der Ausweitung von Spielräumen einseitigen Handelns für die Länder. Die kompensatorische Logik aus Sicht der Länder lautete vereinfacht: „Wenn der Bund schon nicht genug Geld bereitstellt, soll er uns zumindest entscheiden lassen, was wir mit dem wenigen Geld machen." Damit kam es zu einer Asymmetrisierung der Entscheidungsfreiheiten innerhalb des fortbestehenden Zwangs zu einer gemeinsamen Rahmenplanung.

So maximierte bereits die „Aufblähung" des Rahmenplans aus Sicht der Länder die Spielräume zukünftiger Investitionsentscheidungen, war mit der Aufnahme in den Rahmenplan auch ohne unmittelbare Baufreigabe doch die Mitfinanzierungspflicht des Bundes gesichert. Zugleich sank der inhaltliche Durchgriff des Wissenschaftsrates als auch des Bundes. Kenntlich wurde das schon in der textlichen Ge-

---

13 Überhöht immer i. S. von „vom Land nicht gegenzufinanzieren", nicht als Negation der Unterfinanzierung insgesamt.

stalt des Rahmenplans. Auch hier wurde der Anspruch einer koordinierten Planung zurückgenommen. Sichtbarer Ausdruck der Krise in den 1990er Jahren sind die Veränderungen im Allgemeinen Teil des Rahmenplans.[14] Bis zum 21. Rahmenplan (Laufzeit 1992-1995) wurden die sogen. Ausbauziele ausführlich dargestellt, problematische Entwicklungen benannt und auch der Ausbauplanung der einzelnen Länder wurde breiter Raum gegeben. In den Krisenzeiten des 22. und 23. Rahmenplans wurde darauf verzichtet. Seitdem hieß es pauschal in jedem weiteren Rahmenplan knapp: „Die inhaltlichen Ziele der Rahmenplanung, wie sie im Textteil des 21. Rahmenplans formuliert wurden, gelten unverändert fort." Darstellungen der Ausbauziele der Länder fanden sich ebenfalls nicht mehr.

Nach einigen Jahren der Rahmenplanung unter Knappheitsbedingungen wurden Mitte der 1990er Jahre auf unterschiedliche Weisen die Handlungsspielräume der Länder erweitert: Zum einen wurde die Möglichkeit des *leasing* eingeführt, so dass ohne unmittelbare Belastung des Rahmenplans (bzw. nur in Höhe der Finanzierungsraten) weitere Bautätigkeit möglich wurde – allerdings wurde von dieser Öffnungsklausel nur begrenzt Gebrauch gemacht. Zum anderen gestattete der Bund einer Reihe von Ländern ebenfalls Mitte der 1990er Jahre, bereits mit bestimmten Bauvorhaben zu beginnen, bevor diese mittels gemeinsamer Entscheidung in den Rahmenplan aufgenommen wurden (sogen. UK 2004). In diesem Kontext sagte der Bund zu, ab dem Jahr 2004 die Aufnahme bereits begonnener Vorhaben zu ermöglichen, soweit die Finanzlage das zulasse.

In allen genannten Verfahrensmodifikationen drückt sich die Absicht aus, auch angesichts finanzieller Begrenzungen für den Hochschulbau im Bundeshaushalt die Investitionstätigkeit der Länder jenseits der fixierten Ko-Finanzierung zu stimulieren. Insgesamt kam es zu einer Ausdehnung der Bereiche einseitigen Handelns der Länder im Hochschulbau. Damit verringerte sich für den Bund die ohnehin geringe planerisch-inhaltliche Mitsprache noch einmal weiter. Allokationsfragen wurden – trotz der fortdauernden Beteiligung des Wissenschaftsrates – weitestgehend bei den Ländern entschieden. Allerdings wurde damit nur eine bereits angelegte Grundkonstellation zugespitzt: Mit dem Ende der bilateralen Dotationswirtschaft ab 1969 konnte der Bund vor allem das Niveau der Gesamtinvestitionen in den Hochschulbau steuern, weniger die landesinterne Allokation der Mittel. In dem Maße, in dem es immer weniger um große, sichtbare Projekte ging, stattdessen weitere Niveausteigerungen in der Vielzahl der Vorhaben in zunächst 11 und dann 16 Ländern versickerten, wurde eine Niveauanhebung politisch unattraktiv für den Bund. Umgekehrt bestand eine (allerdings unterschiedlich) geringe Bereitschaft der Länder, dem Bund in den eigenen Planungsprozessen Mitsprache zu gewähren oder über gesonderte, thematische Programmlinien steuern zu lassen. Die geringe Bereitschaft der Länder, sich in Allokationsfragen „reinreden" zu lassen, traf also auf die geringere Attraktivität für den Bund, das Niveau der Gesamtausgaben zu steigern. Diese stabile Nicht-

---

14 Neben 16 Länderteilen mit den konkreten Investitionsvorhaben finden sich in diesem Teil tabellarische Gesamtübersichten und Rechtsgrundlagen der Rahmenplanung, insbesondere aber die Vielzahl von Verfahrensbeschlüssen zur Durchführung der Rahmenplanung.

Kooperation in den grundsätzlichen Ausgangsfragen bildete, in aller Kürze, die Grundmatrix der Unterfinanzierung des Hochschulbaus.[15]

Gerade weil es mit der Gemeinschaftsaufgabe zu keiner weiter reichenden gesamtstaatlichen Planung gekommen war und der Bund letztlich kaum Einfluss auf die Allokationsentscheidungen der Länder hatte – weil also die Verflechtung von Beginn an nicht sehr weit getrieben wurde und dann einseitige Handlungsfreiheiten zusehends zu einer Asymmetrie des gesamten Verhandlungssystems führten – erschien die gemeinschaftliche Aufgabenwahrnehmung den Akteuren selbst aber auch der politischen Öffentlichkeit zusehends als überverflochten. Das Bild der Überverflechtung drängte sich vor allem in prozeduraler Hinsicht auf: als ungeliebte Notwendigkeit, sich in einem aufwändigen Verfahren unter Einschaltung des Wissenschaftsrates auf einen Rahmenplan verständigen zu müssen, der den Ländern in ihren Investitionsentscheidungen ohnehin große Freiheitsgrade ermöglichte und auf der anderen Seite Bund und Wissenschaftsrat kaum Optionen für gesamtplanerische Ambitionen beließ.

6. Bürokratisierung

Intransparente Fiktionalität des Rahmenplans und die fortschreitende Ausdehnung einseitiger Handlungsmöglichkeiten der Länder bei Fortbestand der im Grundgesetz fixierten Aufgabenverflechtung wurden schließlich und nun nicht weiter überraschend komplettiert durch eine fortschreitende Bürokratisierung der alten Gemeinschaftsaufgabe nach Art. 91a GG a. F.. Auch hier liefert der Blick in die textlichen Grundlagen der alten Rahmenplanung schon deutliche Hinweise: Allein der Anhang zum Allgemeinen Teil des Rahmenplans war zuletzt rund 100 Seiten stark und dokumentierte doch nichts anderes als die zahlreichen Beschlüsse des Planungsausschusses, die über die Jahre hinweg fortgeschrieben bzw. ergänzt wurden und die eigentlichen Spielregeln der Rahmenplanung bildeten – unterhalb des Grundgesetzes, aber auch noch weit unterhalb des HBFG.

In der Rahmenplanung wurden damit zusehends weniger die Investitionsvorhaben selbst und die Entscheidung darüber zum Gegenstand des Kooperationsprozesses, als vielmehr das, was – dem Sprachgebrauch des Feldes folgend – zutreffend als Rahmenplan-Technik bezeichnet werden kann.[16] Gemeint war damit die immer wieder notwendige Einigung über die Verfahrensgrundlagen, auf denen die gemeinsam betriebene Rahmenplanung basierte. Denn nachdem sich historisch die Entscheidung darüber, wo investiert wird, aus dem Bereich gemeinsamen Entscheidens

---

15 Für die Darstellung der Grundkonstellation der Forschungspolitik im deutschen Föderalismus insgesamt vgl. Schimank/Lange 2006 sowie Hohn und Lange in diesem Band.
16 Rahmenplan-Technik ist ein Begriff, der innerhalb des Feldes, insbesondere in der Arena des Wissenschaftsrates, selbst als Abgrenzungsbegriff fungierte, und mit dem die „echten" Experten aus den Ministerien von Bund und Ländern sich etwa gegen Nachfragen von Seiten der Wissenschaft abschotten konnten.

zu den Ländern verschoben hatte, wuchs der Bereich der gemeinsam zu beschließenden Regeln, nach denen die Kofinanzierung erfolgte. Diese Konzentration auf prozedural-formale Kriterien für die Aufnahme in den Rahmenplan wurde bereits verstärkt durch das schiere Anwachsen der Zahl der Vorhaben, das aus dem Übergang zum qualitativen Ausbau, zu Sanierung, Ersatz und Umbau und damit zu kleinteiligeren Vorhaben entstand. Die Zahl der Vorhaben wurde durch eine solche stärkere Formalisierung der Kriterien erst handhabbar.

Die Kürzungsnotwendigkeiten taten ein Weiteres, so dass immer gefragt wurde, was genau denn zu 50 % kofinanziert gehöre und was nicht: Welche Investitionen sind mitfinanzierungsfähig,[17] welche Richtwerte sind anzuwenden, was ist überhaupt in dem Bereich als investive Ausgabe zu werten, wo liegen die Bagatellgrenzen, unterhalb derer die Länder alleine finanzieren, was sind die Grenzen eines Investitionsvorhabens, bezüglich dessen die Bagatellgrenze erreicht werden muss,[18] wie steht es mit Ersteinrichtungen und Ersatzbeschaffungen, zu welchem Prozentsatz sind Bauunterhaltskosten abzuziehen? Die Rechnung war einfach: Je mehr von den Ausgaben, welche die Länder ohnehin tätigen müssen, mitfinanzierungspflichtig sind, desto größer ist der Druck auf den Bund zur Erhöhung seines Hochschulbauansatzes.

Auch der Wissenschaftsrat war Teil dieser Bürokratisierung der Gemeinschaftsaufgaben. Trotz der schwindenden Prägekraft seiner Empfehlungen für den Hochschulbau war er nicht zuletzt aus institutionellem Eigeninteresse immer im vollem Umfang in den Prozess der Rahmenplanung eingebunden: Auch in der Geschäftsstelle des Wissenschaftsrates in Köln wurden alle 3.000 Verfahren bearbeitet. Hier wie im zuständigen Bundesministerium prüften Sachbearbeiter und Referenten die Anwendung von Richtwerten, die Plausibilität von Jahresraten und das Vorliegen notwendiger Unterlagen und bereiteten die Sitzungen der entsprechenden Ausschüsse über mehrere Wochen hinweg intensiv vor.

Sowohl im Medizin- wie im Ausbauausschuss, die beide mit Hochschulinvestitionen befasst waren, wurde in den alljährlichen Frühjahrssitzungen über mehrere Tage hinweg ein Teil dieser Vorhaben aufgerufen, i. d. R. aber auch nach „rahmenplantechnischen" Kriterien diskutiert – die anwesenden Wissenschaftler waren zumindest im Ausbauausschuss weitgehend redeunfähig und die Debatte wurde dominiert von den Rahmenplan-Experten aus Bund und Länder, die sich in ähnlicher Zusammensetzung auch im Planungsausschuss für Hochschulbau und seinen Arbeitsgruppen begegneten. Eine prägende Rolle konnte der Wissenschaftsrat nur dann entfalten, wenn größere Investitionsvorhaben mit zweistelligen Millionen Euro-Beträgen von einer Arbeitsgruppe gesondert und mit Ortsbesuchen geprüft wurden. Hier konnten dann fachlich-wissenschaftliche Kriterien Raum greifen.

Eine entbürokratisierende Maßnahme wurde 1996 mit einer der seltenen Novellen des HBFG ergriffen: Hier wurden eine Reihe von Verfahrensvereinfachungen etabliert, die darauf hinausliefen, die Rahmenplanung von kleinteiligen Investitionsvor-

---

17 Z. B. Denkmalschutzkosten, Kosten für Multimediaeinrichtungen und dergleichen mehr.
18 Die Gebäudemauer, die gemeinsame Unterkellerung, die gemeinsame Versorgungstechnik?

haben zu entlasten und den Ländern unter bestimmten Voraussetzungen größere Entscheidungsspielräume zu gewähren. Dieser Ansatz drückte sich im sogen. Instrument des „Vereinfachten Verfahrens" unter 5 Millionen Euro aus.

Doch auch trotz solcher punktueller Entlastungsversuche war die Gemeinschaftsaufgabe mit ihrer Vielzahl von Investitionsvorhaben und dem fortwährenden Ringen um die Regeln der Mitfinanzierung des Bundes deutlich an allein formalistischen Regeln orientiert, kaum aber an übergreifenden Überlegungen zum Ausbau und/oder zu inhaltlichen Schwerpunkten der Investitionen. Gleichwohl gab es ja solche Überlegungen in den einzelnen Ländern, so dass wiederum das Verhandlungssystem insgesamt als unnötige Bürokratie in genau dem Maße erschien, in dem landesweite oder sogar länderübergreifende Ausbauentscheidungen nicht thematisiert werden konnten.

Fiktionalisierung, Asymmetrisierung, Bürokratisierung: Diese drei Anpassungsreaktionen lassen sich identifizieren. Angestoßen wurden sie durch den äußeren ‚Schock' der deutschen Vereinigung. Die Anpassungen dienten der ‚rahmenplantechnischen' Bewältigung der finanziellen Restriktionen, um dennoch alljährlich einen gemeinsamen Rahmenplan verabschieden zu können. Ihren Ausdruck fanden sie in der Fiktionalisierung der Rahmenplanung selbst, der weiteren Asymmetrisierung der Spielräume einseitigen Handelns zugunsten der Länder und schließlich in der Bürokratisierung der Entscheidungsvorgänge. Im Ergebnis erschien die von Bund und Ländern gemeinsam betriebene Investition in die deutschen Hochschulen als intransparent, überverflochten und nur noch an formalistischen Kriterien der ‚Rahmenplantechnik' orientiert. Das Verhandlungssystem erwies sich also in mehreren Hinsichten als deformiert.

Letztlich unterhöhlten diese Anpassungsprozesse das Zwangsverhandlungssystem des Hochschulbaus als solches. Dass nicht nur viele Länder, sondern in den letzten Jahren vor der Föderalismusreform auch der Bund eine weitgehende Auflösung der Gemeinschaftsaufgabe anstrebten, ist nur das politisch sichtbare Ergebnis einer solchen in administrativen Praktiken und Anpassungsreaktionen bewerkstelligten Selbstabwicklung. Gleichwohl war diese innere Schwächung alleine nicht Anlass genug das Zwangsverhandlungssystem aufzulösen. Hinzutreten musste das größere, von anderen Motiven getriebene Vorhaben einer Föderalismusreform. Dass alternativ eine „innere Reform" des Hochschulbaugesetzes auf Basis des alten, womöglich leicht angepassten Art. 91a GG kaum Chancen auf Erfolg hatte, zeigte sich im Versuch des Bundes einige Jahre zuvor, ein sogen. Parameter-Modell an die Stelle der Entscheidung über einzelne Vorhaben zu setzen. Wiewohl bereits auf Ebene einer Staatssekretärs-Arbeitsgruppe vorangetrieben und durch Modellrechnungen unterfüttert, erwies sich ein solches an hochschulischen Kennzahlen orientiertes Verteilungsmodell als nicht durchsetzbar. Insofern war die Abschaffung des alten Hochschulbaus nach Art. 91a GG a. F. im Zuge der Föderalismusreform 2006 nur konsequent, kaum überraschend und wenig umstritten.

7. Der „neue Hochschulbau"

Was tritt nun an die Stelle des Hochschulbaus nach Art. 91a GG a. F., des HBFG und der Rahmenplanung? Die hier relevante Formulierung im neuen Art. 91b Abs. 1 Nr. 3 GG lautet:

„Bund und Länder können auf Grund von Vereinbarungen in Fällen überregionaler Bedeutung zusammenwirken bei der Förderung von (…) Forschungsbauten an Hochschulen einschließlich Großgeräten."

Die föderale „Neuaufstellung" des Hochschulbaus lässt sich durchaus als Verbesserungsversuch hinsichtlich der genannten drei Deformationen verstehen. Weder eins zu eins zu den Deformationen passend, noch in dieser systematischen Abfolge im realen politischen Prozess entwickelt, aber doch in grober Übertragung, lassen sich drei Operationen analytisch voneinander trennen, mit denen die neue institutionell-rechtliche Gestalt des Hochschulbaus hervorgebracht wurde.

Operation I. Zunächst wurde ein doppelter Schnitt gesetzt: Ausgehend vom Kofinanzierungsanteil des Bundes zum alten Rahmenplan für den Hochschulbau in Höhe von rund einer Milliarde Euro, wurden die Gegenstände der Investitionen getrennt: Der Allgemeine Hochschulbau (im Folgenden: AHB) wurde bundesseitig mit rund 700 Millionen Euro ausgestattet, die Förderung sogen. Forschungsbauten mit rund 300 Millionen Euro. Auf Ebene des einzelnen Investitionsvorhabens wurde der Schnitt bei 5 Millionen Euro gesetzt: Nur Investitionen oberhalb von 5 Millionen Euro qualifizieren sich als Forschungsbauten, alles in der Summe Darunterliegende fällt in den Bereich des AHB. Auch die *loci* der grundgesetzlichen Bestimmungen drifteten im Zuge der Föderalismusreform auseinander: Während Forschungsbauten nun im Art. 91b GG n. F. normiert sind, wird der AHB i. S. einer Übergangsfinanzierung nun im Art. 143c GG geregelt. Diese beiden jetzt getrennten Gegenstände – Forschungsbauten und AHB – sind hier im Weiteren mit dem Klammerbegriff des „neuen Hochschulbaus" im Unterschied zum alten Hochschulbau nach Art. 91a GG a. F. bezeichnet.

Operation II. Die getrennten Gegenstände des Hochschulbaus – AHB hier, Forschungsbauten da – wurden nun unterschiedlichen Entscheidungs- und Finanzierungsmustern unterworfen und den föderalen Akteuren neu zugeordnet: Im AHB entscheidet das einzelne Land autonom über den Einsatz der Mittel im Hochschulbau. Die Mittel, die der Bund bislang für den AHB als Kofinanzierung in der alten Gemeinschaftsaufgabe zur Verfügung gestellt hatte, werden den Ländern zu Investitionszwecken bis 2019 pauschal zugewiesen – zweckgebunden an den Bereich des Hochschulbaus allerdings nur bis 2013. Die Anteile der Länder an dieser pauschalen Zuweisung richten sich nach der Inanspruchnahme in den zurückliegenden Jahren. Für diese Mittel besteht für die Länder – anders als bisher – auch keine Pflicht zur Kofinanzierung. Im Forschungsbau gelten hingegen weiter die hälftige Kofinanzierungsregel und die gemeinsame Entscheidungsfindung. Hier also hat sich die Politikverflechtung erhalten, und es steht ein Mittelvolumen von jährlich rund 600 Millionen Euro zur Verfügung.

Operation III. Auf der Ebene der Entscheidungskriterien besteht mit Blick auf die Frage „in welches Vorhaben soll investiert werden?" die dritte Operation hinsichtlich der Forschungsbauten – also der verbliebenen Gemeinschaftsaufgabe – darin, das Verfahren wissenschaftszentriert zu betreiben. Die Maßgabe der „überregionalen Bedeutung" für das gemeinsame Tätigwerden von Bund und Ländern nach Art. 91b GG n. F. wird hier als hervorragende wissenschaftliche Qualität interpretiert – und diese wird unter dem institutionellen Dach des Wissenschaftsrates von Wissenschaftlern beurteilt. Hinsichtlich des AHB ist nun hingegen jede Beteiligung der Wissenschaft in der Beurteilung der Investitionsvorhaben ausgeschaltet. Die Wissenschaftler einer Hochschule firmieren lediglich als ‚Bedarfsträger' im landesinternen Allokationsprozess der pauschalierten Bundesmittel.

Ist in diesen drei Operationen nun der Bruch mit dem Alten vollzogen? Ist der Hochschulbau entflochten? Ist „1969" nach vielen Jahren der Kritik nun korrigiert? Oder sehen wir das Alte nur im neuen Gewand? Ist die Selbstabwicklung nicht viel eher eine Selbsttransformation, und erweist sich der Hochschulbau als ‚untote' Gemeinschaftsaufgabe? Um die Differenzen zwischen Alt und Neu vermessen und beurteilen zu können, bedarf es eines genaueren Blickes auf die tatsächlichen oder möglichen Effekte der drei genannten Operationen auf der unterhalb von Gesetzesnormen befindlichen Ebene der politischen Praktiken und sub-institutionellen Logiken – also dort, wo sich die Deformationen des alten Hochschulbaus gezeigt hatten. Ein prüfender Blick kann angesichts des kurzen Zeitraums, der seit der Umstellung vergangen ist, nur vorläufige und vorsichtige Einschätzungen hervorbringen. So prüft auch der Wissenschaftsrat intern sein Begutachtungsverfahren zu den Forschungsbauten, daneben besteht eine gesetzliche Evaluationsklausel. Daran lässt sich bereits eines ablesen: Der Hochschulbau ist im Zuge der Föderalismusreform von einem erstarrten Zwangsverhandlungssystem zu einem lernenden System geworden.

8. Aus Alt mach Neu?

Eine wesentliche Änderung liegt offen zutage: Der alte Hochschulbau war ein grundgesetzlich normiertes Zwangsverhandlungssystem und daher strukturell am Erhalt des *Status quo* orientiert. Der Forschungsbau hingegen ist ein freiwilliges Verhandlungssystem: Das Grundgesetz schafft allein die Voraussetzungen, und erst eine regelmäßig kündbare Vereinbarung aller Länder und des Bundes setzt die gemeinsame Aufgabenwahrnehmung ins Werk.

Darüber hinaus lassen sich nun aber eine ganze Reihe von Ähnlichkeiten zwischen altem und neuem Hochschulbau identifizieren. So erinnert die grundgesetzlich vollzogene Abtrennung der Forschungsbauten ab 5 Millionen Euro von den 2.000 bis 3.000 anderen Vorhaben der alten Rahmenplanung und die wissenschaftsdominierte Entscheidung über die Forschungsbauten nicht nur von Ferne an eine der Anpassungsreaktionen der alten Gemeinschaftsaufgabe: Hier gab es auf der einen

Seite seit 1996 das Instrument der vereinfachten Verfahren unter 5 Millionen Euro mit entsprechendem Freiraum für die Länder, und auf der anderen Seite die fallweise eingesetzten Arbeitsgruppen des Wissenschaftsrates bei sehr großen Investitionsvorhaben auf dem Niveau mittlerer zweistelliger Millionenbeträge – in dieser Größenordnung bewegen sich auch die heutigen Forschungsbauten.

Eine weitere Ähnlichkeit: Schon immer waren Großgeräte ein Teil auch der Investitionsförderung. Für sie war in der alten Gemeinschaftsaufgabe ein gesonderter Topf ausgewiesen, der ebenfalls auf Basis der Länderanmeldungen vergeben wurde. Zuletzt handelte es sich um 500 bis 600 Millionen Euro bei einer Gesamtsumme von 2 Milliarden Euro für den Hochschulbau nach Art. 91a GG a. F. Diese Großgeräte sind auch wieder im neuen Art. 91b Abs. 1 S. 1 Nr. 3 GG gesondert ausgewiesen, nämlich mit 170 Millionen Euro bei einer Gesamtsumme für Forschungsbauten von rund 600 Millionen Euro einschließlich der Kofinanzierung der Länder. Diese Großgeräte müssen einzeln ebenfalls die Grenze von 5 Millionen Euro überschreiten oder Teil eines gesamten Forschungsbaus sein, in jedem Falle aber allein mit Zwecken der Forschung begründet werden. Hinzu kommen aus dem pauschal zugewiesenen Bundesanteil für die Länder in Höhe von rund 700 Millionen Euro noch die sogen. „Großgeräte der Länder" nach Art. 143c GG, die auch für Lehre und Krankenversorgung eingesetzt werden können. In beiden Fällen – Großgeräte im Forschungsbau und Großgeräte der Länder – werden diese Vorhaben von der Deutschen Forschungsgemeinschaft (DFG) bewertet. Auch diese Aufgabenteilung zwischen Wissenschaftsrat und DFG bestand bereits im alten Hochschulbau.

Auch die institutionelle Beteiligung des Wissenschaftsrates als Empfehlungsorgan wurde beibehalten. Die Empfehlungen – allerdings nur die zu den Forschungsbauten – richten sich nun aber nicht mehr an den alten Planungsausschuss für den Hochschulbau, sondern an die neu geschaffene Gemeinsame Wissenschaftskonferenz (GWK), selbst die Nachfolgerin der alten Bund-Länder-Kommission für Bildungsplanung und Forschungsförderung (BLK). Das Grundprinzip der Empfehlung aus einem bereits tripartistisch mit Bund, Ländern und Wissenschaft besetzten Gremium heraus an ein Bund-Länder-Gremium hat allerdings Bestand – der Sonderfall der Empfehlung des Wissenschaftsrates an ein einzelnes Land bleibt aber weiterhin möglich.

Angesichts solcher Ähnlichkeiten kann davon gesprochen werden, dass der neue Hochschulbau insofern radikaler ist als der alte, als dass bereits etablierte Problemlösungsversuche zugespitzt und nun grundgesetzlich ausgeformt werden. Es handelt sich bei der Föderalismusreform insoweit zwar um eine Entflechtung, aber eben gerade um den Nachvollzug bereits erprobter Entflechtungsformen, wie sie innerhalb der grundgesetzlich im Art. 91a GG a. F. fixierten Politikverflechtung gefunden wurden.

Neu mit Blick auf die dritte Operation ist allerdings die starke „Wissenschaftsgetriebenheit" der Entscheidungen im Bereich der Forschungsbauten: Die Begründung und Entscheidung erfolgt im Wesentlichen über die vorzulegende Forschungsprogrammatik, und die Rolle der Wissenschaftler ist – ganz anders als im alten Ausbauausschuss – nun auch formell deutlich gestärkt. Insofern ähnelt dieses Verfahren schon strukturell den Bewilligungsverfahren in der Exzellenzinitiative, bei denen letztlich unter Einbezug von Bund und Ländern, aber doch mit deutlicher Dominanz der Wissenschaft, entschieden wird.

Das drückt sich nicht nur in den Stimmanteilen, sondern auch im Ergebnis aus: So standen aus den Bewilligungsrunden 2007, 2008 und 2009 17 von 37 bewilligten Forschungsbauten, das sind 46 %, im Zusammenhang mit geförderten Projekten der Exzellenzinitiative. Daneben sind es natürlich weitere Förderungen der DFG wie insbesondere Sonderforschungsbereiche, die – mit dem erklärten Ziel der Vermeidung von Mehrfachevaluationen – zur Bewertung der Forschungsprogrammatik herangezogen werden. Die „Pfadabhängigkeit" der Forschungsbauten von Bewilligungen der DFG ist damit kaum zu überschätzen, und in gewissem Sinne kann die Trennung von AHB und Forschungsbauten auch als die bekannte Unterscheidung von Grundfinanzierung und Programmfinanzierung, von grundlegendem Bedarf und Sahnehäubchen, verstanden werden.

Im Vergleich zum international hohen Selbstorganisationgrad der deutschen Wissenschaft, insbesondere in Gestalt der DFG, handelt es sich beim Art. 91b Abs. 1 S. 1 Nr. 3 GG zwar immer noch nur um eine Schwundform eines rein wissenschaftsgetriebenen Verfahrens; im Vergleich mit dem alten Hochschulbau liegt allerdings in der Stärkung der Wissenschaft ein markanter Unterschied. Gleichwohl: All das wäre unter dem Regime des Art. 91a GG a. F. auch möglich gewesen. Es hätte auf Ebene des Grundgesetzes nur einer Änderung bedurft, nämlich jener, die bei den beiden verbliebenen Gemeinschaftsaufgaben ja auch vorgenommen wurde: die Abschaffung der Pflicht zur alljährlichen Rahmenplanung. Ohne diese Vorgabe hätte auf der Ebene des alten HBFG sowohl die Entflechtung als auch der stärkere Einbezug der Wissenschaft umgesetzt werden können.

Im Überschwang der Entflechtungsstimmung und angesichts des erreichten Grades an Selbstabwicklung in der alten Gemeinschaftsaufgabe war eine solche gemäßigte Verflechtungsform innerhalb des alten Art. 91a GG aber nicht zu erreichen. Dies hatte zur Folge, und darin liegt für den AHB nun der wesentliche Unterschied, dass in diesem Bereich die Verpflichtung der Länder zur Kofinanzierung nicht mehr gilt – den jährlich rund 700 Millionen Euro Übergangsfinanzierung des Bundes nach Art. 143c GG stehen nicht notwendigerweise Mittel der Länder in gleicher Höhe gegenüber. In der Folge wird hier die Fiktionalität der Rahmenplanung ersetzt durch die Intransparenz der Länderhaushalte: Die Höhe der Gegenfinanzierungen und deshalb das absolute Niveau der Hochschulbauinvestitionen in Deutschland ist schwer abzuschätzen. Offensichtlich und wenig überraschend ist allein, dass finanzschwache Länder zu einer verringerten Gegenfinanzierung neigen dürften, aber andere zumindest phasenweise womöglich auch über den alten 50 %-Anteil hinausgehen.

An der Grundmatrix der Unterfinanzierung des Hochschulbaus in Deutschland haben sich bislang keine wesentlichen Veränderungen ergeben: War es zuvor für den Bund politisch unattraktiv, seinen Hochschulbauetat auszudehnen, hat sich dies für den Bereich der wenigen, auf Forschungsexzellenz orientierten Forschungsbauten nun geändert, so dass hier eine höhere Bundesfinanzierung denkbar erscheint (sowohl bei entsprechender Kofinanzierung der Länder wie auch durch Steigerung des Bundesanteils von 50 %). Zugleich ist für die Länder und dort die Finanzminister der AHB allerdings weniger attraktiv geworden, da zumindest bis Ende 2013 bzw. bis 2019 die pauschalierten Bundesmittel auch ohne Gegenfinanzierung zur Verfügung stehen. Damit haben sich die Anreizstrukturen, und damit auch die Allokationen innerhalb des Bereichs der Hochschulbauinvestitionen zwar verschoben. Niveaueffekte i. S. der Steigerung des Gesamtvolumens konnten jedoch dadurch nicht erzielt werden.

Ein vor allem für Bund und Länder politisch bedeutsamer Effekt wurde allerdings auch bei gleichbleibendem oder sogar sinkendem Gesamtniveau von zuletzt rund 2 Milliarden Euro erzielt: Die zu geringen Aufwendungen für den Hochschulbau sind weniger leicht zu skandalisieren, das *blaming* fällt schwerer. Dazu muss man die Rolle und Empfehlungspraxis des Wissenschaftsrates im alten Verfahren verstehen. Der Wissenschaftsrat war die zentrale Summierungsinstanz der Rahmenplanung; sein Beratungsergebnis konstituierte den sogen. „wissenschaftspolitisch begründeten Finanzbedarf" des Hochschulbaus für das folgende, erste Jahr des Rahmenplans. Insbesondere unter Bedingungen unzureichender Bundesansätze im Verhältnis zu den Empfehlungen des Wissenschaftsrates waren dies die zentralen politischen Zahlenwerte: Finanzbedarf nach Empfehlungen des Wissenschaftsrates und der faktische Bundesansatz. Die Bedarfsfrage konnte als Niveaufrage thematisiert werden. Anstelle einzelner, als dringlich erachteter Vorhaben, ging es dann um das absolute Niveau der zur Verfügung stehenden Mittel, und nach der „Unterfinanzierung" des Hochschulbaus in den 1990er Jahren durch den Bund damit aus Sicht insbesondere der Länder und des Wissenschaftsrates um einen „Investitionsstau". Der Wissenschaftsrat war insofern der Ort, an dem der durch die Bedarfsanmeldungen der Länder generierte Druck auf die Niveauentscheidungen des Bundes gebündelt wurde und seinen sichtbaren politischen Ausdruck fand.

Dieser Druck ist nun weggefallen: zum einen durch die Überführung des AHB in die alleinige Verantwortung der Länder, zum anderen durch eine Vorgabe für das Empfehlungsverfahren zu den Forschungsbauten – die förderwürdigen Vorhaben werden länderübergreifend in eine Prioritätenfolge gebracht; und zur Finanzierung empfohlen werden Vorhaben nur im Umfang der insgesamt zur Verfügung stehenden Mittel, und zwar unter Beachtung der bereits gebundenen Mittel für mehrjährige Bauvorhaben. Da zudem die Forschungsbauten nicht als unabweisbarer Grundbedarf, sondern als Exzellenzförderung *on top* verstanden werden, ist eine beliebige Ausweitung des Ansatzes schon von daher kaum argumentierbar – im Gegenteil, stärkt ja die starke Selektion der Vorhaben auch an dieser Stelle den Exzellenzgedanken.

Einerseits hat der Wissenschaftsrat im neuen Hochschulbau mit seinen Empfehlungen zu den Forschungsbauten zur alten Prägekraft zurückgefunden, da hier seine Empfehlungen vollständig übernommen werden. Anderseits hat er – bei ja fortbestehender Unterfinanzierung insgesamt – seine Rolle als „Ankläger", als Summierungsinstanz für den nicht erfüllten Gesamtbedarf, verloren.

9. Fazit: Die immerwährende Transformation der Gemeinschaftsaufgabe Hochschulbau

Der Föderalismusreform ist es im Bereich des Hochschulbaus gelungen, die wesentlichen Ärgernisse der alten Rahmenplanung abzuschaffen, und zwar im Rückgriff auf bereits etablierte politische Praktiken der partiellen „Entflechtung innerhalb der Verflechtung". Die Fiktionalität der Rahmenplanung, die gesetzlich fixierte Überverflechtung bei weitgehenden Autonomiespielräumen der Länder und die allein bürokratische Orientierung an formalen Entscheidungskriterien sind Geschichte.

All dies hätte man mit entsprechendem Willen auch im Rahmen des alten Art. 91a GG und auf Basis des HBFG erreichen können. Doch nur auf dem Wege der Grundgesetzänderung und der Streichung des Hochschulbaus im Art. 91a GG wurde die ideologische Stoßrichtung des Entflechtungparadigmas aufgenommen, so dass es letztlich auch in diesem Bereich zu einer „Verflechtung innerhalb der Entflechtung" kommen konnte anstelle der bereits praktizierten „Entflechtung innerhalb der Verflechtung" – mit den oben markierten Unterschieden zwischen diesen beiden Ausprägungen.

Statt von einer vollzogenen Selbstabwicklung lässt sich angesichts dieser Befunde eher von einer gelungenen Selbsttransformation sprechen, die allerdings auch ihren Preis hat. Der erste Preis ist die Aufgabe der Kofinanzierungsverpflichtung der Länder im Bereich des AHB und damit für 70 % des früheren Bundesanteils. Der zweite Preis ist die Ungewissheit über die Fortfinanzierung dieses nun pauschalierten Bundesanteils über das Jahr 2013 hinaus – ab dann ist zu prüfen, in welcher Höhe die Mittel bis 2019 noch angemessen und erforderlich sind.

Welche Varianten sind vor dem Hintergrund der ja nicht bestrittenen Annahme denkbar, dass die Investitionen in den Hochschulbau gänzlich ohne finanziellen Beitrag des Bundes und allein aus den Länderhaushalten gar nicht zu leisten sind?

Die erste Variante besteht in einer Kompensation, und zwar über einen erhöhten Anteil der Länder an der Umsatzsteuer. Der Nachteil aus Sicht der Wissenschaft und der Hochschulen liegt hier in der dann dauerhaft fehlenden Zweckbindung an den Bereich des Hochschulbaus. Diese Variante der Kompensation ist zunächst gedacht in Bezug auf den Anteil des AHB von rund 70 %, ließe sich unter bestimmten Voraussetzungen aber auch auf die Kofinanzierung des Bundes für die Forschungsbauten beziehen. Damit wäre auch dieses Überbleibsel der Gemeinschaftsfinanzierung im Hochschulbau hinfällig und die Entflechtung komplett vollzogen.

Die Alternative besteht nach dem Auslaufen des Art. 143c GG in einer wissenschaftsinternen, indirekten Kompensation in Form des durchaus gängigen „Verschiebebahnhofs": Der Bund würde dann in Höhe seiner Pauschalfinanzierung des AHB in anderen Bereichen der Wissenschaft neue oder in höherem Maße als bisher bestehende Finanzierungsaufgaben übernehmen.

Eine zweite Variante besteht in der Aufhebung des Kooperationsverbotes in Art. 104b Abs. 1 GG, d. h., der Aufhebung der dortigen Zuständigkeitsschranke – sie erlaubt außer bei besonderen Not- und Krisenfällen Finanzhilfen des Bundes nur in Bereichen, in denen eine Bundeskompetenz besteht. Nur mit einer Änderung des Art. 104b Abs. 1 GG ließen sich die übergangsweise gewährten pauschalen Bundesmittel für den AHB auf Dauer stellen.

Ein ähnlicher Effekt – das ist die dritte Variante – könnte erreicht werden über eine Änderung des Art. 91b GG n. F. selbst, so dass Bund und Länder nicht nur bei „Vorhaben", sondern auch bei „Einrichtungen der Wissenschaft und Forschung an Hochschulen" auf Basis einer Vereinbarung zusammenwirken können. Zu bestimmen wäre dann nur, wodurch die erforderliche „überregionale Bedeutung" gegeben sein könnte –die Bedeutung einzelner Vorhaben, aber auch die Wirkung umfassenderer Programme wäre denkbar. Drei Stellschrauben wären in einem solchen Arrangement von Bedeutung: Wo genau unterhalb von 5 Millionen Euro lägen die Grenzen der Vorhaben, die gemeinsam finanziert werden sollen? Sollte der Bundesanteil bei 50 % fixiert bleiben? Hätte eine solche Kostenaufteilung für alle Länder einheitlich zu sein?

Genau diese Fragen sind für den Bereich der Forschungsbauten im Moment nicht mehr gesetzlich fixiert, sondern nur noch Bestandteil der Vereinbarungen von Bund und Ländern. Durch Änderungen dieser Vereinbarung ließen sich wohl größere Anteile des AHB in den Bereich des Forschungsbaus und damit des Art. 91b GG aufnehmen. Die Gefahr einer solchen Umfirmierung des Art. 91b GG n. F. auf den alten Art. 91a GG liegt aber auf der Hand: Ein erneutes Anwachsen der Vorhabenzahl, eine Bürokratisierung und Fiktionalisierung auch wieder dieses Verfahrens, könnten die Folge sein. Jede Drehung an den genannten Stellschrauben hätte also dafür Sorge zu tragen, dass prozedural die strikte Trennung der Vorhaben in große (Forschungs-)Vorhaben und kleine Vorhaben gewahrt bliebe.

Welcher Weg auch immer mit der anstehenden Neujustierung der Regelungen im Art. 143c GG zum Jahr 2013 und in Verbindung damit gegebenenfalls auch zu den Art. 91b n. F. und 104b GG gewählt wird, er wird sich an zumindest den folgenden Kriterien messen lassen müssen:

- Wird dauerhaft eine Deformation einer gemeinschaftlichen Aufgabenwahrnehmung in der Art und Weise verhindert, wie sie hier für den alten Hochschulbau skizziert wurde?
- Wird der politische Anreiz zur fortwährenden Niveauabsenkung in Bund oder Ländern vermieden und günstigstenfalls eine institutionelle Lösung mit Anreizen zur beiderseitigen Niveausteigerung gewählt?
- Wird angesichts einer möglichen regionalen Konzentration wettbewerblich vergebener Mittel für Forschungsbauten bei gleichzeitigen Finanzierungsschwächen einiger Länder der regionale Ausgleichsgedanke hinreichend berücksichtigt?
- Kommt es insgesamt zu einem hinreichend effizienten Verfahren?
- Lässt das Verfahren als freiwilliges Verhandlungssystem in sich hinreichend Spielräume für flexible Verflechtungsformen und Finanzierungsanteile?

Der Hochschulbau ist faktisch schon immer und bereits vor 1969 eine Gemeinschaftsaufgabe von Bund und Ländern gewesen – und wird es wohl auch bleiben. Die entscheidende Frage ist, ob sachangemessene und kluge Formen der Verflechtung gefunden werden können, die aus Sicht der Länder autonomieschonend wirken, hinreichend effektiv in der Bewältigung der Aufgabe an sich sind und dies in effizienter Weise leisten. Der neue Hochschulbau im Gefolge der Föderalismusreform von 2006 hat den Ballast der zusehends ungeliebten Gemeinschaftsaufgabe Hochschulbau in der Form von 1969 hinter sich gelassen. Als Zwischenstufe hat er die Chance, sich zu einer klugen Form der Verflechtung weiter zu entwickeln.

Literatur

Benz, Arthur, 1989: Regierbarkeit im kooperativen Bundesstaat: Eine Bilanz der Föderalismusforschung. In: Bandemer, Stephan von/Wewer, Göttrick (Hrsg.), Regierungssystem und Regierungslehre: Fragestellungen, Analysekonzepte und Forschungsstand, Opladen: Leske + Budrich, 181-192.

Benz, Arthur, 2008: Föderalismusreform in der Entflechtungsfalle. In: Europäisches Zentrum für Föderalismus-Forschung (Hrsg.), Jahrbuch des Föderalismus 2007. Föderalismus, Subsidiarität und Regionen in Europa, Baden-Baden: Nomos, 180-190.

Heyden, Wedig von, 2007: Die deutsche Hochschulpolitik zwischen föderaler Vielfalt und gesamtstaatlicher Verantwortung. In: Blanke, Hermann-Josef (Hrsg.), Bildung und Wissenschaft als Standortfaktoren. Tübingen: Mohr Siebeck. 49-62.

Nullmeier, Frank/Pritzlaff, Tanja/Wiesner, Achim, 2003: Mikro-Policy-Analyse. Ethnographische Politikforschung am Beispiel der Hochschulpolitik, Frankfurt a. M./New York: Campus.

Renzsch, Wolfgang, 1991: Finanzverfassung und Finanzausgleich: Die Auseinandersetzungen um ihre politische Gestaltung in der Bundesrepublik Deutschland zwischen Währungsreform und deutscher Vereinigung (1948-1990), Bonn: Dietz.

Sager, Krista, 2006: Auswirkungen der Föderalismusreform auf Bildung und Wissenschaft. In: Holtschneider, Rainer/Schön, Walter (Hrsg.), Die Reform des Bundesstaates. Beiträge zur Arbeit der Kommission zur Modernisierung der bundesstaatlichen Ordnung 2003/2004 und bis zum Abschluss des Gesetzgebungsverfahrens 2006, Baden-Baden: Nomos, 117-138.

Scharpf, Fritz W./Reissert, Bernd/Schnabel, Fritz, 1976: Politikverflechtung. Theorie und Empirie des kooperativen Föderalismus in der Bundesrepublik, Kronberg/Ts.: Scriptor.

Schimank, Uwe/Lange, Stefan, 2006: Hochschulpolitik in der Bund-Länder-Konkurrenz. In: Weingart, Peter/Taubert, Nils C. (Hrsg.), Das Wissenschaftsministerium. Weilerswist: Velbrück. Wissenschaft, 311-346.

Schlegel, Jürgen, 2008: Auswirkungen der Föderalismusreform auf die Finanzarchitektur des deutschen Hochschulsystems. In: Adams, Andrea/Keller, Andreas (Hrsg.), Vom Studentenberg zum Schuldenberg? Bielefeld: Bertelsmann, 45-59.

Streeck, Wolfgang/Thelen, Kathleen, 2005: Introduction: Institutional Change in Advanced Political Economies. In: dies. (Hrsg.), Beyond Continuity. Institutional Change in Advanced Political Economy, Oxford/New York: Oxford University Press, 1-39.

Wiesner, Achim, 2003: Mikropolitik des Föderalismus in der Gemeinschaftsaufgabe Hochschulbau. In: Maier, Matthias Leonhard et al. (Hrsg.), Politik als Lernprozess? Wissenszentrierte Analysen der Politik, Opladen: Leske + Budrich, 292-326.

Wiesner, Achim, 2006: Politik unter Einigungszwang. Eine Analyse föderaler Verhandlungsprozesse. Frankfurt a. M./New York: Campus.

Leistungsmessungen im Bildungsbereich – eine neue Gemeinschaftsaufgabe?

Annette Guckelberger

1. Einleitung

Vergleichende Leistungsmessungen stehen momentan hoch im Kurs. Nachdem im Jahr 2006 durch die Föderalismusreform I die bislang in Art. 91b GG a. F. vorgesehene Gemeinschaftsaufgabe „Bildungsplanung" eliminiert wurde und stattdessen vorgesehen wird, dass Bund und Länder auf Grund von Vereinbarungen zur Feststellung der Leistungsfähigkeit des Bildungswesens im internationalen Vergleich und bei diesbezüglichen Berichten sowie Empfehlungen zusammenwirken können, hat sich der verfassungsändernde Gesetzgeber zur Fortführung des eingeschlagenen Kurses entschlossen. Ende Mai und Mitte Juni 2009 haben Bundestag und Bundesrat mit der erforderlichen Zweidrittelmehrheit eine weitere Gemeinschaftsaufgabe zu den Leistungsvergleichen beschlossen. Nach dem neuen Art. 91d GG können Bund und Länder zur Feststellung und Förderung der Leistungsfähigkeit ihrer Verwaltungen Vergleichsstudien durchführen und die Ergebnisse veröffentlichen. Zur Erläuterung verwies die Föderalismuskommission II darauf, dass sich Leistungsvergleiche, die als sogen. *Benchmarking* fester Bestandteil der angelsächsischen Verwaltungskultur sind, international als wirksames Instrument zur Verbesserung der Effektivität und Effizienz staatlichen Handelns erwiesen hätten. Leistungsvergleiche würden u. a. die Leistungen, die Qualität und die Kosten der Verwaltung transparent machen, einen Wettbewerb um innovative Lösungen in Gang setzen und für einen kontinuierlichen Verbesserungsprozess innerhalb der Verwaltung sorgen.[1]

Da sowohl Art. 91b Abs. 2 GG als auch Art. 91d GG vergleichende Maßnahmen zur Feststellung der Leistungsfähigkeit betreffen, wundert man sich, warum zwischen diesen beiden Gemeinschaftsaufgaben die ebenfalls neu eingeführte Gemeinschaftsaufgabe zur „Öffentlichen IT" (Art. 91c GG) eingeschoben wurde. Man könnte fast meinen, dass sich der Verfassungsgeber der Tragweite seiner Verfassungsänderung von 2006 gar nicht richtig bewusst gewesen ist. Die Leistungsmessungen stehen in engem Zusammenhang zu den Vorstellungen des Neuen Steuerungsmodells, welches seine Wurzeln im angelsächsischen Raum und in den Niederlanden hat. Diese Ansätze wurden zunächst auf die deutsche Kommunalverwaltung

---

[1] Kommission von Bundestag und Bundesrat zur Modernisierung der Bund-Länder-Finanzbeziehungen, Kommissionsdrucksache 174, 92.

übertragen und erfuhren dort in verstärktem Maße Aufmerksamkeit.[2] Im bildungsrechtlichen Schrifttum wird jedenfalls davon ausgegangen, dass diese Vorstellungen erst nach und nach auf den Bildungssektor ausgeweitet wurden.[3] Hätte man zu Beginn der 1990er Jahre eine Prognose darüber abgeben sollen, für welchen Bereich zuerst verfassungsrechtliche Regelungen für gemeinsame Leistungsvergleiche geschaffen werden, hätten wohl die meisten die Vergleichsstudien zur Leistungsfähigkeit der Verwaltungen und kaum einer den Bildungsbereich genannt. Um sich darüber klar zu werden, was an dem durch die Föderalismusreform umgestalteten Art. 91b Abs. 2 GG „neu" oder anders ist, bietet es sich an, den Übergang von der früheren Gemeinschaftsaufgabe „Bildungsplanung" zu derjenigen der „Bildungsevaluation" chronologisch darzustellen.

2. Zur Grundgesetzänderung von 1969 und ihrer Handhabung in der Folgezeit

Als das Grundgesetz 1949 erlassen wurde, wurde der Bund anfangs nur spärlich mit Kompetenzen aus dem Bildungsbereich betraut. Zu nennen sind vor allem seine konkurrierende Kompetenz für die Förderung der wissenschaftlichen Forschung (Art. 74 Nr. 13 GG a. F.), für die öffentliche Fürsorge (Art. 74 Abs. 1 Nr. 7 GG), welche u. a. die Betreuung von Kleinkindern umfasst, sowie die Möglichkeit des Bundes, aufgrund seines Kompetenztitels für das Recht der Wirtschaft (Art. 74 Abs. 1 Nr. 11 GG) Regelungen zur praktischen beruflichen Ausbildung zu erlassen.[4] Mangels solcher speziellen Zuständigkeitszuweisungen an den Bund verfügen die Länder im Bildungsbereich über weit reichende Kompetenzen.[5] Deshalb kam das Bundesverfassungsgericht schon früh zu dem Schluss, dass die Länder Träger der Kulturhoheit sind und dies ein wesentliches Element für den bundesstaatlichen Aufbau der Bundesrepublik ist.[6] Aufgrund dieser klaren Kompetenzzuordnung sowie der Festlegung des Grundgesetzes auf den föderativen Staatsaufbau ging man von der Vorstellung hermetisch getrennter Verwaltungsräume von Bund und Ländern aus (Trennsystem).[7] Man nahm an, dass sie ihre Kompetenzbereiche jeweils selbständig ausfüllten und diese Aufgabenzuteilung und -wahrnehmung keinen Arrangements zugänglich sei.[8]

---

2   Langenfeld 2007: 348; siehe zu den Leistungsmessungen aus historischer Perspektive Wollmann 2004: 21 ff.
3   Langenfeld 2007: 348; Schubert 2008: 16.
4   Siehe näher zu den Kompetenzen des Bundes Dittmann 2004: 24 f.; Guckelberger 2010: Rdnr. 8.
5   Siehe dazu Guckelberger 2010: Rdnr. 10. Die Rahmenkompetenz des Bundes für die allgemeinen Grundsätze des Hochschulwesens wurde erst 1969 eingeführt.
6   BVerfGE 6, 309 (354); siehe auch BVerfGE 108, 1 (14); 112, 74 (83).
7   BT-Drs. 5/2861, 10.
8   Dittmann 2004: 21.

In der Staatspraxis wurde diese Trennung der Verantwortungsbereiche von Bund und Ländern jedoch schon bald nicht mehr strikt durchgehalten.[9] Angesichts der Notwendigkeiten des Wiederaufbaus und der Mobilität der Flüchtlingsströme zeigte die Bevölkerung nur geringes Verständnis für allzu unterschiedliche Regelungen im Wirtschafts- und Bildungsbereich.[10] Innerhalb der Ständigen Konferenz der Kultusminister der Länder (KMK) fasste man deshalb Beschlüsse, die vor allem zu einer Vereinheitlichung des Schulwesens beigetragen haben (z. B. Verständigung über Beginn und Dauer der Schulpflicht sowie der Schulferien).[11] Neben dieser Koordination unter den Ländern hat sich der Bund mit den Ländern z. B. beim Aus- und Neubau der wissenschaftlichen Hochschulen oder der Förderung von Forschungseinrichtungen zusammengetan. Es wurden gemeinsame Rahmenpläne für die Finanzierung gewisser Projekte aufgestellt, deren Ausführung aber bei den Ländern verblieb.[12]

Um diese Praxis auf eine solide Basis zu stellen, wurde durch verfassungsänderndes Gesetz vom 12. Mai 1969[13] die Kompetenzverteilung im Bildungssektor nachhaltig modifiziert. In den Materialien heißt es dazu, dass viele wichtige Staatsaufgaben die Zusammenarbeit von Bund und Ländern verlangen. „Verfassung und Verfassungsleben müssen deshalb aus dem Geist eines kooperativen Föderalismus verstanden und weiter entwickelt werden."[14] Dementsprechend wurde in dem neu eingefügten Art. 91b GG bestimmt, dass Bund und Länder aufgrund von Vereinbarungen bei der Bildungsplanung zusammenwirken können, in denen zugleich die Aufteilung der Kosten zu regeln ist. Diese neue Gemeinschaftsaufgabe statuierte eine Ausnahme vom grundsätzlichen Verbot der Mischverwaltung. Sie erlaubte es den Ländern, bei der Bildungsplanung auch im Aufgabenbereich des Bundes, etwa der beruflichen Bildung, mitzureden. Angesichts der umfassenden Zuständigkeit der Länder für das Schulwesen eröffnete Art. 91b GG aber vor allem dem Bund wichtige Mitsprachemöglichkeiten in dem ihm bislang verschlossenen Schulwesen.[15]

Wie man an dem Begriff der Bildungsplanung sieht, erstreckte sich diese auf das gesamte Bildungswesen und umfasste alle Institutionen des Lernens und Lehrens von der vorschulischen Erziehung über das allgemeinbildende Schulwesen und das Hochschulwesen bis hin zur Fort-, Weiter- und Erwachsenenbildung.[16] In der Kommentarliteratur wird die Bildungsplanung regelmäßig als Vorbereitung, Datenerfassung, Vorschau und Evaluation von Maßnahmen im Bildungsbereich umschrieben.[17]

---

9   Dittmann 2004: 27.
10 Behrens 2007a: 10; Hohler 2009: 80 ff.
11 Guckelberger 2009: Rdnr. 12; eingehend zur KMK Schmidt 2005: 335 ff.; kritisch gegenüber dieser Praxis Behrens 2007a: 10.
12 BT-Drs. 5/2861, 17; siehe zur damaligen Bund-Länder-Zusammenarbeit auch Dittmann 2004: 36 ff.; Guckelberger 2009: Rdnr. 13.
13 BGBl. 1969 I 357 ff.; siehe dazu Seckelmann 2009: 750.
14 BT-Drs. 5/2861, 11.
15 Dittmann 2004: 86 f.; Füchsel 1985: 15; Mager 2003: Art. 91b Rdnr. 7.
16 Dittmann 2004: 83 f.; Guckelberger 2008: 270; Tiemann 1970: 245.
17 Brockmeyer 2004: Art. 91b Rdnr. 8; Dittmann 2004: 84; Schlegel 2002: Art. 91b Rdnr. 13.

Ferdinand Kirchhof erklärte bei seiner Anhörung zur Föderalismusreform die Bildungsplanung damit, „dass man versucht, etwas für die Zukunft zu betreiben, etwas für die Zukunft zu strukturieren."[18] Mangels entsprechender Eingrenzungen ermöglichte Art. 91b GG diverse gemeinsame Planungen, namentlich Rahmen-, Detail- und experimentelle Planungen.[19] Als Grundlage für das Zusammenwirken fungierten „Vereinbarungen", bei denen sich Bund und Länder grundsätzlich als gleichberechtigte Partner gegenüberstehen.[20] Da Art. 91b GG selbst keine konkreten Vorgaben zum Zusammenwirken machte, konnte dieses einzelfallgerecht und flexibel ausgestaltet werden.[21] Indem von Verfassungs wegen jedoch die „Aufteilung" der Kosten vorgeschrieben wird, war es rechtlich ausgeschlossen, sich im Vereinbarungsweg auf die alleinige Kostentragung durch einen der Beteiligten zu verständigen.[22]

Durch Verwaltungsabkommen vom 25. Juni 1970[23] wurde die Bund-Länder-Kommission für Bildungsplanung (BLK) als ständiges Gesprächsforum zwischen Bund und Ländern für gemeinsame Fragen der Bildungsplanung errichtet. Sie legte 1973 einen Bildungsgesamtplan vor, der ein Gesamtkonzept für den Bildungsausbau in der Bundesrepublik enthielt. In dem Plan waren Zielsetzungen für alle Schulen, die betriebliche Berufsausbildung, die Lehrerbildung, die Fort- und Weiterbildung sowie die außerschulische Jugendarbeit unter Einbeziehung der Kostenfrage enthalten.[24] Wegen (partei-)politischer Differenzen in wichtigen Fragen, wie der Orientierungsstufe, der Gesamtschule oder Lehrerbildung, sowie aufgrund des Widerstands der Finanzminister wurde der Plan jedoch kaum umgesetzt. Eine Fortschreibung des Gesamtplans unterblieb.[25] Weil Art. 91b GG als Kann-Norm Bund und Länder nicht zur Zusammenarbeit zwang, hat man angesichts dieser Differenzen von einer unter Umständen nur halbherzigen Bildungsgesamtplanung Abstand genommen.[26] Gewisse Erfolge konnte die BLK dagegen bei gemeinsam von Bund und Ländern geförderten Modellversuchsprogrammen, z. B. zu aktuellen Themen aus dem Schulbereich, erzielen.[27]

---

18 Kirchhof, Sitzung des Rechtsausschusses des Deutschen Bundestages vom 29.5.2006, Stenografischer Bericht: 44.
19 Dittmann 2004: 84; Knopp 2006: 1218; Schlegel 2002: Art. 91b Rdnr. 13; Volkmann 2005: Art. 91b Rdnr. 6.
20 Volkmann 2005: Art. 91b Rdnr. 4.
21 Dittmann 2004: 88.
22 Schlegel 2002: Art. 91b Rdnr. 20; Volkmann 2005: Art. 91b Rdnr. 13.
23 „Bulletin" des Presse- und Informationsamtes der Bundesregierung vom 3.7.1970, Nr. 90, 891 f.
24 Artikel „Bildungsgesamtplan" abgerufen über Wikipedia am 16.6.2009; siehe auch Baumert 1994: 60 f.; Hödl/Zegelin 1999: 91 sowie ausführlich Poeppelt 1978: 133 ff.
25 Behrens 2007b: 35 f.; Hödl/Zegelin 1999: 93; Oschatz 2007: 73.
26 Hohler 2009: 162; Behrens 2007b: 36 hält die Bildungsgesamtplanung für zu schwerfällig, weil sie einen Allparteienkonsens voraussetzt, den es schon lange nicht mehr gibt.
27 Dittmann 1978: 174; Volkmann 2005: Art. 91b Rdnr. 6.

3. Deutschlands Teilnahme an internationalen (Schul-)Vergleichsstudien und die anschließenden Reaktionen

Die OECD-Mitgliedstaaten lenken seit einiger Zeit verstärkt ihre Aufmerksamkeit auf vergleichende internationale Analysen bildungspolitischer Maßnahmen. Denn Bildung wird im internationalen Kontext als handelbare Dienstleistung aufgefasst.[28] Außerdem trägt eine effektive Bildungspolitik zur Verbesserung der Entwicklungs- und Handlungschancen jedes Einzelnen sowie im Interesse der Zukunftsfähigkeit der Gemeinschaft dazu bei, dass für den Arbeitsmarkt gut qualifiziertes Personal zur Verfügung steht.[29]

Seit Mitte der 1990er Jahre erscheint einmal jährlich die OECD-Studie „Bildung auf einen Blick" *(Education at a Glance)*, in der internationale Vergleichskennzahlen zu den Bildungsergebnissen, zu den Investitionen in Bildung, zur Bildungsbeteiligung und nach Bildungsstufen und -bereichen dargestellt werden.[30] Durch die im Jahre 1995 erfolgte Beteiligung Deutschlands an der unter dem Dach der *International Association for the Evaluation of Educational Achievement* (IEA) durchgeführten TIMSS-Studie wurden erstmals umfassende Daten gewonnen, die im internationalen Kontext zuverlässige Hinweise auf die Leistungsfähigkeit deutscher Schüler in Mathematik und naturwissenschaftlichen Fächern gaben.[31] Die von der IEA entwickelte Methodologie hat auch die von der OECD durchgeführten PISA-Studien *(Programme for International Student Assessment)* geprägt. Bei diesen werden zyklusmäßig die Kompetenzen von 15jährigen Jugendlichen aus einer großen Zahl von OECD-Staaten sowie weiteren Partnerländern in den Bereichen Lesen, Mathematik und Naturwissenschaften getestet. Die PISA-Studien konzentrieren sich nicht auf ein einziges Schulfach und orientieren sich auch nicht an der Schnittmenge nationaler Curricula, sondern postulieren einen eigenen Bildungsbegriff, der auf Englisch als *literacy* bezeichnet wird und sich auf das Wissen, die Fähigkeiten und Kompetenzen bezieht, die für das persönliche, soziale und ökonomische Wohlergehen relevant sind. Bei der PISA-Studie im Jahr 2000 stand die Lesekompetenz der 15-Jährigen, im Jahr 2003 die Mathematik und 2006 die Naturwissenschaften im Vordergrund.[32]

Nach der TIMSS-Studie von 1995 lagen die Mathematik- und Naturwissenschaftsleistungen deutscher Schüler lediglich in einem breiten internationalen Mittelfeld. Allerdings wurden diese Ergebnisse in der Öffentlichkeit kaum wahrge-

---

28 Niehues/Rux 2006: Rdnr. 111; Scheller 2006: 33.
29 Bildungsbericht für Baden-Württemberg 2007: 11; Nationaler Bildungsbericht 2008: 6; in der rechtswissenschaftlichen deutschen Literatur wird darüber hinaus zu Recht die Bedeutung der Bildung als Voraussetzung für eine Teilhabe an den demokratischen Prozessen in einer pluralistischen Gesellschaft betont, siehe Guckelberger 2005: 750 sowie BVerfG, NVwZ 2003, 1113; siehe auch Lindner 2009: 306 f.
30 Siehe dazu Bildungsbericht für Baden-Württemberg 2007: 11 f.
31 Bildungsbericht für Baden-Württemberg 2007: 219.
32 Siehe näher zu den PISA-Studien: von Bogdandy/Goldmann 2009: 8; Langenfeld 2007: 347 ff.

nommen.[33] Dagegen hat die Veröffentlichung der PISA-Ergebnisse im Jahr 2001 ein überwältigendes Medienecho ausgelöst. Bald wurde von einem „PISA-Schock" gesprochen.[34] Ohne hier die Ergebnisse dieser Studie im Detail zu referieren, belegte Deutschland bei 31 ausgewerteten Teilnehmerstaaten bei der Lesekompetenz Rang 21 und lag damit unter dem OECD-Durchschnitt. Des Weiteren ergab sich, dass in Deutschland die Kopplung von sozioökonomischem Status der Herkunftsfamilie und dem Kompetenzerwerb der 15-Jährigen besonders stark ausgeprägt ist und es dem Schulsystem nur unzureichend gelingt, sozial und familiär bedingte ungünstige Schülervoraussetzungen auszugleichen.[35] Außerdem stellten sich große Unterschiede bei der Lesekompetenz zwischen Jungen und Mädchen heraus.[36] Ohne hier auf die Kritik an den PISA-Studien einzugehen,[37] lässt sich sagen, dass seit ihrer Veröffentlichung das nationale Bildungswesen mit seinen Defiziten verstärkt in das Bewusstsein der Öffentlichkeit gerückt ist.[38] Die Tragweite der Beteiligung an den Vergleichsstudien und der Publizierung ihrer Ergebnisse zeigt sich an folgender Äußerung im Rahmen der Sachverständigenanhörung zur Föderalismusreform I: „Was Insider längst wussten, aber ‚politically correct' unterdrückt wurde, enthüllten der staunenden Öffentlichkeit die internationalen Hochschulrankings und vor allem die internationalen Vergleichsstudien zu Schülerleistungen – TIMSS, PISA, IGLU: Deutschland insgesamt sowie innerhalb Deutschlands die nördlichen Bundesländer schnitten unterdurchschnittlich ab."[39]

Diese Ereignisse haben zur Initiierung grundlegender Veränderungen im Bildungsbereich geführt, die zuvor schon zaghaft begonnen wurden. Während man sich lange Zeit darauf verließ, dass durch entsprechende *Input*-Vorgaben, wie Lehrpläne, Ausbildungsbestimmungen und Prüfungsrichtlinien, adäquate Lernergebnisse erreicht werden, blickt man nunmehr verstärkt auf das *Output* der Bildungseinrichtungen.[40] Zwischenzeitlich wurden viele Anstrengungen zur Qualitätsentwicklung und Qualitätssicherung im Bildungssektor unternommen.[41] Beispielsweise wurde im Schulbereich mit der Einführung nationaler Bildungsstandards und der Errichtung des Instituts zur Qualitätssicherung im Bildungswesen (IQB) ein Paradigmenwechsel in Richtung einer ergebnisorientierten Steuerung des Bildungssystems eingelei-

---

33 Bildungsbericht Baden-Württemberg 2007: 219; Artikel „Trends in International Mathematics and Science Study" abgerufen über Wikipedia am 18.6.2009.
34 Langenfeld 2007: 347; Volkmann 2005: Art. 91b Rdnr. 1.
35 Nationaler Bildungsbericht 2008: 84; Langenfeld 2007: 350.
36 Nationaler Bildungsbericht 2008: 86.
37 Wuttke 2006: 101 ff.; Hopmann/Brinek/Retzl 2007.
38 Von Bogdandy/Goldmann 2009: 2; Langenfeld 2007: 380; Scheller 2006: 30.
39 Sachverständiger Prof. Dr. Manfred Erhardt in der Sitzung des Rechtsausschusses des Deutschen Bundestags vom 29.5.2006, Stenografischer Bericht: 9.
40 Von Bogdandy/Goldmann 2009: 2; Guckelberger 2005: 750; Heintz 2008: 111, 113; Langenfeld 2007: 355, 368 f.; Schubert 2008: 41.
41 Zu den Defiziten der Leistungsmessungen und für eine Neuausrichtung des Qualitätsmanagements Hill 2008: 789 ff.

tet.[42] Des Weiteren haben sich die Länder auf Standards für die Lehrerbildung in den Bildungswissenschaften geeinigt.[43] Auch im Hochschulbereich wurden u. a. mit dem Ausbau der gestuften Studienstruktur und der Weiterentwicklung von Akkreditierung und Evaluation qualitätssichernde und -entwickelnde Maßnahmen ergriffen.[44]

Im Juni 2006 wurde der erste gemeinsame Bildungsbericht von Bund und Ländern durch ein unabhängiges wissenschaftliches Konsortium unter Beteiligung der Statistischen Ämter des Bundes und der Länder vorgelegt. Ausgehend von der Leitidee der „Bildung im Lebenslauf" gibt dieser einen Überblick über das gesamte deutsche Bildungssystem, angefangen bei der frühkindlichen Bildung über die allgemeinbildenden Schulen, die berufliche Bildung, die Hochschulen bis hin zur Weiterbildung einschließlich des informellen Lernens.[45] Die Bildungsberichterstattung beruht auf einem überschaubaren, systematischen und regelmäßig aktualisierbaren Satz von Indikatoren, d. h. statistischen Kennziffern, die jeweils für ein zentrales Merkmal von Bildungsprozessen bzw. einen zentralen Aspekt von Bildungsqualität stehen. Durch die Interpretation dieser Zahlen wird die Entwicklung des Bildungswesens verstehbar, lassen sich seine Stärken und Schwächen erkennen, die Leistungsfähigkeit von Systemen inter- sowie intranational vergleichen und wird auf einen etwaigen politischen Handlungsbedarf aufmerksam gemacht.[46] Beim ersten gemeinsamen Bildungsbericht, der die Öffentlichkeit über Rahmenbedingungen, Ergebnisse und Erträge der Bildungsprozesse informierte, wurde daneben das Schwerpunktthema „Bildung und Migration" untersucht.[47] Außerdem hat die KMK im Juni 2006 eine Gesamtstrategie für das Bildungsmonitoring beschlossen. Diese setzt sich aus den vier Komponenten der Teilnahme an internationalen Schulleistungsuntersuchungen, der zentralen Überprüfung von Bildungsstandards im Ländervergleich, der Durchführung von Vergleichsarbeiten zur landesweiten Überprüfung der Leistungsfähigkeit einzelner Schulen sowie der gemeinsamen Bildungsberichterstattung von Bund und Ländern zusammen.[48] Der sich im Schwerpunkt mit den Übergängen von der Schule in die Berufsbildung, die Hochschulbildung und den Arbeitsmarkt befassende zweite Nationale Bildungsbericht von 2008 konnte jedenfalls feststellen, dass sich seit den PISA-Erhebungen des Jahres 2000 die Leistungen der 15-Jährigen in Deutschland offenbar langsam gebessert haben.[49]

Alles in allem haben die veröffentlichten internationalen Vergleichsstudien einen erheblichen Anpassungsdruck auf die für die nationale Bildungspolitik Verantwortlichen ausgeübt. Ihre Durchschlagskraft lässt sich u. a. mit der Autorität der syste-

---

42 Lohmar/Eckhardt 2008: 30; siehe zu den Bildungsstandards Guckelberger 2005: 750 ff.; Langenfeld 2007: 369.
43 Lohmar/Eckhardt 2008: 31.
44 Lohmar/Eckhardt 2008: 31.
45 Lohmar/Eckhardt 2008: 255.
46 Konsortium Bildungsberichterstattung, Gesamtkonzeption der Bildungsberichterstattung, Frankfurt a.M., 31.8.2005; Döbert/Avenarius 2007: 299 f.
47 Lohmar/Eckhardt 2008: 255.
48 Lohmar/Eckhardt 2008: 251.
49 Nationaler Bildungsbericht 2008: 82.

matischen empirischen Analysen und damit erklären, dass die von unabhängigen Einrichtungen erstellten Vergleichsstudien im Schulwesen von den Ländern nicht mehr als Kompetenzübergriffe des Bundes in ihren Zuständigkeitsbereich gewertet werden können.[50] Auch wird angenommen, dass Zahlen bzw. Statistiken eine größere Objektivität zugeschrieben wird, weil sie schwerer negierbar sind als sprachliche Aussagen.[51] Neben der Erweiterung vorhandener Wissensbestände eröffnen die internationalen Vergleichsstudien die Möglichkeit zu einer Optimierung der Konzepte sowie zur bilanzierenden Bewertung im jeweils analysierten Bereich.[52] In der Zusammenfassung von *Education at a Glance* 2008 wird die Bedeutung der Vergleichsstudien darin erblickt, dass sie den Bildungssystemen bei der Bewältigung der anstehenden Herausforderungen die Möglichkeit geben, ihre Leistungen im Lichte dessen zu sehen, was in den anderen Ländern in der Bildungspolitik geschieht.[53] Dementsprechend haben die PISA-Erhebungen zum Aufbau von Netzwerken geführt, bei denen sich innerhalb Deutschlands sowie mit anderen Teilnehmerstaaten ein Erfahrungsaustausch zwischen den Akteuren im Bildungsbereich ausgebildet hat. Ziel der Vergleichsuntersuchungen ist es, voneinander und miteinander zu lernen. Da es den Staaten selbst überlassen bleibt, wie sie auf die Ergebnisse reagieren wollen, bilden die Studien nur den Ausgangspunkt für eine mögliche Diskussion über die künftige Ausrichtung der nationalen Bildungspolitik. Weil sich die analysierten Bildungssysteme in diversen Punkten voneinander unterscheiden können, ist sorgfältig zu überlegen, ob und inwieweit sich die Weichenstellungen der bestplatzierten Staaten ohne weiteres auf das eigene System transferieren lassen.[54]

Die Beobachtung von Nationalstaaten durch nichtstaatliche Institutionen, wie sie z. B. im Zuge der Vergleichsstudien der OECD im Bildungsbereich erfolgt, wird heute als Ausprägung einer typischen Governance-Institution angesehen, die zur systematischen Beschreibung der Leistung von Nationalstaaten dient.[55] Nach Meinung von Möllers bezeichnet Governance die Konzeption von Regelungsarrangements, in denen klassisch souveränitätsbezogene Herrschaftsformen, respektive Staaten, durch andere nicht-staatliche hoheitliche Organisationen von außen beobachtet werden, um ihre Performanz zu bewerten und Anpassungsstrategien zur Verbesserung zu entwickeln.[56] Der Governance-Ansatz beinhaltet eine Perspektivenänderung auf veränderte Formen der Staatlichkeit und basiert auf der Einsicht, dass politische Steuerung in Reaktion auf die gesellschaftliche Pluralität, Dynamik und Komplexität der zu bewältigenden Aufgaben durch unterschiedliche staatliche und nichtstaatliche Akteure auf unterschiedlichen Ebenen und mit je nach Feldern

---

50 Scheller 2006: 45; siehe dazu auch Möllers 2008: 246.
51 Heintz 2008: 117.
52 Haubrich/Lüders 2004: 319 f.; siehe zum Konzept des rationalen Staates Voßkuhle 2008: 13 ff.
53 Bildung auf einen Blick 2008: OECD-Indikatoren, Zusammenfassung in Deutsch: 1.
54 Siehe dazu Hill 2007: 13.
55 Möllers 2008: 245, 249; von Bogdandy/Goldmann 2009: 3 sprechen von „governance by information".
56 Möllers 2008: 238; siehe auch Schuppert 2007: 503; Seckelmann 2007: 31 f.

unterschiedlichen Formen und Instrumenten stattfindet.[57] Wie am Beispiel der PISA-Studien deutlich wurde, beteiligen sich die betroffenen Staaten freiwillig an den Erhebungen, an deren Ende jeweils die Ergebnisse in Form von Rankings und ausführlichen Berichten veröffentlicht werden. Die OECD verfügt in diesem Bereich über keine eigenen formellen Kompetenzen, so dass die Teilnehmerstaaten selbst über die aus den Studien zu ziehenden Konsequenzen zu befinden haben.[58]

Die systematisch angelegten internationalen Vergleiche ähneln insoweit dem sportlichen Wettbewerb. Werden öffentlichkeitswirksame Rankings[59] ausgegeben, wird jeder Teilnehmer sich darum bemühen, die Leistungen anderer zu überbieten. Beim sportlichen Wettbewerb führt eine Niederlage anders als im wirtschaftlichen Bereich nicht zum Ausscheiden eines Akteurs, sondern lediglich zu einem kurzfristigen Verlust von Titeln oder Tabellenplätzen. Weil die Möglichkeit besteht, dass ein „Verlierer" in einem weiteren, wenn auch erst in gewissem zeitlichen Abstand erfolgenden Versuch seine Position verbessern oder gar einen Titelgewinn erreichen kann, werden die Teilnehmenden dazu motiviert, über etwaige Maßnahmen zur Leistungsverbesserung nachzudenken.[60] Angesichts der nicht zu unterschätzenden Effekte der Vergleichsstudien der OECD auf das Verhalten der Teilnehmerländer wird neuerdings die Frage aufgeworfen, ob dafür nicht in rechtsstaatlicher und demokratischer Hinsicht normative Regelungen erforderlich sind. Nach dem Selbstverständnis der OECD besteht kein derartiges Erfordernis, weil es nur um Standards geht, die sich aus der expertokratischen Legitimät der Fachabteilungen ergeben.[61] Möllers hält es für folgerichtig, die Beobachtungsbeiträge der internationalen Institutionen als ebenso hilfreich wie eingeschränkt relevant zu verstehen wie die Beiträge privater Interessenverbände.[62] Es ist fraglich, ob diese Einschätzung dem herausgehobenen Status der OECD, dem besonderen Vergleichsgegenstand und den mit den Vergleichsstudien intendierten politikrelevanten Effekten in den Teilnehmerländern gerecht wird.[63] Von Bogdandy/Goldmann befürworten jedenfalls *de lege ferenda* eine normative Strukturierung derartiger beobachtender Handlungsinstrumentarien internationaler Organisationen.[64]

---

57 Trute/Kühlers/Pilniok 2008: 173 f.; siehe auch Mayntz 2005: 11 ff.; dies. 2008: 43 ff.
58 Möllers 2008: 249, siehe auch auf 241 f. zu dem Aspekt, dass die beobachtenden Instanzen über keine rechtlichen Interventionsmöglichkeiten verfügen.
59 Näher zu den Rankings einschließlich ihrer Nachteile Kuhlmann, 2004b, 104 f.; Nullmeier, 2004, 49, 53 f.
60 Siehe näher zum sportlichen und wirtschaftlichen Wettbewerb Hohler 2009: 254 ff.; siehe zur Vergleichbarkeit mit dem Sport Heintz: 115, 123.
61 Möllers 2008: 250, 254.
62 Möllers 2008: 254; siehe zur geringen demokratischen Legitimation der Vergleichsstudien Lindner 2009: 308.
63 Siehe zur öffentlich-rechtlichen Einordnung der Studien von Bogdandy/Goldmann 2009: 18 ff.
64 Von Bogdandy/Goldmann 2009: 28 ff.

4. Der auf die Föderalismusreform I zurückgehende Art. 91b Abs. 2 GG

Bei der Föderalismusreform I aus dem Jahre 2006 ging man davon aus, dass sich die bundesstaatliche Ordnung in Deutschland zwar grundsätzlich bewährt habe, sie jedoch zwischenzeitlich durch langwierige und komplizierte Entscheidungsprozesse und eine übermäßige institutionelle Verflechtung von Bund und Ländern geprägt wird. Sie zielte dementsprechend darauf ab, demokratie- und effizienzhinderliche Verflechtungen zwischen Bund und Ländern abzubauen, wieder klarere Verantwortlichkeiten zu schaffen sowie die föderalen Elemente der Solidarität und Kooperation einerseits und des Wettbewerbs andererseits neu auszubalancieren.[65] Es verwundert daher wenig, dass die Neuordnung der Kompetenzen im Bildungsbereich und der Fortbestand der bisherigen Gemeinschaftsaufgaben ein für die Föderalismusreform zentrales Thema darstellten. Die 1969 neu eingeführten Gemeinschaftsaufgaben sind fast von Anbeginn an auf Skepsis gestoßen. Sie wurden als Mittel der Unitarisierung im Bundesstaat kritisiert, das wegen der Mitfinanzierungs- und damit verbundenen Mitsprachemöglichkeiten des Bundes die Länder an seine „goldenen Zügel" legt. Sie würden faktisch die Entscheidungsmacht der Länderparlamente beschränken, zu einer Fehlallokation von Mitteln sowie zu einer zu schwerfälligen und bürokratischen Koordinierung zwischen den Beteiligten führen.[66] Obwohl schon lange keine gemeinsame Bildungsgesamtplanung mehr betrieben wurde und deshalb die Streichung des Art. 91b GG nahe lag, bildete gerade diese Gemeinschaftsaufgabe einen neuralgischen Punkt bei den Beratungen der Föderalismuskommission. Während sich mehrere Bundesländer für die Streichung der Gemeinschaftsaufgabe „Bildungsplanung" stark machten, wollte die damalige Bundesregierung unter Verweis auf die PISA-Studien die bestehende Gemeinschaftsaufgabe in einen verpflichtenden Verfassungsauftrag zur gemeinsamen Fortentwicklung des Bildungswesens umwandeln.[67]

Erst durch die Bildung der Großen Koalition im November 2005 wurde der Weg zu einer Modernisierung der bundesstaatlichen Ordnung geebnet. Man verständigte sich darauf, die Zusammenarbeit von Bund und Ländern bei Art. 91b GG zum Teil neu zu strukturieren und „im Bildungsbereich bei der Bildungsevaluation" zu erhalten.[68] Die bisherige Gemeinschaftsaufgabe „Bildungsplanung" wurde durch die Grundlage für eine gemeinsame Feststellung der Leistungsfähigkeit des Bildungswesens im internationalen Vergleich und diesbezüglichen Berichten und Empfehlungen ersetzt. Ausweislich der Materialien besteht das Ziel der gemeinsamen Bildungsberichterstattung in der Schaffung von Grundinformationen (einschließlich

---

65 BT-Drs. 16/813: 7; siehe auch Wieland 2008: 117.
66 Nachweise bei Guckelberger 2008: 267; siehe auch Seckelmann 2009: 748 ff.
67 Siehe dazu Deutscher Bundestag – Bundesrat – Öffentlichkeitsarbeit (Hrsg.), Dokumentation der Kommission von Bundestag und Bundesrat zur Modernisierung der bundesstaatlichen Ordnung, 2005, 588 ff. sowie Nachweise zu den diversen Positionen bei Guckelberger 2008: 268 f.
68 BT-Drs. 16/813, 10; siehe dazu Seckelmann 2009: 752 f.

Finanz- und Strukturdaten) für die Gewährleistung der internationalen Gleichwertigkeit und Wettbewerbsfähigkeit des deutschen Bildungswesens.[69]

4.1. Zur Bedeutung von Art. 91b Abs. 2 GG n. F.

Art. 91b Abs. 2 GG steht im Kontext eines zunehmenden internationalen Wettbewerbs der Bildungssysteme.[70] Über das Zusammenwirken zur Feststellung der Leistungsfähigkeit des Bildungswesens im internationalen Vergleich wird vor allem die Mitwirkung des Bundes an der Durchführung und Auswertung internationaler Vergleichsstudien ermöglicht, z. B. bei den PISA-Erhebungen.[71] Die Gemeinschaftsaufgabe wurde bewusst offen formuliert. Zu denken ist an Vergleiche innerhalb der OECD-Länder, aber auch zwischen den EU-Mitgliedsstaaten.[72] Da das Adjektiv „international" als „zwischenstaatlich" aufgefasst werden kann,[73] gilt Art. 91b Abs. 2 GG auch für Leistungsvergleiche mit irgendeinem anderen Land, nicht jedoch innerhalb einzelner Bundesländer.[74] Da ganz allgemein von der Leistungsfähigkeit des „Bildungswesens" im internationalen Vergleich gesprochen wird, steht anders als bei der Benotung einzelner Schüler bei den Vergleichen die Frage im Vordergrund, ob und inwieweit die deutschen Bildungseinrichtungen ihrem Bildungsauftrag gerecht werden. Die Vergleiche können sich auf sämtliche Stufen des Bildungswesens beziehen (Grundschule, höhere Schule, Hochschule etc.). Der Bund kann sich daher an internationalen Vergleichsstudien beteiligen, die den Kompetenzbereich der Länder betreffen, und umgekehrt.[75] Die Vergleichsuntersuchungen können sich auf einzelne Ausschnitte des Bildungswesens beschränken.[76] Damit ein internationaler Vergleich gelingen kann, ergeben sich die Bewertungskriterien aus einer internationalen Perspektive.[77] Weil nationale Bildungsstandards nichts mit der Feststellung der Leistungsfähigkeit des Bildungswesens im internationalen Vergleich zu tun haben, eröffnet Art. 91b Abs. 2 GG dem Bund in dieser Hinsicht aber auch ganz allgemein keine Einwirkungsmöglichkeiten auf den Schulbereich, etwa zur finanziellen Unterstützung von Ganztagsschulprogrammen.[78]

Aufgrund von Art. 91b Abs. 2 Altern. 2 GG können Bund und Länder bei Berichten über das Bildungswesen zusammenwirken. Über den Terminus „diesbezüglich" wird ein Konnex zur zuvor genannten Feststellung der Leistungsfähigkeit des Bil-

---

69 BT-Drs. 16/813, 17.
70 Siehe allgemein zur internationalen Einbettung Deutschlands BVerfG, Urt. v. 30.6.2009, Az. 2 BvE 2/08.
71 Häde 2006: 936; Heun 2008: Art. 91b Rdnr. 14; Suerbaum 2009: Art. 91b Rdnr. 16.
72 Meyer 2008: 264.
73 Duden 2006: 517.
74 Meyer 2008: 264; siehe auch Guckelberger 2008: 275.
75 Meyer 2008: 263 f.
76 Guckelberger 2008: 275.
77 Guckelberger 2008: 275; Meyer 2008: 264.
78 Guckelberger 2008: 275; Häde 2006: 936.

dungswesens im internationalen Vergleich hergestellt. Diese Verfassungsnorm greift daher insbesondere, wenn Bund und Länder über die Ergebnisse der Teilnahme deutscher Bildungseinrichtungen an internationalen Vergleichsuntersuchungen berichten.[79] Auch die Erstellung eines nationalen Bildungsberichts lässt sich unter den Wortlaut subsumieren, wenn dabei auf die Position des deutschen Bildungswesens im internationalen Vergleich eingegangen wird, oder der Bericht der zuständigen internationalen Einrichtung die nötigen Auskünfte zur Einordnung des deutschen Bildungswesens geben soll.[80] Mit dem zweiten nationalen, gemeinsam von Bund und Ländern in Auftrag gegebenen Bildungsbericht 2008 wurde erneut eine umfassende empirische Bestandsaufnahme vorgelegt, welche das deutsche Bildungssystem als Ganzes abbildet und von der frühkindlichen Bildung, Betreuung und Erziehung bis zu diversen Formen der Weiterbildung im Erwachsenenalter reicht. In ihm wird z. B. auf das deutsche berufliche Bildungssystem im internationalen Vergleich, das Abschneiden Deutschlands bei internationalen Schulleistungsuntersuchungen oder darauf eingegangen, dass der deutsche Anteil an den Bildungsausgaben ebenso wie der Anteil an Personen mit Hochschul- und anderen Tertiärabschlüssen in Deutschland seit 2005 (leicht) unter dem OECD-Durchschnitt liegen.[81] Vor allem eine regelmäßig wiederkehrende nationale Bildungsberichterstattung unter Einbeziehung internationaler Entwicklungen kann den politischen Entscheidungsträgern die Stärken, aber auch Schwächen des deutschen Bildungswesens einschließlich der eingeschlagenen Weichenstellungen vor Augen führen und zu einer Verkürzung des Zeitraums zwischen der Problemerkenntnis und der Einleitung von Problemlösungsmaßnahmen beitragen.[82] Im Nationalen Bildungsbericht 2008 wurde sein Mehrwert gegenüber vielen bereichsspezifischen Einzelberichten darin gesehen, dass in ihm die verschiedenen Bildungsbereiche in ihrem Zusammenhang gesehen, analysiert und dargestellt werden. Auf diesem Weg ließen sich übergreifende Probleme im deutschen Bildungswesen für Bildungspolitik und Öffentlichkeit sichtbar machen sowie handlungs- und steuerungsrelevante Informationen sowohl für die Politik als auch die Verwaltung gewinnen.[83]

In den Materialien zur Änderung des Art. 91b GG wurde die Veröffentlichung der Berichte als selbstverständliche Konsequenz der gemeinsamen Berichterstattung angesehen.[84] Dies berücksichtigt, dass die politisch-administrative Steuerung des Bildungswesens in die demokratische Willensbildung eingebunden ist.[85] Man darf deshalb nicht aus der speziellen Erwähnung der Veröffentlichung bei auf die Ver-

---

79 Guckelberger 2008: 276.
80 Guckelberger 2008: 276; Meyer 2008: 264 spricht von einem Rapport im Lichte eines das deutsche Bildungssystem übersteigenden Vergleichs.
81 Nationaler Bildungsbericht, 2008, internationale Bezüge u. a. auf 2, 8, 11 f., 34, 37, 40, 43, 46.
82 Hohler 2009: 426; Hüfner 2006: 16.
83 Nationaler Bildungsbericht 2008, 1; siehe auch Klieme et al. 2006: 129 (131), die daneben den Versuch einer Verknüpfung der Teilsysteme und die konsequent indikatorengestützte Darstellung betonen.
84 BT-Drs. 16/813, 17.
85 Konsortium Bildungsberichterstattung: 5 f.; siehe auch Gusy 2008: § 23 Rdnr. 20.

waltung bezogenen Leistungsvergleichen in Art. 91d GG den Umkehrschluss ziehen, dass Art. 91b Abs. 2 GG etwaige Veröffentlichungen nicht umfasst. Die gemäß Art. 91b Abs. 2 GG publizierten Daten geben nicht nur den politischen Entscheidungsträgern, sondern auch den am Bildungsprozess unmittelbar Beteiligten und der interessierten Öffentlichkeit Aufschlüsse über den Ist-Zustand des nationalen Bildungsgeschehens.[86] Ein dermaßen weites Verständnis der Berichterstattung liegt nahe, zumal in Art. 91b Abs. 2 GG anders als bei Art. 114 Abs. 2 S. 2 GG kein bestimmter Adressat der Berichtspflicht vorgegeben wird.

Schließlich gestattet Art. 91b Abs. 2 Alt. 3 GG ein Zusammenwirken bei Empfehlungen, welche sich auf die Leistungsfähigkeit des Bildungswesens im internationalen Vergleich beziehen. Auch wenn aufgrund der Evaluationen der Leistungsfähigkeit des Bildungswesens Daten in einem systematischen und transparenten Verfahren gewonnen werden, kann dies den Verantwortlichen nicht die Entscheidung über etwaige Konsequenzen aus den Erhebungen abnehmen.[87] Im Zuge der Gemeinschaftsaufgabe können Bund und Länder gemeinsam Vorschläge für Reaktionen auf etwaige sichtbar gewordene Defizite im Bildungsbereich entwickeln. Wie man am Terminus „Empfehlungen" gut sehen kann, bleiben für die Folgerungen aus diesem Zusammenwirken allein die Länder zuständig, sofern nicht der Bund, wie bei der außerschulischen (Weiter-)Bildung, über konkrete Zuständigkeiten im Bildungsbereich verfügt.[88] Die Unverbindlichkeit der Empfehlungen nimmt auf die Eigenstaatlichkeit von Bund und Ländern Rücksicht.

Angesichts der Fassung des Art. 91b Abs. 2 GG ist davon auszugehen, dass eine Zusammenarbeit von Bund und Ländern nur bei den soeben vorgestellten drei Elementen der Bildungsevaluation zulässig ist.[89] Da die drei Komponenten jeweils über die Konjunktion „und" verbunden sind, ist die Frage aufzuwerfen, ob die Zusammenarbeit von Bund und Ländern stets alle drei Aspekte umfassen muss. Nach Meyer gehört die Berichterstattung zwingend zur vergleichenden Feststellung der Leistungsfähigkeit des Bildungswesens. Denn ohne einen entsprechenden Bericht und die Veröffentlichung des Vergleichs sei dies weder die Arbeit noch ihre Erwähnung in der Verfassung wert.[90] Weil Art. 91b GG Bund und Ländern die Zusammenarbeit nicht verpflichtend vorgibt („können"), diese Verfassungsnorm mithin nur eine Grundlage für das freiwillige Zusammenwirken schafft, ist es mit dem Sinn und Zweck der Vorschrift richtigerweise kaum zu vereinbaren, wenn die Zusammenarbeit nicht auf einzelne Aspekte der Gemeinschaftsaufgabe Bildungsevaluation beschränkt werden könnte.[91] So ist es z. B. denkbar, dass Bund und Länder gemeinsam eine Studie zur Feststellung der Leistungsfähigkeit des gesamten deutschen

---

86 Döbert/Avenarius 2007: 299; Guckelberger 2008: 277; Klieme et al. 2006: 130; siehe auch Herzmann 2007: 672.
87 Haubrich/Lüders 2004: 332; Herzmann 2007: 672.
88 BT-Drs. 16/813, 17; siehe zum etwaigen politischen Rechtfertigungszwang, falls den Empfehlungen nicht nachgekommen wird, Meyer 2008: 264.
89 Guckelberger 2008: 274.
90 Meyer 2008: 264.
91 Guckelberger 2008: 274 f.

Bildungswesens im internationalen Vergleich in Auftrag geben, jeder von ihnen aber für seinen Kompetenzbereich die Berichterstattung über die Ergebnisse der Studie sowie die daraus zu ziehenden Schlussfolgerungen übernimmt. Da derartige Studien zeit- und kostenintensiv sein können,[92] mag es sinnvoll sein, diese Maßnahme auch gemeinsam zu unternehmen. Es dürfte kaum dem Willen des verfassungsändernden Gesetzgebers entsprechen, wenn Bund und Länder insgesamt von gemeinsamen Erhebungen zur Leistungsfähigkeit des Bildungswesens absehen müssten, weil einige Beteiligte vor der nachfolgenden Berichterstattung zurückscheuen.

Die Zusammenarbeit nach Art. 91b Abs. 2 GG vollzieht sich aufgrund von Vereinbarungen, in denen nach Absatz 3 auch die Kostentragung geregelt wird. Im Unterschied zur früheren Rechtslage ist nunmehr auch eine volle Kostentragung entweder durch den Bund oder die Länder möglich.[93] Die Bundesregierung und die Regierungschefs der Länder haben 2007 ein Verwaltungsabkommen über das Zusammenwirken von Bund und Ländern gemäß Art. 91b Abs. 2 GG[94] abgeschlossen. Danach werden wesentliche Vorhaben im Bereich des Zusammenwirkens von Bund und Ländern bei der Feststellung der Leistungsfähigkeit des Bildungswesens im internationalen Vergleich und bei diesbezüglichen Berichten und Empfehlungen in regelmäßigen Zusammenkünften der Bundesministerin bzw. des Bundesministers für Bildung und Forschung mit den für Bildung zuständigen Ministern und Senatoren der Länder erörtert. Nachdem Einvernehmen über das jeweilige Vorhaben erzielt wurde, wird das Ergebnis der Öffentlichkeit präsentiert. Die Zusammenkünfte werden von einer Steuerungsgruppe vorbereitet. Außerdem gibt es einen wissenschaftlichen Beirat, dem die Begleitung der Vorhaben zur Feststellung der Leistungsfähigkeit des deutschen Bildungswesens im internationalen Vergleich obliegt und der die gemeinsame Bildungsberichterstattung von Bund und Ländern sowie die Steuerungsgruppe bei der Erarbeitung von Empfehlungen unterstützt.

Art. 91b Abs. 2 GG enthält eine komplexe Regelungsstruktur. Es wird sichtbar, dass man in der Beteiligung Deutschlands an internationalen Vergleichsstudien ein probates Mittel zur Beurteilung des nationalen Bildungswesens erblickt.[95] Die Konditionen, die für diese Studien maßgeblich sind, beurteilen sich nach dem „internationalen" Recht. Aus Art. 91b Abs. 2 GG ergibt sich, dass Bund und Länder in den genannten Bereichen zusammenwirken können. Die Einzelheiten werden von diesen im Vereinbarungsweg geregelt. Bei deren Abschluss müssen wiederum andere verfassungsrechtliche Parameter, wie z. B. der Grundsatz der Bundestreue, beachtet werden. Außerdem müssen bei der Erhebung, Verarbeitung und Nutzung der Daten die Anforderungen etwa des Grundrechts auf informationelle Selbstbestimmung beachtet werden.[96] Auch ist bei der Durchführung der Evaluationen im Hochschul-

---

92 Siehe zum Kostenaspekt der Leistungsmessungen Kuhlmann 2004b: 111 f.; Nullmeier 2004: 48 f.; Voßkuhle 2008: 24.
93 Pieroth 2009: Art. 91b Rdnr. 6; siehe auch Guckelberger 2008: 279 f.
94 BAnz. 2007: 5861 f.
95 Guckelberger 2008: 273.
96 Näher dazu Guckelberger 2008: 278 f.; grundlegend zum Grundrecht auf informationelle Selbstbestimmung BVerfGE 65, 1 (41 ff.).

bereich die Bedeutung der in Art. 5 Abs. 3 GG gewährleisteten Wissenschaftsfreiheit im Auge zu behalten.[97] Da bei internationalen Vergleichsuntersuchungen auf internationaler Ebene festgelegte Bewertungskriterien auf das nationale Bildungswesen angewendet werden und diese regelmäßig keine Bindungswirkung für die nationalen Instanzen erzeugen, sollten die für den nationalen Bildungsbereich Verantwortlichen bei der Ausarbeitung von Empfehlungen prüfen, ob die z. B. auf internationaler Ebene anvisierte Zahl von Hochschulabsolventen bezogen auf die nationalen Gegebenheiten realistisch ist. Voßkuhle befürwortet insoweit eine „Kultur der reflektierten Zahlen", welche die numerischen Grundlagen zum Ausgangspunkt nimmt, aber gleichzeitig die Validität der Zahlen hinterfragt und in der die einschlägigen Indikatoren einem ständigen Lernprozess ausgesetzt sind.[98] Für diese Haltung spricht auch die jüngste Entscheidung des Bundesverfassungsgerichts zum Zustimmungsgesetz für den Vertrag von Lissabon. Danach berühren die Gestaltung von Schule und Bildung in besonderem Maße gewachsene Überzeugungen und Wertvorstellungen, die in spezifischen historischen Traditionen und Erfahrungen wurzeln. Aus Gründen der demokratischen Selbstbestimmung liegt hierin ein Bereich, in dem die durch solche Traditionen und Überzeugungen verbundene politische Gemeinschaft grundsätzlich das Subjekt demokratischer Legitimation zu bleiben hat.[99]

4.2. Leistungsmessungen als „neue" Gemeinschaftsaufgabe?

Setzt man sich mit dem Schrifttum zu den Leistungsmessungen im Bildungsbereich auseinander, wurden einzelne der in Art. 91b Abs. 2 GG angelegten Komponenten auch schon vor der Verfassungsänderung im Jahre 2006 praktiziert. So wird der vom deutschen Bildungsrat im Jahre 1975 vorgelegte „Bericht 75" als Vorläufer einer umfassenden Bildungsberichterstattung eingestuft.[100] Schon seit Mitte der 1990er Jahre beteiligt sich Deutschland an internationalen Vergleichsuntersuchungen im Bildungsbereich. Die KMK hat im Oktober 2003 erstmals einen Bildungsbericht für Deutschland („Erste Befunde") veröffentlicht und noch vor Inkrafttreten der Föderalismusreform wurde der erste Nationale Bildungsbericht 2006 präsentiert.[101] Im Hochschulbereich wurde seit der Änderung des HRG von 1998 die Evaluation von Forschung und Lehre etabliert (§ 6 HRG a. F.).[102] Insgesamt lässt sich daher wohl sagen, dass in Deutschland die Diskussion über Evaluationen im Bildungswesen im Vergleich zu anderen europäischen Staaten etwas später einsetzte, zumal diese nach

---

97 Siehe dazu BVerfG NVwZ 2005, 315 ff.; Hendler 2006: 257; Mager 2006: 293.
98 Voßkuhle 2008: 24; siehe dazu auch Heintz 2008: 116 ff.
99 BVerfG, Urt. v. 30.6.2009, Az. 2 BvE 2/08; 2 BvE 5/08 unter Rdnr. 260.
100 Bildungsbericht für Baden-Württemberg 2007: 12; siehe zu dem bisherigen Berichtswesen Döbert/Avenarius 2007: 301 f.
101 Lohmar/Eckhardt 2008: 245; siehe auch Döbert/Avenarius 2007: 302 f.
102 Siehe zu den herkömmlichen Evaluationsmaßnahmen im Hochschulbereich Knie/Simon 2008: 177.

der Begrifflichkeit lange Zeit nicht institutionalisiert waren. In der Praxis gab es aber schon geraume Zeit vor Inkrafttreten des neuen Art. 91b Abs. 2 GG Evaluationsansätze im Bildungsbereich.[103]

Insoweit unterscheidet sich die Verfassungsänderung im Jahre 2006 nicht wesentlich von derjenigen bei Einführung der Gemeinschaftsaufgaben im Jahre 1969, die gewisse, bereits in der Praxis anzutreffende Entwicklungen aufgriff.[104] Da die frühere Gemeinschaftsaufgabe „Bildungsplanung" sehr weit gefasst war und z. B. als Grundlage für die Sammlung von Daten fungieren konnte, stellt sich in der Tat die Frage, ob es sich bei dem jetzigen Art. 91b Abs. 2 GG um eine „neue" Gemeinschaftsaufgabe handelt. Im Schrifttum findet man jedenfalls häufig diese Äußerung.[105] Dies mag damit zusammenhängen, dass auch die Materialien zur Verfassungsänderung von einer neuen Gemeinschaftsaufgabe sprechen.[106] Weil nach der bisherigen Verfassungslage ein Zusammenwirken von Bund und Ländern nur bei gemeinsamer Kostentragung zulässig war, es dagegen nach dem jetzigen Art. 91b Abs. 2 GG möglich ist, sich trotz des Zusammenwirkens bei den dort genannten Elementen der Bildungsevaluation auf die Kostentragung durch einen der Beteiligten zu verständigen, kann man in der Tat von einer „neuen" Gemeinschaftsaufgabe sprechen. Dafür spricht überdies, dass jetzt nur noch eine Zusammenarbeit bei den in Art. 91b Abs. 2 GG explizit genannten Maßnahmen erfolgen darf, früher dagegen ein viel weitergehenderes Zusammenwirken möglich und daher eine exakte Abschichtung der diversen Maßnahmen nicht nötig war. „Neu" ist auch, dass sich jetzt die Zusammenarbeit auf die Leistungsfähigkeit des deutschen Bildungswesens „im internationalen Vergleich" beschränkt. Auf jeden Fall wurde der Anwendungsbereich des Art. 91b Abs. 2 GG für ein gemeinsames Zusammenwirken zwischen Bund und Ländern gegenüber früher deutlich zurückgeführt.

5. Fazit

An Art. 91b GG wird deutlich, dass sich Leistungsmessungen und Evaluationen national und international als ein Analyse- und Steuerungsinstrument in gewissen Bereichen etablieren konnten.[107] Auch zeigt sich darin, dass angesichts der Bedeutung der Bildung für die Wahrnehmung der Grundrechte durch die Einzelnen sowie ihrer demokratischen Teilhaberechte, aber auch das Funktionieren der Gesellschaft insgesamt nicht ein beliebiges, sondern ein leistungsfähiges nationales Bildungswesen wichtig ist. Art. 91b Abs. 2 GG kommt insoweit Signalwirkung zu. Da keine Pflicht zum Zusammenwirken bei der neuen Gemeinschaftsaufgabe begründet wird,

---

103 Lohmar/Eckhardt 2008: 244.
104 Siehe auch Kröning 2006: 13.
105 Guckelberger 2008: 267; Runde 2007: 316; Schenke 2009: Art. 91b Rdnr. 4; Suerbaum 2009: Art. 91b Rdnr. 16.
106 BT-Drs. 16/813: 17.
107 Kuhlmann 2004a: 11; Wollmann 2004: 21, 27.

ist diese Verfassungsnorm dahingehend zu verstehen, dass innerhalb des von ihr abgesteckten Rahmens mit Aktivitäten gerechnet werden kann, es zu diesen aber nicht notwendig kommen muss. Indem die internationalen Leistungsvergleiche explizit im Grundgesetz erwähnt werden, steigt möglicherweise die Bereitschaft zur Teilnahme.[108] Es bleibt mit Spannung abzuwarten, ob die Neustrukturierung der Gemeinschaftsaufgabe dazu führen wird, dass Bund und Länder von der ihnen eröffneten Möglichkeit zur Zusammenarbeit bei der Bildungsevaluation auch tatsächlich Gebrauch machen und diese nicht wie bei der früheren gemeinsamen Bildungsgesamtplanung schon nach geraumer Zeit wieder einstellen. Dies hängt sicherlich auch von der Bedeutung derartiger internationaler Vergleiche ab. Im Moment wird diesen ein enormer Stellenwert beigemessen. Aufgrund zwischenzeitlich eingeleiteter Änderungsmaßnahmen konnten erste einzelne Verbesserungen bei den internationalen Leistungsvergleichen im Schulwesen gemeldet werden. Es ist jedoch nicht auszuschließen, dass sich dies zu einem späteren Zeitpunkt einmal ändert, sei es, weil über längere Zeit hinweg vorzeigbare Politikerfolge ausbleiben, internationale Leistungsvergleichsstudien im Laufe der Zeit als weniger wichtig wahrgenommen werden oder sonstige Ermüdungserscheinungen auftreten.[109] Mit Spannung bleibt, ebenso wie bei dem neuen Art. 91d GG, abzuwarten, inwieweit sich im Bildungs- und Verwaltungssektor langfristig eine „Vergleichskultur" entwickeln wird.

---

108 Siehe zur Nichtteilnahme Deutschlands an der ersten internationalen Lehrerstudie (TALIS-Studie) der OECD den Artikel „Weltweite Klagen über Rüpel-Schüler" in Spiegel online vom 16.6.2009.
109 Siehe dazu bezogen auf die Kommunalverwaltung Kuhlmann 2004b: 113 f., 116.

Literatur

Baumert, Jürgen, 1994: Das Bildungswesen in der Bundesrepublik Deutschland, Reinbek bei Hamburg: Rowohlt.

Behrens, Eckhard, 2007a: Der Föderalismus und das deutsche Bildungswesen. In: Seminar für freiheitliche Ordnung e.V., Fragen der Freiheit: Bad Boll, 9-20.

Behrens, Eckhard, 2007b: Föderalismusreform und Bildungspolitik. In: Seminar für freiheitliche Ordnung e.V., Fragen der Freiheit: Bad Boll, 21-49.

Bogdandy, Armin von/Goldmann, Matthias, 2009: The exercise of public authority through national policy assessment, IILJ Working Paper 2009/2, New York.

Brockmeyer, Hans-Bernhard, 2004: in: Schmidt-Bleibtreu, Bruno/Klein, Franz (Hrsg), Kommentar zum Grundgesetz, 10. Aufl., Neuwied: Luchterhand.

Dittmann, Armin, 1978: Das Bildungswesen im föderalistischen Kompetenzgefüge – eine kritische Bestandsaufnahme. In: RdJB 26, 168-181.

Dittmann, Armin, 2004: Bildung und Wissenschaft in der bundesstaatlichen Kompetenzordnung, Essen: Stifterverband für die Deutsche Wissenschaft.

Döbert, Hans/Avenarius, Hermann, 2007: Konzeptionelle Grundlagen der Bildungsberichterstattung in Deutschland. In: van Buer, Jürgen/Wagner, Cornelia (Hrsg.), Qualität von Schule, Frankfurt a. M. et al.: Peter Lang.

Duden, 2006: Das Synonymwörterbuch, 4. Aufl., Mannheim et al..: Dudenverlag.

Füchsel, Wolf-Dieter, 1985: Gemeinschaftsaufgaben, Spardorf: Wilfer-Verlag.

Guckelberger, Annette, 2005: Die Einführung nationaler Bildungsstandards. In: NVwZ 24, 750-755.

Guckelberger, Annette, 2008: Bildungsevaluation als neue Gemeinschaftsaufgabe gemäß Art. 91b Abs. 2 GG. In: RdJB 56, 267-282.

Guckelberger, Annette, 2010 (i. E): Bildung und Föderalismus. In: Härtel, Ines (Hrsg.): Handbuch des Föderalismus – interdisziplinär, Wien et al.: Springer.

Gusy, Christoph, 2008: Die Informationsbeziehungen zwischen Staat und Bürger. In: Hoffmann-Riem, Wolfgang/Schmidt-Aßmann, Eberhard/Voßkuhle, Andreas (Hrsg.), Grundlagen des Verwaltungsrechts, Bd. 2, München: C. H. Beck, 221-304.

Häde, Ulrich, 2006: Zur Föderalismusreform in Deutschland. In: JZ 61, 930-940.

Haubrich, Karin/Lüders, Christian 2004: Evaluation – mehr als ein Modewort? In: RdJB 52, 316-337.

Heintz, Bettina, 2008, Governance by Numbers. In: Schuppert, Gunnar Folke/Voßkuhle, Andreas (Hrsg.), Governance von und durch Wissen, Baden-Baden: Nomos-Verlag, 110-128.

Hendler, Reinhard, 2006: Die Universität im Zeichen von Ökonomisierung und Internationalisierung. In: VVDStRL 65, 238-267.

Herzmann, Karsten, 2007: Monitoring als Verwaltungsaufgabe. In: DVBl 122, 670-674.

Heun, Werner, 2008: Art. 91b GG. In: Dreier, Horst (Hrsg.), Grundgesetz, Kommentar, Bd. 3, 2. Aufl., Tübingen: Mohr Siebeck.

Hill, Hermann, 2007: Stellungnahme zum Fragenkatalog für die öffentliche Anhörung zu den Verwaltungsthemen der Kommission von Bundestag und Bundesrat zur Modernisierung der Bund-Länder-Finanzbeziehungen am 8.11.2007, Kommission von Bundestag und Bundesrat zur Modernisierung der Bund-Länder-Finanzbeziehungen, Kommissionsdrucksache 064.

Hill, Hermann, 2008: Qualitätsmanagement im 21. Jahrhundert. In: DÖV 61, 789-797.

Hödl, Erich/Zegelin, Wolf, 1999: Hochschulreform und Hochschulmanagement, Marburg: Metropolis.

Hohler, Anne, 2009: Kompetition statt Kooperation – ein Modell zur Erneuerung des deutschen Bundesstaates?, Hamburg: Kovac.

Hopmann, Stefan Thomas/Brinek, Gertrude/Retzl, Martin, 2007: PISA zufolge PISA, Münster: LIT-Verlag.

Hüfner, Angelika, 2006: Bildungsberichterstattung – Erwartungen aus der Sicht der Politik. In: ZfE 9, 15-19.

Klieme, Eckhard/Avenarius, Hermann/Baethge, Martin/Döbert, Hans/Hetmeier, Heinz-Werner/Meister-Scheufelen, Gisela/Rauschenbach, Thomas/Wolter, Andrä, 2006: Grundkonzeption der Bildungsberichterstattung in Deutschland. In: ZfE 9, 129-145.

Knie, Andreas/Simon, Dagmar, 2008: Peers and Politics, Wissenschaftsevaluationen in der Audit Society. In: Schuppert, Gunnar Folke/Voßkuhle, Andreas (Hrsg.), Governance von und durch Wissen, Baden-Baden: Nomos, 173-185.

Knopp, Lothar, 2006: Föderalismusreform – zurück zur Kleinstaaterei?. In: NVwZ 2006, 1216-1220.

Kuhlmann, Sabine, 2004a: Einleitung: Leistungsmessung und Evaluation in Politik und Verwaltung. In: dies./Bogumil, Jörg/Wollmann, Hellmut (Hrsg.), Leistungsmessung und -vergleich in Politik und Verwaltung, Wiesbaden: VS, 11-17.

Kuhlmann, Sabine, 2004b: Interkommunaler Leistungsvergleich in Deutschland: Zwischen Transparenzgebot und Politikprozess. In: dies./Bogumil, Jörg/Wollmann, Hellmut (Hrsg.), Leistungsmessung und -vergleich in Politik und Verwaltung, Wiesbaden: VS, 94-120.

Kröning, Volker, 2006: „Bestehende föderale Ordnung überholt", Präsidiale Mahnung und Parteienverantwortung. In: RuP 42, 9-17.

Langenfeld, Christine, 2007: Aktivierung von Bildungsressourcen durch Verwaltungsrecht. In: Die Verwaltung 40, 347-381.

Lindner, Josef Franz, 2009: Was ist und weshalb brauchen wir eine „Theorie des Bildungsrechts"?. In: DÖV 62, 306-311.

Lohmar, Brigitte/Eckhardt, Thomas, 2008: Das Bildungswesen in der Bundesrepublik Deutschland 2007, Bonn: KMK.

Mager, Ute, 2003: Art. 91b GG. In: von Münch, Ingo/Kunig, Philip (Hrsg.), Grundgesetz-Kommentar, Bd. 3, 5. Aufl., München: C. H. Beck.

Mager, Ute, 2006: Die Universität im Zeichen von Ökonomisierung und Internationalisierung. In: VVDStRL 65, 274-310.

Mayntz, Renate, 2006: Governance Theory als fortentwickelte Steuerungstheorie?. In: Schuppert, Gunnar Folke (Hrsg.), Governance-Forschung, 2. Aufl., Baden-Baden: Nomos-Verlag, 11-20.

Mayntz, Renate, 2008: Von der Steuerungstheorie zur Global Governance. In: Schuppert, Gunnar Folke/Zürn, Michael (Hrsg.), Governance in einer sich wandelnden Welt, PVS-Sonderheft 41, Wiesbaden: VS, 43-60.

Meyer, Hans, 2008, Die Föderalismusreform 2006, Berlin: Duncker & Humblot.

Möllers, Christoph, 2008: Die Governance-Konstellation: transnationale Beobachtung durch öffentliches Recht. In: Schuppert, Gunnar Folke/Zürn, Michael (Hrsg.), Governance in einer sich wandelnden Welt, PVS-Sonderheft 41, Wiesbaden: VS, 238-256.

Niehues, Norbert/Rux, Johannes, 2006: Schul- und Prüfungsrecht, Bd. 1, München: C. H. Beck.

Nullmeier, Frank, 2004: Zwischen Performance und Performanz – Funktionen und Konzepte der Evaluierung in öffentlichen Verwaltungen. In: Kuhlmann, Sabine/Bogumil, Jörg/Wollmann, Hellmut (Hrsg), Leistungsmessung und -vergleich in Politik und Verwaltung, Wiesbaden: VS, 47-60.

Oschatz, Georg-Berndt, 2007: Kultur und Bildung im Bundesstaat. In: Merten, Detlef (Hrsg.), Die Zukunft des Föderalismus in Deutschland und Europa, Berlin: Duncker & Humblot, 69-85.

Pieroth, Bodo, 2009: Art. 91b GG. In: Jarass, Hans D./Pieroth, Bodo, Grundgesetz, Kommentar, 10. Aufl., Müchen: C. H. Beck

Poeppelt, Karin S., 1978: Zum Bildungsgesamtplan der Bund-Länder-Kommission, Frankfurt a. M.: Beltz Verlag.

Runde, Ortwin, 2007: Finanzwesen: Gemeinschaftsaufgaben/Mischfinanzierungen. In: Holtschneider, Rainer (Hrsg.), Die Reform des Bundesstaates, Baden-Baden: Nomos, 297-319.

Scheller, Henrik, 2006: Der deutsche Bildungsföderalismus – zwischen Kulturhoheit und europäischer Harmonisierung. In: Vogel, Bernhard/Hrbek, Rudolf/Fischer, Thomas (Hrsg.), Halbzeitbilanz, Baden-Baden: Nomos-Verlag, 30-46.

Schenke, Ralf Peter, 2009: Art. 91b GG. In: Sodan, Helge (Hrsg.), Grundgesetz, Beck'scher Kompakt-Kommentar, München: C. H. Beck.

Schlegel, Rainer, 2002: Art. 91b GG. In: Umbach, Dieter/Clemens, Thomas (Hrsg.), Grundgesetz, Bd. 2, Heidelberg: C. F. Müller Verlag.

Schmidt, Thorsten Ingo, 2005: Die Zukunft der Kultusministerkonferenz nach Niedersachsens Kündigung. In: RdJB 53, 335-346.

Schubert, Torben, 2008: New Public Management an deutschen Hochschulen, Stuttgart: Fraunhofer IRB Verlag.

Schuppert, Gunnar Folke, 2007: Was ist und wozu Governance?. In: Die Verwaltung 40, 463-511.

Seckelmann, Margrit, 2008: Keine Alternative zur Staatlichkeit – zum Konzept der „Global Governance". In: Verwaltungsarchiv 98, 30-53.

Seckelmann, Margrit, 2009: „Renaissance" der Gemeinschaftsaufgaben in der Föderalismusreform II?. In: DÖV 62, 747-757.

Suerbaum, Joachim, 2009: Art. 91b GG. In: Epping, Volker/Hillgruber, Christian (Hrsg.), Beck'scher Online-Kommentar Grundgesetz, München: C. H. Beck.

Tiemann, Burkhard, 1970: Gemeinschaftsaufgaben von Bund und Ländern in verfassungsrechtlicher Sicht, Berlin: Duncker & Humblot.

Trute, Hans-Heinrich/Kühlers, Doris/Pilniok, Arne, 2008: Governance als verwaltungsrechtswissenschaftliches Analysekonzept. In: Schuppert, Gunnar Folke/Zürn, Michael (Hrsg.), Governance in einer sich wandelnden Welt, PVS-Sonderheft 41, Wiesbaden: VS, 173-189.

Volkmann, Uwe, 2005: Art. 91b GG. In: von Mangoldt, Herrmann/Klein, Friedrich/Starck, Christian (Hrsg.), Kommentar zum Grundgesetz, 5. Aufl, München: Vahlen, 539-548.

Voßkuhle, Andreas, 2008: Das Konzept des rationalen Staates. In: Schuppert, Gunnar Folke/Voßkuhle, Andreas (Hrsg.), Governanve von und durch Wissen, Baden-Baden: Nomos, 13-32.

Wegener, Alexander, 2004: Benchmarking-Strategien im öffentlichen Sektor; Deutschland und Großbritannien im Vergleich. In: Kuhlmann, Sabine/Bogumil, Jörg/Wollmann, Hellmut (Hrsg.), Leistungsmessung und -vergleich in Politik und Verwaltung, Wiesbaden: VS, 251-266.

Wieland, Joachim, 2008: Modernisierung der Bund-Länder-Finanzbeziehungen. In: Krit V 91, 117-131.

Wollmann, Hellmut, 2004: Leistungsmessung („performance measurement") in Politik und Verwaltung: Phasen, Typen und Ansätze im internationalen Überblick. In: Kuhlmann, Sabine/Bogumil, Jörg/Wollmann, Hellmut (Hrsg.), Leistungsmessung und -vergleich in Politik und Verwaltung, Wiesbaden: VS, 21-46.

Wuttke, Joachim, 2007: Die Insignifikanz signifikanter Unterschiede: Der Genauigkeitsanspruch von PISA ist illusorisch. In: Jahnke, Thomas/Meyerhöfer, Wolfram (Hrsg.), Pisa & Co, 2. Aufl., Hildesheim/Berlin: Franzbecker, 99-246.

C. Reformen der Wissenschafts- und Bildungspolitik in anderen föderalistisch verfassten Regierungssystemen

Struktur und Finanzierung der Schweizer Hochschullandschaft – eine Aufgabe für Bund und Kantone

Konrad Sahlfeld

1. Einleitung

Alt-Bundeskanzler Helmut Schmidt hat erst vor kurzem die Einführung der Gemeinschaftsaufgaben von 1969 in den Art. 91a und 91b GG als Fehler mit weitreichenden staatspolitischen Folgen bezeichnet. Dieser vermeintliche Fehler wurde in Deutschland mit der Föderalismusreform korrigiert; nach Schmidt wurden allerdings nur „vorsichtige Schneisen in den Wirrwarr geschnitten".[1] Die Schweiz hat grundsätzlich ähnliches mit dem sogen. Neuen Finanzausgleich (NFA) von 2008 getan.[2] Doch gleichzeitig sind die Schweizer Bildungspolitiker wieder einen Schritt weiter in den „Wirrwarr" hinein gegangen. Im gleichen Jahr, in dem Deutschland Abstand von den Gemeinschaftsaufgaben im Hochschulbereich nahm,[3] beschritt die Schweiz relativ unbeachtet den gegenläufigen Weg.

Gemäß des neuen Art. 63a der Schweizerischen Bundesverfassung von 1999 (BV)[4] sorgen der Bund und die Kantone gemeinsam für die Koordination und für die Gewährleistung der Qualitätssicherung im Schweizer Hochschulwesen. Damit sie dies überhaupt tun können, braucht es auf beiden Seiten neue Rechtsgrundlagen. Auf Seiten des Bundes soll es das von September 2007 bis Januar 2008 in die Vernehmlassung[5] gegebene Bundesgesetz über die Förderung der Hochschulen und die Koordination im schweizerischen Hochschulbereich (HFKG) sein. Auf Seiten der Kantone wird parallel dazu ein Hochschulkonkordat erarbeitet.[6] Gestützt auf Gesetz und Konkordat soll eine Zusammenarbeitsvereinbarung die Detailregelung der schweizerischen Hochschulpolitik regeln.

Der Entwurf des HFKG[7] stieß in der Vernehmlassung (September 2007 – Januar 2008) auf breites Interesse. Beim Staatssekretariat für Bildung und Forschung gin-

---

1 Schmidt 2008: 159.
2 Vgl. dazu das Bundesgesetz über den Finanz- und Lastenausgleich (FiLaG) vom 3. Oktober 2003 (SR 613.2).
3 Für eine erste Zwischenbilanz siehe Häde: 2009.
4 SR 101.
5 Eine Vernehmlassung wird in der Schweiz bei der Vorbereitung jeder Verfassungsänderung, neuer Gesetzesbestimmungen, wichtigen völkerrechtlichen Verträgen sowie anderen Vorhaben von großer Tragweite durchgeführt. Vgl. Bundesgesetz über das Vernehmlassungsverfahren (Vernehmlassungsgesetz, VlG) vom 18. März 2005 (SR 172.061).
6 Als Konkordat wird in der Schweiz ein Vertrag unter den Kantonen bezeichnet.
7 Im Folgenden: VE HFKG.

gen knapp 150 Stellungnahmen ein. Auf das vorgeschlagene HFKG als künftig einzige gesetzliche Grundlage des Bundes für die finanzielle Förderung der kantonalen Universitäten und der Fachhochschulen einerseits und für die politische Steuerung des gesamten Schweizer Hochschulbereichs zusammen mit den Kantonen anderseits kamen Reaktionen von u. a. allen 26 Kantonen, sieben politischen Parteien, sieben Dachverbänden der Wirtschaft, 29 bildungs- und wissenschaftspolitischen Organen und Organisationen, 24 anderen angeschriebenen Organisationen und 52 weiteren Institutionen und Organisationen.

Ende Mai 2008 nahm der Bundesrat vom Vernehmlassungsbericht Kenntnis. Er beauftragte das Departement des Innern (EDI) sowie das Volkswirtschaftsdepartement (EVD), den Entwurf in verschiedenen kontrovers diskutierten Punkten wie Hochschulautonomie und Stellung der Eidgenössischen Technischen Hochschulen (ETH), Wahrung des Fachhochschulprofils und Abstimmung mit höherer Berufsbildung, Einbezug der Wirtschafts- und Arbeitswelt in die Hochschulkonferenz, Schweizerischer Wissenschafts- und Innovationsrat sowie Strategische Planung und Aufgabenteilung in besonders kostenintensiven Bereichen zu überarbeiten. Den überarbeiteten Entwurf verabschiedete der Bundesrat am 29. Mai 2009 zuhanden der Eidgenössischen Räte (National- und Ständerat).[8]

Der vorliegende Beitrag skizziert die Bildungsverfassung in ihren Grundzügen sowie das Entstehen des HFKG bis kurz vor Beginn der Beratungen im Parlament, die bei Abschluss dieses Beitrages für den Herbst 2010 geplant sind.

2. Geschichtlicher Rückblick

Seit den 1970er Jahren wird in der Schweiz die Frage eines Verfassungsartikels zur Bildung diskutiert.[9] In der Volksabstimmung vom 4. März 1973 wurde der Bildungsartikel zwar vom Volk mit 507.414 gegen 454.428 Stimmen angenommen, jedoch von einer Ständemehrheit (11 1/2 gegen 10 1/2 Standesstimmen) abgelehnt. Der Forschungsartikel (Art. 27sexies aBV[10]) wurde hingegen von Volk und Ständen deutlich angenommen.

Die Ablehnung des Bildungsartikels von 1973 lähmte die Bemühungen des Bundes für ein stärker koordiniertes schweizerisches Bildungswesen über Jahre hinaus. Erst mit der Totalrevision der Bundesverfassung von 1999 wurde, im Zeichen der sogen. „Nachführung des geltenden Verfassungsrechts",[11] eine allgemeine Berufsbildungskompetenz des Bundes (Art. 63 Abs. 1) und eine mittelbare Koordinationskompetenz als Bedingung der Bundesunterstützung im Hochschulbereich (Art. 63 Abs. 2) in die Verfassung eingefügt. Gestützt auf diese erneuerten Verfassungs-

---

8   Siehe Neue Zürcher Zeitung vom 30. Mai 2009: 15.
9   Siehe dazu Ehrenzeller/Sahlfeld 2008a: Rdnr. 6 ff.; Sahlfeld 2008: 308.
10 aBV steht für die Allgemeine Bildungsverfassung vor 1999.
11 U. a. Kodifizierung von ungeschriebenem Verfassungsrecht.

grundlagen wurden das neue Berufsbildungsgesetz von 2002[12] und das Universitätsförderungsgesetz (UFG) von 1999[13] grundlegend revidiert. Als weitere Neuerung auf Bundesebene ist zudem die – noch auf die Bildungsartikel der aBV abgestützten – Schaffung von Fachhochschulen im Jahre 1995 durch das Fachhochschulgesetz (FHSG) zu nennen.

Das UFG wurde zeitlich befristet, weil Zweifel bestanden, ob es verfassungsmäßig ausreichend abgestützt sei. Auf die Initiative der damaligen Bundesrätin Ruth Dreifuss beauftragte deshalb die Kommission für Wissenschaft, Bildung und Kultur des Ständerats (WBK-S)[14] den Bundesrat, einen Verfassungsartikel zu erarbeiten: Das Projekt scheiterte jedoch 2003 in der Vernehmlassung. Daraufhin wurde die Strategie geändert: Man entschied sich – nicht zuletzt auf Druck der Kantone – zunächst ein Gesetz für Universitäten und Fachhochschulen zusammen zu erarbeiten, und dann, falls noch nötig, die Verfassung anzupassen. Parallel dazu gab es – zurückgehend auf die parlamentarische Initiative Zbinden – Bestrebungen zur Schaffung eines Bildungsrahmenartikels.

Nachdem noch die erste parlamentarische Initiative „Bildungsrahmenartikel in der Bundesverfassung" von Nationalrat Zbinden 1992 gescheitert war,[15] reichte dieser im Jahre 1997 eine zweite parlamentarische Initiative „Bildungsrahmenartikel in der Bundesverfassung" ein,[16] der mehr Glück beschieden war. Letztere verlangte die Schaffung eines „kohärenten, flächendeckenden und qualitativ hochstehenden Bildungsraumes Schweiz", der den Auszubildenden „eine hohe Mobilität und variable, nahtlos zusammenfügbare Bildungsgänge" ermöglichen sowie „eurokompatibel" und „entwicklungsfähig" sein sollte, wobei dem Bund eine führende und tragende Rolle im Bereich der Berufsbildung, tertiären Bildung und Weiterbildung zukommen sollte. Die Kommission für Wissenschaft, Bildung und Kultur des Nationalrates (WBK-N)[17] erarbeitete daraufhin selbständig den Entwurf eines „Bildungsrahmenartikels", in welchem dem Bund eine umfassende Rahmengesetzgebungskompetenz im gesamten Bildungswesen erteilt wurde. Aufgrund des starken Widerstandes der Kantone (Schweizerische Konferenz der kantonalen Erziehungsdirektoren, kurz EDK) und der WBK-S, welche beide eine Umkehr der Zuständigkeitsordnung im Schulwesen befürchteten, unternahm die WBK-N gemeinsam mit der EDK einen neuen, im Ergebnis erfolgreichen Anlauf zur „Neuordnung der Verfassungsbestimmungen zur Bildung".[18] Der neue Vorschlag beruhte auf dem Konzept einer ge-

---

12 BBG, SR 412.10.
13 UFG, SR 414.20; in Ablösung des früheren Hochschulförderungsgesetzes vom 28. Juni 1968 (HFG, AS 1968 1585).
14 Die WBK-S entspricht einem Ausschuss des Deutschen Bundesrats.
15 Parlamentarische Initiative Zbinden „Bildungsrahmenartikel in der Bundesverfassung" vom 23. Juni 1989 (89.237).
16 Parlamentarische Initiative Zbinden „Bildungsrahmenartikel in der Bundesverfassung" vom 30. April 1997 (97.419 n).
17 Die WBK-N entspricht einem Ausschuss des Deutschen Bundestags.
18 Ber. WBK-N, 5400 f.

samthaften Erneuerung der Bildungsverfassung, welche die Schulhoheit der Kantone in differenzierter Weise wahrte.[19]

Im Unterschied zum 1973 gescheiterten Bildungsartikel des Bundes gelangen den Kantonen Fortschritte im Bereich der interkantonalen Zusammenarbeit. Mit dem Konkordat über die Schulkoordination vom 29. Oktober 1970[20] wurde die seit 1897 bestehende Eidgenössische Direktorenkonferenz (EDK)[21] auf eine konkordatäre Grundlage gestellt.[22] Seinem Sinn und Zweck gemäß (Art. 1) bilden die Konkordatskantone (alle Kantone außer Tessin) „eine interkantonale öffentlich-rechtliche Einrichtung zur Förderung des Schulwesens und zur Harmonisierung des entsprechenden kantonalen Rechts". Als bisher wichtigstes Instrument der interkantonalen Kooperation und Koordination im Schulbereich aller Stufen (Vorschul- bis zur Weiterbildungsstufe, sogen. Quartärbereich) regelt es einerseits verpflichtend und einheitlich das Schuleintrittsalter, die Dauer der Schulpflicht, die Zahl der jährlichen Schulwochen und die Dauer der Ausbildung bis zur gymnasialen Maturität. Andererseits ermächtigt es die EDK zum formellen Erlass von Empfehlungen zur Durchsetzung der Ziele der Bildungsförderung und der Bildungskoordination (z. B. Rahmenlehrpläne, koordinierte Schaffung von Pädagogischen Hochschulen und Fachhochschulen). Diese Empfehlungen sind zwar nicht rechtsverbindlich, haben aber einen hohen Harmonisierungs- und Koordina-tionszweck erfüllt.[23]

Um diesen Zweck zu erfüllen, wurden verschiedene Verwaltungsvereinbarungen zwischen den Kantonen respektive der EDK und dem Bund geschlossen und zum Teil auch gemeinsame Institutionen geschaffen. Wichtigste der Verwaltungsvereinbarungen zwischen dem schweizerischen Bundesrat (BR) und der EDK ist die Anerkennung von gymnasialen Maturitätsausweisen vom 15. Januar/16. Februar 1995,[24] worin der gegenseitig abgestimmte Erlass von Anerkennungsregelungen und die Einsetzung einer gemeinsamen Anerkennungsinstanz (Maturitätskommission) geregelt ist. Zeitgleich wurden eine Verordnung des BR und ein Reglement der EDK über die Anerkennung von gymnasialen Maturitätsausweisen erlassen.[25] Nicht erfolgreich waren dagegen die Bemühungen der Kantone, auf der Basis des Schulkonkordates den Beginn des Schuljahres einheitlich festzulegen.[26]

---

19 Ber. WBK-N, 5491 f.
20 SR-EDK 1.1, nachfolgend Schulkonkordat.
21 Die EDK entspricht der deutschen Kultusministerkonferenz (KMK).
22 Die EDK vertritt die Kantone gegenüber dem Bund in den Bereichen Bildung, Kultur, Sport und Jugendförderung. Sie vertritt die Kantone in internationalen Organisationen (z. B. Europarat, OECD, UNESCO/BIE und EU). Sie vollzieht bestehende interkantonale Vereinbarungen indem sie u. a. Studiengänge und Diplome in ihrem Zuständigkeitsbereich überprüft und gesamtschweizerische Anerkennungen erteilt. Die EDK überprüft in diesen Bereichen auch ausländische Diplome.
23 Ber. WBK-N, 5494.
24 SR-EDK 4.2.
25 16. Januar 1995: MAV, SR 413.11 bzw. 15. Februar 1995: MAR, SR-EDK 4.3.1.1. Vgl. Vallender/Lehne/Hettich 2007: Rdnr. 28 ff.
26 Eine gesamtschweizerische Lösung konnte erst mit der Teilrevision der aBV erreicht werden; Art. 27 Abs. 3bis aBV i.d.F. vom 17. August 1983.

Als Nachwirkung der Bildungsverfassung, lassen sich die Anstrengungen der EDK zur Interkantonalen Vereinbarung über die Harmonisierung der obligatorischen Schule, Umsetzung auf der Ebene der interkantonalen Koordination vom 25./26. Oktober 2007 bezeichnen. Der Zweck der den Kantonen im Jahre 2007 zur Ratifikation unterbreiteten sogen. HarmoS-Vereinbarung[27] (Art. 1) ist die Ergänzung und Aktualisierung des Schulkonkordates vom 1970, in dem die Ziele des Unterrichts (Standards) und die Schulstrukturen (strukturelle Eckwerte wie Beginn und Dauer der Schulstufen) harmonisiert und die Qualität und Durchlässigkeit des Schulsystems durch gemeinsame Steuerungsinstrumente (z. B. Einführung des Bildungsmonitorings) gesichert werden sollen.

3. *Die Bildungsverfassung*

In der Volksabstimmung vom 21. Mai 2006 hießen Schweizer Volk und Stände[28] die revidierten Verfassungsbestimmungen zur Bildung gut. Art. 61a–68 werden oft als neue „Bildungsverfassung" bezeichnet. Die Verwendung des Begriffes „Verfassung" für ein spezifisches Gebiet der Gesamtverfassung hat sich eingebürgert.[29] Diese Bestimmungen müssen zusammen gelesen und verstanden werden mit den weiteren, die Bildung betreffenden Verfassungsnormen, welche bereits bei der Totalrevision von 1999 erneuert worden waren.[30] So ergibt sich aus dem Zweckartikel der Verfassung (Art. 2) die Pflicht von Bund und Kantonen, die gemeinsame Wohlfahrt zu fördern und die kulturelle Vielfalt des Landes zu achten (Abs. 2). Bund und Kantone haben für eine möglichst große Chancengleichheit unter den Bürgerinnen und Bürgern zu sorgen (Abs. 3). Diese grundlegenden staatspolitischen Ziele sind auch wegweisend für das Bildungswesen. Auch die Grundrechte müssen im Bildungsbereich zur Geltung kommen (Art. 35). Sei dies die Rechtsgleichheit (Art. 8) mit dem Diskriminierungsverbot und dem Auftrag zur Gleichstellung von Mann und Frau sowie zu Maßnahmen zur Beseitigung von Benachteiligungen für Behinderte, das Recht auf besonderen Schutz von Kindern und Jugendlichen (Art. 11) wie auch die Glaubens- und Gewissensfreiheit mit dem daraus fließenden Neutralitäts- und Toleranzgebot in der öffentlichen Schule (Art. 15), der Anspruch auf ausreichenden und unentgeltlichen Grundschulunterricht (Art. 19) oder die Wissenschaftsfreiheit (Art. 20).

Einen wichtigen Bestandteil der Bildungsverfassung bilden auch die in Art. 41 BV festgehaltenen, Bund und Kantone verpflichtenden Sozialziele. Nach Art. 41 Abs. 1 lit. f BV sollen sich „[...] Jugendliche [...] nach ihren Fähigkeiten bilden, aus- und weiterbilden können" und nach lit. g sollen sie „[...] in ihrer Entwicklung

---

27 Das HarmoS-Konkordat trat am 1. August 2009 in Kraft, nachdem die notwendige Zahl von zehn Mitgliedskantonen erreicht wurde.
28 Als Stände werden in der Schweiz die Kantone bezeichnet.
29 Vgl. Rhinow 2003: Rdnr. 6.
30 Im Ber. WBK-N als „Bildungsverfassung im weiteren Sinne" bezeichnet.

zu selbständigen und sozial verantwortlichen Personen gefördert und in ihrer sozialen, kulturellen und politischen Integration unterstützt werden".[31] Zur Bildungsverfassung zählen auch Art. 13 UNO-Pakt I[32] sowie Art. 3, 23, 28 und 29 der Kinderrechtskonvention,[33] die ebenfalls Bildungsziele enthalten, welche zur Konkretisierung der Verfassungsbestimmungen heranzuziehen sind.[34] In diesem Sinne gehören auch die bildungsbezogenen Vereinbarungen des Europarates und bilaterale Abkommen der Schweiz mit anderen Staaten, darunter die Äquivalenzabkommen mit Deutschland, Frankreich und Österreich wie auch das völkerrechtliche *soft law* zur Bildungsverfassung.[35]

Die Bezeichnung Bildungsverfassung ist ein deutlicher Hinweis darauf, dass es nicht nur um die Schule im Allgemeinen oder um die Hochschulen, sondern um Bildung in einem umfassenden Sinne geht.[36] Bereits 1972 hatte der BR festgehalten, dass Bildung kein einmaliger, mit der Schul- und Berufsbildung abgeschlossener Prozess sei, sondern ein Vorgang, den der Mensch unaufhörlich aufnehmend und gestaltend erlebe,[37] der darauf hinweist, dass im Begriff „Bildung" Elemente wie Ausbildung und Unterricht aufgehen. Wenn auch die ständige Weiterbildung Sache des frei entscheidenden Individuums bleibe, so sei doch der Staat aufgerufen, zur Schaffung der Voraussetzungen beizutragen.[38] Einen ähnlichen Ansatz kann man für den Bildungsbegriff der Bildungsverfassung ausmachen,[39] den die BFI-Botschaft[40] aufnimmt. Diese verwendet erstmalig in der eidgenössischen Gesetzgebung den Begriff „Bildungsraum".[41]

4. *Hintergrund der Reform*

Es sind v. a. die Veränderungen der europäischen Bildungs- und Forschungslandschaft, die erheblichen Druck auf das schweizerische Bildungswesen ausgeübt haben und weiterhin ausüben. Die EU setzte sich beim Gipfeltreffen im März 2000 in Lissabon ein hohes Ziel: Sie will bis zum Jahr 2010 zum wettbewerbsfähigsten wissensgestützten Wirtschaftsraum der Welt werden. Die EU-Rahmenprogramme für Forschung und technologische Entwicklung sind die Hauptinstrumente der Europäi-

---

31 Vgl. BGE 129 I 12, 17.
32 Internationaler Pakt vom 16. Dezember 1966 über bürgerliche und politische Rechte, SR 0.103.2.
33 Übereinkommen vom 20. November 1989 über die Rechte des Kindes, SR 0.107.
34 Ehrenzeller/Sahlfeld 2008a: Rdnr. 3.
35 Z. B. die Bologna Erklärung.
36 Ehrenzeller/Sahlfeld 2008a: Rdnr. 5.
37 Botsch. Bildungsartikel 1972: 378; so auch Hördegen 2007: Fn. 13.
38 Botsch. Bildungsartikel 1972: 378.
39 Ber. WBK-N, 5518 ff.
40 BFI steht für Bildung, Forschung und Innovation.
41 Entwurf des BG über Beiträge an gemeinsame Projekte von Bund und Kantonen zur Steuerung des Bildungsraums Schweiz, BBl 2007 1455 f.

schen Union zur Umsetzung ihrer gemeinschaftlichen Wissenschafts- und Technologiepolitik. Schweizer Forschende beteiligen sich seit 1987 an diesen Rahmenprogrammen, zunächst projektweise und mit eingeschränkten Rechten.[42] Aufgrund bilateraler Übereinkommen konnten die Schweizer Forschenden dann am 6. FRP (2003–2006) und neu am 7. FRP (2007–2013) mit denselben Rechten wie ihre Partner aus EU-Mitgliedstaaten teilnehmen und entsprechende Fördermittel in Brüssel beantragen.

In den Kontext der Ziele von Lissabon eingebunden und ebenfalls auf das Jahr 2010 ausgerichtet, ist der von der Schweiz von Anfang an mitgestaltete Bologna-Prozess, der die europäische Bildungslandschaft grundlegend veränderte. In der Bologna-Erklärung (1999) verpflichteten sich die Bildungsminister von 29 europäischen Staaten, darunter die Schweiz, bis zum Jahr 2010 einen einzigen europäischen Hochschulraum zu schaffen.

5. Die Hochschullandschaft Schweiz – eine Gemeinschaftsaufgabe?

Art. 61a ist als allgemeine Ziel- und Programmnorm des schweizerischen Bildungssystems der eigentliche „Bildungsrahmenartikel" der Bildungsverfassung. In einem ersten Entwurf vom August 2001 wollte die WBK-N dem Bund noch eine umfassende Rahmengesetzgebungskompetenz im gesamten Bildungswesen erteilen. Dies hätte zu einem Paradigmenwechsel geführt, dessen Ausmaß den Kantonen als kaum begrenzbar erschien.[43] In der Europäischen Union wird seit längerem vom europäischen Bildungsraum in Ergänzung zum europäischen Wirtschaftsraum gesprochen.[44] Die EU will ihr Profil als attraktiver, im weltweiten Maßstab wettbewerbsfähiger Bildungsstandort schärfen und ihre Anstrengungen zur grenzüberschreitenden Schaffung entsprechender gemeinsamer Bildungsangebote verstärken.[45]

Unter den Bildungsraum fallen in erster Linie die öffentlichen Bildungseinrichtungen. Die Privatschulen sind von der Wirtschaftsfreiheit (Art. 27) geschützt und können nur im Rahmen von Art. 36 und 94 Beschränkungen unterworfen werden.[46] Wollen sich Privatschulen außerhalb der obligatorischen Schule, insbesondere im Hochschulbereich, akkreditieren lassen, so haben sie die vom Gesetz geforderten institutionellen oder programmbezogenen Anforderungen zu erfüllen, die auch für die öffentlichen Bildungsinstitutionen gelten.

Art. 61a verankert eine allgemeine Koordinations- und Kooperationspflicht zwischen Bund und Kantonen (Abs. 2). Der Artikel regelt aber nicht die Kompetenzverteilung im Verhältnis von Bund und Kantonen im Bildungsbereich. Diese ergibt sich

---

42 Siehe BFI-Botschaft, 1330 f.
43 Ehrenzeller/Sahlfeld 2008b: Rdnr. 1.
44 Vgl. Walter 2006: 126, 161.
45 Ausführlich zu den Zielen vgl. Eckardt 2005: 45 ff.; und Ehrenzeller/Sahlfeld 2008a: Rdnr. 14 f.
46 Ehrenzeller/Sahlfeld 2008b: Rdnr. 7.

erst aus den nachfolgenden Bestimmungen (Art. 62 ff.). Wohl müssen nach dieser Bestimmung Bund und Kantone gemeinsam für eine hohe Qualität und Durchlässigkeit des Bildungsraumes Schweiz sorgen, ihre Anstrengungen koordinieren und eng zusammenarbeiten. Dadurch wird aber nicht wie etwa in Art. 91a GG eine „Gemeinschaftsaufgabe" im Sinne gemeinsamer Verantwortung und gemeinsamer Kompetenz geschaffen, wie nachfolgend zu zeigen sein wird.[47]

6. Abgrenzung zur Gemeinschaftsaufgabe i. S. von Art. 91a GG

Durch die am 1. September 2006 in Kraft getretene Föderalismusreform I wird die Hochschul- und Bildungspolitik in der Bundesrepublik Deutschland fast ausschließlich zur Ländersache. Die Rahmengesetzgebungskompetenz des Bundes im Bereich der Hochschulpolitik entfällt. Beim Bund verbleiben lediglich die Kompetenzen zur Regelung der Hochschulzulassung und der Hochschulabschlüsse.[48] Im Bereich der Verwaltungskompetenzen wurde die bisherige „pflichtige" Gemeinschaftsaufgabe Hochschulbau nach Art. 91a GG[49] in eine „fakultative" nach Art. 91b GG[50] abgeschwächt, die Gemeinschaftsaufgabe Bildungsplanung entfiel; dafür wurde eine neue Gemeinschaftskompetenz zur Durchführung von Bildungsvergleichsstudien begründet.[51] Die „Einrichtungen und Vorhaben der wissenschaftlichen Forschung außerhalb von Hochschulen" blieben in der gemeinschaftlichen Kompetenz von Bund und Ländern, neu eingefügt wurde eine solche Kompetenz für „Vorhaben der Wissenschaft und Forschung an Hochschulen". Da in Bezug auf die schweizerische Bildungsverfassung auch schon behauptet wurde, sie stelle eine Gemeinschaftsaufgabe i. S. von Art. 91a GG dar, erscheint eine Abgrenzung angezeigt.

Die gemeinsame Sorgepflicht von Bund und Kantonen im schweizerischen Bildungswesen verschafft dem Bund kein Mitwirkungsrecht in Form einer materiellen Gesetzgebungskompetenz – auch nicht in Form einer „Rahmengesetzgebungskompetenz" wie im früheren Art. 75 Abs. 1 lit. 1a GG.[52] Sie beschränkt das Mitwirken aber auch nicht auf die gemeinsame Planung und Finanzierung. Vielmehr wird ausdrücklich klargestellt, dass Bund und Kantone ihre Verantwortung für die Ausgestaltung dieses Bildungsraumes im Rahmen ihrer jeweiligen Zuständigkeiten, jedoch unter gegenseitiger Abstimmung, wahrzunehmen haben. Es wird damit eine Umschreibung gewählt, wie sie der schweizerische Verfassungsgeber auch in Art. 57

---

47 So auch Biaggini 2007: Art. 61a, Rdnr. 1; dazu Volkmann 2005a: Rdnr. 1 ff., 14 ff., bezogen allerdings noch auf die Fassung dieser Bestimmung vor der Föderalismusreform 2006; vgl. Boehl 2007: 65 f.
48 Gleichfalls einschlägige Kompetenzfragen bzgl. der beruflichen Bildung und des Beamtenrechts (sowie der frühkindlichen Betreuung) bleiben an dieser Stelle außer Betracht.
49 Vgl. hierzu die Beiträge von Lange und Wiesner in diesem Band.
50 Seckelmann 2009: 749.
51 Vgl. hierzu die Beiträge von Guckelberger und Seckelmann in diesem Band.
52 Vgl. Kunig 2003: Rdnr. 1 ff., 17 ff.

(Sicherheit) oder 89 (Energiepolitik) der Bundesverfassung verwendet.[53] Dieser Umstand kann als Hinweis darauf verstanden werden, dass die Bildungsverfassung nicht kompetenzbegründend in dem Sinne ist, dass sie grundsätzlich neue Kompetenzen schaffen würde. Dies wird auch ausdrücklich im Kommentar zu Art. 61a im Bericht der WBK-N festgehalten.[54] In der Tat ergibt sich die Kompetenzausscheidung erst aus den nachfolgenden Artikeln.

Die angestrebte intensive Zusammenarbeit zwischen Bund und Kantonen soll dem zugleich gewünschten Wettbewerb zwischen den Hochschulen nicht im Wege stehen. Insbesondere legt die Bildungsverfassung keinen Grund für eine einheitliche Regelung der Hochschulorganisation. Die offenen Formulierungen, die erklärtermaßen keiner wie auch immer gearteten Form der Zusammenarbeit im Wege stehen wollen, bedürfen allerdings der Konkretisierung. Doch ist nicht alles erlaubt, was nicht verboten ist. Die Wissenschaftsfreiheit ist zu beachten; die übrigen Grundrechte (Art. 35 BV) und die Kompetenzverteilung zwischen Bund und Kantonen lassen sich mit unterschiedlichen Formen der Zusammenarbeit ebenfalls nicht außer Kraft setzen.

7. *Aufteilung der Kompetenzen zwischen Bund und Kantonen*

Als „Bildungsrahmenartikel" eröffnet Art. 61a ein weites Feld der Zusammenarbeit von Bund und Kantonen im Bildungsbereich, die in den nachfolgenden Verfassungsbestimmungen näher umschrieben werden. Die Koordinations- und Zusammenarbeitspflicht ist denn auch für die verschiedenen Bildungsstufen unterschiedlich stark ausgeprägt. Im Vorschul-, Primar- und Sekundarschulbereich liegt die Hauptverantwortung für ein koordiniertes und harmonisiertes Schulwesen bei den Kantonen. Ihnen muss es gelingen, eine gesamtschweizerisch einheitliche Harmonisierung bestimmter Ziele und Eckwerte des Bildungssystems zu erreichen (Art. 62 Abs. 4). Im Hochschulbereich (Tertiärbereich) wird dagegen die gemeinsame Verantwortung von Bund und Kantonen für das koordinierte Vorgehen zur Erreichung gemeinsamer Ziele und die Gewährleistung der Qualitätssicherung im schweizerischen Hochschulwesen deutlich in den Vordergrund gerückt. Um auf dem Koordinationsweg die gemeinsamen Ziele erreichen zu können, verpflichtet die Verfassung (Art. 63a Abs. 4) Bund und Kantone als gleichberechtigte Partner zur vertraglichen Schaffung gemeinsamer Organe, welche ermächtigt sind, bestimmte Eckwerte des Hochschulbereichs (Art. 63a Abs. 5) verbindlich zu regeln.

Gelingt die von der Verfassung angestrebte Koordination des Bildungsraumes Schweiz nicht oder nicht in genügendem Ausmaß, so werden dem Bund, als grundlegende Neuerung, nach Bildungsstufen differenzierte, sachlich beschränkte subsidiäre Bundeskompetenzen eingeräumt.[55] Der Bundesgesetzgeber ist damit nur (aber

---

53 Ehrenzeller/Sahlfeld 2008b: Rdnr. 8.
54 Ber. WBK-N, N 5518.
55 Vgl. Ehrenzeller/Sahlfeld 2008c: Rdnr. 45 ff.

immerhin) ermächtigt, gegebenenfalls bestimmte Eckwerte des schweizerischen Bildungswesens einheitlich zu regeln. Diese, dem Subsidiaritätsprinzip (Art. 5a BV) verpflichtete Lösung, wahrt die Schulhoheit der Kantone und die Vielfalt der unterschiedlichen Kulturen in der mehrsprachigen Schweiz. Gleichzeitig übt sie dort, wo es der Verfassungsgeber zur Erreichung eines qualitätsorientierten, wettbewerbsfähigen Bildungssystems für notwendig erachtet, Druck aus, um gemeinsame Lösungen zu finden. Notfalls kann der Bund solche Koordinationsregelungen in den genannten Bereichen selbst erlassen (beschränkte Bundeskompetenz). Zu beachten bleibt, dass die subsidiären Bundeszuständigkeiten, auch im Falle ihrer Wahrnehmung durch den Bundesgesetzgeber, keine Zentralisierungskompetenz des Bundes im Bildungsbereich begründen. Die Zusammenarbeit mit den Kantonen wäre auch nach dem Erlass allfälliger Bundesregelungen fortzusetzen (Art. 62 Abs. 6 BV). Der Bund hat sich auf die Gesamtsteuerung des Bildungsraumes zu beschränken.

Neu wurde – ergänzend zur NFA-Regelung – die Möglichkeit geschaffen, dass der Bund nicht nur im Hochschulbereich, sondern auch im Rahmen von Art. 62 Abs. 4 Verträge zwischen den Kantonen für allgemeinverbindlich erklären oder einzelne Kantone zu einer Beteiligung an solchen Verträgen verpflichten kann (Art. 48a Abs. 2 Lit. b).

Der in der Volksabstimmung vom 8. Dezember 1963 angenommene Art. 27quater aBV ermächtigte den Bund, den Kantonen unter Wahrung ihrer Schulhoheit Beiträge an ihre Aufwendungen für Stipendien und andere Ausbildungsbeihilfen zu leisten. Im Rahmen der NFA zog sich der Bund 2003 im Sinne der angestrebten Teilentflechtung der Aufgaben aus der allgemeinen Unterstützung der Kantone im Bereich der Ausbildungsbeihilfen zurück. Gemäß dem revidierten Art. 66 Abs. 1 kann der Bund den Kantonen (nur noch) Beiträge an ihre Aufwendungen für Ausbildungsbeihilfen (der Begriff der Stipendien entfällt) an Studenten von Hochschulen und anderen höheren Bildungsanstalten gewähren. Neu ist zudem, dass er die interkantonale Harmonisierung der Ausbildungsbeihilfen fördern und Grundsätze für die Unterstützung festlegen kann. Stipendien und Studiendarlehen im tertiären Bildungsbereich werden als Verbundaufgabe von Bund und Kantonen betrachtet, wobei die Kantone selbst für die Vergabe der Ausbildungsbeiträge zuständig bleiben.[56]

Mit dem auf Art. 66 gestützten und im Rahmen der NFA beschlossenen neuen Ausbildungsbeitragsgesetz,[57] welches das frühere Ausbildungsbeihilfengesetz ablöst, legt der Bund in Form von Mindeststandards Subventionsvoraussetzungen für Finanzbeihilfen an die Kantone im Hochschulbereich fest.

Nach jahrelangen Diskussionen hat die EDK am 18. Juni 2009 die Interkantonale Vereinbarung zur Harmonisierung der Ausbildungsbeiträge (Stipendien-Konkordat) verabschiedet.[58] Das Stipendien-Konkordat bringt insgesamt eine weitgehende for-

---

56 Vgl. BFI-Botsch., 1321.
57 Vom 6. Oktober 2006; SR 416.0; Das Ausbildungsbeitragsgesetz ist am 1. Januar 2008 in Kraft getreten, AS 2007 5779, 5817.
58 Die Vereinbarung befindet sich derzeit im Stadium der kantonalen Beitrittsverfahren.

melle Harmonisierung des Stipendienwesens. Eine eigentliche materielle Harmonisierung dieses Bereiches findet jedoch nicht statt. Es verbleibt nach wie vor ein erheblicher Spielraum für kantonale Besonderheiten.

Das Stipendien-Konkordat tritt in Kraft, sobald mindestens zehn Kantone beigetreten sind.[59] Ab Inkrafttreten des Konkordats hätten die beigetretenen Kantone fünf Jahre Zeit, die notwendigen Anpassungen vorzunehmen (Art. 25). Für später beitretende Kantone würde die Übergangsfrist drei Jahre betragen. Ob die Frage einer weitergehenden Harmonisierung bzw. Vereinheitlichung des Stipendienwesens mit dem Inkrafttreten des Stipendien-Konkordates abgeschlossen sein wird, ist ungewiss. Davon zeugen nicht nur die zahlreichen parlamentarischen Vorstöße, sondern u. a. auch die Standesinitiative des Kantons Solothurn „Harmonisierung der Stipendien",[60] welche die Forderung aufstellt, es seien die Rechtsgrundlagen für die Einführung eines Stipendienrahmengesetzes zu schaffen.[61] Dies würde zu einer materiellen Harmonisierung des Stipendienwesens führen, welche ohne Verfassungsänderung nicht möglich wäre.

Art. 61a bringt das verfassungsmäßige Grundkonzept des Bildungsraumes Schweiz als gemeinsame Gestaltungsaufgabe von Bund und Kantonen im Rahmen einer koordinierten Gesamtsteuerung letztlich sichtbar zum Ausdruck. Dabei handeln Bund und Kantone auf allen Bildungsstufen jeweils im Rahmen ihrer Zuständigkeiten. Dieses, auf den kooperativen Föderalismus bauende und vertrauende Grundkonzept soll die eigene Verantwortung von Bund und Kantonen im Bildungsbereich nicht verwischen, verpflichtet jedoch zur Koordination und Zusammenarbeit, wo gemeinsamen Ziele des Bildungsraumes erreicht werden sollen.

8. *Beginn der Arbeiten am HFKG*

Bereits die Anfangsphase war geprägt von der Vielzahl der Mitspieler und der Vielfalt ihrer Interessen: Am 8. April 2003 setzten die Vorsteher des Eidgenössischen Departementes des Innern (EDI) und des Eidgenössischen Volkswirtschaftsdepartementes (EVD) gemeinsam mit einer Vorstandsdelegation der Schweizerischen Konferenz der kantonalen Erziehungsdirektoren (EDK) eine Projektgruppe mit dem Auftrag ein, Grundlagen für eine Neuordnung der schweizerischen Hochschullandschaft zu erarbeiten. Diese Projektgruppe legte das Ergebnis ihrer Beratungen in einem Bericht vor,[62] der vom Bundesrat am 17. November 2004 zustimmend zur Kenntnis genommen und zur Leitlinie für die Reform des Hochschulsystems erklärt wurde. Gestützt auf die neue Bildungsverfassung, insbesondere den Hochschularti-

---

59 Art. 26 Abs. 1 Stipendien-Konkordat.
60 Vom 7. September 2007; 07.308.
61 Mehr dazu bei Ehrenzeller/Sahlfeld 2008e: Rdnr. 8.
62 Bericht Schuwey: 2004.

kel 63a erarbeitete dieselbe Projektgruppe Bund-Kantone unter Beizug einer Redaktionskommission in einer zweiten Phase das HFKG.[63]

9. *Das vorgeschlagene neue Bundesgesetz: HFKG*

Gemäß der neuen Bildungsverfassung sorgen Bund und Kantone gemeinsam für die Koordination und für die Gewährleistung der Qualitätssicherung im schweizerischen Hochschulwesen. Zur Erfüllung ihrer Aufgaben schließen sie eine Zusammenarbeitsvereinbarung ab, mit der die in diesem Gesetz vorgesehenen gemeinsamen Organe geschaffen und die Umsetzung der gemeinsamen Ziele geregelt werden. Für den Bund bildet hierzu das (Bundes-)Gesetz die Grundlage. Die Kantone ihrerseits werden untereinander ein Konkordat abschließen, das sie ermächtigen wird, mit dem Bund die entsprechende(n) Vereinbarung(en) zu treffen.

Diese Konstruktion ist dem bestehenden Mechanismus in Bezug auf die Universitäten abgeschaut: Das Bundesgesetz vom 8. Oktober 1999 über die Förderung der Universitäten und über die Zusammenarbeit im Hochschulbereich[64] und das Interkantonale Konkordat vom 9. Dezember 1999 über universitäre Koordination bilden die Grundlage für die Vereinbarung vom 14. Dezember 2000 zwischen dem Bund und den Universitätskantonen über die Zusammenarbeit im universitären Hochschulbereich.[65]

Die Vertreter der beiden Bildungsämter Staatssekretariat für Bildung und Forschung (SBF)[66] und Bundesamt für Berufsbildung und Technologie (BBT)[67] sowie die Repräsentanten der EDK sahen es als verfrüht an, bereits im Stadium der Vernehmlassung ausformulierte Entwürfe von Konkordat und Zusammenarbeitsvereinbarung vorzulegen, weil die Bundesverfassung (Art. 63a Abs. 4) vorsieht, dass zuerst das Gesetz geschaffen werden muss, dass die Zuständigkeiten, die den gemeinsamen Organen übertragen werden können, regelt und die Grundsätze von Organisation und Verfahren der Koordination festlegt.[68]

Das Gesetz kann für die Regelung in der Zusammenarbeitsvereinbarung nur diejenigen Bereiche delegieren, die in der Regelungskompetenz des Bundes enthalten sind. Die Kantone werden im Rahmen ihrer Zuständigkeit im Konkordat regeln, ob sie darüber hinaus weitere Bereiche zur Regelung in der Zusammenarbeitsvereinbarung delegieren.

---

63 Siehe zur Entstehungsgeschichte Ehrenzeller/Sahlfeld 2008c: Rdnr. 1-3.
64 Universitätsförderungsgesetz, UFG; SR 414.20.
65 SR 414.205.
66 Das SBF ist zuständig für die Wissenschafts-, Forschungs-, Hochschul- und Weltraumpolitik der Schweiz, insbesondere für die kantonalen Universitäten und die beiden Eidgenössischen Technischen Hochschulen ETH Zürich (ETHZ) und EPF Lausanne; angesiedelt im Eidgenössischen Departement des Innern (EDI).
67 Das BBT ist zuständig für die Berufsbildung und die Fachhochschulen; angesiedelt im Eidgenössischen Volkswirtschaftsdepartement (EVD).
68 Vernehmlassungsber. HFKG: 3.

Aufgrund der Bestimmung von Art. 63a Abs. 3, wonach Bund und Kantone gemeinsam für die Koordination und für die Gewährleistung der Qualitätssicherung im schweizerischen Hochschulwesen sorgen, besteht aufgrund der verfassungsrechtlichen Kompetenzaufteilung die Möglichkeit, dass einzelne jetzt im Gesetz geregelten Punkte – etwa die Akkreditierung betreffend – in die Zusammenarbeitsvereinbarung verschoben werden. In diesem Zusammenhang gilt es festzuhalten, dass der Bundesgesetzgeber aufgrund der Bildungsverfassung den Kantonen die „gemeinsamen Ziele" nicht einseitig vorschreiben kann. Er kann aber, wie dies in Art. 4 des Gesetzes vorgesehen ist, die hauptsächlichen Ziele aufführen, die er gemeinsam mit den Kantonen erreichen will. Aufgrund der gesetzlichen Architektur mit Gesetz und Konkordat, auf die sich die Zusammenarbeitsvereinbarung stützt, sind diese Ziele in der Vereinbarung zu konkretisieren und gegebenenfalls auch zu ergänzen. Verfassungsrechtlich unbestritten ist, dass das Gesetz die Zuständigkeiten regelt, die den gemeinsamen Organen übertragen werden können sowie die Grundsätze von Organisation und Verfahren der Koordination festlegt (Art. 63a Abs. 4).

In diesem Sinne sieht der Gesetzesentwurf fünf gemeinsame Organe vor, die mittels Zusammenarbeitsvereinbarung geschaffen werden, und in diesem Zusammenhang nicht näher erläutert werden sollen: Die Schweizerische Hochschulkonferenz, die Schweizerische Hochschulrektorenkonferenz, den Schweizerischen Wissenschafts- und Innovationsrat sowie den Schweizerischen Akkreditierungsrat und die Schweizerische Akkreditierungsagentur.

UFG wie FHSG sollen spätestens zur neuen Beitragsperiode 2012 durch das geplante HFKG abgelöst werden.[69] Im Vorentwurf des HFKG ist vorgesehen,[70] dass es auch für den Fachhochschulbereich nur noch Finanzhilfen geben wird, die auf einheitlichen Finanzierungsgrundsätzen beruhen. Im Gesetz soll ein Mindestbeitragssatz für Grundbeiträge des Bundes an die kantonalen Hochschulen festgelegt werden. Damit würden im Bereich der Grundfinanzierung der Hochschulen erstmals gebundene Ausgaben geschaffen. Ein solcher Schritt wäre, auch wenn er nur einen Teil der gesamten Bundesbeiträge an die kantonalen Hochschulen ausmacht, von wegweisender Bedeutung für eine stabile Grundfinanzierung der Hochschulen.

Neben der Bundesunterstützung kommt den Beiträgen von den Wohnsitzkantonen der Studenten an die Hochschulkantone erhebliche Bedeutung zu. Grundlage dieser betragsmäßig festgelegten, nach Disziplinen kategorisierten Beiträge pro Student bilden die Interkantonale Universitätsvereinbarung (IUV) und die Fachhochschulvereinbarung vom 12. Juni 2003,[71] denen alle Kantone und das Fürstentum Liechtenstein angehören. Es handelt sich dabei während der auf unbestimmte Zeit angelegten Vertragsdauer um gebundene Ausgaben der Kantone. Von Bedeutung ist, dass in diesen Vereinbarungen auch Grundsätze des Zugangs zu den Hoch-

---

69 Vgl. BFI-Botsch., 1248 f.; Art. 1 BB über die Kredite nach dem UFG in den Jahren 2008-2011 vom 19. September 2007, BBl 2007 7471; BB über die Finanzierung der Fachhochschulen in den Jahren 2008–2011 vom 20. September 2007, BBl 2007 7473.
70 Art. 44 und 46 VE HFKG.
71 FHV, SR-EDK 3.3.

schulen verankert und der Anspruch auf Gleichbehandlung der auswärtigen und ansässigen Studienanwärter und Studenten bei der Zulassung gewährleistet werden.

Mit dem HFKG soll die Schweizer Hochschullandschaft ein neues Erscheinungsbild erhalten. Bei dieser Umgestaltung der Hochschullandschaft handelt es sich um ein hochkomplexes Gesetzgebungswerk mit ebenso komplizierten föderalistischen, politischen und strukturellen Fragestellungen, was durch die Konstruktion der Bundesverfassung, genauer gesagt deren Art. 63a, noch verstärkt wurde.[72]

Die gemeinsame und einheitliche Steuerung durch Bund und Kantone umfasst gemäß Art. 63a n. F. den gesamten Hochschulbereich (ETH, Universitäten, Fachhochschulen). Bund und Kantone verpflichten sich zur Durchführung einer nationalen strategischen Planung auf gesamtschweizerischer Ebene und zur optimalen Aufgabenteilung in besonders kostenintensiven Bereichen. Die Ausrichtung der Bundesbeiträge an den Betriebsaufwendungen der Hochschulen soll mit dem HFKG stärker leistungs- und ergebnisorientiert erfolgen. Bund und Kantone sorgen durch die Festlegung von Grundsätzen zur Qualitätssicherung und die Einrichtung eines unabhängigen Akkreditierungssystems für die Gewährleistung der Qualitätssicherung im Hochschulbereich.

10. Einheitliche Finanzierungsgrundsätze

Die Finanzierung des Hochschulraumes Schweiz nach einheitlichen Grundsätzen bildet einen wichtigen Bestandteil eines koordinierten schweizerischen Hochschulraumes.[73] Bund und Kantone sollen dafür sorgen, dass die öffentliche Hand ausreichende Mittel für eine hochstehende und international wettbewerbsfähige Lehre und Forschung bereitstellt und diese wirtschaftlich und wirksam verwendet werden.[74] Dies erfordert, dass in der Kostenrechnung und Finanzierung der Hochschulen Transparenz besteht. In einem dem wissenschaftlichen Wettbewerb verpflichteten Hochschulraum sollen – im Sinne der Chancengleichheit – alle Hochschulen nach grundsätzlich gleichen aber leistungsorientierten Kriterien grundfinanziert werden. Mit den Finanzierungsgrundsätzen sind in erster Linie die Grundbeiträge an die Hochschulen angesprochen, welche der Finanzierung des (nach Hochschultypen unterschiedlichen) Grundauftrages in Lehre und Forschung dienen.

Was unter „einheitlichen" Finanzierungsgrundsätzen zu verstehen ist, lässt die Verfassungsbestimmung offen. Sie legt sich nicht auf ein bestimmtes Modell fest. Hingegen nimmt der Vorentwurf des HFKG relativ weitgehende Festlegungen vor. Ein zentraler Stellenwert bei der Grundfinanzierung der Hochschulen nach einheitlichen Grundsätzen kommt den sogen. „Referenzkosten" zu. Als Referenzkosten gelten „die notwendigen (die durch Standardisierungsfaktoren korrigierten durchschnittlichen) Aufwendungen für eine qualitativ hochstehende und wettbewerbsfä-

---

72 Sahlfeld 2008: 307.
73 Ber. Hochschullandschaft 2008: 26 ff.; Ber. WBK-N, 5531.
74 Vernehmlassungsber. HFKG, 8 f.

hige Lehre pro Studentin oder Student".[75] Der Gesamtbetrag an Grundbeiträgen, der einer beitragsberechtigten Hochschule ausgerichtet wird, bemisst sich zur Hauptsache an den Leistungen in Lehre und Forschung. Für die Bemessung des Anteils Lehre gelten die Referenzkosten als Grundlage; für den Anteil Forschung stellt das Gesetz eigene, erfolgsabhängige Kriterien auf.[76] Somit bleibt vor allem die tatsächliche Festlegung der Referenzkosten und der maßgeblichen Beitragskategorien nach Disziplinen oder Fachbereichen, ihrer Gewichtung sowie des maximalen Studienumfanges eine Aufgabe der Hochschulkonferenz. Sollte ihr keine Lösung gelingen, so wäre dies der mögliche Hauptinhalt eines Bundesbeschlusses, falls die Bundesversammlung von ihrer subsidiären Kompetenz nach Abs. 5 Gebrauch machen würde.

Auf die Schaffung einer Bundeskompetenz im Bereich der Studiengebühren hat der Verfassungsgeber verzichtet. Eine Bundesregelung der Studiengebühren für kantonale Hochschulen wurde unter verschiedenen Gesichtspunkten als politisch heikel betrachtet und wäre auch als ein zu weit gehender Eingriff in die kantonale Hochschulhoheit empfunden worden.[77]

11. Aufgabenteilung in besonders kostenintensiven Bereichen

Zu den Kernaufgaben der neu zu schaffenden Schweizerischen Hochschulkonferenz wird die politische Verständigung unter den Hochschulträgern über eine nachhaltige Aufgabenteilung in besonders kostenintensiven Bereichen gehören.[78] Angesichts der begrenzten öffentlichen Mittel und des internationalen Profilierungsdruckes in Bildung und Forschung kommt einer gesamtschweizerischen Portfoliobereinigung und Aufgabenteilung in kostenintensiven Bereichen besondere Bedeutung zu. Unverkennbar besteht im Parlament die Erwartung, dass es mit der neuen Hochschulverfassung und -gesetzgebung möglich wird, die lange geforderte strategische Planung und Aufgabenteilung zwischen den Hochschulen, insbesondere in den kostenintensiven Bereichen, zu verwirklichen. Ziel dieser Schwerpunktbildung ist es, eine höhere Kosteneffizienz bei der Verwendung der öffentlichen Mittel und eine Steigerung der Exzellenz in Lehre und Forschung im Hochschulbereich zu erreichen.[79]

Als Beispiele für besonders kostenintensive Bereiche werden meist Medizin, Hochtechnologie und Spitzenforschung genannt.[80] Aus den Materialien ergibt sich, dass Bildungs- und Forschungsbereiche (unter Einschluss des ETH-Bereichs) gemeint sind, die unter Kostengesichtspunkten gesamtschweizerisch erheblich ins Gewicht fallen (und nicht sogen. „Orchideenfächer", die aufgrund einer geringen

---

75 Art. 41 VE HFKG.
76 Art. 48 VE HFKG.
77 Ehrenzeller/Sahlfeld 2008c: Rdnr. 54.
78 Ber. WBK-N, 5493; Ber. Hochschullandschaft 2008: 33.
79 Ehrenzeller/Sahlfeld 2008c: Rdnr. 54.
80 Ber. WBK-N, 5509.

Studentenzahl im Verhältnis zu den Professorenstellen für eine bestimmte Hochschule kostenintensiv sind). Die Aufgabenteilung in den kostenintensiven Bereichen ist nicht nur für den Hochschulraum Schweiz von erheblicher Bedeutung, sondern hat auch sehr weitreichende Auswirkungen für die betroffenen Hochschulen. Zielkonflikte zwischen Wahrung der Hochschulautonomie und der Organisationsfreiheit der Trägergemeinwesen einerseits und Erfüllung der gesamtschweizerischen Ansprüche des Hochschulraumes sind unvermeidlich. Die Bestimmung der kostenintensiven Bereiche ist deshalb eine schwierige Entscheidung und eine große politische Herausforderung für die Schweizerische Hochschulkonferenz. Das Gesetz selbst wird sich voraussichtlich darauf beschränken, Grundsätze und Verfahren der Aufgabenteilung in den kostenintensiven Bereichen festzulegen.[81]

Das Parlament kann, falls dies der Hochschulkonferenz nicht gelingen sollte, selbst eine strategische Planung und Aufgabenteilung in den kostenintensiven Bereichen beschließen und die Unterstützung der kantonalen Hochschulen und der ETH von deren Einhaltung abhängig machen. Erst ein solcher Beschluss erlaubt ihr, die im Gesetz vorgesehenen Bundesbeiträge kürzen oder verweigern zu können und so einen hohen faktischen Handlungsdruck auf die Hochschulträger und die Hochschulen zu erzeugen.

12. Verpasste Chance

Zwar war der bereits zitierte Bericht Schuwey vom September 2004 Grundlage sowohl der Arbeiten zum Hochschulartikel wie auch zum HFKG,[82] doch begannen die Arbeiten an einem neuen Hochschulgesetz nur zögerlich und ohne direkte Vernetzung mit dem Hochschulartikel. Damit wurde die einzigartige Chance verpasst, Verfassungstext und Gesetz eng aufeinander abzustimmen und aufgrund der Gesetzesarbeiten auch Korrekturen am Verfassungstext vorzunehmen. Die den Hochschulartikel erarbeitende Kommission für Wissenschaft, Bildung und Kultur des Ständerates (WBK-S) hätte die Möglichkeit gehabt, erste Entwürfe des Gesetzes einzusehen. Sie begnügte sich jedoch mit Zwischenstandsmeldungen aus den beiden Bildungsämtern. Mit anderen Worten: Die Neuordnung der Hochschullandschaft wurde zwar grundsätzlich in Auftrag gegeben, aber ohne genauere Angaben dazu, welche grundlegenden Elemente die Hochschullandschaft prägen sollten.

13. Akteure

Das Entstehen des Gesetzes war von vielfältigen Partikularinteressen geprägt. Zwei Departemente sowie eine Vorstandsdelegation der EDK – nicht jedoch der Bundes-

---

81 Art. 33 ff. VE HFKG.
82 Ehrenzeller/Reisner 2008: 241.

rat – setzten die Projektgruppe ursprünglich für die Erarbeitung des erwähnten Berichts Schuwey ein. Die Zusammensetzung der Projektgruppe war damit ein austarierter Kompromiss im Bereich von Bildung und Forschung. Vertreten waren EDK, die Schweizerische Universitätskonferenz (SUK), die Schweizerische Rektorenkonferenz (CRUS), die Rektorenkonferenz der Fachhochschulen (KFH), der ETH-Rat, der Schweizerische Wissenschafts- und Technologierat (SWTR), die Bundesverwaltung mit ihren beiden Bildungsämtern SBF und BBT sowie die Studenten. Nicht (direkt) vertreten waren die Fachhochschulkommission, die Wirtschaft, die Parteien, die Gewerkschaften, der akademische Mittelbau und die Dozenten.

Dieselbe Projektgruppe erarbeitete in der Folge den Entwurf des HFKG. Für zukünftige Projekte muss die Frage erlaubt sein, ob die Projektgruppe für einen Grundlagenbericht auch die geeignete Adressatin für die Erarbeitung eines Gesetzentwurfes ist. In der Vernehmlassung wurde jedenfalls deutliche Kritik an ihrer Zusammensetzung geübt. Geleitet wurde die Projektgruppe durch den Staatssekretär für Bildung und Forschung. Beim SBF/EDI lag denn auch die Federführung des Geschäftes, was seitens des BBT/EVD[83] mitunter bestritten wurde. Die Diskussionen, wer federführend und wer damit die (Haupt-)Verantwortung zu tragen hatte, behinderten die Arbeiten am Gesetz vor allem in atmosphärischer Hinsicht. Für zukünftige Projekte – gedacht sei an das geplante Weiterbildungsgesetz – ist zu hoffen, dass eine klare Abgrenzung besteht zwischen der Frage, wer federführendes Amt und wer an der Gesetzgebungsarbeit (gleichberechtigt) beteiligt ist. In diesem Zusammenhang seien die Art. 14 (Zusammenarbeit zwischen den Verwaltungseinheiten) und 15 (Mitwirkung interessierter Verwaltungseinheiten der Regierungs- und Verwaltungsorganisationsverordnung)[84] in Erinnerung gerufen.

Als die Projektgruppe vorbereitender Leitungsausschuss[85] wurde in Folge der im vorhergehenden Absatz geschilderten Führungsprobleme des Projektes ein Koordinationsorgan mit den Vertretern von SBF, BBT, EDK und SUK gebildet. In diesem Gremium wurden der Fahrplan des Projektes bestimmt, einzelne Sachfragen entschieden und Vorlagen für die Projektgruppe diskutiert. Hervorzuheben ist insbesondere die enge Einbindung der Kantone in die engste Projektführung. Begründet wurde dies mit Art. 61a der BV.[86] Danach sichern Bund und Kantone gemeinsam die hohe Qualität des Bildungsraumes Schweiz, koordinieren ihre Anstrengungen und stellen ihre Zusammenarbeit durch gemeinsame Organe und andere Vorkehrungen sicher. Den eigentlichen Entwurf erarbeitete die bereits anfangs vorgestellte Redaktionskommission unter Führung eines Alt-Amtsdirektors mit zwei Rechtsprofessoren.[87] Der Autor dieses Beitrags unterstützte die Redaktionskommission im

---

83 Siehe Fn. 67.
84 RVOV vom 25. November 1998, SR 172.010.1.
85 Vgl. Gesetzgebungsleitfaden, Ziff. 1432.5.
86 Ehrenzeller/Sahlfeld 2008b.
87 Dr. h. c. Gerhard M. Schuwey mit Prof. Dr. Bernhard Ehrenzeller (St. Gallen) und Prof. Dr. Paul Richli (Luzern).

Auftrag des Staatssekretärs für Bildung und Forschung bis Ende 2007 als juristischer Sekretär.
Damit wählte man im Vergleich zu anderen ähnlich bedeutsamen Gesetzgebungsprojekten weder eine Projektorganisation innerhalb der Verwaltung, noch eine unabhängige Expertenkommission, sondern entschied sich für einen Mittelweg.

14. Vernehmlassung zum HFKG

Die Vernehmlassung zum HFKG fand bis Ende Januar 2008 statt. Bemängelt wurde je nach Optik ein Zuviel oder ein Zuwenig an zentraler Steuerung, mangelnde Abstimmung mit dem Forschungsgesetz, die Stellung des Bundes in der Hochschulkonferenz, das Finanzierungssystem sowie die Behandlung der Stipendien- und Studiengebührenfrage, die unnötige Zusammenlegung von Fachhochschulen und Universitäten in einem Erlass und die damit verbundene Gefahr der Akademisierung der Fachhochschulen, die mangelhafte Definition dessen, was eine Hochschule ist und was sie auszeichnet, um nur wenige Punkte zu nennen.
Der bis dato vorgesehene Fahrplan wurde daraufhin angepasst und als Zwischenschritt ein Bericht an den Bundesrat über das Ergebnis der Vernehmlassung verfasst.[88] Der Bundesrat nahm am 30. Mai 2008 von diesem Bericht Kenntnis. Er beauftragte zugleich die beiden zuständigen Departemente damit, den Entwurf in einzelnen Punkten anzupassen: Hochschulautonomie und Stellung der ETH, Wahrung des Fachhochschulprofils und bessere Abstimmung mit der Berufsbildung, Einbezug der Arbeitswelt in die Hochschulkonferenz, Finanzierungsbestimmungen sowie Festlegung von Indikatoren für kostenintensive Bereiche.

15. Ausblick

Die Entwicklung des HFKG im Parlament verspricht insbesondere für die Institutionalisierung des kooperativen Föderalismus in der Schweiz spannende Debatten. Im Entwurf des HFKG wird die geplante Schweizerische Hochschulkonferenz als „das oberste hochschulpolitische Organ der Schweiz" beschrieben.[89] Diese Sprache ist der Bundesverfassung entlehnt, welche Parlament und Regierung als „oberste Gewalt" bzw. als „oberste leitende und vollziehende Behörde" bezeichnet. Sprachlich wird hier einmal mehr die nicht genügende Abstimmung des HFKG mit der Bildungsverfassung und umgekehrt illustriert. Biaggini leitet hieraus sowie aus den komplizierten Entscheidungsregeln mit spezifischen Mehrheitserfordernissen etliche föderalistische und demokratietheoretische Fragen ab; er weist zu Recht auf die Doppelrolle des Bundes als Hochschulträger der ETH sowie als Vorsitzender –

---

88 Ergebnisbericht der Vernehmlassung, 30. Mai 2008, Bern.
89 Art. 10 Abs. 1 VE HFKG.

gleichsam „Schiedsrichter" – der Hochschulkonferenz hin.[90] Es wird überdies zu klären sein, ob es sich bei Erlassen der Hochschulkonferenz um Bundesrecht, kantonales Recht oder interkantonales Recht handelt. Ebenfalls wird zu klären sein, ob es sich bei den neuen Gremien um Organe des Bundes oder der Kantone handelt. Darüber hinaus stellen sich Fragen der Oberaufsicht sowie der Verantwortlichkeit.[91]

Es handelt sich bei der Bildungsverfassung – wie gezeigt – nicht um eine Gemeinschaftsaufgabe nach deutschem Vorbild, doch ist man mit den komplexen Zusammenarbeitsmechanismen nicht allzu weit entfernt von dem von Helmut Schmidt beschriebenen „Wirrwarr", von dem Deutschland mit seiner Föderalismusreform Abstand zu nehmen versucht hat. Zwar sollen Bund und Kantone nicht gestützt auf gemeinsame Kompetenzen, sondern gestützt auf ihre jeweiligen Kompetenzen handeln, doch illustriert gerade das Beispiel des HFKG die drohende Gefahr, dass dies auf Kosten des Bundes geschehen könnte. Die EDK war von Anfang an bei der Erarbeitung des HFKG beteiligt; gleiches lässt sich bei der Erarbeitung von interkantonalen Vereinbarungen – etwa des Stipendium-Konkordates – nicht behaupten. Es sei die Frage erlaubt, wie sich diese gemeinschaftlichen Aufgaben zu sonstigen Interventionen und Hilfen des Bundes und der Kantone verhalten, aber auch zu den übrigen Gesetzgebungskompetenzen des Bundes. Aufgrund der Gemeinschaftsaufgaben entstand in Deutschland eine fast unüberschaubare Planungsbürokratie, die unter Ausschluss der (demokratischen) Öffentlichkeit in verschiedenen Bund-Länder-Gremien im Referenzjahr 1997 beispielsweise über gut 50 Milliarden Euro, ein Viertel des Bundeshaushaltes, verfügte.[92] Es wird Aufgabe der beiden Kammern des Eidgenössischen Parlamentes sein, auf mögliche Intransparenzen ein besonderes Augenmerk zu richten.

Es bleibt somit abzuwarten, was vom Entwurf des HFKG im Parlament übrig bleibt. Gerade weil die Hochschulen und ihre gesetzlichen Grundlagen im Vorfeld der Abstimmung vom 21. Mai 2006 über die Bildungsverfassung nicht Thema der Auseinandersetzung waren, könnte sich hier noch ein grundsätzlicher Disput auftun. Sowohl von Seiten der Universitäten als auch von Seiten der Fachhochschulen ist das neue Gesetz nicht unbestritten. Unter der neuen Bildungsverfassung wäre auch das Beibehalten von zwei verschiedenen Gesetzen für die Bereiche Universitäten und Fachhochschulen möglich, allenfalls ergänzt durch ein Koordinationsgesetz, welches mehrheitlich organisatorische Bestimmungen enthalten würde.

---

90   Biaggini 2010: 36 f.
91   Ebd. 2010: 37.
92   Heun 2000: N 8.

Literatur

Bericht Schuwey, 2004: Bericht über die Neuordnung der schweizerischen Hochschullandschaft, erstellt durch die Projektgruppe Bund-Kantone Hochschullandschaft 2008, Bern.

Ber. WBK-N: Bericht der WBK-N vom 23. Juni 2005 zur Parlamentarischen Initiative „Bildungsrahmenartikel in der Bundesverfassung", BBl 2005, 5479 ff.

BFI-Botsch.: Botschaft über die Förderung von Bildung, Forschung und Innovation in den Jahren 2008-2011 vom 24. Januar 2007; BBl. 2007, 1223 ff.

Biaggini, Giovanni, 2007: Kommentar der Bundesverfassung, Zürich: Orell Füssli.

Biaggini, Giovanni, 2010: Entwicklungen und Spannungen im Verfassungsrecht. Versuch einer Standortbestimmung zehn Jahre nach Inkrafttreten der Bundesverfassung vom 18. April 1999. In: Zbl 111, 1-41.

Eckardt, Philipp, 2005: Der Bologna-Prozess, Entstehung, Strukturen und Ziele der europäischen Hochschulreformpolitik. Norderstedt: Books on Demand.

Ehrenzeller, Bernhard/Reisner, Annegret, 2008: Die Konstitutionalisierung von „Bologna": Sonderfall oder Modell der Weiterentwicklung des kooperativen Föderalismus? In: ZSR 124, 229-251.

Ehrenzeller, Bernhard/Sahlfeld, Konrad, 2008a: Vorbemerkungen zur Bildungsverfassung. In: St. Galler Kommentar, 2. Aufl., Zürich: Dike/Schulthess, 1107-1122.

Ehrenzeller, Bernhard/Sahlfeld, Konrad, 2008b: Kommentar zu Art. 61a. In: St. Galler Kommentar, 2. Aufl., Zürich: Dike/Schulthess, 1123-1133.

Ehrenzeller, Bernhard/Sahlfeld, Konrad, 2008c: Kommentar zu Art. 63a. In: St. Galler Kommentar, 2. Aufl., Zürich: Dike/Schulthess, 1165-1195.

Ehrenzeller, Bernhard/Sahlfeld, Konrad, 2008d: Kommentar zu Art. 64a. In: St. Galler Kommentar, 2. Aufl., Zürich: Dike/Schulthess, 1196-1206.

Ehrenzeller, Bernhard/Sahlfeld, Konrad, 2008e: Kommentar zu Art. 66. In: St. Galler Kommentar, 2. Aufl., Zürich: Dike/Schulthess, 1221-1227.

Gesetzgebungsleitfaden: Leitfaden für die Ausarbeitung von Erlassen des Bundes, 3. Aufl.. 2007, Bern.

Häde, Ulrich, 2009: Entflechtung und Verflechtung. In: ZG 24, 1-17.

Henner, Jörg Boehl, 2007: Die deutsche Föderalismusreform 2006. In: Baus, Ralf Thomas/Blindenbacher, Raoul/Karpen, Ulrich, Competition Versus Cooperation – Wettbewerb versus Kooperation: German Federalism in Need of Reform – a Comparative Perspective: der Reformbedarf des deutschen Föderalismus – eine vergleichende Perspektive, Baden-Baden: Nomos, 65-66.

Heun, Werner, 2000: Art. 91a. In: Dreier, Horst, 2000: GG-Kommentar, Bd. 3 (Art. 83-146), Tübingen: J.C.B. Mohr, 326-345.

Hördegen, Stephan, 2007: Grundziele und -werte der „neuen" Bildungsverfassung. In: ZBl 108, 113-145.

Kunig, Philip, 2003: Art. 75. In: v. Münch, Ingo/Kunig, Philip (Hrsg.), Grundgesetz-Kommentar, Bd. 3, 5. Aufl., München: C. H. Beck.

Rhinow, René, 2003: Grundzüge des Schweizerischen Verfassungsrechts. Basel: Helbing & Lichtenhahn.

Sahlfeld, Konrad, 2008: Die Hochschullandschaft Schweiz – verderben zu viele Landschaftsplanerinnen und -architekten das Bild? In: LeGes 19, 307-314.

Schmidt, Helmut, 2008: Außer Dienst. Eine Bilanz. München: Siedler.

Seckelmann, Margrit, 2009: „Renaissance" der Gemeinschaftsaufgaben in der Föderalismusreform II? – Zu den Gemeinschaftsaufgaben und den Möglichkeiten kooperativen Handelns im Bundesstaat (insbesondere zu den Art. 91a und b GG n. F. sowie zur Aufnahme der Art. 91c und d GG in das Grundgesetz). In: DÖV 62, 747-757.

Stern, Klaus, 1984: Das Staatsrecht der Bundesrepublik Deutschland, Band I: Grundbegriffe und Grundlagen des Staatsrechts. Strukturprinzipien der Verfassung Handbuch, 2. Aufl., München: C. H. Beck.

Vallender, Klaus A./Lehne, Jens/Hettich, Peter, 2007: § 28 Bildung und Forschung. In: Wirtschaftsfreiheit und begrenzte Staatsverantwortung, Grundzüge des Wirtschaftsverfassungs- und Wirtschaftsverwaltungsrechts, Bern.

Vernehmlassungsber. HFKG: Begleitbericht und Kommentar zum Entwurf des Bundesgesetzes über die Förderung der Hochschulen und die Koordination im schweizerischen Hochschulbereich (HFKG), 2007, Bern.

VE WBK-N 2005: Vorentwurf WBK-N für einen Bildungsrahmenartikel in der Bundesverfassung vom 23. Juni 2005, BBl 2005 5536 ff.; Stn. BR: Stellungnahme des Bundesrates vom 17. August 2005 zur Parlamentarischen Initiative „Bildungsrahmenartikel in der Bundesverfassung", BBl 2005 5547 ff. und nachträgliche Präzisierung vom 7. September 2005, BBl 2005 5556.

Volkmann, Uwe, 2005a: Art. 91a. In: Mangoldt, Hermann von/Klein, Friedrich/Starck, Christian (Hrsg.), GG-Kommentar, 5. Auflage, München: Vahlen, 511-536.

Volkmann, Uwe, 2005b: Art. 91b. In: Mangoldt, Hermann von/Klein, Friedrich/Starck, Christian (Hrsg.), GG-Kommentar, 5. Auflage, München: Vahlen, 539-548.

Walter, Thomas, 2006: Der Bologna-Prozess. Ein Wendepunkt europäischer Hochschulpolitik? Wiesbaden: VS.

Gemeinschaftliche Wissenschaftsfinanzierung in Österreich – Grundstrukturen und Wege zu neuen Formen der Zusammenarbeit zwischen Bund und Ländern[1]

Julia Prikoszovits

1. Einleitung

Dieser Beitrag gibt einen Überblick über die Finanzierungsweise des österreichischen Wissenschaftssystems. Wegen der Dominanz des Bundes im Bereich des Hochschulwesens, dem durch die bundesstaatliche Kompetenzverteilung die maßgeblichen Kompetenzen als ausschließliche Bundesaufgaben zugewiesen sind, ist die Rolle der Länder an sich gering. Die Konstruktion von „Gemeinschaftsaufgaben" ist dem österreichischen Verfassungsrecht fremd. Freilich haben sich unabhängig von der hoheitlichen Kompetenzverteilung vorwiegend auf privatrechtlicher Basis gewisse Formen der Mischfinanzierung entwickelt; dazu kommt, dass nach dem österreichischen Verfassungsrecht alle Gebietskörperschaften, und damit auch die Länder, befugt sind, im Wege der privatrechtlichen Förderungsverwaltung (sogen. „Privatwirtschaftsverwaltung") auch in kompetenzfremden Bereichen tätig zu sein. Auf dieser Grundlage sind auch die Bundesländer in den vergangenen Jahren zunehmend forschungspolitisch aktiv geworden. Seit der Errichtung von Fachhochschulen und Privatuniversitäten in Österreich haben sich die Länder zudem in einzelnen Bereichen des Tertiären Sektors auch in das hochschulpolitische Geschehen eingeschaltet.

Unter Wissenschaftsfinanzierung wird nachfolgend die Finanzierung des gesamten Wissenschaftssystems verstanden. Für die Autorin bezeichnet das Wissenschaftssystem den Tertiären Bildungssektor sowohl in seiner Eigenschaft als Betreiber von Wissenschaft und Forschung als auch als Erbringer von forschungsgeleiteter Lehre und Ausbilder von wissenschaftlichem Nachwuchs. Dazu gehören ebenfalls die außeruniversitäre Forschung und alle Ressourcen und Infrastrukturen, die zur Alimentierung tertiärer Bildung und öffentlich finanzierter Forschung zählen. Das sind neben den Universitäten auch die Fachhochschulen, Privatuniversitäten und Pädagogischen Hochschulen, neben den großen Instituten der außeruniversitären Forschung auch die öffentlich finanzierte Unternehmensforschung. Ferner sind das auch Forschungsförderfonds, die ihre Mittel kompetitiv vergeben.

---

1 Zur Entstehung dieses Textes haben Günther Landsteiner und Rainer Stowasser entscheidend beigetragen, ihnen sei an dieser Stelle ebenso gedankt wie Walter Berka und Stefan Huber für ihre wertvollen Kommentare.

Den nachfolgenden Ausführungen liegt die Annahme zugrunde, dass an Österreichs Hochschulen, als Einrichtungen des Tertiären Bildungssektors, in entsprechendem Ausmaß Forschung betrieben wird. Gesetzlich verankert ist die Durchführung von Forschung allerdings nicht nur an den Universitäten; auch die Fachhochschulen haben einen Forschungsauftrag. Um als Privatuniversität akkreditiert zu werden, bedarf es auch eines Nachweises der wissenschaftlichen Qualität. Mit der Aufwertung der Pädagogischen Akademien zum Hochschulstatus wurde auch die Lehrerbildung für Volks- und Hauptschulen auf ein tertiäres Niveau gehoben und auch dort wurde die Forschung als Aufgabe der Hochschule verankert. Weil Forschung und Lehre in Österreich nicht getrennt finanziert werden, ist es schwierig, einen vertieften Einblick in die tatsächlichen Verhältnisse der Aufwendungen für Wissenschaft und Forschung zu erlangen. Die Grundannahme zu den österreichischen Universitäten nach der Regel des Frascati Manuals ist, dass 40 % des Universitätsbudgets forschungswirksam sind.[2] Dies ergibt sich aus der Zeiteinteilung für die Tätigkeiten in Forschung-Lehre-Verwaltung in den Arbeitsverträgen der Wissenschafter und ist ein grober Durchschnitt über alle 21 Universitäten.

Wichtig in diesem Zusammenhang ist Klarheit über die Verortung und Finanzierungsweise des Kerns des österreichischen Wissenschaftssystems – seiner Grundlagenforschung: Laut dem Österreichischen Forschungs- und Technologiebericht 2009[3] liegt der Anteil der Ausgaben für Grundlagenforschung am Bruttoinlandsprodukt (BIP) in Österreich im Jahr 2006 bei 0,41 %, der Anteil der Grundlagenforschung an den gesamten Forschungsausgaben beträgt 17,2 % (2006). Im Hochschulsektor ist der Anteil der Grundlagenforschung am höchsten, auf ihn entfallen 70,1 % der österreichischen Grundlagenforschung.[4] Zum österreichischen Hochschulsektor zählen die Universitäten einschließlich der Universitätskliniken, die Kunstuniversitäten, die Akademie der Wissenschaften, die Fachhochschulen, die Privatuniversitäten sowie die Donauuniversität für Weiterbildung Krems. Von den gesamten Forschungsausgaben im Hochschulsektor entfällt knapp die Hälfte (49 %) auf die Grundlagenforschung. Die außeruniversitäre Forschung ist in Österreich zwar nicht vernachlässigbar, in diesem Beitrag wird allerdings auf eine eingehendere Analyse verzichtet.

Zu Beginn der inhaltlichen Auseinandersetzung mit der Wissenschaftsfinanzierung in Österreich wird ein Überblick über die Rechtsmaterien gegeben, die die Grundlage des österreichischen Wissenschaftssystems bilden. Anschließend wird auf die Struktur des Wissenschaftssystems eingegangen, gegliedert in das Hochschulsystem und das Forschungsförderungssystem. Hierbei wird stets auch die Steuerung neben der Finanzierung mitbeleuchtet. In einem abschließenden Teil werden Überlegungen angestellt, wie die Verflechtungen zwischen Bund und Ländern im

---

2 OECD: Frascati Manual 2002.
3 Die Forschungs- und Technologieberichte sind Teil der Berichtspflicht der forschungsrelevanten Ressorts (BMWF, BMVIT, BMWA) an den Nationalrat, die im Forschungsorganisationsgesetz (FOG) in den §§ 6-9 geregelt ist.
4 BMVIT/BMWF/BMWA: Österreichischer Forschungs- und Technologiebericht 2009: 85 ff.

Bereich der Wissenschafts- und Forschungspolitik kategorisiert und beschrieben werden können sowie Vorschläge für eine zukunftsträchtigere Zusammenarbeit zwischen Bund und Ländern gemacht.

2. *Rechtliche Grundlagen des österreichischen Wissenschaftssystems*

2.1. Verfassungsrechtliche Grundsätze

2.1.1. Allgemeines

Die bundesstaatlich organisierte parlamentarische Republik Österreich hat neun Bundesländer[5]. Der Bundesrat übt die Funktion der „zweiten Kammer" aus. Im Gegensatz zum Nationalrat wird der Bundesrat nicht direkt gewählt, sondern seine Mitglieder werden von den Landtagen entsandt. Der Bundesrat übt gemeinsam mit dem Nationalrat die Gesetzgebung des Bundes aus. Die föderale Komponente im österreichischen Bundesstaat ist im Vergleich zu anderen Staaten schwach ausgeprägt, wobei diese Ausprägung in der Formalverfassung schwächer ist als in der Realverfassung. Die Ursachen der geringen föderalistischen Ausprägung der heutigen Verfassung liegen in der politischen Polarisierung bei ihrer Entstehung und der Übernahme von Elementen aus der monarchischen Verfassung.[6]

Es gehört zum Typus des europäischen Bundesstaates im Gegensatz zum amerikanischen, dass Bundesgesetze vielfach von den Ländern zu vollziehen sind. Auch in Österreich ist das der Fall, allerdings in einer charakteristischen Version, nämlich der mittelbaren Bundesverwaltung.[7] Der kompetenzrechtliche Typus von Gesetzen, deren Erlassung Bundessache und deren Vollziehung Landessache ist, ist in Österreich auf wenige Materien beschränkt (Art. 11 Abs. 1 Bundesverfassungsgesetz [B-VG]) – der Großteil der Kompetenzen ist sowohl in Gesetzgebung als auch in Vollzug Bundessache (Art. 10 Abs. 1 B-VG). Öhlinger[8] resümiert, dass die Verschränkung der Staatsapparate von Bund und Ländern in Österreich sowohl auf der Ebene der Gesetzgebung als auch auf der Ebene des Vollzugs zeigt, dass der österreichische Föderalismus von Anfang an eine geradezu extreme Variante eines Verbundföderalismus bildete. Innerhalb dieses Verbundes besteht eine klare Hierarchie des Bundes gegenüber den Ländern.

In Österreich gibt es in der zersplitterten und zugleich extrem starren Kompetenzverteilung ein „Sicherheitsventil": Als Träger von Privatrechten sind Bund und Län-

---

5 STATISTIK AUSTRIA, Statistik des Bevölkerungsstandes: 1. Quartal 2009. Erstellt am 14.8.2009: Einwohnerzahl gesamt: 8.355.260; Bundesländer: Wien, Niederösterreich, Oberösterreich, Steiermark, Tirol, Kärnten, Salzburg, Vorarlberg, Burgenland; das einwohnermäßig größte Bundesland ist Wien (1.687.271), das kleinste das Burgenland (283.118).
6 Pansi 1992: 35.
7 Öhlinger 2004: 37.
8 Ebd.: 40.

der nicht an die Schranken der Kompetenzverteilung gebunden und können auch in sogen. „transkompetenten" Bereichen tätig werden und diese Tätigkeit sogar gesetzlich, wenn auch eingeschränkt, durch „Selbstbindungsgesetze" regeln (Art. 17 B-VG). Der Begriff „Träger von Privatrechten" wird dabei sehr weit interpretiert und umfasst alle Aktivitäten der Verwaltungsorgane, die nicht in einer der verfassungsgesetzlich typisierten Formen der Hoheitsverwaltung erfolgen. Auch spezifisch öffentliche Aufgaben können die Gebietskörperschaften also in privatrechtlicher Form besorgen („Privatwirtschaftsverwaltung"), und dies prinzipiell ohne Bindung an kompetenzrechtliche Schranken. Bund und Länder haben diese unbegrenzte „Ermächtigung zur Kompetenzüberschreitung" weidlich ausgenützt – vor allem für die Länder liegt darin der notwendige Ausgleich für ihre „unbedeutenden Hoheitskompetenzen".[9] Die Länder entfalten – mit zunehmender Wirtschaftskraft und Stärkung im Finanzausgleich – in ihrem Gebiet heute eine regional und funktional fast umfassende Staatstätigkeit im Wege der Budgetpolitik, Förderungsverwaltung, der Privatrechtsgestaltung, Anreizplanung etc.

Neben der in der Bundesverfassung selbst angelegten Kooperationsstruktur (mittelbare Bundesverwaltung) hat sich in Österreich, vor allem seit etwa den 1950er Jahren, ein äußerst intensives Netz von Kooperationen sowohl zwischen Bund und Ländern als auch zwischen einzelnen Ländern entwickelt. Die Instrumente der Kooperation sind nur teilweise und in Ansätzen rechtlich formalisiert. I. S. einer politischen Kooperation ist die wohl wichtigste Institution die Landeshauptleutekonferenz; sie ist die wohl bedeutendste politische Ressource der Länder.[10] Rechtlich nicht institutionalisiert, beruht sie auf dem Konsensprinzip.[11]

Die Möglichkeit zur formellen Kooperation zwischen Bund und Ländern ist in Form der öffentlich-rechtlichen Vereinbarung zwischen dem Bund und den Ländern und der Länder untereinander gegeben (Art. 15a B-VG). Seit 1974 ist dieses Instrument näher ausgestaltet, eignet sich aber zur Koordination der jeweiligen Gesetzgebungskompetenzen eher bedingt und fand in der Praxis auch nur vereinzelt Anwendung. Spezielle Kooperationsfelder zwischen Bund und Ländern existieren im Bereich völkerrechtlicher Beziehungen sowie in EU-Angelegenheiten. Auch sind zahlreiche Ausgestaltungen von Mischverwaltungen zu konstatieren: Hierzu zählen die vielen privatrechtlichen Kooperationen zwischen den Gebietskörperschaften, die von einfacher Vertragsbindung über gesellschafts- und vereinsrechtliche Organisationsformen bis zu gesetzlich von einer Gebietskörperschaft unter Beteiligung anderer eingerichteter Fonds oder Finanzierungsgesellschaften reichen. Besonders beliebt sind derartige Kooperationsformen zur Vor-, Misch- oder Fremdfinanzierung von Verwaltungsaufgaben des Bundes im finanzierenden Land.[12]

---

9 Ebd.: 42.
10 Ebd.: 44.
11 Um die Landeshauptleutekonferenz hat sich ein Kreis anderer Konferenzen gebildet (z. B. die Landesamtsdirektorenkonferenz oder die Landtagspräsidentenkonferenz).
12 Ebd.: 51.

Kooperativ, zugleich aber hierarchisch, ist die Struktur der österreichischen Finanzverfassung. Der Großteil der Steuern wird vom Bund gesetzlich geregelt und auch von Bundesbehörden eingehoben: der Ertrag wird zwischen dem Bund, den Ländern und den Gemeinden nach einem politisch paktierten Bundesgesetz (Finanzausgleichsgesetz) aufgeteilt. Im Zuge der Mitgliedschaft Österreichs in der EU wurden Bund, Länder und Gemeinden zum Abschluss einer Vereinbarung über einen Konsultationsmechanismus[13] und eines Stabilitätspakts[14] ermächtigt.

2.1.2. Wissenschaft, Forschung und Tertiärer Bildungssektor

Die maßgebliche Rechtsgrundlage für die öffentlichen Universitäten ist auf verfassungsrechtlicher Ebene Art. 81c B-VG. Weil nach dem österreichischen Verfassungsrecht der Bund der Träger der maßgeblichen Kompetenzen in den Bereichen der Wissenschaft und Forschung sowie des Tertiären Bildungswesens ist, ist er nach dem finanzverfassungsrechtlichen Prinzip der Selbstkostentragung auch für die Finanzierung dieser Bereiche verantwortlich. Das gilt einerseits für die Finanzierung des Tertiären Sektors und andererseits für die Finanzierung der Forschungsförderung.

Zu dem für das Hochschulwesen relevanten Verfassungsrecht zählen vor allem das B-VG, das aus 1867 stammende Staatsgrundgesetz über die allgemeinen Rechte der Staatsbürger und die Europäische Konvention zum Schutze der Menschenrechte und Grundfreiheiten aus dem Jahr 1955 samt des ersten Zusatzprotokolls. Letztere normieren für den Hochschulbereich relevante Grundrechte des Einzelnen, beispielsweise die Freiheit der Wissenschaft und ihrer Lehre sowie die Freiheit der Kunst und ihrer Lehre.[15] Aufgrund des Art. 14 Abs. 1 B-VG sind Gesetzgebung und Vollziehung betreffend Universitäten und Fachhochschulen Bundessache. Die Angelegenheiten der Universitäten, der Fachhochschulen, der Privatuniversitäten, der studentischen Interessenvertretung, der Studienbeihilfen und Stipendien, der Förderung des Baus von Studentenheimen sowie der universitätsrelevanten Forschungsförderung fallen nach dem Bundesministeriengesetz 1986 (BMG) in die Kompetenz des Bundesministers für Wissenschaft und Forschung. Die Angelegenheiten der Pädagogischen Hochschulen fallen in die Kompetenz des Bundesministers für Unterricht, Kunst und Kultur.

---

13 Gesetzes- und Verordnungsentwürfe des Bundes oder eines Landes sind den jeweils gegenbeteiligten Gebietskörperschaften mit einer Darstellung der finanziellen Auswirkungen zur Stellungnahme zu übermitteln.
14 Bund, Länder und Gemeinden verpflichten sich zu einer Abstimmung ihrer Haushalte um die EU-Konvergenzkriterien zu gewährleisten.
15 Dieser und folgende Abschnitte stützen sich auf die umfassende Darstellung bei Kasparowsky: 2007.

2.2. Einfachgesetzliche Grundlagen

Die maßgebliche Rechtsgrundlage auf einfachgesetzlicher Ebene ist das Universitätsgesetz 2002 (UG 2002), das mit dem 9.7.2009 eine Novelle erfuhr, die am 1.10.2009 in Kraft trat.

Die eigene Rechtsgrundlage für die Universität für Weiterbildung Krems – das DUK-Gesetz 2004 – ist inhaltlich dem Universitätsgesetz 2002 nachempfunden mit der Einschränkung, dass das Studienangebot ausschließlich aus Universitätslehrgängen besteht. Das Fachhochschul-Studiengesetz (FHStG) aus dem Jahr 1993 bildet die Grundlage für den Betrieb der Fachhochschulen bzw. Fachhochschul-Studiengänge, das Universitäts-Akkreditierungsgesetz (UniAkkG) von 1999 für die Privatuniversitäten, das Hochschulgesetz 2005 für die Pädagogischen Hochschulen.

Das Forschungsrecht ist im Bundesgesetz über die Forschungsorganisation in Österreich (FOG, BGBl. Nr. 341/1981) geregelt. Die wichtigsten Regelungen über die Forschungsorganisation und Forschungsförderung in Österreich ressortieren im Bundesministerium für Wissenschaft und Forschung (BMWF), im Bundesministerium für Verkehr, Innovation und Technologie (BMVIT) und im Bundesministerium für Wirtschaft und Arbeit (BMWA). Einzelne Sachmaterien mit forschungsrechtlich relevantem Inhalt sind auch anderen Bundesministerien zugeordnet. Gegenstand des Forschungs- und Technologieförderungsgesetzes (FTFG, BGBl. Nr. 434/1982) ist die Förderung der wissenschaftlichen Forschung, die dem Erkenntnisgewinn und der Erweiterung sowie Vertiefung der wissenschaftlichen Kenntnisse in Österreich dient und nicht auf Gewinn gerichtet ist sowie die Förderung der wirtschaftlich-technischen Forschung durch Förderungsprogramme und ergänzende Maßnahmen. Das FTFG wurde im Jahre 2004 wesentlich geändert, indem einzelne Forschungsförderagenturen in die Forschungsförderungsgesellschaft (FFG) per eigenem Bundesgesetz, dem Österreichische Forschungsförderungsgesellschaft-mbH-Errichtungsgesetz – FFG-G zusammengefasst wurden. Der Fonds zur Förderung wissenschaftlicher Forschung (FWF), das österreichische Pendant zur DFG, wurde – trotz Drucks von außen – nicht in die FFG eingegliedert, jedoch im selben physischen „Haus der Forschung" angesiedelt.

Im Bereich der außeruniversitären Forschung erfolgte in den letzten Jahren ein bedeutender Schritt: Das Bundesgesetz über das *Institute of Science and Technology – Austria* (ISTA) wurde 2006 beschlossen. Mit dem ISTA wurde eine Eliteforschungseinrichtung „auf der grünen Wiese" in Gugging (Niederösterreich) in der Nähe zu Wien errichtet. Für die Finanzierung wurde eine Vereinbarung (Art. 15a B-VG) zwischen dem Bund und dem Land Niederösterreich über die Errichtung und den Betrieb des ISTA getroffen, wonach der Bund gemeinsam mit dem Land Niederösterreich Erhalter des ISTA ist. Die Teilfinanzierung durch den Bund hat mindestens in der Höhe der Teilfinanzierung durch das Land Niederösterreich zu erfolgen.[16]

3. Steuerung und Finanzierung des österreichischen Wissenschaftssystems

3.1. Das österreichische Hochschulsystem

Österreich hat ein ausdifferenziertes Hochschulsystem, das sich in 21 öffentlich finanzierte Universitäten, eine öffentlich finanzierte Weiterbildungsuniversität, zwölf Fachhochschulen (plus acht Fachhochschulstudiengänge ohne FH-Status), zwölf Privatuniversitäten und neun öffentliche Pädagogische Hochschulen untergliedert.

Österreich zählte im Studienjahr 2007/08 252.888 Studenten an seinen Tertiären Bildungseinrichtungen.[17] 86 % davon studierten an den öffentlichen Universitäten, 12 % an Fachhochschulen, 1,7 % an Privatuniversitäten und 5 % an Pädagogischen Hochschulen.

2005 lagen die österreichischen öffentlichen Ausgaben für den tertiären Bildungsbereich bei 1,2 % des BIP (im Vergleich dazu liegt der OECD- sowie der EU-20 Durchschnitt bei 1,1 % des BIP)[18]; im Jahre 2007 beliefen sich die öffentlichen Bildungsausgaben für den Hochschulsektor auf 2.877 Mio. Euro[19].

Oberste staatliche Behörde für den Bereich des Hochschulwesens ist der Bundesminister für Wissenschaft und Forschung, für den Bereich der Pädagogischen Hochschulen allerdings der Bundesminister für Unterricht, Kunst und Kultur. Wie bereits erläutert, kommt den Ländern keine Zuständigkeit für Hochschulangelegenheiten als solche zu.

Die Universitäten werden nach Einführung des UG 2002 mittels dreijähriger Leistungsverträge und Globalbudgets zwischen Universitäten und Bund gesteuert. Universitätsräte wurden als weisungsfreie Selbstverwaltungsorgane der Universitäten installiert und haben überwiegend Planungs- und Aufsichtsfunktionen. Zur Beratung der gesetzgebenden Körperschaften, des Bundesministers für Wissenschaft und Forschung und der Universitäten wurde der Wissenschaftsrat eingerichtet, der allerdings in Finanzierungsfragen keine Funktion hat (§ 119 UG 2002). Die „gesetzge-

---

16 Seitens des Landes Niederösterreich werden in den nächsten 10 Jahren 145 Mio. Euro für dieses Projekt aufgebracht. Die Gesamtsumme der Aufwendungen seitens des Bundes und des Landes liegt bei 571 Mio. Euro (siehe: www.noe-bildung.at).
17 BMWF 2008: 28.
18 BMWF Statistisches Taschenbuch 2008: 90, aus Education at a Glance (OECD 2008), kein späteres Jahr verfügbar.
19 Ebd.: 89.

benden Körperschaften" schließen in Österreich nicht nur den Nationalrat, sondern auch die Landtage ein, die gesetzgebende Körperschaften eines Bundeslandes sind.[20]

Zentrales staatliches Organ für den Fachhochschulsektor ist der Fachhochschulrat, der seinerseits der Aufsicht des Bundesministers für Wissenschaft und Forschung untersteht. Die Verwaltung der Fachhochschulen und der Fachhochschul-Studiengänge liegt innerhalb der gesetzlichen Rahmenbedingungen und den Vorgaben des Fachhochschulrates bei den Erhaltern, also den Trägereinrichtungen von FH-Studiengängen oder Fachhochschulen. I. d. R. sind diese Erhalter als juristische Personen des privaten Rechts, und zwar als GmbH, als Verein oder als gemeinnützige Privatstiftung organisiert und ersetzen den Staat als Träger der FH-Studiengänge.[21]

Für den Bereich der Privatuniversitäten ist der Akkreditierungsrat als zentrales staatliches Organ unter der Aufsicht des Bundesministers für Wissenschaft und Forschung tätig. Hinsichtlich der Verwaltung der Privatuniversitäten gibt es keine speziellen gesetzlichen Vorschriften, sondern die Vorgaben des Akkreditierungsrates.

3.1.1. Die Finanzierung der Universitäten

Bereits 2001/02 waren die Einführung von Studienbeiträgen und die Verabschiedung eines neuen Dienstrechts Vorboten einer umfassenden Weiterentwicklung des Universitätssystems, die im Universitätsgesetz 2002 (UG 2002) gipfelte. Das Universitätssystem erhielt durch dieses Gesetz seine heutige Ausprägung, wobei drei neue Universitäten eingerichtet wurden, die an die Stelle der drei in Österreich bestehenden Medizinischen Fakultäten traten.

Die Universitäten sind vom Bund organisierte Institutionen, zu deren Finanzierung der Staat verpflichtet ist. Der zuständige Bundesminister schließt mit jeder Universität einen Leistungsvertrag mit dreijähriger Laufzeit über ein Globalbudget ab. 20 % des Gesamtbetrags für alle Universitäten werden formelgebunden (Formelbudget) auf der Basis von Leistungsindikatoren und Indikatoren für gesellschaftliche Zielsetzungen vergeben. 80 % des Gesamtbudgets (Grundbudget) werden an die einzelnen Universitäten auf der Basis von Verhandlungen über die Leistungsvereinbarungen verteilt. Die Kriterien, die im UG 2002 für die Höhe der Staatszuwendungen genannt werden, sind z. B. Bedarf, Nachfrage, Leistung und gesellschaftliche Zielsetzungen. Den zur Verhandlung stehenden Entwurf der Leistungsvereinbarung erarbeitet die Universität auf der Grundlage ihres Entwicklungsplans. Das Haushaltsrecht des Bundes wird nicht angewendet, stattdessen hat der Wissen-

---

20 Bislang hat sich der Österreichische Wissenschaftsrat in seiner Beratungstätigkeit eher auf den Bund konzentriert, unter anderem auch deshalb, weil die Länder – wie erläutert – keine Gesetzgebungskompetenzen in Fragen der tertiären Bildung haben.
21 Quelle: Homepage des Österreichischen Fachhochschulrates, http://www.fhr.ac.at/fhr_in halt/ 02_qualitaetssicherung/erhalter.htm.

schaftsminister im Einvernehmen mit dem Finanzminister bis spätestens Ende des zweiten Jahres jeder Leistungsvereinbarungsperiode den für die nächste Periode zur Finanzierung der Universitäten zur Verfügung stehenden Gesamtbetrag festzusetzen. Damit ist für die Universitäten ein längerer Planungshorizont ohne Budgetbindung gesichert. Bezüglich der Innenorganisation der Universitäten gibt das Gesetz nur einen Rahmen vor, innerhalb dessen durch Satzung und Organisationsplan weitere Untergliederungen festgelegt werden können.

Neben der staatlichen Finanzierung verfügen die nunmehr vollrechtsfähigen Universitäten über zusätzliche Finanzquellen. Außerdem wird der Großteil der Mittel des Fonds zur Förderung der wissenschaftlichen Forschung (FWF), der aus dem Bundesbudget gespeist wird, faktisch an die Universitäten vergeben. Schließlich stehen den Universitäten die Studienbeiträge als eigene Einnahmen zur Verfügung.[22]

Aus regionalpolitischer Sicht ist es nicht irrelevant, sich vor Augen zu führen, dass der Universitätsstandort Wien mehr als die Hälfte aller Studenten Österreichs aufweist (im WS 2007/08 waren an den Wiener öffentlichen Universitäten 138.914 in- und ausländische Studenten inskribiert, österreichweit studierten im gleichen Semester 233.043 Personen an öffentlichen Universitäten). Mit der Mehrheit der Universitäten und außeruniversitären Forschungseinrichtungen und mit der höchsten Einwohnerzahl als Bundesland (25 % der österreichischen Bevölkerung lebt in Wien) ergibt sich somit in Österreich ein starkes Ost-Westgefälle in der Wissenschaftsfinanzierung. Die landläufige Bezeichnung „Wasserkopf Wien", wie man außerhalb Wiens zu sagen pflegt, hat insofern eine gewisse Berechtigung.

Interessant ist die Entstehungsform jener Hochschulen – vor allem Universitäten in den Bundesländern – bei denen die Länder oder Landeshauptstädte eine Verpflichtung zur Mitfinanzierung übernommen haben. Vor dem Hintergrund der grundsätzlichen Bundeszuständigkeit für die Universitätsfinanzierung wurde in der zweiten Republik in mehreren Fällen eine Mischfinanzierung durch Bund, Länder und teilweise Städte angestrebt und eingerichtet. Anlässlich der Errichtung neuer Universitäten, der Erweiterung bestehender Universitäten oder auch der statutarischen Veränderung von ehemaligen Kunstakademien wurden hier unterschiedliche rechtliche Konstruktionen gewählt, um anteilige bzw. auf bestimmte Kostenarten bezogene Landes- und Stadtbeteiligungen an den Universitätsgesamtkosten zu ermöglichen und zu verankern.[23] Bei diesen Lösungswegen (privatrechtlichen Verträ-

---

22 Am 24.9.2008 hat der Nationalrat eine Änderung der Studienbeitragsregelung beschlossen, die mit Anfang Jänner 2009 in Kraft trat. Der Studienbeitrag wurde nicht gänzlich abgeschafft, jedoch zahlreiche Ausnahmeregelungen eingeführt, die nun die Universitäten zu administrieren haben. Auch vor dem 24.9.2008 waren die Studenten einer Universität anlässlich der Entrichtung des Studienbeitrags berechtigt, zwischen den vom Senat festgelegten Möglichkeiten der Zweckwidmung der Studienbeiträge an ihrer Universität zu wählen (§ 91 (8) UG 2002).
23 Derartige Fälle liegen zumindest bei der heutigen Alpe-Adria-Universität Klagenfurt, bei der heutigen Donau-Universität Krems, beim Mozarteum Salzburg, bei der Universität für Musik und darstellende Kunst Graz, bei der Johannes-Kepler-Universität Linz und bei der Universität Innsbruck vor. Da bei diesen Lösungen in aller Regel die Hauptlasten beim Bund verblieben, kann davon ausgegangen werden, dass diese Mischfinanzierungen die grundsätzliche Bundes-

gen, Bundesgesetzen, Fonds mit eigener Rechtspersönlichkeit, Vereinbarungen gemäß Art. 15a B-VG) ging es jeweils darum, die grundsätzliche Kostentragungspflicht des Bundes für ihm zugeordnete Angelegenheiten gemäß § 2 Finanzverfassungsgesetz (F-VG) so abzuwandeln, dass einem realen Willen der Beteiligten zur Kofinanzierung entsprochen werden konnte. In mindestens zwei dieser Fälle wurde die gewählte rechtliche Lösung vom Obersten Gerichtshof (OGH) nicht mitgetragen. Für eine von § 2 F-VG abweichende Regelung der Kostentragung wird nunmehr eine formell-gesetzliche Verankerung für jedenfalls notwendig erachtet, eine privatrechtliche Veränderung der Lastenverteilung zwischen Gebietskörperschaften kann nicht erfolgen. Abgesehen von dieser Problematik der ursprünglich eingeschlagenen Lösungswege, ist mit dem UG 2002 eine neue Situation eingetreten, in der die Universitäten nicht mehr Empfänger von Anteilen des Bundesbudgets, sondern Vertragspartner des Bundes sind, womit die Gangbarkeit der bisherigen Lösungen in neuem Licht – und unter Umständen hinterfragbar – erscheint.

Staatliche Universitäten sind nach weitgehender „Autonomisierung" *Non-Profit*-Einrichtungen auf dem Weg zu *Public-Profit*-Einrichtungen. Es sind dies Einrichtungen, die dem Gemeinwohl verpflichtet sind, aber um öffentliche Gelder konkurrieren müssen und Einnahmen erzielen dürfen.[24] Insbesondere, aber nicht nur, verstärkt technikwissenschaftlich orientierte Universitäten, die hohe Ausgaben für Geräteinvestitionen und -instandhaltung tragen müssen, sehen sich aufgrund des stagnierenden Anteils der staatlichen Einnahmen dazu gezwungen, nicht-staatliche Einnahmen erheblich auszubauen.[25]

Der relative Anteil der Zuwendungen, die Hochschulen vom Ministerium für Wissenschaft und Forschung ohne Zweckbindung für ihren Forschungs- und Lehraufwand bekommen an den Hochschulausgaben für Forschung und Entwicklung (HERD) sinkt seit Jahren kontinuierlich: von 82,75 % im Jahr 1993 auf 80,61 % im Jahr 1998, 74,05 % im Jahr 2002 und 69,79 % im Jahr 2004.[26] Hingegen steigt der Anteil der antragsorientierten Forschung von 14,46 % im Jahr 1993 auf 17,33% im Jahr 2002 und 18,73 % im Jahr 2004. Ein wesentlicher Teil dieser eingeworbenen drittfinanzierten Forschungsmittel stammt vom Wissenschaftsfonds FWF. Die Drittmittel der Universitäten aus dem FWF betrugen für das Jahr 1998 53 Mio. Euro, für das Jahr 2002 86 Mio. Euro und für das Jahr 2004 90 Mio. Euro.[27] Es steigt auch der Anteil am HERD, der durch den Unternehmenssektor finanziert wird, von 1,97 % im Jahr 1993 auf 4,47 % im Jahr 2004. Bei insgesamt 1.402 Mio. Euro an Hochschulausgaben für Forschung und Entwicklung im Jahr 2004 und 1.266 Mio. Euro

---

zuständigkeit zur Universitätsfinanzierung nur abgeschwächt, nicht aber fundamental hin zu einer Landeszuständigkeit verschoben haben. Nicht uninteressant erscheint in Bezug auf die erfolgte rechtliche Hinterfragung einiger Konstruktionen, dass hier der Klagefall durch Aussetzung der Zahlungen durch das jeweils beteiligte Land eintrat.

24 Nickel 2003: 220.
25 Schmitt/Reichert 2003: 243.
26 BMVIT, BMWF, BMWA: Österreichischer Forschungs- und Technologiebericht, 2008: 70.
27 Ebd.

im Jahr 2002 ergibt das einen Anteil von 63 Mio. Euro und 51 Mio. Euro für die Jahre 2004 und 2002.[28]

Die Finanzierungsquellen der österreichischen Universitäten wurden also einerseits vielfältiger; andererseits sind die Mittel im Gesamtbild doch in einem höheren Umfang zweckgebundener als in den 1990er Jahren. Der Trend hin zu einem erhöhten Anteil an kompetitiven Mitteln zur Finanzierung von Universitäten hat sich durch Inkrafttreten des Universitätsgesetzes 2002 im Jahre 2004 (im Zuge dessen u. a. die Einnahmen aus F&E-Aufträgen im Indikatorenset für die Errechnung des formelgebundenen Budgetanteils verwendet werden) noch verstärkt.

---

28 Ebd.: 70.

Tabelle 1: Aus den Wissensbilanzen der österreichischen Universitäten: Einnahmen aus Drittmitteln aller 21 Universitäten

Wissensbilanz Kennzahl IV.2.5 – Gesamtübersicht Einnahmen aus F&E-Projekten sowie Projekten der Entwicklung und Erschließung der Künste gemäß § 26 Abs. 1 und § 27 Abs. 1 Z 3 des Universitätsgesetzes 2002 in Euro

	2008	2007	2006	3-Jahresdurchschnitt	%-Anteil an Gesamtsamtsumme
Bund (Ministerien	€ 31.975.574	€ 31.774.916	€ 35.510.273	€ 33.086.921	8 %
EU	€ 62.820.860	€ 41.815.293	€ 52.778.467	€ 52.471.540	13 %
FWF	€ 107.140.393	€ 86.765.414	€ 62.657.329	€ 85.527.045	21 %
Gemeinden u. Gemeindeverbände	€ 3.141.856	€ 2.299.899	€ 2.110.009	€ 2.517.255	1 %
Gesetzliche Interessenvertretungen	€ 7.677.237	€ 7.144.724	€ 6.524.450	€ 7.115.470	2 %
Land	€ 13.742.714	€ 14.273.593	€ 13.254.442	€ 13.756.916	3 %
nicht bekannt / nicht zuordenbar	€ 2.603.571	€ 2.609.522	€ 982.898	€ 2.065.331	1 %
sonstige	€ 84.130.368	€ 76.299.851	€ 70.687.192	€ 77.039.137	19 %
Sonstige vorwiegend aus Bundesmitteln getragene Fördereinrichtungen (FFG)	€ 29.246.422	€ 23.648.297	€ 17.092.259	€ 23.328.993	6 %
Stiftungen/Fonds/Sonstige Fördereinrichtungen	€ 23.287.181	€ 15.342.152	€ 14.261.378	€ 17.630.237	4 %
Unternehmen	€ 102.329.713	€ 104.232.996	€ 87.633.886	€ 98.065.532	24 %
Summe	€ 468.095.893	€406.206.662	€ 363.510.589	€ 412.604.381	**100 %**

	2008	2007	2006	Jahresdurchschnitt	%
Öffentliche Mittel	€ 192.924.198	€ 165.906.845	€ 137.166.765	€ 165.332.603	40 %
EU	€ 62.820.860	€ 41.815.293	€ 52.778.467	€ 52.471.540	13 %
Unternehmen	€ 102.329.713	€ 104.232.996	€ 87.633.886	€ 98.065.532	24 %
anderes	€ 110.021.121	€ 94.251.526	€ 85.931.469	€ 96.734.705	23 %
Summe	€ 468.095.893	€ 406.206.662	€ 363.510.589	€ 412.604.381	**100 %**

Quelle: Datenmeldungen der Universitäten auf Basis WBV. Datenprüfung: bm.wf, Abt. I/3; Datenaufbereitung: bm.wf, Abt. I/9.

3.1.2. Die Finanzierung der Fachhochschulen

Seit 1993 dürfen in Österreich Fachhochschulstudiengänge und Fachhochschulen (FH) eingerichtet werden. Ein Charakteristikum des Fachhochschulsektors im Gegensatz zu den staatlichen Universitäten ist das System der gemischten Finanzierung nach einem Normkostensystem. Der Bund übernimmt die Kosten pro Studienplatz (2008: ca. 170 Mio. Euro, das sind ca. 90 % des gesamten Budgets der Fachhochschulen) unter der Voraussetzung, dass einem bestimmten festgesetzten Kriterienkatalog entsprochen wird. In § 12 Abs. 2 Z 4 FHStG ist die Durchführung von Forschung und Entwicklung als Akkreditierungsvoraussetzung festgelegt. Die Kosten für Gebäude, Investitionen und ein Teil der laufenden Kosten werden vom Erhalter des Fachhochschul-Studiengangs getragen (üblicherweise übernehmen Landesregierungen, regionale und überregionale Gebietskörperschaften oder andere öffentliche und private Institutionen einen Teil der Kosten). Diese Beteiligungen unterscheiden sich teilweise erheblich von Bundesland zu Bundesland.

Einnahmen aus Drittmitteln bilden einen kleineren Bestandteil der verfügbaren Mittel. Die Regel, dass 90 % der Normkosten pro Studienplatz bundesfinanziert sind, könnte beim ab 2010 neu zu erstellenden Fachhochschulentwicklungs- und -finan-zierungsplan IV erstmals gebrochen werden. Eine komplette „Verländerung" ist allerdings kaum realistisch, da die Länder die Studienplatzkosten alleine nicht tragen könnten.

Tabelle 2: Finanzierung und Erhalter von Fachhochschulen im Jahr 2006

Bundesland	Anzahl der Erhalter	Erhalter	Landesfinanzierung in Mio. €	Bundesfinanzierung in Mio. €[29]
BGL	1	FHStg Burgenland GmbH, Eisenstadt	3,9	
KTN	1	FH Technikum Kärnten, Spital a. d. D.	4,7	
NOE	4	BMLV	10,5	
		FH Krems		
		FH St. Pölten		
		FH Wr. Neustadt		
OOE	1	FH OÖ Studienbetriebs GmbH, Wels	21,3	
SBG	1	FH Salzburg	5,3	
STM	2	CAMPUS 02 GmbH, Graz	12,9	
		FH Joanneum GmbH, Graz		
TIR	3	FHG GmbH	2,9	
		FHS Kufstein		
		MCI GmbH, Innsbruck		
VBG	1	FH Vorarlberg, Dornbirn	27,8	
WIE	6	FFH GmbH	3,5	
		FH bfi Wien		
		FH Campus Wien		
		FH Technikum Wien		
		FHW Wien		
		Lauder Business School		
Summe			92,8	162,1

Quelle: Buchinger (2008)

29 Die Summe der Bundesfinanzierung pro Bundesland ist öffentlich nicht verfügbar.

3.1.3. Die Finanzierung der Pädagogischen Hochschulen

Die Pädagogischen Hochschulen in ihrer heutigen Ausprägung sind erst in den letzten Jahren entstanden. Mit dem Bundesgesetz über die Organisation der Pädagogischen Hochschulen und ihre Studien (Hochschulgesetz 2005) wurden die bislang bestehenden Pädagogischen Akademien, an denen die Pflichtschullehrer ausgebildet werden, in Hochschulen umgewandelt. Aktuell bestehen Pädagogische Hochschulen in allen neun Bundesländern, wobei teilweise neben staatlichen Pädagogischen Hochschulen auch solche einzelner Religionsgemeinschaften eingerichtet sind. Private Pädagogische Hochschulen müssen vom zuständigen Bundesminister akkreditiert werden. In ihrer Leitungsstruktur sind die Pädagogischen Hochschulen weitgehend den Universitäten nachempfunden, ohne dass sie über dasselbe Maß an institutioneller Autonomie verfügen. Als Einrichtungen des Bundes werden sie von diesem finanziert; das betrifft insbesondere das Personal, das vom Bund gestellt wird, die Sachaufwendungen werden zwischen Bund und Land geteilt.[30]

Mit Einführung des Hochschulstatus für Pädagogische Hochschulen ist die wissenschaftliche Forschung in deren Aufgabenkatalog aufgenommen worden (§ 8 Abs. 6 Hochschulgesetz 2005).

3.1.4. Die Finanzierung der Privatuniversitäten

Seit 1998 dürfen in Österreich Privatuniversitäten eingerichtet werden. Zulassungsvoraussetzung ist die Akkreditierung durch den Akkreditierungsrat, der im Wesentlichen das Vorliegen akademischer und institutioneller Mindeststandards zu prüfen hat. Die Akkreditierung wird zeitlich befristet erteilt und muss periodisch erneuert werden. Für die Privatuniversitäten besteht ein Finanzierungsverbot des Bundes, nicht jedoch der Länder. Tatsächlich werden einzelne Privatuniversitäten in erheblichem Maße von einzelnen Bundesländern finanziert.[31]

Insgesamt ist der Privatuniversitätssektor in Österreich eher klein und sehr diversifiziert. Die derzeit zwölf Einrichtungen zählen ca. 4.000 Studenten, wobei die kleinste Universität gerade 36 Studenten aufweist, die größte immerhin 829.

Kooperationen mit staatlichen Universitäten finden nur vereinzelt statt. In erster Linie erfüllen die von den Bundesländern finanzierten Privatuniversitäten eine Komplementärfunktion für Fachrichtungen, die an einer benachbarten Universität nicht angeboten werden. Bestes Beispiel hierfür ist die Medizinische Universität in Salzburg, die eingerichtet wurde, nachdem absehbar war, dass die lange vorgesehene Medizinische Fakultät an der Universität Salzburg nicht eingerichtet würde. Nunmehr tritt das Land Salzburg als ein bedeutender Geldgeber der Medizinischen Privatuniversität auf.

---

30 Konkrete Zahlen sind aufgrund der rezenten Aufwertung in Pädagogische Hochschulen noch nicht bekannt.
31 So z. B. die Medizinische Privatuniversität Paracelsus in Salzburg.

3.2. Das österreichische Forschungs- und Innovationssystem

3.2.1. Forschungssteuerung und -finanzierung auf Bundesebene

Abbildung 1: Politische Steuerung und Finanzierung des Österreichischen Wissenschaftssystems

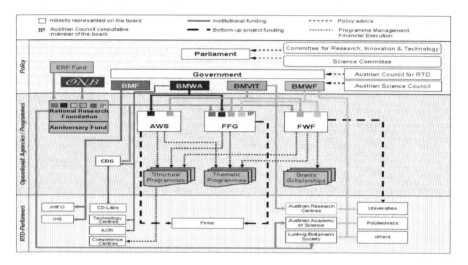

Quelle: ERAWATCH Country Report Austria 2008[32]

Drei Ministerien sind für Forschungs- und Technologiepolitik zuständig: das BMWF für den Tertiären Bildungssektor und vor allem, aber nicht ausschließlich, für die Finanzierung der Grundlagenforschung und ihre Förderung (FWF, Ludwig Boltzmann Gesellschaft, aber auch eigene Programmförderung) sowie für außeruniversitäre Forschungseinrichtungen wie die Österreichische Akademie der Wissenschaften (im außeruniversitären Bereich die größte Einrichtung, die in Österreich nicht nur Gelehrtengesellschaft, sondern zudem Trägerin von Forschungseinrichtungen – großteils Spitzenforschungsinstituten – ist). Das BMVIT zeichnet verantwortlich für den Großteil des Bundesbudgets für Angewandte Forschungsförderung, das im Wesentlichen in der neuen Agentur FFG Fördernehmern zur Verfügung steht. Es hält Anteile an der Austria Wirtschaftsservice Gesellschaft (AWS) und am *Austrian Institute of Technology* (vormals *Austrian Research Centers Seibersdorf*). Das BMWA betreibt Innovationsförderung, unterstützt den Technologietransfer und fördert das Unternehmertum, hält ebenfalls Anteile an der FFG und AWS und finanziert gemeinsam mit der Industrie die Christian Doppler Gesellschaft. Das Bundesfinanzministerium (BMF) ist nicht direkt für Forschungspolitik zuständig. Da es

---

32 Europäische Kommission 2009: 12.

aber die Ressortbudgets alloziert und teilweise direkt Institutionenförderung einiger Forschungseinrichtungen durchführt, spielt es keine unbedeutende Rolle. Hinzu kommt, dass das BMF Standards für Programmdesign, -implementierung und –monitoring herausgegeben hat. Die Aktivitäten anderer Ministerien (z. B. Landwirtschaft, Gesundheit etc.) sind vergleichsweise gering und vor allem auf Auftragsforschung für ministerielle Anforderungen beschränkt.[33]

Das österreichische Parlament hat zwei Ausschüsse, die sich mit Fragen des Wissenschafts-, Forschungs- und Innovationssystems auseinandersetzen: den Wissenschaftsausschuss und den Ausschuss für Forschung, Innovation und Technologie.

Es gibt zwei Beratungsgremien auf Bundesebene: den Österreichischen Rat für Forschung und Technologieentwicklung (RFTE), der die Bundesregierung in allen Fragen der Forschungs-, Technologie- und Innovationspolitik berät sowie den Österreichischen Wissenschaftsrat (ÖWR), der den Wissenschaftsminister, die Universitäten und die gesetzgebenden Körperschaften in allen Fragen der Universitäten und deren Weiterentwicklung berät (vgl. Abschnitt 3.1.).

3.2.2. Forschungssteuerung und -finanzierung auf Länderebene

Auf dem Gebiet der Forschungsförderung und Forschungsförderungspolitik in Österreich hatte der Bund lange Zeit eine Monopolstellung inne; dies insbesondere aufgrund der verfassungsrechtlichen Bundeskompetenz für diesen Bereich. Durch die EU-Mitgliedschaft und die Verfügbarkeit von mehr Mitteln durch die Privatisierung der Energieunternehmen und Banken begannen jedoch Mitte der 1990er Jahre die Bundesländer nach und nach eine eigene Forschungsförderungspolitik zu etablieren. Heute hat jedes Bundesland sein eigenes Budget für F&E und manche entwickelten eine eigene F&E-Strategie (Oberösterreich, Salzburg, Steiermark, Wien). Die meisten Förderprogramme der Bundesländer stellen eine Kofinanzierung der spezifischen Programme des Bundes dar.

Ein Charakteristikum der österreichischen Landesforschungsförderung sind die sich stark unterscheidenden Governance-Strukturen. Je nach Region sind entweder spezielle Abteilungen innerhalb der öffentlichen Verwaltung (Salzburg, Steiermark) oder eigene Fonds und/oder Gesellschaften (z. B. in Tirol die Tiroler Zukunftsstiftung, in Oberösterreich die Technologie- und Marketinggesellschaft m. b. H.), die meistens auf bestimmte Förderwerber und/oder Förderarten spezialisiert sind, erste Anlaufstellen für Landesforschungsförderungen.

Ähnlich wie bei den Governance-Strukturen gibt es ebenso zahlreiche Unterschiede zwischen den Gestaltungsweisen der Förderprogramme der Bundesländer;

---

33 Der Vollständigkeit halber sei noch erwähnt, dass ein Jubiläumsfonds der Österreichischen Nationalbank eingerichtet ist. Aufgrund der Finanzkrise im Jahr 2008 brachen seine Mittel um 10 Mio Euro ein. Weiters besteht die Österreichische Nationalstiftung, die aus Mitteln des *European Recovery Program* Fonds gespeist wird; ihre Mittel wiederum wurden im Jahr 2009 auf 21 Mio. Euro mehr als halbiert.

beginnend bei den Zielgruppen an potentiellen Fördernehmern (außeruniversitäre/universitäre Forschungseinrichtungen, Wissenschaftler, Doktoranden, Unternehmen etc.) über die Förderungsart (Beratung, Finanzierungshilfe, Forschungsverwertung) bis zu den Forschungsbereichen der unterschiedlichen Programme. Gemeinsam ist den Landesforschungsförderprogrammen jedoch die starke Tendenz in Richtung Innovation und Technologie.

Die Ziele der Förderprogramme haben einen Schwerpunkt auf Innovation und Technologie. Als Beispiel ist hier die Förderung der regionalen Wirtschaft zu nennen, die fast jedes Bundesland anbietet.[34] Eine übergreifende Koordination zwischen nationalen und regionalen Aktivitäten in diesem Bereich ist nicht vorhanden.

Interessant ist, dass einzelne Bundesländer Forschungs- bzw. Wissenschaftsräte eingerichtet haben (Oberösterreich, Salzburg und die Steiermark). Die Räte in Oberösterreich und der Steiermark beraten jeweils die gesamte Landesregierung, der Rat in Salzburg berät die Landeshauptfrau. In einem Fall, im Steirischen Forschungsrat, gibt es eine personelle Überschneidung mit dem die Bundesregierung beratenden RFTE.

3.3. Verflechtung und Zusammenarbeit von Bund und Ländern im Bereich der Hochschulfinanzierung und der Forschungsförderung

Wie bereits erläutert wurde, gibt es kaum – und wenn, dann nur sehr eingeschränkte und nicht systematische – Verflechtungen zwischen Bund und Ländern im Bereich des Hochschulwesens. Die Finanzierungsdominanz liegt eindeutig beim Bund.

Einzelne jüngere Universitäten in den Bundesländern weisen Mischfinanzierungen zwischen Bund, Land und Stadt auf. Für die Donau-Universität-Krems für Weiterbildung wurde eine eigene Rechtskonstruktion gewählt (Abs. 15a B-VG-Vereinbarung).

Für die Fachhochschulen besteht eine Form der Mischfinanzierung, bei denen das Land wiederum zumeist nur der kleine Partner ist. Der sie akkreditierende Fachhochschulrat ist eine Bundesbehörde und unterliegt der Aufsicht durch den zuständigen Bundesminister. Die Privatuniversitäten, für die ein Verbot der Bundesfinanzierung gesetzlich verankert ist, werden teilweise ganz massiv von den Ländern finanziert. Der Finanzierungsmix ist hier sehr heterogen, die Beteiligungsdaten müssten über Einsicht ins Firmenbuch in Erfahrung gebracht werden.

Leichter funktioniert die Verflechtung im Bereich der Forschung bzw. ihrer direkten Förderung. So fördert der unter Aufsicht des Bundes stehende Wissenschaftsfonds FWF im Wege der Personenförderung wissenschaftliche Projekte an Fachhochschulen sowie Privatuniversitäten. Ähnliches gilt für die FFG, die durch Bundesgelder gespeist ist, und regionale Akzente setzt, indem sie beispielsweise im von

---

34 Einen guten Überblick über die regionalen FTI-Förderprogramme bietet Pöchhacker 2009: 41 ff. Zu erwähnen ist, dass der Wiener Wissenschafts-, Forschungs- und Technologiefonds auch Spitzenforschung fördert sowie Stiftungsprofessuren finanziert.

ihr verwalteten Kompetenzzentrenprogramm institutionelle Partner aus Bund, Ländern und Industrie zusammenführt.

Des Weiteren können Länder außeruniversitäre Forschungseinrichtungen einrichten und finanzieren, wie das z. B. im Fall des *Joanneum Research* in der Steiermark der Fall ist. Diese große regionale außeruniversitäre Forschungseinrichtung ist als GmbH organisiert und wird zu 90 % vom Land Steiermark getragen.

Der errechnete Anteil der Landesfinanzierung an den Gesamtausgaben für F&E beträgt im Jahr 2009 5 % (siehe Tabelle 3). Diese nicht sehr große Summe steht in direkter Relation zur formalen Zuständigkeit des Bundes für die Institutionenförderung; eine Durchbrechung dieses Prinzips ist, wie erläutert, so gut wie nicht auszumachen. Was die Forschungsförderung auf dem Weg von thematischen oder strukturellen Programmen, Antrags- und Auftragforschungen, besteht allerdings ein deutlich höherer Anteil der Landesfinanzierung, der freilich aufgrund nicht vorhandener Daten nur geschätzt werden kann. Für ein Österreich-Mittel könnte sich eine tentative eigene Schätzung des Anteils von Landeswissenschaftsmitteln und Landesförderungsprogrammen am Gesamtvolumen (das dann etwa auch die in FWF und FFG angesiedelten Mittel enthält) auf etwa 20 % belaufen (vgl. Abschnitt 4.2.). Dass diese teilweise sehr hohen Summen in das regionale Wissenschafts- und Forschungssystem bzw. Innovationssystem einfließen, ohne mit der übergreifenden Bundespolitik direkt koordiniert zu sein, kann hinsichtlich der Effektivität der im Gesamtsystem eingesetzten Mittel in Bezug auf ihre Steuerungswirkungen Zweifel wecken und muss mit Blick auf die mehrfach entstehenden Verwaltungskosten auch hinsichtlich der Effizienz des Mitteleinsatzes kritisch betrachtet werden.

Tabelle 3: Globalschätzung 2009: Bruttoinlandsausgaben für F&E-Finanzierung der in Österreich durchgeführten Forschung und experimentellen Entwicklung 1981-2009

Jahre	Brutto-inlandsausgaben für F&E (in Mio. EUR)	Davon finanziert durch:					BIP nominell (in Mrd. EUR)[6]	Brutto-inlandsausgaben für F&E in % des BIP
		Bund	Bundesländer	Unternehmenssektor	Ausland	Sonstige		
1981	896,14	362,40	47,86	450,20	22,17	13,51	81,60	1,10
1985	1.248,68	518,16	71,20	613,35	30,90	15,07	103,42	1,21
1989	1.669,07	617,84	89,38	885,35	53,87	22,63	126,84	1,32
1993	2.303,31	957,12	129,67	1.128,40	59,69	28,42	159,16	1,45
1994	2.550,73	1.075,14	158,69	1.179,42	106,52	30,96	167,01	1,53
1995	2.701,68	1.092,28	153,89	1.233,50	190,10	31,91	174,61	1,55
1996	2.885,55	1.066,46	159,06	1.290,76	337,00	32,27	180,15	1,60
1997	3.123,21	1.077,59	167,35	1.352,59	478,21	47,47	183,48	1,70
1998	3.399,83	1.097,51	142,41	1.418,43	684,63	56,85	190,85	1,78
1999	3.761,80	1.200,82	206,23	1.545,25	738,91	70,59	197,98	1,90
2000	4.028,67	1.225,42	248,50	1.684,42	800,10	70,23	207,53	1,94
2001	4.393,09	1.350,70	280,14	1.834,87	863,30	64,08	212,50	2,07
2002	4.684,31	1.362,37	171,26	2.090,62	1.001,97	58,09	218,85	2,14
2003	5.041,98	1.394,86	291,62	2.274,95	1.009,26	71,29	223,30	2,26
2004	5.249,55	1.462,02	207,88	2.475,55	1.016,61	87,49	232,78	2,26
2005	6.029,81	1.764,86	330,17	2.750,95	1.087,51	96,32	244,45	2,47
2006	6.318,59	1.772,06	219,98	3.057,00	1.163,35	106,20	257,29	2,46
2007	6.971,49	2.031,25	359,48	3.280,07	1.190,04	110,65	270,84	2,57
2008	7.516,58	2.337,04	367,00	3.483,73	1.207,70	121,11	282,20	2,66
2009	7.652,27	2.545,50	401,86	3.439,83	1.132,37	132,71	280,11	2,73

Quelle: STATISTIK AUSTRIA. Erstellt am 05.5.2009

4. *Analysen*

4.1. Finanzierungsformen des österreichischen Wissenschaftssystems

Die Wissenschaftsfinanzierung in Österreich, untergliedert in die Hochschulfinanzierung und die Forschungsfinanzierung, lässt sich in einem Drei-Säulen-Modell beschreiben. Eine Säule ist die reine Bundesfinanzierung, die zweite die reine Landesfinanzierung und die dritte die Mischfinanzierung (Bund, Länder, aber auch private Financiers). Weitere Unterscheidungen können bezüglich der formalen und der realen Lage getroffen werden. Nicht nur in Österreich stellen sich die Dinge „in der Realität" anders dar als in den Verfassungs- und Gesetzestexten. Auf diese Unterscheidung wird in vorliegendem Beitrag verzichtet; die Analyse der realen Vorgänge bedürfte einer eigenen empirischen Untersuchung, die einen Blick auf informelle Abwicklungswege werfen müsste.

Die Universitätsfinanzierung wird durch die erste Säule getragen, da diese hauptsächlich vom Bund alloziert wird. Diese beinhaltet auch die Forschungsfinanzierung, die durch den Bund finanziert wird, allen voran die Mittel des FWF und der FFG.

Die zweite Säule bezeichnet die Einrichtungen bzw. Instrumente, die allein durch das Land finanziert werden. Es sind dies vor allem die Forschungs- und Innovationsförderungsprogramme der Länder. Es gibt keine Bildungs- oder Forschungseinrichtungen, die rein länderfinanziert wären. Am ehesten in diese Kategorie fällt die bereits erwähnte *Joanneum Research* und Teile der österreichischen Privatuniversitäten. Man kann davon ausgehen, dass es sich bei Umwandlung oder „Aufwertung" von bestehenden Landeseinrichtungen (beispielsweise Musikkonservatorien) in Privatuniversitäten um reine Landesfinanzierungen handelt.[35]

Die dritte Säule ist die Mischfinanzierung und betrifft Einrichtungen oder Instrumente, die sowohl vom Bund als auch vom Land finanziert werden, also *Public-Public*-Finanzierungsformen.[36] Die Fachhochschulen sind das prominenteste Beispiel dafür. Durch die dominante Finanzkraft des Bundes ist dieser meistens im Vergleich zu den Ländern stärker involviert. Für die Fachhochschulen zeichnet sich jedoch die Tendenz ab, dass die Bundesanteile zwar nicht nominell, aber real schrumpfen und die Länder für den Bund einspringen müssen.[37] Kommt zu der *Public-Public*-Finanzierungsform auch noch eine „private" dazu, so wäre das oben erwähnte Kompetenzzentrenprogramm zu nennen, das die FFG verwaltet. Es ist dies eine Form der Finanzierung anwendungsnaher Forschung durch Bund, Länder und

---

35 Am ehesten ist das die Bruckner Privatuniversität Linz.
36 Dieser Terminus wird üblicherweise dann verwendet, wenn EU-Mittel oder internationale Mittel durch nationale Gelder kofinanziert werden. Hier wird er auf die Bund-Land-Finanzierung angewandt.
37 So wurde z. B. der Normkostenersatz seit Einführung der Fachhochschulen vom Bund weder erhöht noch inflationsangepasst; es findet sich kein Hinweis auf eine eventuelle Erhöhung im nächsten Fachhochschulentwicklungs- und Finanzierungsplan.

Industrie. Auch die Finanzierung von Stiftungsprofessuren in Österreich, die weniger vom Bund, dafür aber von Ländern und Privaten finanziert werden, können unter diese dritte Säule subsumiert werden.[38]

Drei Handlungsprinzipien sind in diesem 3-Säulenmodell festzustellen: a) Vorrangigkeit/Partikularismus, b) Komplementarität/Substitution und c) Kooperation.[39]

Das Prinzip der Vorrangigkeit lässt sich auf die Tätigkeit des Bundes für die erste Säule applizieren, der, ganz i. S. seiner ihm verfassungsrechtlich zugestandenen Bundeskompetenz, bestimmte Aufgaben wahrnimmt. Subsidiarität ist kein in der österreichischen Verfassung verankerter Terminus und spielt daher auch in der politischen Praxis keine Rolle. In Österreich sind die Länder gegenüber dem Bund im Hochschulbereich im Nachrang und haben sich seinen Finanzierungsentscheidungen, die das gesamtstaatliche Wohl im Blick haben sollen, anzupassen. Dies setzt aber die Existenz gesamtstaatlicher Ziele voraus. Diese dürfen keinesfalls der kleinste gemeinsame Nenner sein oder auf Zuruf formuliert werden. Partikularismus, verstanden als unabgestimmte Aktionen im Alleingang in einer diversifizierten *actors' arena* ist bei aller formalen wie realen Hauptzuständigkeit des Bundes ein Faktor, der Geschichte wie Gegenwart dieses Systems kennzeichnet.[40] Wenn der Bund auf neue Initiativen ohne Aussicht auf Mitwirkung der Bundesländer setzt, bei denen jedoch klar ist, dass sie ohne Zusammenarbeit mit denselben nicht umgesetzt werden können, kann ihm Partikularismus nachgesagt werden.

Mit Blick auf die zweite Säule – die der reinen Länderfinanzierung – stehen Partikularismus, Komplementarität oder Substitution im Mittelpunkt. Die Bundesländer selbst handeln im Zeichen des Partikularismus, wenn sie selbständig und unabhängig Forschungseinrichtungen errichten oder Forschungsprogramme aufsetzen.

Von Komplementarität kann gesprochen werden, wenn die Länder ergänzend zum Bund Einrichtungen und Instrumente finanzieren und dabei den Bund nicht konterkarieren, sondern Ziele komplettieren. Landesforschungsförderprogramme, die mit Strategien des Bundes abgestimmt sind, wären so ein Beispiel. Substitution findet statt, wenn die Länder tatsächlich ersatzweise, weil vom Bund nicht finanziert, eigene Programme und Förderungen errichten und diese nicht mit dem Bund abstimmen. Diese Vorgehensweise kann im Grenzfall dazu führen, dass Bundesstrategien konterkariert werden. Wenn die Länder wirkliche Lücken aufgrund regionaler Erfordernisse füllen, allerdings nicht i. S. von Lückenbüßern, wäre das ideal. Mängel der Bundesfinanzierung lediglich „ausgleichen" zu müssen, kann keine sinnvolle Zusammenarbeit zwischen Bund und Ländern begründen.

Bei der dritten Säule, der Mischfinanzierung, handelt es sich nicht immer um Kooperation, sondern auch um Komplementarität. So wurden beispielsweise Fachhochschulen, die in der Bundeskompetenz liegen, vielleicht kooperativ mit den Ländern

---

38 Erste österreichweite Erhebung in BMWF: Universitätsbericht 2008: Stiftungsprofessuren an Universitäten, Stand Juli 2008: 55 ff. Quelle: http://www.bmwf.gv.at/uploads/tx_bmwfcontent/Universitaetsbericht_2008_01.pdf.
39 In Anlehnung an Buchinger 2008.
40 Pichler/Stampfer/Hofer 2007 sowie CREST 2008.

Mitte der 1990er Jahre eingerichtet, aber seither komplementär von den Ländern kofinanziert. Der Bund gibt die Entwicklungslinien vor. Kooperativ unter gleichberechtigten Partnern kommen am ehesten noch die Kompetenzzentren zustande, wo sich Bund, Land und Industriepartner auf ein Entwicklungs- und Finanzierungskonzept einigen müssen. Da es sich hier aber um ein *Public-Private-Partnership* handelt, wo die gleiche Augenhöhe der Partner sicherlich aufgrund der privaten Beteiligung ausgelöst wurde, ist es ein eher untypischer Fall.

Eine Bund-Länder-Kooperation auf der Ebene der Instrumente dürfte trotzdem leichter in die Wege zu leiten sein als auf der Ebene einzelner Institutionen. Eine Bildungs- oder Forschungseinrichtung, die sich Bund und Länder teilen, ist zwar beim ISTA auf dem Papier (§ 15a B-VG – Vereinbarung) gegeben, jedoch finanziert auch hier der Bund mehr als das Land Niederösterreich oder die Industrie. Auch die Donau-Universität für Weiterbildung Krems, die ihr Studienangebot auf den Weiterbildungsbereich beschränkt, ist vom Bund dominiert. Die Bestrebungen des Landes Niederösterreich, aus der Donau-Universität eine Volluniversität zu machen, werden seitens des Bundesministeriums für Wissenschaft derzeit als nicht vordringlich erachtet.

Es lässt sich also mit einigem Grund fragen, ob wirkliche Kooperation zwischen Bund und Ländern in Fragen des Wissenschaftssystems in Österreich bereits stattgefunden hat. Unter Kooperation könnte man eine Umgangsform zwischen Bund und Ländern verstehen, die es ermöglicht, dass Politiken im Vorhinein abgestimmt und ausverhandelt werden und in konsistente, langfristig tragfähige Steuerungs- und Finanzierungsformen gegossen werden.

Foren, Plattformen etc. der Mitsprache und des Austausches sind zwar vor allem in Bezug auf die Absprache von Forschungs- und Innovationsförderung vorhanden, wirkliche Initiativen zur Kooperation wurden aber noch nicht gesetzt. Für das Hochschulsystem selbst wurden solche Schritte noch nicht unternommen. Eine tatsächliche und umfassende nationale Strategie für das Wissenschaftssystem setzt allerdings die Kopplung von Hochschulbildung und Forschung voraus.

4.2. Bewertungen

Im österreichischen Wissenschaftssystem ist wegen der jüngsten weitreichenden Reformen vieles noch im Fluss und teilweise ist es noch zu früh, um verlässliche Aussagen zu treffen. So wurde erst vor kurzem die universitäre Landschaft durch das UG 2002, das zum 1.1.2004 in Kraft trat, ganz wesentlich verändert. Fachhochschulen existieren seit 1993, Privatuniversitäten seit 1998 und Pädagogische Hochschulen seit 2005. Gleiches gilt für die Strukturreform der Forschungsförderung, die ebenfalls erst 2004 implementiert wurde und wie bereits erwähnt alle Forschungsförderungsagenturen außer dem FWF unter das Dach der FFG gestellt hat.

Der tertiäre Bildungssektor Österreichs ist in den letzten Jahrzehnten erheblich gewachsen und ist in seiner Struktur und in seinen Teilen das Ergebnis einer mehr oder weniger naturwüchsigen Entwicklung, die ihre Impulse und ihre Rechtfertigung der steigenden Nachfrage nach höherer Bildung, einzelnen bildungspolitischen Grundsatzentscheidungen und der Aufnahme internationaler Entwicklungen verdankt. Eine Einbettung dieser Entwicklung in eine kohärente Hochschulentwicklungspolitik und darüber hinaus in eine umfassende Wissenschaftsentwicklungspolitik, existiert bislang nicht.

Die österreichische Forschungspolitik wiederum wurde lange fast ausschließlich vom Bund betrieben. Die Länder sind erst seit den 1990er Jahren forschungspolitisch aktiv geworden. In der Phase des Aufbaus eigener forschungspolitischer Strukturen waren die Länder zunächst längere Zeit auf sich selbst konzentriert.[41] Gleichzeitig durchlief der Bund selbst eine Reihe von Strukturveränderungen und war ebenfalls mit sich selbst beschäftigt bzw. richtete sein Hauptaugenmerk auf die EU, der Österreich 1995 beigetreten ist. Doppelgleisigkeiten zwischen Bund und Ländern waren somit vorprogrammiert. Dass wegen geringer forschungsbezogener Koordination zwischen dem Bund und den Ländern Abstimmungsnotwendigkeiten in der Forschungsförderung entstanden, ist daher ein vergleichsweise junges Phänomen.[42] Eine Gesamtschau war bis dato unter anderem auch deshalb nicht möglich, weil – wie auch der Österreichische Rechnungshof kritisierte – eine Bund und Länder umfassende Forschungsförderungsdatenbank, die eine flächendeckende Erhebung von Forschungsförderungsdaten ermöglichen würde, und somit eine wesentliche Basis für die Identifikation und Bereinigung von Doppelgleisigkeiten bilden könnte, fehlte. Der Rechnungshof hat daher im Jahr 2005 empfohlen, dass die beiden damals zuständigen Bundesministerien (BMBWK und BMVIT) eine gesamtösterreichische Forschungsförderungsdatenbank unter Einbeziehung des Bundes und der Länder als Grundvoraussetzung für eine langfristig effektive Gestaltung des österreichischen Forschungsförderungsgeschehens einführen.[43] Obwohl bereits seit Jahren der politische Wille bestand, eine für alle Bundesministerien zugängliche Datenbank zur Erfassung sämtlicher Förderungen einzurichten, blieben konkrete Schritte zu deren Umsetzung bislang aus.[44]

Ähnliches gilt für das österreichische Hochschulsystem: In seiner gegenwärtigen Form umfasst es unterschiedliche Institutionen, die nach ihrem Bildungsauftrag, nach ihren inhaltlichen Schwerpunkten und in ihrem Verhältnis zueinander nur ungenau bestimmt sind und deren Abstimmung, wo sie erfolgt, auch immer noch Zufälligkeiten überlassen bleibt. In dieser Form birgt das System gesellschafts- und bildungspolitisch manche Vorteile, da es sich nach seinen eigenen bzw. nach gegebenen gesellschaftlichen Bedürfnissen entwickelte. Es legt aber auch koordinierende

---

41 Buchinger 2008: 15.
42 Ebd.: 1.
43 Ebd.: 34.
44 Rechnungshof 2005: 21.

Maßnahmen nahe, die dazu dienen sollten, Synergien zu nutzen, Fehlentwicklungen zu vermeiden und das System insgesamt zukunftsfähig zu machen.

Es ist zu beobachten, dass in Österreich, obwohl es in Fragen des Hochschulsystems praktisch keine föderalen Abstimmungen gibt, die Notwendigkeit einer Gesamtschau der österreichischen Hochschullandschaft zunehmend erkannt wird. Das Erfordernis einer hochschulpolitischen Gesamtplanung hat sich in dem Maße noch verstärkt, in dem der tertiäre Sektor aus einer bürokratischen Detailsteuerung entlassen und als ein mit institutionellen Autonomien ausgestattetes System etabliert wurde. Auch das laufende Regierungsprogramm sieht die Erstellung eines „nationalen Hochschulplanes" vor, durch den der Universitätsentwicklung unter gleichzeitiger Einbeziehung der übrigen Sektoren des tertiären Bereichs (Fachhochschulen, Pädagogische Hochschulen, Privatuniversitäten) eine Richtung gewiesen werden soll.[45] Der Startschuss zur Ausarbeitung dieses Hochschulplanes (Ziel ist die Erarbeitung eines Weißbuches) wurde seitens des Bundesministers für Wissenschaft und Forschung im Herbst 2009 gegeben. An weiteren momentan in Österreich laufenden Aktivitäten zur Entwicklung von Gesamtstrategien, die eher die Forschungs- und Technologiepolitik im Auge haben, wären die Strategie 2020 des Rates für Forschung und Technologieentwicklung sowie die geplante Forschungsstrategie des Bundes zu nennen.

Eine politische Gesamtplanung, die das ganze Wissenschaftssystem, also auch die Forschungsförderung, einbeziehen sollte, wäre im Idealfall die höchste Stufe der Zusammenarbeit zwischen Bund und Bundesländern. Angelehnt an die oben genannten Handlungsprinzipien würde sie eine Kooperation im eigentlichen Sinne bedeuten. Sie lässt sich – unbeschadet der politischen Letztverantwortung des Staates – nur in Abstimmung und in Kooperation mit den Trägerinstitutionen, ferner in zunehmendem Maße in Abstimmung zwischen dem Bund und den Ländern entwickeln, die mit ihrem Handeln ein „öffentliches Interesse" vertreten.[46] Da eine *top-down*-Planung von Wissenschaft und Forschung weder in allen Fällen sinnvoll noch machbar ist, muss den Beteiligten allerdings klar sein, dass Erwartungen in die Formulierung von Strategien und Plänen nicht überzogen ausfallen dürfen und nicht alle Probleme eines Forschungs- und Innovationssystems darin einer Lösung zugeführt werden können.

5. Resümee und Ausblick

Anhand der Darlegung entscheidender struktureller Grundzüge und Daten aus der jüngeren Entwicklung wird deutlich, dass es in Österreich gemeinschaftliche Wissenschaftsfinanzierung in einem engeren Sinne zwar nicht gibt, sich jedoch in einzelnen Fällen und mit steigender Tendenz Zusammenarbeitsformen zwischen Bund

---

45 Regierungsprogramm für die XXIV.Gesetzgebungsperiode (2008-2013). Quelle: http://www.bka.gv.at/DocView.axd?CobId=32966: 211.
46 Mayntz 2004: 3.

und Ländern ergeben haben. Im Rahmen der Privatwirtschaftsverwaltung haben die Länder verschiedene Wege der Mitsprache gefunden.

Die Herausforderung zur Finanzierung und Steuerung des Wissenschaftssystems liegt in Österreich aufgrund der finanzschwachen Länder im Vergleich zum Bund allerdings nicht so sehr darin, ob von Bund oder Land finanziert wird, sondern ob und wie öffentlich finanziert wird (z. B. neue Steuerung durch Leistungsvereinbarungen zwischen Gesamtstaat und Universität) und welche gesamtstaatlichen Strategien dahinterstehen. Österreich ist für Herangehensweisen regionaler Spielart vielleicht als Gesamtstaat auch zu klein – es würden damit vermutlich nur unnötige Kosten und eventuell eine Verwässerung von Zuständigkeiten erzeugt.

Der *Impact* von „Regionaluniversitäten", die vom Bund finanziert werden, kann sehr groß sein und die Entwicklung der Region in vielerlei Hinsichten fördern. Trotzdem sollen diese Universitäten nationalen und vor allem internationalen Standards genügen und nicht provinziellen Lösungen folgen. Der Bund sollte darauf achten, dass das Substitutionsverhalten der Länder wissenschaftsadäquat abläuft und nicht lediglich lokale Begehrlichkeiten befriedigt. Exzellente, qualitativ hochwertige Forschung zu betreiben und zu fördern sollte das Ziel von Bund und Ländern sein. In diesem Punkt einen Wettbewerb zwischen den einzelnen Ländern und zwischen den Ländern und dem Bund herzustellen, wäre sicherlich förderlich. Ferner sollten Bund und Länder danach trachten, dass ein Monitoring-, Evaluierungs- und Qualitätssicherungssystem aufgebaut wird, dass von allen Seiten ernst genommen wird.[47]

Ferner sollte man sich auch die Frage stellen, ob es in Österreich Bereiche gibt, in denen primär Vorrangigkeit, Partikularismus, Komplementarität, Substitution oder Kooperation angebracht sind. Dabei darf vor allem nicht außer Acht gelassen werden, dass die Länder im Unterschied zum Bund hauptsächlich Förderung angewandter Forschung und experimenteller Entwicklung unterstützen.[48] Der Bund ist im Wesentlichen für die Finanzierung der Grundlagenforschung zuständig. Diese Beobachtung könnte Grundlage für eine ertragreiche Arbeitsteilung zwischen Bund und Ländern sein. Voraussetzung derartiger Arbeitsteilung ist jedoch stets, dass der Bund seine Rolle als richtungsweisender Hauptfinancier auch tatsächlich wahrnimmt und seiner bildungs- und forschungspolitischen Verantwortung nachkommt. Die Länder müssen hinter einer nationalen Strategie stehen können. Deshalb erscheint es wichtig, dass man sie in die Ausformulierung einer solchen Strategie einbindet. Der Bund sollte jedoch nicht nur Vermittler der verschiedenen Interessen sein, sondern in allen Handlungslinien konsistent mit einer Forschungsstrategie aus einem Guss auftreten, wodurch eine Stärkung des Wissenschaftssystems erleichtert würde. Beratungsgremien könnten dabei auch in Österreich eine größere Rolle spielen, wobei wichtig wäre, dass die existierenden Beratungsgremien personell und finanziell besser ausgestattet werden und Beratung auch zugelassen wird.

Ein großer Trend in der europaweiten, aber auch internationalen Wissenschaftsfinanzierung, der auch vor Österreich nicht halt gemacht hat, ist der Trend zur Fokus-

---

47 Siehe auch: Strategie 2020 des RFTE (2009).
48 Europäische Kommission 2009: 13.

sierung auf Projektfinanzierung bei gleichzeitig stagnierender bis abnehmender institutioneller Grundfinanzierung.[49] Eine Tendenz zur getrennten Finanzierung von Forschung und Lehre – trotz Beibehaltung der nach Forschung und Lehre nicht differenzierenden Finanzierung der Universitäten über Globalbudgets – geht damit einher. Entsprechend verfolgen auch die Hochschulen zunehmend eine Strategie der Diversifizierung ihrer Einkommensquellen mittels Finanzierung von Projekten, um wettbewerbsfähig bleiben zu können. An einigen Universitäten stammt der Drittmittelanteil zudem zu 50 % aus privaten Quellen.[50] Das könnte bedeuten, dass die Legitimierung staatlicher Steuerung langfristig sinken könnte. Diese Fragen, also die Öffnung der Hochschulen nach außen bzw. gegenüber Dritten sowie der Stellenwert anreizbezogener Projektfinanzierung, scheinen für das heutige Wissenschaftssystem in Österreich vorrangiger zu sein als die Frage der Bund-Länder-Finanzierung.

---

49 Vgl. Leitner et al. 2007.
50 Eigene Schätzungen.

Literatur

BMWF/BMVIT/BMWA 2009: Österreichischer Forschungs- und Technologiebericht. Wien: Österreichische Bundesregierung.

BMWF/BMVIT/BMWA 2008: Österreichischer Forschungs- und Technologiebericht. Wien: Österreichische Bundesregierung.

BMWF 2008: Statistisches Taschenbuch 2008. Wien: BMWF.

BMWF 2008: Universitätsbericht 2008. Wien: BMWF.

Buchinger, Eva, 2008: Multi-Level-Governance: Forschungsbezogene Koordination zwischen Bund und Ländern in Österreich. Wien: Systems Research – Austrian Research Centers.

CREST (Ausschuss für wissenschaftliche und technische Forschung der Europäischen Union), 2008: Policy-Mix-Peer-Reviews: Länderbericht ÖSTERREICH – Ein Bericht der CREST Policy-Mix-Expertengruppe – Vierter Zyklus der Methode der Offenen Koordinierung zur Erreichung des 3 %-Ziels. Wien/Brüssel: CREST.

Europäische Kommission, 2009: ERAWATCH COUNTRY REPORT 2008 – An Assessment of Research System and Policies. Sevilla: EU.

Kasparovsky, Heinz/Wadsack, Ingrid, 2007: Das Österreichische Hochschulsystem. Wien: BMWF.

Leitner, K.-H. et al., 2007: Finanzierungsstruktur von Universitäten. Internationale Erfahrungen zum Verhältnis zwischen Basisfinanzierung und kompetitiver Forschungsfinanzierung. Wien: BMBWK/BMVIT/BMWA.

Mayntz, Renate, 2004: Governance Theory als fortentwickelte Steuerungstheorie? MPIfG Working Paper 04/1, Köln: MPIfG.

Nickel, Sigrun, 2003: Neupositionierung zwischen Staat und Markt. In: Lüthje, Jürgen/dies. (Hrsg.), Universitätsentwicklung: Strategien, Erfahrungen, Reflexionen, Frankfurt a. M.: Peter Lang, 219-232.

OECD, 2002: Frascati Manual – The Measurement of Scientific and Technological Activities: Proposed Standard Practice for Surveys on Research and Experimental Development. Paris: OECD.

Öhlinger, Theo, 2004: Geschichte, Struktur und Zukunftsperspektiven des kooperativen Bundesstaates in Österreich. In: Bußjäger, Peter/Larch, Daniela (Hrsg.), Die Neugestaltung des föderalen Systems vor dem Hintergrund des Österreich-Konvents. Proceedings zum Workshop „Die Neugestaltung des föderalen Systems vor dem Hintergrund des Österreich-Konvents", Innsbruck: Institut für Föderalismus, 25-60.

Österreichischer Rechnungshof 2005, 2009: Erfassung forschungsrelevanter Daten (Förderungsdatenbanken). Wien: Rechnungshof, Reihe Bund.

Pansi, Heinz, 1992: Inhalt, Auswirkungen und Verwirklichung der Förderungsprogramme der Bundesländer. Wien: Verlag der österreichischen Staatsdruckerei.

Pichler, Rupert/Stampfer, Michael/Hofer, Reinhold, 2007: Forschung, Geld und Politik – Die staatliche Forschungsförderung in Österreich 1945-2005. Innsbruck: Studienverlag.

Pöchhacker, Gerlinde, 2009: Analyse der österreichischen FTI-Governance und -Förderinstrumente auf Länder-Ebene und im Zusammenspiel mit dem Bund (Ergebnisbericht). Linz: RFTE/Austrian Council.

Rat für Forschung und Technologieentwicklung (RFTE), 2009: Strategie 2020. Wien: Austrian Council.

Schmitt, Gerhard/Reichert, Sybille, 2003: Die ETH als Public-Profit-Organisation. In: Lüthje, Jürgen/Nickel, Sigrun (Hrsg.), Universitätsentwicklung: Strategien, Erfahrungen, Reflexionen, Frankfurt a. M.: Peter Lang, 239-246.

Kompetenzverteilung und Governance im Hochschulwesen der USA – das Scheitern der „systemischen Koordination" zwischen Markt und Staat

Ulrich Schreiterer

1. Hochschulbildung in den USA: Institutionelles Setting und Governance

Ähnlich wie in Deutschland und in Kanada liegt die staatliche Verantwortung für die Hochschulbildung in den USA nicht bei der Bundesregierung, sondern bei den einzelnen Ländern (*states*) – allerdings *ex negativo* und nicht durch eine positive Zuweisung der entsprechenden Kompetenzen in der Verfassung. Deren am 15. Dezember 1791 verabschiedetes *Tenth Amendment* (Ergänzung) schreibt vor, dass alle Befugnisse und Angelegenheiten, die in der Verfassung nicht ausdrücklich den *United States* zugewiesen werden, bei den Einzelstaaten beziehungsweise beim Volk verbleiben.[1] Da in der Verfassung von Bildung nirgends die Rede war und ist, fällt sie konkludent den *states* zu – oder eben *the people*.

Damit hören die Vergleichbarkeiten aber auch schon auf. Denn die Rolle und Bedeutung der *states* in der Hochschulbildung unterscheiden sich massiv von derjenigen der deutschen Länder. Das gilt generell für die Rolle des Staates, der in allen Ländern Europas mit einer nahezu ausschließlich öffentlichen Finanzierung der Hochschulen die *ownership* über die Hochschulbildung besitzt und daher weitreichende politische Gewährleistungs- und Gestaltungsansprüche erhebt und geltend macht. *Higher education* in den USA ist dagegen aufgrund ihrer historischen Ursprünge, aber auch dank eines charakteristischen Grundverständnisses von ihren Aufgaben und Funktionen, weniger eine staatliche Veranstaltung der Daseinsvorsorge als primär eine private Angelegenheit der Bürger und ihrer unterschiedlichen *communities*. Noch immer wird die Hochschulentwicklung weniger durch den Staat als durch die Nachfrage nach differenzierten Studienangeboten und Bildungsprofilen angetrieben, in der sich teils ein allgemeiner Trend zu höherer Qualifizierung (vor allem im Gesundheitswesen und im Dienstleistungssektor), teils aber auch spezielle Anliegen oder Bedürfnisse sozialer, religiöser und ethnischer Gruppen widerspiegeln. Für alle gibt es auf dem Markt der Möglichkeiten ein passendes Angebot, was dem System eine hohe Dynamik verleiht, seine offenen und schwammigen Grenzen allerdings auch ständig verschiebt und etliche Unwuchten generiert.

---

[1] „The powers not delegated to the United States by the Constitution, nor prohibited by it to the States, are reserved to the States respectively, or to the people."

Das hat, wie wir gleich sehen werden, weitreichende Konsequenzen sowohl für die Gestalt und das Betriebssystem des Hochschulwesens als auch für dessen politische Steuerung und Koordination: Zwar hat die Bundesregierung seit der zweiten Hälfte des 19. Jahrhunderts durch spektakuläre Förderinitiativen und umfangreiche Programme zur Studienfinanzierung eine so wichtige Rolle in der Hochschulbildung übernommen, dass man, *cum grano salis* natürlich, auch für die USA von einer „Gemeinschaftsaufgabe *higher education*" sprechen kann. Von einer auch halbwegs klaren Kompetenzverteilung in einer Mehrebenenkonstellation ist das Arrangement, das sich dabei allmählich ungeplant herausgeschält hat, allerdings meilenweit entfernt. Durchgriffsrechte und Machtressourcen aller Ebenen staatlicher Politik im Hochschulbereich bleiben äußerst begrenzt. Aus den vielen Maßnahmen und Programmen erwächst weder eine kohärente *policy* noch ein stimmiges System verflochtener Governance: Die amerikanische *higher education* (von einem Hochschul*system* wollen viele Beobachter gar nicht erst sprechen) stellt sich vielmehr als höchst unübersichtlich, fragmentiert und zudem auch noch segmentiert dar. Das System ist „large, untidy, uncoordinated", wie es Martin Trow treffend formulierte, und kommt ohne jegliche Standards für die Zulassung zum Studium, Qualifikationsanforderungen für Dozenten, die Verleihung akademischer Grade oder die Bezeichnung von Institutionen aus.[2]

Geprägt, befeuert und bestimmt wird es vom Wettbewerb der Hochschulen auf dem Markt. Weder Bund noch Einzelstaaten sind für die Hochschulausbildung verantwortlich. Sie reklamieren dafür auch gar keine Gestaltungsverantwortung. So bleibt es der unsichtbaren Hand des Marktes vorbehalten, Ordnung im Chaos zu stiften. Die Abgrenzungen zwischen verschiedenen Hochschultypen und unterschiedlichen institutionellen Segmenten im amerikanischen Hochschulwesen folgen keinen gesetzlichen Vorschriften, staatlichen Verordnungen oder formellen Übereinkünften, sondern sind nichts als Kuppelprodukte des Wettbewerbs um Studienbewerber, staatliche und private Gelder, Reputation und Prestige. Keine Hochschule muss um staatliche Anerkennung nachsuchen, aber jede muss sich auf dem Markt positionieren und bewähren. In der inzwischen schon klassischen international vergleichenden Typologie der Hochschul-Governance, wie sie Burton Clark vorgeschlagen hat, stehen die USA wie kein anderes Land auf der Seite des Marktes, während Deutschland einen Platz weit entfernt davon zwischen Staat und akademischer Gilde als den anderen beiden Ecken des Dreiecks besetzt.[3]

Wie groß und vielfältig das amerikanische Hochschulsystem ist, illustriert bereits ein flüchtiger Blick auf die einschlägigen *facts'n figures*: 2008/09 umfasste es insgesamt 4.314 Hochschulen (*colleges and universities*).[4] Allerdings bieten davon nur 2.629 einen Bachelorabschluss an, die übrigen niedrigere tertiäre Bildungsabschlüsse, so dass sie nach deutschem Verständnis nicht als Hochschulen zählen können.

---

2 Trow 1993: 30 f.
3 Clark 1983.
4 Alle folgenden Daten sind dem „Chronicle of Higher Education, Almanac Issue 2008-9" entnommen. Quelle: http://chronicle.com/almanac/ (27. April 2009).

Von den Hochschulen im engeren Sinne sind 24,5 Prozent (643) öffentlich, 58,3 Prozent (1.533) privat, aber als gemeinnützig anerkannt, und 17,2 Prozent (453) privatwirtschaftliche Einrichtungen *for profit*. Demnach befindet sich also nur ein knappes Viertel aller Hochschulen in staatlicher Trägerschaft, mehr als drei Viertel sind private Einrichtungen. Mit den Studentenzahlen verhält es sich umgekehrt: 61,8 Prozent (6,96 Mio.) der 11,24 Mio. Studenten mit dem Studienziel Bachelor oder noch darüber hinaus sind an staatlichen Hochschulen eingeschrieben. Mit durchschnittlich 5.685 USD pro Jahr verlangen diese viel geringere Studiengebühren als private mit einem Listenpreis von durchschnittlich 20.492 USD.

An deutschen Verhältnissen bemessen würden aber auch die Hochschulen in Trägerschaft der einzelnen *states* – Bundeshochschulen wie in der Schweiz gibt es nicht, sondern lediglich drei vom Verteidigungsministerium finanzierte Militärakademien für die Armee, Marine und Luftwaffe – wahrscheinlich kaum als staatliche Hochschulen durchgehen. Die große Mehrzahl der *states* hat kein eigenes Wissenschaftsministerium, sondern steuert ihre öffentlichen Hochschulen indirekt über ihre Vertreter in den einflussreichen Hochschulräten (*boards of trustees* oder *boards of regents*), in denen sie nicht einmal die Stimmenmehrheit besitzen. Viel stärker ins Gewicht fällt allerdings die finanzielle Seite der Beziehungen. In den letzten zwei Jahrzehnten ist die institutionelle Grundfinanzierung der öffentlichen Hochschulen durch die jeweiligen Sitzländer nahezu ständig zurückgegangen, und zwar sowohl absolut als auch anteilsmäßig. 2005/06 machten *state appropriations* im Durchschnitt nur noch 22,7 Prozent der Haushalte der Hochschulen in öffentlicher Trägerschaft aus.[5] Einige erhielten einen viel höheren Anteil, in anderen lag er deutlich niedriger.

Der Befund ist eindeutig: Selbst in staatlichen Hochschulen sind die *states* weder wichtigster Finanzier noch Herr im Haus. Was das für ihre Steuerungskapazität bedeutet, lässt sich leicht ausmalen: Durch die Vielfalt der Finanzierungsquellen gewinnen die Hochschulen eine große institutionelle Unabhängigkeit. Das gilt auch und gerade gegenüber staatlichen Anliegen und Steuerungsbegehren. Zugleich reduziert das freilich auch die Möglichkeiten für eine effektive politische Koordination der Hochschulbildung und -entwicklung jenseits des Marktgeschehens. Von einem „öffentlichen Hochschulwesen" lässt sich für die USA daher nur mit Vorbehalten und erheblichen Einschränkungen reden. Jeder Versuch einer staatlichen Einflussnahme auf das System und einer „systemischen Koordination" zwischen den zügellosen Kräften des Marktes und dem Dickicht institutioneller Akteure muss andere Hebel und Instrumente als diejenigen nutzen, die in staatlich verantworteten und durchregulierten Systemen üblich sind, in denen ein staatlich inszenierter Wettbewerb lediglich eine zusätzliche neue Steuerungskomponente darstellt.

---

5 Schreiterer 2008: 185.

2. Die Rolle des Staates

Erscheint die Hochschullandschaft der USA selbst noch auf den zweiten Blick – oder dann sogar erst recht – als ein nur schwer entwirrbares Puzzle ohne klar erkennbare Logik, Verantwortlichkeiten und Aufsicht, ist es dennoch notwendig, die Rolle und Aktivitäten des Bundes wie der Einzelstaaten darin etwas näher auszuleuchten, wenn man die jüngsten Interventionsversuche, mit denen die Regierung von Präsident George W. Bush notorische Schwachstellen des Systems bekämpfen wollte, verstehen und in das komplexe Gefüge heterogener Kräfte und antagonistischer Entwicklungstendenzen einordnen will.

Wir hatten bereits gesehen, dass im amerikanischen Hochschulwesen so gut wie keine staatliche Kontrolle oder Aufsicht existiert und die „systemische Koordination" sich nicht zuletzt deswegen lückenhaft und kontingent ausnimmt. Dass eine große Zahl intermediärer Akteure (Hochschulverbände, Wissenschaftsorganisationen, Interessengruppen, staatliche Agenturen, Stiftungen, private und öffentliche Institute und Policy-Berater) unter erstaunlich großer öffentlicher Anteilnahme fortlaufend lautstark über Probleme und Desiderata in der Hochschulbildung diskutiert, kann über den Mangel an politischer Koordination nicht hinwegtäuschen. Hybride Arenen zum Interessenabgleich und zur Konsensfindung zwischen Politik, Wissenschaft und *stakeholders* der Hochschulbildung, wie sie in Deutschland z. B. mit dem Wissenschaftsrat existieren, fehlen in den USA. Ein Gegenstück zur Kultusministerkonferenz oder zur Gemeinsamen Wissenschaftskonferenz sucht man dort vergebens.

Grob vereinfacht ausgedrückt, entwickelte und entwickelt sich das amerikanische Hochschulwesen im Wesentlichen *bottom up* – ohne Leitlinien, Masterpläne und Abstimmungen zwischen privatem und staatlichem Sektor, Bund und Einzelstaaten. Um staatliche Anerkennung muss eine Hochschule nur nachsuchen, wenn sie als *non-profit*-Einrichtung von der Umsatz- und Grundsteuerpflicht befreit werden will – und zwar beim Finanzamt. *University* und *college* sind weder gesetzlich geschützte Bezeichnungen noch im täglichen Sprachgebrauch eindeutig definiert. Jede tertiäre Bildungseinrichtung kann frei über ihren Namen, ihre *mission* und akademischen Standards befinden. Selbstverständlich gilt das auch für die Fragen, wen sie als Student aufnehmen oder für welches Gehalt sie Professoren beschäftigen will. Staatliche Genehmigungsvorbehalte für Studienprogramme oder Rahmenvorgaben für Abschlussgrade sind unbekannt, Programmakkreditierungen als funktionale Äquivalente beschränken sich auf berufsorientierte Studienfelder und sind mehr oder weniger freiwillig. Der Rechnungshof wacht nur über einen kleinen Teil des Finanzgebarens der Hochschulen in staatlicher Trägerschaft, und selbst diesen (von den privaten ganz zu schweigen) bleibt ihre innere Organisation und Governance weitgehend freigestellt. Trotzdem hat der Staat einen festen Platz in diesem verwirrenden System – jedoch weder als Veranstalter noch als *Impresario*, weder als *Arbiter* noch als *Leviathan*, sondern vielmehr als wichtigster Sponsor und Advokat einer *higher education*, die für alle Bürger erschwinglich sein soll. An dieser Herausforderung muss sich jeder Präsident und jede Bundesregierung messen lassen.

Gleichwohl steht die wichtige Rolle der Bundesregierung und der Einzelstaaten für die *higher education industry* in einem merkwürdigen Missverhältnis zu ihren schwachen Gestaltungskompetenzen und zu ihren sehr begrenzten Möglichkeiten direkter oder auch nur indirekter Einflussnahme auf die Organisation und Arbeit der Hochschulen. Das entbehrt nicht einer gewissen Ironie. Immerhin verdankte sich der zunächst langsame und nach dem Ende des Zweiten Weltkrieges geradezu stürmische Aufschwung der amerikanischen *higher education* im Wesentlichen staatlichen Anstößen und Hilfen. Initiativen und Maßnahmen des Bundes wurden zur wichtigsten Triebfeder für die Expansion und fulminante soziale Öffnung des Hochschulwesens – angefangen vom *Morill Act* von 1862, mit dem den Einzelstaaten große Ländereien aus Bundesbesitz übertragen wurden, damit sie aus deren Erträgen polytechnische und landwirtschaftliche Hochschulen aufbauen konnten, über den berühmten *„GI-Bill"* von 1944, der den aus dem Krieg heimkehrenden Soldaten großzügige Stipendien für den Besuch eines Colleges zusprach, bis hin zum *Higher Education Act* (HEA) von 1972, der soziale Chancengleichheit bringen und die noch immer vorhandenen Zugangsbarrieren zur tertiären Bildung schleifen sollte. Damit wurde die tertiäre Bildung veralltäglicht und in gewisser Hinsicht auch standardisiert, allerdings weder flächendeckend reguliert noch inhaltlich oder strukturell umgekrempelt. Das institutionelle Arrangement und die Betriebslogik des Systems blieben von allen diesen Programmen weitgehend unangetastet.

Dass es ein von seinem Umfang her sehr bedeutendes und zugleich qualitativ hoch differenziertes öffentlich getragenes tertiäres Bildungswesen mit Massenanbietern, regionalen Hochschulen und nationalen Forschungsuniversitäten gibt, geht ebenfalls auf diese Impulse des Bundes zurück. Auf dem Höhepunkt der Expansionswelle in den späten 1960er Jahren entschieden sich einige Einzelstaaten dafür, nach dem Vorbild Kaliforniens ein differenziertes öffentliches Hochschul*system* mit drei unterschiedlichen Segmenten für jeweils verschiedene Zielgruppen aufzubauen (Forschungsuniversitäten mit einem selektiven Hochschulzugang, Gesamthochschulen mit einer Dominanz der Lehre und *community colleges* mit niedrigschwelligem Zugang und flexiblen Bildungsangeboten). Die College-Begeisterung erfasste indes längst nicht alle *states*. Umfang und Art der von ihnen bereitgestellten Kapazitäten streuten weit. Gleichwohl schien das amerikanische Hochschulwesen allmählich verstaatlicht und das breit wuchernde Geflecht privater Hochschulen marginalisiert zu werden. In jüngster Zeit schlägt das Pendel allerdings wieder in genau die andere Richtung aus. Während kommerzielle private Hochschulen boomen, werden die staatlichen in ihrer Finanzierung und Betriebsorganisation immer „privater". Das ist einerseits eine Reaktion auf sinkende Zuwendungen der öffentlichen Hand. Andererseits zeigt sich darin auch das eifrige Bestreben der öffentlichen Hochschulen, ihren privaten Konkurrenten im harten Wettbewerb um Studienbewerber, Reputation und Ressourcen Paroli bieten zu können.

Für den Bund zahlte sich sein großes Engagement für die Förderung der Hochschulbildung nicht in einem Kompetenz- und Machtzuwachs aus. Seine Leistungsprogramme hatten und haben nur eine begrenzte Hebelwirkung. Neue Aufsichts- oder Regulierungsbefugnisse brachte ihm keines, und im Zweifelsfalle hätten die

Einzelstaaten diese wahrscheinlich auch als *unconstitutional* angefochten. Angesichts der großen Zahl und Bedeutung privater Hochschulen und der starken Zersplitterung des öffentlichen Hochschulwesens wäre es ohnehin fraglich, worauf sich z.B. eine Rahmengesetzgebungskompetenz beziehen könnte. Form, Umfang und Struktur der einzelstaatlichen Hochschulsysteme variieren von *state* zu *state*, und das gilt auch für die Art und Weise, wie sie ihre Hochschulen unterstützen, lenken und beaufsichtigen. Einige führen sie mit straffer Hand, mächtigen *boards* und leistungsorientierter Mittelzuweisung, andere lassen sie einfach gewähren, und wieder andere interessiert nur, wie sie in den populären College-Sportarten *Baseball*, *Football* und *Basketball* abschneiden. Trotz seiner enormen Größe und seiner immensen sozialen, wirtschaftlichen und kulturellen Bedeutung sieht auch das öffentliche Hochschulwesen in den USA aus wie ein bunter Flickenteppich. Angesichts des merkwürdigen Kondominiums von Markt und Staat und eines auf die Spitze getriebenen Bildungs-Föderalismus ist das aber kaum überraschend.

Daran etwas zu ändern und aus den disjunkten Teilen wenn schon nicht ein „Gesamtkunstwerk" zu formen, so doch wenigstens auf gewisse Harmonisierungen hinzuwirken, würde einen entsprechenden politischen Gestaltungswillen und vor allem einen erheblichen Machtzuwachs des Bundes voraussetzen. Das allerdings käme einem Paradigmenwechsel gleich, der angesichts der Kompetenzverteilung im politischen System der USA und der hohen Pfadabhängigkeit in der Entwicklung nationaler Hochschulsysteme nahezu chancenlos scheint: Zwar schätzen die meisten Staaten das Zuckerbrot bundesstaatlicher Hilfen, aber sie wollen dafür nicht mit Verpflichtungen bezahlen müssen. Der Bund wiederum hat keine wirksamen Hebel und Sanktionsmittel, um sie zur Kooperation zu zwingen. Bei der Organisation der öffentlichen Hochschulbildung in den Einzelstaaten hat er keine Mitspracherechte, und private Hochschulen kann er sowieso nicht dazu anhalten, ihre Zulassungspraxis zu ändern oder sich neuen Aufgaben zuzuwenden. Die Bundesregierung kann bestenfalls punktuelle Steuerungsimpulse durch zeitlich befristete Zweckprogramme geben – beispielsweise Stipendien für MINT-Fächern ausloben, damit diese stärker nachgefragt werden, Hochschulen für höhere Studienerfolgsquoten belohnen oder tertiäre Bildungsangebote unterhalb des Bachelor durch gezielte finanzielle Hilfen stärken.

So kündigte Präsident Barack Obama im Juli 2009 eine Qualifizierungsoffensive seiner Regierung an. *Community colleges*, die zweijährige Hochschulabschlüsse unterhalb des vierjährigen Bachelor anbieten, sollen danach in den nächsten zehn Jahren insgesamt fünf Millionen zusätzliche Absolventen produzieren. Die Verbesserung ihrer Studienprogramme, Kurse und Ausstattung will der Bund mit 12 Milliarden USD fördern. Damit sollen unter anderem *online*-Studienangebote deutlich verstärkt und ausgeweitet werden. Auch aus dem im Februar 2009 aufgelegten Stimulusprogramm zur Bekämpfung der Wirtschaftskrise mit einem Gesamtvolumen von 787 Milliarden USD fließen erhebliche Mittel für Bildung, Forschung und die wissenschaftliche Infrastruktur in die Hochschulen. Im *American Recovery and Reinvestment Act* (ARRA) sind knapp 9 Milliarden USD für die Forschungsförderung vorgesehen, darunter 3 Milliarden USD für die *National Science Foundation* und 1,6 Milliarden USD für das Energieministerium. Die *National Institutes of Health*, die ebenfalls Forschungsprojekte an den Hochschulen unterstützen, erhalten weitere 10,4 Milliarden USD. Auf diese Weise konnte zum Beispiel die *Yale University* in weniger als einem Jahr 121 Millionen USD an zusätzlichen Fördermitteln aus dem Stimulusprogramm einwerben.[6]

Doch zu keiner Zeit hat der Bund auch nur versucht, die Einzelstaaten zu höheren Ausgaben für die Hochschulbildung zu zwingen, auf einen Finanzausgleich zwischen armen und reichen *states* hinzuwirken oder finanzschwachen Ländern direkt unter die Arme zu greifen, obwohl das eine von Präsident Harry S. Truman eingesetzte Kommission schon 1945 als dringlich angemahnt hatte. Deren Empfehlungen zur *general education* im *undergraduate college* wurden weitgehend befolgt, während die Empfehlung zu einer Mitfinanzierung der Hochschulbildung durch den Bund schon bald in Vergessenheit gerieten.

Den Vorschlag, eine solche Gemeinschaftsaufgabe in den als Meilenstein gefeierten HEA von 1972 aufzunehmen, bügelte der Kongress glattweg ab. So gilt bis heute ein ungeschriebenes hochschulpolitisches Grundgesetz, wonach sich der Bund in keiner Weise an der institutionellen Finanzierung der Hochschulen beteiligen darf.[7] Nachdem die Lobby der privaten Hochschulen dagegen heftig angerannt war, scheiterte 1992 anlässlich der allfälligen Verlängerung dieses Leistungsgesetzes sogar der Versuch, ihm unter bestimmten Kautelen zu erlauben, die Einzelstaaten notfalls zu einer besseren *oversight* über alle dort angesiedelten Hochschulen anhalten zu dürfen.[8] Der Wirrwarr in der Hochschulbildung, die vielen Ungereimtheiten und frappierenden Ungleichheiten in der Reichweite, Ressourcenausstattung und Leistungsfähigkeit der einzelstaatlichen Hochschulsysteme gelten im Vergleich zu mehr *federalism* immer noch als das kleinere Übel und als unvermeidliche Kosten eines ansonsten wunderbar aufgestellten, sehr leistungsfähigen und gesellschaftlich hoch akzeptierten Hochschulwesens.

Von einem geordneten Zusammenwirken zwischen Bund und Einzelstaaten in der Hochschulpolitik und -finanzierung kann mithin keine Rede sein. Nicht einmal die etwa 400 verschiedenen Förderprogramme des Bundes aus fast ebenso vielen Ministerien und Agenturen sind gut aufeinander abgestimmt. Ihre beiden mit Abstand wichtigsten Schwerpunkte sind die überwiegend projektbezogene, nicht institutionelle Forschungsförderung und die Studienfinanzierung. In der wettbewerblichen, antragsbasierten und wissenschaftsgeleiteten Förderung von Forschungsprojekten ganz unterschiedlichen Kalibers engagieren sich diverse Ministerien wie das für Energie oder das für Gesundheit sowie mehr als ein Dutzend verschiedener *Agencies* wie die *National Science Foundation* (NSF) oder das *National Endowment for the Humanities*. Die Bedeutung des *federal research funding* für die Hochschulen ist kaum zu überschätzen. Zum einen hat die außeruniversitäre öffentliche Forschung in

---

6 Pressemitteilung der Universität vom 19. Januar 2010. Quelle:
   http://opa.yale.edu/news/article.aspx?id=7217.
7 Trow 1993; Gladieux 2005.
8 Dill 2003.

den USA einen viel geringeren Umfang und Stellenwert als in Deutschland. Zum anderen zahlt der Bund zusätzlich zu den eigentlichen Projektmitteln immer auch *Overhead*-Pauschalen von 30 Prozent oder auch mehr, welche die Hochschulen nach eigenem *gusto* verwenden können. Beliefen sich die Gesamtausgaben für die Hochschulforschung in den USA 2006 auf 47,8 Milliarden USD, kamen fast zwei Drittel davon, nämlich 30 Milliarden USD oder 62,7 Prozent, aus dem Bundeshaushalt.[9] Im Budgetentwurf von Präsident Obama für das Haushaltsjahr 2011 sind weitere erhebliche Mittelzuwächse für Forschung und Entwicklung vorgesehen, z. B. acht Prozent für die NSF.[10]

Der zweite große Ausgabenschwerpunkt sind diverse Hilfspakete zur Studienfinanzierung durch Stipendien und Darlehen für Studenten aus einkommensschwachen Familien und Steuerfreibeträge für die Eltern aller Studenten unter 24 Jahren. Hinzu kommen, wenn auch in weit geringerem Umfang, zweckgebundene Beihilfen für bestimmte Programme wie zum Beispiel Regionalstudien oder Sprachkurse. Mehr als die Hälfte aller Bachelor-Studenten in den USA erhält irgendeine Form von *federal aid or loan*, wobei sich in den letzten Jahren das Gewicht zwischen der Förderung nach Bedürftigkeit (*need based*) und nach Leistung und Begabung (*merit based*) stark zugunsten letzterer verschoben hat. Die Gesamtausgaben des Bundes für die Studienfinanzierung beliefen sich 2006-07 auf annähernd 86,3 Milliarden USD.[11] Nachdem die sogen. *pell grants* zur Unterstützung finanziell schlechter gestellter Studenten dank zusätzlicher 15,6 Milliarden USD aus dem Stimulus-Paket bereits 2010 von jährlich 4.731 USD pro Kopf auf 5.350 USD angehoben werden konnten, sieht der Haushaltsentwurf für 2011 eine weitere Steigerung auf 5.800 USD und damit der Gesamtmittel um 29,2 Prozent vor.

In der *financial aid* des Bundes kommt neben idiosynkratischen Erwartungen an die Hochschulausbildung im vierjährigen *undergraduate college* auch eine besondere Form deren staatlicher Unterstützung in einem System zum Vorschein, das vom Markt und von privaten Einzelinteressen bestimmt wird. Die US-amerikanische Gesellschaft zeichnet sich durch ein glühendes, fast religiös anmutendes Bekenntnis zu *education* aus. Diese gilt als Königsweg für die höchst wünschenswerte Verbindung von individuellem Streben und Wohlergehen mit gesellschaftlicher Wohlfahrt, als Grundlage bürgerschaftlichen Urteilsvermögens und demokratischen Engagements und damit einer gesellschaftlichen Ordnung, in der jeder Mensch seines eigenes Glückes Schmied sein soll und Erfolg oder Misserfolg von Leistung (*achievement* und *merit*) statt von ererbten Privilegien und sozialer Herkunft abhängen sollen. Seit ihrer Unabhängigkeit im Jahre 1776 zählte dieses Credo zum Grundarsenal an Leitmotiven und politischen Verheißungen der neuen Republik. Die ganze Tragweite dieses Versprechens kam aber erst im 20. Jahrhundert voll zur Geltung, als nach dem siegreich beendeten Zweiten Weltkrieg eine neue Zeit der *mass higher education* anbrach, die den Hochschulen zu einer zuvor und woanders

---

9 Schreiterer 2008: 194 f.
10 Chronicle of Higher Education, 1. Februar 2010.
11 Chronicle/Almanac 2008-09.

nicht gekannten Schlüsselrolle in der sozialen, wirtschaftlichen und politischen Entwicklung verhalf. In der bildungspolitischen Forderung *„College for all"* bündelt sich seither die Vorstellung, über eine bessere Qualifizierung des Humankapitals sowohl soziale Gerechtigkeit als auch wirtschaftliches Wachstum erreichen zu können und darüber hinaus auch noch die Voraussetzungen für ein glückliches, gesundes, erfolgreiches, zufriedenes Leben der einzelnen Bürger nachhaltig zu verbessern. *Higher education* ist ein sowohl privates als auch öffentliches Gut, eine Chiffre für die optimale Verbindung von Gemeinwohl und individuellem Wohl. Staatliche Beihilfen für eine College-Ausbildung verstehen sich als eine Art „vorlaufender" Sozialpolitik, als ein Beitrag zur Daseinsvorsorge, als Hilfe zur Selbsthilfe und zur nachhaltigen Sicherung gesellschaftlicher Ressourcen. Zur Selbstbeschreibung der amerikanischen Gesellschaft passt das viel besser als eine „nachlaufende" staatliche Sozialpolitik und das Bekenntnis zu distributiver Gerechtigkeit, wie sie die europäischen Wohlfahrtsstaaten auszeichnen.

In der *financial aid* verschränken sich nicht nur Bildungs- und Sozialpolitik, sondern auch staatliche Alimentierung und marktliche Steuerung. Sie wird nämlich nicht als Zuschuss an eine Institution gezahlt, sondern fließt an Studieninteressenten und Studenten, die sich damit bei einer Hochschulen ihrer Wahl „einkaufen" können. Ob diese eine private oder staatliche ist, spielt keine Rolle, und die Höhe der Förderung hängt auch nicht von der der Studiengebühren ab. Bedürftige beziehungsweise unterstützungsberechtigte Studenten erhalten einen festen Betrag zugesprochen, den sie wie einen *Voucher* bei einer Hochschule ihrer Wahl einlösen können. Hochschulwahl und Zulassung bleiben in der freien Entscheidung der Konsumenten und der Hochschulen. Die Abstimmung erfolgt nach den Spielregeln des Marktes durch Angebot und Nachfrage, das heißt im Wesentlichen „durch die Füße" der Studenten. Dafür gilt lediglich eine einzige Bedingung: *Financial aid* fließt nur dann, wenn die Hochschule der Wahl institutionell akkreditiert ist. Wer sich für eine Einrichtung entscheidet, die kein Siegel einer Akkreditierungsagentur vorweisen kann, hat das Nachsehen. Damit will man verhindern, dass *degree mills*, die Studienprogramme zweifelhafter Qualität anbieten und Abschlussgrade verschleudern, von der staatlichen Studienförderung profitieren.

Somit gilt in der Tat kein verpflichtendes Gebot institutioneller Akkreditierung. Die Auflagen für die Studienfinanzierung wirken jedoch als Druck, dem sich keine Hochschule entziehen kann. Das Gros der Hochschulen stellt sich alle sieben bis zehn Jahre von neuem wieder dem aufwendigen Verfahren, ihren Zulassungsbrief von einer der sechs regionalen Akkreditierungsagenturen verlängert zu bekommen. Die meisten sind auf das staatliche Geld angewiesen, das ihnen über die *financial aid* zufließt. Für prestigeträchtige private Colleges wie *Harvard* oder *Stanford* gilt das natürlich nicht. Sie wollen sich aber nicht nachsagen lassen, dass sie nur die soziale Elite bedienen und an Studenten aus finanziell schlechter gestellten Elternhäusern kein Interesse haben. Dabei ist die institutionelle Akkreditierung keine staatliche Veranstaltung. Sie steht nicht einmal unter staatlicher Regie. Der Bund verzichtet auf inhaltliche Anforderungen oder verfahrenstechnische Auflagen für die Prüfung und Attestierung und überlässt sie sechs anerkannten Agenturen, unter denen jede Hochschule, deren (Re-)Akkreditierung ansteht, frei auswählen darf. Ihre Anforderungen und Standards unterscheiden sich nur geringfügig. Da alle sechs regionalen Agenturen *peer review*-Verfahren nutzen, bleibt die Akkreditierung im Endeffekt der Selbstregulierung des Hochschulwesens überlassen.[12] Verschiedene Anläufe, die Aufgaben dieser ursprünglich als *threshold agencies* gedachten Einrichtungen zu erweitern, Standards anzuheben, eine nationale Akkreditierungseinrichtung zu schaffen und nicht nur *inputs* zu bewerten, sondern vielmehr *outcomes* zu betrachten, sind bisher noch immer an ordnungspolitischen Vorbehalten gescheitert und im Gestrüpp unterschiedlicher Interessen hängen geblieben.

Einzig über diese lockere Auflage zur Qualitätssicherung nimmt die Bundesregierung eine Steuerungsfunktion gegenüber den Hochschulen wahr – indirekt, über die Bande gespielt und passiv. Eine Regulierung des Marktes und scharfen Wettbewerbs zwischen den Hochschulen ist weder vorgesehen noch erwünscht. Für Transparenz über die Studienangebote und Leistungsfähigkeit der einzelnen Hochschulen zu sorgen, bleibt kommerziellen *Rankings* überlassen. Deren Kriterien und Bewertungen werden allerdings zunehmend kritisch betrachtet, weil sie erhebliche Rückwirkungen auf das institutionelle Verhalten der einzelnen Hochschulen haben und den Wettbewerb in eine Richtung lenken, die in verschiedener Hinsicht problematische Ergebnisse und viele unerwünschte Nebeneffekte produziert.[13] Eine Akkreditierung von einzelnen Studienprogrammen des *undergraduate college* und der *graduate school* ist unüblich, in den *professional schools* (Ingenieurwesen, MBA, Medizin etc.) jedoch nahezu die Regel. Evaluationen oder Audits einzelner Fachbereiche oder Abteilungen bleiben ins Belieben der Hochschulen gestellt und finden eher selten und stets nur aus einem besonderen Anlass statt. Abgesehen vom Rechnungshof oder der Finanzprüfung kommt staatliche Aufsicht nur insoweit ins Spiel, als alle Hochschulen dem Bundesbildungsministerium melden müssen, wie viele Studenten sie haben, die Studienbeihilfen beziehen, um die Daten abzugleichen und einem Missbrauch dieser Mittel vorzubeugen. Besonders im kommerziellen Sektor kommt es dabei immer wieder zu oft erheblichen Diskrepanzen, die aber nur in wenigen Fällen zu weiteren Ermittlungen führen und ganz selten auch schon einmal zu Anzeigen und Strafverfahren wegen Betrugs. Darüber hinaus findet keine weitere Kontrolle der Hochschulaktivitäten durch staatliche Instanzen statt.

Was die in Europa seit geraumer Zeit so hoch gehandelte externe Qualitätssicherung angeht, reflektiert deren Zustand in den USA also nur das billigend in Kauf genommene Chaos im dortigen Hochschulwesen, das zu lichten allein dem Markt überlassen bleibt. Die einzige Innovation, zu der sich die Akteure nach quälend langen Debatten über die Unzulänglichkeiten der bestehenden Regelungen durchringen konnten, war die Etablierung eines *Council for Higher Education Accreditation* (CHEA) im Jahre 1996. Bei diesem handelt es sich nicht um ein beschlussfassendes Gremium, sondern um einen Dachverband der Akkreditierungsagenturen und ein Forum für den Erfahrungsaustausch zwischen ihnen und ihren Kunden, den Hoch-

---

12 Alderman/Brown 2005.
13 Sauder/Espeland 2009.

schulen, das ihnen dabei helfen soll, gravierende Mängel des Akkreditierungssystems zu identifizieren und nach Möglichkeit abzustellen sowie aktuelle Herausforderungen gemeinsam anzugehen. Das kann man in verschiedener Weise interpretieren – als Ausdruck eines großen Vertrauens in die Selbstregulierungsfähigkeit des Systems oder auch als schlichtes Eingeständnis, dass mehr nicht möglich ist und kluge Bescheidung Not tut.[14]

Interessanterweise nahmen bisher fast alle Gesetze und Maßnahmen des Bundes zur Unterstützung der *higher education* bis in die Wortwahl hinein Bezug auf kriegerische Konflikte und nationale Herausforderungen: Die Hochschulexpansion wurde eingeleitet vom *Servicemen's Readjustment Act*, auch *„GI-Bill"* genannt. Der Start des ersten Satelliten durch die Sowjetunion auf dem Höhepunkt des Kalten Krieges im Jahre 1957 ließen die USA im „Sputnik-Schock" erstarren, aus dem sie sich unter anderem mit dem Apollo-Programm und dem *National Defense Education Act* von 1958 zu lösen versuchten, der neben neuen Stipendienprogrammen allen Absolventen, die als Lehrer an öffentlichen Schulen tätig wurden, einen kompletten Schuldenerlass versprach. Der *War on Poverty* und die Bürgerrechtsbewegung der 1960er Jahre brachten schließlich den endgültigen Durchbruch zur *mass higher education*. Der *Higher Education Act* von 1965, Vorläufer der im Prinzip bis heute gültigen Novelle von 1972, galt als eine Säule jener neuen *Great Society*, der sich die Johnson Administration verschrieben hatte. Und der vorletzte Anlauf zu einer kritischen Bestandsaufnahme der amerikanischen Schul- und Hochschulbildung durch eine hochkarätig besetzte, von Präsident Ronald Reagan einberufene Kommission, resultierte 1983 in einer Denkschrift mit dem vielsagenden Titel *A Nation at Risk*, der den Ernst der Lage zum Ausdruck bringen und darauf hinweisen sollte, dass sie die volle Aufmerksamkeit verdiene und die vorgeschlagenen Maßnahmen keinen Aufschub duldeten.

Doch die hausgemachten Probleme des Systems sind durch die vielen Programme, Gesetze und guten Ideen nicht etwa kleiner geworden. Mit der anhaltenden quantitativen Expansion der tertiären Bildung und deren beschleunigten institutionellen Differenzierung gewannen sie im Gegenteil sogar eine neue Größenordnung und eine noch größere gesellschaftliche und politische Brisanz. Umso erstaunlicher mutet an, dass der einmal eingeschlagene Weg inkrementalistischer Reformen durch ein additives Wachstum des Hochschulsystems und punktuelle Korrekturen *ex post* niemals wirklich in Frage gestellt wurde. Dabei fehlte es der amerikanischen *higher education* seit dem Ende ihres „Goldenen Zeitalters" um 1975 angesichts der um sich greifenden finanziellen Zurückhaltung der Einzelstaaten gegenüber weiteren Investitionen in den Hochschulbereich weder an warnenden Stimmen vor zunehmenden Problemen und Disparitäten noch an immer neuen Vorstößen von Interessengruppen und Wissenschaftsorganisationen, wie diesen am besten beizukommen wäre. Seit der Jahrtausendwende scheint „Reinventing Higher Education"[15] das Gebot der Stunde. Wie das allerdings ohne „Reinventing Higher Education

---

14 Dill 2001.
15 MacTaggart 2004: 113.

Governance", ohne eine neue, aktivere Rolle der Bundesregierung und ohne neue Formen ihres Zusammenwirkens mit den Einzelstaaten gehen soll, bleibt völlig offen.

3. *Wachstumsturbulenzen und politische Herausforderungen: Access und affordability, accountability und quality*

Die wahrgenommenen Probleme und Therapievorschläge kreisen um zwei für die amerikanische Hochschulbildung konstitutive Leitkonzepte und deren inhärentes, schwer auflösliches Spannungsverhältnis. Da ist zum ersten der Wunsch, allen Gruppen der Bevölkerung einen Hochschulzugang zu ermöglichen und trotzdem eine hochwertige Ausbildungsqualität zu garantieren. Die latente Spannung zwischen *access* und *quality* wird durch die Vorstellung verschärft, auf *equity* achten und allen sozialen und ethnischen Gruppen nicht nur gleiche Teilhaberechte sichern zu sollen, sondern gewährleisten zu müssen, dass tatsächlich alle angemessen an tertiärer Bildung teilhaben können. Das zweite Leitmotiv hat zwei Elemente und verschiedene Adressaten: Die Kosten eines Studiums sollen erschwinglich bleiben und die Hochschulen – egal ob staatlich getragen oder privat – darüber öffentlich und nachvollziehbar Rechenschaft ablegen, was sie in der Ausbildung ihrer Studenten und für die Gesellschaft leisten. Während sich *affordability* und *accountability* zu einem gewissen Grade ergänzen, gilt das für *access* und *affordability*, *equity* und *excellence* nicht im gleichen Maße. Sie bilden vielmehr ein magisches Viereck der Hochschulpolitik, dessen Schlagseiten und inneren Spannungen in den letzten zwei Jahrzehnten immer deutlicher zu Tage getreten sind.

Ein Teil der Probleme konnte durch die rasch voranschreitende horizontale und vertikale Differenzierung des Hochschulwesens gelöst oder wenigstens gelindert werden. Auf diese Weise ist es den USA gelungen, in ihrer *higher education* einen hohen Grad an sozialer Inklusion des gesamten Systems mit strikter Exklusivität einiger Einrichtungen an dessen Spitze vereinbaren zu können. „Access for all is the hallmark of the U.S. postsecondary education system. As a nation, we are justifiably proud of the fact that a college education is possible for all citizens."[16] Diese Ikone des amerikanischen Gesellschaftsvertrages ist jedoch seit vielen Jahren gefährdet und gerät immer stärker unter Druck. Das hat mit zwei Entwicklungen zu tun, die sich seit den 1990er Jahren gegenseitig verstärkten und im Ergebnis eine ganz neue Problemlage geschaffen haben. Auf der einen Seite entstand erstmals so etwas wie ein nationaler Markt für Studieninteressenten und -bewerber. Der Anteil von *in-state students*, die ihre Schulausbildung in demselben Staat absolviert haben, in dem sie zum College gehen, sank in allen öffentlichen wie privaten Hochschulen, während die regionale Mobilität der Studenten, die vorher nicht besonders hoch gewesen war,

---

16 ETS 2006: 5.

in gleichem Maße zunahm.[17] Das wiederum führte zu einer „institutionellen Stratifizierung" der Hochschulen je nachdem, wie gut oder schlecht ihre Studenten in den standardisierten Zulassungstests punkten konnten. Zugleich konkurrierten sie immer heftiger um besonders leistungsfähige Studienbewerber und möglichst attraktive Studienbedingungen. Beides trug nicht gerade zur Kostensenkung bei, sondern ließ im Gegenteil die Studiengebühren in die Höhe sausen, zumal die Einzelstaaten die institutionellen Zuwendungen an ihre Hochschulen einfroren oder sogar kürzten, wodurch der Wettbewerbsdruck im System noch weiter zunahm. So ist es kein Wunder, dass die Studiengebühren zwischen 1980/81 und 2002/03 inflationsbereinigt um 145 Prozent, fast das Anderthalbfache, gestiegen sind, das mittlere Familieneinkommen (Median) aber um lediglich 23 Prozent.[18] Kein Hochschulsegment blieb von der Gebührenexplosion ausgenommen. Im öffentlichen Sektor fiel sie noch etwas größer aus als an den privaten Hochschulen, so dass sich der Abstand zwischen beiden Bereichen allmählich etwas verringerte. Inzwischen ist das Bachelorstudium an einem privaten College im Mittel nicht mehr fünfmal, sondern nur noch viereinhalbmal so teuer wie an einer staatlichen Hochschule.

Diese Preissteigerungen treffen alle sozialen Gruppen hart, besonders aber die aufstiegsorientierte Mittelschicht, die sich plötzlich einem *educational crunch* ausgesetzt und die College-Aspirationen für ihre Kinder gefährdet sieht. *Affordability* der College-Ausbildung wurde zu einem Thema, in dem sich diverse Probleme des rumpelig gewordenen *American way of life* brennpunktartig verdichten: Die Aussicht auf sozialen Aufstieg durch Bildung ist inzwischen ebenso prekär geworden wie die Erwartung, harte Arbeit und Leistung würden sich lohnen, unterschiedliche Einkommen und soziale Positionen auf individuellen *merits* beruhen, aber nicht aus unverrückbaren sozialen Zuschreibungen resultieren. Da konnte es nicht ausbleiben, dass sich die Politik dieses Themas annahm, allerdings mit einem hoch interessanten Perspektivenwechsel. Weil niemand an der institutionellen Autonomie der tertiären Bildung rütteln wollte, die Probleme der Hochschulen sich aber auch nicht einfach ausfinanzieren ließen, da weder der Bund noch die Einzelstaaten über die dafür notwendigen Gelder verfügten, war es mit dem üblichen *muddling through* nicht länger getan. Die heiß laufende Kostenspirale ließ sich als klares Indiz dafür verstehen, dass der Markt zu versagen und gefährliche Kollateralschäden zu produzieren drohte, die das Betriebssystem der Hochschulbildung in den USA aus den Angeln heben, seine politische Akzeptanz zerstören und seine zentrale Funktion für die gesellschaftliche Integration nachhaltig beschädigen könnten.

In dieser Situation besann sich der Kongress auf die altbewährten Mittel symbolischer Politik: Im Vorfeld der 1998 anstehenden Verlängerung des HEA setzte er 1997 eine *National Commission on the Cost of Higher Education* ein, die sich jedoch weder auf eine gemeinsame Erklärung für die Kostenexplosion noch darauf einigen konnte, ob sie der Bundesregierung empfehlen sollte, gesetzliche Obergrenzen für Studiengebühren einzuführen. Schließlich rang sie sich zu einem dringenden

---

17 Dill 2003.
18 Gladieux 2005; Schreiterer 2008.

Appell an die Hochschulen durch, nicht immer nur mehr Geld zu fordern, sondern stattdessen ihre Produktivität zu verbessern und die Öffentlichkeit besser über ihre Leistungen und die Kosten eines Studiums zu informieren. Die Bundesregierung rief sie dazu auf, standardisierte Daten über die Kosten, Preise und Einnahmen der Hochschulen zu sammeln und zu veröffentlichen, aber auf Preiskontrollen zu verzichten. Damit schlug die Kommission eines der beiden Themen an, die alle hochschulpolitischen Debatten und Reforminitiativen seither dominieren: *accountability*. Zu ihrem Gegenstück *quality* verhält diese sich wie ein Mittel zum Zweck, selbstverständlich stets unter der Prämisse marktwirtschaftlicher Ordnung und Lenkung. Damit wurden die Weichen für eine Lösung der Probleme mit der College-Ausbildung, unter denen Preisexplosion und *affordability* ja nur eines war, neu gestellt: Nicht staatliche Intervention oder eine stärkere und sanktionsbewehrte staatliche Aufsicht sollten Abhilfe bringen, sondern die *informed choice* der Konsumenten, das heißt der Studieninteressenten und ihrer Eltern.

Aufklärung und Konsumentenschutz erschienen plötzlich als probate Ansatzpunkte für den erhofften nachhaltigen Wandel des Systems zum Besseren. Die notwendigen Voraussetzungen dafür zu schaffen wurde zu einer wichtigen Aufgabe des Staates, und zwar sowohl der einzelnen *states* wie auch des Bundes. *Accountability* meinte eine Holschuld der Studienbewerber und -interessenten auf der einen Seite und eine Bringschuld für die Hochschulen auf der anderen. Am Primat des Marktes und am unübersichtlichen institutionellen Arrangement änderte sie nichts. Mehr Transparenz würde aber ein höheres Maß an Rationalität ermöglichen, das Bewusstsein für die Kosten und Qualität eines Studiums schärfen und damit bessere Ergebnisse gewährleisten. Wenn Studienbewerber über die Preise und Leistungen der Hochschulen genau Bescheid wüssten und der Staat dafür sorgte, dass diese alle entscheidungsrelevanten Informationen tatsächlich vorhielten, könnte der Markt richtig funktionieren. Damit verbanden alle Akteure – Hochschulen, Hochschulorganisationen, Interessenverbände und Regierungen – den dringenden Wunsch, die zunehmend kritisch bewertete Macht des *Rankings* der Zeitschrift *US News and World Report* zu brechen und ihm ein Zahlenwerk mit belastbaren Informationen entgegenzustellen. *Accountability* wurde zu einem Zauberwort, das verschiedene Probleme gleichzeitig zu lösen und die Spannungen zwischen verschiedenen Anforderungen an die College-Ausbildung zu entschärfen versprach.

Nicht nur die Preise und Kosten boten Anlass zur Sorge, sondern zunehmend auch die Qualität der Ausbildung an den Colleges. Spätestens seit der bereits erwähnten Denkschrift *A Nation at Risk* griff die Befürchtung um sich, dass diese ständig schlechter werde, amerikanische Universitäten ihre führende Rolle in der Welt verlieren könnten und ihre Absolventen für den scharfen internationalen Wettbewerb nicht mehr hinreichend gerüstet seien. Indizien für die schlechte Aufstellung des amerikanischen Hochschulsystems und seiner erheblichen Defizite waren die hohen Quoten von Studienabbrechern, die sinkende Zahl von Absolventen und Doktoranden in den naturwissenschaftlichen und technischen Fächern und nicht zuletzt die institutionelle Akkreditierung, die offenbar weder dem Kostenproblem, geschweige denn all den anderen Herausforderungen beikommen konnte und daher eher die Spitze eines wahren Eisbergs von Governance-Problemen darstellte als eine Lösung brachte. Unter der Perspektive von *accountability* fügte sich all das zu einem Bild mit einem einheitlichen Grundton. 2004 veranstaltete der Kongress eine Reihe von Anhörungen zur Lage und Zukunft der institutionellen Akkreditierung, in deren Gefolge unter anderem die Forderung erhoben wurde, die vertraulichen Berichte und Bewertungen der regionalen Agenturen zu jeder einzelnen Hochschule zu veröffentlichen.[19]

Zugleich meldete sich eine Reihe prominenter Organisationen und institutioneller Akteure mit eigenen Analysen und Vorschlägen zu Wort. Mit dem Dachverband *American Council on Education* stimmten sie alle darin überein, dass mehr Transparenz Not tue, um die „public credibility about quality and performance in America's higher educational institutions" zu erhalten. Das müsse allerdings in einer Art und Weise geschehen, die gewährleiste, die „diversity and decentralization" des Systems zu respektieren.[20] Selbst die *Association of American Colleges and Universities* (AACU), der mit 1.200 institutionellen Mitgliedern wortmächtigste Advokat für die tendenziell elitäre *liberal education* im Undergraduate-College, schloss sich der *Accountability*-Bewegung an. Der in allen Einzelstaaten „politically popular accountability ideology", so gab sie kund, könne und wolle sie sich nicht länger verschließen. Mit ihrem 2004 veröffentlichten *Framework for Accountability Worthy of Our Mission* versuchte sie stattdessen, die Flucht nach vorn anzutreten. Darin unterstützte sie zwar die Forderung, die Hochschulen sollten mehr „evidence on student learning outcomes" liefern, erteilte jedoch standardisierten Tests, wie sie Politiker dafür mehr und mehr forderten, eine rigorose Absage. Diese seien völlig ungeeignet („inadequate and inappropriate"), um die Leistungen der Hochschulen und Lernerfolge der Studenten beurteilen zu können, und bedeuteten lediglich eine enorme Verschwendung von Zeit und knappen Ressourcen. Nach den Vorstellungen der AACU sollten sich die Hochschulen lieber freiwillig dazu verpflichten, hochwertige Studienprogramme anzubieten und durch geeignete Instrumente dafür zu sorgen, dass ihre Absolventen tatsächlich optimale Qualifikationen und Kompetenzen erwerben.[21]

Ein besonderes Vertrauen in die Leistungen und positiven Wirkungen von mehr *accountability* zeichnet auch die diesbezüglichen Vorschläge der *State Higher Education Executive Officers* (SHEEO) aus, einem Zusammenschluss der Präsidenten und Rektoren staatlicher Hochschulen. Ihre *National Commission on Accountability in Higher Education* unter dem Vorsitz eines ehemaligen Gouverneurs von Oklahoma legte im März 2005 unter dem Titel *Accountability for Better Results* eine ausführliche Stellungnahme vor, für deren Untertitel sie einen Fanfarenstoß wählte: *A National Imperative for Higher Education*.[22] Dieses Memorandum ist in gleich

---

19 Chronicle of Higher Education, 16. Juli 2004.
20 ACE 2004: 5, 7.
21 AACU 2004.
22 National Commission 2005.

mehrfacher Hinsicht bemerkenswert. So bringt es sowohl den Grundtenor der allgemeinen Besorgnisse über die Entwicklung der amerikanischen *higher education* als auch die Ausgangslage für die politische Debatte über Therapievorschläge präzise auf den Punkt. Zugleich spiegeln sein eigenwilliger Tonfall und Duktus die dominante Problemwahrnehmung und den Horizont der möglichen Problemlösungsstrategien. Und drittens bereitete dieses Memorandum die Bühne für eine großangelegte und mit Spannung erwartete Initiative der Bush Administration zur *Future of Higher Education*. Die gleichnamige Kommission nahm im September 2005 ihre Arbeit auf und folgte darin über weite Strecken den Wegweisungen der SHEEO.

Die Dramaturgie von *Accountability for Better Results: A National Imperative for Higher Education* lässt es an nichts fehlen. Die knapp 50-seitige Schrift beginnt mit einem Paukenschlag: Mehr als fünfzig Jahre lang hätten die Vereinigten Staaten völlig zu Recht beanspruchen können „to have the finest system of higher education in the world in terms of access, graduates, and reseach." Sein Standard für wissenschaftliche Exzellenz „remains the envy of the world." Doch seine Grundlagen seien inzwischen dermaßen geschwächt worden, dass sie „our economy and quality of life" nicht länger tragen könnten. Das sei unakzeptabel, denn um den Wohlstand des Landes aufrechtzuerhalten und seinen Bürgern die Möglichkeit zu geben, ein „satisfying life" zu führen, „the American people must be among the best educated in the world."[23]

Was tun? Die Antwort steht bereits im Titel – ein „better system of accountability" schaffen. Ihm werden wahre Wunderdinge zugetraut und zugeschrieben. Die entsprechenden Passagen sind es wert, hier länger zitiert zu werden, illustrieren sie doch trefflich die politische Rhetorik, mit der die Herausforderung gemeistert werden soll, mehrere Ebenen und Akteure der Hochschulbildung koordinieren und die Logik des Marktes mit staatlichen Prärogativen in Einklang bringen zu müssen.

> „A better system of accountability will rely on pride, rather than fear, aspirations rather than minimum standards as organizing principles. [...] It will be rigorous, because we can't afford to have low aspirations or soft standards [and] serious about improving performance, while respecting legitimate boundaries between federal, state, and institutional roles, and between policy and educational administration. Accountability must respect the vibrancy of our competitive, diversified, decentralized system of higher education ...".[24]

Damit ist klar, wer hier in die Schranken gewiesen werden soll: *Rankings*, die versprechen, Licht und Orientierung in den institutionellen Dschungel zu bringen, aber lediglich *inputs* und Prestige messen und alle Colleges über denselben Leisten schlagen. Ginge es nach den Vorstellungen der SHEEO, sollte ein „national student unit record data system" an ihre Stelle treten, das sich auf „statewide data systems" stützt und nicht nur den Bildungs- und Studienverlauf aller Studenten, sondern möglichst auch die Kosten für ihre Ausbildung sowie ihre Lernfortschritte während des gesamten Studiums erfassen und abbilden kann. „Institutional Trustees and Leaders" wurden dazu aufgerufen, für ihre Hochschulen an „fundamental public priorities"

---

23 National Commission 2005: 9.
24 Ibid.: 7.

orientierte allgemeine Ziele und für jeden Studiengang besondere Lernziele zu definieren, diese klar und deutlich den Studenten zu kommunizieren und ein leistungsfähiges Berichtswesen mit einer internen und externen Qualitätssicherung aufzubauen. So klar ihr Bekenntnis zu „a better system of accountability" ausfiel, so sehr betonte die Kommission, dass sie dabei weder an Mindeststandards dachte noch allein auf die allseligmachende Kraft von Zahlen vertraute: „More data is not more accountability". Dafür bedürfe es vielmehr eines entschlossenen, pragmatischen und auf klare einzelne Ziele fokussierten Vorgehens: „Measure results rigorously, and then work for improvement" lautete kurz und bündig ihre Empfehlung. Auf diese Weise ließen sich nicht nur Studienergebnisse verbessern, sondern auch die Kosten und Preise für eine Hochschulausbildung senken oder jedenfalls überschaubar halten.

Mit einem *Controlling*-Tick hatte das genauso wenig zu tun wie mit einem *Masterplan* für eine neue Form von Governance im US-amerikanischen Hochschulwesen. An dessen Spielregeln wollte die SHEEO nicht rütteln, aber dennoch auf nachhaltige Veränderungen drängen – in einem gemeinsamen Kraftakt aller Beteiligten, auf der Grundlage belastbarer empirischer Daten, anknüpfend am Eigeninteresse der Institutionen, die Wünsche ihrer „Kunden" und *stakeholders* in Politik und Wirtschaft aufgreifend, das Momentum des Marktes nutzend. Genau das schwebte der Bush Administration vor, als sie 2005 einen kühnen Vorstoß unternahm, einen Paradigmenwechsel in der *higher education* zu erreichen, der an den erfolgreichen und von beiden Parteien unterstützten *No Child Left Behind Act* vom Januar 2002 für den Schulbereich anknüpfen und einen *National Dialogue* über ihre Aufgaben, Gestalt und Leistungen eröffnen sollte.

4. Von der unsichtbaren Hand des Marktes zur staatlich verbürgten Leistungstransparenz: Systemische Koordination als Oxymoron

Im *Policy-Setting* und in den Problemlagen weisen Schul- und Hochschulbildung in den USA trotz vieler Gemeinsamkeiten und Parallelen große Unterschiede auf. Zu den Gemeinsamkeiten gehört, dass dem Bund in beiden Bereichen keine ureigenen Gestaltungs- und Regelungs-Kompetenzen zukommen, so dass alle seiner Interventionen stets der Zustimmung durch die Einzelstaaten bedürfen. Darüber hinaus gibt es auch im Schulwesen neben einem von den *states* verantworteten, aber im Wesentlichen durch die einzelnen Städte, Kreise und Gemeinden aus den von ihnen erhobenen *property taxes* finanzierten Sektor der *public schools* viele Arten privater Bildungseinrichtungen. Ihr Anteil und Gewicht bleibt jedoch weit hinter dem des privaten Sektors im Hochschulwesen zurück. Der größte Unterschied zwischen Schul- und Hochschulbildung liegt in der Art und Weise, wie die Einzelstaaten ihre Schulen führen, nämlich über die kurze Leine direkter Entscheidungen und Vorgaben. In den meisten Schulen, wenn auch längst nicht in allen, gelten Leistungsstandards und Rahmencurricula für den Unterricht. Die einzelnen *states* definieren Qualifikationsanforderungen und Einstellungsvoraussetzungen für Lehrer, über deren Gehälter aber die Gemeinden und *local school boards* befinden. Anders als im Hochschulwesen steht die Organisation und das operative Geschäft der öffentlich finanzierten Schulen unter der direkten Verantwortung und Einflussnahme der Einzelstaaten, die diese allerdings in jeweils ganz verschiedener Weise und Intensität ausüben.

An dieser unmittelbaren staatlichen Verantwortung knüpfte das Reformgesetz von 2002 an, das erstmals bundeseinheitliche Grundsätze und Verfahrensregeln für die Aufgaben und die Arbeit der Schulen in Anschlag brachte. Zur Durchsetzung einer bundesweiten *standard-based education* sollten die Einzelstaaten künftig flächendeckend entsprechende Tests durchführen und von neu einzustellenden Lehrern die im Bundesgesetz beschriebenen Qualifikationen verlangen. Im Gegenzug stellte ihnen die Bundesregierung umfangreiche finanzielle Hilfen zum Ausgleich inner- sowie zwischenstaatlicher Disparitäten und bei der Umsetzung des neuen Regelwerks in Aussicht. Das Druckmittel zu einer minimalen Homogenisierung der Leistungsanforderungen und -niveaus im öffentlichen Schulwesen der einzelnen Staaten, von der insbesondere „unterprivilegierte" Kinder aus ländlichen Regionen und die notorisch schwachen *inner city schools* profitieren sollten, waren somit finanzielle Anreize. An der Bildungssouveränität der *states* wurde nicht gerüttelt, die Idee, einen *national achievement standard* festzulegen, im Laufe der Beratungen über das Gesetz bald wieder fallengelassen. Über Unterrichtsinhalte und die Anforderungen in den einzelnen Klassenstufen und Fächern bestimmen nach wie vor die Einzelstaaten, die nun aber darauf hinarbeiten müssen, dass immer mehr Schüler die Mindestanforderungen in den obligatorischen Tests erfüllen können, weil ihre Schulen empirisch nachweisbar kontinuierlich bessere Leistungen erbringen zu müssen. Die Verabschiedung des *No Child Left Behind Act* erforderte einen erheblichen Kraftakt seitens des Bundes, auch und gerade zur Vermittlung zwischen den weit auseinandergehenden Vorstellungen und der unterschiedlichen finanziellen Leistungsfähigkeit der einzelnen *states*, und war verfassungsrechtlich keineswegs unumstritten. Schließlich ist die Vorstellung, der Bund habe neben seinen originären Aufgaben auch auf vergleichbare oder gar gleichartige Lebensverhältnisse innerhalb der *United States* hinzuwirken, diesem *land of plenty* ebenso fremd wie die eines kooperativen Föderalismus.

Der *No Child Left Behind Act* (NCLB) war und ist das ikonographische Sinnbild des neuen *Accountability*-Regimes in der Bildungspolitik.[25] Seine Architektur beruht auf einer simplen Annahme: Dass die Vorgabe hoher Leistungsstandards und messbarer Leistungsziele Schulen wie Schüler dazu anspornen werde, sich anzustrengen und ihre Leistungen ständig zu verbessern. Folgerichtig bekommen die *states* nur dann Gelder vom Bund für spezielle Maßnahmen wie beispielsweise die Lehrerfortbildung oder die IT-Ausstattung ihrer Schulen, wenn sie Leistungsanforderungen für Englisch und Mathematik für die Jahrgangsstufen drei bis acht sowie für ein Jahr der *High-School* (ab Klasse neun) definieren, diese alljährlich in jeder dieser Klassen und Fächer in standardisierten Tests überprüfen und die Ergebnisse für jede Schule

---

25 Peterson/West 2003.

und jede Jahrgangsstufe veröffentlichen. Zeigen die Werte nicht kontinuierlich nach oben, sondern stagnieren oder fallen sie sogar, wird die Schule von der Landesaufsicht abgemahnt und dazu angehalten, Schüler aus sozial schwachen Familien spezielle Hilfen anzubieten. Hat sie auch im nächsten Jahr keine Trendwende geschafft und erzielen ihre Schüler über mehr als drei Jahre hinweg sinkende Punktzahlen in den Tests, sind die Eltern berechtigt zu verlangen, dass sie zu einer *failing school* erklärt und geschlossen wird. Ihre Kinder können dann auf eine andere, durch die Testergebnisse als besser ausgewiesene Schule wechseln, zu der sie dann kostenfrei gebracht werden. Auch darin zeigt sich wieder eine merkwürdige Verquickung ganz unterschiedlicher Steuerungsinstrumenten und -philosophien: Staatliche Gebote und technokratisch durchgestaltete, obligatorische Testapparate gehen Hand in Hand mit marktwirtschaftlichen Anreizen und einem geradezu naiven Vertrauen in ein vernünftiges, zweckrationales Verhalten der Konsumenten, sprich Eltern und Schüler.

Obwohl das NCLB zunehmend ambivalent betrachtet wird, weil es zu einer rigiden Vereinheitlichung der Unterrichtsinhalte in der Sekundarstufe führe und die Schüler zum Lernen nur für den Test, aber für nichts darüber hinaus anhalte, diente es zweifellos als großes Vorbild für den Wunsch, die weiter oben dargestellten Probleme und Schwächen des amerikanischen Hochschulwesens in einer Weise anzupacken, die dessen Idiosynkrasien Rechnung trägt und der komplexen Interessenlage verschiedener institutioneller Akteure entgegenkommt. *Accountability* galt auch hier als Schlüssel für ein effektives *rebooting*, selbst wenn das institutionelle Arrangement im Hochschulbereich noch viel unübersichtlicher und die Kompetenzverteilung zwischen Bund und Einzelstaaten noch viel komplizierter ist als im Primar- und Sekundarschulwesen.

Nicht zu Unrecht spöttelten Beobachter deshalb auch, die von Bundesbildungsministerin Margaret Spellings im September 2005 einberufene *Commission on the Future of Higher Education* – auch kurz *Spellings Commission* genannt – solle ein *No College Left Behind*-Gesetz vorbereiten.[26] In der Tat beschrieb die Ministerin selber den Auftrag der Kommission dahingehend, eine „comprehensive national strategy for post-secondary education" zu entwickeln,[27] die nicht nur unter anderem, sondern zuallererst eine Antwort auf die leidigen Probleme von *access* und *affordability* geben solle. Was die Kommission zu diesen beiden Punkten ein Jahr später empfahl, war wenig revolutionär und entsprach weitgehend dem *Mainstream* der öffentlichen Debatte. Mit den anderen beiden ihrer vier zentralen Themen – *quality* und *accountability* – war das anders. Gerade dort aber trafen ihre Überlegungen und Vorschläge auf den heftigen Widerstand der Insassen des Systems, gegen den anzukämpfen nicht zuletzt wegen fehlender Druckmittel der Bundesregierung aussichtslos war. Die angekündigte Revolution blieb denn auch aus.

Das Ausgangsproblem definierte die Kommission als ein massives Wahrnehmungs- und Informationsdefizit. Viel zu viele Amerikaner und viel zu viele Hochschulen sonnten sich in dem Glauben, die *higher education* in den USA sei die beste

---

26 Inside Higher Ed, 15. Februar 2006.
27 Zit. nach Zemsky 2007: B7.

der ganzen Welt. Das habe zu einer „dangerous complacency" über deren „real quality and impact" geführt. Niemand könne sagen, ob die „Produkte" der College-Ausbildung gut oder schlecht sind oder was genau die Studenten lernen. Die Akkreditierung gebe darauf keine Antworten und funktioniere nicht richtig. Weder der Bund noch die Einzelstaaten wüssten anzugeben, was sie für das viele Geld bekommen, das sie in die tertiäre Bildung investieren. Vermutlich viel zu wenig, denn trotz der enormen Ausgaben seien die Ergebnisse der *higher education* in Amerika auch und gerade im Vergleich zu der anderer Länder „not merely disappointing – they are of grave concern": „there is an urgent need to get the most out of the national investment in higher education, but most of the policies are based on guesswork."[28] *Accountability* spiele weder für die einzelnen Einrichtungen noch für das System insgesamt eine Rolle. Das müsse rasch anders werden, und zwar in einer möglichst effektiven und zugleich kostengünstigen Weise. Kostenersparnisse für den Staat, die Wirtschaft und die einzelnen Bürger, bessere Qualität und mehr „value for money", die Sicherung von Zugangschancen für möglichst breite Kreise und Gruppen der Bevölkerung – all diese Anliegen und noch viel mehr bündelten sich im Ruf nach einer „robust culture of accountability and transparency".[29]

Der Vorsitzende der Kommission, Charles Miller, ein republikanischer Investmentbanker aus Texas, definierte als eines der wichtigsten Ziele für deren Arbeit „to insure that consumer-friendly information about colleges and universities [should] be easily available to the public at little or no cost."[30] Schon aus dieser Formulierung wird eine politische Stoßrichtung deutlich, die der Kommission schließlich zum Verhängnis wurde und ihre Empfehlungen des für eine Umsetzung erforderlichen Impetus beraubte: Sie ließ keinen Zweifel daran, dass den Hochschulen nicht zu trauen sei. Anstatt sich den drängenden wirtschaftlichen und sozialen Herausforderungen der Zeit zu stellen und ihren gesellschaftlichen Aufgaben nachzukommen, kümmerten sie sich nur um sich selbst und badeten in Schaumwein.

Hier könne nur der Markt Abhilfe bringen, nämlich durch eine „informed choice" der Konsumenten „that promotes institutional competition and efficiency". Kommerzielle *Rankings* könnten das nicht leisten, weil ihre Urteile zu hoch aggregiert und nicht transparent genug seien. Die Devise müsse lauten: „Putting Rankings in the Hands of the Consumer" (Miller). Wie und womit das zu erreichen wäre, wollten die 19 Mitglieder der Kommission (davon neun aus Hochschulen, fünf aus der privaten Wirtschaft und fünf aus öffentlichen Einrichtungen oder Stiftungen) innerhalb eines Jahres durch Konferenzen, Anhörungen und von ihr selbst in Auftrag gegebene Studien herausfinden. Ihre Diskussionen konzentrierten sich rasch auf zwei kon-

---

28 Charles Miller & Geri Malandra, „Accountability/Assessment". Eines von mehreren „ISSUE PAPERS" von Mitgliedern der Kommission oder von ihr beauftragter Experten, die zwischen September 2005 und März 2006 erarbeitet und auf der website der Kommission veröffentlicht worden sind: A National Dialogue: The Secretary of Education's Commission on the Future of Higher Education. Quelle: http://www.ed.gov/about/bdscomm/list/hiedfuture/reports.html (15. Juli 2009).
29 A Test of Leadership 2006: 27.
30 ISSUE PAPER „Accountability/Consumer Information", Quelle a.a.O.

stitutive Eckpfeiler eines neuen *accountability*-Regimes: Erstens den Aufbau eines landesweiten *student-based unit record systems*, das belastbare Aussagen und Vergleiche über die tatsächlich anfallenden Kosten einer Hochschulausbildung in verschiedenen Studienfeldern und -gängen, über Studienzeiten und Abbrecherquoten sowie vor allem die Kenntnisse, Kompetenzen und *skills* erlauben würde, die die Absolventen an ihrer Hochschule erworben haben. Als ein zweites *must* galt der Kommission die lange schon für überfällig gehaltene Reform und Neustrukturierung des Systems institutioneller Akkreditierungen.

Die neue zentrale Datenbank sollte einen kompletten Satz aussagefähiger Informationen über jedes College enthalten – Finanzdaten ebenso wie Leistungsdaten, angefangen von Abschluss- und Abbrecherquoten bis zu *learning outcomes*. Ohne belastbare Informationen darüber, wie gut oder schlecht sie ihren Job machten, stellte Charles Miller klar, würden es die Hochschulen immer schwerer haben, ihre finanziellen Wünsche gegenüber Bund und Einzelstaaten und ihre hohen Gebührenforderungen am Markt erfolgreich durchzusetzen. Hier müsse endlich ein klares *quid pro quo* gelten: Geld gegen Daten.[31] Mit ihrem Vorstoß zur Messung der *learning outcomes* und des *added value* eines Studiums an jedem College geriet die Kommission indes sehr schnell in tief vermintes Gelände. Kaum war durchgesickert, dass sie ein dem *No Child Left Behind Act* nachgebildetes Testregime für die Colleges erwäge, brach ein Sturm der Entrüstung los. Wie, bitteschön, wolle man denn die Lernerfolge von Studenten in *Harvard* mit denen an der *Oklahoma State University* vergleichen, die von Archäologen mit denen von Physikern, und dann auch noch mit demselben Instrumentarium?

Natürlich witterten die auf diesem Gebiet schon gut etablierten Test-Unternehmen ein riesiges neues Geschäftsfeld. Der *Educational Testing Service*, der unter anderem die jedes Jahr millionenfach absolvierten *Scholastic Aptitude Tests*, *Graduate Records Examinations* und englischen Sprachtests betreibt, empfahl sich *Policymakers and the Higher Education Community* mit eigenen Vorschlägen zu einer testdatengetriebenen „Strategie" zur Qualitätssicherung und -optimierung in der *higher education*.[32] Die Kommission beschäftigte sich intensiv mit allen bereits marktreifen Testbatterien, konnte sich aber angesichts des anhaltenden Widerstandes gegen ein derartig, wie es hieß, krudes und undifferenziertes Instrumentarium nicht dazu durchringen, in ihrem Abschlussbericht auf einer sofortigen Implementation zu bestehen. Statt dessen heißt es dort lediglich, der Staat solle die Entwicklung entsprechender Informationssysteme finanziell unterstützen und die Hochschulen dazu ermuntern, die Lernerfolge ihrer Absolventen und Studenten mit Hilfe bereits verfügbarer Tests zu überprüfen. Damit war dieser Versuch, die *Higher Education Community* von außen unter Druck zu setzen und auf neue Spielregeln zur Marktregulierung zu verpflichten, aufs Erste gescheitert. Auch drei Jahre nach dem Ende der Kommissionsarbeit hatte sich die Lage noch nicht geändert. In einer im Juni 2009

---

31 Chronicle of Higher Education, 7. April 2006 „Panel to Give Colleges ‚Gentle Shove' Toward Testing.
32 ETS 2006.

veröffentlichten Studie über die *accountability systems* in allen 50 *states* befand *Education Sector*, ein privater bildungspolitischer *Think Tank* in Washington D. C., die meisten Hochschulen hätten noch immer keine Instrumente eingeführt, um „college students' learning outcomes" zu messen. Dass sie „accountability data" für politische Entscheidungen nutzen, komme so gut wie nie vor.[33]

Nicht viel anders sieht es auf dem zweiten Kampfplatz der Akkreditierung aus, auf dem sich nicht nur der Bund und die Einzelstaaten als *stakeholder* tummeln, sondern auch unterschiedliche private Interessengruppen. Daraus ergeben sich mindestens zwei Konfliktlinien über die Aufgabe und Rolle der institutionellen Akkreditierung nach den Vorgaben des HEA. Da ist zum einen die Frage, ob es sich bei der Akkreditierung um eine private, geschäftliche Beziehung zwischen einer Agentur und einer Hochschule handelt oder ob sie nicht vielmehr auch oder sogar vor allem eine öffentliche Dimension umfasst, das heißt einen „service to the public" darstellt. In analoger Weise ist fraglich, ob das Verfahren und die Bewertungen der Akkreditierungsagenturen nur der professionellen Selbstregulierung unterliegen sollen oder ob sie nicht auch ein Ausdruck der „federal oversight in higher education" sind.[34] Die Kommission kritisierte, die Akkreditierung werde von „institutional purposes, rather than public purposes" dominiert – was auch und gerade in der Zusammensetzung der Agenturen zum Ausdruck komme, deren Gremien so gut wie keine „public representatives" angehörten. Die Akkreditierungsverfahren würden heutigen Anforderungen nicht mehr gerecht, indem sie sich auf *inputs* statt auf Lernerfolge konzentrierten, die Anliegen und Interessen der vielen externen *stakeholder* weitgehend unberücksichtigt ließen und einen viel zu engen regionalen Fokus hätten, wo es doch um nationale Standards gehen müsse. Das real exis-tierende System sei ein „crazy quilt of activities, processes, and structures that is fragmented, arcane [...] and has outlived its usefulness."[35] Ein Systemwechsel sei dringend geboten, der Aufbau einer neuen, in *public-private-partnership* getragenen *National Accreditation Foundation* überfällig. Diese müsse effizienter und effektiver arbeiten als die bisher mit der institutionellen Akkreditierung betrauten Agenturen, aber vor allem auch rigorose und transparente Qualitätsstandards gegenüber allen *Colleges* artikulieren und durchsetzen.

Diesen vollmundigen Vorschlägen erging es freilich nicht anders als denen für ein datengetriebenes *accountability system* – sie schafften es nicht einmal in den im September 2006 vorgelegten Abschlussbericht der Kommission. Dort finden sich lediglich schwache Appelle, den Akkreditierungsprozess transparenter zu gestalten, die Ergebnisse der *final reviews* der interessierten Öffentlichkeit zugänglich zu machen und ein neues *framework* für die Akkreditierungsverfahren zu entwerfen, das

---

33 Ready to Assemble: Grading State Higher Education Accountability Systems. Report June 2009. Quelle: http://www.educationsector.org/usr_doc/HigherEdSummary.pdf (6. Juli 2009).
34 Chronicle, 14. April 2006 („National Accrediting Body Considered"), 1. September 2006 („Controversial Proposal Fails to Make Panel's Final Report") und 27. März 2007 („Education Department and Accreditors Get to the Heart of Their Differences at Rule-Making Meeting").
35 ISSUE PAPER von Robert C. Dickeson, „The Need for Accreditation Reform". Quelle: a.a.O.

die nachgewiesenen Leistungen einer Hochschule ins Zentrum der Bewertung rückt. Im November 2006 kündigte Bildungsministerin Margret Spellings an, sie wolle davon Abstand nehmen, standardisierte Tests für alle Colleges vorzuschreiben. Stattdessen sollten erst einmal die Machbarkeit, Möglichkeiten und Grenzen solcher Tests in größeren Projekten ausgelotet werden, die ihr Ministerium gern finanzieren wolle. Eine rasche Neuordnung der Akkreditierungsmaschinerie und ihre Ausrichtung auf die Messung und Bewertung von studentischen Lernerfolgen seien dagegen unabdingbar. Viel Glück hatte sie damit allerdings nicht. Gegen die Pläne der Bundesregierung, den regionalen Agenturen aufzuerlegen, zunächst allgemeine Standards dafür aufzustellen, was Studenten lernen und was Absolventen können sollten, und dann in den Akkreditierungsverfahren zu überprüfen, ob und inwieweit die einzelnen Colleges diesen Standards gerecht werden, wehrten sich Letztere mit allen Mitteln. So ließ etwa die Präsidentin des CHEA vor einer Anhörung im Kongress verlauten, diese Pläne würden zu einer „massive expansion" der Bundesaufsicht über die Hochschulbildung führen und „replace the professional judgement of accreditors with federal regulations."[36] Nach allem, was bis hierhin über die Governance und das politische *framing* der Hochschulbildung in den USA ausgesagt wurde, sollte klar sein, dass ein solcher Verdacht einem Todesstoß für die Planungen gleichkam.

Dem massiven Sperrfeuer aus den Reihen der Hochschulen und seitens anderer *vested interests* sah sich die Bush Administration nicht gewachsen. Im *Higher Education Opportunity Act* vom August 2008, der derzeit letzten Re-Autorisierung des HEA, wurde dem Wunsch, mit Hilfe des Bundes endlich zu einer an Outcomes orientierten Qualitätssicherung in der *higher education zu* gelangen, sogar eine explizite Absage erteilt: „Nothing in this section shall be construed to permit the Secretary to establish any criteria that specifies, defines, or prescribes the standards that accrediting agencies or associations shall use to assess any institutions' success with respect to student achievement."[37] Man kann das wahlweise als Eingeständnis der Ohnmacht der Bundesregierung, als Absage an den Wirbel um *accountability* oder auch nur als einen Schuss vor den Bug ambitiöser Pläne deuten, dem Bund im kakophonischen Konzert der US-amerikanischen Hochschulbildung eine größere Rolle und mehr Kompetenzen zu geben.

Principiis obstat hat also obsiegt. Das bedeutet aber auch, dass es mit dem *muddling through* zumindest vorerst weitergeht, weil es dazu keine praktikable, durchsetzungsfähige Alternative gibt. Das amerikanische Hochschulsystem trägt ein Janusgesicht: Seine faszinierende Dynamik, Elastizität und Inklusionsfähigkeit gehen einher mit einer erstaunlichen Trägheit in seinen Governance-Formen und in seiner Betriebslogik, in denen die vielbeschworenen Gesetze des Marktes nur partiell gelten. Gegenüber denen des Staates haben sie bisher aber stets die Oberhand behalten, trotz der anhaltenden, immer wieder neuen Bemühungen, dem Staat mehr

---

36 Chronicle, 27. März 2007.
37 Part H, Section 495. Quelle: http://www.ed.gov/policy/highered/leg/hea08/index.html (15. Juli 2009).

effektive Regulierungskompetenzen für die Hochschulbildung zuzuweisen. Unter dem Blickwinkel systemischer Koordination ist das amerikanische Hochschulwesen angesichts der hohen Reibungsverluste, die es produziert, ein Oxymoron – und ein höchst erfolgreich scheiterndes Gesamtkunstwerk.

Literatur

Alderman, Geoffrey/Brown, Roger, 2005: Can Quality Assurance Survive the Market? Accreditation and Audit at the Crossroads. In: Higher Education Quarterly 59, 313-328.

American Council on Education (ACE), 2004: Shifting Ground: Autonomy, Accountability, and Privatization in Public Higher Education, Washington D. C. Quelle: http://www.acenet.edu/book-store/pdf/2004_shifting_ground.pdf.

Association of American Colleges and Universities (AACU), 2004: Our Students' Best Work: A Framework for Accountability Worthy of Our Mission, Washington D. C. Quelle: http://www.aacu.-org/publications/pdfs/StudentsBestreport.pdf.

A Test of Leadership. Charting the Future of U.S. Higher Education (Report of the Commission on the Future of Higher Education), September 2006, Washington D. C. Quelle: http://www.ed.gov/-about/bdscomm/list/hiedfuture/reports/final-report.pdf.

Clark, Burton R., 1983: The Higher Education System. Academic Organization in Cross-National Perspective, Berkeley, Los Angeles/London: University of California Press.

Dill, David D., 2001: The Changing Context of Coordination in Higher Education: The Federal-State Experience in the United States. In: Huisman, Jeroen et al. (Hrsg.), Higher Education and the Nation State, London: Pergamon/Elsevier, 75-106.

Dill, David D., 2003: Allowing the Markets to Rule: The Case of the United States. In: Higher Education Quarterly 57, 136-157.

Educational Testing Service (ETS), 2006: A Culture of Evidence: Postsecondary Assessment and Learning Outcomes. Recommendation to Policymakers and the Higher Education Community, Princeton. Quelle: http://www.ets.org/Media/Resources_For/Policy_Makers/pdf/cultureofevidence.pdf.

Gladieux, Lawrence E. et al., 2005: The Federal Government and Higher Education. In: Altbach, Philip G. et al. (Hrsg.), American Higher Education in the Twenty-First Century, 2. Ed., Baltimore/London: Johns Hopkins University Press, 164-197.

MacTaggart, Terrence W., 2004: The Ambiguous Future of Public Higher Education Systems. In: Tierney, William G. (Hrsg.), Competing Conceptions of Academic Governance, Baltimore: Johns Hopkins University Press, 104-136.

National Commission on Accountability in Higher Education, 2005: Accountability for Better Results. A National Imperative for Higher Education, Washington D. C. Quelle: http://www.sheeo.-org/Account/accountability.pdf.

Peterson, Paul E./West, Martin R. (Hrsg.), 2003: No Child Left Behind? The Politics and Practices of School Accountability, Washington D. C.: Brookings Institution Press.

Rhoades, Gary/Sporn, Barbara, 2002: Quality Assurance in Europe and the U.S.: Professional and Political Economic Framing of Higher Education Policy. In: Higher Education 43, 355-390.

Sauder, Michael/Espeland, Wendy Nelson, 2009: The Discipline of Rankings: Tight Coupling and Organizational Change. In: ASR 74, 63-82.

Schreiterer, Ulrich, 2008: Traumfabrik Harvard. Warum amerikanische Hochschulen so anders sind, Frankfurt a. M./New York: Campus.

Trow, Martin, 1993: Federalism in American Higher Education. In: Levine, Arthur (Hrsg.), Higher Learning in America 1980-2000, Baltimore/London: Johns Hopkins University Press, 39-66.

Trow, Martin, 1998: On the Accountability of Higher Education in the United States. In: Bowen, William G./Shapiro, Harold T. (Hrsg.), Universities and their Leadership, Princeton: Princeton University Press, 15-61.

Zemsky, Robert, 2007: The Rise and Fall of the Spellings Commission. In: The Chronicle of Higher Education Review, 26.1.2007, B6-B9.

Der Blick auf das andere Nordamerika –
die Dynamik der föderalen Hochschulpolitik in Kanada

Gangolf Braband

1. Einleitung

Beim Blick aus Deutschland nach Nordamerika fällt auf, dass der Nachbar der USA, Kanada in der öffentlichen Diskussion von Hochschulpolitik fast vollkommen ignoriert wird. Thomas O. Hueglin, ein Wissenschaftler der Deutschland und Kanada gleichermaßen gut kennt, hat dafür eine einfache Erklärung: „From a German perspective [...] Canada has been largely overlooked as a rather insignificant specimen of the North American political culture which postwar Germans learned to identify exclusively with that of the Unites States."[1] Dabei lohnt es sich gerade im Hinblick auf die Themen Föderalismus und Hochschulpolitik, den Blick auf das kanadische Hochschulsystem zu werfen.

Wie die USA und Deutschland ist Kanada ein föderal organisierter Staat, in dem die verfassungsrechtliche Zuständigkeit für Erziehung und Bildung primär bei der subnationalen Ebene – hier: den Provinzen – liegt. In Bezug auf den Grad der staatlichen Prägung der Hochschullandschaften zeigen sich aber Unterschiede – eine eher schwache Ausprägung in den USA und eine starke Ausprägung in Deutschland und Kanada.[2]

Der Föderalismus als Organisationsform des Staates in Kanada zeichnet sich weiter dadurch aus, dass die Unabhängigkeit der beiden Regierungsebenen betont wird. Dieser sogen.duale Föderalismus[3] hat in Kanada zu einem Grad der Unabhängigkeit der Organisationseinheiten geführt, die das Land als das vielleicht am stärksten dezentralisierte Föderalismus-Modell westlicher Prägung erscheinen lässt. Kennzeichnend für die resultierende vertikale Gewaltenteilung ist u. a.:[4]

– ein Dualismus der strukturellen Elemente des Staates und damit eine hohe Autonomie der beiden politischen Ebenen;
– eine vom Politikfeld abhängige Kompetenzverteilung;

---

1 Hueglin 1984: 2.
2 Dies zeigt sich auch an dem geringen Anteil von privaten Hochschulen in den beiden letzt genannten Ländern.
3 Braband 2004: 22 ff; Wachendorfer-Schmidt 2000.
4 Braband 2004: 22 ff.

- geringer legislativer Einfluss des Senats (Zweikammersystem auf Bundesebene) auf die gesamtstaatliche Gesetzgebung[5] und
- ein nur gering vertikal integriertes Parteiensystem.

Eine institutionalisierte Mitwirkung der Provinzregierungen an der nationalen Gesetzgebung wie dies im deutschen System durch den Bundesrat verkörpert wird, sieht der kanadische Föderalismus nicht vor. Unter solchen Bedingungen ist eine Analyse im Bereich der Hochschulpolitik in Bezug auf Gemeinschaftsaufgaben weniger ertragreich als dies im deutschen föderalen System der Fall ist. Ein Blick auf Kanada ist dennoch interessant, insbesondere wenn man das Verhältnis zwischen den beiden föderalen Regierungsebenen näher betrachtet – und dessen Entwicklung über einen längeren Zeitraum. So zeigt sich bei einem Blick auf frühere Entwicklungsstadien des föderalen Staatsgefüges in Kanada, dass die Praxis eines konkreten Politikfeldes von der oben dargelegten Charakterisierung des föderalen Modells abweichen konnte. Der kanadische Föderalismus hat eine Entwicklung durchlaufen, die zeigt, dass er als ein dynamisches System zu betrachten ist, welches sich durch eine ständige Suche nach Gleichgewichtszuständen in einem komplexen Gebilde auszeichnet.[6] Wie der vorliegende Text zeigt, blieb die Hochschulpolitik im Spannungsfeld des Verhältnisses zwischen den Provinzen und der föderalen Regierung in Ottawa von dieser Dynamik nicht verschont.

2. Entwicklung der Zuständigkeiten in der kanadischen Hochschulpolitik

Die folgende Darstellung bezieht sich primär auf die Entwicklung der Hochschulpolitik in Kanada seit 1945 und die daraus resultierenden Veränderungen in diesem Politikfeld. Der Schwerpunkt liegt auf der Frage nach dem Einfluss der föderalen Regierung in Ottawa in einem durch Verfassungsvorrechte der Provinzen gekennzeichneten Feld.[7]

Das Hochschulsystem in Kanada ist wie der Staat selbst noch jung. Die Unabhängigkeit Kanadas wurde erst durch den konstitutionellen *British North America Act* (BNA) von 1867 *de facto* Wirklichkeit. Schon in diesem frühen Dokument wurde die Zuständigkeit für den Bereich Bildung/Erziehung geklärt und den Provinzen zugeschlagen. Von Hochschulen war bis zu diesem Zeitpunkt noch keine Rede;

---

5   Der kanadische Senat dient als ‚Oberhaus' (orientiert an dem britischen System) der Interessenvertretung der Provinzen auf der bundesstaatlichen Ebene. Er setzt sich aber nicht aus Vertretern der Provinzregierungen zusammen, sondern aus Senatoren, die letztendlich durch die Regierung in Ottawa bestimmt werden. Ein Zustand, der immer wieder einmal zu Reformversuchen eingeladen hat. Die geringe Bedeutung des Senats im kanadischen Politiksystem erlaubt es aber hier, ihn nicht weiter in die Ausführungen mit einzubeziehen.
6   Watts 1998; Elazar 1987.
7   Die folgenden Analysen und Argumente basieren zu einem großen Teil auf Forschungsergebnissen der im Juli 2004 an der Queen's University of Belfast abgeschlossenen Dissertation des Autors zum Thema Föderalismus und Hochschulpolitik in Kanada und Deutschland (Braband 2004).

dieser Bereich war einfach zu marginal.[8] Hinzu kam, dass eine konfessionelle Abhängigkeit der wenigen Hochschulen auf eine geringe Einflussnahme staatlicher Behörden in diesem Bereich traf.[9]

Mit der Verfassung von 1867 begann sich dann die Situation zu wandeln. Es zeigten sich erste Anzeichen eines Interesses der föderalen Regierung in Ottawa am Politikfeld Hochschule. 1874 wurde das *Royal Military College* in Kingston (Ontario) durch einen Gesetzgebungsakt des föderalen Parlaments gegründet. Grundlage für die Gesetzesinitiative war Abschnitt 91(7) des Verfassungsgesetzes, nach dem die nationale Verteidigung der gesetzgebenden Kompetenz des Parlaments in Ottawa zustand.[10] Der Einfluss Ottawas auf die anderen Hochschulen blieb aber gering, und die Universitäten selbst hatten zu dieser Zeit mit anderen Problemen zu kämpfen: z. B. mit mangelhafter interner Organisation und zunehmender direkter Einflussnahme durch (partei-)politische Akteure in den Provinzen. In Ontario führte dieser Zustand schließlich 1906 zur Einsetzung einer königlichen Kommission (*Flavelle Royal Commission*), deren Bericht zu einer Stärkung der Hochschulautonomie führte und den Weg für die zukünftige Rolle der Universitäten in den Regierungsbeziehungen im föderalen System bereitete.[11] Der folgende Erste Weltkrieg lähmte die Hochschulen, führte aber gleichzeitig zu einer Entwicklung, die nicht vorhersehbar gewesen war: 1916 setzte die föderale Regierung ein *Advisory Committee for Scientific and Industrial Research* (das spätere *National Research Council*) zur Förderung der wissenschaftlichen und industriellen Forschung ein, um so den Rückstand insbesondere gegenüber Deutschland in kriegswichtigen Bereichen wie der Stahlproduktion und in der Entwicklung von Sprengstoff zu verringern. Aus heutiger Sicht liegt hier der erste Schritt in Richtung einer wesentlich später folgenden Vormachtstellung der föderalen Regierung in Ottawa auf dem Gebiet der Forschung an Universitäten.[12]

Die Zeit zwischen den Weltkriegen war auch in Kanada geprägt durch die Weltwirtschaftskrise. Der Hochschulsektor wuchs nur langsam. Selbst die einsetzende finanzielle Förderung von Studenten durch Ottawa konnte daran nicht viel ändern. Die Initiative blieb lange ohne große Bedeutung.[13]

Der folgende Zweite Weltkrieg führte zu einer gewichtigeren Rolle der kanadischen Regierung in der Hochschulausbildung. Im Namen des nationalen Interesses wurde ein erhöhter Bedarf für Ingenieure und Wissenschaftler geltend gemacht. Dies gipfelte in der Forderung, dass im Gegensatz zu Studenten der kriegsrelevanten Fächer, solche der Geistes- und Sozialwissenschaften nicht vom Militär- bzw. Kriegsdienst befreit werden sollten. Der Widerstand gegen eine solche Reglung kam nicht überraschend. Besonders profilierte sich dabei die Standesvertretung der

---

8   Cameron 1992: 47; Jones,1996: 341.
9   Jones 1996: 338 ff.; Cameron 1991: 6 f.
10 Cameron 1991: 19 f.
11 Cameron 1991: 26 ff.; Jones 1996: 344 ff.
12 Neatby 1987: 21.
13 Kucharczyk 1984: 87.

Hochschulen, die *National Conference of Canadian Universities* (NCCU) – die Vorläuferin der heutigen *Association of Universities and Colleges of Canada* (AUCC).[14] Die aus der resultierenden Auseinandersetzung gestärkt hervorgegangene Organisation spielte insbesondere in den Jahren der Nachkriegszeit eine wichtige Rolle als Bindeglied zwischen den Universitäten und Ottawa.[15]

Zusammenfassend lässt sich über die Hochschulpolitik in Kanada vor 1945 sagen, dass die oberste Regierungsebene trotz wachsender Bedeutung noch keinen großen Einfluss ausübte. Das stärker ausgeprägte Verhältnis zwischen Universitäten und Provinzen war unproblematisch, da eine prinzipielle Übereinkunft über die Funktion und Rolle der Universitäten herrschte, ohne dass dies ein Thema in der öffentlichen Diskussion war. Dies muss natürlich auch vor dem Hintergrund gesehen werden, dass das Hochschulsystem in seiner damaligen Ausprägung nicht mit heutigen Dimensionen vergleichbar war und die Universitäten eher Bildungsinstitutionen für regionale Eliten waren. Dieser Zustand änderte sich grundlegend in der Nachkriegszeit.

2.1. Die Periode der direkten föderalen Einflussnahme von 1945 bis 1966

Das Ende des Zweiten Weltkriegs markiert zwar keinen fundamentalen Bruch in der Entwicklung Kanadas, dennoch blieb der Staat nicht von ökonomischen Problemen verschont. Insbesondere die Vielzahl der zurückkehrenden Kriegsveteranen drohten den Arbeitsmarkt über Gebühr zu belasten. Die Lösung lag in einem zwischen der föderalen Regierung und dem NCCU ausgehandeltem Plan, dem *Veterans Rehabilitation Act*: In diesem Gesetz verpflichtete sich Ottawa zur Zahlung von 150 kanadischen Dollar für jeden eingeschriebenen Veteranen – zusätzlich zur Übernahme der Studiengebühren. Da diese Gelder direkt an die Universitäten gingen, expandierte der Hochschulsektor substantiell.[16] Manche Universitäten finanzierten sich sogar zum überwiegenden Teil durch die Mittel aus Ottawa.[17] In den Worten von David M. Cameron, einem der profiliertesten Forscher zur Hochschulpolitik in Kanada, hatte der *Veterans Rehabilitation Act* dabei vor allem eine Konsequenz: „[It] opened the floodgates to the federal invasion of provinicial jurisdiction over higher education".[18] Die Provinzen waren in dieser Zeit nicht in der Lage, finanziell die Bürden des expandierenden Hochschulsystems zu tragen. Darüber hinaus standen sie der föderalen Regierung politisch auch eher schwach gegenüber. Nach Auslaufen der Förderung von Kriegsheimkehrern wandten sich die Universitäten, unter Zuhilfe-

---

14 Die Organisation ist mit der Hochschulrektorenkonferenz in Deutschland vergleichbar.
15 Neatby 1987: 23; Cameron 1991: 44.
16 Vgl. hierzu auch den Beitrag von Schreiterer in diesem Band zum „GI-Bill" in den Vereinigten Staaten.
17 Leslie 1980: 146 f.
18 Cameron 1997: 11.

nahme des NCCU, konsequenterweise direkt an Ottawa, um die weiter steigenden Studentenzahlen zu bewältigen.[19]

Das Resultat der Bemühungen der Hochschulen um zusätzliche öffentliche Förderung zeigte sich im 1951 erschienen Bericht der *Massey-Commission*.[20] Die Empfehlungen der Kommission wurden von der föderalen Regierung unter Premierminister Louis St. Laurent umgesetzt und führten zu einer Politik der direkten Förderung der Universitäten, der *direct grant policy*. Künftig bekam damit jede Provinz einen festen Betrag (anfangs 50 Cents) pro Bewohner (nicht pro Student) zugewiesen. Der Gesamtbetrag wurde dann unter den Hochschulen der jeweiligen Provinz in Abhängigkeit von der Anzahl der Einschreibungen verteilt. An die Zahlungen waren aus Rücksichtnahme auf die verfassungsrechtliche Zuständigkeit der Provinzen keine Bedingungen geknüpft. Allerdings reichte dieser Akt der Respekterweisung nicht aus, um zu verhindern, dass die finanzielle Unterstützung zu Problemen mit der Provinzregierung in Quebec führte – Probleme die sich später zu einer direkten Konfrontation ausweiten sollten.[21]

Die Mittel aus Ottawa waren von den Präsidenten der Universitäten in der Provinz Quebec zunächst akzeptiert worden. Doch schon innerhalb eines Jahres wandelte sich die Einstellung: Die dortigen Hochschulleitungen folgten der Aufforderung des Regierungschefs von Quebec, Maurice Duplessis, und verweigerten die Annahme der finanziellen Unterstützung aus Ottawa. Als Kompensation erhöhte die Provinzregierung die finanziellen Zuwendungen an ihre Universitäten. Diese Steigerung reichte aber nicht, um die Verluste für die Hochschulen in Quebec zu kompensieren. Die Situation verschärfte sich noch durch Prognosen über steil ansteigende Studentenzahlen für ganz Kanada. Die Regierung in Ottawa reagierte schnell auf die neue Lage: Premierminister St. Laurent offerierte den Provinzen 1956 neben weiteren Zuwendungen auch eine Verdoppelung der Pro-Kopf-Zuwendung auf einen Dollar. Und um weiteren Konfrontationen mit Quebec aus dem Weg zu gehen, wurde das Geld nicht direkt an die Universitäten gezahlt, sondern an eine Zwischenorganisation, die *Canadian University Foundation* – eine Tochterorganisation der NCCU. Die Vorsichtsmaßnahme fruchtete allerdings nicht. Quebec entschied sich gegen den

---

19 Der Vorgang selbst zeigte auch den hohen Autonomiestatus der Universitäten, die sich trotz der formellen Zuständigkeit der Provinzen, direkt an die höchste Regierungsebene wenden konnten. Der hohe Autonomiegrad, insbesondere im Vergleich zu den deutschen Hochschulen, ist auch heute noch kennzeichnend für die kanadischen Universitäten.
20 Entwicklungen und Verhandlungen in der kanadischen Hochschulpolitik manifestierten sich lange Zeit in der Form von Kommissionen. Zwar waren dort auch Vertreter der beiden Regierungsebenen beteiligt, aber aufgrund des dualen Föderalismus in Kanada ist diese Form der Verhandlungen nicht vergleichbar mit der institutionalisierten Politikverflechtung im deutschen System. Zu diesem frühen Zeitpunkt kam noch hinzu, dass die Provinzregierungen sich noch nicht als ernst zu nehmende Gegengewichte zu der Regierung in Ottawa etabliert hatten. Dieser Zustand änderte sich aber in den folgenden Jahren (siehe unten).
21 Leslie 1980: 147 f.

Kompromiss und so blieb die verfassungsrechtliche Blockade zwischen Ottawa und der Provinz weiter bestehen.[22]

Insgesamt stieg im Verlauf der folgenden Jahre die Abhängigkeit der Hochschulen in den Provinzen von dem Geld aus Ottawa deutlich an: 1955 betrug der entsprechende Anteil an dem Gesamtbudget der Hochschulen noch 14,2 Prozent, 1959 war er dann schon auf 23,3 Prozent gestiegen – bei gleichzeitig fallendem Finanzierungsanteil der Provinzen. Da insbesondere den Hochschulen in Quebec die Zuwendungen aus Ottawa komplett fehlten, erhöhte sich der Handlungsdruck für die beiden Regierungsebenen, eine andere Lösung zu finden.[23]

Die Zeit zur Überwindung des Stillstands schien in Quebec nach dem Tod von Duplessis und vor der Wahl der neuen Provinzregierung unter Jean Lesage gekommen zu sein. Die Verhandlungen zwischen den Regierungen in Ottawa und Quebec führten zu einer Abmachung, die den Transfer von Steuerprozentpunkten nach Quebec als zentrales Element beinhalteten. Konkret bedeutete dies, dass Ottawa keine direkten Zahlungen mehr an die Universitäten vornahm. Stattdessen wurde die nationale Körperschaftssteuer um einen Prozentpunkt gesenkt, was Quebec im Gegenzug erlaubte, die regionale Steuer der Provinz um einen Prozentpunkt anzuheben. Unter Einbezug eines Systems des Finanzausgleiches wurde sichergestellt, dass Quebec den gleichen Betrag erhielt, der sonst direkt an die Universitäten der Provinz gezahlt worden wäre. Die Vereinbarung bedeutete gleichzeitig praktisch den Ausstieg (*contracting out*) aus dem nationalen Förderungsprogramm und den Einstieg in eine neue Dimension der föderalen Regierungsbeziehungen.[24]

Der Fall – wenn zu diesem Zeitpunkt auch nur am Beispiel Quebecs – machte deutlich, dass zukünftig in der Hochschulpolitik eine Einflussnahme der föderalen Regierung in einem Kompetenzfeld der Provinzen nur über freiwillige Kooperation, unter Teilnahme der Provinzen und unter Bereitstellung einer Ausstiegsmöglichkeit (wie z. B. den Transfer von Steuerprozentpunkten) möglich war. Das zeigte sich auch bei einem weiteren Projekt der finanziellen Förderung des Hochschulsektors, dem nationalen Darlehen-Programm von 1964 zur Unterstützung von Studenten (*Canada Student Loans Program* – CSLP). Hier war die Ausstiegsklausel unter Bereitstellung einer entsprechenden finanziellen Kompensation bereits direkt in das Programm eingebaut. Quebec nutzte diese Option später als einzige der Provinzen.[25]

---

22 Cameron 1997: 11 f.; 1991: 63 ff. Die Mittel für die Universitäten in Quebec wurden von der *Canadian University Foundation* in Verwahrung genommen. Da die Provinzen aber nicht als ein homogener Akteur auftraten und auch keine Form der Politikverflechtung im deutschen Sinne vorlag, hatte die ablehnende Haltung Quebecs keine größeren Auswirkungen auf die Auszahlung der erweiterten finanziellen Unterstützung an die Hochschulen in den anderen Provinzen.
23 Cameron 1991: 83 ff., 91, 117.
24 Stevenson 1982: 143; Cameron 1991: 85 f.; Leslie 1980: 148.
25 Für die Entwicklung des Programms, siehe z. B. den *Canada Student Loans Program Annual Report* 2006-2007 der kanadischen Regierung. Ein weiteres Programm zur finanziellen Unterstützung ist die *Canada Millenium Scholarship Foundation*. Sie startete 2000 mit einer finanziellen Ausstattung von 2,5 Milliarden kanadischen Dollar. Nachdem es wegen des Programms zu Konflikten mit den Provinzen kam und diese die nationale Förderung nutzten um ihre eige-

Dass Quebec diese Sonderbehandlungen in Anspruch nahm, überrascht aus heutiger Sicht nicht. In der Provinz gab es in den letzten Jahrzehnten immer wieder Bestrebungen sich vom Rest Kanadas abzuspalten. Um den Zustand in der kanadischen Hochschulpolitik der 1960er Jahre zu erklären, ist es aber nicht hinreichend, die Sonderrolle Quebecs vor dem Hintergrund eines generellen Konflikts zwischen der Provinz und dem Rest Kanadas zu betonen. Die Auseinandersetzung mit Quebec zeichnete vielmehr den kommenden Weg vor: Indem sich die Provinzen ihrer eigenen Möglichkeiten bewusst wurden, entwickelte sich in Kanada auf Ebene der Provinzen Schritt für Schritt eine eigene Hochschulpolitik. Quebec war nur die erste Provinz, die die eigenen Ansprüche in dem Politikfeld tertiäre Bildung so deutlich artikulierte – ausgelöst und beeinflusst durch einen die politischen und sozialen Institutionen beeinflussenden Prozess der Transformation der gesamten Gesellschaft in der frankophonen Provinz. Dieser Prozess wurde als die ‚leise Revolution' (*quiet revolution*) bekannt. Seine Bedeutung für den hier behandelten Themenbereich kann, so der kanadische Hochschulforscher Glen A. Jones, gar nicht hoch genug eingeschätzt werden kann:

> "It is difficult to overstate the breadth of social, economic, and political reforms that took place in Quebec in the 1950s and 1960s. The reawakening of francophone interests, the shift in the role of the Catholic Church in Quebec society, and the growth of nationalist sentiment including, in some sectors, support for separation or even liberation through revolution [...] transformed Quebec society. In many respects, therefore, the challenge of reforming and restructuring Quebec higher education was a subset of a much broader socio-political agenda."[26]

Auch in den anderen Provinzen begannen die Regierungen nun mit aktiver Hochschulpolitik.[27] In der Folge entstanden machtvollere (Gegen-)Verwaltungen in den Provinzen, die diesen eine stärkere staatliche Handlungsautonomie erlaubten, die aber auch die Rolle der Regierung in Ottawa in Frage stellten.[28] So ließ die Reaktion der Provinzen nicht lange auf sich warten, als 1966 die Pläne Ottawas für ein föderales Ministerium für Hochschulbildung öffentlich diskutiert wurden. Schon im folgenden Jahr begründeten die Provinzen das teilweise an der deutschen Kultusministerkonferenz (KMK) orientierte *Council of Ministers of Education of Canada* (CMEC) und ersetzten damit die bisher übliche Praxis der informellen Koordination unter den Provinzen.[29]

---

nen Programme zu reduzieren, beschloss die kanadische Regierung das Programm 2008 auslaufen zu lassen. Siehe Tupper 2007: 14 ff.; Courchene 2008: 34.
26 Jones 1996: 353.
27 Dies war ebenso Teil einer allgemeinen Entwicklung (in Kanada oft als das ‚Erwachen' der Provinzen beschrieben), die zu einer Etablierung der Provinzen als politisch und gesellschaftlich selbständigen Kräften im kanadischen Föderalismus führte (auch bezeichnet als ‚province building').
28 Ein genauer Zeitpunkt für den Beginn der Entwicklung lässt sich nicht festlegen, er variierte von Provinz zu Provinz, vom Beginn der 1960er bis Anfang der 1970er Jahre. Vgl. Skolnik 1997: 329.
29 Cameron 1992: 34 f., 1991: 130. Da die Provinzen an der Gesetzgebung der föderalen Regierung in Ottawa nicht beteiligt sind und aufgrund des weniger verpflichtenden Charakters der

2.2. Das Prinzip der Kostenteilung von 1967 bis 1977

Die nicht mehr zu ignorierenden Spannungen zwischen Ottawa und den Provinzen machten eine neue Übereinkunft in den Finanzbeziehungen im Hochschulsektor notwendig. Obwohl es Regierungsmitglieder in Ottawa gab, die einen Rückzug aus der direkten Einflussnahme in der Hochschulpolitik ablehnten, war die Reduzierung der Rolle der föderalen Regierung auf die der rein monetären Unterstützung nicht mehr aufzuhalten. Die Verhandlungen zwischen Ottawa und den Provinzen von 1966 führten zu einem neuen Vertrag mit fünfjähriger Laufzeit, der keine direkten Zahlungen an die Hochschulen mehr vorsah. Stattdessen floss das Geld ab 1967 direkt an die Provinzregierungen. Neben diesem Zugeständnis an die bedeutendere Rolle der Provinzen beinhaltete das Übereinkommen eine Übernahme von 50 Prozent der Betriebskosten der Hochschulen durch Ottawa. Dies geschah nicht durch direkte Zahlungen, sondern durch einen Transfer von Steuerpunkten (4,357 Prozentpunkte bei der persönlichen Einkommensteuer) und durch die vorher schon Quebec gewährte Reduzierung der nationalen Körperschaftssteuer. Durch ein Finanzausgleichssystem wurde dabei sichergestellt, dass jede Provinz zumindest den nationalen Pro-Kopf-Durchschnitt bei den Einkünften erreichte. Eventuell notwendige Ausgleichszahlungen aus Ottawa stellten sicher, dass das 50 Prozent Ziel in jeder Provinz erreicht wurde.[30]

Die Vereinbarung bedeutete einen Macht- und Kontrollverlust für die föderale Regierung. Auf der anderen Seite war Ottawa aber der Ansicht, eine kalkulierbare und überschaubare finanzielle Verpflichtung eingegangen zu sein. Was jedoch folgte, repräsentierte eher das Gegenteil oder wie es der Politikwissenschaftler Peter Leslie etwas sarkastisch formulierte: "The announcement of the new federal policy had the appearance of generosity, and was actually more generous than anticipated".[31]

Das Programm wurde rasch zu einer massiven finanziellen Bürde für die föderale Regierung. Schon im ersten Jahr des Programms waren die Geldzahlungen an die Provinzen um 40 Prozent höher als erwartet. In den fiskalischen Jahren 1970-71 und 1971-72 waren die Ausgleichszahlungen dann höher als die der Werte der übertragenen Steuerprozentpunkte – ein untragbarer Zustand für Ottawa. Selbst einige Provinzen wollten einen Wechsel, da sich der Wert der übertragenen Steuerpunkte reduzierte und die Ausgleichszahlungen zum Teil an von Ottawa bestimmte Bedingungen geknüpft waren. Daher versuchten die beteiligten Akteure zu einem neuen Abkommen zu gelangen. Da die Verhandlungen aber scheiterten, wurde der alte Vertrag zuerst um zwei und später, nach dem erneuten Scheitern von Reformbemühungen, nochmals um drei Jahre verlängert. Allerdings reagierte Ottawa auf die drohende Gefahr der weiteren Explosion der Ausgaben und führte mit der Verlänge-

---

Entscheidungen des CMEC für die einzelnen Provinzen, ist ein Vergleich mit der deutschen KMK nur sehr holzschnittartig möglich.
30 Leslie 1980: 149; Cameron 1991: 130 f.
31 Leslie 1980: 149.

rung des Vertrages eine Kappungsgrenze bei den Kosten (Steuerpunkte und Ausgleichszahlungen) ein, die bei 15 Prozent Wachstum für das ganze Land fixiert wurde.[32] Selbst diese Maßnahme verhinderte nicht, dass die Gesamtkosten sehr hoch blieben und ein neues Finanzabkommen unausweichlich wurde.

2.3. ‚Established Program Financing' von 1977 bis 1996

Abgesehen von den ersten Nachkriegsjahren, hatte der Einfluss der föderalen Regierung in der Hochschulpolitik stetig nachgelassen. Eine strategische nationale Hochschulpolitik fehlte dabei ebenso wie ein föderales Bildungsministerium. Die Politik war geprägt durch eine Konzentration auf monetäre Aspekte. Zumindest aber für die dabei auflaufenden Kosten versuchte Ottawa mehr Kontrolle und Berechenbarkeit zu erreichen. Die Provinzen wiederum empfanden zweckgebundene Mittelzuweisungen als eine zu große Beeinflussung ihrer Kompetenzen. Die erhoffte Lösung des Problems kam dann 1977 als Resultat von Verhandlungen zwischen den Vertretern der beiden Regierungsebenen zustande und trug den Titel *Established Program Financing* (EPF). Das Abkommen bescherte den Provinzen Mittel aus nicht zweckgebundenen Überweisungen in Form von direkten Zahlungen und dem erneuten Transfer von Steuerprozentpunkten. Jedoch geschah dies nicht für die tertiäre Bildung allein, sondern auch für zwei weitere ‚etablierte Programme' (daher der Name): die Gesundheits- und die Krankenhausversicherung.[33]

EPF bedeutete, dass aufgrund der praktisch nicht mehr vorhandenen Zuordnung der Transfermittel, eine föderale Einflussnahme auf den Verwendungszweck des Geldes aus Ottawa praktisch nicht mehr existierte. Gleichzeitig stand EPF für die weitere Zunahme der Eigenverantwortlichkeit der Provinzen. Dies wurde dadurch verstärkt, dass das Geld aus dem EPF zwar einen definierten Anteil (32,1 Prozent) für die tertiäre Bildung vorsah, die Provinzen aber nicht an diese Aufteilung gebunden waren. So wurde in einigen Provinzen weniger Geld von den Provinzregierungen an die Hochschulen weitergegeben, als dies unter EPF eigentlich vorgesehen war.[34] Damit stieg die Autonomie der Provinzen, zumal Einkünfte aus den transferierten Steuerpunkten nur noch schwerlich als föderale Mittel bezeichnet werden konnten.

Obwohl Ottawa vorhersah, dass die unter EPF zugewiesenen Mittel nicht so verwendet werden würden, wie dies eigentlich beabsichtigt war, offenbarte der Umgang der Provinzen mit der finanziellen Förderung doch einen größeren Kontrollverlust für die föderale Regierung als befürchtet. Als Konsequenz begann Ottawa schon 1982 damit, die Zuwendungen unter EPF zu kürzen.

---

32 Leslie 1980: 149 ff.; Cameron 1991: 170, 207 ff.
33 Für eine detaillierte Auflistung der finanziellen Umsetzung des Programms siehe: Braband 2004: 102 ff.
34 Leslie 1980: 379.

Der abnehmende Einfluss der föderalen Regierung konnte auch nicht durch andere Maßnahmen gestoppt werden. So regte Premierminister Pierre Trudeau schon 1976 die Einrichtung eines permanenten Forums der beiden Regierungsebenen zur Umsetzung gemeinsamer Ziele in der Hochschulpolitik an.[35] Das Vorhaben, vor allem in der Form von Vorschlägen, das *Council of Ministers of Education of Canada* in solch ein Forum umzuwandeln, war jedoch zum Scheitern verurteilt.[36] Auch das 1987 eingerichtete ‚Nationale Forum', das verschiedene Akteure des Hochschulbereichs zusammenbrachte, konnte diesen generellen Trend nicht stoppen. Als Ergebnis der Initiative von 1987 fand zwar mehr Koordinierung im Hochschulsektor statt, allerdings erfolgte gleichzeitig eine weitere Reduzierung der finanziellen Zuwendungen aus Ottawa – zum Leidwesen der Universitäten. Ottawa konnte letztlich für sich verbuchen, mit EPF die Kostenexplosion aus der Zeit zwischen 1967 und 1977 in den Griff bekommen zu haben. Ansonsten war das EPF ein Fehlschlag, der wenig zum Renommée der Regierung beitrug. J. Robert S. Prichard, ein früherer Präsident der Universität Toronto, stellte dazu fest:

> "The federal government was faced with rising costs, particularly in times of high inflation; no capacity to influence provincial policy towards higher education [...]; no ability to even insist that the federal transfers be spent on higher education [...]; no credit on campus or in the general public for the increasing transfers as provincial treasurers claimed these funds as *provincial* transfers by the time they reached the colleges and universities; and finally, from a political perspective, increasing blame and criticism for the inadequate financial resources available at colleges and universities even as the federal transfers continued to rise."[37]

Die Beschreibung dieses für die föderale Regierung unvorteilhaften Zustands macht es notwendig, kurz auf das generelle politische Umfeld in diesem Zeitraum einzugehen, denn die Probleme in der Hochschulpolitik wurden von größeren konstitutionellen Streitigkeiten überschattet.

Kanada erlebte 1982 die ‚Heimführung' der Verfassung. Verfassungsänderungen mussten nun nicht mehr durch das britische Parlament in Westminster genehmigt werden. In zwei Anläufen zur Reform der Verfassung (*Meech Lake Accord* von 1987 und *Charlottetown Accord* von 1992) sollte auch Quebec fester im kanadischen Staat verankert werden. Beide Reformversuche scheiterten jedoch, und nachdem die *Parti Québécois* 1994 in Quebec nach einer Kampagne, die die Durchführung eines Referendums zur Ablösung von Kanada versprach, wiedergewählt wurde, verschärfte sich die Situation weiter. Das Referendum in Quebec fand 1995 statt und die Befürworter einer Trennung der Provinz von Kanada scheiterten nur denkbar knapp.

So gab es in dieser Zeit für Kanada einfach größere Prioritäten als die Steuerung und Finanzierung des Hochschulsystems. Hinzu kam, dass die Finanzierung des Gesundheitssystems einen höheren Stellenwert in der öffentlichen Debatte genoss. EPF konnte unter solchen Umständen nur als Fehlschlag bezeichnet werden.

---

35 Trudeau 1977: 257 f.
36 Für eine detailliertere Darstellung siehe: Cameron 1991: 217 ff.
37 Prichard 2000: 15 f.

2.4. Der Rückzug Ottawas – das ‚Canada Health and Social Transfer' Programm von 1996

Zu einer größeren Änderung kam es 1996, als Ergebnis unilateraler Maßnahmen der 1993 wieder an die Macht gekommenen Liberalen unter Premierminister Jean Chrétien. In einem neuen Programm, dem *Canada Health and Social Transfer* (CHST) wurden EPF und ein weiteres Programm (*Canada Assistance Plan* – CAP) zusammengeführt und umfangreichere Kürzungen bei den Transferleistungen durch Ottawa vorgenommen.[38] Zusammen mit Kürzungen in anderen Bereichen der Hochschulförderung bedeutete dieses neue Programm „arguably the lowest point in the fifty-year history of federal support for post-secondary education and research"[39]. Damit markierte CHST das Ende der föderalen Ambitionen im Bereich der tertiären Bildung.

2006 löste die Konservative Partei unter Stephen Harper die Liberalen als Regierungspartei in Ottawa ab. Seinen Wahlsieg sicherte sich Harper unter anderem dadurch, dass er vor der Wahl in Quebec, einem für Konservative stets schwierigen Terrain, den Wandel hin zu einem offenen Föderalismus (*open federalism*) versprach. Das Konzept beinhaltet u. a. die Anerkennung von Quebec als einer Nation innerhalb Kanadas, die stärkere Anerkennung der juristischen Zuständigkeiten der Provinzen, den Ausgleich des fiskalischen Ungleichgewichts zwischen den Provinzen und Ottawa und die Verbesserung der Regierungsbeziehungen zwischen den beiden Ebenen. Das Konzept war erfolgreich und sicherte Harper immerhin genug Mandate für eine Minderheitsregierung.[40]

Eine der ersten Maßnahmen der neuen Regierung im Hochschulsektor war die Etablierung eines Infrastruktur-Trusts (*Post Secondary Infrastructure Trust*) im Umfang von einer Milliarde Dollar, anteilig verteilt auf die Provinzen über eine Laufzeit von zwei Jahren. Wie so viele Initiativen der föderalen Regierung zuvor, beruhte auch diese primär auf der überlegenen, die konstitutionelle Zuständigkeit teilweise aushebelnden Finanzkraft (*spending power*) Ottawas – nicht zuletzt aufgrund eines jahrelang anhaltenden nationalen Haushaltsüberschusses.[41] Das Programm wurde zwar in den Provinzen willkommen geheißen, es zeigte aber in ihrem Deutungsschema auch die ‚Willkür' der einzig auf Finanzkraft beruhenden Vorgehensweise Ottawas. Unter diesen Bedingungen herrschte bei den Hochschulleitungen in den Provinzen die Befürchtung, dass solche Zuwendungen ebenso abrupt enden könnten, wie sie gekommen sind.[42]

---

38 Vgl. Snoddon 1998.
39 Prichard 2000: 17 f.
40 Courchene 2008: 20; Brock 2007: 2.
41 Eine Situation, die sich mit den (überschaubaren) Haushaltsdefiziten von 2008 und 2009 etwas verändert hat. Siehe dazu die Budget-Homepage der kanadischen Regierung. Quelle: http://www.budget.gc.ca/2009/index.html.
42 Tupper 2007: 21 f., 25 f.

Die wirkliche Bewährungsprobe für den ‚offenen Föderalismus' steht aktuell noch aus. Quebec etwa will nach wie vor die an keinerlei Bedingungen geknüpfte Zuständigkeit für Gelder, die Ottawa in Bereichen der verfassungsrechtlichen Zuständigkeit der Provinzen investiert – wie eben in dem Bereich der tertiären Bildung.[43]

Wenn die Analyse der kanadischen Hochschulpolitik hier enden würde, gäbe es wenig Schwierigkeiten bei der Interpretation der Ergebnisse: einem (von den Provinzen erzwungenen) Rückzug Ottawas bei der direkten Einflussnahme steht eine entsprechende Stärkung der Rolle der Provinzregierungen gegenüber. Die Frage nach der Balance im föderalen Geflecht für diesen Bereich wäre einfach zu beantworten. Die finanzielle Stärke der föderalen Regierung in Ottawa verzerrt das Bild nur unwesentlich, da sie kaum noch mit einer direkten Interventionsmöglichkeit verbunden ist. Ein anderes Bild ergibt sich allerdings, wenn man den Bereich der Forschungsförderung in die Betrachtung mit einbezieht.[44]

3. *Der Einfluss der föderalen Regierung in der Forschungsförderung*

Die Forschungsförderung ist aus der Sicht der föderalen Regierung in Ottawa ein vergleichsweise unproblematisches Gebiet. Der Grund dafür ist einfach. Die verfassungsrechtliche Zuständigkeit ist weniger umkämpft, da sie in der Verfassung nicht implizit einer Regierungsebene zugeteilt wurde.

Die föderale Regierung spielte von 1945 an eine wichtige Rolle in der Forschungsförderung. Dies war notwendig, da die Prioritäten für die Forschung in den Provinzen eher gering waren. Die Summen, die zunächst zur Disposition standen, waren sehr überschaubar. So standen 1945 nur eine Million Kanadische Dollar zur Verfügung und bis 1959 waren es 10 Millionen Dollar. Bis 1966 stieg die Förderung dann aber schnell auf ca. 42 Millionen Dollar an. Was indes aus heutiger Sicht wichtiger erscheint, war der Ausbau und Aufbau von Institutionen zur Unterstützung und Verwaltung der Forschungsmittel auf nationaler Ebene, insbesondere die Etablierung des *National Research Council*.[45]

Im Kontrast zu den oben beschriebenen hochschulpolitischen Auseinandersetzungen, gestaltete sich im Bereich Forschung die Zusammenarbeit zwischen Ottawa und den Provinzen zwischen 1967 und 1977 friedvoll. Das finanzielle Engagement der föderalen Regierung wurde nicht in Frage gestellt, und die Zuwendungen von dort stiegen jedes Jahr kontinuierlich an. Es mangelte aber an Koordination zwischen den verschiedenen Elementen der Forschungsförderung. Ein besonderes Prob-

---

43 Brock 2007: 2 f.
44 Die folgende Darstellung bezieht sich auf die Forschungsförderung an den Hochschulen. Der außeruniversitäre Forschungsbereich ist in Kanada im Gegensatz zu Deutschland nicht besonders ausgeprägt und spielt damit keine größere Rolle bei der hier gewählten Perspektive zur Analyse der föderalen Regierungsbeziehungen.
45 Cameron 1991: 117 ff.

lem in diesem Zusammenhang war die Nichtübernahme von indirekten Kosten bei der Forschungsförderung durch Ottawa. Dieser Aspekt wirkt bis in die heutige Zeit nach. Konkret bedeutete die Nichtübernahme der indirekten Kosten, dass die Universitäten, die in der Einwerbung von Forschungsmitteln erfolgreich waren, durch die resultierenden indirekten Kosten zusätzlich belastet wurden. Die Forderung an die föderale Regierung, dies zu ändern, blieb lange Zeit ohne Erfolg.

Der Ruf nach mehr Koordination wurde 1971 durch die Schaffung des *Ministry of State for Science and Technology* und drei Jahre später durch das *Canadian Committee on Financing University Research* beantwortet. Die Kurzlebigkeit des ‚Committee' wurde kompensiert durch die 1976 vorgenommene Reorganisation der Forschungsförderung, die zur Gründung bzw. den Ausbau des *Social Sciences and Humanities Research Council*, des *Natural Sciences and Engineering Research Council* sowie des *Medical Research Council* führte. Obwohl die politischen Akteure eine gewichtige Rolle bei der Etablierung der Organisationen spielten, gelang es den drei Institutionen, sich eine Unabhängigkeit von der politischen Ebene zu verschaffen, die den ‚Councils' zunehmende Handlungsautonomie erlaubte.[46] Insgesamt ging damit der seit 1977 (Einführung des EPF) stattfindende Rückzug Ottawas aus der direkten allgemeinen Finanzierung des tertiären Sektors einher mit einem steigenden Engagement in der Forschungsfinanzierung.

Diese Verlagerung der Politik der föderalen Regierung auf die Forschung zeigt sich auch in der Etablierung der *Networks of Centres of Excellence*. Das Programm startete 1988 zunächst mit einer Summe von 1,3 Milliarden Kanadischen Dollar, verteilt über fünf Jahre. Die Entscheidung über die Verteilung der Mittel erfolgte primär über ein Panel aus internationalen Wissenschaftlern, was wiederum das Konfliktpotential für das Verhältnis zwischen Ottawa und den Provinzen wesentlich reduzierte. Gerade auch aus diesem Grund war das Programm sehr erfolgreich und wurde nach einer zwischenzeitlichen Verlängerung 1997 mittlerweile zu einem dauerhaften Instrument für Forschungsinvestitionen weiterentwickelt.[47]

Es ist sicher kein Zufall, dass gerade 1997 die Netzwerk-Förderung verstetigt wurde. Bis zu diesem Zeitpunkt war trotz der wachsenden Bedeutung die Rolle Ottawas in der Forschung noch immer überschaubar. Mit dem Beginn der reduzierten Transferleistungen unter CHST (s. o.) konzentrierte Ottawa sich noch stärker auf die weniger konfliktträchtige Förderung der Forschung. Neben den *Centres of Excellence* wurden vor allem folgende Programme seitens der föderalen Regierung aufgelegt:[48]

---

46 Ibid.: 175 ff., 217 ff., 278.
47 Wolfe 1998: 6; Cameron 1997: 21 f.; Prichard 2000: 21; siehe auch die Homepage für das Programm: http://www.nce.gc.ca/.
48 Für die nächsten Abschnitte, vergleiche: Tupper 2007: 3, 11 f., 14 f.; Prichard 2000: 20 ff., Cameron 2001: 150 ff.; CAUT 2000.

1997 – Canada Foundation for Innovation (CFI) – seit 1997
CFI wurde etabliert um mehr Unterstützung für die Infrastruktur und die Ausrüstung von Forschungsprojekten bereitzustellen. Die resultierenden Fördersummen müssen durch private Mittel oder Zuwendungen der betreffenden Provinzen ergänzt werden. Die ursprüngliche Ausstattung betrug 800 Millionen Kanadische Dollar, wurde seitdem aber mehrmals substantiell erhöht und hatte zum 31. März 2008 einen Stand von 3,65 Milliarden Kanadischen Dollar erreicht.[49]

Canadian Institutes of Health Research (CHIR) – seit 2000
Das CHIR ist kein komplett neues Programm. Es stellt vielmehr eine Reorganisation des *Medical Research Council* (MRC) dar, mit dem Ziel, einem ‚brain drain' (v. a. in die USA) durch verstärkte Forschungsbemühungen im medizinischen Bereich entgegenzusteuern. Das ursprüngliche Budget war mit etwa einer halben Milliarde Kanadischen Dollar fast doppelt so groß wie das des abgelösten MRC.

Canada Research Chairs (CRC) – seit 2000
Brain drain hat bei Einführung der CRC, insbesondere vor dem Hintergrund eines überalterten Lehrpersonals im eigenen Land, eine Rolle gespielt. Das Design des Programms zielte daher darauf ab, innerhalb von fünf Jahren 2.000 herausragende Universitätsprofessoren in Kanada zu halten bzw. vor allem aus den USA zurückzuholen. Für dieses Vorhaben wurden 900 Millionen Kanadische Dollar bereitgestellt.

Von den drei aufgeführten Programmen ist das der Kanadischen Forschungslehrstühle (CRC) am kontroversesten diskutiert worden. Schließlich brachten die neuen Inhaber der Lehrstühle ihre eigenen Forschungsschwerpunkte mit und sind darüber hinaus verpflichtet, an den betreffenden Hochschulen zu unterrichten. Damit werden die Lehr- und Forschungsstrategien der Hochschulen (und damit ihre Autonomie) direkt beeinflusst und so gleichzeitig die Zuständigkeitsbereiche der Provinzen berührt. Die anfänglichen Bedenken gegenüber diesen Auswirkungen des Programms, z. B. seitens der Standesvertretung der Hochschuldozenten (*Canadian Association of University Teachers*) und der Hochschulforschung, resultierten aber nicht in einem entsprechenden größeren Konflikt.

Eine weitere wichtige Ergänzung der föderalen Forschungsförderung folgte 2001 durch ein aus Ottawa finanziertes Programm zur direkten Unterstützung der Universitäten bei den indirekten Kosten für die Forschung. Damit sollten den negativen Auswirkungen der Forschungsförderung für die Universitäten (finanzielle Belastung, s. o.) entgegen gewirkt werden, die sich durch die steigenden Zuwendungen in diesem Bereich noch verstärkt hatten (so wurden z. B. Forschungsprogramme über Studiengebühren mitfinanziert). Anfänglich wurden 200 Millionen Kanadische Dollar für die Maßnahmen bereitgestellt. 2006 wurde das Programm verstetigt und mit

---

49 Siehe dazu den Jahresbericht für 2007-2008. Quelle: http://www.innovation.ca/.

einer Summe von 260 Millionen Dollar ausgestattet.[50] Das Budget für 2009/2010 wurde nochmals auf 325 Millionen Dollar gesteigert.[51]

Die dargestellten Anstrengungen der föderalen Regierung in Ottawa bei der Forschungsförderung in den letzten zwölf Jahren hat zwar nicht zu ernsthaften Konflikten mit den Provinzen geführt, sie haben aber dennoch die Struktur des Universitätssystems beeinflusst. Neben den Belastungen durch die indirekten Kosten hat der stetige Zufluss von Mitteln für die Forschungsförderung seitens der föderalen Regierung dazu geführt, dass an den Universitäten heute ein Tauziehen um die strategischen Prioritäten stattfindet. Dieses Tauziehen geht gerade bei forschungsstarken Universitäten klar zu Lasten des Engagements für die Lehre aus. Damit ist der Einfluss der föderalen Forschungsförderung auf das Machtverhältnis zwischen den innerkanadischen Regierungsebenen insgesamt größer als eine oberflächliche Analyse erahnen lassen würde.[52] Es lässt sich vermuten, dass im gegenwärtigen kanadischen Föderalismus die Forschung an den Universitäten eine höhere Priorität genießt als dies in einem zentralistischen Kanada oder in einem Kanada, in dem die Provinzen die Hochschulpolitik auch finanziell dominieren würden, der Fall wäre. Vor diesem Hintergrund wiegt es entsprechend schwerer, wenn Ottawa seine Programme zur Forschungsförderung vorher nicht ausreichend mit den Provinzregierungen abstimmt und auch den Einfluss, den diese Programme auf den Hochschulsektor insgesamt haben, nicht thematisiert.[53]

4. Fazit: Die Dynamik der Hochschulpolitik im kanadischen Föderalismus

Die Entwicklung der Hochschulpolitik verlief in Kanada seit 1945 dynamisch und konfliktreich. In der unmittelbaren Nachkriegszeit waren die Hauptakteure im Hochschulbereich Ottawa und die Universitäten selbst (und deren damalige Vertretung, die NCCU). Die Provinzen spielten trotz ihrer verfassungsrechtlichen Hoheit zunächst nur eine Nebenrolle.

Die föderale Regierung in Ottawa konnte oder wollte diese Situation nicht ausnutzen, um ihre zunächst überlegene Position in diesem Politikfeld dauerhaft zu festigen. Weder der kurzlebige *Veterans Rehabilitation Act* noch die anschließende, in Quebec ebenfalls kurzlebige, direkte Förderung der Universitäten konnten einen wirklichen Einfluss der föderalen Regierung sichern. Vielmehr konzentrierte sich Ottawa eindimensional auf rein finanzielle Aspekte einer zweckungebundenen Förderung. Die daraus resultierende starke Pfadabhängigkeit war für die folgende Entwicklung prägend. Eine Rückkehr zu einer inhaltlich und gestalterisch einflussrei-

---

50 Tupper 2007: 13 f.
51 Siehe dazu die Informationen über das Programm auf der Regierungshomepage. Quelle: http://www.indirectcosts.gc.ca/about/index_e.asp.
52 Vgl. dazu auch die Ausführungen von Lange in diesem Band zur Projektförderung des Bundes in Deutschland.
53 Tupper 2007: 31 ff.

cheren Position ohne konstitutionelle Grundlage war nicht mehr möglich. Der Widerstand der Provinzen ließ das nicht mehr zu.

Die Entwicklungen wurden aber nicht nur durch die Beschränkung der föderalen Regierung auf finanzielle Aspekte bestimmt. Letztendlich ist der duale Föderalismus vor allem ein Resultat der verfassungsrechtlichen Grundkonstellation Kanadas. Und die war nicht vorteilhaft für die Regierung in Ottawa. Von dieser Perspektive aus betrachtet, führte das 1950 einsetzende *province building* nur dazu, dass die Provinzregierungen die (nur) für sie bereitstehende Lücke füllten.

Das *province building* verdeutlichte einen weiteren – auch für das Politikfeld Hochschul- und Wissenschaftspolitik wichtigen – Aspekt des kanadischen Föderalismus: die Rolle der föderalen Gesellschaft in Kanada selbst.[54] Die Situation im Hochschulbereich hatte ursprünglich eine Quebec vs. ‚Rest von Kanada' Dichotomie impliziert.[55] Nachdem die Provinzen ihre Verwaltungsstrukturen etabliert und ihre Autonomie gefestigt hatten, verschob sich diese Dichotomie auf die zwischen Ottawa und den Provinzen insgesamt, obschon nicht anzunehmen ist, dass die Provinzen als ein homogener Akteur in der innerkanadischen Politik auftraten. Das *province building* betonte und verstärkte jedenfalls die Unterschiede und hob damit die Charakterisierung Kanadas als föderale Gesellschaft hervor. In Bezug auf ihre verfassungsrechtliche Autonomie in der Hochschulpolitik zeigten die Provinzen aber durchgängig eine gemeinsame Haltung, die maßgeblich in der Verteidigung ihrer konstitutionellen Rechte in der Hochschulpolitik gegenüber Ottawa bestand.[56]

So blieb wenig Platz für eine nationale Hochschulpolitik, die diesen Namen verdient hätte. Ottawa musste erkennen, dass es unter normalen Umständen wenig tun konnte, um seinen schwindenden Einfluss in der tertiären Bildung aufzuhalten. Die daraufhin erfolgte verstärkte Hinwendung zur Forschungsförderung bestätigte die duale Ausprägung des kanadischen Föderalismus. Die Forschungsförderung, so konnte die föderale Regierung in Ottawa hervorheben, lag einfach mehr im Bereich ihres konstitutionell verbrieften Rechts zur Unterstützung der nationalen Ökonomie.

Zusammenfassend kann argumentiert werden, dass die Hochschulpolitik in Kanada seit 1945 einen dynamischen Prozess darstellte, in dem sich das machtpolitische Gewicht zunehmend in Richtung Autonomie der Provinzen verschoben hat. Ottawa konnte nichts anbieten, was diesen Autonomieanspruch hätte reduzieren können, wie z. B. die Beteiligung an einer umfassenden und kohärenten nationalen Hochschulpolitik – die gab es nicht und gibt es auch heute nicht. Geldzuwendungen konnten dies nicht ausgleichen, insbesondere wenn die Mittel aus Ottawa, wie im Fall der Übertragung von Steuerprozentpunkten, von den Provinzen mittlerweile als eigene Mittel betrachtet wurden.

---

54 Das Argument der föderalen Gesellschaft, ursprünglich von William Livingston (1952) eingeführt, besagt u. a., dass Föderalismus das Resultat einer föderalen, nicht homogenen Gesellschaft sei. Für eine vergleichende Analyse zu diesem umfassenden Thema siehe Erk 2008.
55 Eine heute in der Literatur noch übliche Beschreibung: Quebec und ‚Rest of Canada' (ROC), siehe hierzu z. B. Tupper 2007.
56 Ein Prozess, der durch den Mangel eines vertikal integrierten Parteiensystems noch verstärkt wurde.

Für die Provinzen war lediglich Anerkennung der Priorität der gesamtstaatlichen wirtschaftlichen Bedürfnisse ausschlaggebend für die Hinnahme des Aufbaus einer föderalen Vorherrschaft in der Forschungsförderung. Durch das Wachstum in diesem Bereich und den damit verbundenen Ambitionen der föderalen Regierung fühlen sich die Provinzen aber auch hier in ihrer Autonomie stärker als früher beeinträchtigt.

Allerdings ist es schwer vorstellbar, dass Ottawa aus diesem Feld noch herausgedrängt werden kann, wie zuvor aus der allgemeinen und direkten Finanzierung des tertiären Bereichs. Die konstitutionelle Ausgangsbasis ist hier nicht so klar umrissen und bietet der kanadischen Regierung die Möglichkeit, finanzielle Mittel zur gezielten (Projekt-)Förderung an den Hochschulen einzusetzen.

Wie schon Eingangs formuliert, ist die Kategorie ‚Gemeinschaftsaufgaben' unter der Beteiligung der Regierung in Ottawa und den Regierungen in den Provinzen mit Blick auf die beschriebenen Bedingungen ein ungeeignetes Instrument zur Analyse der föderalen Beziehungen in der kanadischen Hochschulpolitik.

Die Dynamik der föderalen Beziehungen in der Hochschul- und Wissenschaftspolitik in Kanada über den hier dargestellten Zeitraum zeigte allerdings Interaktionsmuster, die einer Analyse der Gemeinschaftsaufgaben im deutschen Regierungssystem interessantes Anschauungsmaterial über im Ergebnis ähnliche Schwierigkeiten unter gänzlich anderen politischen Rahmenbedingungen bieten. So sind es sowohl im kanadischen *interstate federalism* als auch im deutschen „kooperativen Föderalismus" vor allem die „goldenen Zügel" der Forschungsförderpolitik, mit denen die föderale bzw. Bundesregierung den stärksten strukturbildenden Einfluss auf den Hochschulsektor ausübt. Mit den Instrumenten der gesamtstaatlichen Forschungsförderung – in Kanada besonders prominent: das *Research Chair* Programm – wird letzlich auch das von den Provinzen bzw. Ländern in die Hochschulen fließende Geld in bestimmte Profile gegossen, die sich dem inhaltlichen Zugriff der konstitutionell verantwortlichen Gebietskörperschaften dann letztlich entziehen.

Interessant könnte darüber hinaus ein anderer Aspekt der kanadischen Praxis für die Debatte in Deutschland sein: Die Kreativität bei der Auslegung der Verfassung.[57] So rühmt der kanadische Föderalismusexperte Thomas J. Courchene gerade die Flexibilität und Kreativität der Kanadier im Umgang mit ihrer Verfassung:[58]

---

57 Dies natürlich auch vor dem Hintergrund, dass im Gegensatz zum Bundesverfassungsgericht in Deutschland, die konstitutionelle Gerichtsbarkeit keinen prägenden Einfluss auf die Hochschulpolitik in Kanada hatte. Die klar getrennten verfassungsrechtlichen Zuständigkeiten der föderalen Regierungsebenen ließen wenig Raum für Kompetenzüberschneidungen und die damit verbundenen rechtlichen Auseinandersetzungen (Braband 2004: 262 f.).
58 Courchene 2008: 2.

"[...] over the years Canada and Canadians have proven to be masters at the „art" of federalism. Via alterations in the magnitude of and incentives within federal-provincial transfers, via „opting in" and/or „opting out", via downward delegation [...], via creative arrangements/ agreements to secure the internal social and economic unions, via de facto asymmetry within de jure symmetry, etc., we Canadians have been able to alter the effective division of powers in response to internal and external forces, and all of this without changing the written constitution."

Was bei dieser Vorgehensweise aber wiederum verloren geht, sind längerfristige Vorhersehbarkeit, Uniformität und nationale Standards, und gerade diese Dimensionen wünschen sich manche *stakeholder* der kanadischen Hochschulpolitik.[59]

---

59 Tupper 2007: 34.

Literatur

Braband, Gangolf, 2004: Federalism and Higher Education Policy. A Comparative Study of Canada and Germany. Online-Publikation des Instituts für Hochschulforschung (HoF) Wittenberg. Quelle: http://ids.hof.uni-halle.de/documents/t1544.pdf.

Brock, Kathy L., 2007: Open Federalism, Section 94, and Principled Federalism: Contradictions in Vision. Beitrag für das Jahrestreffen der Canadian Political Science Association, Saskatoon, Saskatschewan, 29.5.-1.6.07.

Cameron, David M., 1991: More than an Academic Question: Universities, Government, and Public Policy in Canada. Halifax, NS: The Institute for Research on Public Policy.

Cameron, David M., 1992: Higher Education in Federal Systems: Canada. In: Brown, Douglas/Cazalis, Pierre/Jasmin, Gilles (Hrsg), Higher Education in Federal Systems. Kingston: Institute of Intergovernmental Relations, 45-67.

Cameron, David M., 1997: The Federal Perspective. In: Jones, Glen A. (Hrsg.), Higher Education in Canada. Different Systems, Different Perspectives, New York/London: Garland, 9-29.

Cameron, David M., 2001: Postsecondary Education and Canadian Federalism: Or How to Predict the Future. In: The Canadian Journal of Higher Education.31, 143-156.

Canada Student Loans Program Annual Report 2006-2007 der kanadischen Regierung. Quelle: http://www.hrsdc.gc.ca/eng/learning/canada_student_loan/Publications/annual_report/2006-2007/index.shtml.

Courchene, Thomas J., 2008: Reflecting on the Federal Spending Power: Practices, Principles, Perspectives. Institute for Research on Public Policy (IRPP) Working Papers Series, No. 1.

Elazar, Daniel J., 1987: Exploring Federalism. Tuscaloosa/London: The University of Alabama Press.

Erk, Jan, 2008: Explaining Federalism: State, Society and Congruence in Austria, Belgium, Canada, Germany and Switzerland. London/New York: Routledge.

Hueglin, Thomas O., 1984: Trends of Federalist Accommodation in Canada and West Germany. Beitrag für das Jahrestreffen der Canadian Political Association, Guelph, Ontario, 10.-12.6.1984.

Jones, Glen A., 1996: Government, Governance, and Canadian Universities. In: Smart, John C. (Hrsg.), Higher Education: Handbook of Theory and Research, New York: Agathon, 337-371.

Kucharczyk, John, 1984: Student Aid, Federal-Provincial Relations, and University Finance. In: Journal of Canadian Studies 19, 87-98.

Leslie, Peter, 1980: Canadian Universities 1980 and Beyond. Enrolement, Structural Change and Finance. Ottawa: AUCC.

Livingston, William S., 1952: A Note on the Nature of Federalism. In: Political Science Quarterly. 67, 81-95.

Neatby, H. Blair, 1987: The Historical Perspective. In: Watson, Licely (Hrsg.), Governments and Higher Education – the Legitimacy of Intervention. Toronto: The Higher Education Group & The Ontario Institute for Studies in Education, 19-40.

Prichard, J. Robert S., 2000: Federal Support for Higher Education and Research in Canada: The New Paradigma. Killam Annual Lecture. Halifax: Killam Trust.

Skolnik, Michael L., 1997: Putting It All Together: Viewing Canadian Higher Education from a Collection of Jurisdiction-Based Perspectives. In: Jones, Glen A. (Hrsg.), Higher Education in Canada. Different Systems, Different Perspectives, New York/London: Garland, 325-341.

Stevenson, Garth, 1982: Unfulfilled Union. Canadian Federalism and National Unity. Toronto: Gage.

Snoddon, Tracey R., 1998: The Impact of the CHST on Intergovernmental Redistribution in Canada. In: Canadian Public Policy 24, 49-70.

Trudeau, Pierre Elliott, 1977: Established Program Financing: A Proposal Regarding the Major Shared-Cost Programs in the Fields of Health and Post-Secondary Education. In: Meekison, J. Peter (Hrsg.), Canadian Federalism: Myth or Reality. Toronto et al.: Methuen, 246-258.

Tupper, Allan, 2007: Pushing Federalism to the Limit: Post Secondary Education Policy in the Millennium. Beitrag im Comparative and Canadian Politics Workshop der University of British Columbia, 15.3.2007. Quelle: http://www.politics.ubc.ca/index.php?id=6269.

Wachendorfer-Schmidt, Ute, 2000: Introduction. In: dies. (Hrsg.), Federalism and Political Performance, London/New York: Routledge, 1-20.

Watts, Ronald L., 1998: Federalism, Federal Political Systems, and Federations. In: Annual Review of Political Science 1, 117-137.

Wolfe, David, A., 1998: The Role of the Provinces in PSE Research Policy. Discussion Paper prepared for the 'Council of Ministers of Education', Toronto.

D. Über Wissenschaftspolitik und (Geistes-)Wissenschaft in Deutschland

„Unser Wissenschaftssystem könnte wesentlich besser sein ..."

Thomas Horstmann im Gespräch mit Dieter Simon[*]

Horstmann: Herr Simon, Sie sind Jahrgang 1935, waren lange Zeit Direktor des Max-Planck-Instituts für europäische Rechtsgeschichte, Vorsitzender des Wissenschaftsrates und standen der Berlin-Brandenburgischen Akademie der Wissenschaften zehn Jahre als Präsident vor. Heute nun sind sie in Berlin an der Juristischen Fakultät der Humboldt-Universität tätig.[1] „Man plant, als ob der Plan in Erfüllung gehen könnte, man arbeitet, als ob man niemals sterben müßte." – dieser Satz soll von Ihnen stammen.

Simon: Ja, ich bin erstens schon immer neugierig geblieben, und zweitens habe ich den pädagogischen Eros noch nicht verloren. Ich habe nach wie vor leidenschaftlich gern mit Studenten zu tun und halte das auch für das einzige, wofür zu arbeiten an der Universität als Hochschullehrer sich wirklich lohnt. Also Präsident in so einer Einrichtung wie der Berlin-Brandenburgischen-Akademie zu sein, das hat sich nicht gelohnt. Fünf Jahre wären o.k. gewesen, nicht aber zehn. Aber das ist eine menschliche Schwäche, vor der wahrscheinlich die wenigsten gefeit sind. Ich jedenfalls bin ihr erlegen. Es ist Eitelkeit: Alle sagen einem, Du hast das großartig gemacht, es gibt keinen besseren. Stimmt, das ist immer so. Die ersten fünf Jahre, die Erfahrung war wunderbar. Ich habe eine Menge interessanter Kollegen kennengelernt, ich habe gesehen, was man in diesem Bereich machen kann, ich habe gesehen, was man nicht machen kann. Dann bin ich das Opfer meiner eigenen Eitelkeit geworden, und dann habe ich mich eben die zweiten fünf Jahre jämmerlich gelangweilt und immer gedacht, wenn ich das doch alles los wäre, diese endlose Selbstbespiegelung der Wissenschaft über ihre Großartigkeit und diese fürchterlichen Grußworte und diese fürchterlichen Begrüßungsreden. Das war grauenhaft und es wurde immer schlimmer, aber ich habe das dann doch durchgestanden. Gott sei Dank.

---

[*] In diesem Gespräch geht es – jenseits eines reinen Zeitzeugenberichts – um das deutsche Wissenschaftssystem insgesamt und damit um komplexe, in ihrer Aktualität andauernde Prozesse. Für seine Offenheit danke ich Dieter Simon ausdrücklich. Das Gespräch fand im Mai 2009 in den Räumen der Berlin-Brandenburgischen Akademie der Wissenschaften in Berlin statt.

[1] Nach einem Studium der Rechtswissenschaft, Geschichte und Philosophie in Heidelberg und München promovierte Simon 1962 bei Wolfgang Kunkel. Von 1968 bis 1991 war er Inhaber des Lehrstuhls für Zivilrecht und Römisches Recht an der Universität Frankfurt am Main und von 1980 bis 2003 dort Direktor am Max-Planck-Institut für europäische Rechtsgeschichte. Ab 1995 stand er für zwei Amtszeiten als Präsident der Berlin-Brandenburgischen Akademie der Wissenschaften bis 2005 vor. Seit 1996 wirkt er an der Juristischen Fakultät der Berliner Humboldt-Universität als Honorarprofessor.

Der Wissenschaftsrat

Horstmann: Auch im Wissenschaftsrat mussten Sie ja sehr lange ‚durchhalten', erst als einfaches Mitglied, dann als Vorsitzender.² Wie sind Sie dort überhaupt hineingekommen?

Simon: Von alters her – eine formale Vereinbarung gibt es natürlich nicht – hat die Max-Planck-Gesellschaft ein oder zwei – wie es so schön heißt – Tickets im Wissenschaftsrat. Eines Tages kam ein Anruf vom Generalsekretär der Max-Planck-Gesellschaft: Herr Simon, wollen Sie denn nicht für die Max-Planck-Gesellschaft in den Wissenschaftsrat gehen? Die brauchen einen Juristen. Nun habe ich mich zu der Zeit und sicher mit Recht viel mehr als Byzantinist denn als Jurist gefühlt. Ich hatte keine Vorstellung, was der Wissenschaftsrat ist und habe gesagt: Das weiß ich nicht. Ach, das sind doch ganz interessante Sitzungen. Da wäre die Max-Planck-Gesellschaft daran interessiert, dass Sie uns da vertreten. Na gut, habe ich gesagt. Das war in den achtziger Jahren. So bin ich in den Wissenschaftsrat gekommen. Erst dort habe ich dann überhaupt festgestellt, was das ist.

Horstmann: Und was war und ist der Wissenschaftsrat aus ihrer Sicht?

Simon: Er war eine geniale Entwicklung von Helmut Coing,³ der erster Vorsitzender des Wissenschaftsrates war und dem Gremium die Struktur, die es bis heute hat, mitgegeben hat: Die zwei Kommissionen, die Wissenschaftliche Kommission, die Verwaltungskommission, die Zusammenführung dieser beiden unter dem Vorsitzenden, die Art, wie verhandelt wird, das stammt alles schon aus den frühen fünfziger Jahren. Und das ist eine tolle Sache an sich. Das fand ich am Wissenschaftsrat immer das Wichtigste: Es ist die einzige Stelle in der Republik, wo die Administration, vor allem die Ministerialbürokratie, in direktem förmlichen Kontakt mit der Wissenschaft steht. Es gibt sonst nichts! Die Ministerialbürokratie holt sich gelegentlich Professoren als Ratgeber, das machen sie fast alle. Sie werden konfrontiert mit Professoren, die konnten sich beschweren, wollen einen Ratschlag haben oder einen Ratschlag geben, je nach dem. Das sind aber dann singuläre, nicht systematische Ereignisse, die zusammenführen. Der Wissenschaftsrat ist die einzige Stelle, an der systematisch Ministerialbürokratie und Professorenschaft miteinander arbeiten und sich wechselseitig beeinflussen. Da gibt es erstaunliche Phänomene. Das fängt beim Sprachgebrauch an. Es wird über irgendeine belanglose Frage diskutiert – soll das Institut X/Y aufrechterhalten oder soll es geschlossen werden – und dann reden diejenigen von Seiten der Professorenschaft, die daran interessiert sind, dass es aufrechterhalten wird und bringen die Ideen, die sie im Augenblick bewegen, bei der Gelegenheit ein und sagen dann, wir müssen uns jetzt mehr mit Molekularbiologie beschäftigen. Oder sie sagen, angesichts des Umstandes, dass der Islamismus jetzt

---

2 Dem Wissenschaftsrat gehörte Simon von 1986 bis 1992 an, dessen Vorsitzender er von 1989 bis 1992 war.
3 Helmut Coing wurde 1958 zum ersten Vorsitzenden des Wissenschaftsrates gewählt. Siehe Bartz zu den damaligen politischen Rahmenbedingungen der Gründung des Wissenschaftsrates (Bartz 2005: 203 ff.).

einen solchen Progress in der Weltpolitik gemacht hat, müssen wir die Islamkunde verstärken. Und dann tauchen plötzlich – das kann manchmal ein Jahr dauern, manchmal noch länger – in den Reden der Minister, die für die jeweilige Sache zuständig sind, Wörter wie Islamkunde auf, da tauchen Wörter auf wie Molekularbiologie, da tauchen Schlagworte auf, von denen sie sicher sein können, dass die jeweiligen Politiker die bis dahin noch nie gehört hatten. Die sind dann aus solchen Arbeitsgruppen über die Redenschreiber in die Politik hinein gedriftet. Sie entfalten dort eine bestimmte Wirkung, weil sie das Denken der Ministerialbürokratie prägten, die die Politik erst einmal vorformuliert, die dann gemacht wird. Das ist ganz wichtig, und umgekehrt ist es genauso: Die Professoren lernen bei der Gelegenheit etwas über die politischen Strategien, die die Administration verfolgt und von denen sie vorher keine Ahnung hatten. Ich bin aus allen Wolken gefallen, was man da lernen kann an der Art, wie – sagen wir mal ganz schlicht – regiert wird. Das lernt man dort. Und es geht sicher meinen Kollegen auch so. Insofern finde ich den Wissenschaftsrat wichtig. Diese Empfehlungen haben ihren Wert in ihrem Zustandekommen, in der Diskussion dieser beiden Gruppen, die da miteinander um die Empfehlung ringen. Der Prozess, der zu der Empfehlung führt und der ein Verständigungsprozess ist, dieser Lernprozess, der rechtfertigt bereits hinreichend die Existenz des Wissenschaftsrates.

Horstmann: Der Wissenschaftsrat wird durch ein Verwaltungsabkommen eingesetzt, das bis 2008 stets auf fünf Jahre zwischen dem Bund und allen Ländern geschlossen wurde.[4] Er musste also bis dato immer neu belegen, ob er überhaupt nützlich oder noch gewollt ist?

Simon: Ja, und man überlegte das ernsthaft. Es wurde nicht einfach fortgeschrieben, sondern man hat immer wieder die Frage der Weiterexistenz ernsthaft gestellt. Oft ist die Infragestellung nur eine Drohgebärde von einzelnen Ländern gewesen, die sich durch die Entscheidungen oder Empfehlungen des Wissenschaftsrates schlecht behandelt fühlten, das kam vor, und die ärgerten dann ihrerseits den Wissenschaftsrat, indem sie nach Ablauf der fünf Jahre sagten, die Frage, ob er weiter existieren soll, müsse mit allem Ernst geprüft werden. Und dann wurde sie geprüft, und dann ist es immer gut gegangen für den Wissenschaftsrat. Aber es wurde geprüft, es wurde auch ernsthaft diskutiert. Es ist keinesfalls selbstverständlich, dass der Wissenschaftsrat existiert.

Horstmann: Wie muss man sich die Arbeitsteilung zwischen dem Vorsitzenden, dem Generalsekretär und der Geschäftsstelle des Wissenschaftsrates vorstellen?

Simon: Die Geschäftsstelle ist enorm. Sie ist erstens sehr vielköpfig, und zweitens sind das exzellente Leute. Die Geschäftsstelle ist natürlich das Ministerium, der Generalsekretär ist der Staatssekretär, und der Vorsitzende ist der Präsident oder der Minister, der im Wesentlichen das verkauft, was die anderen erarbeiten. Der kann

---

4 Seit dem 21. Mai 2007 ist das Verwaltungsabkommen zwischen Bund und Ländern auf unbestimmte Zeit geschlossen (Art. 10). Es kann jedoch erstmalig nach vier Jahren mit einer Kündigungsfrist von zwei Jahren aufgekündigt werden. Quelle der aktuellen Fassung vom 1. Januar 2008: http://www.wissenschaftsrat.de/texte/Verwaltungsabkommen.pdf.

ein paar Leitlinien der Politik vorgeben und sich in die Diskussionen einmischen. Aber ohne die Geschäftsstelle und ohne den Generalsekretär ist der Vorsitzende nichts. Mein damaliger Generalsekretär Kreyenberg hat den Wissenschaftsrat hervorragend geführt. Er ist aber 1989 als Staatssekretär nach Kiel gegangen[5] und hat dann dort Schiffbruch erlitten, da seine Ministerin Schiffbruch erlitten hat. Und die interessanteste Zeit, nämlich den Herbst 1989, die hat er gerade versäumt.

Horstmann: Dann mussten Sie also in dieser Zeit einen neuen Generalsekretär suchen?

Simon: Das hat relativ lange gedauert, so dass gerade in der dramatischsten Zeit von Juli/August 1989 bis in die Mitte des nächsten Jahres der Generalsekretär gesucht wurde. Man hat dann einen sehr verdienten Mann genommen, der vorher Kanzler war.[6] Da gab es dann aber einen riesigen politischen Streit, da alle Parteien ihren Mann wollten. Dann musste man sehen, einen Kompromisskandidaten zu finden. Diese Art fand ich ungut.

Horstmann: Und welche Rolle spielt der Vorsitzende des Wissenschaftsrates selbst?

Simon: Bis man zum Vorsitzenden heranreift, muss man erstmal das Gremium gut kennen und sich bewähren. Man kann nicht einen, der gerade eingetreten ist in den Wissenschaftsrat, im nächsten Jahr zu seinem Vorsitzenden wählen. Normalerweise geht das so, dass man dabei ist und dann nach zwei Jahren oder manchmal sogar nach dreien zum Vorsitzenden der Wissenschaftlichen Kommission gewählt wird. Und dann macht man das ein Jahr, und dann ist man schon im vierten Jahr. Und dann wird man zum Vorsitzenden bestimmt und gewählt und dann hat man noch zwei Jahre, mehr nicht. Und dann braucht man ein Jahr, um auch die Stellung des Vorsitzenden zu begreifen und dann kann man noch ein Jahr regieren. Und dann kommt schon wieder der nächste. Das war einer der Gründe, weswegen ich zum Beispiel – das ist aber schon öfter passiert – vom Bundespräsidenten meine Amtszeit um ein Jahr oder um zwei verlängert bekam, damit ich nicht als Vorsitzender abtreten muss, weil meine sechsjährige Amtszeit vorbei war. Ich habe dann länger amtiert. In der Situation der deutschen Wiedervereinigung wollte man den Vorsitzenden nicht wegnehmen und einen anderen, der diese Erfahrungen noch nicht hat, wählen.

Die Geschäftsstelle aber trägt den Vorsitzenden. Das waren zu meiner Zeit, zwei Leute, der Herr Block[7] und der Herr Krull[8], die beiden, der eine war meine rechte Hand, der andere meine linke. Ohne die beiden wäre das nie was geworden, das ist

---

5   Peter Kreyenberg, der seit 1971 als Generalsekretär des Wissenschaftsrates amtierte, wechselte 1988 als Staatssekretär in das Kieler Bildungs- und Wissenschaftsministerium.
6   Winfried Benz, von 1989 bis 2002 Generalsekretär des Wissenschaftsrates, war bis 1989 Kanzler der Universität Mannheim.
7   Hans-Jürgen Block war bis 1994 Referatsleiter in der Geschäftsstelle des Wissenschaftsrates und ist seit 2004 geschäftsführender Vorstand der Innovationsstiftung Schleswig-Holstein.
8   Wilhelm Krull war von 1987 bis 1993 Leiter des Bereiches „Forschung, Internationales und Öffentlichkeitsarbeit" in der Geschäftsstelle des Wissenschaftsrates und ist seit 1996 Generalsekretär der VolkswagenStiftung.

ganz klar. Und die werden gut ausgesucht. Der Bewährungsprozess ist intensiv, mühsam und lange, aber bisher, muss ich sagen, konnte man mit den Entscheidungen, die in dem Bereich der Geschäftsstelle getroffen worden sind, sicher häufiger zufriedener sein, als im Bereich der Mitglieder des Wissenschaftsrates.

Horstmann: Können Sie das näher ausführen?

Simon: Ja, die wissenschaftlichen Mitglieder werden im Wesentlichen per Zuruf innerhalb der jeweiligen Organisationen der Allianz[9] rekrutiert. Da sagt die DFG, wir hätten gern den und den und dann werden die Mitglieder berufen. Und die DFG hat natürlich die größte Personalkenntnis. Die gucken in ihre Akten und dann wird das meistens mit der Allianz beraten, ob man den nehmen kann oder jenen nehmen kann. Aber das hat natürlich doch etwas sehr Fragwürdiges – man hat ja den Leuten aus dem Osten immer ihre Seilschaften vorgeworfen und das ist nichts anderes als eine Seilschaft auf etwas anderem Niveau. Der Zufall spielt eine große Rolle.

Horstmann: Aber das bedeutet schon richtig Arbeit für die wissenschaftlichen Mitglieder?

Simon: Ja, das ist außerordentlich intensiv und fordernd.

Die Wiedervereinigung und das Wissenschaftssystem

Horstmann: Sie haben rückblickend zur Entwicklung des Wissenschaftssystems im Osten Deutschlands gesagt: Die Wissenschaftsruinen des Westens seien Vorbild und kostspieliges Modell für den Osten gewesen.[10] Das hat viel Widerspruch erfahren.

Simon: Ich hatte damals den Eindruck, unser Wissenschaftssystem – ein Eindruck, der heute nicht wesentlich nachgelassen hat – leide in vieler Hinsicht Not,[11] ist mangelhaft und könnte wesentlich besser sein. Das fängt bei der Universitätsforschung an und hört bei den Wissenschaftsorganisationen auf. Und es muss dringend reformiert werden. Dann kam der Osten und da war die feste Überzeugung, jetzt haben wir eine einmalige Chance. Heinz Riesenhuber hat zu mir als Wissenschaftsratsvorsitzendem in der entscheidenden Sitzung gesagt, ihr, die Wissenschaft, evaluiert und sagt uns, was etwas wert ist und was nichts wert ist und wir, die Politik, setzen das um. Dafür sind wir da. Das war ein Wort. Ich dachte, toll, jetzt haben wir

---

9 Für den Kreis der Vorsitzenden bzw. Präsidenten von Wissenschaftsrat, Westdeutscher Rektorenkonferenz, Max-Planck-Gesellschaft und DFG entstand im Laufe der Zeit die Bezeichnung „Heilige Allianz". Siehe Szöllösi-Janze 1990: 86. Zur deutlich größeren „Allianz der Deutschen Wissenschaftsorganisationen" zählen heute die Alexander von Humboldt Stiftung, die Deutsche Akademie der Naturforscher (Leopoldina), der Deutsche Akademische Austauschdienst, die Deutsche Forschungsgemeinschaft, die Fraunhofer Gesellschaft, die Helmholtz Gemeinschaft Deutscher Forschungszentren, die Hochschulrektorenkonferenz, die Leibniz Gemeinschaft, die Max Planck Gesellschaft sowie der Wissenschaftsrat.
10 Simon 1995.
11 Zwischen 1977 und 1990 waren in den alten Bundesländern die Studienanfängerzahlen um 72,8 %, das wissenschaftliche Personal aber nur um sechs Prozent und die laufenden Mittel preisbereinigt nur um 17,7 % gestiegen. Siehe Bartz 2007: 185 f.

die Chance, jetzt evaluieren wir die[12] und dann machen wir das Umsetzungsprojekt, dass wir gemeinsam das gesamte Wissenschaftssystem reformieren. Alle Schwächen von hier und alle Schwächen von denen, über die wir zu diesem Zeitpunkt überhaupt noch keine Informationen hatten, die werden festgestellt, eine Bilanz gezogen, und dann das gesamte Wissenschaftssystem der Bundesrepublik neu entwickelt. Und das habe ich dem Riesenhuber auch erzählt, und er hat gesagt, genauso machen wir es. Und ich habe das geglaubt.[13] Ich weiß nicht, ob der Riesenhuber das vielleicht selber auch geglaubt hat, man darf nicht allzu leichtfertig sein mit Anschuldigungen. Als normaler Staatsbürger ist man gerne auch bereit zu sagen, ja diese Politiker, die haben uns hinters Licht geführt. Aber es war eben für mich der Umstand, dass die Reform ausgeblieben ist. Die Reform des Gesamtsystems hat dann vielleicht zehn Jahre später angefangen. Aber sie hat eben nicht damals angefangen.[14]

Horstmann: Die Zeit zwischen 1989 und 1990 haben Sie dann in dem Text „Evaluationssplitter" verarbeitet, in Form kleiner Parabeln und Aphorismen, die vor allem Ihre Betroffenheit als Evaluierender widerspiegeln und die Ambivalenz dieser Tätigkeit zeigen.[15]

Simon: Ich bin damals immer mitgefahren mit diesen Gremien, die da evaluiert haben, egal ob ich was davon verstand oder nicht.[16] Medizin, überall war ich dabei –

---

12 Der Wissenschaftsrat hat sich dabei auch intensiv um die Umsetzung seiner Empfehlungen gekümmert – insbesondere bei den Akademie-Instituten der ehemaligen DDR: Eine von Dieter Simon angeregte Umsetzungsdelegation handelte die administrativen Umsetzungsschritte aus und achtete „in einer unglaublichen Intensität darauf, dass die Empfehlungen in entsprechende institutionelle Strukturen und Finanzierungen überführt wurden." (Krull 2005: 342).

13 Simons Hoffnungen hatten sich sicher auch darauf gegründet, dass er bei der Evaluation der Wissenschaft Ostdeutschlands eine außergewöhnlich geschlossene Bund-Länder-Gemeinschaft erlebt hatte, in der übliche Routinen über Bord geworfen wurden. Nie zuvor traten Bund und Länder in solch direkter Form in eine Umsetzung der Empfehlungen des Wissenschaftsrates ein (Bartz 2007: 168).

14 Ende 1993 zeigten die anderen Wissenschaftsorganisationen der Allianz dem Wissenschaftsrat die Grenzen auf, in dem sie Simons Nachfolger Gerhard Neuweiler entgegen der üblichen Praxis nicht mehr nominierten. Neuweiler hatte den von Simon eingeschlagenen Weg bezüglich der Reformierung des westdeutschen Wissenschaftssystems weitergehen wollen und dazu ein radikales Programm skizziert: Verlegung aller angewandten und praxisorientierten Studiengänge, auch der Lehrerausbildung an die Fachhochschulen, Abschaffung der Habilitation und Einführung selbstständig forschender Assistenzprofessorenstellen sowie die breite und rasche Einführung von Lehrevaluationen (Bartz 2007: 193).

15 Simon 1991.

16 Im Einigungsvertrag heißt es knapp zum Evaluationsauftrag des Wissenschaftsrates: „Wissenschaft und Forschung bilden auch im vereinten Deutschland wichtige Grundlagen für Staat und Gesellschaft. Der notwendigen Erneuerung von Wissenschaft und Forschung unter Erhaltung leistungsfähiger Einrichtungen in dem in Artikel 3 genannten Gebiet dient eine Begutachtung von öffentlich getragenen Einrichtungen durch den Wissenschaftsrat, die bis zum 31. Dezember 1991 abgeschlossen sein wird, wobei einzelne Ergebnisse schon vorher schrittweise umgesetzt werden sollen." Einigungsvertrag, § 38 (1), Bulletin der Bundesregierung, Nr. 104/1990, 6.9.1990: 887. Im Zuge der dann folgenden achtzehnmonatigen Evaluation begutachteten im Auftrag des Wissenschaftsrates 500 Sachverständige in 20 Arbeitsgruppen 30.000 Mitarbeiter

dann habe ich gehört, was die Leute gesagt haben: Das brauchen wir nicht aus dem Osten, das haben wir ja bei uns besser, ohne lange darüber nachzudenken, dass das vielleicht doch auch seinen Sinn hat. Solche Fragen sind gar nicht erst gestellt worden und manche Leute, vor allen Dingen solche, die früher aus dem Osten weggegangen waren, die hatten natürlich richtige Rache- und Eroberungsgefühle. Die sind gekommen und haben gesagt, jetzt machen wir es wieder kaputt. Das war menschlich ganz verständlich. Vieles konnte ich verhindern, meine ich wenigstens. Damit bin ich ganz zufrieden. Aber die Reform ist nicht eingetreten. Aber sehen Sie: Wenn es dann da irgendwo im Osten eine Fachschule gab; die haben wir dann um- und ausgebaut zu einer Fachhochschule. Da hatten die Leute plötzlich alles das, wovon sie manchmal jahrzehntelang geträumt hatten. Dass die äußerst zufrieden waren, ja, dass auch diejenigen im Westen, die lange vergeblich und aus undurchsichtigen Gründen unberücksichtigt, nun plötzlich auf einen Lehrstuhl gekommen sind, dass die nicht gesagt haben, diese ganze Evaluation war Mist, dass ist auch selbstverständlich. Trotzdem bleibt es wahr, dass natürlich aus manchen Fakultäten diejenigen, die da zu Recht sitzen geblieben sind, auch alle plötzlich einen Ruf in den Osten hatten, weil keine Leute da waren und dass das natürlich diesen Universitäten keineswegs gut getan hat. Und die Ostleute haben auch nicht mitgezogen. Wenn die sich heute beklagen, da kann ich nur lachen! Jeder zweite hat einem gesagt, wenn man ihnen empfahl, so dürft ihr das nicht machen, das ist unschön, dann haben die immer gesagt: Ja, lasst es doch erst einmal so werden, wie es bei euch ist. Ihr lebt doch im Überfluss. Alles, was wir sehen, ist großartig. Der Westen wäre vielleicht sogar reformwilliger gewesen in seiner Gesamtheit der Wissenschaftler als der Osten. Die wollten zwar ihr eigenes System, aber möglichst so wie bei uns. Sie haben aber natürlich nur Ausschnitte davon gesehen, nur Teile.

Horstmann: Dann war der Weg der Max-Planck-Gesellschaft besser?[17] Die hat wenig übernommen und einfach gesagt, wir gründen neu – heute gibt es dann ein MPI in Dresden für molekulare Zellbiologie, das weltweit führend ist, da organisatorisch und personell alles neu eingerichtet wurde – wäre das ein besserer Weg gewesen, die Altinstitutionen nicht weiter zu betreiben?

Simon: Was wäre gewesen, wenn Napoleon nicht nach Russland einmarschiert wäre? Das wäre sicher das Beste gewesen, aber es ist gleichzeitig irreal gewesen. So viel Geld haben wir selbst heute nicht, wo wir Steuergelder großzügig allen möglichen Leuten zur Verfügung stellen. Das hätte einer Anstrengung bedurft! Stellen Sie sich das mal vor, wenn man alles hätte neu gründen wollen. Das war unmöglich. Die Max-Planck-Gesellschaft hat klug gehandelt. Es gab die Idee, die außeruniversitären Einrichtungen in den Geistes- und Sozialwissenschaften, die man in großer Zahl vorgefunden hat, zu einer Art eigenständiger geisteswissenschaftlicher Gesellschaft zusammenzufassen. Da gab es sogar schon einen Namen, Max-Weber-Gesell-

---

in etwas mehr als 130 außeruniversitären Forschungseinrichtungen der ehemaligen DDR (Krull 2005: 341).
17 Vgl. als Überblick: Vogel 2009.

schaft.[18] Eine große Einrichtung wie die Max-Planck-Gesellschaft sollte das werden. Das fand ich einen guten Gedanken. Aber das hat meines Erachtens Hans Zacher unterbunden, da er keinen geisteswissenschaftlichen Parallel-Max-Planck-Präsidenten haben wollte. Die andere Entscheidung, die er getroffen hat, die war weise: Dass er nicht umgekehrt gesagt hat, gut, es gibt keinen neuen Präsidenten, aber dafür nehmen wir alle auf in unsere Max-Planck-Gesellschaft. Das wäre den Instituten auf keinen Fall bekommen. Man hätte unmöglich alles in die Max-Planck-Gesellschaft integrieren können.

Horstmann: Was dann noch da war, überführte man in die Blaue Liste, jetzt Leibniz-Gemeinschaft. So wurde schnell Arbeitsfähigkeit hergestellt, da die Universitäten vermutlich viel länger gebraucht hätten, diese Bereiche zu integrieren?

Simon: Klar, das war eine reine Verzweiflungstat, und etwas, worüber der Wissenschaftsrat überhaupt nicht glücklich war. Das ist ein ganz ungerechter Vorwurf, dass dem Wissenschaftsrat nichts anderes eingefallen ist. Natürlich ist uns nichts anderes eingefallen, aber es ist auch sonst niemandem irgendetwas eingefallen. Was hatten wir denn für Möglichkeiten? Wir hatten die Max-Planck-Gesellschaft. Dann gab es Landesforschungseinrichtungen oder Bundesforschungseinrichtungen, Ressortforschung. Dann gab es die Fraunhofer-Gesellschaft, die Universitäten, und dann gab es die Blaue Liste. Und wir haben das jedes Mal hin- und her gedreht, weil uns das wirklich nicht sympathisch war, die Blaue Liste zu ergänzen. Denn wir wollten im Wissenschaftsrat, als ich dort hin berufen wurde, die Blaue Liste der Auflösung entgegenbringen. Es wurde ein Institut nach dem anderen evaluiert. Man hat gesagt, na ja, was Neues kommt nicht mehr hinzu, so nach und nach verteilen wir das. Das ist nicht gut, diese Versäulung der Forschungslandschaft in der Republik. Und da waren wir bei knapp dreißig Instituten auf der Blauen Liste. Als ich ausgeschieden bin aus dem Wissenschaftsrat, waren es über achtzig![19] Wir haben immer diskutiert,

---

18 Pläne zur Gründung einer „Max-Weber-Gesellschaft" für die Geistes- und Sozialwissenschaften gehen bis in die 1970er Jahre zurück. Darauf hat Reimar Lüst – von 1969 bis 1972 Vorsitzender des Wissenschaftsrates und von 1972 bis 1984 Präsident der Max-Planck-Gesellschaft – jüngst in einem Zeitzeugenbericht hingewiesen: Danach zeigten ihm „schon die ersten Gespräche nach seiner Amtsübernahme als MPG-Präsident (...), dass auch die Rolle der Sozialwissenschaften in der MPG in und außerhalb der MPG kräftig diskutiert wurde. Der damals gerade ins Amt gekommene Forschungsminister, Klaus v. Dohnanyi, erläuterte mir in unserem ersten Gespräch, dass er beabsichtige, eine Max-Weber-Gesellschaft für Sozialwissenschaften zu gründen, da die MPG wohl nicht bereit wäre, sich stärker in den Sozialwissenschaften zu engagieren. Ich erläuterte ihm meine Skepsis, ob es wirklich sinnvoll wäre, eine Parallelgesellschaft zur MPG zu gründen, denn es gäbe ja in der MPG mindestens zwei Institute, die den Sozialwissenschaften nahe ständen und die anderen Institute der damaligen geisteswissenschaftlichen Sektion hätten doch auch einiges von Gewicht vorzuweisen"; Lüst, 2010: 20 f. M. Rainer Lepsius war dabei laut Lüst einer der „Hauptpromotoren der Max-Weber-Gesellschaft" (Lüst 2010: 23). Die MPG reagierte selbst mit der Gründung von sozialwissenschaftlichen Projektgruppen auf diese Initiative, etwa für Psycholinguistik und Internationales Sozialrecht (das spätere MPI für Sozialrecht baute dann Hans Zacher auf; siehe Lüst 2010: 22) und konnte so letztlich die Gründung einer Parallelgesellschaft zur MPG verhindern.

19 Allein im November 1991 wurden 33 Institute neu in die Blaue Liste aufgenommen (78. Sitzung der BLK v. 4.11.1991).

was können wir mit denen machen, geben wir sie an die Universität? Nein, haben da die Universitätsrektoren gesagt, um Gottes Willen, wir müssen unsere Chemiker entlassen, was sollen wir denn jetzt mit achtzig Chemikern zusätzlich? Also, die können wir nicht brauchen. Die haben sofort abgewunken. Und am Schluss haben wir dann halt gesagt: Blaue Liste.

Die Reformen der Gegenwart

Horstmann: Aber trotzdem ist diese Versäulung bis heute Kennzeichen des deutschen Wissenschaftssystems geblieben. Sie bleibt Grundmuster. Oder sehen Sie das anders?
Simon: Ja, das ist eine der schlechten Entwicklungen der Wissenschaftssituation in Deutschland. Das wirkt sich auf der internationalen Szene, vor allen Dingen in Brüssel, verheerend aus. Dass nach wie vor diese Säulen nicht gemeinsam zusammengebunden als deutsche Wissenschaft auftreten und gemeinsam agieren, sondern da sind die Vertreter der Helmholtz-Gemeinschaft, da sind die Vertreter der Leibniz-Gemeinschaft, da sind die Vertreter der MPG usw. Jeder hat ein kleines ‚Büröchen' und versucht herauszubekommen, was im nächsten Rahmenprogramm stehen wird. Und die Franzosen schicken ihre besten Leute, zehn Stück, und die wissen innerhalb von einem halben Jahr, was vor sich geht, und unsere fragen sich dann wechselseitig, wisst ihr schon was los ist? Lächerlich! Das ist wirklich schlecht gelaufen und ist eine Folge dieser Säulensituation: Dass jede Säule für ihr eigenes An- oder Abschwellen sorgt und das gemeinsame Ziel aus den Augen verliert.
Horstmann: Aber es gibt auch radikale Pläne. So hat Ernst-Ludwig Winnacker – der Generalsekretär des Europäischen Forschungsrates – eine Bundesuniversität vorgeschlagen, eine Art deutsche ETH Zürich. Das Verfassungsrecht lassen wir mal außen vor. Aber braucht man möglicherweise so einen Leuchtturm, den auch die Presse, den auch die Politik versteht?[20]
Simon: Na ja, nachdem die Länder sich in dieser Reform des Föderalismus die Universitäten völlig angeeignet haben, ist damit auf keinen Fall mehr zu rechnen, selbst wenn man es für eine großartige Idee halten würde. Dann müssten sie wieder alle zusammenstehen. Das gehört nach allen Erfahrungen, die man bisher mit dem deutschen Wissenschaftsföderalismus gemacht hat, man braucht ja nur die Kultusministerkonferenz anzusehen, zu den Super-Utopien, denen man nachhängen kann. Davon mal abgesehen, dass es sich unter den gegenwärtigen Umständen niemals realisieren lassen würde, stellt man sich die Frage, was da eigentlich besser sein soll als das, was schon da ist. Man könnte argumentieren mit dem Vorbild der Franzosen. Die Franzosen haben im Laufe ihrer Wissenschaftsgeschichte immer darauf verzichtet, alte Einrichtungen zu reformieren, wenn sie sahen, dass sie versteinert waren. Sie haben nicht an den alten gearbeitet. Wenn sie den Eindruck hatten, da

20 Winnacker 2007.

klappt vieles nicht und die Leistungen sind nicht mehr befriedigend, dann haben sie eine neue Einrichtung gegründet. In Bremen hat man genauso gehandelt. Und das scheint ganz gut zu klappen. Der Senat hat nicht das Geld seiner Universität gegeben, die es dringend gebraucht hätte, sondern zur Gründung der heutigen Jacobs-Universität genommen.[21] Das hat die Kollegen dort zu Recht zutiefst verbittert. Aber der Gedanke war, denen aufzuoktroyieren, dass sie ihren Unterricht in Englisch machen sollen und dass sie sich internationalisieren: Das dauert so endlos. Und wenn es dann eine neue wirklich internationale Universität gibt, eine die den Geist der Zeit widerspiegelt und den auch noch verstärkt, dann war das eine richtige Entscheidung. Und so könnte man auch versuchen, eine Nationaluniversität oder Großuniversität oder Bundesuniversität oder was auch immer zu rechtfertigen. Aber ob dieser Gedanke ausreicht, um das zu rechtfertigen, das wage ich doch erheblich zu bezweifeln. Unsere Universitäten sind ja wirklich zum Teil sehr gut.

Horstmann: Auch im Vergleich zu den besten Einrichtungen in den Vereinigten Staaten?

Simon: Die Hochschätzung beruht meistens auf singulären Beobachtungen meiner Kollegen, die dann ein Forschungssemester in Berkeley oder in Harvard zubringen und dann nach Hause kommen und meinen, hier müsste es jetzt genauso gemacht werden wie dort, ohne zu berücksichtigen, in was für einem Umfeld so etwas nur entstehen und gedeihen kann. Und dieses Umfeld gibt es hier nicht. Wir müssen mit unserem Umfeld arbeiten und das ist so schlecht nicht. Unsere Studenten sind zum Teil überwältigend gut, interessiert und fleißig. Also dieses ganze Gegreine finde ich einfach dämlich. Was den Studenten fehlt, ist die nötige und von Vernunft geleitete ökonomische Unterstützung, um Verhältnisse zu schaffen, unter denen es Freude macht, zu arbeiten und zu leben an einer Universität.

Horstmann: Stichwort „Betreuungsrelation" ...[22]

Simon: Zum Beispiel, das ist einer der Punkte. Dass sie ihren Professor haben, der natürlich auch ein vernünftiger und ein guter sein sollte, der Zeit hat und sich Zeit nimmt und mit ihnen redet und mit ihnen gemeinsam forscht und dass sie Bücher haben in ausreichender Menge und dass sie nicht, wenn eine Hausarbeit ausgegeben wird, mehr oder weniger in die katastrophale Lage kommen, dass bevor der Erste es kopiert hat, der Vorerste schon die Textseiten herausgerissen hat, und lauter solche Geschichten. Das kommt ja alles nur aus dieser Notsituation. Und wenn man das machte, dann sehe ich nicht, was eine Bundesuniversität mehr bringen sollte. Diese

---

21 Die 1999 erfolgte Gründung der (privaten) *International University Bremen* (seit 2007 *Jacobs University Bremen*) wurde durch die Freie Hansestadt Bremen laut deren Pressemitteilung vom 7. 2. 2000 mit knapp 118 Mio. Euro (= 230 Mio. DM) unterstützt (größtenteils besichert durch ein günstiges Vorkaufsrecht bezüglich der Liegenschaften für den Insolvenzfall), Quelle: http://www.senatspressestelle.bremen.de/detail.php?id=15943. Vgl. auch Kaase 2004.

22 In den bedeutendsten amerikanischen Forschungsuniversitäten sind vor allem die Betreuungsverhältnisse (faculty-student ratios) während der vergangenen hundert Jahre nicht wesentlich verändert worden und verbinden sich dabei noch mit flachen Hierarchien. Gerade diese günstigen Betreuungsverhältnisse, die zur Stützung der Lehre geschaffen wurden, erweisen sich heute als segensreich für die Forschung. Siehe Herbst 2004: 17 f.

Geschichte mit dem Leuchtturm,[23] das ist doch alles sowieso Kokolores. Ich meine, es gibt auch anderswo diese Leuchttürme nicht. Wenn Sie an die Sorbonne gehen – die Sorbonne ist doch kein Leuchtturm, ist doch lächerlich – und Berkeley und Harvard sind natürlich auch nur in unseren verklebten Augen Leuchttürme. Wenn Sie mit den Leuten dort mal arbeiten, zwei Drittel kochen da auch nur mit Wasser. Dass die Universitätsstädte als solche einen guten Ruf haben, das ist etwas ganz anderes. Das ist auch in Ordnung. Aber die Strukturen sind nicht besser und nicht schlechter als bei uns meistens.

Horstmann: Und wenn man aufs Ganze schaut ...

Simon: Wenn man aufs Ganze schaut, ist es nur diese Tragödie, dass sich unsere Universitäten wirklich schwergetan haben mit der Absicht, sich selber ein bisschen zu bewegen. Insofern hatte dieser in meinen Augen erstmal vollständig missglückte Exzellenzwahn – Deutschland sucht die Super-Uni – doch noch sein Gutes. Ich habe mich so angestrengt – mit Frau Bulmahn verstand ich mich sehr gut und mochte sie auch sehr – und ich habe versucht, sie abzubringen von diesen Plänen, aber sie hat es nicht gemacht. Sie hat mich in dem Punkt nicht als Berater akzeptiert. Was es aber ausgelöst hat, dass alle diese Kerle endlich mal gezwungen wurden, zusammenzuarbeiten, dass endlich mal systematisch innerhalb der Universität nachgedacht wurde, das war ja auch die große Sache, die der Wissenschaftsrat immer aus den Leuten herausgelockt hat. Der Wissenschaftsrat hat immer gesagt, wo steht ihr eigentlich? Warum macht ihr das, was ihr macht? Könnt ihr euch mal vergleichen? Wo seid ihr großartig? Alle diese Fragen sind heute plötzlich auf die Tagesordnung gekommen und überall diskutiert worden, und das war wahrscheinlich das Wichtigste an der Exzellenzinitiative. Gegen all das, was ursprünglich damit verabredet war und auch das, was zum Teil in der Umsetzung dann herausgekommen ist, war das der große Kick für das jetzt eigentlich nur noch zu finanzierende geistige Leben unserer Hochschulen. Das war ein großartiger Input, der da gegeben wurde.[24] Von dem gehen in der Zukunft noch viele Folgen aus, auch wenn das dann jetzt natürlich mechanisiert und bürokratisiert wird. Am Schluss sind dann womöglich alle Universitäten Exzellenzuniversitäten.

---

23 Vgl. zur Metapher des wissenschaftlichen Leuchtturms: Barlösius 2008.
24 Zu einer im Grundtenor ähnlichen positiven Einschätzung der Exzellenzinitiative kommt auch eine Arbeitsgruppe an der Berlin-Brandenburgischen Akademie der Wissenschaften: „Nirgendwo sonst gibt es jedoch ein ähnliches, projektförmig und wettbewerblich angelegtes Programm zur Förderung der institutionellen Differenzierung und strategischen Handlungsfähigkeit von Universitäten, das auf Modellvielfalt und »trial and error« setzt und eine ähnliche Wirkung erzielt wie die deutsche Exzellenzinitiative" (Interdisziplinäre Arbeitsgruppe Exzellenzinitiative der Berlin-Brandenburgischen Akademie der Wissenschaften 2010: 36).

Und die Geisteswissenschaften ...?

Horstmann: Und was ist mit den Geisteswissenschaften? Auch für sie werden im Rahmen der Exzelleninitiative teure Cluster und Zentren für Advanced Study geschaffen. Wie beurteilen Sie diese Entwicklung?

Simon: Eine steinreiche Gesellschaft, die keinerlei Sorgen hat, die sollte sich so etwas schon leisten können. Denn das ist natürlich etwas Wunderbares. Wenn sich unser Staat so etwas leisten kann, dann sollte er in jeder Stadt zehn Exzellenzzentren gründen und da Leute hinsetzen, die sich durch eifriges Nachdenken und Forschen und Förderung der Gesamtheit des menschlichen Wissens dann verdient machen. Die sollte er dann auch unterstützen. Wenn man dann natürlich die Frage stellt, wo die Geisteswissenschaften ihre Rechtfertigung eigentlich hernehmen,[25] wenn man das Interesse und die Neugierde der Individuen nicht als Rechtfertigung genügen lassen will – und das fällt in einem Gesamtstaatswesen nicht so ganz leicht – dann würde ich sagen, die Rechtfertigung haben die Geisteswissenschaften ganz allein und ausschließlich in der Lehre, in sonst nichts, nur im Bezug zur Lehre. Was soll denn das geisteswissenschaftliche Wissen, was ich da im Kopf habe, wenn ich es nicht irgendwelchen Leuten beibringe? Bei Naturwissenschaften versteht es sich von selbst, wofür das Wissen da ist. Das wird umgesetzt, in Technik, in Technologien, in die Möglichkeit, das Leben einfacher zu machen, das Leben besser zu machen, dass wir gesünder und länger leben. Die haben ihre Rechtfertigung in den Reproduktionschancen der Gattung. Die Geisteswissenschaften nicht, die Geisteswissenschaften haben ihre Rechtfertigung meinetwegen in der Bildung, jedenfalls in der Lehre, nur in der Lehre. So, und deswegen müssen die Geisteswissenschaftler eben in erster Linie den Universitäten zugeordnet werden und müssen dort auf höchstem Niveau Leute mit Charakter und Visionen gleichzeitig ausbilden. Das können die Geisteswissenschaftler an sich, dafür sind sie die richtigen Leute. Naturwissenschaftler können das auch manchmal, aber die sind von Amts wegen dafür eigentlich nicht berufen. Das heißt, wenn man die Geisteswissenschaftler in einzelnen Institutionen verschwinden lässt, seien sie so exzellent wie sie wollen, dann handelt man, wenn man das andere nicht berücksichtigt, kontrafaktisch in meinen Augen. Also ich sehe dann eine Gefahr darin, es sei denn, es gelingt uns, die Exzellenzcluster oder Institute für Advanced Study so an die Universität zurückzubinden, dass die Personen, die sich dort qualifizieren, ihre Perfektion anderen an der Uni weitergeben, dann ist es o.k. Aber so, wie das hier im Grunewald am Wissenschaftskolleg ist, das ist natürlich eine tolle Einrichtung und die Rektoren, die das bisher gemacht haben, die haben das hervorragend gemacht und die Wissenschaftler, die da an ihrem Lebenswerk arbeiten, das sind glückliche Leute, die da verwöhnt werden und die alles haben, was sie brauchen und die auch wirklich viel in dieser Zeit geleistet haben, das ist großartig. Also da können wir natürlich nicht die Bundesrepublik mit bestücken,

---

25 Vgl. auch Simons frühere Überlegungen zur Zukunft und zum Selbstverständnis der Geisteswissenschaften (Simon 1989).

zumal das ja auch meistens noch Ausländer sind. Wir müssen auch an unsere eigenen Leute denken.

Horstmann: Aber braucht es wirklich das ganze Geld für geisteswissenschaftliche Projekte? Sind fruchtbare Forschungszusammenhänge nicht auch anders herzustellen? Jan Assmann hat Ende der 1980er Jahre einmal Vorschläge gemacht, wie neue Forschungszusammenhänge in den Geisteswissenschaften institutionell zu begründen wären. Er vermutete, dass vor allem mittlere Formen fehlen, die als Forschungskollegs zugleich „kontinuierlich und flexibel, fruchtbar und unaufwendig sind."[26] Die gemeinsame Bereicherung sollte dann durch die gemeinsame Behandlung übergreifender Fragestellungen in Form regelmäßiger Kolloquien und Symposien im Jahresturnus erfolgen. Ein solches Forschungskolleg wäre eine kommunikationsintensive wie unaufwendige Organisationsform, beinahe eher ein „Stammtisch". Um das zu etablieren, ist aber kein großvolumiger Projektantrag nötig.

Simon: Natürlich ist die Projektförmigkeit[27] eine aus den Naturwissenschaften kommende Transformation der Art geisteswissenschaftlichen Forschens. Das ist eine szientistische Nachahmung des naturwissenschaftlichen Modells durch Wissenschaften, die dafür gar nicht geeignet sind. Man kann doch normalerweise in den Geisteswissenschaften nicht so arbeiten, wie wenn ich eine Versuchsanordnung mache. Das ist zum Teil Wahnsinn, was die DFG da in ihren Normalverfahren von den Leuten erwartet.[28] Bei den Naturwissenschaften kann ich sagen, ich habe das und das, diese Frage und mit dem Experiment oder der Versuchsanordnung will ich rauskriegen, ob das stimmt oder nicht stimmt. Und wenn es stimmt, dann haben wir einen Fortschritt, wenn es nicht stimmt, wissen wir dann wenigstens, das ist nicht der richtige Weg. Das ist gar nicht schlimm, dann kann man nach einem Jahr sagen, jetzt wissen wir, wo wir stehen, und im nächsten Jahr könnte man sagen, jetzt haben wir erste Versuche, Erfolge und dann kann man anfangen, Rechenschaftsberichte zu schreiben. Aber bei den Geisteswissenschaften: Wenn ich sage, ich will jetzt nachdenken über die Säkularisation. Dann gibt es eine Reihe von Leuten, die schon was über die Säkularisation geschrieben haben. Das ist aber jetzt ein Problem in der Gegenwart, o. k., dann denk mal nach. Dann hat man noch zwei, drei Leute, die mit einem denken. Dann soll man nach einem Jahr beschreiben, wo man steht. Vielleicht hat man dann erst gemerkt, dass Säkularisation gar nicht interessant ist. Das können sie aber natürlich nicht sagen. Daher gibt es dann hinterher einen Sammelband und

---

26 Als Maßnahme gegen die Integrationskrise schlug Assmann die Einrichtung von „Forschungskollegs" vor. Vorbild für eine solche funktionierende Mittelform war für ihn der Arbeitskreis Poetik und Hermeneutik. Sein Vorschlag eines „Forschungskollegs" unterschied sich damit tiefgreifend von den heute etwa von DFG und BMBF mit mehreren Millionen Euro geförderten Einrichtungen. In Assmanns Kolleg soll der (geringe) Mitteleinsatz ausschließlich für die mögliche Einbeziehung auswärtiger Wissenschaftler erfolgen, die aber nicht etwa als „Fellows" dauerhaft vor Ort sein müssen. Siehe Assmann 1990: 341 f.
27 Zur „Projektförmigkeit" wissenschaftlicher Forschung liegt jetzt eine gründliche wissenschaftssoziologische Studie vor: Torka 2009.
28 Siehe die ausführliche soziologische Analyse des Förderinstruments „Normalverfahren" der DFG bei Torka 2009: 111 ff.

den müssen Sie zusammenkratzen, egal, ob Sie wollen oder nicht, da der Geldgeber sonst sagt: sie haben ja nichts gemacht. Also muss man einen Sammelband machen, aber die Zeit, um zu sehen, ob das, was in dem Sammelband eigentlich am Ende drinstehen soll, überhaupt irgendeine Form von Sinn macht, hat man nicht. Sie können nicht nach einem Jahr anfangen, Rechenschaft zu geben über etwas, wovon Sie vielleicht erst nach drei Jahren wissen, ob das ein vielversprechender Weg war oder nicht. Also, diese Geschichte, dass einem der Atem ausgeht, ist natürlich der Projektförmigkeit inhärent, weil ein Projekt einen Anfang und ein Ende und ein Ziel hat. Wenn ich aber das Ziel nicht kenne, sondern es erst rauskriegen will, und zwar durch Nachdenken, dann passt dieses ganze Schema nicht, was meines Erachtens über die Geisteswissenschaften von den Naturwissenschaften kommend übergestülpt worden ist, wie so vieles den Naturwissenschaften abgelauscht worden ist, ohne dass man darüber nachdenkt, ob es nicht umgekehrt sein sollte, ob nicht die Naturwissenschaften vielleicht mal das eine oder andere den Geisteswissenschaften ablauschen sollten. Diese Frage wird viel zu wenig oder gar nicht gestellt und deswegen gibt es dann da auch solche Verwerfungen.

Schluss

Horstmann: Sie arbeiten heute in Berlin. Vermissen Sie nicht manchmal Frankfurt? Gerade an ihrer Heimatuniversität hat sich viel gewandelt.

Simon: Ja, der Wandel ist vor allem durch den letzten Präsidenten der Frankfurter Universität bewusst vorangetrieben worden. Also, die haben ja jetzt einen Campus, da wird man grün vor Neid. Wenn ich daran denke, im letzten Semester habe ich Rechtsphilosophie gelesen in dieser Baracke, in der Humboldt-Universität. Da ist ja grauenhaft, was das allein für Säle sind, die den Studenten zugemutet werden. Wenn man da hingeht und sich schon irgendwie unwohl fühlt, weil man auf zerbrochenen Stühlen sitzt, und es ist keine Tafel da und wenn eine Tafel da ist, ist keine Kreide da und kein Lappen. Richtig zerwohnt, armselig sieht das aus.

Trotzdem bin ich jetzt wieder gern Hochschullehrer hier in Berlin, jetzt ja schon seit mehreren Jahren. Da habe ich den Eindruck, da nütze ich wirklich was. Die Leute sind ja derart – nun, es ist billig, immer auf die Schulen zu schimpfen, aber es ist halt so, man kann es ganz nüchtern konstatieren: Die haben relativ wenig Bildung. Viele von denen bringen nichts mehr von dem mit, was bei mir noch selbstverständlich war. Wahrscheinlich, weil es viel weniger waren. Dann hat man halt gelernt, wie man redet, wie man eine Rede aufbaut, wie man einen Aufsatz schreibt. Andererseits sind die Leute gern bereit, zu lernen, wenn man sich ihnen nur anbietet, die sind so dankbar für alle möglichen Hinweise, wie sie mit einer Wissenschaft umgehen können, die sie lernen wollen, die sie interessiert, die man aber wie alles auf der Welt, was man lernt, immer nur sukzessive und unter großer Anstrengung lernen kann. Das macht denen überhaupt kein Problem. Die sind richtig dankbar.

Einige der Kollegen – und zwar in allen Fächern – haben zu wenig Interesse an den Studenten. Einfach nur zu wenig Interesse, sonst nichts. Und deswegen wären mehr und in der Lehre engagiertere Professoren das Erste, was ich unseren Universitäten und unseren Studenten wünschen würde, weil diese dann auch bereit wären, ganz andere Leistungen zu erbringen.

Literatur

Assmann, Jan, 1990: Ägyptologie im Kontext der Geisteswissenschaften. In: Prinz, Wolfgang/ Weingart, Peter (Hrsg.), Die sogen. Geisteswissenschaften: Innenansichten. Frankfurt a. M.: Suhrkamp, 335-49.

Barlösius, Eva, 2008: Leuchttürme der Wissenschaft. Ein metaphorischer Vorgriff auf eine neuorientierte Wissenschaftspolitik. In: Leviathan 36, 149-196.

Bartz, Olaf, 2007: Der Wissenschaftsrat. Entwicklungslinien der Wissenschaftspolitik in der Bundesrepublik Deutschland 1957–2007, Stuttgart: Franz Steiner.

Herbst, Marcel, 2004: The Production-Morphology Nexus of Research Universities: The Atlantic Split. In: Higher Education Policy 17, 5-21.

Interdisziplinäre Arbeitsgruppe Exzellenzinitiative der Berlin-Brandenburgischen Akademie der Wissenschaften, 2010: Bedingungen und Folgen der Exzellenzinitiative. In: Leibfried, Stephan (Hrsg.), Die Exzellenzinitiative – Bilanz und Perspektiven, Frankfurt a. M.: Campus, 35-52.

Kaase, Max, 2004: Die International University Bremen (IUB) – ein deutsches Hochschulexperiment. In: Kimmich, Dorothea/Thumfart, Alexander (Hrsg.), Universität ohne Zukunft? Frankfurt a. M.: Suhrkamp, 183-202.

Krull, Wilhelm, 2005: Wissenschaft und Politik in der Wissenschaftspolitik. In: Kiesow, Rainer Maria/Ogorek, Regina/Simitis, Spiros (Hrsg.), Summa. Dieter Simon zum 70. Geburtstag, Frankfurt a. M.: Klostermann, 333-348.

Lüst, Reimar, 2010: Die Gründung eines Max-Planck-Instituts: Methoden und Prinzipien bei Institutsgründungen – Ein Astrophysiker und die Sozialwissenschaften. In: Beckert, Jens/Streeck, Wolfgang (Hrsg.), Die deutschen Sozialwissenschaften und die Gründung des Max-Planck-Instituts für Gesellschaftsforschung (MPIfG), MPIfG Working Paper 10/1, 19-28.

Simon, Dieter, 1995: Verschleudert und verschludert. Die Wissenschaftsruinen des Westens waren das Vorbild für die Reform im deutschen Osten. In: Die Zeit, Nr. 15 v. 7. April, 49-50.

Simon, Dieter, 1991: Evaluationssplitter. In: Rechtshistorisches Journal 10, 399-425.

Simon, Dieter, 1989: Zukunft und Selbstverständnis der Geisteswissenschaften. In: Rechtshistorisches Journal 8, 209-230.

Szöllösi-Janze, Margit, 1990: Geschichte der Arbeitsgemeinschaft der Großforschungseinrichtungen, 1958-1980, Frankfurt a. M./New York: Campus.

Torka, Marc, 2009: Die Projektförmigkeit der Forschung. Baden-Baden: Nomos.

Verwaltungsabkommen zwischen Bund und Ländern über die Errichtung eines Wissenschaftsrates vom 5. September 1957 in der Fassung ab dem 1. Januar 2008. Quelle: http://www.wissenschafts-rat.de/texte/Verwaltungsabkommen.pdf.

Vogel, Gretchen, 2009: Aufbau Ost: Max Planck's East German Experiment. In: Science 326, no. 5954, 788-791.

Winnacker, Ernst-Ludwig, 2007 (Kurzbeitrag o. T.). In: Forschung & Lehre, Heft 12, 714.

Autorinnen und Autoren

Olaf Bartz, Dr., Historiker, von 2007 – 2008 Forschungsreferent am Deutschen Forschungsinstitut für öffentliche Verwaltung Speyer, seit 2008 wissenschaftlicher Referent in der Geschäftsstelle des Wissenschaftsrates in Köln. E-mail: olaf.bartz@gmx.de

Gangolf Braband, PhD, Politologe, 2000 – 2005 Promotion und Lehrtätigkeiten an der Queen's University of Belfast, seit 2005 Referent für Studium und Lehre an der Universität Erfurt. E-mail: gangolf.braband@uni-erfurt.de

Peter Collin, PD, Dr., Jurist, von 2000 – 2008 wissenschaftlicher Assistent an der Ernst-Moritz-Arndt-Universität Greifswald, seit 2008 wissenschaftlicher Mitarbeiter am Max-Planck-Institut für europäische Rechtsgeschichte in Frankfurt a. M. E-mail: collin@mpier.uni-frankfurt.de

Jakob Edler, Prof. Dr., Politologe, von 1999 – 2006 leitende Positionen am Fraunhofer-Institut für System- und Innovationsforschung in Karlsruhe sowie am Mannheimer Zentrum für Europäische Sozialforschung. Seit 2007 Full Professor Innovation Policy and Strategy und Forschungsdirektor am Manchester Institute of Innovation Research, Universität Manchester. E-mail: jakob.edler@mbs.ac.uk

Annette Guckelberger, Prof. Dr., Juristin, von 1997 – 2005 wissenschaftliche Assistentin an der Deutschen Hochschule für Verwaltungswissenschaften Speyer, seit 2006 Inhaberin des Lehrstuhls für Öffentliches Recht an der Universität des Saarlandes in Saarbrücken. E-mail: a.guckelberger@mx.uni-saarland.de

Hans-Willy Hohn, PD, Dr., Soziologe, von 1987 – 2002 wissenschaftlicher Mitarbeiter am Max-Planck-Institut für Gesellschaftsforschung in Köln, seit 2002 Forschungsreferent am Deutschen Forschungsinstitut für öffentliche Verwaltung Speyer. E-mail: hohn@foev-speyer.de

Thomas Horstmann, Dr., Historiker und Verwaltungswissenschaftler, von 2006 – 2007 Forschungsreferent am Deutschen Forschungsinstitut für öffentliche Verwaltung Speyer, seit 2007 Leiter des Referats für Forschung und wissenschaftlichen Nachwuchs der Universität Erfurt. E-mail: thomas.horstmann@uni-erfurt.de

Stefan Kuhlmann, Prof. Dr., Politologe, von 1988 – 2006 leitende Positionen am Fraunhofer-Institut für System- und Innovationsforschung in Karlsruhe, seit 2006 Full Professor Foundations of Science, Technology and Society und Leiter des Department of Science, Technology, and Policy Studies (STəPS), School of Management and Governance, University of Twente, Enschede. E-mail: s.kuhlmann@utwente.nl

Stefan Lange, Dr., Politologe und Soziologe, von 2006 – 2010 wissenschaftlicher Assistent an der Deutschen Hochschule für Verwaltungswissenschaften Speyer, seit 2010 wissenschaftlicher Referent in der Geschäftsstelle des Wissenschaftsrates in Köln. E-mail: stefanklauslange@aol.com

Julia Prikoszovits, Mag. Phil., Politologin und Betriebswirtin, von 2006 – 2009 Generalsekretärin des Österreichischen Wissenschaftsrates, seit 2009 Policy Officer im Generaldirektorat Forschung der Europäischen Kommission, Brüssel. E-mail: julia.prikosovits@ec.europa.eu

Konrad Sahlfeld, Dr., Jurist, von 2005 – 2007 juristischer Berater im Staatssekretariat für Bildung und Forschung (SBF), seit 2007 wissenschaftlicher Mitarbeiter im Fachbereich I für Rechtsetzung, Bundesamt für Justiz, Bern. E-mail: konrad.sahlfeld@bj.admin.ch

Fritz W. Scharpf, Prof. em., Dr., Politologe und Jurist, von 1973 – 1986 Direktor und zuletzt Forschungsprofessor des Internationalen Instituts für Management und Verwaltung im Wissenschaftszentrum Berlin, von 1986 – 2003 Direktor des Max-Planck-Instituts für Gesellschaftsforschung in Köln. E-mail: fs@mpifg.de

Ulrich Schreiterer, Dr., Soziologe, von 2003 – 2008 Senior Research Scholar an der Yale University, New Haven, seit 2008 wissenschaftlicher Mitarbeiter am Wissenschaftszentrum Berlin. E-mail: uli.schreiterer@wzb.eu

Margrit Seckelmann, Dr., Juristin und Historikerin, von 1999 – 2002 Mitglied der Nachwuchsgruppe „Recht in der Industriellen Revolution" am Max-Planck-Institut für Europäische Rechtsgeschichte in Frankfurt a. M., seit 2002 Geschäftsführerin des Deutschen Forschungsinstituts für öffentliche Verwaltung Speyer. E-mail: seckelmann@foev-speyer.de

Dieter Simon, Prof. em., Dr., Jurist, von 1989 – 1992 Vorsitzender des Wissenschaftsrates, 1995-2005 Präsident der Berlin-Brandenburgischen Akademie der Wissenschaften, seit 1996 Honorarprofessor an der Humboldt-Universität zu Berlin. E-mail: dieter.simon@rewi.hu-berlin.de

Peter Stegmaier, Dr., Soziologe, von 2007 – 2009 Post-doc am Centre for Society and Genomics, Radboud University, Nijmegen, seit 2009 Assistant Professor am Department of Science, Technology, and Policy Studies (STəPS), School of Management and Governance, University of Twente, Enschede. E-mail: p.stegmaier@utwente.nl

Achim Wiesner, Dr., Politologe, von 2007 – 2010 Koordinator des Rektorats für die Exzellenzinitiative an der Universität Bremen sowie Forschungskoordinator der „Koordinationsstelle Wissenschaft Nord-West" (KWNW) – Universitäten Bremen und Oldenburg, seit 2010 Leiter des Referats 12 (Forschung und wissenschaftlicher Nachwuchs) der Universität Bremen. E-mail: achim.wiesner@uni-bremen.de